The Journey to the West in Easy Chinese

The Journey to the West in Easy Chinese

The Complete Novel
Retold With Limited Vocabulary
in Simplified Chinese

By Jeff Pepper and Xiao Hui Wang

This is a work of fiction. Names, characters, organizations, places, events, locales, and incidents are either the products of the author's imagination or used in a fictitious manner. Any resemblance to actual persons, living or dead, or actual events is purely coincidental.

Copyright © 2022 by Imagin8 Press LLC, all rights reserved.

This book is a compilation of the 31 books in the *Journey to the West* series wirtten by Jeff Pepper and translated by Xiao Hui Wang, published by Imagin8 Press between 2017 and 2022. These 31 individual books are available in paperback and ebook formats, directly from the publisher on www.imagin8press.com and also from most major online booksellers.

Published in the United States by Imagin8 Press LLC, Verona, Pennsylvania, US. For information, contact us via email at info@imagin8press.com, or visit www.imagin8press.com.

Our books may be purchased directly in quantity at a reduced price, visit our website www.imagin8press.com for details.

Imagin8 Press, the Imagin8 logo and the sail image are all trademarks of Imagin8 Press LLC.

Written by Jeff Pepper
Chinese translation by Xiao Hui Wang
Cover design by Katelyn Pepper and Jeff Pepper
Book design by Jeff Pepper
Audiobook narration by Junyou Chen

Based on the original 16th century Chinese novel by Wu Cheng'en

ISBN: 978-1959043102
Version 02

Contents

Acknowledgements 9
Audiobook 9
Introduction 11

猴王的诞生 Rise of the Monkey King 17
    第 1 章 17
    第 2 章 25

天宫里找麻烦 Trouble in Heaven 30
    第 3 章 30
    第 4 章 35

仙桃 The Immortal Peaches 41
    第 5 章 41
    第 6 章 47
    第 7 章 49

小和尚 The Young Monk 53
    第 8 章 53
    第 9 章 55

地狱里的皇帝 The Emperor in Hell 65
    第 10 章 65
    第 11 章 73

西游开始 The Journey Begins 80
    第 12 章 80
    第 13 章 84
    第 14 章 89

黑风山的妖怪 The Monster of Black Wind Mountain 99
    第 15 章 99
    第 16 章 105
    第 17 章 112

很饿的猪 The Hungry Pig 121
    第 18 章 121
    第 19 章 128
    第 20 章 136
    第 21 章 140

三个漂亮的女儿 The Three Beautiful Daughters 144
    第 22 章 144

第 23 章	152

神奇的人参树 The Magic Ginseng Tree ... 165

第 24 章	165
第 25 章	172
第 26 章	180

妖怪的秘密 The Monster's Secret ... 186

第 27 章	186
第 28 章	193
第 29 章	196
第 30 章	200
第 31 章	204

五宝 The Five Treasures ... 209

第 32 章	209
第 33 章	215
第 34 章	222
第 35 章	227

鬼王 The Ghost King ... 233

第 36 章	233
第 37 章	239
第 38 章	245
第 39 章	250

火洞 The Cave of Fire ... 258

第 40 章	258
第 41 章	264
第 42 章	272
第 43 章	281

道教神仙 The Daoist Immortals ... 287

第 44 章	287
第 45 章	296
第 46 章	305

大魔王 The Great Demon King ... 311

第 47 章	311
第 48 章	318
第 49 章	325

小偷 The Thieves ... 333

第 50 章	333
第 51 章	341

| 第 52 章 | 347 |

女儿国 The Country of Women ... 357
第 53 章	357
第 54 章	365
第 55 章	374

愤怒的猴子 The Angry Monkey ... 384
第 56 章	384
第 57 章	393
第 58 章	399

燃烧的山 The Burning Mountain ... 408
第 59 章	408
第 60 章	417
第 61 章	425

血雨 The Rain of Blood ... 434
第 62 章	434
第 63 章	443
第 64 章	453

假佛 The False Buddha ... 461
第 65 章	461
第 66 章	469
第 67 章	478

猴子医生 The Monkey Doctor ... 485
第 68 章	485
第 69 章	493
第 70 章	501
第 71 章	507

蜘蛛网山的恶魔 The Demons of Spiderweb Mountain ... 514
| 第 72 章 | 514 |
| 第 73 章 | 523 |

大鹏和他的兄弟们 Great Peng and His Brothers ... 534
第 74 章	534
第 75 章	542
第 76 章	549
第 77 章	556

一千个孩子 The Thousand Children ... 564
| 第 78 章 | 564 |
| 第 79 章 | 575 |

和尚和老鼠 The Monk and the Mouse 585
 第 80 章..585
 第 81 章..593
 第 82 章..600
 第 83 章..607
灭法王国 The Dharma Destroying Kingdom 614
 第 84 章..614
 第 85 章..623
 第 86 章..632
九头狮子 The Nine Headed Lion 640
 第 87 章..640
 第 88 章..649
 第 89 章..656
 第 90 章..662
懒僧 The Lazy Monk 670
 第 91 章..670
 第 92 章..677
 第 93 章..685
 第 94 章..691
 第 95 章..697
最后的苦难 The Last Trial 706
 第 96 章..706
 第 97 章..714
 第 98 章..725
 第 99 章..733
 第 100 章..739

Proper Nouns...749
About the Authors..777

Acknowledgements

We are deeply indebted to the late Anthony C. Yu for his incredible four-volume translation, *The Journey to the West* (University of Chicago Press, 1983, revised 2012).

We have also referred frequently to another unabridged translation, William J.F. Jenner's *The Journey to the West* (Collinson Fair, 1955; Silk Pagoda, 2005), as well as the original Chinese novel 西游记 by Wu Cheng'en (People's Literature Publishing House, Beijing, 1955). And we've gathered valuable background material from Jim R. McClanahan's *Journey to the West Research Blog* (www.journeytothewestresearch.com).

As always, many thanks to the team at Next Mars Media for their terrific illustrations, Jean Agapoff for her careful proofreading, and Junyou Chen for his wonderful audiobook narration.

Audiobook

Complete Chinese language audio versions of each of the stories in this book are available free of charge. To access them, go to YouTube.com and search for the Imagin8 Press channel. There you will find free audiobooks for these stories and all other Imagin8 Press fiction books.

You can also visit the Imagin8 Press website, www.imagin8press.com, where you will find download links to all the audiobooks, as well as information about our other books.

Introdu

Let's start at the beginning.

A long, long time ago, in a magical island called Aolai (傲來, àolái) stood in the sea like a king in his palace. In the center of the island was Flower Fruit Mountain, and at the very top of the mountain was a large stone as tall as six men. The stone was made pregnant by heaven and earth, and one day the wind blew over the egg and it cracked open. A little stone monkey emerged. He opened his eyes, and two beams of light shot up to heaven. The Jade Emperor on his throne saw the beams of light but he did not interfere.

The little stone monkey grew up to be Sun Wukong (孫悟空, sūn wùkōng), the Handsome Monkey King. He had immense magical powers but little self control. And so it wasn't long before he stormed the gates of heaven, intent on taking the place of the Jade Emperor and declaring himself the Great Sage Equal to Heaven. All the gods and armies of heaven could not defeat him. But finally he was outwitted by the Buddha himself and imprisoned under Five Finger Mountain.

Five hundred years pass. The empire of Tang (唐, táng), in what is now eastern China, is ruled by Taizong (太宗, tàizōng). Emperor Taizong makes a serious mistake by accidentally ordering the execution of a dragon king for a crime he did not commit. The dead dragon files a complaint with the Lords of the Underworld, and soon the emperor is dragged down to hell to be judged and punished. He explains his mistake to the Lords of the Underworld. They agree to let him go, but leave it up to him to figure out how to return to the human world. He eventually escapes with the help of a deceased courtier, and he awakens in his coffin, a changed man.

Taizong decides to do something to free the souls who are trapped in the underworld, and also help his people. He selects a Buddhist monk and commands him to journey thousands of miles west to India, across vast stretches of unknown and dangerous country, to retrieve the Buddha's holy scriptures and bring them back to the Tang Empire.

The monk selected for the journey is a young man named Xuanzang (玄奘, xuánzàng). The emperor did not know that Xuanzang already met the Buddha in a previous lifetime. Centuries earlier the young monk was a student of the Buddha, but he fell asleep during one of the Buddha's lectures. As punishment the Buddha sentenced him to ten lifetimes of terrible suffering. In this, the tenth lifetime, Xuanzang accepts the emperor's command that he undertake this perilous journey to the west.

And so his journey begins. Almost immediately he runs into trouble with some local monsters and nearly loses his life. Then he stumbles upon the trapped Monkey King, converts him to Buddhism, and frees him from his prison under the mountain. Later he meets two other troublemakers, a pig-man named Zhu Bajie (豬八戒, zhū bājiè) and a river monster named Sha Wujing (沙悟淨, shā wùjìng). These two also have magical powers and are, to put it mildly, in great need of redemption. He converts them to Buddhism as well. Accompanied by these three powerful but unruly disciples, the monk spends the next fourteen years journeying to the Western Heaven. They cross hundreds of mountains and thousands of rivers, battling monsters, demons and a variety of devious humans. Eventually they arrive at the home of the Buddha, but the monk finds that his troubles are far from over.

This, in a nutshell, is the *Journey to the West*. This story was first told in detail in the 16th century A.D. in a two thousand page novel of the same name. The original author is believed to be a novelist and poet named Wu Cheng'en (吳承恩, wú chéng'ēn), but parts of the story already existed as written and oral folk tales well before Wu wrote his novel. The version of the story that we use was published anonymously in the year 1592.

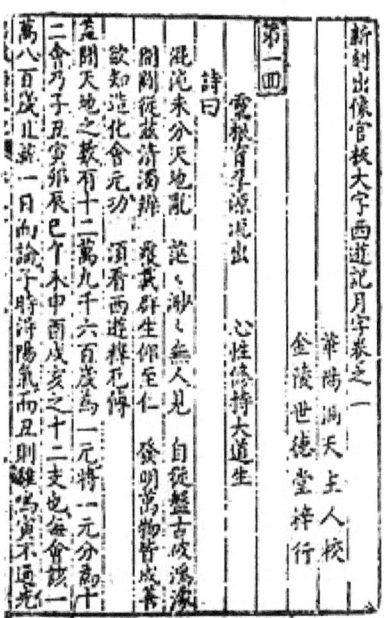

A woodblock print from the earliest known edition of Journey to the West. (Wikipedia)

Wu's novel is loosely based on an actual journey by the monk Xuanzang, who left China in the year 629. The real monk was not sent by the emperor; in fact, the real Taizong actually forbade him to go. But the young monk went anyway, in defiance of his emperor's command. He returned as a hero seventeen years later, leading twenty pack horses loaded down with Buddhist scriptures he brought from India.

Journey to the West is probably the most famous and best-loved novel in China and is considered one of the four great classical novels of Chinese literature. Its place in Chinese literature is roughly comparable to Homer's epic poem *The Odyssey* in Western literature. Wikipedia sums up the book's role perfectly, saying, "Enduringly popular, the tale is at once a comic adventure story, a humorous satire of Chinese bureaucracy, a spring of spiritual insight, and an extended allegory in which the group of pilgrims journeys towards enlightenment by the power and virtue of cooperation."

Journey to the West is a very, very long story. The original Chinese novel is over a half million Chinese characters long and uses a vocabulary of over four thousand different Chinese words, many of which are archaic and virtually unknown to modern readers. There are several English translations. The best one is by Dr. Joseph Yu, and it runs over two thousand pages.

However, what you are about to read is not a literal translation of the *Journey to the West*. Rather, it's a retelling of the story, in Simplified Chinese, for people who are learning the Chinese language but would not be able to read the story in its original form. Our retelling of the story was originally published as a series of 31 individual books that use a restricted vocabulary of Chinese words and a simple sentence structure. The book you are about to read is a combination of all 31 of these individual books.

The original novel was organized into a hundred chapters. Each of the 31 books in our series cover a small part of the story, and contain anywhere from two to five chapters each.

The books start off relatively easy and gradually increase in complexity. For example the first book, *Rise of the Monkey King*, covers the events in the first two chapters of the novel and uses a vocabulary of just 507 words. The second book, *Trouble in Heaven*, covers the next two chapters and uses only 431 words. Each book adds, on the average, about 50 new words, and so by the time you finish the final book, called *The Last Trial*, you will have seen over two thousand different Chinese words.

All proper nouns are underlined in the text, and a complete list of proper nouns, organized by book, is provided at the end.

Each of the 31 books in this volume is also available as a standalone paperback or eBook. These have pinyin and English translations, a list of proper nouns used in the book, and a complete glossary. Those are not included in this book because of size limitations.

There are also free audiobook versions of all 31 books presented here. You can use these to listen to a native Chinese speaker tell the story while you follow along with the text. The audiobooks are available on YouTube on the Imagin8 Press channel.

All right, let's get to the story!

猴王的诞生

第 1 章

我亲爱的孩子，我知道时间很晚了。你玩了一天，累了，现在是睡觉的时候了。但是你说你想在睡觉前听一个故事。所以现在我给你讲一个很老的关于猴子的故事。这只猴子很强大，也很聪明，但是有的时候他也很淘气。他需要去学习什么是爱，去学习怎么去帮助别人。

几千年以前这只猴子生活在中国的北方。在他很长的一生中他有很多名字，但是他最有名的名字是<u>孙悟空</u>。

人们讲了很多关于<u>孙悟空</u>的故事。如果我告诉你所有这些故事，需要讲很多天！所以今天晚上我会告诉你一点点关于他的出生和他怎么成为一个大王的故事。

一开始，在地球很年轻的时候，上天创造了四个大洲：东大洲，西大洲，南大洲和北大洲。东大洲里有一个叫<u>傲来</u>的国家，离大海不远。海中有一座大山，就像宫殿里的国王一样站在海中。它的名字叫花果山。山的四周是美丽的森林，森林里有鸟，动物，绿绿的草，美丽的花，高高的果树。

百条小河从山中流向大海。

山顶上有一块非常大的石头，有六个大人一样高，三个大人都不能把石头抱住。这石头和地球的年纪一样大。一百万年来，上天和大地一起养育着这块石头。终于，在一百万年以后，石头怀孕了。石头打开，一个石蛋从里面出来。风吹过，石蛋打开，一只小石猴从里面走了出来。

这只猴子很小，但是他看上去不像是一只小猴子。他看上去像一只大猴子。小石猴每天在玩，爬上爬下，跑来跑去，所有的动物都是他的朋友。

有一天，石猴张开他的眼睛。两道光从他的眼睛里放了出来，直向天上。在天上，<u>玉皇大帝</u>看见了这两道光。宫殿里的其他人也看见了，都很担心。但是<u>玉皇大帝</u>一点儿也不担心，因为他知道这两道光是从石猴那里来的。他笑着说，"这些光是从一只猴子那里来的，他是从天地中出生的，别担心。"

石猴快乐地生活在<u>花果山</u>中。他和所有住在山上的动物玩。他和他的动物朋友们一起过了很多年简单的生活。

有一天，天气很热，石猴和他的猴子朋友们在冰冷的河水里玩。他们用小石头在水下造房子。累的时候，他们就在河里游泳洗澡，或在河边休息。

有一只猴子说，"不知道这条河是从哪里来的。今天我们没有什么事情，我们去找一找吧！"

他们沿着河走上山，爬上石头，喊叫着他们朋友的名字，一路上笑着玩着。几个小时以后，他们看到一个大瀑布。很长时间他们坐在那里看着瀑布。在白天，这瀑布看起来像一条彩虹。在月光下，它像火焰一样发着光。附近的绿树喝着这冰冷的河水。

所有的猴子都喊叫拍手。他们说，"神奇的水！神奇的水！谁能进到河里，看到瀑布后面，谁就是我们的大王！"

石猴听了，跳了起来，大喊，"我去！我去！"亲爱的猴子！他闭上眼睛，跳进了瀑布。

瀑布的后面没有水，只有一个大房间，房间里面有座铁桥。水经过桥下流向瀑布的顶上。

石猴看了看四周，发现他在一个美丽的山洞里。山洞看起来很舒适，有石床，石椅子，石瓶子和石杯子。山洞里还有很多绿树。石猴非常高兴。他想马上告诉他的朋友们。所以他闭上眼睛，跳出水，走出山洞。

猴子们看见了他，他们问，"你看到了什么？"石猴说，"一个美丽的地方，没有水，只有一个大的舒适的房间，房间里有桥、石床、石椅子、石杯子和石瓶子。我们可以住在那里。我们叫它<u>水帘洞</u>吧。来，跟我一起去看看！"

"好，"他的朋友们高兴地说，"你先进去。"石猴喊着，"跟我来！"

所有的猴子进到房间里以后，石猴站了起来。他说，"你们说过，谁找到这个地方，谁就是你们的大王，现在让我成为你们的大王吧。"然后每只猴子都开始向石猴鞠躬，"你现在是我的大王。"

从那天开始，石猴成为了所有猴子的大王。他有了一个新的名字，美猴王。但是我们还是叫他猴王。

猴王和他的朋友们在水帘洞里住了很长时间，有三、四百年。每天他们在山上玩，每天晚上他们在洞里睡觉。他们都非常愉快。

有一天，吃东西的时候，猴王变得很不开心，哭了起来。其他猴子问，"怎么了？"猴王说，"我现在很开心，但是我很担心我们以后的生活。"其他猴子笑了，"你应该感到高兴。我们有一个美好的生活，我们有吃的东西，我们很安全，我们很舒适。别伤心了。"

猴王说，"是的，我们今天很开心。但以后我们还是要去见阎罗王的，那个地狱的王。如果我们以后会死，我们今天怎么能开心呢？"当所有的猴子想到死，他们都开始哭了。

然后一只猴子跳起来哭着说，"猴王，你知道吗，圣人是不会去见阎罗王的。他们活得和天地一样长。"

猴王说，"我不知道。圣人住在哪里？"

"他们住在很老的山洞里，但是我不知道山洞在哪里。"

"没问题。明天我就下山去找圣人，向他学习。我会一直年轻，不会去见阎罗王的。"

所有的猴子都拍手喊着，"太好了！太好了！明天我们会去找很多水果，在你走以前我们要给你开一个宴会。"

第二天，猴子们找到了很多种水果和鲜花。他们把水果和鲜花放在石桌上，用石杯子喝酒，吃了很多，喝了很多。他们一起跳舞，一起唱歌，成为一只山猴是多么好。从早上到晚上，他们都在吃、喝、唱歌、跳舞。每个猴子都送礼物给猴王。最后，他们就去睡觉了。

早上，猴子们为猴王做了一条小船。猴王上了船，经过大海，去了南大洲。他走了很多天，终于到了南大洲的一边。他跳下了船，看到一些人正在钓鱼和准备吃的东西。亲爱的猴王！他看起来很可怕，人们看到他都跑了。但是有一个人跑得慢了点儿，猴王就把那人的衣服脱下穿在自己身上。现在他看起来像人了，但衣服有点大，有点丑。

猴王穿得像个人一样的走了很长时间。每天他都在找圣人。但他只看到那些喜欢钱和名的人。猴王想，"太不好了！这些人都想要钱和名。他们都想得到比现在更多的东西。但是他们没有想到会去见阎罗王。他们真笨！"

猴王找了又找。找了八、九年。最后，他来到了南大洲一边的西海边。他想，"一定有圣人生活在海的那一边。"所以他又做了一条小船，又走了很多天，来到了西大洲的一边。

他又再一次的在那里找圣人。他见到了很多可怕的动物，但是猴王都不怕。

有一天，他来到一个有高大树木森林的美丽大山。他听到很多河流的水声，"多么美丽的地方！"他想，"一定有圣人在这里生活。"

他走进了森林，听到一个人正在唱歌，是一首关于他自己的快乐简单的生活的歌。那人唱着，

"我砍木头，我卖木头
我买一点米，一点酒
我睡在树林中
大地是我的床
我的头枕着树根
我很容易笑

我不担心

我没有什么打算

我的生活简单快乐！"

猴王听到这首歌的时侯想，"这是一个圣人！"他跑去见那个人，说，"啊，神仙，啊，神仙。"

那个人向后跳去，大喊，"我只是一个老人。我没有钱，没有房子，没有几件衣服。你为什么叫我神仙？"

"我听到了你的歌，你歌里的话都是神仙说的话。请教我。"

那人笑了，"我的朋友，让我告诉你，我从我的邻居那里学了这首歌。他告诉我当我担心或者伤心的时候，就唱这首歌。刚才我很担心，所以就唱了这首歌，但是我不是神仙！"

猴王说，"如果你的邻居是神仙，你为什么还在这里？你应该跟他学习。"

"我不能。我的爸爸死了，我的妈妈现在是一个人生活。我没有兄弟姐妹去帮助她。现在她很老了，所以我必须去帮助她。我不能去学习成为神仙。"

"我明白了，"猴王说，"你是一个好人。请告诉我怎么找到神仙住的地方，这样我可以去见他。"

"不远。他住在<u>灵台方寸</u>山中<u>斜月三星</u>洞里。他有很多学生。他住的地方离这里七、八里远。沿着这条路走，你就会看到它的。"

"谢谢你，"猴王说，"我不会忘记你的。"

猴王走了七、八里路，到了一个山洞。山洞的上面有一块大石头。石头上写着"灵台方寸山，斜月三星洞。"猴王很高兴，他想，"这个地方的人讲的是真话。这就是我要找的山洞！"但是他没有进山洞。他爬到一棵树上，一边玩一边等。

过了一会儿，山洞的门开了，一个漂亮的年轻人走了出来。"谁在这里找麻烦？"他问。猴王从树上下来，说，"神仙弟弟，我是来学习的。我不会给你找麻烦的。"

年轻人笑了，"你是来找长生的办法吗？"

"是的。"

"我的老师刚开始上课，但是在他开始以前，他告诉我去为一个新学生开门。你一定是那个新学生！"

猴王笑笑，说，"是的，就是我。"

"好吧，请跟我来吧。"

猴王和年轻人走进了山洞。经过很多漂亮的房间后，他们见到了菩提祖师，他正在给三十多个学生上课。

猴王多次鞠躬，说，"祖师，我是您的新学生。请教我！"

祖师说，"你是从哪里来的？告诉我你的名字和你的国家。"

"您的学生来自东大洲的傲来国中花果山里的水帘洞。"

"马上离开！"菩提祖师喊着。"你没有说真话。花果山离这里有两个海和一个东大洲。你怎么可能到这里？"

猴王多次鞠躬，回答说，"您的学生走了十年，经过大洲和大海来见您这位祖师。"

菩提祖师放心了，笑着说，"我明白了。你的姓是什么？"

"我没有性子。如果你骂我，我不生气。如果你打我，我不跟你打。我只说友好的话。"

"笨猴子！我问你的姓，不是你的性子！"

"啊，对不起！我没有姓，因为我没有爸爸妈妈。"

"你是从树上生出来的吗？"

"不是树，祖师，是石头，花果山上的石头。"

听到这话的时候，菩提祖师很高兴，"那么你的爸爸妈妈就是天和地。让我看看你是怎么走路的。"

猴王站了起来。他还像人那样穿着衣服，但他走起路来像只猴子。菩提祖师笑了，"你走路像猴子，你的脸不漂亮，你像一只猢狲。所以你应该姓孙。"

"谢谢您，祖师！现在我知道了我的姓。请告诉我我的名字。"

菩提祖师说，"在我的学校里，学生的名字是从十二个字里给的。你是第十个来的，第十个字是悟，意思是明白。因为你想找真相，我就叫你悟空。"

"太好了！我现在叫孙悟空了。谢谢祖师！"

第 2 章

从那一天起,孙悟空每天都和祖师一起学习。他在山洞里住了七年。第七年的一天,菩提祖师对孙悟空说,"在我的学校里有三百六十种不一样的办法。每种办法都能带你走向智慧。你想学哪一种?"

"祖师让我学什么我就学什么,"孙悟空回答说。

菩提祖师告诉孙悟空三百六十种办法中的每一种。他说了很长时间。每次菩提祖师说一种办法,孙悟空就会问,"如果我学这种办法,我会成为神仙吗?"每次祖师都回答,"不会。"然后每次孙悟空说,"那我就不学这种办法。"

菩提祖师很生气,对孙悟空喊,"你这只猴子!我已经告诉你很多能走向智慧的办法,但是你什么都不想要,什么都不想学。"他在孙悟空头上打了三下。然后他把手放在身体后面,走进他的房间,关上了门。

其他学生听到这些,都很生气,因为孙悟空让祖师生气。但是孙悟空一点儿不生气也没有不开心。他认为祖师告诉了他一个秘密。因为祖师在他的头上打了三下,他认为这意思是"等到三更"的时候,也就是从晚上十一点开始。祖师把手放在身体后面,他认为这意思是"从后门进我的房间,我可以教你。"

所以那天晚上刚到三更,孙悟空走出房间,来到外面。他走到后门,门开着,他走进去。祖师正在床上睡觉。孙悟空就坐下来等祖师醒来。

当祖师醒来的时候,他看见孙悟空,笑着说,"你这猴子,你为什么在这儿?"

"祖师，"孙悟空说，"昨天你告诉了我一个秘密，你要我等到三更，然后经过后门到你的房间。现在我在这里，请教我长生的秘密。"

菩提祖师在孙悟空耳边说了一首诗，诗里有长生的秘密。当然，我不能告诉你这首诗是什么，因为它是一个秘密。

孙悟空听到这首诗后，每天多次读着这首诗。他记住了诗里的每一个字，他学着诗里的东西去做，他开始学习长生的秘密。

但是三年后，菩提祖师对孙悟空说，"我亲爱的学生，你要小心。你已经学会了天地的秘密，但是现在你在危险中。当然，你会长生。但是五百年以后的今天，上天会给你送去雷电。要用你的智慧去避开雷电，如果不那样做你会死。雷电的五百年后，上天会给你送去火焰。要用你的智慧去避开火焰，如果不那样做你会死。火焰的五百年后，上天会给你送去大风。它会到你的头里，经过你的身体。要用你的智慧去避开大风，如果不那样做你会死。"

孙悟空害怕极了，毛发都直了起来，"祖师，请帮我避开这三件事。我不会忘记你的。"

"别担心，"祖师说，"这个世界上没有什么事情是很难的。只有你把它想得很难。"然后，菩提祖师在孙悟空的耳边说了一个秘密。孙悟空听了以后，很快他学会了筋斗云。他一个筋斗云可以飞过十万八千里。现在他可以避开天上的雷电，火焰和大风。他可以长生了。

他在菩提祖师那里又住了很多年。有一天，祖师对孙悟空说，"你今天必须离开。你一直在给其他学生找麻烦。"

"我应该去哪里呢？"孙悟空伤心地说。

"回你的家，从哪里来就回哪里去。"孙悟空很伤心，一个筋斗云就离开了。

他走得非常快，一个小时以后，他就回到了花果山水帘洞里的家。他听到猴子们的声音，"孩子们，我回来了，"他说。很快，很多很多的猴子跑来欢迎孙悟空。他们问，"你为什么走了？只有我们自己在这里，我们一直在等你回来。最近，这里有一个妖怪，他想要我们的山洞，他带走了我们的很多朋友。我们非常担心。但现在我们很高兴，因为我们的大王回来了。"

孙悟空很生气，"告诉我这个无法无天的妖怪。我会找到他的。"

"他住在北面。我们不知道有多远。他来时像云，去时像风。"

"别担心，我会找到他的。"孙悟空跳起来，一个筋斗云向北面去了，他来到了一座高山。看到了一些小妖怪，他知道这就是妖怪的家。他对小妖怪说，"我是花果山的猴王。你们的大王呢？我不想知道他的名字。他找我朋友们的麻烦，我要和他说话。"小妖怪跑进山洞里，告诉大妖怪，"外面有一只很丑的猴子。他说他是一个大王。他要和你说话。"

妖怪只是大笑，"我经常听到这些猴子说起他们的大王，他在外面跟祖师学习。那个大王一直不在这里。现在他已经回来了吗？"妖怪拿起他的弯刀，走出山洞，说，"花果山的大王在哪里？"

"妖怪，你的眼睛很大，但怎么就没有看到我这只老猴子？"

"老猴，你很小。你为什么这样跟我说话？"

"你什么都看不到，笨妖怪。你说我很小，但如果我想的话，我可以从天上把月亮拿下来。"

妖怪大叫，他开始和孙悟空打。他们打了很长时间。妖怪用他的弯刀砍孙悟空，孙悟空马上就要输了，所以他马上从他的头上拔了几根毛发，在嘴里嚼了一下，然后把他们吐出来，变成了几百只小猴子。小猴子一起帮孙悟空打妖怪。打了一些时间，孙悟空和小猴子赢了，妖怪死了。然后孙悟空吃了毛发，小猴子又回到了孙悟空的身体里。

但是有些小猴子没有回到孙悟空的身体里。这些是被妖怪带来的猴子。孙悟空对他们说，"你们为什么在这里？"

他们说，"大王走了以后，妖怪来到花果山。这两年，他经常来，带走了我们的一些猴子。你看，这里有一些从我们水帘洞里拿来的石盆和石碗！"

"大家都跟我回家，"孙悟空说。

"大王，"他们说，"我们是和妖怪一起来这里的。我们没有看到来的路，所以我们不知道怎么回家。"

"没问题，"孙悟空说。"我知道怎么带你们回家。你们大家都闭上眼睛，不要害怕。"

亲爱的猴王！他把所有被妖怪带来的猴子都放在云上，一个筋斗云就回到了花果山。"张开你们的眼睛，"孙悟空说，"现在你们到家了！"

所有的猴子都很高兴。他们用酒和水果开了一个很大的宴会。孙悟空告诉了猴子们他在西大洲和南大洲的那段时间。他说，"我从祖师那里学了很多东西。现在我可以长生不死了。我现在有一个新的名字。"

"你新的姓是什么，大王？"

"我姓孙。"

所有的猴子都很高兴，说，"如果大王是老孙，我们就都是小孙。我们一家都是孙，一国都是孙，我们都住在孙姓洞里！"他们都给孙悟空拿来了好吃的水果和好酒，他们一个晚上都在唱歌跳舞，他们是幸福的一家。

晚安，我亲爱的孩子。我爱你。

天宫里找麻烦

第 3 章

我亲爱的孩子,又是一天过去了,又到了睡觉的时候了。

昨天晚上我讲了<u>孙悟空</u>,那个<u>猴王</u>的故事。这只猴子很久以前就生活在<u>奥莱国</u>的<u>花果山</u>。我告诉过你,他是怎么出生的,怎么成为<u>猴王</u>的,怎么学会长生不死的,怎么跟一个想要伤害其他猴子的大妖怪打斗的。今天晚上我会告诉你他在天宫里的经历,他在那里找了很多麻烦。有的时候这只猴子给自己和其他人找了很多的大麻烦!

你不会忘记吧,我告诉过你,<u>猴王</u>和一个妖怪大打了一场。那场战斗打了很长时间,打得很难很难。那次战斗以后,<u>猴王</u>知道他必须做战斗的准备,所以他就开始教其他的猴子怎么打斗。

猴子们学会了怎么去战斗,但是有一天,<u>孙悟空</u>想到,"如果别人打我们，我们也需要有好的武器。我们怎么能得到它们呢？"四只老猴子知道了以后，走向前来，说，"大王，在奥莱东面大海二百里外，有另一个国家。那个国家的国王有很多武器。如果你从那个国王那里买武器，我们就不怕别人打我们了。"

"好主意，"猴王说，"我要去那里。"

几年前，猴王学会了怎么用筋斗云走得又快又远。现在他一个筋斗云就很快地飞过了两百里的大海到了一个大城市。他看到一个武器库，里面有很多武器。他想要这些武器，但他没有钱，所以他不能买这些武器。但这不是问题！他吹出了一股大风。风让所有的人都进到家中，所有的商店都关了门。

所有的人都在自己的家中了，只有孙悟空一个人在那里。他打开了武器库的门，看到了很多武器，太多了，他拿不完。没问题！他从头上拔出一些头发，咀嚼后，把它们吐出来。头发变成几百只小猴子。每只猴子都拿了一些武器。然后孙悟空再次吹出一股大风，所有的小猴子和武器都飞回了花果山。

"孩子们，"孙悟空说，"来拿你们的武器！"现在所有的猴子都有武器了，他们准备好了去战斗。孙悟空为自己选了武器，但他不喜欢。"这对我来说太小了，"他说。

四只老猴子又走上前来，告诉他，"大王，在这山下，大海下，有个龙宫。龙王就住在那里。请他给你一件好武器。"

孙悟空很喜欢这个主意，所以他跳进水中，游到龙宫去找龙王。龙王从他的宫殿里出来欢迎他。龙王说，"大仙，欢迎来到我家。请进来！"

龙王和猴王一起喝茶。龙王问孙悟空为什么来到龙宫。"很多年以来我一直在学习长生的办法，"孙悟空说，"现在我可以长生不死了。我教会了我的孩子们怎么去战斗，他们都有很好的武器。但是我还没有我喜欢的武器。我听说我的海下邻居可以帮助我。"

龙王坐着，想了一下。他有点怕孙悟空，所以他给了他几种武器。有一些武器非常大，十个大人都拿不起来。但孙悟空说，"这些武器太小了。你有别的吗？我可以给你钱。"

龙王害怕极了！"对不起，"他说，"那是我有的最大的武器。"

猴王生气了。就在这个时候龙王的妈妈听到了他们的话。她对龙王说，"亲爱的儿子，这海下有一根大棒。这几天，它发出了美丽的光。我们就把这个给那猴王吧。他可能会要这个，那样他就会回他的家了！"

龙王告诉孙悟空，"在这海下面有一根大棒。你可以拿去。但是，它太大了，我们没有办法搬动它。但是你可能可以搬动它。"

"在哪里？"孙悟空说，"带我去那里。"

龙王和孙悟空一起去看大棒。它有二十尺长，像大树那么粗，棒的两头是两个金箍，棒上面有字，"金箍棒。"孙悟空说，"这金箍棒太长太粗了。变！"正像他说的那样，金箍棒变小了，只有饭碗那么粗。孙悟空把它拿起来，现在他很喜欢这根金箍棒。他看着金箍棒轻声说，"还是太大了，变！"金箍棒就变得很小很小了。孙悟空把它拿起来放在耳中。

"谢谢你，我的邻居，"他对龙王说。"我很喜欢这根金箍棒！现在我还需要一件东西。你有什么好衣服给我吗？"

"对不起，"龙王回答，"我没有什么衣服给你。"

孙悟空看着他，冷冷地说，"你想让我用金箍棒打你吗？"

"等等！别动手，"龙王喊道，"我会帮你找一些好衣服的。"

龙王叫来他的三个兄弟一起帮孙悟空找衣服，他们找到了一些孙悟空可以穿的衣服，它们中有一顶美丽的金红色帽子和一件金黄色盔甲。他们把这些给了孙悟空。孙悟空很高兴。他拿起衣服回家了。但龙王和他的兄弟们都很生气，他们给天上的玉皇大帝写了一封信。

孙悟空回到家后，坐在他的宝座上，把金箍棒放在地上。所有的猴子都想把它拿起来，但是他们都不能搬动它。孙悟空笑了起来，告诉他们他是怎么得到这金箍棒的。小猴子们笑着跳着，又吃又喝，直到睡着了。

非常有意思的是，孙悟空睡着了，他做了一个梦。在梦中，有两个人来到他面前。他们拿着一张纸，上面写着，"孙悟空。"那两个人一句话都不说，就把孙悟空拖走了。当他们拖着他的时候，孙悟空向上一看，看到一块牌子，上面用大字写着，"幽冥界。"

"这是什么？"他喊道，"幽冥界是阎罗王的家，那个地狱的王。我是长生不死的，这里跟我没关系，我为什么要在这里？"但是这两个人没有听他的话。孙悟空生气了。他把金箍棒从他的耳朵里拿出来，把它变到像碗那样粗，重重地打了那两个人。他们放了他，他跑进了地狱城。

在那里他看到了地狱里的十位国王。国王们看见了孙悟空，但不认识他，所以他们说，"告诉我们你的名字！"

"我是从花果山来的猴王孙悟空，"他回答说。"你们让你们的两个人把我拖过来。这让我很生气。马上告诉我你们的名字。如果不说我就用我的金箍棒打你们。"

国王们害怕了,他们很快说了他们的名字。

孙悟空说,"大家叫你们大王,那你们应该很聪明。但是,我知道是你们让那两个人把我带来的。那样做是很笨的!"

"大仙,"他们回答说,"请不要生气。我们的人可能拿错人了。你知道很多人都有一样的名字。"

"我不相信,"孙悟空说,"我要看生死簿。我要看看里面有没有我的名字。"

国王们拿出了生死簿。这些生死簿里有所有生物的名字,有人、猴子和其他动物。孙悟空看了所有的书,但是找不到他自己的名字。这是因为他看起来像人,但他不是人,也不是一只猴子。他很特别。最后他看到一本很小的只有一页的书。他打开书,读道,"从天地出生的石猴子。年龄:三百四十二年。老死。"

孙悟空说,"我不知道我的年龄。但这没关系。我不想让我的名字在生死簿中。给我一支毛笔和一些墨。"他用毛笔和墨划掉了自己的名字。但这还没有完。他打开所有有猴子名字的生死簿,用毛笔和墨把所有猴子的名字都划掉了。"现在我的名字和我朋友们的名字都不在生死簿中,"他说,"我们会一直活着。"这让地狱里的十位国王非常生气,他们给天上的玉皇大帝写了一封信。

正在这个时候,孙悟空醒了,知道这只是一个梦。他把这个梦告诉了四只老猴子,还告诉他们他是怎么把他们的名字从生死簿中划掉的。当四只老猴子知道他们的名字不在生死簿中时,他们很高兴,因为他们知道他们会一直活着。

猴王很高兴，其他的猴子、他所有的朋友们也都很高兴。但是，天上的玉皇大帝不高兴。他刚得到两封信。第一封是从龙王那里来的，讲了孙悟空在龙宫里做的事情。第二封是从十位国王那里来的，讲了孙悟空在地狱里做的事情。

看完两封信后，玉皇大帝很生气。他大喊，"这个无法无天的猴子是谁？他是从哪里来的？他怎么学了这么多东西，他怎么会变得这么强大？"两位大臣走过来说，"玉皇大帝，这是三百年前你见过的从天地中出生的小石猴。那时候他不强大。我们不知道他是怎么学到这么多的，怎么变得这么强大的。"

"现在他太强大了，太可怕了。把他抓起来，"玉皇大帝说。

两位大臣中的一位，太白金星，走向前去，说，"玉皇大帝，你知道所有的生物都可以学会长生不死。这只猴子是从天地中出生的，他当然也可以学会长生不死。请不要抓他。他应该来天上，住在这里。我去请他来，给他一个工作。"

第 4 章

玉皇大帝认为这是一个很好的主意。所以他告诉太白金星去见孙悟空，请他到天上来。太白金星去了花果山，对孙悟空说，"我是太白金星。玉皇大帝想要你去天宫工作。"孙悟空听到后很高兴，他用筋斗云上了天上。

孙悟空走得很快，太白金星跟不上他，所以孙悟空到天上的时候，太白金星还在路上。天上没有人认识孙悟空。他们看到他的时候说，"你不能进来。"他们拿着武器站在他面前。孙悟空想，"太白金星没有告诉我真相。他请我来天宫，但是这些人不想让我在这里。"

就在这个时候，太白金星到了。"别担心，我的朋友，"他对孙悟空说，"这是你第一次来这里，这里的人当然不认识你。所以他们不会让你进去的！现在我在这里就没有问题了。以后你住在这里，在这里工作，谁会不让你进进出出呢？"

然后太白金星大声地对大家说，"站到一边去。是玉皇大帝叫他来的。让他进去！"每个人都走到一边，太白金星和孙悟空进了宫殿。宫殿很漂亮，里面有三十三幢大房子，有很多贵重的宝石。他们听到远远送来的音乐声。在宫殿的中间，玉皇大帝坐在他的宝座上。

孙悟空和太白金星在玉皇大帝面前鞠躬。太白金星说，"玉皇大帝，这是你让我带来的妖仙。"

"这个妖仙是谁？"玉皇大帝问。

没有等太白金星说话，孙悟空就跳了起来对玉皇大帝说，"正是我这只老猴子！"

大臣们都很生气，但玉皇大帝说，"这个妖仙才刚刚变成人。我们会原谅他说的这些话的。"

然后玉皇大帝问他的大臣们天宫里有什么工作可以给孙悟空做。大臣们说天宫里有很多工作，但是所有的工作都有人做了。只有一个工作，那就是在马房里照顾玉皇大帝的马。孙悟空很喜欢马，所以他认为这是一个很好的工作。他马上就去马房开始工作了。

他非常喜欢这个工作，马变得很胖很快乐。他工作了几个星期。有一天他和他的朋友们在一起吃着饭喝着酒。他拿起一杯酒，问他们，"我的工作是什么级别？"

"你的工作没有级别，"他们回答道。

"如果没有级别，那就应该是天上最高级别的工作了！"孙悟空说。

"不，"他们笑了，"你的工作没有级别是因为它是天上最低级别的工作。你必须让马变胖变快乐。但是你要小心，如果马瘦了或者生病了，你就会有大麻烦！"

"什么？"他哭了。"在花果山我是一个大王，在这里你们说我只是一个下人，照顾马，做最低级别的工作？这不是我做的事。"他跳起来，把金箍棒从耳朵里拿出来，把它变成饭碗那样粗。他杀出马房，出了天宫的门，一个筋斗云回到了花果山。

四只老猴子看见了他，说，"大王，你已经在天上住了十年了。我们非常想你！你这次去天宫快乐吗？"

"十年？才两个星期，"他回答道。

"大王，你知道吗，天上的一天就是地上的一年。请问你在天宫的时候做了什么工作？"

"不要问我那个！"他说。"他们给了我很低级别的工作，在马房里工作。当我发现这个工作的级别时，我就放弃了工作，离开天宫回到这里了。"

"我们很高兴你回来，"他们回答道。"你可以留在花果山做我们的王。"然后他们对其他猴子说，"快，拿酒给大王！"

当他们都坐在那里喝酒的时候，有两个妖怪来了。他们非常友好，给猴王送来了礼物，但他们喜欢找麻烦。他们喝了猴王给他们的酒，他们在一起说了很长时间的话。当妖怪们知道了孙悟空去过天宫时，他们问他在天宫里做什么工作。孙悟空告诉他们他在马房工作。"不会吧，"妖怪说，"这不是一个很好的工作。你是一个大王，不是一个养马的。你应该叫齐天大圣。"孙悟空很喜欢这个名字，他让猴子们去做一面旗子，在上面写上："齐天大圣。"

当孙悟空和妖怪说话时，天宫里有麻烦了。两个星期以前，猴王在人间做的事情让玉皇大帝很生气。现在他更生气了，因为猴王已经放弃了工作，离开了天宫。他让他的大将去找孙悟空，把他带回天宫。大将离开天宫很快到了花果山。他站在山洞前面，喊着孙悟空的名字，"我来抓你，带你回天宫。快出来，如果你不出来我就进来杀了你！"

孙悟空刚从天宫里出来，不想回那里了。他已经准备好打一场了。他戴着金红色帽子穿着金黄色盔甲，手里拿着金箍棒。他的眼睛像火焰一样发光，他的声音像雷声一样。他说，"你是谁，你为什么这么笨，就这样来这里？告诉我你的名字。"

"无法无天的猴子，"大将说，"你不需要知道我的名字。玉皇大帝让我来抓你，把你带回天宫。放下你的大棒，跟我走。如果你说半个'不'字，我会马上杀了你。"

"很笨的大将，"孙悟空说，"我现在可以杀了你，但我不会，因为我要你把我的话带给玉皇大帝。问玉皇大帝为什么给我那个低级别的工作，照顾他的马。你看到这面旗子了吗？上面写着'齐天大圣。'那是我！如果玉皇大帝给我这个名字，我就放下我的金箍棒，不找麻烦。如果他不给我这个名字，我会一路打到天宫，给他找很大的麻烦，让玉皇大帝不能坐在他的宝座上！"

大将只是笑笑，他说，"无法无天的猴子，你想做齐天大圣？先试试我的斧头。"大将和猴王开始打了起来。他们打了很长时间，猴子用他的金箍棒，大将用他的斧头。最后，孙悟空用金箍棒重重地打在大将的头上。大将就跑回天宫去了。

玉皇大帝让其他大将到花果山打猴王。他们又打了一场，猴王又赢了。第二位大将也跑回天宫。他对玉皇大帝说，"您的下人很对不起您！他下到人间要把那个无法无天的猴子带回天宫。但他没有做到！"

玉皇大帝想让更多的大将去打猴王，但有一位大臣说，"打这只猴子太难了！我们可能不应该去打他，我们是不是应该让他成为齐天大圣。给他他想要的工作，但是不给他钱、不给他事情做。这样他可能就会快乐，不会再找麻烦了！"玉皇大帝同意，要太白金星再一次到花果山去找孙悟空。这一次，太白金星没有得到像朋友那样的欢迎。这次，花果山上的每个人都拿起武器，开始和他打。"等等，"他大喊，"不要打！我来这里是和大圣说话的。"

孙悟空看到他说，"请进来，我的朋友。对不起，你到了以后我没有能马上见你。"

太白金星说，"让我告诉你，你第一次来天宫的时候，玉皇大帝给了你一个低级别的工作，因为他不知道你那么强大。现在我们知道了你是齐天大圣。所以玉皇大帝要你回到天宫。他会给你一个只有齐天大圣才能做的新工作。"

孙悟空笑了，"谢谢你，我的朋友。很对不起，我在天宫找了那么多的麻烦！告诉我，这是什么新工作？"

"齐天大圣，"太白金星回答到。

"真的？天宫里有一个叫齐天大圣的工作吗？"

"是的。相信我。如果有问题，可以跟我说。"

孙悟空听到这个非常高兴。所以两个人一起回到天宫，站在玉皇大帝的宝座面前。玉皇大帝说，"让猴王到前面来。"孙悟空来了。"所有的人都听好了。我现在对大家说，你是齐天大圣。这是一个最高级别的工作。只是不要再找麻烦了！"孙悟空非常高兴，他谢过了玉皇大帝。

然后玉皇大帝给了孙悟空两瓶酒，十束花，还有一幢在天宫仙桃园旁边的新房子。这是一个大错，因为孙悟空喜欢吃桃子！但是以后再说这个故事。现在每个人都很高兴。孙悟空坐在他的新房子里，和他的朋友们一起喝了那两瓶酒。

天宫里的生活很美好，他住在天宫里，他可以长生不死，他有一个好工作，他有很多朋友，他有很多酒可以喝。他还能有什么问题呢？

好吧，我的孩子，你会知道，在生命的大车轮中，事情时来时去。

一个人有一段时间有很多东西，后来这些东西又会离开他。一个人觉得痛苦不是因为这些东西的离开，是因为不能放弃这些东西。这就是生活。猴王可能需要学习这个，走下生命的车轮。也可能他不会去学。我们不知道。

但现在是睡觉的时候了。

晚安，我爱你！

仙桃

第 5 章

我亲爱的孩子，你今天一天都在让我讲关于<u>孙悟空</u>，那个<u>美猴王</u>的故事。我一直在告诉你要等到睡觉以前我才会讲他的故事。那么现在是睡觉的时候了，所以我现在要告诉你<u>猴王</u>在天上人间找麻烦的另一个故事。今晚我会给你讲他和桃子的故事！

我已经告诉过你，这个<u>猴王</u>是出生在<u>奥莱国</u><u>花果山</u>上的一只小石猴。因为他发现了<u>水帘洞</u>的秘密才成了<u>猴王</u>。这以后，<u>花果山</u>上的所有猴子都住在<u>水帘洞</u>里，安全快乐。但是<u>猴王</u>想要一直活着，所以他去了很远的地方，跟一位大师学习，大师给了他一个名字叫<u>孙悟空</u>。他学到了长生不死的秘密，还学到了怎么用筋斗云走得又快又远。他还有一个武器：金箍棒。他可以把它变得很大，也可以把它变得非常小放在他的耳朵里。

孙悟空是一只非常强大的猴子，天上的玉皇大帝很不想他去找麻烦，所以请孙悟空住在天宫里，叫他齐天大圣。但孙悟空没事做。所以他认识了很多朋友，吃了很多好吃的东西，去了天宫里的每一个地方，很快乐地生活着。

玉皇大帝很担心孙悟空会因为没有工作来找他的麻烦。所以有一天他叫孙悟空来见他。孙悟空来了但没有向玉皇大帝鞠躬。他刚走进来就问，"玉皇大帝，你准备了什么礼物给我这只老猴子？"

玉皇大帝说，"我没有礼物给你，但是我有一个工作给你。请你照顾仙桃园。这是一个很重要的工作。每天都要小心照顾！"

孙悟空很喜欢这个工作，马上就跑到仙桃园。他看了看四周。花园很美很香，每一个地方都可以看到美丽的小树，上面开着美丽的花，还有像金球那样大的水果。

仙桃园里的土地神告诉孙悟空，仙桃园里有3600棵桃树。前面1200棵树上的小桃需要3000年的时间才能吃，如果吃了它们就会变成神仙。中间1200棵树上的甜桃需要6000年的时间才能吃，如果吃了它们就可以进天宫，长生不老。后面1200棵树上美丽的紫桃需要9000年才能吃，如果吃了它们就会活得像天地、太阳、月亮那样长。

孙悟空爱上了仙桃园。他什么地方都不去了，也不去找他的朋友了。他每天都在仙桃园里。有一天他看到一些桃子已经能吃了。他非常想吃一个，但他不能那样做，因为有园工在仙桃园里，他不想让他们看到他吃桃子。所以他让园工先离开仙桃园。只留他一个人了！他爬上树，吃了一个桃子。非常好吃，他又吃了一个，然后又是一个，他一直在吃，最后他吃得太饱了。

几天以后，王母娘娘（就是玉皇大帝的妈妈）决定开一个宴会。

她想要在宴会上放一些仙桃。她让她的七衣仙女，红衣仙女、蓝衣仙女、白衣仙女、黑衣仙女、紫衣仙女、黄衣仙女和绿衣仙女去摘一些仙桃。仙女们去了<u>仙桃园</u>，但是<u>仙桃园</u>里的土地神让她们等着。"今年跟去年不同，"他说。"今年我们有一个新的大臣，<u>齐天大圣</u>。我必须先告诉他你们来了。"

"他在哪儿？"她们问。

"在<u>仙桃园</u>里。他累了，在睡觉。"

"<u>王母娘娘</u>让我们来这里摘桃子。我们不能太晚了，我们现在去见他。"

仙女们和土地神走进了<u>仙桃园</u>，但找不到<u>孙悟空</u>。他吃了很多桃子，太饱了，所以他把自己变成二寸长，在树上睡着了。

仙女们说，"是<u>王母娘娘</u>让我们来摘仙桃的。所以大圣在我们要摘，大圣不在我们也要摘。"

他们开始摘已经可以吃的仙桃，但是只能找到一点点，因为<u>孙悟空</u>吃了很多。仙女们看到一棵树上有一只已经可以吃的仙桃，<u>孙悟空</u>正好睡在那棵树上。当蓝衣仙女和红衣仙女一起把桃子摘下来的时候，树动了，<u>孙悟空</u>从树上掉了下来。他醒了，马上变回到自己的样子。他从耳朵里拿出金箍棒，把它变成像碗那么粗。

他大喊，"你们这些妖怪，你们从哪里来，为什么要拿我的桃子？"

仙女们非常害怕，说，"很对不起，大圣！我们不是妖怪。我们是七衣仙女，<u>王母娘娘</u>让我们来为宴会摘一些仙桃。我们知道这是你照顾的<u>仙桃园</u>，我们找过你，但是没有找到。请原谅我们！"

孙悟空不再生气了，他想到了宴会就笑了起来。"谢谢你们来请我参加这个宴会！"他说。

仙女们不知道孙悟空在讲什么，她们说，"很对不起，在参加宴会的名字中，我们没有听到你的名字，所以我们不知道是不是请了你。"

"没问题，"孙悟空说，"我这老猴子会知道是不是请了我。等在这里！"然后他在七衣仙女身上用了魔法，仙女们就不能动了。他一个筋斗云去了宴会的地方。路上，他遇到了一个漂亮的年轻人，和他向同一个方向走去。他问了那个人的名字和他要去的地方。

"我是赤脚大仙，"漂亮的年轻人说，"我要去那仙桃宴会。"

孙悟空说，"啊，你走错路了！今年的宴会是在通明宫。玉皇大帝让我告诉大家。"

"我不知道！"赤脚大仙说，然后他向另一个方向走了。孙悟空把自己变成赤脚大仙的样子，一个筋斗云到了宴会的地方。

他是第一个来到宴会的客人，已经有几个工人在那里准备吃的东西。他看了一下四周，看到了一百多种不同的好吃的东西。然后他闻到香香的葡萄酒。孙悟空又饿又渴，他真的很想吃那些东西，喝点美酒！但是他不能，因为其他的人会看到他。怎么办呢？他用魔法变出一群虫子。虫子飞了过去咬了所有的人，这些人就都睡着了。

现在，孙悟空一个人在那里对着好吃的东西和香香的葡萄酒。他吃了很多很多，吃得很饱很饱，他喝了很多酒，喝得很醉很醉。然后他想，"坏猴子！坏猴子！人们很快就会到这里，我会有很大的麻烦。我现在必须要离开这里！"

但是，对<u>孙悟空</u>来说，情况变得更坏了。他太醉了，找不到回家的路了。他发现自己不在家里而是在<u>太上老君</u>住的地方。

"好吧，"<u>孙悟空</u>想，"虽然我很想回家，但现在我已经在这里了。我一直想见见这位<u>老君</u>。现在正好可以见见他了！"

但是<u>太上老君</u>不在家。他出去讲课了。<u>孙悟空</u>看了所有的房间，没有找到<u>太上老君</u>。但是他发现了五瓶长生不老的金丹。<u>太上老君</u>准备在宴会上把这些金丹送给客人，让他们长生不老。

那<u>孙悟空</u>又做了些什么呢？当然了，他吃了所有的金丹！但现在他真的很害怕，他想，"坏了！坏了！我给自己找了很大的麻烦。

如果<u>玉皇大帝</u>知道了，他会杀了我的！"他跑出了<u>太上老君</u>的房子，一个筋斗云回到了他<u>花果山</u>的家。

<u>花果山</u>的猴子们看到他们的大王都很高兴。他们说，"<u>大王</u>，你已经走了一百多年了。你去了哪里，你做了什么？"

虽然<u>孙悟空</u>在天宫里只有几个月，但是天上的一天就是地上的一年。

他说，"我很高兴地告诉你们，<u>玉皇大帝</u>给了我<u>齐天大圣</u>的工作，这是一个很好的工作，照顾<u>仙桃园</u>。我一开始吃了一个桃子，发现它很好吃，所以我又吃了很多很多。然后我又去了一个宴会，虽然他们没有请我去。在宴会上我吃了很多东西，喝了很多酒。我喝醉了，发现自己在<u>太上老君</u>的房子里，在那里我吃了五瓶他的金丹。我害怕<u>玉皇大帝</u>会听到这些事，所以我很快就回家来了。"

猴子们很爱他们的大王，所以他们为他准备了一个宴会，还给了他一杯他们自己做的酒。孙悟空喝了一口，但是马上吐了出来。"这酒太难喝了！"他说。

猴子们说，"大王一直在天宫里吃饭喝酒。我们这里吃的喝的当然没有天宫里的东西好！"

"没问题，"孙悟空说，"我会给你们带回一些好酒的！"然后他跳了起来，一个筋斗云回到了天宫。他去了宴会的地方，拿了四瓶玉皇大帝最好的酒带回了花果山，和他的朋友们一起喝了酒。

你还记得那七个仙女吗？她们还是在同一个地方！孙悟空的魔法让她们一点都不能动，所以她们一天都站在仙桃园里的一棵树下，要等到魔法结束了，她们才可以再次走动。

但是对孙悟空来说，事情变得很不好。先是仙女们告诉王母娘娘，孙悟空吃了很多仙桃，用魔法让她们在花园里不能动。王母娘娘去了她的儿子玉皇大帝那里，告诉他这个事情。

王母娘娘还没有说完，准备宴会的一些工人来了，告诉玉皇大帝有人吃了宴会上所有的东西、喝了所有的酒。太上老君也来见玉皇大帝，告诉他有人进了他的家，吃了他所有的金丹。最后，赤脚大仙来了，告诉玉皇大帝有人让他去了错的宴会地方！

这些事情对玉皇大帝来说太多了。他很生气，他叫来了很多神仙。他们中间有东西二星，南北二神，五山神仙，四江龙神，天宫众神，一共十万军队。玉皇大帝要大家去花果山抓孙悟空。

军队在花果山上扔下一大张网要把孙悟空包在里面。然后他们都在水帘洞外面等着。

第 6 章

在水帘洞里，孙悟空像没有事一样喝着玉皇大帝的酒，和朋友们说着话。一些猴子很害怕，跑了进来，告诉孙悟空洞外的军队。但孙悟空一点也不担心。"你们知道这个老话吗，今天有酒今天喝，别担心外面的麻烦！"

但门外面的麻烦还在。神仙们毁坏了山洞的门。一个神仙喊道，"你这个坏猴子！你吃了仙桃。然后你又吃了仙桃会上的食物，喝了葡萄酒。你还吃了太上老君的金丹。为了你自己的快乐你还拿走了玉皇大帝的葡萄酒。"

"啊，这些都是真的，"孙悟空笑了起来。"但是你们想要做什么呢？"

"是玉皇大帝让我们来这里抓你。跟我们走，如果你不走我们会杀死这里所有的猴子，毁坏你的家。"

孙悟空和神仙们对骂了一会儿，然后开始了战斗。他们打了很长时间，当然我不会告诉你他们战斗中的所有事情。战斗从太阳出来开始一直打到太阳下山。夜里大家都去休息准备第二天再打。第二天他们又开始打了起来，但那些神仙和军队里的人还是不能打败孙悟空。

玉皇大帝不知道应该怎么办。在战斗中，一位客人来见他。是南海的观音菩萨。她说："玉皇大帝，我知道有人可以打败这只可怕的猴子。那就是你的侄子二郎神，他是很能打的人。他年轻的时候杀了六个妖怪。虽然他现在已经不太参加战斗了，但可能他会帮助你的。"

玉皇大帝给二郎神写了一封信，要求他帮忙。二郎神同意了，他和他的六个兄弟还有一支军队一起去了花果山。他们打开一张大网，让新来的人都到网里面去。

来到了水帘洞以后，二郎神向孙悟空喊骂着，他们两个人对骂了很长时间。然后打了起来。孙悟空还打了其他的神仙，但是二郎神太厉害了。孙悟空打啊打啊，他太累了，他不能打败二郎神和那些神仙。所以他变成了一只小鸟飞走了。

二郎神看见孙悟空变成一只小鸟飞走了，所以他也很快变成了一只鹰，跟着小鸟。孙悟空看到了二郎神变的鹰，他就马上又变成了一条小鱼，跳进了河里。二郎神想，"他去哪儿了？"他飞到河上看见了小鱼，马上就跳进水里想去抓小鱼。孙悟空很快又变成了水蛇，游过水进入高高的草地。二郎神看见了，他很快变成一只鹤，进入草地去抓水蛇。

孙悟空看到后马上又变成了一只大鸟，但是他知道二郎神还是会抓住他的。所以他飞下山，变成了一座小庙。他的嘴是门。他的眼睛是窗。但是他的尾巴怎么办呢？他的尾巴立在空中变成了旗杆。

二郎神变回到人，走向了小庙。"很奇怪，"他说，"我看到过很多庙，但我从来没有看到过有旗杆的庙。一定是那个坏猴子孙悟空变的！如果我进了庙，他会把我吃了。所以我要在外面毁坏这座庙！"

但是就在他想要毁坏庙的时候，小庙不见了，二郎神看见孙悟空站在几里远的地方。他们再一次面对面打了起来。二郎神的六个兄弟也来帮助他。

当他们在战斗的时候，观音菩萨和太上老君都在天宫里向下看着战斗。他们都想去帮助二郎神。太上老君说，"我有一个钢做的武器叫金钢套。它有很大的魔力，不怕火也不怕水。让我们试试这个金钢套吧！"

太上老君把金钢套向孙悟空的身上扔去，正好套在了孙悟空的头上。孙悟空倒下了，七个兄弟用绳子把孙悟空捆了起来。他们把刀插进孙悟空的胸，他就不能再用魔法了。然后天宫里的侍卫把孙悟空带回天宫，打算在那里杀了他。

第 7 章

但杀死孙悟空是非常难的！他学习过长生不死的方法，现在他可以长生不死了。他还吃了许多仙桃和太上老君的金丹，所以他的身体不会受伤。侍卫们用了很多武器，但他们还是不能伤到他。火不能、雷电也不能伤到他。没有人知道应该怎么办。

最后，太上老君出来说，"这只猴子吃了仙桃，喝了玉皇大帝的酒，拿了我的金丹。所有这些东西都进了他的肚子，给了他一个像钻石一样的身体。这就是为什么很难伤到他。但是，我们可以把他放在火盆里，慢慢地烤四十九天。这样他的身体就不会像钻石那样了，他就会死去。"

侍卫们把刀从孙悟空的胸前拿下，把绳子从他的身上拿开，把他扔进火盆里。太上老君吹起大风，火马上就变得非常大非常热。

四十九天后，太上老君打开火盆的门，他认为孙悟空已经死了。但是孙悟空没有死！孙悟空跳出了火盆，像老虎一样生气。他用金箍棒打每个人，他打坏了门和其他的东西，他和走近他的每个人战斗。天宫里的神仙们都害怕了，他们只能做一件事：请如来佛下来抓这只危险的猴子。

如来佛来了，带着他的两个学生。他们听到很大的声音和打坏东西的声音。他举起手来，让大家不要打了。他对孙悟空说，

"来，猴子，告诉我你的故事。你什么时候出生的？你是怎么学习的？为什么你很生气？"

孙悟空讲了他的出生，从花果山的小石猴子到现在的情况。他说，"现在，天下对我来说太小了。我想成为天宫里的皇帝！"

如来佛笑了。"天宫里的皇帝？你只是一个学习了一点点东西的猴子！你不可能做皇帝的。看看玉皇大帝。他在很小的时候就开始学习。他学了 1,750 个劫，每个劫是 129,600 年。你自己想想他已经学习了多少年了。和他比，你只是一个看起来像人的小动物。不要和我这样说话了！"

孙悟空回答说，"虽然玉皇大帝学习了很长时间，他也不应该一直在天宫里。没有人应该一直做皇帝。告诉他现在就把皇帝的宝座给我。"

如来佛笑着说："我们打赌吧。你站在我右手上。用你的筋斗云从我的手中离开。如果你能离开我的手，你就赢了，我会让玉皇大帝把皇帝宝座给你。但是，如果你不能离开，你就要回到花果山，在几个劫的时间里不能离开那里。这样你可能会学到一些东西！"

孙悟空想，"这个人很笨！我用一个筋斗云可以走十万里，但他的手一尺长都没有。从他的手中离开很容易！"

他对如来佛说，"如果我赢了，你真的会让玉皇大帝把皇帝宝座给我吗？"

如来佛低头看着孙悟空，说，"是的。"

孙悟空跳上了如来佛的右手，想要用他的筋斗云飞走。如来佛看着他飞，笑了起来。孙悟空飞了很长时间，来到了五个粉红色大山前面。他想，"好了，我不用再走了。现在我可以去见那个很

50

笨的人，告诉他我赢了，我就要成为新皇帝了。但是我必须要在这里留下一些东西。"

他用魔法变了一支毛笔和一些墨，在一座山上写道，"齐天大圣来过这里。"他又在山脚下留了一泡尿。坏猴子！

孙悟空转身，用筋斗云回到如来佛那里，说，"你输了！我离开了你的手，飞得很远。我到了五个粉红色大山的地方，写了我的名字。你去那里看看吧！"

"我不用去，"如来佛说。"你看看我的手，再来闻闻我的手！"如来佛的手指上写着一行小字，"齐天大圣来过这里，"还有猴子的尿。孙悟空这才知道他没有离开如来佛的右手。

孙悟空非常生气。他想，"我不相信！我不相信！我要再去那里一次！"

孙悟空想再一次飞到那里，但是如来佛的手很快向下抓，五个手指变成了五座山把孙悟空包在里面不能离开。

天上的神仙们都感到很高兴，他们读了这首诗：

"出生时他是一只猴子，但学习成为了人
他学了长生不死的方法，活得像一个国王
他想要的太多，在天宫里找了许多麻烦
他吃了不应该吃的食物，酒和药，他骂了神仙
谁知道他会在五指山下住多长时间？"

如来佛准备离开了，就在那个时候，玉皇大帝来了，对如来佛说，"谢谢您打败了那只可怕的猴子。请您在我们这里再住一天。我们想给您开一个美好的宴会！"

如来佛留了下来，参加了天宫里的宴会。宴会中有许多好吃的东西，还有一些仙桃。大家唱歌、跳舞、读诗。客人让如来佛给这个宴会一个名字。如来佛说，"我的朋友们，如果你们想要一个名字，我们就叫它'天宫和平大宴。'"

玉皇大帝、如来佛和所有的客人在天宫和平大宴上玩了很长时间。这个时候有一个人跑来说，"猴子想要离开！"

每个人都很害怕，但是如来佛说，"别担心。"他拿出一张纸，上面有六个金字，"om mani padme hum[1]。"如来佛说，"把这张纸放在山顶上。"当他们把那张纸放在山顶的时候，五座山马上紧紧地连在一起，孙悟空不能离开那里了。

如来佛说，"现在猴子不能离开那里了，但是我不想让他饿着渴着。"如来佛叫来了土地神告诉他，如果孙悟空饿了，就给他铁球，如果他渴了，就给他热铜水。如来佛还让土地神看着孙悟空一直到有人来把他带走。

别担心，亲爱的！孙悟空不会一直在五指山下的。有一天，一个年轻的和尚要去西方，他会需要孙悟空的帮助！但这是另一个故事。

晚安，我的孩子。我爱你。

---

[1] A Buddhist mantra, literally "the jewel is in the lotus"

小和尚

第 8 章

亲爱的孩子，今晚我会告诉你一个关于玄奘和尚的出生和他年轻时候的故事，他去西方把那里的佛法带回中国。

今晚的故事从佛祖开始。佛祖住在天上的灵山。有一天，他叫来了生活在灵山上的所有圣男圣女，对他们说，"我准备了一大碗百种美丽的花，千种好吃的水果。请跟我坐下来，我来告诉你们我的打算。"

所有的圣男圣女都坐在佛祖旁边，吃着碗里的水果。他们感谢佛祖，还送诗歌给他。然后，他们安静地等着佛祖说话。当佛祖开始说话的时候，人们看到龙在天上飞，美丽的花像雨一样下了下来。

佛祖说，"我们有四个大洲，我看到过在那里生活的人们。东大洲的人热爱天地，但生活很简单。北大洲的人为了生活杀人，但他们不会找麻烦。西大洲的人很容易生活在一起，他们能活很久但是没有很聪明的人。南大洲的人最坏，他们经常做坏事，打杀他们的邻居。我对这些都很不满意，所以我决定要做点事情去帮助这些人。"

"您要做什么？"圣男圣女问。

佛祖回答说，"我已经准备了三房间的圣书，这些书会告诉人们怎样做好事，为什么要做好事。第一个房间里的书讲的是天。第二个房间里的书讲的是地。第三个房间里的书讲的是帮助人们离开地狱走向天宫。三间房间里一共有 15,144 本书。"

佛祖继续说，"我要把这些书送给四个大洲的人们。但我不能自己去做，因为那些人太笨，不会听我的话。我们需要一个来自东方的人做这件事。这个人必须去西方，拿到这些圣书，把它们带回来给四大洲的人。这会是一件非常难的事情。他必须爬过千山万水，杀死很多妖怪，才能来到西方。"

佛祖已经知道要谁做这份工作了。他想要一个叫玄奘的和尚去西方，但他没有告诉其他人。

为什么佛祖想要玄奘去？很久以前，在他以前的生命中玄奘叫金蝉，是佛祖的学生。金蝉不是一个好学生。他不学习，也不认真听佛祖的话。所以佛祖把他送到了人间，让他过十次痛苦的生活。

我今天晚上告诉你的故事是他的第十次生命，这次是最难的。在这次生命中，小的时候他叫江流，长大以后叫玄奘。

第9章

玄奘的爸爸叫光蕊。在玄奘出生以前，当光蕊还是一个年轻人的时候，他住在长安。那时候的皇帝叫太宗，他是一个非常聪明的皇帝。国家和平，人们有很多吃的，生活很快乐。

有一天，太宗说，"我要举行一次皇宫考试，找到我们国家里最聪明的人，让他们成为我的大臣去帮助人们。我的国家里的每个人都可以来长安考试。"

光蕊听说了皇宫考试，他回家告诉他的妈妈。"皇帝让大家参加考试，"他说，"我想去参加考试。如果我的成绩很好，成为太宗皇帝的大臣，会给我的爸爸妈妈带来荣誉，会帮到我的妻子和我的孩子。当然，我还没有妻子或孩子！但是我想参加考试。我想我会做得很好。"

他的妈妈让他去考试。光蕊去了长安。考试非常难，用了好几天时间。但是在所有参加考试的人中间，光蕊拿了第一名。他是这次考试的状元，意思是"天下第一名读书人。"人们把他放在马上，带他在城市里的街道上游走了三天。

当他骑马走过街道的时候，正好经过洪州丞相的家，殷丞相有一个美丽的女儿叫温娇，没有结婚，她想找一位好丈夫。她做了一个绣球，爬到房子的楼顶上准备扔绣球。她想谁抓住绣球谁就是她的丈夫。就在那个时候，她看到了骑在马上的光蕊，觉得他很漂亮。她也知道他是新的状元，所以她很小心地把绣球扔到了光蕊的头上。他抬头看见了温娇，笑了起来。温娇的朋友和家人跑了出来，把光蕊带到家里，那一天他们就结婚了。

第二天，太宗皇帝问他的大臣们，"我们应该给新状元什么工作？"一个丞相回答说，"江州需要一个州长。"太宗马上让光蕊去江州做州长，而且要他马上离开长安去江州。光蕊回家告诉了他的妻子。然后光蕊和他的妻子温娇、他的妈妈、还有他们的仆人们开始离开长安去江州。

这是晚春的季节，轻风吹过树林，小雨打在路边的花草上。

几天以后，他们到了洪州。光蕊的妈妈说，"我不太舒服，我们在这里住几天吧，这样我就可以休息一下。"光蕊同意了，他们住在一个叫万花的小酒店。

那天下午，光蕊去外面走走。他看到有一个人想要卖一条大鱼。光蕊就买了这条鱼，准备把它带回去做晚饭。但当他看着鱼的时候，看到它正在很快地对着他眨眼睛。光蕊对那个卖鱼人说，"我听说当鱼眨眼睛的时候，它就是一个很特别的生物，不只是鱼！我不能吃这条鱼。你在哪里抓到它的？"

"我在洪河里抓的，"那人说。光蕊买了鱼，把它带回了洪河，扔进了水里。鱼看了他很长时间，眨了眨眼睛，然后就游入水里了。请记住这件事，因为光蕊会再次见到这条鱼！

三天过去了，但是光蕊的妈妈还是不舒服。光蕊对她说，"皇帝告诉我，我必须马上去江州。我不能再等了。你留在这里，等你好了再走。我给你一些钱，等我回来带你去江州。"

然后光蕊、温娇和仆人们离开了小酒店继续去江州。他们很快到了洪河。两个船工刘洪和李彪说可以带他们过河。

我告诉过你，温娇很漂亮。人们说，她的脸像月亮，她的眼睛像秋水，她的美丽会让鸟儿都从天上掉下来，会让鱼儿沉入大海。船工刘洪爱上了她的美丽，希望她成为自己的妻子。所以两个船工把船带到没有人能看到的地方。那天晚上他们杀了仆人，然后打了光蕊，把他扔进了水里。

温娇想要跳入水中帮她丈夫。但刘洪抓住她说，"你丈夫已经死了，你也会死。除了死你只能成为我的妻子。"温娇知道她自己怀孕了，她想保护自己的孩子。如果她死了，她的孩子也会死。所以她同意成为刘洪的妻子。刘洪把船开到河的另一边，和温娇一起去江州。当他们到江州的时候，刘洪穿上了光蕊的衣服，告诉人们他是光蕊。现在他有了光蕊的工作，有了妻子温娇。

现在让我们回到洪河。光蕊死了，尸体沉到在河下。一个河神看到了，跑到龙王宫，说，"大王，一个读书人被杀了，他的尸体被扔进了河里。他现在在河下。"

"把尸体带到这里来，"龙王说。河神把尸体带进来，龙王看了看说，"我知道这个人！几天前他帮过我。那个时候我是一条鱼，这个人买了我，把我送回水里。他对我很好，所以我当然要对他很好。"他告诉河神去地狱把光蕊的灵魂拿来。然后龙王把光蕊的灵魂放回他的身体里。光蕊张开眼睛坐了起来。

"读书人，"龙王说，"你叫什么名字？你从哪里来？为什么你死了？"

"我叫光蕊。我和我的妻子还有仆人们从长安去江州。在我要过洪河的时候，船工爱上了我的妻子，所以杀了我，把我的尸体扔进河里。我是一个年轻人，我有很多事情要去做。请让我回到生命中去吧，大王！"

"我的朋友，"龙王说，"你不知道吧，你帮助过我。那个时候我是一条鱼，你买了我，把我放回到河里。现在我会帮你的。"

龙王在光蕊的嘴里放了一个神奇的珍珠，把他的身体和他的灵魂连在一起。"现在，你可以等在我的宫殿里。我会想办法让你回到你的生命中去的。"

现在让我们再回到温娇，她只能成为强盗刘洪的妻子。她真的很想杀了刘洪，但她不能。她等着孩子的出生，但是她又非常担心刘洪会杀死孩子。

有一天，刘洪有事出城了，温娇正在想着她死去的丈夫。突然她的肚子痛了起来，她生下一个男孩。后来，她和她手中的孩子都睡着了，她做了一个梦。

梦中她听到一个声音说，"注意听着，亲爱的温娇！我是南极星君。有一天，你的孩子会成为一个有名的人，成为佛祖的仆人。但是现在他有危险。你必须保护他！不要担心你亲爱的丈夫，他还活着，在龙王宫里等着你。你们会再次在一起的。记住我的话。现在快醒来！快醒来！"

温娇醒了，想到了梦中听到的话。但就在这个时候，刘洪回到了家里。他看到这个男孩，想要马上杀死他。但温娇说，"今天太晚了，我的丈夫。我们等到明天一起去把孩子扔进河里。"刘洪同意了。

但是第二天早上，刘洪有事必须再次出去。温娇知道她没有太多的时间。她想写一封信，但没有毛笔和墨，她就咬了自己的手指，用手指上的血写信。这封信讲了孩子的故事，要求有人照顾他。她把信包起来捆在孩子身上。然后她从小孩的左脚上咬下一个小脚趾，这样她以后如果见到他就会认得他。

温娇和孩子来到河边。她看到水上有一块木板。她把孩子放在木板上，然后把带着信的孩子和木板捆在一起。她站在那里看着孩子和木板在河中漂得很远一直到看不见。

孩子在水上漂了几个小时，一直漂到金山寺脚下。庙里的方丈听到孩子的哭声，跑到河边，抱住孩子。他读了血写的信，把孩子带回了庙里，给了他一个名字叫江流。

江流住在庙里。他和方丈一起学习，但是他不知道他的爸爸妈妈、他的出生，因为方丈没有告诉他。江流十八岁那年，方丈给他剃了头，给了他玄奘这个名字。

有一天，玄奘正在和另一个年轻和尚一起学佛法。那个年轻和尚很生气，因为玄奘比他聪明多了，那个和尚喊道，"你是什么啊？你都不知道自己的名字和你爸爸妈妈的名字。你为什么和我们一起在这里？"

玄奘去方丈那里哭了起来。方丈说，"跟我来玄奘，"他们两人进了方丈的房间。方丈在房间里的一个秘密地方拿出了那封血写的信，给了玄奘。

玄奘读了这封信，然后对方丈说，"这十八年来，我住在这里，但不知道我的名字和我的家人。现在我知道我是谁了。亲爱的方丈，请让我去找我的妈妈，为我爸爸的死报仇！"

方丈回答说，"你当然可以去。穿上一件一般的和尚衣服，去你妈妈住的州长家。"

玄奘穿得像一个小和尚，去了州长家。刘洪再次有事出去了，因为上天要玄奘和他妈妈两人见面。而且前一天晚上，温娇梦中再次见到了她的儿子。所以当玄奘到她家的时候，她马上打开门，问道，"你是谁？"

玄奘说，"我是金山寺的小和尚。"

温娇从头到脚地看着他，请他进来，给他菜和米饭吃。她又问，"你是谁？你为什么离开家人？"

"我没有离开我的家人，"玄奘说。"我的爸爸被杀死了，我的妈妈被迫和杀死她丈夫的男人结婚。我的仇像海那样深，我要为我的爸爸妈妈报仇。"

"你爸爸妈妈是谁？"温娇问。

"我爸爸的名字叫光蕊，妈妈的名字叫温娇。我叫江流，但是在我十八岁生日的时候，方丈给了我玄奘这个名字。"然后他给温娇看了那封血写的信。温娇知道这个和尚就是她的儿子，玄奘知道这个女人就是他的妈妈。

但是就在他想要说什么的时候，温娇喊道，"你必须马上离开！"

"为什么？"玄奘问。"我已经生活了十八年，不知道我的爸爸妈妈是谁。现在我见到了我的妈妈，她让我马上离开。这是为什么？"

"就像你在火上一样，你必须马上离开，"温娇回答。"强盗刘洪很快就会回来，如果他看到你，他会马上杀死你的。但是我有一个办法，你回到你的庙里，在那里等着我。"

玄奘听了她的话，就那样做了。第二天，温娇不起床也不吃饭，她告诉仆人她不舒服。刘洪进了她的房间。她对他说，"小时候，我想送一百双鞋给庙里的和尚，但是我没有这样做过。昨天晚上我做了一个梦，一个和尚对我很生气，告诉我，我应该送鞋给他们。因为这，我现在生病了。"

刘洪说，"这么小的一个问题！不用担心。"然后他要求一百家中每一家必须给他一双鞋子。五天以后，他拿到了一百双鞋子。

"现在我们有了鞋子，"他对温娇说，"你想把它们送到哪里？"

温娇说，"我听说金山寺是个好地方。我会去那里。你很忙，你留在这里，不用帮我，就给我两个仆人吧。"

温娇来到了庙里，仆人为庙里的和尚准备了很大的宴会。然后，温娇把鞋子给了方丈，方丈又把鞋子给了和尚们。过了不久和尚都离开了房间，只留下温娇和方丈两个人。玄奘进来了，温娇看了他的脚，看到他左脚上只有四个脚趾。他们幸福地哭在一起，感谢帮助他们的方丈。

然后温娇对她的儿子说，"你必须做两件事情。

"先去洪州找到万花小酒店。你的奶奶在那里。她是和你爸爸、我一起出来的，但她生病了，不能再走了，所以她就留在小酒店里，已经很多年了，希望她还在那里！你必须找到她。"

温娇继续说，"第二，你必须为你爸爸的死报仇。去太宗皇帝的宫殿找殷丞相。他是我的爸爸。带上我写给他的这封信。这封信要求皇帝让他的人和马过来抓杀强盗刘洪。只有这样才能为你爸爸的死报仇。现在快走吧。我必须在刘洪觉得有问题以前回家。"

第二天玄奘很早就离开金山寺去了洪州。他很快就找到了万花小酒店。他对店主说，"很多年以前，一小群客人来到这里。有个女人不舒服留了下来，其他的人走了。你还记得这个人吗，你知道她现在在哪里吗？"

店主说，"是的，我记得那个女人。她在我的酒店住了很长时间，每天哭，因为她觉得她的家人已经忘了她。她哭得太多了，眼睛看不见了。她没有钱，不能再住在这里了。几年后，她离开了。她现在住在城外的一个小棚屋里。她每天都在街道上要饭。我不知道为什么她的家人不来找她。"

玄奘出了门，找到了奶奶住的小棚屋。奶奶坐在小棚屋前，手里拿着一个要饭的碗。他喊，"奶奶，您好吗？"她说："你听起来像我的儿子光蕊！"

她说，"你听起来像我的儿子光蕊！"

"我是光蕊的儿子，我叫玄奘。我非常痛苦地告诉您，很多年以前，您的儿子被一个想要他妻子温娇的强盗给杀死了。这就是为什么光蕊一直没有回到这里来接您。温娇想要回这里找您，但她不能，因为那个强盗让她和他一起住在江州。她让我找到您，她最后一次见您是在万花酒店。那里的店主告诉我，我可以在这里找到您。"

奶奶哭了起来说，"啊，这是很坏的事也是很好的事。坏的是，我的儿子被杀，但是很好的是，你在这里，我的孩子！"

玄奘闭上眼睛，轻声说，"亲爱的上天，请听这个没有用的年轻人说，他十八岁了还没有为他爸爸的死报仇。在这里，你看见他的奶奶，很多年来因为找不到她的儿子把眼睛都哭得看不见了。请让她能再看见东西！"

然后他舔奶奶的眼睛，一次一个眼睛。就这样，她又可以看到东西了。

玄奘说，"我现在要离开这里，去为我爸爸报仇。请等着我。"他帮奶奶离开了小棚屋，回到万花酒店。他给了店主钱去照顾奶奶。然后他去了皇帝的宫殿，找到了殷丞相的家。他来到门前，仆人开了门。玄奘说："我来这里见丞相。"

仆人告诉殷说门前有一个和尚要见他。"我不认识和尚，"殷说。

但就在那时候，殷的妻子说，"昨天晚上，我做了一个梦，我们的女儿温娇回来了。现在，这个和尚在我家的门前。让他进来，我们要听听他想说的话！"

所以殷告诉仆人让玄奘进来。当玄奘看到殷和他的妻子,他倒在地上哭了起来,把温娇的信给他们。殷读着信。"这封信上说什么?"他的妻子问道。

殷说,"这是我们女儿温娇写的信。这个和尚是她的儿子。我们女儿的丈夫光蕊被一个强盗杀死了,温娇被迫成为强盗的妻子已经十八年了。她要我们帮助她。当然,我们会马上帮助她的!"

殷去见太宗皇帝,给他看了信。太宗变得很生气,他让殷带六万军队去抓强盗刘洪。他们白天走,晚上休息,几天就到了江州。他们到了刘洪家的外面,打坏了大门,

第二天,殷丞相在刘洪住过的州长家里坐了下来。温娇来到房间里见她的爸爸。她倒在地上哭着说,"啊,爸爸,我想死。我的丈夫被那个强盗杀死了。我怎么能活着成为这个可怕的人的妻子?"

殷对她说,"我的孩子,你没有做错事。你做了你必须做的,保护你的孩子。没有什么不对的,只有很大的荣誉!你和你的儿子今天应该很开心。我抓了可怕的强盗。现在我们要结束这件事,为你死去的丈夫报仇。"

他们出去看见刘洪和另一个被抓来的强盗李彪。李彪马上被杀死。刘洪被带到河边,就是很多年以前他杀死光蕊的地方。然后他们把刘洪的心从他的身上拿出来,把它给了光蕊的灵魂。殷、温娇、玄奘都站在河边,大声哭叫。

在很深的水下,龙王在他的王宫中听到了他们的哭叫,看见了他们送来的刘洪的心。龙王告诉他的仆人把光蕊带到他面前。龙王对光蕊说,"快乐起来吧,我的老朋友!你的妻子、你的儿子、你妈妈和爸爸都站在河边,为你送上生命。现在是我送你回家的时候了。"

龙王告诉河神把光蕊带到河面。光蕊漂到他的家人站着的河边。温娇看见他，大声喊着，认为他死了。但那时光蕊醒来了。他深吸了一口气，张开了双手，爬到河边坐下。每个人都看着他，都说不出话了。光蕊眨眨眼睛，看着他们，只是说，"你们为什么都在这里？"

温娇不哭了，高兴地对光蕊说，"亲爱的丈夫，十八年前你在这个地方被两个强盗杀死，他们中的一人让我被迫成为他的妻子。后来你的孩子出生了，我帮助他离开了那个强盗。你的孩子在河上漂到金山寺，那里的人照顾了他。现在你的儿子是一个大人了。他去见了我的爸爸殷丞相。殷带了他的军队去抓刘洪，杀死了他。强盗死了，但是这么长时间了，你怎么还活着？"

"啊，很长时间里我没有活着，但我也没有死！当我被杀死的时候，我的身体掉到河下面。龙王发现了我。你还记得当我们在万花小酒店的时候，我买了一条大鱼但是又放它回到河里的事吗？那条大鱼其实是龙王！他很感谢我，所以他把我的身体和灵魂留在了他的宫殿，一直到现在。然后他听到你的哭喊就把我送到你这里来了！"他们一起快乐地哭着，温娇记得在玄奘出生的那天，南极星君在一个梦中告诉过她的事情。

后来光蕊和玄奘回到万花酒店，光蕊在十八年中第一次见到自己的妈妈。然后他们都回到了皇帝的宫殿，在那里皇帝给他们开了一个大宴会，把这个宴会叫做"团圆节。"皇帝给了玄奘很高级别的工作。玄奘谢了皇帝，但是说他还是想回去学习佛法。所以他又回到了金山寺。

我的孩子，我们今天晚上的故事就在这里结束了。还记得我说过玄奘在前面一次生命中叫金蝉，在那次生命中他没有听佛祖的话。玄奘在这次生命中会不会记得他学到的东西，会不会听佛祖的话呢？我们等着看吧。

晚安，我的孩子。我爱你。

地狱里的皇帝

第 10 章

亲爱的孩子，我知道你很累。但是今天晚上我要给你讲一个很好听的故事！我会给你讲三位很强大很有名的人：一个是住在<u>长安</u>宫殿里的皇帝，一个是聪明的丞相，还有一个是住在河里的<u>龙王</u>。

人们说一条大河总是从一条小溪开始，所以今天晚上的故事是从两个很普通的人开始，一个是砍木头的人，另一个是抓鱼的人。这两个人虽然不是读书人，但是很聪明，喜欢说话。他们两个人也是非常好的朋友。每天，抓鱼的人卖他抓到的鱼，砍木头的人卖他砍的木头，每天结束的时候，他们会在一家小酒店见面，一起吃晚饭、喝酒、说话。

一天晚上，他们吃完饭喝完酒以后，在<u>泾河</u>旁边的一条小路上一起走回家。他们都喝醉了，每个人手里都拿着一瓶酒。

"我的朋友，"砍木头的人说，"我认为想要成为有名的人会因为名没有了生命，想要成为有钱的人会因为钱不快乐。我们的生活好多了，因为我们没有名也没有钱。我们住在河流附近的美丽的山里，我们还需要更多吗？"

"你说得对，"抓鱼的人说，"我们都有快乐的生活，我们都住在美丽的地方。但我的河比你的山更好。我每天都坐我的小船在海上游玩。我的朋友是太阳、风、天上的鸟、河里的鱼。我每天都看到我的妻子和儿子。我的心里很明白，我没有麻烦事，所以晚上睡得很好。"

"不，我的朋友，"砍木头的人说，"你错了。我的森林比你的河好多了。春天里的每一天我都会走进树林，快乐地听着鸟儿唱歌。夏天的时候，我的四周都是花香。然后是秋天，然后是很冷的冬天。我这里没有大王，没有主人。一年四个季节里我都很快乐！"

就这样，砍木头的人和抓鱼的人在回家的路上说着他们的生活、工作和自己的家，他们都说自己的生活比另一个的好。最后，他们到了一个地方，在那里一条路往东，另一条路往西。现在是两个朋友说再见的时候了。

"小心，我的老朋友，"抓鱼的人说，"你明天爬山的时候，小心老虎。如果老虎吃了你，我会想你的！"

砍木头的人生气了，喊道，"你怎么这么笨！好朋友会为了朋友去死。但现在你说我可能会被老虎吃了？那么，你可能会掉入河里死去！没有人知道明天会有什么事情。"

抓鱼的人没有生气，他回答说，"啊，但我知道明天会有什么事情。"

"你怎么知道的？"砍木头的人哭着说。

抓鱼的人说，"我要告诉你一个秘密。在<u>长安</u>城西门附近的一条小路上，有一个人能看到未来。我每天都去找他。我给他一条鱼，他就告诉我第二天在哪里可以钓到更多的鱼。我已经听他的话一百次了，他一次都没有错过。就在今天，他告诉我明天去<u>泾河</u>钓鱼的地方。我会像他说的那样去做。明天我会卖出去很多鱼，我会给你买一瓶好酒！"

然后，砍木头的人和抓鱼的人都回了家。但这不是我们故事的结束，因为你知道有句老话，"路上说话，草地里会有人听到。"一个河神就在附近。他听说抓鱼的人一百天里抓了许多鱼。河神非常害怕。他快快地跑到<u>泾河</u><u>龙王</u>那里，大叫，"不好了！不好了！"

<u>龙王</u>问，"什么事不好了？"

河神回答说，"刚才在河边一条小路上，我听到两个人说话。他们中有一个抓鱼的人，他说他每天都去找<u>长安</u>城里一个可以知道未来的人。这个人告诉抓鱼的人第二天去哪里钓鱼。他没有错过！您必须做点什么。如果您什么都不做，抓鱼的人会抓了河里所有的鱼，我们都会死的！"

<u>龙王</u>非常生气。他拿出剑，跑出他的宫殿要去杀死那个能知道未来的人。但是就在他要离开的时候，他的一位大臣说，"陛下，请等一等，不要这样做！您是<u>八河大王</u>，您能变天气。如果您很生气地去<u>长安</u>，那么您会给那个城市带去雷电和大雨。人们会非常害怕，那样上天会对您很生气。但是您可以慢慢地、静静地、更多地去认识那个知道未来的人。您能变成人或动物。所以，如果您变成人去找他。那个时候您就可以决定做什么了。"

龙王认为这是一个好主意。所以他走出河水来到河边，变成了一位穿着白色长衣的高大漂亮的读书人。他走进了长安城，在西门附近看到一个男人站在他自己的家门前，他的四周站着一群人，大家都在说着话。这个人在告诉大家未来会有什么事。

龙王把人们推到了一边，走过那个知道未来的人，进了房子。那个人跟着龙王也进了房子，他让一个男孩子去拿茶水，然后自己坐下来看着龙王。

"你想知道什么？"那个知道未来的人问。

"请告诉我明天的天气。"

"明天龙时会有云，蛇时会有雷，马时会有雨，羊时雨会结束，一共会有三尺三寸的雨[1]。"

"我告诉你吧，"龙王笑着说，"如果你对了，我会回来给你五十块金子。但是，如果你错了，只要是一点点错，我都会把你的房子打坏，让你离开长安城。"

"当然没有问题，"那个知道未来的人说。"先再见了，明天雨后再来。"

龙王回到他的宫殿，坐在他的宝座上，告诉他的大臣和他的朋友长安城里那个很笨的人的故事。龙王不认为有人可以知道未来。但是就在那个时候，给玉皇大帝送信的人到了。他说，"玉皇大帝要八河大王明天给长安城下雨。"然后那个送信的人告诉龙王要像那个知道未来的人说的那样做，在他说的那个时间里带去他说的那样多的雨。

---

[1] In traditional Chinese timekeeping, the hour of the dragon is 7 to 9 am, the snake is 9 to 11 am, the horse is 11 am to 1 pm, and the goat is 1 to 3 pm.

"啊，不！"龙王喊道，"我不应该和那个人赌。现在我要输了！我不关心金子，但是我真的很不喜欢输！"

"别担心，"他的大臣们说，"这不是问题。像皇帝说的那样去做，明天让它下雨。但是下一点点雨，少半寸雨，那么那个知道未来的人就会错，您就可以把他的房子打坏，让他离开长安城。"

龙王让天下雨了，但是比皇帝说的要少半寸。当雨结束的时候，他去了那个知道未来的人的家，打坏了门、椅子、桌子、牌子和房子。但是那个知道未来的人只是坐着看着龙王，什么都没有做。

"你看不到未来！"龙王喊道，"你只是从人们那里拿钱，告诉他们没有意思的故事。你必须要离开长安！"

那个知道未来的人笑着抬头看着天。然后他静静地说，"我不怕你。你不是读书人，你是龙王。你没有像皇帝说的那样下雨。现在你会被带到魏丞相那里，会被杀死。准备着死吧，龙王！"

这个时候龙王不生气了，他害怕了。他知道那个知道未来的人说的是对的，他很快就会被杀死。他哭着离开了那个人的家，变成了一条龙，慢慢地飞到了皇帝的宫殿里。然后，他变回到人，在宫殿的花园里等着皇帝。他等了很久，一直等到半夜。

皇帝在床上睡着了。在他的梦里，他进了花园，看到龙王在那里等着他。龙王哭了，"皇帝，请帮帮我！"

"为什么要帮你？"皇帝问。

"我是泾河龙王，您让我在长安城下雨，但是我给的雨比您说的要少一些。"

69

皇帝已经知道龙王做了那样的事，他已经让魏丞相去杀龙王。但是，皇帝对龙王说，"别担心，我会和我的魏丞相谈这个事情。你不会被伤害的，相信我！"

皇帝醒来以后马上想起了那个梦。他去了他的皇宫，看到他的所有大臣和大将，但是他没有看到魏丞相。所以他让魏来皇宫见他。

魏来了。皇帝没有说龙王的事。他对魏说，"我们来玩棋。"他们开始玩了起来。但是过了一个小时，魏把头放在桌子上睡着了。

皇帝什么也没有说。他只是让魏睡觉，等着他醒来。

一个小时以后，魏醒了。他向皇帝鞠躬说，"陛下，您的仆人非常对不起您，他在您面前睡着了。您现在杀了我吧！"但是皇帝告诉他不要担心，他们又开始玩棋。

就在那个时候，两位大臣跑进皇宫，拿着一个很大的龙头，大叫，"陛下，我们看到过很多东西，但是我们没有见过这个！您看这龙头，它是从天上掉下来的！"

皇帝看着魏。"这是什么？"他问。

"就像您要求的那样，这是您无用的仆人刚杀的龙头。刚才我们玩棋的时候，我睡着了。在我睡觉的时候，我飞到云上。在那里，我看到龙王等着被杀。我告诉他，'你坏了天上的天法，你现在必须死。'然后我就杀了他。"

当皇帝听到这话的时候，他又快乐又不快乐。他很高兴知道他有像魏这么好的丞相。但他又不高兴，因为他告诉过龙王，他会帮助龙王的。他离开皇宫睡觉去了。在床上，他一直在想着龙王哭着要求帮他。

很久他都睡不着，到了半夜的时候他才睡着。但是在他的梦里，龙王来到他身边，抱住自己的头，身上流着血，哭着，"太宗，太宗，把我的头还给我！把我的生命还给我！"龙王抓住皇帝，不让他走。

在梦中，皇帝想要离开龙王，但他不能。他变得很累，他想自己会死。但后来他听到了很美的音乐。他往南看去，看见了很多颜色漂亮的云。一个美丽的女人站在云中。她就是菩萨观音。

观音来到长安找人去西方，带回佛法。当听到龙王和皇帝叫喊的时候，观音正在附近的一个庙里睡觉。她让龙王放了皇帝，然后把龙王带到了地狱。

那时，皇帝醒了。他很害怕，大喊，"有鬼！有鬼！"宫里的每个人都醒了，那个晚上他们都没有睡觉。第二天，皇帝没有和大家说话，没有离开他的床。就这样他在床上睡了六天，不吃饭也不喝酒。第七天，王母娘娘叫医生去看他。

医生给皇帝检查了以后对王母娘娘说，"皇帝生病了，情况很不好。我不知道为什么。他说他看到了鬼。他的心跳一会儿快一会儿慢。我怕他会在一个星期里死去。"王母娘娘和大臣们都害怕极了。

那天晚些时候，皇帝叫他的几个大臣和大将到他那里去。他对他们说，"我从十九岁开始就是你们的皇帝了。我去过地球上东南西北的每一个地方，打过许多战斗。我看见过很多东西，打过很多妖怪，但是我没有见过鬼。但是现在我每天每晚都能听到他们的叫喊。白天没有那么厉害，但是在晚上它们的声音太大了，我一点儿都不能睡觉。"

"别担心这些鬼！"一位大将说。"今天晚上我们两个人会站在您房间外面。我们不会让鬼进您房间的。您今天晚上可以好好睡觉了。"

那天晚上,两位大将穿着亮亮的金色盔甲、拿着剑站在皇帝的房间外面。他们一直都站在那里,但是一个鬼都没有看到。皇帝没有听到鬼的叫喊声,睡得很好。

那两个大将在第二天晚上又回来站在门外面。他们还是没有看到鬼,皇帝睡得很好。但是皇帝不希望他的大将每个晚上都工作。所以他叫一位画家画了这两位大将,然后把大将的画放在他房间外面。

几个晚上都没有鬼来到门前面。但是皇帝又再一次开始听到鬼的叫喊。他非常不开心,不要吃也不要喝。他知道他很快就要死了。所以他洗澡穿上了干净的衣服,睡在床上等死。

魏来看他,说,"别担心,陛下。我可以让您有一个很长的生命。"

"我的朋友,"皇帝说,"太晚了。我的心病了,很快就会死的。"

魏说,"很久以前,有一个叫崔珏的人,他是皇宫里的大臣,是我的好朋友。他死的时候去了地狱,成为一名法官。我在梦里经常遇到他。我觉得他可以帮助您。"然后魏给了皇帝一封信。
"您到了地狱以后,去找崔珏。给他这封信。他读了信以后可能会帮助您回到人间来!"

太宗听到这些话,对着魏笑了。他把信拿在手里,然后闭上眼睛死了。

我的孩子,不要对死感到害怕!听:

  一百年像流水一样过去

一生只不过是一场梦
那桃色的脸
现在已经带着白雪
如果你静静地做好事
上天会给你一个很长很幸福的生活

第 11 章

太宗的灵魂直直向上出了宫殿。他不知道他在哪里、他在做什么。他看见了云。他好像看到有些骑马的人过来了，要带着他一起骑马。但是过了一会儿他没有看到马和骑马人，他又是一个人。他开始走路。路上又冷又黑，风吹着，他什么都看不见。

太宗走了很久。最后他在黑黑的路中听到一个声音。它说，"陛下，往这里来！往这里来！"太宗看到一个很高的人站在他的前面。那人穿着白色长衣。他长长的白头发在黑色的帽子下，白长胡子被风吹着。他手里拿着一本生死簿。

"你是谁，为什么要来见我？"太宗问。

那个人说，"两个星期以前，泾河的龙王就来到这里了。他告诉地狱里的国王们，说您说过不会杀他的，但是您马上就把他杀死了。地狱里的国王们想跟您说话。所以他们把鬼送到了人间，把您带到了这里。这就是为什么您生病了，死了。我听说您来到了地狱，所以我来这里见您。"

"你叫什么名字？"太宗又问，"你是什么级别？"

"您的仆人没有死的时候在您的宫殿里做大臣。我叫崔珏。"

太宗说，"我很高兴见到你！我的魏丞相让我给你这封信。"他

把信给了崔珏。崔珏打开信，读着。信里说，

"这是你亲爱的魏兄弟给在地狱里的大法官、我的崔兄弟的信。我记得我们是很好的朋友，你的声音和好看的脸一直在我的心里。从我上一次在梦里和你说话以后，已经过去几年了。在节日里，我只给了你一些菜和水果，希望你能喜欢。我很高兴你没有忘记我，我也很高兴你现在是地狱里的法官。地球上的人离地狱很远，所以我们不能见面。我现在给你写信是因为太宗突然死了。我希望你不要忘记我们是朋友，请你让皇帝回到他的生命中去。"

"我知道龙王的故事，我觉得您做得对，"崔珏说。"如果可以的话，我很愿意帮助您回到人间。但是您现在必须跟我走，去和地狱里的国王们见面。"

就在那个时候，有两个小男孩仆人来了。他们穿着蓝色长衣、拿着旗子叫着，"地狱里的国王们想见你。"太宗和崔珏走在两个男孩子后面。他们很快到了地狱宫殿的大门。宫殿是一座高高入云的绿塔。太宗在天上看到红色的雷电，四周都有妖怪。在大门外面，两名仆人站在那里手里拿着大火炬。

太宗和崔珏走进去等着。过了一会儿，地狱里的十个国王走了出来，向太宗鞠躬，站在那里等着他。太宗也向他们鞠躬，但他没有动。有一个国王对太宗说，"你是人间的皇帝，我们只是地狱里的鬼。你为什么不给我们带路呢？"

"对不起，"太宗说，"我不知道地狱里是怎么样的。"他们都站在那里不动了。最后太宗决定开始走路，然后他们都一起走进了另一个房间，坐了下来。

一个国王看着太宗说，"龙王说你告诉过他不会杀他的，然后你就杀了他。为什么？"

太宗回答说，"是的，我是告诉过他，他会安全的。但是在那以前，我已经告诉我的魏丞相去杀他。后来我请魏和我一起玩棋，我想这样龙就不会死了。但是魏很聪明，他睡着了，他在梦里杀了龙。我不知道这个，所以我不明白我是怎么样让龙死的。"

一个地狱国王说，"我们明白了。在龙王出生以前，生死簿中就写着他会死在人间法官的手里。当然，龙王没有像皇帝说的那样去下雨。所以我们已经把他送到了转轮藏。对不起把你带到了这里。"

但是，地狱里的国王们没有让太宗离开。他们对崔珏说，"把生死簿拿来，我们想看看太宗可以活多久。"

崔珏进了另一个房间去拿生死簿，他看到太宗在他做皇帝的第十三年的时候就会死去。崔珏很快用毛笔在'十'字上加了两画，'十'变成了'卅'[1]。然后他把生死簿给了地狱里的国王们。

"你做皇帝多少年了？"国王们问。

"十三年了。"太宗回答。

"别担心，你还有二十多年的生命。现在我们结束了，你可以回到人间。再一次对不起把你带到这里。"太宗对他们鞠躬，感谢国王们。

"我回到人间以后有什么东西可以给你们吗？"太宗问。

"我们很想要一些南瓜！"国王们说。

"没问题，"太宗说。"我很愿意给你们送一些南瓜来。"

然后国王们让崔珏和另一个人、朱大将把太宗送回人间。在他们

---

[1] 卅 (sā) is an ancient word for "thirty", equivalent to 三十.

离开的时候，太宗看到他们回去的路不是他们进来的路。"我们是不是走错了？"他问崔珏。

"没有。您死的时候进入地狱是很容易。但是您只有经过转轮藏才能离开地狱。现在我们去转轮藏那里。但是这是一段很长的路，我们走过去的时候，我会给您介绍一点点地狱里的事情！"

我亲爱的孩子，我必须告诉你太宗在地狱中看到的一些事情。请不要害怕！

太宗、崔珏和朱大将走了几里路，看到一座很高的山。黑云包住了大山。"这是幽冥黑山，"崔珏说，"这里没有动物，只有很饿的鬼和妖怪。"太宗看了看四周，地上没有草，山上没有树，河里没有水，天上没有鸟，只能看到黑云，只能听到冷风和魔鬼的叫喊。他很害怕，但是崔珏帮助他过了这座山。

过了山以后，太宗看到一些让他感到很害怕的事情。那是一个有许多房子的地方，每幢房子都有很多房间，每个房间都有灵魂在大声地哭着。

"这些人都是谁？"太宗问道。

"这是十八层地狱，"崔珏说。"这里有许多不同的人。您会看到佛嘴蛇心的人，您会看到说的和做的不一样的人，您会看到用不好的办法从别人那里拿钱的人，您会看到反对国王和国家的人，当然，您还会看到杀死其他生物的人。所有那些人都必须留在这里一千年，被绳子紧紧地捆住。如果他们想要动，红头发的魔鬼和黑头发的魔鬼会用长剑打他们。看着太可怕了！"

这个时候，太宗非常害怕，快要不能走路了。但崔珏帮着他。他们继续走着，很快来到了三座大桥。第一座是金桥，崔珏和太宗走了过去。第二座是银桥，许多好人被旗子带着走了过去。

"第三座桥是什么？"太宗问。

"那是惩罚桥，"崔珏说，"您回到人间以后，请告诉人们这座桥。它很长很长，但只有三根手指那样宽，没有栏杆。一百尺以下是像冰一样冷的河流，里面有很多很多魔鬼和妖怪。那些不穿鞋子、头发很脏的鬼都想要过这座桥。如果他们掉进河里，魔鬼和妖怪就会从河里爬出来，抓住那些鬼把他们拉进水里。"

太宗比以前更害怕了。这以后，他们来到一座城，那里都是一些没有头的鬼。"让我们回到我们的生命中去！"他们一起喊着，"让我们回到我们的生命中去！"有一些鬼想要抓住太宗。

"帮帮我，崔珏法官！"太宗说。"这些是什么人？"

"这些是被人们忘记的鬼，他们在战斗中死了，没有人知道他们。没有人给他们一个家，也没有人关心他们。他们不能进入转轮藏，因为他们没有钱。所以他们留在这里又冷又饿。您可能可以帮助他们。"

"我怎么帮他们？"太宗问。"在这个地狱里我也没有钱！"

"有一个在人间的相先生，他在地狱里放了很多金和银。您可以问他借钱，然后把钱给我。我会把钱给那些很饿的鬼，让他们进入转轮藏。如果我这样做，他们会让我们走过去，我们在地狱里的事情就可以结束了。您回到人间以后可以把钱还给相先生。"

太宗借了钱，把钱给了崔珏，崔珏再把钱给了那些很饿的鬼，说，"这是太宗大帝。我要带他回到人间。你们用这些金和银就可以进入转轮藏。现在让他过去！"那些鬼把钱拿走，让他们过去了。

他们继续走路。走了很久，他们来到了一个很大的转轮前面。太宗看到人、动物、鸟、鬼和妖怪。他们都在转轮下面走过，然后从另一边出来走向六条不同的路中的一条。

"这是什么？"太宗问。

"您要记住这个，还要告诉世界上的人，这是转轮藏。人们死的时候来到这里，他们的灵魂在这个转轮藏下面。当他们走到另一边的时候，每个灵魂都要走六条路中的一条。它们中五条是：长生路，荣誉路，幸福路，人间路和财富路，如果不走那五条路，那只能走入第六条魔鬼路。这些路决定了他们下一次的生命。但是您今天不用在转轮藏下面走过。您可以经过转轮藏的门一直走向荣誉路。"

他们从转轮藏的旁边走。过了荣誉路的门以后，崔珏说，"现在我要离开您了。朱大将会继续带您回到人间。您回到人间以后，必须要做一场水陆大会来帮助这些很饿的鬼再回到生命中去。不要忘记！如果您想要您的国家和平，地狱里一定不能有许多饿鬼。让您国家的人都要做好事，这会让您的家人幸福，让您的国家安全。"

太宗和朱大将走过了荣誉路的门。在门的另一边，两匹美丽的马正在等着他们。他们很快地到了一条很宽的河边。在地狱里生活的时间太长了，所以当太宗看到了这条河就认为这是他见过的最美丽的东西，他坐在马上看着河。朱想叫他继续走路，但太宗只是一直在看着河。

最后，朱大声喊道，"你还在等什么？走！"他把太宗从马上推到河里。现在太宗在水中，但他也是在他人间生活的地方，在他的棺材里面。他打着棺材的门，大叫，"帮助我！我在水下！"一些大臣想这一定是鬼，但是魏丞相很快就打开了棺材。太宗走了出来，身上的水流到宫殿的地上。

"我只是在河边骑着我的马，那个可怕的朱把我从马上拉下来推进了河里！"太宗说。

他的大臣看着他。"陛下，您没有什么要怕的。这里没有河，没有马，也没有朱！"他的医生给了他一点药和一点汤，太宗睡了一个晚上。

太宗很早就起床了，他让所有的大臣和大将都去皇宫。他告诉他们他在地狱里的故事。"我很高兴回到人间，"他说。"现在我们有很多事情要去做！"

太宗先做了一场水陆大会去帮助那些饿鬼进入转轮藏，让那些鬼再一次出生。然后，他让他的一位大臣把在地狱里借的金子还给相先生。最后，他把南瓜送到地狱里的十个国王那里。但是今天晚上就不能告诉你他是怎么样做这些事情的，因为这个故事太长了。

从这以后，太宗又做了二十年的皇帝，他一直没有忘记他在地狱里的那段时间。他记得他在那里看到的所有事情。他想帮助所有的人，让他们过好的生活。

这就是我今天晚上的故事。亲爱的孩子，不要担心，我还有更多的故事要告诉你。明天晚上，你会听到年轻的和尚玄奘是怎么开始他的西游，他是怎么见到孙悟空的。

晚安，我爱你！

西游开始

第 12 章

我亲爱的孩子,又到了睡觉的时间!你今天晚上想听听另一个故事吗?

你还记得昨天晚上我讲的<u>太宗</u>皇帝,他去了地狱,然后又回到了他生活的土地上。当他在地狱的时候,遇到了一群饿鬼。他同意帮助那些鬼,让他们能进入<u>转轮藏</u>,再一次出生。为了做到这一点,他为饿鬼们做了一场<u>水陆大会</u>。

<u>太宗</u>请了<u>长安</u>城里所有的和尚来到宫殿,请大臣们在和尚中选出一个人来举行<u>水陆大会</u>。大臣们谈了以后来到<u>太宗</u>面前说:"陛下,我们选了一个和尚来举行<u>水陆大会</u>,你应该已经认识他了!

  在前一次的生命中,他是佛祖的学生
  他没有听佛祖的话,所以他只能有很多痛苦

他的爸爸，一个状元，被一个强盗杀死

他的妈妈是丞相的美丽女儿

在这个年轻和尚出生的时候，他遇到了很大的危险

他的妈妈把他放进河里，他漂在水面上

最后他到了金山寺

他在那里住了十八年

然后他知道了他出生时候的故事

他请他的外公为他的爸爸报仇

外公的军队杀死了那个强盗

陛下给了这个年轻的和尚一个工作

但是和尚选了学习

在那次生命中，他的名字叫金蝉

他年轻的时候被叫做江流

你知道他现在的名字叫玄奘。"

太宗皇帝想起了玄奘，要他去举行水陆大会。大会举行了49天，有1,200名和尚参加了大会。

在举行水陆大会的时候，佛祖观音正在长安的一座小庙里。她正在找人去西方把佛法带回中国。当她听说太宗皇帝选了玄奘去做水陆大会，她决定选这位年轻和尚去西方。

所以观音变成了一个很丑的老和尚，她走到街道上，喊道："我要卖绣花僧衣和拐杖。只要七千金！"就在这个时候，丞相骑着马到了那里，他喜欢僧衣和拐杖，他认出了观音是佛祖。所以他带着观音去见太宗皇帝。

太宗看着僧衣和拐杖问观音，"这两件东西这么贵，你为什么要卖这么多钱？"

观音回答说："在这个世界上找不到另一件这样的僧衣了。它是仙女和小仙女们用冰蚕丝做成的，它带着天上的光，照亮了人

间。但不是每个人都可以穿这件僧衣。如果您是一个好人,您可以穿,没有人会伤害您,您不会在地狱里有痛苦。但是,如果您不是一个好人,您都不用想它,您一定看不到这件僧衣!"

"那么拐杖呢?"太宗问。

"啊,这根拐杖!它有九个铜和铁做的箍。它越过天门,打坏过地狱的门。它的上面不会带有地上的土。如果您拿着它,您不会变老。它会把您这位圣僧带上山顶!"

"太好了!"太宗哭了。"我要买这两件东西,把它们送给玄奘。"

"如果这个小和尚是一个好人,那么我就不会拿你的钱。请把僧衣和拐杖送给他吧。"就在太宗还想和她说话的时候,观音已经把僧衣和拐杖给了太宗,离开了宫殿,回到长安城的庙里。

太宗叫玄奘来宫里,给了他僧衣和拐杖。"你准备好去西方了吗?"太宗问。玄奘鞠躬回答说,"虽然这个无用的和尚不聪明,但是他愿意做牛做马。我会把佛的智慧带回来,让我们的帝国变强大,而且一直强大下去!"

太宗让玄奘站直了,对他说,"如果你准备好了西游、不害怕,我就会是你的兄弟。"然后,太宗向玄奘鞠躬四次,叫玄奘为"弟弟"、"圣僧。"

玄奘说,"陛下,我这个无用的和尚不可以得到您给的这么大的荣誉!但是,我会去西方,带回佛的智慧。如果我不能完成这次西游,我死了也不会回来的,我会掉进地狱里,一直在那里。"

玄奘回到庙里以后对和尚们说,"我的兄弟们,等我。看着庙附近的树。如果它的树枝向着东方,你们就知道我很快就会回来。如果七年以后树枝不向着东方,那么你们就知道我不会回来

82

了。"

第二天早上，皇帝的大臣们写了一份文书，同意玄奘去唐国的每一个地方。太宗把这份文书给了玄奘，还给了他一匹漂亮的马、一个金色的要饭的碗、还有两个仆人在他去西方的路上帮助他。

他们一起走到城门口。太宗拿起两杯酒，一杯给玄奘，问，"你小时候叫江流，你现在的名字是玄奘。但是你有小名吗？"

玄奘回答说，"这个无用的和尚已经离开了他自己的家。他没有小名。"

"观音祖师昨天说，三个房间里有你想要找的书。请用它做你的小名，叫你自己三藏吧。现在跟我一起喝酒！"

"对不起，陛下，"现在叫三藏的玄奘说。"但是和尚是不能喝酒的。从出生到现在我都没喝过酒！"

太宗回答说，"我的兄弟，今天不是其他的时候，这次西游很特别。请喝了这一杯带有我们美好心愿的酒。"三藏只能同意，他拿起酒杯，但是在他要喝酒的时候，皇帝抓起一把土，放一点点在酒里，三藏不明白，他只是看着杯子里的土，然后看着太宗。

"亲爱的弟弟，"太宗说，"你要去多久？"

"我希望三年以后回来。"

"年月很长，山高路远。记住，跟其他国家的万千金子比，你一定要更爱家里的这一把土！"

这时三藏明白了。他再一次感谢皇帝，喝了酒。然后他骑着马和他的两名仆人走出了门。太宗回了宫殿。

第 13 章

三藏和仆人向西走了好几天。有一天，他们到了一个庙里，三藏和庙里的和尚们坐在一起谈佛法。到了晚上，和尚们给三藏和他的仆人做了素食、准备了睡觉的地方。第二天，他们离开了。又走了几天，他们到了巩州城，在那里住了一晚。

几天以后，他们到了河州，在唐国西边的边界，他们在那里的一座庙里休息。当四更鸡叫的时候，三藏起床了。天还很黑，但是明亮的月亮在天上，地上都是霜。

他们在月光下走了几里路。路上的情况非常不好，他们只能离开大路，走在树林中。突然，他们掉进了一个深洞里，然后听到有人大声喊，"抓住他们！抓住他们！"五十个妖怪抓住三藏和他的仆人，把他们从洞里拉出来。

三藏抬头看到一个可怕的妖怪坐在宝座上，他很大，他的眼睛像雷电，他的声音像雷声，他的牙太大了，长到了嘴外面，像很多把长刀。妖怪王喊道，"把他们捆起来，用他们做晚饭吧！"

就在这个时候，一个妖怪跑到妖怪王的身边说，"熊山主和牛隐士来了！"熊山主和牛隐士那两个非常高大的人走了进来。妖怪王笑了，说，"你们好，两位先生今天好吗？"

"我很好，我没有什么事，"熊山主说。

"我只是经过这里，"牛隐士接着说。

就在这个时候，三藏的一个仆人开始大哭，因为他被绳子捆得太紧了。熊山主看着他。"这三个人看起来很好吃，"他对妖怪王说，"但是我们不要把所有的东西一起吃掉，我们现在吃两个，另一个留着，早饭的时候吃。"妖怪王同意了，他们杀了两个仆人,把他们吃了,三藏害怕极了。

三个妖怪晚上都在吃、喝、说话。早上很早的时候,熊山主和牛隐士感谢了妖怪王的晚饭就走了。妖怪王感到很累,就去睡觉了。红红的太阳爬上了天,三藏一个人在那里,但是没有办法动,因为他还是被绳子捆着。

突然来了一位老人,手里拿着一根拐杖。他走到三藏前面向他挥了一下拐杖。绳子都掉了下来,三藏倒在地上说,"谢谢你帮了我这个无用的和尚!"

"起来,"老人回答说。"你少了什么东西?"

"我少了两个仆人。昨天晚上,我们掉进了一个洞,被妖怪王和他的两个朋友熊山主和牛隐士、还有很多妖怪抓住,他们把我的仆人当晚饭吃了!我不知道我的马和行李在哪里。"

"那里不就是你的马吗?"老人用他的拐杖指着问道。

三藏看了看,认出了他的马和他的行李,他走到马的旁边,把他的行李放在马上。他对老人说,"告诉我,这是什么地方?这些坏人是谁?"

"起来,"老人回答说。"你少了什么东西?"

"你在鬼怪精的地方,"老人回答。"那个妖怪王其实是老虎精,熊山主是熊精,牛隐士是牛精,妖怪们都是山精、树精和动物精。因为你性子干净,他们不能吃你。现在跟着我,我会带你离开这里。"

他们一起走回到了路上,三藏转身感谢老人,就在这个时候一阵轻风吹过来,老人身体飞了起来,骑上一只红顶白鹤,飞走了。在他飞走的时候,一张纸掉在地上,三藏拿起来读道,"我是太白金星，是来帮助你的。以后还会有人帮助你。记住，如果你有麻烦，那不是上天给你的！"

三藏向天鞠躬，感谢太白金星的帮助。然后他骑上那匹很累的马，一起慢慢向西走去。他们在森林里看到一些动物，但是没有其他的人，就他们自己，很冷、很累、很饿。

这一天他们一直在走，下午晚些时候，三藏看到路的前面突然有两只很大的老虎，三藏还看到在他的后面有两条很大的蛇。在他的左边有更多的动物，在他的右边是妖怪，三藏知道他不能打赢所有这些生物，他的马又因为太累了不能站着，倒在地上，三藏知道他会死在那里。但是突然所有的生物都跑了，三藏看到一个很高大的人在路上向他走来，那个人手里拿着一把钢叉，腰上带着弓箭。

"大王，帮帮我吧！"三藏跪在路上喊道。

"不要害怕，"那个高大的人回答。"我生活在这山里，我叫伯钦。我正在找东西吃。我希望我没有让你感到害怕！"

"这个无用的和尚是唐国皇帝陛下送去西方找佛法的。我的四周都是老虎和其他的动物，我想我会被杀死，但是动物们看到你以后都跑了。谢谢！"

"是的，动物们认识我，所以他们怕我。如果你是唐国皇帝送来的，那么你就是这里的人，因为这里还是唐帝国的地方。你和我都是同一个国家的人，跟我来，你可以把你的马放在我家，明天早上你可以继续去西方。"

他们一起走在路上，突然听到了风的声音。"别动，"伯钦说，"附近有一只山猫。我会把他带回家，我们可以有很好吃的晚饭！"伯钦向前走去，手里拿着钢叉。大老虎叫着向他跑过来。

伯钦高高地拿起钢叉向着老虎也是大叫，三藏倒在地上，两只手放在头上，害怕极了。

伯钦和老虎打了两个多小时，老虎开始累了，伯钦杀死了它，伯钦抓住死老虎的耳朵，拉着它一起走在路上。三藏说，"你真是山神啊！"

他们到了一个小山村，这个山村里有白色的房子、不宽的街道和小河上的几座石桥，那里有许多大树，轻风吹过街道，黄色的秋叶掉在地上，白云游走在远山中。

他们进了伯钦的家，伯钦把老虎扔在地上，喊道，"孩子们，你们在哪里？"房子里面出来二位女人和四位很丑的仆人，伯钦向三藏介绍说，"这是我的妈妈，这是我的妻子，这些是我的仆人。"

然后伯钦对他的妈妈说，"妈妈，这位是太宗皇帝送去西方把佛法带回唐国的僧人。您的儿子刚才在山上遇到了他。因为我们都是唐帝国的人，我就请他今天晚上留在我们的家里休息。"

"欢迎你来我们的家！"伯钦的妈妈说。"你来的正是好时候。明天是我丈夫死去一年。你能不能为我们佛？"三藏同意了。他和伯钦还有伯钦的妻子和妈妈一起喝茶。不久，仆人拿来了做好的老虎肉。"啊，亲爱的，"三藏说，"很对不起，我不能吃你们做的好吃的东西。从出生到现在，我一直是一个和尚，没有吃过肉。"

伯钦想了一会儿，"好吧，很多年来这个家一直是吃肉生活的。我们家里没有素食，而且我们的锅子盘子这么多年来也是用来放肉的。我必须要请你原谅，我不知道怎么给你素食。"

"这不是问题，"三藏回答说，"我可以几天不吃东西，对我来说，不吃东西比吃肉更好。请慢用你们的晚饭！"

"啊，请不要说了！"伯钦的妈妈叫道，"你是我们的客人，我们当然不会让你留在这里不给你一些你可以吃的东西。我会为你准备素食。"然后，她和伯钦的妻子一起走进了厨房。他们用火烧锅子，一直到所有的油都被火烧掉。然后他们把锅子洗了一次又一次，然后把它放在火上，加上水、树叶、菜和米饭，做成素食汤。

"请吃这个，"伯钦的妈妈对三藏说，"这是我们做过的最干净的饭菜。"

三藏吃了素食汤，伯钦走进另一个房间，吃了一大碗老虎肉、蛇肉和鹿肉。

晚饭后，三藏和伯钦在外面走路。他们坐在花园里说了一会儿话，当他们坐在那里的时候，几只鹿走了过去。三藏说，"这些鹿不怕你！"

"在你们长安城里，人们会放很多钱用来面对可能出现的难事。在乡村，人们的家里会放很多食物也是一样的意思。在这里，我们会留下这些动物。"

那天晚上，伯钦爸爸的灵魂来到了伯钦的梦中，也来到了伯钦的妈妈和妻子的梦中。在每一个梦里，伯钦的爸爸都这样说，"过去的一年，为了我活着的时候做过的所有事情，我只能在地狱里很痛苦。阎罗王不让我离开那里。但是圣僧念佛已经把所有的都变了。现在阎罗王要把我送到中国很有钱的地方，在那里我会再一次出生在一个有钱的家里。你们都要感谢圣僧，要照顾他！"

早上，伯钦家里的所有人都去见三藏，一次又一次地感谢三藏帮助了他们死去的爸爸。他们要给三藏钱，但是三藏只是对伯钦说，"我不能拿你的钱，但是我想请你和我一起再走一段路，好吗？"

所以那天伯钦、三藏和几个仆人继续走路，向西走过美丽的群山。几个小时以后，他们来到了一座特别大的山里，他们爬到一半，伯钦不走了，说，"圣僧，请你自己继续吧。我不能再走过去了，这座山有两个边界，东边是大唐帝国，西边是鞑靼。我不能越过边界。你必须自己过去。"

第 14 章

三藏很不高兴，他请伯钦不要变主意。就在这个时候，像雷声一样大的一个声音在山下喊道，"我的师父来了！我的师父来了！"伯钦和三藏都怕了。但是仆人笑了，说，"一定是山下石箱里的老猴在喊。"

伯钦点了点头说，"是的，你说得对，一定是他。"

"那个老猴是谁？"三藏问。

"这是一个非常老的故事，"伯钦说。"因为唐皇帝拿下了这个地方，所以这座山被叫作两界山。但在这以前，它被叫作五指山。听说几百年以前，这座山从天上掉下来，里面有一只猴子。这只猴子不怕热不怕冷，是长生不老的。他被地球上的神关着，他饿的时候给他吃铁球，口渴的时候给他喝铜水。我们不需要害怕。我们下山去看看。"

三藏同意了，他们走回山下，很快找到了一个石箱，石箱里面是一只猴子，那个猴子当然就是孙悟空，他已经在石箱里住了五百年了，他现在很不干净，从头到脚都是土和草。

孙悟空的头从石箱里出来，他非常生气地挥了挥手，喊道，"师父，你为什么这么长时间才来？欢迎！欢迎！请让我离开这里，我会在去西方的路上保护你的！"

三藏没有动，但是伯钦马上走到猴子身边，拿掉他脸上的一些草和土，问，"现在我可以看见你了。你有什么话要说吗？"

"我没有什么话要对你说，"孙悟空冷冷地说。"但是请我师父到我这里来。我有一个问题要问他。"

三藏走了过来，"你要问什么问题？"他问。

"东方的大帝叫你去西方找佛法，是吗？"

"是的。"

"我是孙悟空，齐天大圣。五百年以前，我在天宫找了很多麻烦，所以佛祖把我放进了这个石箱。最近我遇到了佛祖观音，那时她正在找一位圣僧去西方，我让她帮我，她要我听佛的话，保护圣僧，她说如果我那样做了，我会没有事的。所以我一直在等着你来。让我在旅途中保护你，让我成为你的徒弟！"

三藏说，"我很高兴你做我的徒弟。但是，我怎么才能让你从这个石箱里出来呢？"

孙悟空说，"这座山的山顶上有佛祖写的字牌，去那里拿起那字牌，我就可以出来了。"

三藏和伯钦爬上了高山顶，站在上面，他们可以看到四百里的每个方向。千万条金色的光从一块很大很大的石头上发出，石头上有一个带有金字"om mani padme hum"的小字牌。

三藏在石头前跪下。他闭上眼睛，对佛祖说，"你让你的徒弟去找佛法。如果你想让这只猴子来帮助我，成为我的徒弟，那么让我拿起字牌。但是如果他只是一个想要伤害我的冷血妖怪，那么不要让我拿起字牌。"然后他用手去拿字牌，字牌很容易就被拿起来了。

马上有一阵风吹来，把字牌从三藏的手中吹了下来。他听到一个声音说，"我是大圣的保护人。今天他在石箱里的时间已经结束了，我的工作已经完成了。现在我要把这个字牌还给佛祖。"

三藏和伯钦下了山回到了石箱那里。他们对孙悟空说，"字牌已经被拿起来了，你现在可以出来了。"

孙悟空高兴地说，"谢谢师父！现在请离这里远一些，这样我就可以出来。不要害怕！"

三藏和伯钦走到五里远的地方，但是猴子喊道，"再走！再走！"他们一直走，一直到离开了那座山。他们听到雷声那样大的声音，就像这座山被砍成两半。突然，只见那猴子站在三藏面前，身上没有一件衣服。

他跪了下来，喊道，"师父，我出来了！"他向三藏四次鞠躬。然后他转身对伯钦说，"谢谢哥哥帮助我的师父来到这里，还谢谢你拿掉我脸上的土和草。"然后他开始去准备三藏的行李。

伯钦向三藏和孙悟空说了再见后就回家了。三藏骑着马，孙悟空拿着行李，他们开始向西走去。

他们经过两界山以后，又见一只老虎站在路上，三藏又害怕了，但孙悟空说，"不用担心，师父。这只老虎是来给我送衣服的！"

孙悟空从他的耳朵里拿出一根小针，那根小针很快变成一根长长的铁棒，就像一只饭碗一样粗。他对三藏说，"师父，这是我的金箍棒。这五百年来我没有用过它。我想它需要一些锻炼了！"然后他走到老虎身边，挥起金箍棒打在它的头，老虎马上就被打死了。

然后，他从自己头上拿了一些头发，吹了口气。头发变成了长刀。孙悟空用刀把老虎的皮分了出来。"太大了，"他对自己说，所以他用刀把皮分成两块。他把一块皮包在腰上，把另一块皮放进行李。

"我们走吧，师父，"他说。"我们遇到住家的时候，我就可以把老虎皮做成好看的衣服。"

三藏看到孙悟空这么快这么容易就把老虎杀死了，还在害怕。"那铁棒是什么？"他问。

"师父，这是金箍棒。世界上找不到跟这个一样的东西了。我在很久以前就有了它，那个时候我还在天上和人间找麻烦。我不会再找麻烦了，但是这根棒还在我这里。就像你看到的，它非常有用。"

时间已经不早了，太阳下山的时候，很多很多云在天上，鸟儿在群山中唱歌，飞进森林过夜，动物们开始走回它们自己的家，月亮爬上了天，千万颗星星的光照在三藏和他的新徒弟的身上。

"师父，"孙悟空说，"已经很晚了。我们快走吧。前面树林里应该有一幢房子。我们今天晚上可以住在那里。"

树林里有一幢房子，他们来到了门前，三藏拍了门。一位老人打开了门。他看了一下孙悟空，一只腰上包着老虎皮的不干净的猴子。"鬼！鬼！"他哭了，他非常害怕。

"不要害怕，我的老朋友，"三藏说。"他不是鬼，他是我的徒弟。"

那人又看了看孙悟空，然后看着三藏说，"你是谁，为什么把这个妖怪带到我家？"

"我只是唐国的一个无用的和尚，去西方找佛法。时间已经不早了，所以我们来到了你美丽的家，请让我们在这里过夜吧，我们不会给你带来麻烦的，我们明天早上很早就会离开这里。"

"那么，"老人说，"你可能是个唐人，但是你身边的这个妖怪一定不是糖[1]人。"

孙悟空说，"老人，你的头上没有眼睛吗？我当然不是糖人，我是这位圣僧的徒弟，我还是齐天大圣。我们以前见过面。你不认识我了吗？"

"我不认识你！"老人回答。

"你见过我。你年轻的时候，你常常经过我家附近，我住在两个山中间的一个石箱里。你现在认出我了吗？"

老人认真看了看孙悟空，"是的，我现在认出你了。我小的时候见过你，但是你脸上有土和草，我记得我爷爷告诉过我一个很老很老的关于这座从天上掉下来的山的故事，他说里面有一只神奇的猴子，被放在一个石箱里。但那是几百年以前的事了，我不明白你现在怎么还活着，但是没关系，我们来吃东西吧！"

老人准备了好吃的素食。吃完饭以后，孙悟空说，"老人，我五百年没有洗澡了，请烧一些热水，让我和我的师父洗个澡。"师父和徒弟两个人洗了热水澡。然后，孙悟空借了针，用老虎皮做了衣服，这样他就可以穿得舒服些。然后老人把他们带到睡觉的

---

[1] This is a pun. 唐 (Tang, as in Tang Empire) and 糖 (sugar) are both pronounced *táng*.

地方。

第二天早饭以后,三藏和孙悟空离开了老人的家,向西走去。天气很冷,天上有一些云看上去要下雪。

当他们走在路上的时候,六个人在他们面前突然跳了出来,所有的人都拿着长刀,"站住,和尚!"他们中一个人哭叫着,"把你们的马和行李给我们,我们会让你们走。如果你们要打我们,那你们就会死的。"

三藏很害怕,倒在地上,但是孙悟空只是笑笑说,"师父,别担心,这六位先生想要在这里为我们的旅途送一些衣服和一些钱。"

"你没听到吗?他们想杀了我们!"三藏喊道。

"别担心,师父,让老猴子面对这事吧。"他对那六个人说,"先生们,很对不起,我不认识你们,请告诉我你们的名字。"

"你不认识我们,你这个笨猴子?我们很有名的!"他们中的一个人说,"我是眼看喜。那边几个是耳听怒、鼻闻爱、舌尝思、心知欲和身本忧[1]。"

三藏马上明白这些人不是普通的人,他们真的是六种不同的身体感觉,他们很难觉悟。他把这些告诉了孙悟空。

孙悟空只是说,"师父,我只看到六个强盗。"然后他对强盗们说,"告诉我,你们从别人那里拿了什么,这样我们就可以拿我

---

[1] These six are not bandits of course, they are obstacles to enlightenment. Their names are: 眼看喜 (Yǎn Kàn Xǐ), the Eye that Sees Happiness; 耳听怒 (Ěr Tīng Nù), the Ear That Hears Anger; 鼻闻爱 (Bí Wén Ài), the Nose That Smells Love; 舌尝思 (Shé Cháng Sī), the Tongue That Tastes Thought; 心知欲 (Xīn Zhī Yù), the Mind That Knows Desire; and 身本忧 (Shēn Běn Yōu), the Body That Hurts and Suffers.

们需要的东西。如果你们那样做了，你们会活到明天的。"

六个人中的每一个人听到了孙悟空说的话，但是每个人的感觉都不一样，有喜、有怒、有爱、有思、有欲、有忧。但是他们都用刀砍孙悟空，想要杀死他，他们用刀把孙悟空的头打了七、八十次，孙悟空只是站在那里什么都不做。

"这个猴子的头像一块石头！"他们中的一个强盗说。

"我的朋友，"孙悟空回答说，"你们一定都累了。现在是时候拿出我的针去锻炼一下了！"

"什么，你是针灸师吗？"一个强盗问。孙悟空从他的耳朵里拿出一根针，很快变到一根大棒。"现在让我试试这根棒！"他喊道。六个强盗看到这根棒后，都想要逃跑，但是孙悟空跟着他们，把他们都杀了。然后他看着三藏，笑着说，"好了，我的师父，我们现在可以走了。强盗都死了。"

三藏很不高兴。"你为什么那样做？"他问。"那些人是强盗，但你不用杀死他们，你应该让他们离开。如果你这样容易地去杀人，你怎么能成为一名和尚呢？和尚是很小心地不去伤害每一个生物的！"

孙悟空说，"师父，如果我不杀死他们，他们会杀了你的。"

"我是一个和尚，我就是死也不要杀人。如果我死了，只死了一个人，但是你已经让六个人都死了，那太不好了。"

"当我还是花果山上的猴王的时候，我不知道杀了多少人，正因为那样我才成为齐天大圣。"

"这就是为什么你必须在山下住五百年！你在天上人间找了很大的麻烦。但是现在你是一个和尚，你不能再做这些事了！"

孙悟空的心里都是火，他喊道，"那你认为我是不能当和尚了？那么我离开，不会再回来了。"他跳了起来，往东飞去。

三藏没有办法，他很伤心地带着他的马，自己一个人开始向西走。他走了几里路，看到一位年纪大的女人站在路中，她拿着一件丝衣和一顶绣花帽子。

"你从哪里来？"那个女人问。

三藏鞠躬说，"你的孩子是唐皇帝送往西方去找佛法的，然后把佛法带回东方。"

"西方的佛祖住在印度的大雷音庙里，离这里有十万八千里路。你自己一个人怎么可能走到那里呢？"

三藏不高兴地说，"啊，我本来是有一个徒弟来帮助我的，但是他是一个找麻烦的人，他已经走了。"

"我可以帮你。请拿着这件丝衣和这顶帽子。让我教你一个神奇的魔语，叫做定心真语。记住这个魔语里的每一个字，不要告诉别人。当你再一次看到你徒弟的时候，给他丝衣和帽子。如果他给你找麻烦，你就轻轻地对你自己说魔语，你的徒弟就一定会听你的话！"

说完这话以后，那个女人就向上飞起来，往东走了。三藏认出那个女人是观音，她再一次帮助了他。他抓起一点土向东方扔去，然后鞠躬，说了感谢的话。他向西走去，他一边走一边练习定心真语。

孙悟空怎么样了呢？他用筋斗云飞远了，去见了一位老朋友，东海的龙王。龙王从王宫里出来欢迎孙悟空，他说，"你好，我的老朋友，我很高兴看到你不住在山下了！你有没有回到花果山的洞里再一次成为猴王呢？还是你又去天宫里找麻烦了？"

"我想回家，"孙悟空回答说，"但是我遇到了佛祖大师观音，她要让我成为佛徒，帮助唐僧找一些圣书。"

"好啊！但是你为什么会在东方、不去西方呢？"

孙悟空笑着说，"啊，那个唐僧对这个世界什么都不知道！我们在路上遇到了一些强盗，他们给了我们一点小麻烦，所以我当然杀了他们。你觉得那个和尚会很高兴吧，但是，不，他骂我，说我做错事了。老猴子不会留下来听那些话的，所以我把他留在那里。我正要回花果山呢，但是我决定先来看看你，喝点茶。"

龙王什么也没有说，两个人安静地坐着喝茶。过了一会儿，龙王说，"以前有一个叫黄的圣人和一个叫张的年轻人。有一天，他们两个坐在一座桥上，黄的一只鞋掉在了下面的河里，张马上把鞋子从河里拿出来，给了黄，黄什么也没有说，但是又把鞋扔进了河里，张又把它拿回来给了黄，第三次，黄把鞋扔进河里，第三次，张把鞋还给了他，每一次，张都没有生气。他只是做。所以，黄让张成为他的学生，几年以后，张觉悟了。"

龙王继续说，"我的朋友，如果你不回去帮助唐僧，听他的话，那你就不是一个真的神仙，你一直都不会觉悟。不要让现在的舒服来决定你要怎么做！"

孙悟空安静地坐了很久。然后他跳了起来，说，"别说了！我要回到唐僧那里！"他用筋斗云回到了三藏那里。

他看到那个和尚坐在路边，他说，"师父，你为什么坐在那里？"

三藏说，"你把我一个人留在这里。对你来说一点点的时间里飞几千里路很容易，但是我只是一个无用的和尚，我只能走路，我害怕往前走，也害怕往后走，所以我只能在这里等着你。"

孙悟空没有接三藏的话，他只是说，"师父，你饿吗？"

"是的，我的行李里有一些水果。"

孙悟空打开行李拿了水果，他看到了漂亮的丝衣和绣花帽。"你从东方带来这些东西？"他问。

"啊，那些旧东西，是的，我年轻的时候穿的，如果你喜欢你可以穿。"

当三藏看到孙悟空身上的丝衣和头上的帽子，马上说了那个魔语，孙悟空双手抓住了自己的头，哭喊着，"啊，头痛，头痛！"他倒在地上，他抬起头，"师父，你对我做了魔法了吗？"

"现在你会听我的话吗？"三藏问。

"是的，我会的！"孙悟空回答，但是他心里很不愿意。当三藏不说魔语了，孙悟空马上就把小小的金箍棒从耳朵里拿出来，把它变成了一个大武器，在三藏的头上挥了一下，三藏很快走开，又说了三次魔语，孙悟空扔掉棒，又倒在地，抱着头。

"你这坏猴子！"三藏喊道，"那个时候你走了，我自己一个人在这里，后来观音来了，她希望你成为我的徒弟，帮助我西游，但是她知道你不会听我的，所以她给了我这件丝衣和这顶帽子，她教了我这个魔语。现在你会听我的吗？"

孙悟空没有办法，他跪下说，"师父，我没有其他的办法，我会听你的，跟着你到西方去，我不会想再离开你了，但是你不能把这个魔语当成一个游戏来和我玩！"

"好的，"三藏说，"我们继续走吧。"他站起来，把衣服上的土拍掉。

孙悟空拿起行李，他们又继续他们的西游。

黑风山的妖怪

第 15 章

我亲爱的孩子，昨天晚上我给你讲了<u>唐僧</u>的故事，讲了他和他的徒弟朋友<u>孙悟空</u>，就是那个猴王，要去西游的故事。今天晚上我要讲他们旅途中前几个月发生的一些事情。

今天晚上的故事从那个冬天开始。很冷的天上正下着雪，西边吹来强大的风。<u>唐僧</u>骑着他的马。<u>孙悟空</u>的马上放着他们的行李，<u>孙悟空</u>走在马的身边。

<u>唐僧</u>听到了流水声，他说，"我听说这个地方的名字叫<u>鹰愁涧</u>。我觉得我现在能听到水声。"

一会儿他们就来到了小溪边，当马开始喝水时，小溪中响了一大声。一条小龙从水里出来。<u>唐僧</u>害怕极了，他倒下，进了水里。龙张开了它的大嘴，一大口吃了<u>唐僧</u>的马，然后转身回到了水

里。

孙悟空抱起唐僧，把他放在高地上。"师父，"他说，"你等在这里。我去拿我们的行李。"

"这水很深很宽。你怎么能找到我们的行李？"唐僧问。

"别担心，"孙悟空回答说，"这不是问题。你就在这儿等着。"

孙悟空跳到空中，把手放在眼睛上，看了四周。他看到了他们的行李。他跳进水里把行李拉上来。

"啊，我们现在要做什么？"唐僧哭着说，"如果我的马被吃了，我就只能走路。我怎么能走过这些山？我怎么能走一万里的路去西方，去做佛祖要我做的事呢？"

"啊，别哭了，"孙悟空说，"你听起来像个小孩子。你等在这里，让老猴子找到那条龙。我要它把我们的马还给我们。"

孙悟空正说着话，有一个声音喊道，"孙悟空，请不要生气。唐僧，请不要害怕。我们会帮助你们的。我是金头卫士。我带给你六个黑暗神和六个光明神。我们每个人会帮助你们一次。"

"好的，很好，"孙悟空说。"你们照顾我的师父。我要去找那条笨龙，然后把我们的马带回来。"他站得很直很高，手里拿着金箍棒，大声喊道，"无法无天的蛇，还我的马！还我的马，现在，马上！"

龙正在溪底休息。他刚刚吃了一匹马，只想休息，不想做事。但当他听到猴子对着他大喊大叫时，他从水里走出来，说道，"谁来到这里，大声骂我？"

"不要问问题。马上把马还给我！"孙悟空回答说。他们开始打了起来。他们打了很长时间。孙悟空用他的金箍棒去打龙的头和身体，龙要咬猴子，用尾巴和爪子伤害他。没有人能赢这场战斗，过了一会儿，龙变得非常累了，所以它回到了小溪里。

孙悟空回到了唐僧那里，说他没有办法打赢龙。唐僧笑着说，"你以前告诉过我，你可以杀死任何的老虎和任何的龙。你为什么不能杀死这条龙？"

这让孙悟空很生气。他跳了起来，大声喊道，"你不要再说了！我要告诉这条笨龙谁是主人！"然后他用魔法让水变得很脏。所以龙从水里出来，喊道，"你是什么妖怪？你从哪里来？你为什么这样的找我麻烦？"

"不用关心我是谁、我从哪里来，"孙悟空回答道。"只要把我的马还给我，你就可以活下去。"

"笨猴子，我吃了你的马，"龙喊道。"它在我肚子里。我现在怎么还给你？"

"如果你不把马还给我，我会要你的命！"孙悟空回答说，他们又开始打了起来。但和以前一样，没有人赢。所以龙变成了一条水蛇，进到高高的草中。这让孙悟空非常生气，耳朵生烟！

他知道他需要帮助才能找到这条龙。所以他说了一些魔语，土地神和山神马上站在他面前。孙悟空还在生气。"站在那里。不要动，"他说。"我要用我的金箍棒打你们每个人五棒，让我自己感觉好一些。"

"请不要生气，"土地神说。"让我们告诉你这条小溪和这条龙的事情。这条小溪叫鹰愁涧，因为它的水非常干净，鸟能在水中看到自己。它们跳入水中与其他鸟战斗，不用说它们死了。"

"现在让我来告诉你这条龙的事情。他是西海龙王的儿子。很久以前，他年轻又粗心，有一天他不小心放火烧了宫殿。烧了许多贵重的东西。他的爸爸很生气，想让玉皇大帝杀死他的儿子。但观音佛祖来了。她说，她需要一个生物在这条小溪里等唐僧，他有一天会来，需要帮助。龙的工作是等唐僧，然后带着这个僧人去西天。那就是他的工作。但我不知道他为什么要吃僧人的马！"

"但他一点都没有帮过我们！"孙悟空说。"他吃了我们的马，他和我打斗，然后他变成了一条水蛇跑开了。现在我需要找到他，把我的马带回来。"

土地神说，"我想你应该请观音来帮助你。如果她要龙出来，龙一定会出来的！"

"这是一个好主意，"孙悟空回答道。他回到唐僧那里，说他要去找观音。但如果孙悟空不在，让唐僧自己一个人在那里他会害怕的。所以孙悟空留下和唐僧在一起，金头卫士去了補陀落伽山找观音。观音听了他的故事后，同意来帮忙。

观音很快就到了。她在云上等着，让金头卫士把孙悟空带来。当孙悟空到来的时候，他都不向观音鞠躬。他说，"你叫自己为老师和菩萨。但你想办法来伤害我和我师父！"

观音只是笑笑，说，"哦，你这很笨的红屁股！我非常不容易地找到一位和尚，他能救你生命，把你从生活了五百年的山里放出来。现在你觉得我有问题了？"

"是的，你救了我，"孙悟空回答道。"但你让我为这位唐僧做事。然后你给了这个和尚一个神奇的头箍，现在就在我的头上，他什么时候想要伤害我，他就会说一些魔语，头箍就会变得很紧，它真的很痛！"

102

"哦，我亲爱的猴子，"观音回答说，"你不听我的话，你也不听这个僧人的话。神奇的头箍只是一种不让你找麻烦的办法！没有它，你会再一次让上天因为你生气。"然后她转身对金头卫士说，"你去溪边说，'出来，敖闰龙王的三儿子。南海的观音就在这里。'"

金头卫士去了溪边说了那些话。那条龙马上从水里跳出来说，"谢谢你救了我的生命，观音。我一直在等那位僧人，但他还没有到。"

观音指着孙悟空对龙说，"这不就是你要等的僧人的徒弟吗？"

"他？他是谁？我昨天刚遇见他。我饿了，所以我吃了他的马。他一直没有说过僧人的事。我还问过他的名字和来自哪里，但他没有告诉我。"

观音看着远方，说，"是的，他是一只非常麻烦的猴子。"然后她向龙走去，站在他面前。轻轻地向他吹气。"变！"她说。龙变成了一匹马，看起来就像他昨天吃掉的那匹马。

观音对龙马说，"现在，记住我给你的工作。你要为这位僧人工作，把他带到西天。但是你做这些事情的时候是马不是龙。当你完成这个工作后，你不再是一匹马或一条龙，你会有一个金身正果。"然后她准备离开。但是唐僧不让她走，说，"请不要走。我不能带着这只猴子去西天。我们会没有办法活下去的！"

"请不要担心，"观音回答说。"如果你遇到麻烦，请上天帮助，上天会帮你的。请大地帮助，大地也会帮你的。请我帮助，我也会帮你的。现在，我还有一件东西要给你。走近一点。"然后她在唐僧的头后面放了三张绿叶，说，"变！"三张叶子变成三根魔发。"如果你遇到非常危险的情况，用这些毛发，它们会救你的。"然后她起来到空中，回補陀落伽山了。

唐僧骑上了龙马，和孙悟空一起继续他们的西游。晚些时候，太阳在西边很低的天空中，天空变黑了。只有他们几个人在路上，天气变冷了。前方，唐僧看到了一个有许多小楼的村子。村口的一个牌子上写着"里社神社。"

唐僧和孙悟空把马留在外面，走进了神社。一位老人见了他们，请他们到里面喝茶。

"谢谢你让我们进来，"唐僧说。"请告诉我，为什么这个地方叫里社神社？"

"神社后面有一个村子，"那人回答道。"李是这个村子的名字。每个季节，村里的每家都会把食物送到神社，这样地里就可以有很多吃的食物。"

"在我的国家，我们不做这些事情。你知道这句话，'离家三里远，人们做的事情就不一样。'"

"啊。你是从哪里来的？"

"这位可怜的和尚是唐皇帝让他从长安去西天找佛书的。我们一路走来，已经很晚了，我们看到了你们的漂亮神社，所以我们今晚想要留在这里。明天很早我们就会离开。"

然后，唐僧告诉老人他们在鹰愁涧遇见龙的故事。

当唐僧讲完他的故事后，这位老人要求一位年轻人为他们准备素食晚饭。晚饭后，他们都去睡了。

早上，老人给了唐僧一个漂亮的马套。当唐僧感谢他的时候，老人和神社都在烟中不见了。天空中送来一个声音说，"圣僧，我是補陀落伽山的神。佛祖观音要我给你这个马套和昨晚住的地方。现在你必须继续西游。记住要好好工作！"

唐僧害怕得倒在地上。他一次又一次地向天空鞠躬。孙悟空就站在那里笑他，说，"师父，起来！他走了很久了，他已经听不到你的声音了！"

"不要再讲那种没有意思的话了，"唐僧轻声说，"现在让我们继续吧。"他再次骑上马，然后他们再一次开始向西游。

他们走了两个月，没有遇到任何麻烦。季节从冬天变为早春。有一天，当树木开始变绿，新草出现在地面上时，他们看到了很远的地方有房子。当他们走近时，他们看到它是一座美丽的寺庙。它有许多房子和几座高塔。它四周是高大的树木。他们看到许多和尚闭着眼睛静静地坐在地上。

第 16 章

当他们走近大门时，一位僧人走了出来。僧人戴着一顶帽子，穿着一条丝腰带的僧衣，和一双草鞋。他手里拿着一只木鱼，告诉他要好好去感悟。唐僧把双手放在胸前。僧人也把双手放在胸前，但当他看到孙悟空时，他感到害怕。唐僧告诉他不要怕他的徒弟。

僧人请客人去里面和他一起喝茶。唐僧告诉说，他们正前往西天为唐朝皇帝找佛书。他还轻声地对僧人说，"小心，不要说猴子的坏话。他很容易生气的！"

他们一起进入大殿。唐僧向金佛鞠躬。有一位年轻的和尚打了好几次响钟。当他打完以后，孙悟空继续打着响钟，一次又一次。寺庙里的所有和尚都来到大殿，问道，"打钟的笨人是谁？"

孙悟空跳了起来，大喊，"这是你们的孙爷爷，打钟是为他自己开心！"

当和尚们看到那只难看的大猴子时，他们害怕极了，倒在了地上。孙悟空笑他们。最后他们从地上起来，坐在房间后面，唐僧，孙悟空和那位僧人一起喝着茶，吃着素食。

晚饭后，一位很老的老人到了。他太老了，两个小男孩只能帮助他走路。他的脸看上去很老，所以他看起来像个老巫婆。他看不见东西，嘴里少了好几颗牙。那位僧人说，"老方丈来了！"

唐僧向他鞠躬，说，"你的徒弟向你鞠躬。"老方丈也给他鞠躬，他们都坐了下来。

老方丈说，"刚才我从年轻人那里听说唐国的两位圣父从东方来到这里。我来这里欢迎你们。"

"我们只是两个穷和尚，经过你们的国家。请原谅我们进入你的寺庙，"唐僧回答道。

"我可以问唐圣僧，你已经走了多远的路了？"

"离开长安后，我走了五千里。然后我接了我的徒弟，从那以后我们又走了五千里。"

"所以，你已经走了一万里。我这个又笨又老的和尚从来没有走出这座寺庙。他就像一只坐在井里的青蛙，看着天空[1]！"

"请问，这位大方丈多大年龄了？"

"我已经笨笨地活了二百七十年了。"然后看着猴王，他问道，

---

[1] A famous Chinese proverb about a conceited frog who, from his narrow viewpoint in the bottom of a well, thinks he has seen the whole world

"你，徒弟，你多大了？"

"我不能说，"孙悟空回答。他不想告诉这位老方丈，他已经有几千岁了。但这位老方丈只是点点头，喝了茶，什么也没说。

一个年轻人拿来了一壶茶。茶杯非常漂亮，唐僧告诉老方丈，茶杯很漂亮。"哦，没什么，"老方丈回答道。"但你来自一个很大的城市。你从长安带来了什么美丽的东西？"

"对不起，长安没有什么贵重东西，"唐僧回答道。"如果有，我们也没有办法在我们很长的旅途中带着它。"当然，唐僧不想在这些不认识的人面前谈贵重的东西。

当听到这个时，猴王抬起头，"师父，我们有一件美丽的僧衣，你是不是可以给大方丈看看？"

当其他和尚听到这个时，他们笑了起来。那位僧人说，"僧衣是很普通的东西。许多僧人有二十或三十件。我们的大方丈已经生活了很长时间，他有七百件僧衣！你想看吗？"然后，那些年轻的和尚拿出了很多很多僧衣。他们拿出僧衣给唐僧和孙悟空看。僧衣是丝做的，用金银线绣成。他们很漂亮，但孙悟空只说，"好，好，现在就把它们拿走吧。我们有一件僧衣比你们的僧衣都更漂亮。"

唐僧对这个感到害怕。转向孙悟空低声说，"别说这些东西！在这里没有人认识我们，离家很远。你不应该把贵重东西给不真心的人看。只要他看到了，他就会想要它。如果他想要它，他就会试着得到它！"

"别紧张，"孙悟空回答说，"老猴子会照顾好所有东西的！"然后他拿出唐僧的僧衣给老方丈和房间里所有的和尚看。当他举起僧衣时，房间里都是红色的光，大殿里都是香香的空气。

老方丈走到僧衣前，跪了下来，开始哭了起来。

"你为什么哭？"唐僧问道。

"现在已经很晚了，我的老眼睛看不见这件僧衣，"他回答道。"你能让我把它带回我的房间，让我可以好好地看看吗？明天早上我会把它还给你的。"

唐僧不喜欢这样，他看了孙悟空一眼。然后他对方丈说，"当然，你可以拿着到明天早上。但请一定要小心！"

在那以后，方丈要年轻的和尚们在大殿里给唐僧和孙悟空放上床，其他人都去了他们自己的房间睡觉。每个人都去睡觉了，但老方丈没有睡。他在他的房间里坐在僧衣前，大声地哭着。几个和尚走进他的房间，一个和尚问道，"你为什么哭？"

"太晚了！"方丈回答道。

"什么意思？"

"我只能看这件僧衣一个晚上。看着我！我今年二百七十岁了。我有几百件僧衣，但我真的想要留下这件。"

"那没问题。今晚穿上它，让你自己开心一下。明天我们会要求我们的客人再住一天，明天你还可以穿这件僧衣。如果你愿意，我们可以继续要求他们再住十天，你就可以再穿十天。如果你想穿一年，我们会要求他们在这里住一年。"

"但他们会离开，对吗？"

另一位和尚说，"这个也不是问题。我们在他们睡觉的时候杀死他们！"这时，方丈高兴地拍手说，"是的，这个主意非常好！"

但第三位和尚说,"不,那不行。我们可以杀死那个僧人。但是那只猴子又大又强又危险。我认为我们杀不了他。我们不想让他生气!"

"你有什么好主意?"方丈问道。

"我们寺庙里有两百个和尚。我们叫上每个和尚,让他们拿烧火的木头。我们会把木头放在大殿四周。我们把门锁上。然后我们把木头烧起来。大殿会烧起来,客人就会在火中死去,但看起来像是火自己烧起来的。这样你就可以为你自己留下僧衣。"

老方丈很喜欢这个办法,他告诉和尚们去开始搬烧火的木头。

这时,唐僧正在睡觉,但是孙悟空没有睡觉。他只是在休息,但他的眼睛是开着的。他听到房间外有声音。"这很奇怪,"他想。"现在是夜晚,是休息的时侯。为什么人们在房间外面搬动东西?"所以他变成了一只虫子,飞到房间外面看看是什么事。他看到和尚们在房间外放了很多烧火的木头。

"我师父是对的,"他想。"他们想要杀死我们,偷走僧衣。我可以用我的金箍棒杀死他们,但我师父会再次生我的气。我必须做点其他的事。"

所以他一个筋斗就到了天上。他去看了他的朋友广目[1]天王,他是一位生活在天上的很强大的神。"你好,我的老朋友!"广目说。"你好吗?我听说你成了一位西游僧人的徒弟。怎么样了?"

"没时间讲那个!"孙悟空很生气地说。"一些坏人想要用火烧死我师父。我现在马上要借用你的辟火罩。我会很快把它还给你

---

[1] 广目 (Guǎngmù) is a major Buddhist deity, the guardian of the West, called Virupaksa in Sanskrit.

的。"

"那么笨。灭火很容易。只需要用水就可以了。"

"我不能那样做。我需要让火烧起来。快点，没有时间了。请给我那个辟火罩！"

广目没有和孙悟空多讲，他只是给了他辟火罩。孙悟空把它带回了寺庙，用它来保护唐僧，白马和他们的行李。然后他到外面坐在房顶上看着。

有一位和尚烧了火。火很快开始越烧越大，烧着了所有的木头。孙悟空吹了一口长气，它变成了强大的风，让火更大。黑烟和红色的火焰上到了天空。星星看不见了。明亮的红色火焰上到两里远的天空上，可以从千里外看到。唐僧和马在辟火罩下很安全，但是大殿里的其他地方都在火焰中。

当大殿烧起来的时候，二十里远的地方有一个妖怪在他的洞里睡觉。那个洞叫黑风洞，它在黑风山中。妖怪从火光中醒来，他以为这是早上。但当他看了一会儿，他可以看到光是来自远方的火焰。

"一定是寺庙起火了，"他想。他和老方丈是朋友，所以他决定去帮助方丈。他飞在云上到了寺庙。他看了看四周。先是看到方丈的房间没有起火。然后他看到一只又大又丑的猴子坐在房顶上，向火吹气。他知道这只猴子正在让火变得更大。他走进方丈的房间，看看方丈是不是还好，然后他看到了美丽的僧衣。他忘了帮助方丈的事。他抓起僧衣，跑出房间，然后飞回了黑风山。

孙悟空正在看着火，把火变大，所以他没有看到妖怪拿了僧衣。他等到五更[1]，这时火烧完了。然后他拿起辟火罩，把它还给他的

---

[1] Fifth watch, the night's fifth 2-hour period, is from 3 to 5 am.

朋友广目。然后他回到唐僧那里，让他醒来。唐僧站了起来，看了看四周，问道，"大殿在哪里？发生了什么事？"

"昨天晚上起火了。老猴子保护了你！"

"如果你能保护我，你为什么不灭火呢？"

"因为我希望你看到真相。老方丈爱上了你的僧衣。他和其他和尚放火，因为他们想要杀死我们，留下僧衣。"

"真的吗？我不这么认为。我觉得是你自己放的火，因为那些和尚让你生气了。"

"你真的认为老猴子会做那样的事吗？不，我没有放火。是和尚们放的。当然这是真的，我没有帮助他们灭火。其实，我必须告诉你，我帮助把火烧得大一点。"

"天啊！火起来的时候，你应该把火灭了！你为什么不那样做？"

"你知道有一句老话吗，'如果一个人不伤害老虎，老虎就不会伤害这个人。'是他们放的火。我只是帮了一下。现在，让我们拿上你的僧衣，离开这个地方。"

孙悟空走向和尚们。和尚们看到唐僧和又大又不好看的猴子走出烧坏的大殿，他们害怕极了。他们把手放在头上，倒在地上，哭着说，"你们是人还是鬼？"

"别这样！"孙悟空喊道。"我只是一只老猴子。给我那件僧衣，我们就离开。"

和尚们都跑到老方丈的房间，高喊道，"圣父，唐僧和那个猴子一定是神。他们没有被火烧死。马上给他们那件僧衣！"方丈找了僧衣，当然僧衣没有在那里。老方丈感到非常地痛苦。他知道僧衣不在了，一大半的寺庙也没有了。他走到最近的门，倒在地上，老人的头重重的打在地上，死了。

孙悟空在每一个地方找僧衣。他检查了每一个和尚，检查了他们的房间。他检查了老方丈的尸体和他的房间。他检查了寺庙的每一个房间。就是找不到僧衣。他坐下来想了一会儿。然后他问道，"告诉我，附近有神仙或妖怪吗？"

"有的，"一位和尚回答说，"东南方向二十里的地方是黑风山。在山上有黑风洞。住在山洞里的是大黑王。他和我们的方丈是朋友，他们经常见面谈道。"

"这就对了，师父！"孙悟空对唐僧说道。"昨晚的大火两百里远都可以看到。那个妖怪看见了火光，来到这里，拿了僧衣，然后飞回了他的洞。别担心，老猴子会照顾好这事的！"

孙悟空转身看着和尚们。他慢慢地说，"我知道你们会好好照顾我的师父和他的马。要开心愉快地去照顾他们。给他们两个人好吃的食物。如果你们不这样做，我就会用我的金箍棒打你们。"然后他把金箍棒拿在手里，打到墙上。墙倒在地上，还有后面的七、八面墙也倒在地上。唐僧说道，"就像你们看到的，我的徒弟性子不好。你们真的不想要让他生气！"和尚们害怕极了，他们说要好好照顾唐僧和他的马。

第 17 章

孙悟空飞往黑风山。他在云上坐了一会儿，看着这座美丽的山。没有人，但有许多树木，溪流，鸟和动物。当孙悟空在看美丽的大山的时侯，他听到有声音。往下看，他看到三个妖怪坐在地上，说着话。左边是一个看起来像道人的妖怪。中间是一个看起来有点像熊的黑妖怪。在右边是一个穿着白长衣像读书人的妖怪。

黑妖怪笑着说，"明天是我的生日。你们两个会来看我吗？"

"当然，"白长衣的读书人说道。"我们每年都会来。今年为什么不来？"

"我有特别的东西要给你们看。昨晚我拿到了一个新的贵重东西，一件佛祖自己穿的僧衣。所以我会举行一个大宴会，叫它为'佛衣大会。'"

孙悟空听到这些话，他变得非常生气。他跳到地上喊道，"你这个拿别人东西的妖怪！你拿了我的僧衣！现在把它还给我，不要试着逃跑。"然后他向三个妖怪挥着他的金箍棒。黑妖怪在风中飞走了。道人逃到了云里。但是金箍棒打到了白衣读书人的头上，他倒下死了，他死了以后变成了一条死白蛇。

孙悟空跟着黑妖怪，一直到了大门前。门上方有一个牌子，"黑风山，黑风洞。"他用他的金箍棒打门，高喊道，"开门！开门！"一个小魔鬼出来，孙悟空告诉小魔鬼，他来是要见妖怪。

小魔鬼跑进去对妖怪说，"大王，外面有一个和尚，脸上都是毛，声音像雷声。他说僧衣是他的，他想要拿回去。"

妖怪站了起来。他穿上黑色丝长衣，重重的盔甲和黑色的鞋子。他拿起一把剑，走到外面去见孙悟空。

孙悟空说，"我的僧衣是放在寺庙中老方丈的房间里的。那里起了火。寺庙烧坏了，但是僧衣被拿走了。我知道你拿了它，因为我听到你在讲你明天要举行佛衣大会。现在马上给我那件僧衣。如果你说出半个'不'我会打死你，打坏你的洞和洞里的所有东

113

西。"

妖怪只看着猴子。"你是谁？你能做什么？"

"嗯，这是一个很长的故事，"孙悟空说，他开始告诉妖怪所有他自己的故事：他出生时是一只石猴，他早年在花果山上，他的第一位老师是菩提祖师，他在天上的时候，遇见太上老君，观音，玉皇大帝和佛祖，他在山下生活的五百年，他和唐僧的见面。然后他告诉了妖怪所有用金箍棒能做的事情。

那个妖怪安静地坐着，听着这个故事，这个故事讲了很长时间。当故事终于结束时，妖怪大笑了起来，说，"我听说过你！你是在天宫造成大麻烦的笨猴子！"

"不要叫我笨猴！"孙悟空喊道，他用金箍棒打妖怪。两人在洞前打了起来。一个是僧人的徒弟，另一个是妖怪。一个用棒，另一个用剑。一个用"白虎上山，"另一个用"黄龙在地。"

他们打了半天。最后妖怪说，"孙，我们都累了。我们可以休息一下吃中饭吗？"

"你这个没有用的妖怪，"孙悟空回答道。"只战斗了半天，你怎么就会感到累了？看我，我在山下生活了五百年，没有水喝。现在你还想要吃饭？别说话了，只要还给我僧衣，你就可以去吃饭了。"

妖怪什么也没说，就逃回了他的洞里，关上了门。孙悟空没有办法进入洞里，所以他回到了寺庙。

"悟空，你回来了！"唐僧说道。"你拿到我的僧衣了吗？"

"没有，但我见到了拿僧衣的妖怪。他住在黑风山。我听到他告诉他的两个朋友，他拿走了僧衣。我杀死了他们中的一个看起来像读书人，但他真的是白蛇变的妖怪。另一个看起来像一个道人，他逃走了。我和妖怪打了半天，但他跑进洞里关上了门。现在我必须回去拿僧衣，"然后孙悟空看着和尚们。"我希望你们给了我师父好吃的食物，给了我的马很好的草。"

"哦，是的，"他们哭喊道。

"是的，"唐僧同意道。"你只离开了半天，但他们已经给了我三次茶，给了我一顿好吃的素食。"

"很好，"孙悟空回答道。"不要担心。我会拿到僧衣的。"

孙悟空飞回黑风山。半路上，他看到有一个小魔鬼拿着一只小包。孙悟空下来走到路上，用金箍棒打死了小魔鬼，拿走了包。他打开包。里面放着两颗药丹和一封信，信里写着，

> 亲爱的大方丈，你的黑熊朋友向你问好。我感谢你给我的所有礼物。对不起，昨晚寺庙起火时我没有办法帮你。我希望你没有受伤。我现在有一件非常漂亮的佛衣，我想请你参加佛衣大会，喝美酒、吃美食。我希望你能来。佛衣大会是在两天后举行。

孙悟空坐在地上笑着说，"哦，现在我明白了！老方丈是黑妖怪的朋友。这就是他能活到二百七十岁，妖怪一定给了他一些魔法，让他活得长一点。我会变了我的样子，让我看起来像方丈，进妖怪的洞！"

孙悟空变了自己的样子，现在他看起来就像老方丈。他走到山洞前，打着门，说，"开门！"

妖怪对他的小魔鬼说，"方丈怎么这么快就来到这里？我想是孙悟空让他来这里拿走僧衣的。把它放好，方丈就看不到它了！"

然后，妖怪穿上一件深绿色丝做的很好的外衣，再穿上黑色鞋子。然后他走到前门，让孙悟空进洞。

"我的老朋友，"他说，"我们好几天都没见过面了。请坐下来喝点茶！"然后他继续说道，"我刚刚送了信给你，请你两天后来参加佛衣大会。你为什么这么早来这里？"

"我本来就是要来的，是来向你问好的。然后我在路上遇到了你的送信人，知道了佛衣大会，就决定早点来，这样我就可以看到僧衣了。"

"但你已经在你的寺庙里看到它了。你为什么还想看？"

孙悟空正准备回答，另一个小魔鬼跑进洞里说，"天哪，啊，大王！你送信的仆人在路上被孙悟空杀了。我们觉得孙悟空读了信，变了他的样子，让他看起来像老方丈！"

黑妖怪跳了起来，手里拿着剑。孙悟空变回他自己的样子，手里拿着金箍棒。两人打了起来，比以前打得更厉害。他们开始在洞里打，然后他们继续在山洞外战斗。他们又继续在黑风山顶上打。最后，他们上到了云里在那里打。他们打了一天，一直到太阳在西方变红。

"我累了，"妖怪说。"我们可以明天再继续打吗？"

但是孙悟空一直在用金箍棒打妖怪。最后，妖怪变成风，回到了他的洞。他关上了门。

孙悟空没有办法。他转身飞回寺庙，和唐僧谈了这事。唐僧问他，"谁打得更好，你还是妖怪？"

"我们打得一样，"孙悟空说。"我不知道我是不是能赢他。"

然后，唐僧和孙悟空一起读了信。"啊！"孙悟空说，"现在我明白了。那妖怪真的是熊妖精。他本来是一只动物，一只熊，但经过很多年的工作和学习，他成了一个妖精。我出生时也是一只动物，一只猴子，经过很多年的工作和学习，我成了齐天大圣。"

"这就是为什么你们打得一样，"唐僧说。

他们吃了和尚们准备的素食，然后他们去睡觉了。早上，孙悟空决定去见观音，因为她说过如果他们需要她的帮助，她会帮助他们的。他用了他的筋斗云，很快飞到观音住的南海補陀落伽山。他到了，走到观音坐着的花园里，向她深深地鞠躬。

"你为什么来这里？"她问道。"你应该帮助唐僧。"

"我们向西走，到了一座寺庙，那里的人向你鞠躬、给你食物。但是你让熊妖怪住在附近。他拿了师父的僧衣，不想还给我们。"

"我知道这事，你这不懂事的猴子。我还知道是你自己找的麻烦。你给和尚们看僧衣，让他们想要它。你造了风，然后让火烧得更大，所以它毁坏了我的寺庙。你做了这些事后，还想要我的帮助？"

这个时候，猴子明白了观音可以看到以前的事情和以后的事情。他知道她有大智慧。他鞠躬说，"对不起，大师。你说的都是真的。但是我必须把僧衣还给我师父。如果我不这样做，他会让我的头箍在我头上变紧，让我很痛。太痛苦了。请帮我拿回僧衣，这样我们才能继续我们的西游。"

观音同意了，他们两人从補陀落伽飞到了黑风山。但是当他们飞近黑风山时，他们往下看，看到了像白衣道人的僧人。他拿着一个盘子，盘子上放了两颗药丹。孙悟空没有说一句话，他只是下到了僧人身上，用金箍棒打他的头。僧人倒下死了。

"你为什么那样做？"观音问道。"他没有对你做什么事。"

"你不认识他，但我认识。他是黑熊妖怪的朋友。他们昨天在一起说话。我想他是要去参加黑凤山的佛衣大会。"

他们看了死去的僧人，在他们看着他的时侯，他变成了一只死狼。突然，孙悟空笑着说，"大师，我有个好主意！"他很快把他的主意告诉了观音。她同意了。

她马上变了她的样子，让她看起来就像白衣道人。孙悟空喊道，"太神奇了！大师是道人呢，还是道人是大师？"

观音笑着回答说，"猴子，我告诉你，老师和僧人只是一个想法，他们什么都不是。"孙悟空看着她想了想，但什么都没说。

然后孙悟空也变了他的样子，他看起来像一颗药丹，但比盘子上的药丹大一点。观音看到两颗大小不同的药丹。她把一颗真的药丹放在她的衣服里。然后她把大药丹和另一个小药丹放在盘上，她走到洞的门前。打着门。

一个小魔鬼看见了观音，她看起来就像白衣道人。魔鬼告诉黑熊妖怪，说僧人到了。

妖怪走去开门。"我的老朋友，"他说，"我很高兴你来看我！"

"这位低下的道人为你准备了一份小礼物，"观音说。她拿起那颗大药丸给了黑熊妖怪，说，"希望你活一千年！"

"谢谢你！"妖怪回答说。"你呢，请你自己也吃一颗药丸吧。"观音拿起药丸等着。妖怪把大药丸拿到嘴边。突然，药丸跳进了他的嘴里。在妖怪身体里，孙悟空回到他本来的样子。他在妖怪的身体里打了他几次，然后从妖怪的鼻子里飞出来。妖怪倒在了地上。观音变回了她自己的样子，抓住了僧衣。然后她在妖怪头上放了一个魔头箍，就像孙悟空头上的那个。

妖怪站了起来，想要拿起他的剑。但观音念了一些魔语，妖怪的头箍变得非常紧，他倒在了地上，痛得哭了起来。孙悟空看到观音做的事，大笑了起来。

"现在，你能做我让你做的事吗？"观音对妖怪说道。

"是，我会的。请不要杀我！"

妖怪在地上时，孙悟空用他的金箍棒打他。但观音说，"不要伤害他，我有一份工作要给他。"

"他只是一个妖怪。他有什么用？"孙悟空问道。

"他不只是一只妖怪。他可以帮助我。我需要有人来保护補陀落伽山后面。这个工作对他正好。"然后观音拍拍妖怪的头，告诉他，他的新工作就是帮她做事。妖怪点点头，但什么都没说。

转身向孙悟空，她说，"现在这里结束了。你必须回去为唐僧做事。再一次请你不要找麻烦了。"

孙悟空向观音深深地鞠躬，然后离开，去把僧衣还给他师父。观音带着熊妖怪回到了補陀落伽山。在她飞的时侯，明亮的云在她四周，空气中响着好听的音乐。

现在你明白了吗，我的孩子？你看到的东西是你心中的想法决定的。孙悟空喜欢打斗，所以当他看到熊妖怪时，他只看到了妖怪。但当观音看到同一个妖怪时，她看到了一个可以变好的人。

现在是睡觉的时间了。晚安,我的孩子。我们明天再讲!我爱你。

很饿的猪

第 18 章

我亲爱的孩子,你还记得我昨晚告诉你的故事吗?我告诉你唐僧和孙悟空是怎么开始西游的。他们遇到了一条变成了马的龙和其实是一只熊的妖怪,佛祖观音给他们的帮助。

在今晚的故事中,我要告诉你他们是怎么遇到一只猪。这只猪参加了他们的旅途。

你应该记得我昨晚告诉你孙悟空和熊妖怪的战斗。孙悟空想从熊妖怪那里拿回唐僧的僧衣。战斗结束后,孙悟空回到寺庙,把僧衣给了唐僧。寺庙里的和尚们很高兴,他们为两位游人举行了一次素食大宴。

早上,孙悟空和唐僧感谢了和尚们,他们继续向西走。他们走了六、七天。有一天,他们到了一个小村子。已经是很晚的下午了。天空中太阳很低很红。唐僧说，"我想在这里休息。"

"等一下，"孙悟空回答道，"我需要看看四周，看看这里是不是一个好地方。"他用他的火眼金睛看着村子。他看到很多小房子，四周有高大的树木。空气中都是做饭的烟火。每条路上都有牛在走回家。胖胖的猪和鸡在房子附近睡觉。一个喝醉了的老人一边唱歌一边慢慢地走回家。

"看起来没有什么事，"孙悟空说。"这个村子住着很多好人家。我们今晚可以住在这里。"

他们进了村子。马上看到了一个年轻人。他穿着一件蓝色衬衫，头上戴着白色的帽子。手里拿着一把草伞，背上有一捆草。孙悟空走近他，紧紧抓住他的手臂问，"你要去哪里？这是什么地方？"

那个年轻人被猴子吓坏了，想逃走，但孙悟空太强了。年轻人哭着说，"你去问别人吧，不要来麻烦我！"他想要打孙悟空，可是猴子紧紧地抱着他，没有动。

终于，年轻人不战斗了。他说，"好吧。你们在乌斯藏王国。我们这个村子叫高老庄，因为这里的许多人家都姓高。现在让我走！"

"所以我想你姓高，"孙悟空说。"如果你告诉我你要去哪里，你在做什么，我就会让你走。"

"我叫高才。我们家最大的是我爸爸的哥哥，我们叫他高老人。他有一个二十岁的女儿叫翠兰。三年前，一个妖怪把她带走做了他的妻子。高老人非常不高兴，因为他不想他女儿的丈夫是一个妖怪。他不想让这个事情发生，但妖怪不同意。妖怪不让女孩子回家，她已经有六个月没有看见她的家人了。老人给了我一些钱，告诉我找一个法师，法师可以让妖怪离开。但是我找不到一个好的法师。我只找到了一些没有用的和尚和一些没有办法的道人。所以老人又给了我一点钱，告诉我再试一次。我还在找一个好法师，但是你让我不能马上去找！"

"好吧，"孙悟空说，"今天是你的好日子。我会抓妖怪，刚刚好可以解决你的问题！人们说，'你遇到了好医生，这位医生又把你的眼睛看好了！'我们是东方的圣僧。我们去西天拿圣书，带回给唐皇帝。我们已经和几个妖怪战斗过了，每次都赢了。是的，我们可以帮助你。带我们去你家。"

那个年轻人拿起伞和草，三个人走向他的家。当他们到门前时，他说，"请等在这里。"那个年轻人走进屋里，告诉高老人两位和尚的事。他说，"这些人说他们是东方的圣僧。他们中的一个人说他是唐皇帝的兄弟。我想他们可以帮助我们。"

高老人来到门前。"欢迎！"他说道，向唐僧鞠躬。唐僧也向高鞠了躬。孙悟空没有鞠躬，他只是站在那里。"你为什么没有和我说话？"他问。老人害怕地看着那只很不好看的猴子。然后他转向高才说，"年轻人，你做了什么？我们家已经有一个妖怪了。现在我们有两个了！"

"高老，"孙悟空说，"你已经活了很多年了，但你还是一个很笨的人。你觉得好看的人就是好人，不好看的人就是坏人。我是老猴子。我可能很不好看，但是我可以抓到那个妖怪，把你的女儿带回来。这样可以吗？"

老人还是很害怕，但是他喜欢孙悟空的话，所以他说，"请进来。"当他们都在屋里的时候，唐僧告诉他，他们去西边找佛书带回去给唐皇帝的故事。他还问他们是不是可以在老人的家住一个晚上。

"你只想住一晚？"高问。"那你怎么抓住我的妖怪？"

"我们要求在这里住一晚，"孙悟空说。"但我们是可以抓一些妖怪的，只是为了好玩。告诉我，你家有几个妖怪？"

"只有一个，但他给我们带来了很多麻烦。"

"告诉我们。"

"很久很久以来，这个村子就没有鬼、神、妖怪的问题。我们在这里都很高兴。我有三个女儿。我已经同意了把两个大女儿给村里的两个男人。但是我希望我最小的女儿，翠兰结婚以后可以住在我们家，他们的孩子用我们的姓。三年前，一个年轻人来到我们的村子。他长得很好看，身体也很好，喜欢翠兰。他说他叫猪刚鬣。因为他没有家，我以为他会是个好儿子。他住进了我们的家，工作非常努力。他从早上开始，一直工作到晚上很晚。"

"听起来不错。发生了什么事？"

"他的样子开始改变。他的耳朵开始变大。他的鼻子变得又长又有毛。头发从他的耳朵后面长出来。我告诉你,他真的开始看起来像一只大猪，非常饿的猪！他一顿饭可以吃掉二十个人吃的米饭。早饭他吃了一百个包子。还好他吃素食，因为如果他吃肉，我们没有一点办法让他吃饱！"

"啊，可能他饿了，因为他工作很努力，"唐僧说。

"食物不是真的大问题。最大的问题是我的女儿。我已经六个月没有见到她了。我不知道她是死还是活。现在我相信猪是一个妖怪。我们必须让他离开！"

"那不难，老人！"孙悟空说。"今晚我会抓住他的。我要让他同意离婚，你的女儿会回到你身边。怎么样？"

老人听了很高兴。他为客人准备了素食。晚饭后，他问道，"你需要什么武器，需要哪些人参加？"

"我不需要你的武器，"孙悟空回答，"我有这个！"他从耳中拔出一根针，四周挥着，然后变成了他的金箍棒。"我不需要别人参加。但是，我想要一些好的老人来和我的师父在一起，在我抓妖怪的时候，我师父就不会是一个人了。"

老人同意了。不久，几位年纪大的男人和女人来到房间里，和唐僧坐在一起，和他说话。孙悟空对他说，"师父，你和这些人在一起应该感到安全。我要去和妖怪战斗！"然后转向高老人，他说，"老人，妖怪住在哪个房子？"

高走到了房子后面的大楼。他们站在门前。"快点，老人，把门的钥匙拿来！"孙悟空说。

"如果我有这门的钥匙，那我就不需要你了，"高大声说道。

孙悟空说，"老人，你虽然有点年纪了，但还是不懂笑话。我只是在和你说笑的。"然后他用他的金箍棒把门打坏。他们看向里面。很黑，"老高，叫你的女儿。"

老人吓坏了，但他喊道，"我的女儿！我亲爱的翠兰！"女孩轻轻的回答，"爸爸！我在这里！"他们看着她。她可爱的脸和头发都很脏。她瘦了很多。她跑向她的爸爸，哭了起来。

孙悟空说，"别哭了！妖怪在哪里？"

"我不知道，"她回答。"他早上很早离开，晚上很晚回来。我不知道他去哪里。但是他很小心地不让爸爸看见，因为他知道爸爸想让他离开。"

"好。别再说了。和你爸爸一起走。老猴子会在这里等着。"爸爸和女儿离开了。孙悟空改变了他的样子，让他看上去像那个女孩。然后他坐下来等着。

没等很久。一阵很大的风把土和石头吹起，飞在空中。树木倒在地上。动物在森林里不认识路了。河水上下翻动。石头和大山被打碎了。在北部，一部分长城倒下了。

风变小了，一个很大的妖怪出现了。是猪刚鬣。他的黑脸都是短毛。他的鼻子很长，耳朵很大。他穿着一件蓝绿色的衬衫。头上戴着一条花色手帕。

猪进房间时，孙悟空什么也没说。他只是躺在床上，看上去像生病的样子。猪走到床边，抓住了看起来像女孩的猴子，要亲他。但是孙悟空紧紧抓住了妖怪的鼻子，让他重重地倒在地上。

"我亲爱的，看来你今天对我有点生气，"猪说。"是因为我回家晚了吗？"

"我没有生气。但是，你认为你可以来这里要求亲我？你看不出来我不舒服吗？你知道，如果我感觉好些，我会从床上起来为你开门的。现在脱衣服睡觉。"

猪脱下衣服，但是就在要准备上床的时候，孙悟空下床向马桶走去。"亲爱的妻子，你要去哪儿？"猪问。

"我必须要用马桶。我用完后就去睡觉。"然后他说道，"啊，我的运气真不好。"

"为什么你说你的运气不好？我是吃了你家里的很多食物。但是我每天都很努力地工作。我在菜地里和房子里工作。你穿着贵重的衣服，身上有金有银。你们家一年四季都有很多米饭和菜。但是你还是哭，说你运气不好。为什么？"

"今天我被爸爸骂了。他说你很不好看,你不知道怎么做人。你来来去去都是一阵风云。没有人知道你要去哪里。你坏了我们家的名子。"

"我是不好看。但是你的家人在刚开始看到我的时候就知道了。我家的姓是猪,我们来自福陵山。你的家人当然知道我是什么样子。是你爸爸同意了以后我进了你的家,工作非常努力。他们为什么今天讲这个?"

孙悟空坐在马桶上,心想,"这个妖怪说的还都是真的!他看起来不像是一个坏人。"然后他对猪说,"我的父母正在找法师来让你离开。"

"我一点都不担心!"猪说。"你就睡觉吧。真不用担心。我可以变成许多不同的样子,多得就像天上的天罡[1]星。我还有九叉的耙子,可以用它为武器。"

"他们说,他们希望找到一个叫孙的人。他们说他是五百年前在天宫找麻烦的齐天大圣。他们要孙来这里抓你。"

当猪听到这个时,他感到非常害怕。"如果这是真的,我必须离开。我们不能继续生活在一起了!那个孙很强大。我打不过他。"

猪很快穿好衣服,走到门口。孙悟空再次摇了摇身体,变回到猴子的样子。他抓住猪的衬衫,喊道,"妖怪,你想要去哪里?看着我,看看我是谁!"猪看着,看到了孙悟空那张大毛脸。他马上拉开了衬衫,他变成了风,从孙的手里逃走。孙用金箍棒打向风。猪从风变成太阳光,飞回福陵山的家中。

---

[1] Tiāngāng (天罡) is the Heavenly Ladle, a constellation with 36 stars corresponding to the Big Dipper.

孙悟空大喊，"你要跑去哪里？如果你飞上天宫，我会跟你上天宫。如果你到地下，我会跟你到地下。你没有办法让我离开！"

第 19 章

猪，现在是太阳光的样子飞到福陵山，孙悟空紧跟在他的后面。猪到了福陵山，跑进他的山洞，拿着耙子出来。他准备战斗。

"无法无天的妖怪，"孙悟空大喊，"你怎么知道我的名字？现在告诉我，我可能会让你活下去！"

"过来，你这只不好看的老猴子，"猪回答。"坐下，我会告诉你我的故事。"孙悟空安静下来，坐下来听猪的故事。

"从我小时候开始，我就不是很聪明
我只是想愉快生活，每天玩
我非常不喜欢工作，我从来不想读书
有一天，我遇到了一个神仙
他和我谈冷谈热[1]
他告诉我，有一天我的生命会结束
到那时再改变就晚了
我听他的话，请他做我的老师
很多年来，我日日夜夜地学习天上的方法
终于我感悟了，飞上了天宫
我在那里遇到了玉皇大帝
他为我举行了一个大宴
玉皇大帝给了我天蓬元帅的名字

---

[1] 谈冷谈热, "talked about cold and heat." This is not a reference to the weather, but to the inner alchemy of transformation as taught in Daoism.

给了我他所有的船和 80,000 名士兵
我非常开心
那天晚些时候，我来到了王母娘娘的桃花宴。
但是我喝了太多酒，喝醉了。
喝醉的时候，我遇到了美丽的月亮女神
我什么都没有想，就要她和我一起上床睡觉，她说不
我再次问她，她还是说不
我问了她五次，五次她都说不
我变得很生气，像雷声那样大喊大叫
神仙们抓住了我，把我带回到了玉皇大帝那里
他准备杀了我
但是太白金星到了
他向玉皇大帝鞠躬
他要求玉皇大帝不要杀死我
但是，我被打了五千次
然后我被送出天宫，下到人间
当我来到人间时，我的灵魂没有了。
我最后到了母猪的肚子里。
现在，我必须一生都是一只低下的猪！"

孙悟空坐着听着猪的故事。故事结束后，他说，"我也在天宫王母娘娘的桃子宴上。我也喝醉了。我也被送出天宫。所以，我懂你的问题！现在我才知道你真是天蓬元帅。"

"是的，你是在天宫找了那么大麻烦的可怕猴子！你知道有多少人因为你很痛苦吗？现在请吃我的耙子，你这妖怪！"

他们开始打了起来，骂来骂去。猪用耙子，猴子用金箍棒。他们打了一个晚上，一直到第二更，太阳从东方出现。猪累了，没有办法再战斗了。他跑回了他的山洞，紧闭了门。孙悟空没有想打坏门。只是飞回去看唐僧。

这个时候，唐僧一个晚上都在和村里的老人讲话。孙悟空到来的时候，他抬起了头。

"师父，我回来了！"孙悟空说。

"悟空，你一个晚上都没有回来。妖怪在哪里？"

"他不是妖怪。他是天蓬元帅。他走了错的再生路，这就是为什么他看上去像猪。但是他本来还是一个神。我用我的棒在房子的后面和他战斗，但他变成了一道光，飞到福陵山。我跟着他，我们再一次战斗。然后他跑进了自己的山洞。我想过要打坏山洞的门，但我先要回到这里，看看你还好吗。"

说完以后，高老人走向前来说，"天哪，我必须说。你把妖怪打走了，但是如果他又回来了怎么办？请把妖怪抓住，这样我们就不会再担心了。我会很高兴的，我会把我所有的一半都给你！"

"好吧，老人，你的要求很多，不是吗？"孙悟空笑道。"我和你的妖怪谈过话。他说是的，他是吃了很多食物，但他也为你做了很多工作。是的，他是不好看，但他第一次来你家的时候你就知道了。他一点都没有伤害你的女儿。看来你应该感谢猪先生为你做的所有事情。"在高老想要回答前，孙悟空又飞回福陵山。

孙悟空在和高老人说话时，说了猪的好话。但是现在他打坏了洞门，对着猪大喊，"出来跟我打，你这个苦力！"

从上次战斗后，猪还是感到很累，他在山洞里休息。但是，当他听到叫自己'胖苦力'时，他跳了起来，抓了耙子，跑到了山洞前。"你这只笨猴子！你不懂法吗？你不能就这样打坏别人的门。你这是犯法，可以被杀死的！"

"啊，那你呢？你把一个年轻的女孩从她的家里带走。你没有给她的家人送茶送酒。你更没有请媒人。在我眼里，你就是犯法，不是我。"

"现在不是谈话的时候。是时候让你来吃我的耙子了！"

"哈哈！那个东西？你不是用那个耙子在菜地里种菜吗？"

"不要那么说！这是天地中最好的武器。是玉皇大帝给我的。它是用最好的钢做成的。天上的所有士兵都怕它，地狱里的十个国王都向它鞠躬。你可能是一只石猴，但是我的耙子会把你的头打碎！"

孙悟空只是笑了笑。他放下他的金箍棒，站在猪的面前。他说，"好，让我们看看是不是真的。来吧，用力打我的头。"

猪用力把耙子打到猴子的头上。它打到他的头，又弹了回来。孙的头一点也没有被打坏。猪很害怕，他的双腿开始站不住了，他放下了耙子。"这是什么头啊，"他轻轻说道。

"你不知道吗？"孙悟空说。"五百年前，当我在天宫找麻烦时，太上老君把我放在火盆里，烧了我三个星期。火让我变得强大。现在我有火眼金睛，铜头铁臂。来吧，再打我几次，你自己看看吧！"

"猴子，"猪说，"我记得很久以前。你住在奥莱国的花果山上。你在天宫找了很多麻烦。很多年都没有人见到过你。现在你在这里。是我妻子的爸爸把你带到这里来的吗？"

"不，你妻子的爸爸没有叫我来。这么多年来，我走在错的路上，但现在我走在对的路上。我正和一位圣僧、唐皇帝的兄弟一起西行，我们要去西方找佛书。我们到了高村，想在那里住一个晚上。是高老人让我们帮助他的女儿。因为你，她不高兴，你这个胖苦力！"

孙悟空想，叫他'胖苦力'会让猪再次生气。但猪放下耙子说，"这位圣僧在哪里？你能把我介绍给他吗？"

"为什么？"孙悟空感到很奇怪。

"我的一位老师是观音菩萨。她教我学习，吃素食，在这里等西游的圣僧。当遇见他时，我要和他一起去修成正果。你是圣僧的徒弟，你为什么不早点说起他呢？你为什么要对我大喊，骂我，打我，打坏我的门？"

"告诉我什么事情，你这个胖苦力。如果你真的想见圣僧，你必须面对天宫说你在讲真话！"

马上，猪跪了下来，快快地鞠躬，好像在用头打米。"圣僧！"他喊道，"如果我不讲真话，现在就杀死我吧！"

孙悟空想，"好吧，我想他这是在说真话！"他对猪说，"好吧。把这个山洞里的所有东西都烧了，然后离开这里。"

猪拿起烧火木，带进山洞，点了火。洞里的所有东西都烧了起来。然后孙悟空说，"现在给我你的耙子。"他在耙子上吹了一口气，耙子变成了一根绳子，然后用绳子把猪的手捆在一起。猪没有喊也没有斗。他们一起飞回高村。

他们到了高村。孙对猪说，"看，那是我的师父。"猪倒在唐僧面前，磕头说，"师父，您的徒弟很对不起您，没有来见您。如果我知道您在这里，我马上就会来的。"

"悟空，"唐僧说，"这是怎么回事？告诉我发生了什么。"但是孙悟空只是用金箍棒在猪的头后打了一下。他告诉猪，"说吧！"所以猪告诉唐僧他在天宫的麻烦，和观音的见面，回到人间，和孙悟空战斗的事。

唐僧很高兴听到这个故事。他转向高老人。"亲爱的先生，"他说，"我可以用一下你的香桌吗？"高老拿来了桌子。唐僧洗了手，然后点了香。他向南方鞠躬，感谢观音的帮助。所有的老人都来了，把更多的香放在桌子上。唐僧要孙悟空把绳子从猪的手上拿掉。

"现在，"唐僧对猪说，"你是我的徒弟。我必须给你一个新名字。"

"师父，"猪答道，"我的老师观音已经给我一个名字，猪悟能[1]。"

"那是个好名字！你的哥哥叫悟空，你叫悟能。"

"师父，当我成为观音菩萨的学生时，她告诉我，我不能吃五种不好闻的食物和三种肉。从那时起，我只吃素食。现在我是你的徒弟，我是不是可以吃那些食物了？"

"不，不，不，"唐僧回答。"但是，因为你已经不吃五种不好闻的食物和三种肉，我给你另一个名字，八戒[2]，意思是'八件不能做的事。'"

"谢谢师父，"猪八戒说。"现在，我能请我低下的妻子出来见您和哥哥吗？"

"弟弟，"孙悟空笑道，"你现在是和尚。是，有些道家和尚有妻子。但是你听说过有结婚的佛家和尚吗？忘了你的妻子吧。坐

---

[1] Zhu's new name 猪悟能 (Zhū Wùnéng) means Pig Awaken to Power.
[2] There are five forbidden vegetables: onions, garlic, chives, green onions and leeks. There are also three forbidden meats: wild goose, dog, and snake. Together they are the Eight Prohibitions (八戒, bā jiè). This might also refer to the Eightfold Path of Buddhism.

下来好好吃你的素食。很快我们就要离开，继续西游！"

所以他们都吃了一顿好吃的素食。高老人拿出一些酒。唐僧没有喝酒。他告诉孙悟空和猪八戒，只要不喝醉，不找麻烦，就可以喝一点。

晚饭后，高老人拿出一个盘子，上面放着两百个金钱银钱。他把它们给客人，说这是给他们在路上用的钱。唐僧说他们不能拿这些钱。但是孙悟空一把抓起了钱，送给了年轻人高才，感谢他的帮助。

然后高老人拿出了三件漂亮的僧衣。唐僧说他们不能拿僧衣。但猪问他是不是可以拿一件，因为他穿的僧衣在战斗中被孙悟空打坏了。唐僧同意了。

早上，他们继续他们的西游。猪八戒走在后面，拿着行李，行李捆在一根长长的棒上。唐僧在中间，骑着他的白马。孙悟空一路走在最前面带路，金箍棒放在他的背上。

他们走了近一个月，离开了乌斯藏向西走去。有一天，他们看到远远的一座高山。"这是什么山？"唐僧问。

猪说，"这就是浮屠山。一位禅¹师住在那里。我见过他，他请我和他住在一起，但我没有那样做。"他们离山越来越近了。他们听到千千万万只小鸟在一起唱一起飞。他们看到千朵花，一条绿色的小溪从山上流下。抬头看，他们看见了一棵大树。在树枝上有一个用木和草做成的大巢。巢里有一个人。

"看！"猪说。"那是禅师。"

---

¹ 禅 (chán) is a Chinese school of Mahayana Buddhism, better known in the West as Zen.

在他们看着的时侯，禅师从巢中跳下来向他们问好。唐僧下马向他鞠躬。禅师说，"请起来。欢迎来到我浮屠山的家！"然后看着猪，他说，"我认识你！你是福陵山的猪刚鬣！"再看着孙悟空，他说，"你是谁？"

孙悟空笑着说，"所以，你认识那只老猪，但是你不认识我？"

"我不高兴见到你，"禅师回答。

"这是我的大徒弟，孙悟空，"唐僧说。"请告诉我，去大雷音寺山有多远？"

"啊，很远！这条路很长很危险。你会有一天到大雷音寺山的。我想我可以帮你一点。我这里有一个特别的佛语[1]。这是成佛的入门。如果遇到麻烦，只要说出佛语，就不会有麻烦。"

"请给我们你的佛语，大僧！"唐僧喊道。禅师说了佛语。这是54个句子和270个字的佛语。唐僧听了一次，就都记住了。

禅师讲完佛语后，他就准备回到树上的巢里。但是唐僧问他，"请告诉我们去大雷音山的路！"

禅师大笑着说，

"听我的话
这条路不难走
你会看到千座山许多条深河
当你来到高高的悬崖边时
把你的脚放向两边

---

[1] 佛语(fó yǔ), 'Buddha's verse,' is the heart sutra, the most commonly recited scripture in East Asian Buddhism. It is said to have been written in India, then translated to Chinese and brought to China by the real monk Tangseng in the 7th Century.

在黑松林要小心

神们会不让你们走

你会遇见许多妖怪和树林里的动物

一只老猪拿着一根长棒

你会见到水神

你已经见到了一只生气的老石猴

他知道去西方的路！"

然后，禅师变成一道光，回到他在树上的巢里。孙悟空生气了，想要用他的金箍棒打大巢，但他的棒变成了许多许多颜色的花。

"不要想着打禅师！"唐僧说。"你为什么那样做？"

"你不明白吗？"孙悟空回答。"他骂了你的徒弟猪。他叫我生气的老石猴。"听禅师说孙悟空知道去西边的路，孙悟空也很不高兴，但他没说什么。

"不用担心，"猪说。"让我们看看他的话是不是真的。让我们看看我们是不是能走到高高的悬崖、黑松林，是不是会遇到水神。然后我们就知道了。"

第 20 章

然后，三个人再次开始西游。他们走了好几天、好几周、好几个月。秋天变成冬天，冬天变成春天，夏天到了。唐僧每天都在读着禅师的佛语，这为他的悟性打开了大门。他的身体和心里都是神光。

猪悟能一直很饿。如果他们在一个村子拿到食物，孙悟空和唐僧会吃两碗米饭，但猪有时会吃十碗米饭。在没有食物的时候猪会不高兴,他还很不高兴地说他想他的家人了。最后唐僧对他说,"悟能,听起来你的心在想你的家人。如果这是真的,那么现在就可能不是你要的、对的路。可能你应该离开我们,回你的家。"

当他听到这些话时,他跪下说道,"师父,请不要把我送回家。观音菩萨告诉我,我应该跟你走,你对我很好。请让我留下来!"所以,唐僧让猪留了下来。

几个星期以后,像禅师说的那样他们来到了悬崖上。像禅师说的那样,唐僧坐在马背边上。他从悬崖上往下看。悬崖有一万尺深,很深,就像它一直可以到地狱。

三个人在悬崖边慢慢地、小心地走着。突然大风起。唐僧和猪都很害怕,但是孙悟空站在风中,一点也不害怕。

"哥哥,"猪说,"小心,这风太大了!"

"你们为什么害怕?"孙悟空问。"这风没有问题。如果遇到一个妖怪,你们会怎么做?"

"只要等一会儿,我们不会有什么事的,"猪回答。

"别说话了。我有抓住风的魔法。我会抓住这风,闻闻它。"他等到风头过去,然后抓住风的尾巴。他把它放在鼻子上,闻了闻。"是的,这不是好风。它闻起来像老虎,或者是妖怪。"

突然,一只大老虎出现在路上,就在他们面前。它后腿站了起来,大叫着。唐僧吓坏了,倒在地上。猪丢下行李,抓起耙子打老虎,大喊,"你这妖怪,你要去哪里?"

但是老虎举起了左前爪,从颈到肚子切开了自己的皮。他从自己的皮里走了出来,站在三人的面前。他还是老虎,但现在他身上都是红红的血，看上去比以前更可怕。老虎大喊，"等一下！我不是普通的老虎。我是黄风大王军队里开路的。大王告诉我看着这座山，抓住任何从这里走过的人，然后把他们带给大王吃晚饭。你们三个看起来很好吃。"

"你不认识我们吗？"猪喊道。"我们是唐皇帝兄弟，唐僧的徒弟。我们正前往西天找佛书，然后把它带回东方。到边上去，让我们走，你可以活。如果不那样做，我的耙子会是你最后的老师！"

猪开始和老虎妖怪打起来。妖怪有爪子但没有其他武器，所以他很快逃到了一个山洞，在那里他拿起了一双金剑，继续战斗。

孙悟空把唐僧从马背上抱起来，放到地上说，"师父，别担心。您在这里休息，我去帮助猪和妖怪战斗。"然后，猪和猴子跟着老虎妖怪到了山下。老虎妖怪用自己的皮包了一块大石头，然后变成了风。他像风一样飞过猪和孙悟空。

当老虎妖怪经过时，他低头看到唐僧坐在地上。他很快抓起唐僧，在风上带着他回黄风大王的山洞。当他来到山洞时，他对他的一名士兵说，"快，去告诉大王，我抓到了一位非常好吃的和尚。我等大王的话！"士兵很快回来，让老虎妖怪进山洞。

老虎妖怪进了山洞，他的两把金剑在他的腰带上，抱着唐僧。他说，"大王！您的仆人感谢您让他看着悬崖。今天我找到了这个和尚。他说他是唐皇帝的兄弟，正向西行。他看起来很好吃。所以我把他带给您！"

大王回答说，"我听说一位和尚正向西走，去找佛书。但是人们说他和一个名叫孙悟空的徒弟在一起，那个徒弟非常危险。你是怎么抓到这个和尚的？"

"和尚有两个徒弟，猴子和猪。猪用耙子打我，猴子用棒打我。但是我还是逃走了，抓了这个和尚，把他带给您。"

"我们现在先不吃他，"大王说。

"大王，好马总是在可以吃东西的时候才吃。"

"我的好士兵，想一下。和尚的两个徒弟可能会来找他。让我们捆了和尚，在花园里放几天。如果他的徒弟不来，我们就不用担心，拿和尚做晚饭吃了。"

"您很聪明，我的大王，"老虎妖怪说。然后他让一些士兵捆住唐僧，把他放在花园里。

这时，猪和孙悟空来到老虎皮包石头的地方。孙悟空认为老虎皮是老虎。他用金箍棒打了老虎皮，但棒只是弹了回来，伤了他的手。然后猪用耙子打了老虎皮，但耙子也弹了回来。"啊，"孙悟空说，"我们只是在打石头。老虎妖怪逃走了！"

猪非常不高兴，他开始哭了。"别哭，"孙悟空说。"当你开始哭的时侯，你就已经输了战斗。师父和妖怪都在山上，我们只是需要去找他们。"

猪和猴子开始去找他们的师父。他们上下左右找了很长时间。几个小时后，他们来到了山洞。门上方有一块牌子，上面写着六个字，'黄风岭，黄风洞。'孙悟空手里拿着金箍棒，大喊，"妖怪！马上把我的师父给我，不那样做我会打坏你的洞！"

山洞里，大王听到了孙悟空的话。他对老虎妖怪说，"你做了什么？我只是要你看山，带些动物给我吃。你为什么要把唐僧带来？现在我们很麻烦！"

"别担心，"老虎妖怪回答，"给我五十名士兵。我会去那里，让他知道谁是他的老板，然后把他带给您。今晚晚饭时，您可以把猴子放在饭上，就在<u>唐僧</u>旁边。"

山王给了老虎妖怪五十名士兵，他们一起出去和<u>孙悟空</u>战斗。妖怪对<u>孙悟空</u>大喊，"你这只不好看的猴子，你是从哪里来的，为什么在这里喊这么大声？"

"别问我问题，你这个妖怪，"<u>孙悟空</u>回答。"只要把我的师父给我，你就可以活着看到明天。"

"是的，我抓了你的师父。今晚他在我们王的饭桌上会看上去很好的。你会在他旁边，看上去也会很好的。很好，就像是买一送一[1]。"

<u>孙悟空</u>听到后非常生气。他们两个开始战斗。<u>孙悟空</u>用他的金箍棒像雨点一样打在妖怪的头上。打了五、六个来回后，妖怪就很累了，他跑了。但是他没有回到大王的山洞，因为他也害怕大王。所以他跑下了山。<u>孙悟空</u>紧紧跟着他。<u>猪</u>看到他们，也跟着妖怪。<u>猪</u>先抓住了妖怪，用耙子重重地打了他，马上把他打死了。

"谢谢！"<u>孙悟空</u>说。"你留在这里看着我们的行李。"然后，<u>孙悟空</u>抓住了死了的妖怪，把他带回大王的山洞。

第 21 章

现在，大王坐在他的山洞里，等着老虎妖怪回来。但是，老虎妖怪没有回来。过了一会儿一个士兵跑进山洞，告诉大王<u>孙悟空</u>杀死了老虎妖怪。这让大王非常生气。"我要自己和这只猴子战

---

[1] 买一送一, "buy one give away one," is an ancient Chinese version of BOGO.

斗，"他说。他穿上金色的盔甲，金色的头盔和皮鞋，然后拿起他的三股钢叉，离开了山洞。他的士兵们也跟着他离开了山洞。

"我正在找孙老猴子。你在哪里？"他喊道。

孙悟空站在洞外。手里拿着金箍棒，一只脚在死了的妖怪身上。他回答说，"你的孙爷爷在这里。现在把我的师父给我。"

大王低头看着孙悟空，他只有四尺高，非常瘦。他说，"我那时正在找一名高大的士兵，但我看到的只是一个生病的小鬼。"

"你真是非常的笨，老人，"孙悟空说。

"你觉得我很小？只要打我的头，我就会长到十尺高。"大王用他的三股钢叉打了孙悟空的头。这一点也没有让孙悟空觉得有什么，但他很快就长到了十尺高。他们两个开始在山洞外面战斗。他们打了很长时间，但没人能赢。

孙悟空从头上拔了几根头发，在它们上面吹了吹。每根头发都变成了另一个孙悟空，现在有一百只猴子，都在和山王战斗。但是大王吹起一阵大风，把一百只猴子都吹走了。风还把土吹进孙悟空的眼睛，所以他什么都看不见了。

现在，我必须告诉你，孙悟空不知道要做什么。他不希望唐僧会成为山王的晚饭，但他也不知道怎么赢得和大王的战斗。他现在看不见东西，所以找到了猪，和他谈了。他们决定走下山，找一个地方住一个晚上。

当他们来到山下时，他们在一个村子里发现了一间小房子。房子里有个老人。老人给孙悟空一些眼药。孙和猪晚上睡在老人的家里。早晨，房子不见了，他们睡在草地上，孙悟空的眼睛也好起来了。然后知道那个老人是观音送来帮助他们的神。

"弟弟，"孙悟空说，"你在这里等着，看着我们的行李。我要回到山洞，去看看我们的师父是不是还好。"然后他变成一只小虫，从门下飞进大王的山洞。山洞后面有另一扇门。他再从那扇门下飞过，发现自己在花园的天空下。在花园中是被捆着的唐僧，他正在哭。

孙悟空掉在和尚头上，说道，"师父！我在您的头上。放心，别担心。我们杀死了老虎妖怪，但现在我们必须抓住大王。这样您就可以离开这个地方！"

孙悟空飞回山洞，听到大王和士兵们的谈话。大王说，"我不担心那只猴子或那只猪。我的风对他们来说太强了。只有一个人可以不怕这风，那就是灵吉菩萨！"

这让孙悟空感到非常高兴，因为他现在知道怎么赢大王了。但是他对叫灵吉的菩萨一点都不知道。他飞出山洞告诉猪他听到的。就在这时，一个男人走了过去。孙悟空把他的棒放回耳朵里，走向那个人。"告诉我，先生，你知道一个叫灵吉的菩萨吗？"

那个男人用手指着南方，说，"在那条路走三千里。你会找到他的。"孙悟空转过头看着那条路。当他回头看时，那个人已经走了。

猪留了下来看行李，孙悟空用他的筋斗云飞了三千里路去了灵吉菩萨的家。他告诉灵吉，因为黄风山的大王，他的师父有危险。

灵吉听到这个后很不高兴，说，"我知道那个山王。我很久以前抓了他。如果他不吃人，只吃动物，我让他活着。我看他没有听我的话！"猴子和菩萨回到了黄风山。

他们来到了大王的山洞。孙悟空用金箍棒打坏了洞门。大王很生气地从山洞里出来，手里拿着三股钢叉。他们打了一会儿。大王把他的三股钢叉打向了孙悟空。孙悟空跳到一边，三股钢叉打到了洞的墙上。大王张开嘴说出会生风的话，但就在那时，灵吉丢下了拐杖。它变成了八爪金龙。龙的两个爪子抓住大王的头，把它丢向洞的墙上。大王倒下，变成了一只黄毛貂鼠。

孙悟空跑向黄毛貂鼠，准备用他的金箍棒杀死它。但是灵吉不让他那么做，说，"不要伤害他。这种生物以前是一种动物，一只黄毛貂鼠，学习了佛法。但是他拿了一点佛祖的圣油。他害怕了，想要逃跑。佛祖告诉我不要杀死他，要把他抓起来放在这山上。现在看来他还没有学到任何东西。所以，我必须将他带回给佛祖，让佛祖决定怎么对他。"

我的孩子，当佛祖再次遇到麻烦的黄毛貂鼠时，你觉得佛祖会做什么？你会怎么做？

孙悟空感谢灵吉。菩萨和黄毛貂鼠飞到西天，去见佛祖。

孙悟空和猪回到山洞。他们进去找到了师父，告诉他发生的事情。唐僧当然很高兴！他们在山洞里发现了一些茶和米饭，一起吃了中饭。然后，猴子、猪和圣僧带着他们的马和行李，继续西游。

三个漂亮的女儿

第 22 章

我亲爱的孩子，昨晚我给你讲了黄风山王的故事。我说了，山王抓住了唐僧还打算吃掉他。但是孙悟空和猪八戒在佛祖观音的帮助下阻止了他。

猴子和猪阻止了山王在晚饭时把唐僧吃了。这以后，三人继续向西行，向雷音山走去。他们走了一个月，没有遇到任何麻烦。夏天变成秋天，空气变冷了。

有一天他们来到了一条很宽的河。孙悟空把手放在眼睛上，看向河的对面。"师父，"他说，"我们有个问题。这条河有八百里宽。我当然可以很容易地过去，只要用我的筋斗云。但是对您来说，这要难一千倍。"

唐僧听到这些话很不高兴。他从马上下来。然后他低头看着地面，看到在石头上写着的三个字："流沙河。"

就在他读着这些字的时候，水很快地上来就像一座高山。一个大妖怪跳了出来。妖怪的头发像火一样红，他的眼睛是黑色的，脸是绿黑色的。脖子上戴着九个头骨。手里拿着一根拐杖。

妖怪跑到河边，想要抓住唐僧。但是猴王比妖怪还要快，他抱起唐僧把他带到更高的地方。猪八戒用九爪耙子打妖怪。猪和妖怪战斗了很长时间。猪用耙子，妖怪用拐杖。

他们打了二十个来回，但没有人能赢。

在他们战斗的时侯，孙悟空在高地上看着。一开始他只是觉得好玩。但是当战斗继续下去时，他变得很生气，也想去战斗。他拿出金箍棒，对唐僧说，"师父，请等在这里。不要害怕，让老猴子去和这个妖怪玩一会儿！"

猪和妖怪都没有看到孙悟空的到来，因为他们打斗得很厉害。所以孙悟空就可以走到妖怪的后面，用他的棒打妖怪的头。妖怪很吃惊。他停止了战斗，然后跳入流沙河，不见了。

"哥哥，你为什么要那么做？"猪八戒哭喊道。"妖怪累了。再有四、五个来回，我就会赢了！现在，妖怪已经逃走了。我们现在要做什么？"

孙悟空只是笑着说，"兄弟，我必须告诉你。自从我用棒打赢黄风山的山王后，已经有一个月没有用它了。我只想玩玩！但是看起来那个妖怪不知道怎么玩，所以他就逃走了。"

他们两个说笑着回到唐僧那里。当来到唐僧等他们的地方时，他们告诉唐僧在河边的战斗。

唐僧说，"这个妖怪可能在这里住了很长时间。所以他知道这条河。他知道在哪里等我们。我们就不能过河。"

"是的，"孙悟空回答。"当我们抓住妖怪时，我们不应该杀死他。我们应该让他带你过河。"

"好主意，"猪说。"你应该去河里抓住妖怪。"

"怎么说呢，我可以在地上或空中和他战斗，但是我不太会在水中战斗。当然我可以变成一条鱼，但是那样我就不能用我的棒了，所以我可能不会赢。"

"没问题，"猪说，"我在水中没有问题。记得吗，很久以前我住在天宫的时侯，我是天蓬元帅。但是我担心妖怪可能在那里有很多朋友和亲戚。他们可能会帮助他一起战斗。"

孙悟空说，"好。你去那里和妖怪开始战斗。然后跑回河边。当妖怪跟着你来的时侯，我会在地上和他战斗。"

当他们说话的时侯，妖怪正在河底休息。他看见猪向他走来。他大喊，"小心，和尚。如果你再走近，我会用我的拐杖打你！"

猪回答，"你是什么样的妖怪，为什么要阻止我们？"

"我不是妖怪。我有名字。"

"如果你不是妖怪，为什么要杀人？"

"等着，和尚，让我告诉你我的故事。当我还是个孩子的时候，我就有很强大的神气。许多次走过人间进入天宫。多年来，我一直在找一位真的大师。终于，我找到了一位金光大道的老师。我和他一起学习，一直到发现我自己心里的光明殿[1]。我看到了天宫

---

[1] The Hall of Light, 光明殿 (guāngmíng diàn), refers to the third eye, a point of focus in meditation.

的脸，我遇到了玉皇大帝。他让我成为了卷帘大将。我穿着金色盔甲，是大帝宝座的保护人。

"有一天，王母娘娘举行桃花宴会。我手里拿着一只贵重的玉杯。但是我一直在喝酒，手没有拿住玉杯，玉杯在地上被打坏了。

玉皇大帝非常生气，准备杀了我。但是，赤脚大仙请他停下，不要杀我。所以玉皇大帝没有杀我，但他让我住在这条河里。现在我必须吃人才能活下来。砍木头的人看到我，他的生命就结束了。抓鱼的人看见我，他就死了。我吃了很多人。现在我也要吃掉你。但是我告诉你，你看起来不太好吃。"

猪听了这个故事，很生气。他大喊，"你觉得我不好吃吗？好吧，那就请吃我的耙子吧！"他们又开始了第二次战斗，但这战斗是在水下。他们打了两个小时，但没人能赢。

在他们战斗的时侯，孙悟空等在河边，拿着他的金箍棒，走过来走过去。他真的希望猪把妖怪从水中带到地上。最后他不能再等了。他跑进水里，想要用他的棒打妖怪。妖怪看见他来了，转身，再一次进入河底。

"你这很笨的猢狲！"猪喊道。"如果你再等一会儿，我会把他带到高地上。你就可以阻止他回到河里，我们会赢得这次战斗！"

"别对着我喊，"孙悟空大笑。"让我们回到师父那里，谈谈这事。"

他们回到了唐僧那里，告诉了唐僧他们和妖怪的战斗。"我们现在应该怎么办？"唐僧问。

"师父，您不要担心，"孙悟空说。"天已经晚了。我去要一些素食。我们今天晚上可以吃饭休息，明天去找找解决问题的办法。"孙悟空跳到空中不见了。过了会儿，他带着一些好吃的食物回来了。

"悟空，"唐僧说，"为什么我们不去找给你食物的人家，请他们帮忙过河？"

"你不能那样做。那家离这里有七千里。"

"不要告诉我们这样的故事，"猪说。"你怎么能走七千里，拿了食物，这么快就回来了呢？"

孙悟空回答，"你不知道我的筋斗云吗？只要一次，我就可以走十万八千里[1]。所以，几千里对我来说很容易。"

"如果那对你来说很容易，你为什么不能带着我和唐僧飞过河呢？"猪问。

"那么，你为什么不带他呢？"孙悟空回答。

"我不能带他。我在云上飞的时候，师父会像泰山[2]一样重。"

"对我来说也是一样。但是，如果我真的能做到，这也不是一个好主意。你知道这句话，'容易得到的事情很快就会被忘记。'我们的师父必须自己完成这次西游。我们的工作只是保护他的身体和他的生命，但我们不能帮他解决旅途中遇到的麻烦，我们是不能从西天带回圣书。师父必须自己做这件事。"

---

[1] Sun Wukong's cloud somersault lets him travel 108,000 *li* at a time. The number 108 is considered sacred in Hinduism, Buddhism, and Jainism. There are many theories about the origin of this belief.
[2] Tài Shān (泰山), Mount Tai, is a large mountain in Shandong. It appears on the Chinese 5 RMB bank note. It is mentioned in many stories and idioms, for example, "Though death befalls all men alike, it may be weightier than Mount Tai or lighter than a feather."

猪没有再说什么，所以他们三个人坐下来吃了素食。

第二天早晨，孙悟空对猪说，"好吧，让我们再试一次。你回到水中，把妖怪带到河边。这次，我会试着等你！"然后，猪再次走进水里，高举耙子。他再次遇到了那个妖怪，妖怪大喊，"你又来了？当心我的拐杖！"

"那个旧东西？"猪回答。"我为什么要担心？"

妖怪拿着它说，"这拐杖很有名。它不是人做的。它是吴刚[1]从一棵大树上砍下的。它的中间是黄金，外面包着珍珠。我只要想，就可以让它变大或变小。是玉皇大帝给我的，用来保护他的宝座。你和你的小耙子没有办法和它比。"

"这是你现在说的，"猪回答。"但是当我用这耙子打你时，你的血就会从你身体的九个洞中流出来。如果你没有马上死去，那么你的血流完你就死了！"

所以，他们第三次又打了起来。这次，猪想要把妖怪拉到河边，但妖怪知道猪想做什么，他就是不出来。而是想要把猪拉到水底。

最后，猪从河里出来，站在河边，对孙悟空说，"那个妖怪太聪明了，我们没有办法让他上到河边。"

"是的，是这样的。我想我们需要帮助。是时候到南海和观音谈谈了。这次西游是她的主意。她以前帮助过我们很多次。她这次可能还会帮助我们。"他用筋斗云前往南海的普陀洛迦山。他来到了观音庙。那里的一位神见了他，带他去见观音。

---

[1] In Chinese legend, Wú Gāng (吴刚) lived on the moon, where he tried repeatedly to cut down a great cassia tree, only to see it grow back again. The expression "Wu Gang chopping the tree" is used to describe any endless toil.

"是什么让你来到这里？"她问。"你应该和唐僧在一起。"

"观音佛祖，我师父在高村又得到了一个徒弟。他是猪，名叫猪八戒，法名叫猪悟能。我们三个人离开了黄风山，走了一个月。我们来到了一条大河，叫流沙河。它有八百里宽，我们过不去。更不好的是，有一个妖怪住在河里。猪和他战斗了三次，但他打得非常好，我们没有办法赢他。我们要求您的帮助！"

"啊，你这笨猴子。你有没有想过和他说你是唐僧的徒弟？"

"我们只是想抓住这个妖怪，让他帮助我们过河。我在水里不行，所以猪参加了所有的战斗。猪和妖怪谈过，但我不知道他是不是说过唐僧。"

"那不是妖怪。那是卷帘大将，是玉皇大帝把他送到河里的。我让他等一个和尚，这位和尚要去西天找佛祖圣书，再把圣书带回中国。如果你跟他说你是和唐僧一起的，他会很高兴帮你们过河的。"

"但是，我不知道这些事。妖怪现在很怕我们。他在河底不出来。我们怎么能让他出来？"

观音叫了她的徒弟木叉，给了他一个红色的小葫芦。"去流沙河，大声叫'悟净！'他会马上出来的。把他带到唐僧那里。然后从悟净的脖子上拿下九个头骨，把它们放成和九宫位一样的地方[1]。把这个葫芦放在中间。九个头骨和葫芦就会变成一只船，这只船可以带着你们过流沙河。"

木叉和孙悟空回到了流沙河。木叉站在水上的云中，喊道，"悟净！悟净！圣僧[2]已经在这里很长时间了。你为什么还没有叫他师

---

[1] The "positions of the Nine Palaces" refers to an 3x3 grid arrangement.
[2] 圣僧(shèng sēng) are holy monks, also called Bodhisattvas. In Buddhism these are

父？"

现在，妖怪还在河底。他很怕孙悟空。但是当他听到自己的名字时，他知道是木叉在叫他。他不害怕了，从河里出来见木叉。他笑着说，"请原谅我没有早点来见你！观音在哪里？"

"她没有来。但是她让我告诉你马上成为唐僧的徒弟。我们要用你脖子上的九个头骨和这个葫芦来做一只船。然后，我们用船把唐僧带到这条河的另一边。"

"这个圣僧在哪里？"

木叉看着河边，看到了猪八戒。"不是他吧？"

叫悟净的妖怪笑了。"那只无法无天的猪不是圣僧。他已经和我打了两天了！"

木叉再次看了看，指着孙悟空。"好吧，他呢？"

悟净说，"那是猪的帮手。他比猪还要坏。我不会走近他们两个的！"

"好吧。那两个一定是唐僧的徒弟。跟我来，我们会找到那个和尚的。"

悟净从水里出来，到了河边。他们走到更高的地方，看到了唐僧。悟净向唐僧鞠躬说，"师父，这个可怜的徒弟有眼睛，但看不见。我求你原谅我，让我成为你的徒弟。"

猪向他们走去。"你这个没有用的妖怪！现在，你要在我们的师父面前鞠躬，但是你和我战斗了两天。你对这个有什么要说

---

ones who have attained enlightenment but postpone their entry into Nirvana in order to help others also attain enlightenment.

的？"

孙悟空笑着说，"兄弟，别对他大喊大叫。我们忘了告诉他，我们和唐僧一起去西游，当然我们也没有告诉他我们的名字。所以妖怪不知道我们是谁。"

唐僧同意悟净为他的最新和最年轻的徒弟。他给他一个名字叫"沙僧，"告诉他马上造一只船。沙僧从脖子上拿下九个头骨，把它们放成像九宫的样子。然后他把葫芦放在中间，它们就变成了一只船。

唐僧上了船，站在船的中间。猪八戒在他的左边，沙僧在他的右边。孙悟空站在船前，带着龙马。木叉在船后，站在云上。就这样，他们像箭一样快地过了河。风很安静，河水也很安静，但是船很快就过去了。

他们很快来到了河的另一边。木叉拿起葫芦，站在云上飞回南海。船变回到了九个头骨，然后这九个头骨变成了烟，不见了。唐僧骑着马，他们都再次向西行。

第 23 章

他们走了很多天，每天总是从早上的太阳走到晚上的太阳。就这样，他们走了两个月。现在正是晚秋。山上的树木变红了，鸟儿在天空中飞向南方。

有一天，下午很晚了，唐僧问，"今晚我们应该在哪里睡觉？"

孙悟空回答，"师父，您的话不太对。我们很久以前就出家了。我们在风中吃饭，在河边休息，在月光下睡觉，在很冷的地上休息。任何地方都可以成为我们的家。您为什么问我们今晚在哪里睡觉？"

但是猪八戒又累又饿，感觉很不舒服。他说，"哥哥，我听到你讲的话，我想你不问别人是不是舒服。你总是想继续向西走。但是想想我！我每天都拿着我们的行李，我很累。我想要做师父的徒弟，但每天我都只是一个苦力，拿着你们的行李。就让我们找一间漂亮的房子，在那里我们可以喝些茶，吃些米饭，然后在床上睡觉。"

孙悟空笑着说，"猪，我只关心一件事：师父的安全，帮助他到西天，然后再回来。你和沙照顾好行李，我会照顾好师父的。如果你不做好你的事，让你试试我的棒！"

"请不要说用你的棒打我，"猪说。"我拿着很重的行李，你只拿着你的棒。再看看那马，他只带着师父。他为什么不能也带些行李？"

"那不是马。那是西海龙王敖闰的儿子。很久以前，他在他爸爸的宫殿里放火。他的爸爸很生气，想杀了他。但是观音阻止了他，然后把他的儿子送到鹰愁溪，等唐僧的到来。当唐僧来到时，他从龙变成了马，现在他正在把师父带到西天去。他就像你一样，他在走向佛的路上，你不应该给他找麻烦。"

但是，为了好玩，孙悟空拿出他的棒，打在马屁股上。那马跑开了，跑到山上，唐僧紧紧地抓住马。过了一会儿，马停了下来。唐僧低头看了看，看到森林中的几栋房子。

其他三个人也来了，他们都低头看着房子。"看，"唐僧说，"那里有一栋大房子。我们今晚可能可以住在那里。"

孙悟空看着村子，然后他抬头看看天空，看到村子上空有奇怪的云。他马上就知道这是神住的地方，但他没有对唐僧或其他人说。

他们走下山路，来到了房子的大门前。大门非常漂亮，沙僧说，"这里一定是有钱人的家。"

孙悟空开始向房里走去，但唐僧阻止了他，说，"不。我们是和尚，我们不应该就这样走进别人的家。我们应该等他们请我们时再进去。"所以他们四个人坐下来等着。他们等了很长时间。终于，孙悟空不能再等了。他站起来，进了大门。

在里面，他看到了三个大殿。他走进中间的大殿，看到一张桌子和六把椅子。当他正在看的时后，他听到在他身后有一个女人的声音，说，"你是谁，谁让你进来的，你进了妇人的家？"

孙悟空很吃惊，但只能说，"这位可怜的和尚来自东方的唐国。他正向西行去找佛书。我们一共有四个人。现在快到晚上了，我们找到了贵家。我们想请你今晚给我们一个睡觉的地方。"

女人笑着说，"你的三个朋友在哪里？请让他们进来。"孙悟空叫了其他三人。沙僧把马留在外面，然后他们都进了大殿。猪八戒拿着行李。

这个女人很漂亮。虽然她已经是中年了，但她看起来像很年轻的女人。猪用很饿的眼睛看着她。

那个女人请四个行人坐下。一个女孩仆人进来，给他们白玉杯喝茶。空气中都是茶的香气。女人告诉女孩仆人为行人准备一些素食。

"亲爱的妇人，"唐僧说，"您贵姓？"

她回答说，"我姓贾[1]，我丈夫姓莫[2]。他的父母死了，我的丈夫继承了他们留下的东西。他继承了一万块金银，还有很多很多的好土地。我们没有儿子，只有三个女儿。两年前，我丈夫死了，现在只有我们四个人了，我们没有亲戚，也没有人可以继承我们的东西。在这里只有我们这几个人，但是现在我们很高兴看到了你们四个人。我们非常想请你们和我们结婚。我不知道你怎么想的！"

唐僧听到了这些话，他感到非常吃惊，让他不知道应该说些什么。所以他只是坐着，什么也没说。

贾妇人继续说，"请再想一下。我们有几百只羊、猪和马，我们的食物八年都吃不完，我们有让你们用不完的黄金和白银，而且我们有舒服的丝绸。

"我现在四十五岁。我的大女儿真真今年二十岁。我的第二个女儿爱爱今年十八岁。我最小的女儿怜怜[3]今年十六岁。不错，我没什么可看的，但我的女儿每个人都很可爱。每个人都学习过做一个妻子需要知道的事，怎么照顾一个家和怎样让丈夫开心。如果你们四个愿意忘记你们的西游，那么你们可以成为这房子的主人。黄金和丝绸不是比草和土更好吗？在热床上睡觉不是比在冷的地上睡觉好吗？"

唐僧坐在椅子上，就像一个被雷电打到的孩子。眼睛向上翻着，几乎倒了下来。但是猪八戒在听到那财富，看到那美丽时，让他心里都是欲望，他没有办法坐下来。他跳起来对唐僧说，"师父！你没听到这个女人在说什么吗？"

---

[1] The name Jiǎ (贾) means "unreal."
[2] The name Mò (莫) means "non-existing."
[3] The three daughters are named 真真 (Zhēn Zhēn), 爱爱 (Ài Ài) and 怜怜 (Lián Lián). Taken together, 真爱怜 means "truly worthy of love and sympathy."

唐僧看着他，生气地大喊，"你这个动物！你怎么能忘记自己是谁？我们是出家人。我们怎么能对财富和美丽动心呢？"

"啊，很对不起，我让你难过了，"贾妇人说。"告诉我，出家有什么好？"

唐僧马上说，"好吧，告诉我，在家里有什么好？"

"让我告诉你，"她笑着说。"春天来的时候，我们穿上漂亮的新丝衣。夏天，我们换上轻的丝衣。秋天，我们喝米酒。很冷的冬天，我们的房间很热，因为喝酒让我们的脸上发光。我们有好吃的四季水果。我们床上舒服的丝绸会让你们忘记和尚痛苦生活。"

唐僧回答，"妇人，我相信我的生活比你的生活要好很多。是的，那些留在家里的人有着财富和舒适的生活，还有孩子在他们的身边。那是美好的生活。但是和尚的生活也是美好的。我不用担心，我的身体里阴和阳一样多。当我的生命结束的时候，我会用心里的感悟去面对我生命的结束，回到天宫中的家。你只关心自己美丽的身体，但是身体很快会变得又老又丑的！"

贾妇人听到这后生气了，说，"你怎么敢对我说这些话！我想给你一个舒适的家和美好的生活，但你不感谢我，而是用话来伤害我。如果你还想当和尚，那没关系。但是你的徒弟呢？他们中有人会愿意和我们结婚，留在这里吗？"

唐僧想了一下，然后转向孙悟空说，"悟空，你想留在这里吗？"

"不，师父，"他回答。"我对这些事都不清楚。可能猪弟弟会想留下来。"

猪八戒说，"哥哥，别这样和我玩！"然后所有人都看着沙僧。

沙僧说，"师父，我等了您很多年了。现在我和您在一起只有两个月，请不要把我送走。我就是死也会和你一起去西天的！"

所有的徒弟讲完后，贾妇人转身走出房间，只有唐僧和徒弟们在房间里。他们在那里坐了一会儿，但没人出来给他们送茶。

"看看你做了什么！"猪说。"你伤害了那个好女人。现在她走了，门关上了，没人会再来了。我们不会再有食物了，今晚我们没有地方睡觉了。"

"弟弟，你为什么不留在这里结婚？"孙悟空问。"你可以和他们中的一个女孩结婚。她的家人会成为我们的家人。会有一个结婚大宴。我们都可以想吃多少就吃多少，而且我们都可以在这里住几天。然后我们会离开，但你可以留下，你一生都会有舒适的生活。"

猪回答，"谢谢你，哥哥，但是我已经放弃了那种生活。我为什么要放弃一个妻子只是为了另一个妻子？但是我必须告诉你，我饿了，今晚我要吃一顿好饭。而且，想想我们的马。他一天都没有吃东西了。如果我们不喂他食物，他明天会没有办法带着师父。"说了这些后，猪走出了大殿，到了外面。

孙悟空等了几分钟，然后也走了出去。他在想猪说的话。所以，他变成了飞虫，这样他就可以看着猪，但猪看不见他。

猪向马走去。他把马放了出来，然后在马的耳边大喊。那马吓坏了，跑向房子的后面。贾妇人站在那儿。猪跟着马走近她。

"年轻的和尚，"她说，"你要去哪里？"

"你好！"他说。"我只是在这美丽的夜晚里走走，也在放我的马。"

"我认为你的主人很笨。他为什么不想留在这里结婚？"

"妈妈，我们都怕唐皇帝。他让我们去西天。虽然我想留在这里，但我担心你的女儿会觉得我太丑，不想和我结婚。"

"我们这里没有男人，所以有一个丑男人一定比没有男人更好。但是我同意，我的女儿想到要和猪结婚可能会不高兴的。"

"请告诉你的女儿们不要那样想。是的，我可能有点丑，但是我可以非常努力地工作。用我的耙子，我可以很快地准备土地种地。如果没有雨，我可以造雨。如果没有风，我可以造风。如果想要房子更高，我可以把它变高。我可以做所有你想要的工作。"

"听起来很好。我想请你留下来。但是你必须先问问你的师父。"

"我不会那么做。他不是我的爸爸。我自己决定留或不留，不是他！"

"好吧。那么让我和我的女儿们谈谈。"贾妇人走进屋子。

这时，孙悟空还是一只虫，还坐在附近的一棵树上。他听到了这次谈话的每句话。他飞回到唐僧那里，变回到他自己的样子，把猪和贾妇人说的所有的话都告诉了唐僧。唐僧听着这故事，但是他不知道这是不是真的。

后来，猪回来了。唐僧问他，"你给马吃草了吗？"

"没有，"猪回答，"这里没有好草给马吃。"

孙悟空看着他说，"是的，这里没有放马的地方。但这是一个带马走走的好地方¹。"

当猪听到这个时,他知道孙悟空已经什么都知道了。他只是低头看着地面,什么也没说。但是就在那时,他们都听到了门打开的声音。两个仆人走出来手里拿着红灯笼。贾妇人和她的三个女儿跟在后面。女儿们都向行人鞠躬。

贾妇人和以前一样美丽,但她的三个女儿比行人以前见过的任何女孩都美丽。她们都穿着金色长衣。她们长长的黑发上戴着很多漂亮的玉和珍珠。她们太美丽了,看起来就像是从天上下来的仙女。唐僧不敢看她们,所以他只是低头看着地面。孙悟空看了,但说不说话。沙僧转过身。只有猪看着她们。他的眼睛张得大大的,他心里都是欲望,让他都站不起来了。他轻声说,"妈妈,我们很高兴见到这么美丽的仙女。现在,请这些亲爱的女儿们离开。"

女孩们出去了,但他们把两个红灯笼留了下来。贾妇人说,"怎么样,你们决定谁和谁结婚?"

沙僧说,"我们已经谈过这个事,我们决定猪八戒进你贵家。"

猪举起双手说,"不,我不能那样做。"但是孙悟空骂他,说,"没什么可说的了!我听到你和贾妇人在后门说的话。你叫她'妈妈。'我们今天应该举行结婚大宴。现在过来向师父鞠躬。然后你就可以结婚,过你想要的舒适生活。"

"不!"猪再次喊道。"我不会这样做!"

"当然,你会这样做。你已经叫贾妇人为'妈妈'。所以,我们

---

1 带马走走 (dài mǎ zǒu zǒu) means "to lead a horse." The original novel uses 牵 (qiān), an archaic word for "lead" and when Sun Wukong says 牵马走走 (qiān mǎ zǒu zǒu) he is also using an olf Chinese idiom for "arrange a marriage."

都知道你想这样做。现在不要再说了。让我们开始结婚大宴吧。你越早结婚，我们大家就可以越早吃到美食，喝到美酒。"

然后孙悟空抓住猪的手臂，把他拉向贾妇人。"妈妈，把他带进去，"他对她说。贾妇人走进房子，猪跟着她。她对一个仆人说，"为我们的客人拿一些桌子和椅子，为他们准备一顿素食。我会把我们的新主人带进里面。"

猪和贾走入房子，经过了许多房间。猪张大眼睛左右看着。"妈妈，"他说，"请走得更慢一点。我刚到这里，不知道这房子。这房子太大了！"

"是的，"她回答说，"这些房间里有我们所有的黄金，白银，食物，贵重的衣服和其他东西。继续走，我们要到厨房了。"

然后她又说，"你知道吗，我们这么快地准备结婚，让我们忘记了一些重要的事情。现在，你要向天空鞠躬八次。"

"当然，"猪说。"你是对的。请坐下。我会向你鞠躬，这是我对天地的感谢。也是我对你的感谢。"贾妇人感到很高兴，她坐下来等着猪向她鞠躬。

鞠躬后，猪问，"请告诉我，你打算给我哪个女儿？"

"这个吗，"她回答说，"是一个有点难的问题。我想给你大女儿，但这可能会让第二个女儿不高兴。如果我给你第二个女儿，那可能会让最小的女儿不开心。但是，如果我给你最小的女儿，那可能会让大女儿不高兴。所以我没有办法决定。"

"我有办法解决这个问题。就把三个女儿都给我。那样，你的家里就不会有问题了。"

"什么？我的三个女儿你都要？"

"这一点都不奇怪。现在每个人都有三个或四个女朋友。和你的三个女儿结婚对我来说一点都不是问题。我一定会让他们都很高兴！"

"不能这么做，猪。我不会给你我的三个女儿。但是我有不同的主意。这里有一条手帕。把它放在你的眼睛上，这样你就看不见了。我让我的三个女儿走过去。你抓住的那个，她就会成为你的妻子。"

猪把手帕放在眼睛上。贾妇人大声喊道，"真真，爱爱，怜怜！来这里，看看谁会和这个男人结婚。"

猪站在房间的中间，手帕在眼睛上。他听到三个年轻女人走进房间，闻到了美丽花香。他快快地张开双臂，但是他什么也抓不住。他听到左边的声音，但是他的手到那里时，他只抓住了空气。他听到右边的声音，但是他的手只打到了墙上。左，右，左，右。他一次又一次地听到年轻女人从他身边经过的声音，他一次又一次地想抓住她们，但他抓不到。最后，他太累了，只能坐在地上，手里什么也没有。

"妈妈，"他说，"对我来说你的女儿走得太快了。我一个都没有抓住。我应该怎么办？"

贾妇人回答说，"我的儿子，拿掉手帕。你说我的女儿们太快了，但这不是为什么你不能抓住她们。她们都关心着自己的姐妹。如果其他人不能成为你的妻子，那么她们都不会愿意成为你的妻子。这就是为什么她们都要逃离你。"

"妈妈，如果他们都不想要我，你呢？你愿意做我的妻子吗？"

"亲爱的儿子，谢谢你，但是我对你来说太老了。我们这样做吧，我的每个女儿都为你做一件美丽的丝衬衫。穿上它们。哪一件衬衫大小正好，那就是可以和你结婚的女儿。"

"很好，很好，"猪说。"把三件衬衫都拿来。我都会穿上试试的。但是我告诉你，如果三件都大小正好，那么三个女儿我都要。"

"你真的是一只非常饿的猪，"贾妇人说。"让我们看看会发生了什么。"

猪脱下了自己的衬衫，然后拿起了第一件丝衬衫，穿上后大小正好。但是突然，衬衫变成了很重的绳子，紧紧捆住猪的身体。它变得越来越紧。猪感到非常痛。他倒在了地上，当他倒在地上时，所有四个女人都不见了。

这个时候，其他三个人 – 唐僧，孙悟空和沙僧 – 在另一个房间里的舒适的床上睡觉。但是当猪倒在地上时，三人都醒了。他们看到自己睡在房子外面冰冷的地上。大房子都不见了。

唐僧吓坏了，喊孙悟空。沙僧也很害怕，他喊道，"哥哥，帮帮我们！我们遇到鬼了！"

但是孙悟空只是笑了。只有他一个人知道发生了什么事。他说，"我觉得这松树林很舒适。我认为我们的朋友猪八戒现在正在学习重要的一课。"

"你这是什么意思？"沙僧问。

孙悟空说，"那四个女人是真的圣僧，就像观音一样。她们想试试我们，看我们是不是对精神生活比对人间的生活更感兴趣。猪想要人间的生活，现在他必须学习这痛苦的一课。"

唐僧闭上了眼睛，向房子的地方鞠躬。然后他抬起头，在附近的树上看到一张纸。他把纸从树上拿了下来，读到，

> 山里的妇人没有欲望
>
> 但是观音要求她离开家
>
> 她的女儿也是这房子的客人
>
> 她们看起来都很漂亮!
>
> 圣僧只希望找到佛祖
>
> 但是猪想要这个世界的东西
>
> 现在他必须安静地学习
>
> 如果他不这样做,他的生活会很难!

唐僧对着大家大声念了这些话。然后他们听到有人在森林里大喊,"师父,帮帮我!这些绳子太紧了,我要被它们杀死了!"

"悟空,"唐僧说,"你听到什么了吗?"

"没什么,只是猪悟能又在玩了。"他回答说,"别担心他,让我们现在就走吧。"

但是唐僧说,"不,我们不应该那样做。你弟弟猪很笨,找了麻烦。但是他的心是很好的,我们需要他有力的背,可以帮我们拿行李。贾妇人试了我们,用这种办法来帮助我们,但不是阻止我们。所以,让我们来帮助猪。我认为他不会再这样做了!"

他们三个人走进了森林。他们发现猪被紧紧地捆在树上,痛苦地叫着。孙悟空只是笑着对他说,"弟弟,很晚了,但你还没有你的结婚大宴。你还没有感谢你的爸爸妈妈,也还没有告诉师父你要结婚了。你在做什么?你妈妈在哪里,你的妻子在哪里?别在这里玩了!"

猪八戒停止大叫,只是安静地哭了。沙僧向他走去,打开绳子,把他放了。猪倒在地上,一次又一次地向天空磕头。

孙悟空站在他身旁,再次笑了起来。他对猪说,"弟弟,你没有认出来那些女人是圣僧吗？"

"我怎么能认出她们？"猪回答。"我的眼睛张着，但什么也看不见。"

孙悟空给他看了树上的那张纸。猪看了后，哭得更厉害了。沙僧笑着说，"猪是这里幸福的人。他几乎就有了四个圣僧妻子！"

"兄弟，"猪说，"请不要再谈这个了。我一生中再不会做这样的事情了。就是死了，我也会把师父的行李带到西天。"

"你终于说出了几天前应该说的话，"唐僧说。"现在，我们不再谈这个了。我们走吧。"

圣僧，三个徒弟和龙马，所有人又开始向西走去。

神奇的人参树

第 24 章

我亲爱的孩子，今天晚上我要给你讲神奇的人参树的故事。你可能已经知道什么是人参。它很小，长在森林里。你爸爸在那里找人参根，你妈妈用它们做药茶。但是今天晚上我要告诉你一个另一种人参树的故事。这另一种人参树是魔树，它来自天宫。当然，<u>唐僧</u>的徒弟们在看到这棵树的时候，找了很多麻烦！

<u>唐僧</u>骑着马和他的三个徒弟在大<u>丝绸路</u>上向西走，这三个徒弟是，强大但很麻烦的猴子<u>孙悟空</u>，很饿的<u>猪八戒</u>和好心的<u>沙悟净</u>。

有一天，他们来到了一座高山。"小心，"<u>唐僧</u>说，"这座山上可能有妖怪。"

但是<u>孙悟空</u>只是回答，"师父，您害怕什么？您有三个强大的徒弟来保护您。不用担心！"

这座山很美丽，山下的树上草中有很多很多的鸟、猴子和动物。山顶直向天空，都是白雪。"这座山真美丽！"<u>唐僧</u>说。"可能我们已经近<u>雷音山</u>了！"

但是<u>孙悟空</u>只是笑着说，"对不起，师父，但是我们还有十万八千里的路。"

"我们到那里还要多长时间？"<u>猪八戒</u>问。

"我去<u>雷音山</u>，可以一天来回五十次。你和<u>沙悟净</u>可以十天到那里。但是师父，就不要问我了！"

"多久？"<u>唐僧</u>问。

"从小孩子开始走路，一直走到您老了，然后死了再出生，然后继续走。这样做一千次，您可能还是很难走到<u>雷音山</u>。但是还有另一种办法。如果您学会了用佛去看每一件事情，当您的每一个想法都能回到开始的地方，您就会到那里。"

<u>唐僧</u>和其他的徒弟静静地走了一段路。最后<u>沙悟净</u>说，"好吧，它还是一座美丽的山。我觉得它一定是一个好人的家，或者可能还是一个神仙的家。"

我的孩子，我必须告诉你，<u>沙悟净</u>是对的。这座山的名字叫<u>长寿山</u>。在山的一边是一个叫<u>五庄观</u>的道家寺庙。寺庙的主人是一个大仙，叫<u>镇元子</u>，也叫<u>与世同君</u>。大师的四十八个徒弟也住在寺庙里。

这座寺庙有很特别的东西。在寺庙中间的花园里有一棵大人参树。这棵树三千年开一次花。三千年以后才有果子，再过三千年果子才成熟。虽然这棵树很大，但在九千年以后只长了三十个成熟的果子。这些果子很奇怪，每个果子看起来像一个刚出生的孩子，有一个头，两只手臂和两条腿。但是这种果子有强大的魔法，只要吃一个果子，就可以活四万七千年。

唐僧和他的徒弟来到长寿山的那天，镇元子大师不在家里。天宫的一位仙人请他去听讲道，所以他带了四十六个徒弟去了天宫。他告诉两个最小的徒弟，清风和明月，留在寺庙里。他们两个都还很年轻。清风一千三百二十岁，明月只有一千二百岁。

镇元子大师对两个徒弟说，"我必须去听这堂课。我走的这段时间里，你们两个照顾寺庙。我的一个老朋友很快就要到了。他是从唐皇帝那里来的圣僧。好好照顾他。你们可以给他两个人参树上的果子。但是只有两个，不能再多了。"

大师转身走了，然后他停了下来又说，"啊，还有一件事情。这个和尚会和他的徒弟一起来。要小心，因为我听说这些徒弟可能会找麻烦。不要告诉他们那些果子或那棵树，如果他们听到这些事情，可能会找麻烦！"然后他和他的其他徒弟飞到天宫去听课了。

第二天，唐僧和他的三个徒弟来到了寺庙。寺庙在森林中间，有一条竹路连向前门。唐僧从他的马上下来。他们走过前门，来到第二扇门。在第二扇门外的地上有一块大石头，上面写着这些话，

长生不老
这个长生的道家
和天一样年岁

孙悟空说，"说大话！五百年前，当我在天宫找麻烦的时候，我去过许多好人的家，就是在太上老君的家中，也从来没有听过这样的话。"

"不要听他的话，"猪八戒说。"让我们进去见这位老道人。"

当他们走过第二扇门的时侯，明月和清风来见了他们，说，"老师父，请原谅我们来晚了！请进来。"里面有五个大房间。唐僧和他的徒弟们跟着他们进入中间的主要房间。在后面的墙上，有用五种颜色绣的两个大字'天'和'地。'

唐僧看了一会儿那两个字，然后转身对那两个年轻人说，"你们的寺庙真是一个美丽的地方！但是为什么在墙上只写天和地呢？你们不是相信三清，四神，或很多天王吗？"

一位年轻人回答，"三清和四神是我们老师的朋友，天王是他的年轻同事。我们用天这个字来称赞他们。"

"那你的老师现在在哪里？"

"我们的老师被请去天宫的宫殿里听讲道了。他不在家。"

孙悟空大笑着喊道，"听听这个笨孩子！谁请他的师父去天宫了？他去听什么课了？"

唐僧担心孙悟空会生气找麻烦，所以他说，"悟空，马上停止。到外面去给马吃草。

沙，照顾好行李。猪，从我们的包里拿些米。我们可以为自己准备些晚饭，给这些年轻人一点烧火木头的钱，然后我们会离开。我们不会再麻烦他们了。"

这以后，两个年轻人给唐僧送茶。然后他们进另一个房间去说话。清风说，"我不喜欢这些人，但是我们必须听我们师父的。我们必须给唐僧两个人参果。"所以他们去了花园，清风爬到树上。他用小金棒轻轻地打在一个人参果上。在人参果掉到地上前，明月用丝绸手帕接住了它。清风又打了另一个人参果，明月用手帕接住了。

两个年轻人回到唐僧那里，给他看了两个人参果，说，"大师，我们没有什么给您，只有这些长在寺庙里的果子。希望您喜欢！"

唐僧低头看着人参果，它们看起来就像刚出生的孩子。他的眼睛变大，嘴张开，他向后逃了三尺。"这太可怕了！是因为你们的食物太少，你们才一定要吃小孩子吗？你怎么能把这些给我？"

两个年轻人心里在想，"这个笨和尚有眼睛，但他看不见。"明月大声说，"大师，不用担心，这些不是小孩子。它们是人参果。它们会带给您健康和长生。您可以吃它们！"

"不，我不能！他们的爸爸妈妈把这些小孩子带到这个世界。你怎么能把他们给我呢，好像他们是果子一样？"

"但是它们长在树上！"

"他们当然不是长在树上的。这非常清楚，他们是小孩子！"

这两个年轻人不再说什么。他们只是拿了人参果，回到他们自己的房间。他们知道人参果必须马上吃。如果不马上吃，它们会变硬，就不能吃了。所以他们每个人都吃了一个。

这个时候，猪八戒在厨房里准备晚饭。他听到了他们讲的话。他没有看到人参果，但是他听到两个年轻人的话，听到他们在吃人参果，他感到非常饿。他跑到外面，抓住孙悟空说，"这庙里有好东西！"

"什么好东西？"

"这是你从来没有看见过的东西！"

"弟弟，我去过世界的每一个地方和天宫的每一个地方。我看到过所有的东西！"

"哥哥，你看见过人参果吗？"

"没有，我从来没有看见过。但是我听说过如果吃了一个，它就会让你长生不老。"

"他们这个寺庙里就有人参果。他们给了我们的师父两个人参果，但师父不知道它们是什么。他只以为它们是刚出生的孩子！所以，这两个年轻人就把人参果带回他们的房间，把它们都吃了。啊，我好饿，我现在真的很想要一个！你能帮我吗？"然后他告诉了孙悟空那个小金棒。

孙悟空轻轻走进年轻人的房间，找到了金棒，拿了金棒，然后走进花园，在那里他发现了一棵大树。那棵树有一千尺高，六十尺粗。他抬起头，看到了树上有一个人参果。它看起来像个小孩子。孙悟空爬上树，用小金棒轻轻打了那个人参果。它就掉在地上。

他跳下树想去拿那人参果，但是找不到。

"果子在哪里？"他问。"一定有人拿走了！"他说了一个魔语，让花园的土地神过来。土地神来了，向孙悟空鞠躬，说，"大圣，我能为你做什么？"

"你为什么拿我的果子？现在告诉我，如果你不说，我就用我的棒打你！"

"啊，大圣，我没有拿。我必须告诉你这果子。如果遇到黄金，它就会掉下来。如果遇到木头，它就会变硬。如果遇到水，它就会化了。如果遇到火，它就会变干。如果遇到土地，它就会不见。所以，如果您想要果子，就必须用金棒轻打它，然后必须在它掉在地上前用丝绸手帕接住它。"

孙悟空再次爬上树，发现了另外三个果子。他用金棒轻打它们，它们掉了下来。他用丝绸衬衫的前面接住了它们，然后跑回厨房。他对猪八戒说，"叫沙悟净过来，我们每个人可以吃一个。"

猪叫了沙，沙进来看到人参果。"我以前从来没有吃过这个，"他说，"但是当我还是卷帘大将的时候，在仙桃宴的宫殿里，我看到神仙们送给王母娘娘的生日礼物是这种果子。哥哥，让我试一个好吗？"

"当然！"孙悟空说，他给猪一个，给沙一个。孙悟空和沙慢慢吃着他们的果子。但是猪张开他的嘴，一口就吃了下去。他看着孙悟空，问，"那么，你觉得怎么样？"

"你刚吃了一个！"孙悟空说。"你告诉我。"

"我吃得太快了，我没有感觉到什么。我现在更饿了。请再给我一个吧！"

"你这个饿猪，你不知道什么时候停下来。这不像是吃米饭或面条。九千年来，只有三十个果子。"

话停了，但猪还是很饿。当清风和明月回到厨房为唐僧准备茶的时候，他跟自己说，他想要吃更多的人参果。他们听到猪对自己讲的话。清风说，"明月，你听到猪说他想要吃更多的人参果吗？我想这就是师父告诉我们的。这些徒弟是找麻烦的人。可能他们偷了我们的好东西！"

他们跑进花园，抬头看着那棵大树。他们小心数了树上所有的人参果。只有二十二个。明月说，"开始有三十个果子。上个星期师父拿两个给了他所有的徒弟，昨天他告诉我们给唐僧两个。所以应该还有二十六个。那个笨和尚和他的麻烦徒弟们一定拿了我们的四个果子！"

他们回到了<u>唐僧</u>那里，开始对他大喊，说他是小偷，还说了一些其他不好听的话。"你们在说什么？"<u>唐僧</u>问。"你们说的这些果子是什么？"

"你知道这些果子的，"<u>明月</u>说。"它们看起来像小孩子。"

"啊，<u>佛</u>！我一生都不会吃那些可怕的东西！"

"那可能是真的。但是你的徒弟们是找麻烦的小偷。他们可能拿了果子。"

"那可能是，"<u>唐僧</u>回答。"但是不用生气。让我们问问他们。"他提高了声音。"徒弟们，你们都过来。"

第 25 章

"啊，不，"<u>猪</u>喊道。"我们现在遇到大麻烦了。"三个徒弟去见<u>唐僧</u>。<u>猪</u>说，"师父，您为什么叫我们过来？米饭还没有准备好。"

"我叫你们过来不是问米饭的事，"<u>唐僧</u>说。"这两个年轻人说，有几个小孩子，我的意思是人参果被人从这棵大树上拿走了。他们认为是你们做的。现在告诉我真相。你们拿了果子吗？"

<u>孙悟空</u>说，"我摘果子只是因为<u>猪</u>要。"<u>猪</u>看着他说，"什么？你拿了果子。你告诉我，你只拿了三个果子，但这些年轻人说，四个果子被拿走了。你是不是自己留了一个，不告诉我们？"

清风和明月开始对唐僧和他的三个徒弟大喊，说他们是小偷。孙悟空听到他们大喊，他变得越来越生气。他对自己说，"好，我可以解决这个问题。我一定不会再让人吃果子了。"他从头上拔了一根毛发，吹了一下，然后说，"变！"毛发变成了一只猴子，看起来就像孙悟空。第二个孙悟空静静地站着，听着喊叫声，第一个孙悟空飞进花园。他拿出金箍棒，用力地打在树上。那棵树倒在了地上，发出了很大的声音。地上都是被打坏的树枝和树叶。所有的果子都从树上掉下来，掉在地上，不见了。

他回到了房间，两个年轻人还在大喊。他很快把第二个孙悟空带回自己的身体，没有人看到这个变化。

不久后，清风对明月说，"你知道吗，我们对着这些和尚大喊大叫了很长时间，但他们什么也没说。你觉得他们是不是没有拿果子？可能我们数错了。让我们回到树那里，再数一次果子。"

所以他们回到花园。但是他们没有看到大树。他们看到被打坏的树枝，树根和树叶像山一样高。两个人都害怕极了。明月开始要倒下去了，他没有办法说话。清风倒在地上，大喊，"不好了！不好了！我们寺庙的魔树被打坏了！师父回来的时候，我们要怎么告诉他？"

明月说，"别喊了，安静下来，我的朋友。我认为这是猴子做的。但是他很强大。如果他生气了，我们就没有办法打赢他，更不能打赢他们四个人。但是我另有主意。我们回去给他们米饭和素食晚饭。当他们吃饭的时候，我们离开房间，从外面锁上门。然后，我们就等我们的师父回来。他知道要怎么做！"

他们回去对唐僧说，"大师，对不起我们说了一些不好听的话，又对你大喊大叫。我们再次数了果子，我们看到所有果子都还在树上。真的很对不起。现在，我们要为你们准备晚饭。"

当然，孙悟空和其他的徒弟都知道这只是一个故事。但是唐僧不知道。他说，"好的，请带些米饭和素食给我们。我们吃了饭会马上离开。"

年轻人为客人们带来了米饭，素食和热茶。唐僧和他的徒弟们拿起碗开始吃饭。年轻人离开了房间，然后他们很快关上了大门，从外面锁上了门。清风从锁着的门向他们喊道，"你们这些可怕的小偷！你们不问我们就拿了果子。然后你们杀死了那棵大树。你们以为你们是谁，可以做这样的事情？你们是不是真的认为你们可以做这些事情，然后去西天面对佛？不！你们只能去转轮藏，试着再活一次！"

当唐僧听到这个的时候，他放下食物开始哭了。"不要哭，"孙悟空说，"老猴子会让我们离开这里的。"当然，唐僧不是因为被锁在房间里就哭了。他哭是因为他知道清风讲的是真话。在他和他的徒弟们做了这些事情以后，怎么还能去面对佛？

孙悟空不担心这个。他只是想离开房间。他拿出他的金箍棒，对着门，说了些魔语，门就打开了。"师父，骑上你的马。猪和沙，拿行李。离开这里。我一会儿去找你们。我必须先要让年轻人睡很长的一段时间。"

唐僧张大了眼睛，说，"如果你伤害了他们，你就会是杀人的人和小偷。"

"不要担心，"孙悟空回答，"我不会伤害他们的。"他去了年轻人睡觉的房间。很久以前，他和一位天上的国王玩猜拳[1]游戏，还赢了一些让人睡觉的虫。他的包里还有几个。他拿出了两只虫。它们直飞向两个年轻人，咬了他们。两个年轻人进入了深

---

[1] 猜拳 (cāiquán) is "guess fist" or "guess fingers," a game similar to rock-paper-scissors

睡，没有办法醒来。然后，<u>孙悟空</u>离开了寺庙，和<u>唐僧</u>，<u>猪</u>和<u>沙</u>一起走向西方。

他们走了一个晚上。天亮的时候，<u>唐僧</u>说，"猴子，你几乎杀了我！我很累。"所以他们离开大路，走进了树林。<u>唐僧</u>把头放在树根上，然后在地上睡着了。<u>猪</u>和<u>沙</u>也睡了。但是<u>孙悟空</u>不累。他想玩，所以他爬上树，从一个树枝跳到另一个树枝。

在这段时间里，<u>镇元子</u>大仙和他的徒弟们在天宫的宫殿中听讲道。课结束后，他和四十六个徒弟回到了寺庙。他看到大门开着。他以为<u>明月</u>和<u>清风</u>打开大门欢迎他回家。但是他找不到他们。"好吧，"他想，"可能他们昨天晚上睡觉前忘记关门了。"他走进他们的房间，发现他们睡得很死。他没有办法让他们醒来。所以，他让他的另一个徒弟去拿水。大师说了一句魔语，然后向<u>明月</u>和<u>清风</u>的脸上吐了一些水。解决了睡魔，两个年轻人醒了。

<u>明月</u>和<u>清风</u>张开了眼睛。他们看到了他们师父的脸。他们马上跪下，哭了，一次又一次地磕头，说，"师父，您的老朋友<u>唐僧</u>是个可怕的小偷！像您说的那样，他和三个徒弟来了。给了他两个人参果。但是那个老人是个很笨的人，他不知道那是人参果，他以为是小孩子！他不肯吃它们。所以我们只能自己吃了。但是他的一个徒弟，一只猴子，拿了四个果子吃了。然后，啊，真不知道怎么说，他打倒了那棵大树！"然后他开始又哭着磕头。

<u>镇元子</u>大师没有生气。他只是说，"别哭了，别哭了。那只猴子很强大，他其实是个仙人，很久以前，他在天宫找了很多麻烦。告诉我：如果你再一次看到这四个人，你会认出他们吗？"

"当然！"他们两个说。

"那就跟我来。"然后他告诉其他徒弟去准备一些绳子和一条鞭

175

子。

镇元子大师，清风和明月很快向西飞了一千里。镇元子向下看，但他看不见唐僧。他向西看，也没看到唐僧。然后他向东看，在九百里的地方看到了唐僧和他的徒弟。他们都飞了回来，从云中往下看。一个年轻人说，"师父，那坐在树下喝茶的人是唐僧。"

"我看见他了，"镇元子大师说。"你现在回到寺庙。我要自己抓住这些小偷。"然后他来到地上，变成了一个老人，一个可怜的道人。他穿着旧长衣，脚上穿着旧草鞋，手里拿着牛尾巴。

他走到唐僧那里，说道，"老人，这位可怜的和尚来向你问好！"

唐僧很快站起来回答，"对不起，我没有先向你问好。"

"请问，老人是来自哪里，为什么坐在地上？"

"我是被唐皇帝送到印度找佛书，然后把它带回东方的僧人。"

"啊，我明白了。告诉我，你从东方来的时候，你是不是经过了我那可怜的山村里的家？我住在五庄观的寺庙。你可能已经看到了。"

孙悟空站在旁边。在唐僧回答前，他说，"不，不，我们走了另一条路。"

大仙的手指着孙悟空说，"不说真话的猴子，你想告诉我什么故事？那个晚上，你打倒了我的人参树，然后就逃走了！最好讲真话，马上还给我一棵树。"

孙悟空没有说一句话，就拿出金箍棒，想打大仙的头。但镇元子很容易地走到一边，没有被打到，然后他飞到了云上。孙悟空跟着他，他们开始在天空中打了起来。镇元子没有武器，只有那条小牛尾巴。孙悟空一次一次打他，但是他打不到镇元子。过了一会儿，镇元子打开了他的长衣袖子，把四个人和那匹马都放进他的袖子。

"好吧，现在我们都在一个包里了！"猪说。

"这不是一个包，你这笨人，这是他长衣的袖子，"孙悟空回答。

猪想用耙子在袖子上打一个洞，但是他做了那么多努力，还是没有办法打出一个洞。

镇元子飞回寺庙。他先用手把在袖子里的唐僧拿出来，把他捆在主要房间的大柱子上。然后，他又把其他三个徒弟拿出来，一次一个，把每个人都捆在一根柱子上。最后，他把马拿出来，放在外面，他告诉他的一个徒弟，给它一些草。

然后他转身向他的徒弟们说，"徒弟，这些游人是出家的和尚。我们不可以杀死他们。但是，我们要惩罚他们。所以我们要鞭打他们。"

一个徒弟问，"师父，我们要先鞭打哪个？"

"唐僧是最老的一个，他是他们的头。我们从他开始。"

这让孙悟空很担心，因为他知道唐僧不能有这样的鞭打，他会死的。他对镇元子说，"先生，你错了。是我摘下了果子还吃了它，然后打倒了你的树。所以，如果你要鞭打人，请先鞭打我。"

镇元子说，"好的，猴子。"然后他转向拿着鞭子的徒弟说，

"给他每个果子一鞭子。三十鞭。"当徒弟开始鞭打他时,孙悟空向他自己后面看,看到鞭子正要打到他的腿上。所以他把他的腿变成像钢铁一样硬。

鞭打结束后。镇元子说,"现在打老和尚一鞭,因为他不知道怎样教自己的徒弟。"

很快,孙悟空说,"先生,你又错了。摘果子的时候,我的师父正在和你的两个徒弟说话。他不知道果子的事。可能他应该要更好地教我们,这是真的。但是他和这事没有关系。鞭打我们吧。从我开始。"

镇元子心里想,"这个猢狲是个小偷,但是他这是在说真话。"所以他告诉他的徒弟再次鞭打孙悟空。但是,孙悟空的腿当然还是像钢铁一样硬,他一点也没有受伤。

到了晚上,每个人都累了。所以镇元子说,"现在停下来吧。把鞭子放进水中,明天我们再鞭打他们。"

唐僧又开始哭了,说,"猴子,你做了这些事,但是我要为这个得到惩罚!我没有被鞭打过,但是我被捆了一天了,我的身体很痛。你现在要做什么?"

"别哭了,"孙悟空回答。"很快你们就可以出去了。"然后他让身体变小。很容易地从捆着他的绳子里出来。他站起来,回到他自己的大小,打开其他人的绳子。他们都走出了寺庙。孙悟空对沙说,"去那边,把四棵小柳树带来。"

沙用力地拔了四棵小柳树,把它们给了孙悟空。孙悟空把柳树带进了寺庙。他在每根柱子上捆上一棵柳树。然后他咬了手指,在每棵树上吐一点血,说,"变!"四棵柳树中的每一棵柳树变成四个人中的一个人。他们看上去就像这些游人,他们可以看也可以听，还可以回答简单的问题。然后，游人再次上了大路，开始向西走。他们走了一个晚上，一直到早上才停下来休息。

早上，镇元子醒来，吃了早饭，走进大殿。"拿鞭子。今天我们要鞭打老和尚。"一个徒弟对唐僧说，"我要鞭打你。""来吧。"那棵看起来像唐僧的树回答。徒弟用鞭子打了他三十鞭。然后他对猪说，"我要鞭打你。""来吧，"看起来像猪的树回答。徒弟给了他三十鞭。然后他又对沙说，"我要鞭打你。""来吧，"看起来像沙的树回答。徒弟给了他三十鞭。

最后，他又再一次鞭打孙悟空。刚开始，真的孙悟空就开始感到非常痛。他说，"不对。""我用魔法造了四个身体，但是我没有想到他们会再一次鞭打我。真痛！我现在要停止魔法。"

他停止了魔法，四个身体再一次变成了柳树。镇元子大师看到了这个，说道，"孙悟空有强大的魔法！但是现在我要抓住他，把他再一次带回来。"镇元子向西飞，这次只有一百里，他就很容易地找到了唐僧和他的徒弟。

孙悟空看到镇元子回来了。他对唐僧说，"师父，让我们先把'好心'这个字忘记一会儿，好吗？"唐僧太害怕了，什么也没说。孙悟空拿起了他的金箍棒，猪八戒拿起了他的耙子，沙悟净拿起了他的拐杖。他们三个人开始和镇元子战斗。但是他们没有办法赢。镇元子用他的小牛尾巴很容易地阻止了他们。经过半个多小时的战斗，镇元子把他们都放进了他的袖子里，带回寺庙。

他把他们捆起来，但是这次他告诉他的徒弟们用布包好每个人。除了他们的脸，他们的全身都被包住了。猪说，"先生，谢谢你没有包我的脸。但是，如果我还要等很长时间，那么如果你在下面再开一个洞，我会更舒服。"

徒弟们拿出一个大油锅，里面放了油，然后放在大火上。孙悟空觉得这对他来说没问题，但他担心他的朋友。他还担心油锅可能会有一些强大的魔法。他能做什么呢？他看到门的附近有一只大石狮子。所以，他用魔法把石狮子放在他的地方，他自己很快飞向云上。他做得太快了，所以没有人看到。

现在油很热了。"把猴子拿来，放到油锅里，"镇元子说。四个徒弟想要抓孙悟空，但他太重了。用了二十个徒弟才把他拿起来，放到油锅里。油锅坏了，所有的油都在火中烧掉了，只有一头石狮子在那里。

镇元子非常非常生气。"好吧，"他说，"放了猴子。把唐僧放进油锅里。"孙悟空感到很担心，因为他知道唐僧很快就会死在油锅里。所以他从云中下来，站在镇元子的前面，说道，"不要那样做。把我放进油锅里吧。"

第 26 章

"我真的不想把任何人放进油锅里，"镇元子说，"我只要你把人参树还给我。"

"啊，这就是你想要的吗？你应该早一点告诉我。没问题。只要放开我的师父和我的朋友，我就会把你的人参树还给你。"镇元子想了想。他不相信猴子，但是他知道唐僧走不快。所以他告诉徒弟们放开唐僧、猪和沙。

猪对唐僧说，"他没有讲真话。因为这样，我们就会得到惩罚。老猴子知道这棵树已经死了，没有人能让它再活。他告诉镇元子他要去为这棵树找药。但是他只会离开，我们不会再见到他了。您认为他会关心我们吗？"

"他不会离开我们的，"唐僧说。"问问他，他的计划是什么。"提高声音，他喊道，"悟空，你在玩什么游戏？你要去哪里？"

孙悟空回答，"老猴子说的是真话，只有真话。您知道有个老话，'药从海上来'吗？我必须去东海，去见那里的神仙，找到怎么能让人参树再活的办法。"

"这是一个比较难的工作。你需要多长时间？"

"不会比三天多。"

"好的，我给你三天。三天以后，我会念魔语让你的头带变紧，你会感到很痛的！"

"我听到了！我听到了！"孙悟空回答。然后他对镇元子说，"我现在就要走了。你必须好好照顾我的师父。一定要每天给他吃三顿好吃的饭，喝六次茶。如果他的衣服脏了，就要洗。如果我的师父有任何事情，我会回来找你麻烦的！"

"去吧，去吧，"镇元子说。"我会让你的师父吃得饱饱的。"

孙悟空用他的筋斗云很快去了几千里，到了东海。他来到了他的三个朋友住的蓬莱，他们都是大星神仙。他看到福星和禄星在玩棋，寿星在看他们玩棋。孙悟空大喊，"兄弟们，我向你们鞠躬！"三个大仙停下了手中的棋，向他问好。

"大圣，"他们说，"你为什么来这里？我们听说你不学道了，换成学佛了，你现在正跟着唐僧去西天。西游一定很难。你怎么有时间来看我们？"

孙悟空说，"我必须告诉你们，我们遇到一点小麻烦。"然后，他告诉他们他怎么到寺庙，怎么拿了吃了人参果，然后怎么打倒那棵大树的故事。然后，他讲了镇元子大师是怎么回来，怎么抓住他们两次，他自己怎么两次逃走的故事。

"所以，"他最后说，"我告诉镇元子大师，我可以找到办法让他的树再活。我必须这样做，如果不这样做，他就会把我的师父放进热油里！如果你们知道怎么让这棵树再活的办法，请告诉我。"

"啊，你有麻烦了，"福星说。"镇元子大师是土地神的爷爷，你没有办法打赢他，也没有办法从他那里逃走。如果你只是杀死了动物或鸟，我可以给你一些药，让它们活。但是那棵大人参树是所有圣树的根。我不知道怎么帮助你！"

孙悟空没有说话。所以，福星继续说道，"但是，你可能会在另一个地方找到办法。"

"可能吧，但是请记住，我只有三天。三天以后，我的师父会对我念魔语，我的头会很痛！"

"不用担心，"寿星说。"镇元子大师认识我们。我们去告诉他，你正在找一种让他的树再活的办法。镇元子会请你的师父再给你几天的时间。"然后，三个大星去了寺庙，和镇元子谈话，让唐僧同意再多给孙悟空几天的时间。

我的孩子，我不告诉你孙悟空在这几天里做的所有事情，或他和所有神仙的谈话。但是没有人能帮助他让人参树再活。找了几天，他决定去普陀洛伽山和佛祖老师观音谈。他来到了普陀洛伽山。马上，一只大熊站在他面前，说，"孙悟空，你这只老猴子，你要去哪里？"

孙悟空看到是黑风山的妖怪，这妖怪现在是在帮观音保护她的山。孙悟空说，"啊，是你啊！别对我喊，老熊。你应该感谢我，叫我'老爷'。如果不是我，你可能已经死在黑风山了。但是，现在你为佛祖观音做事，你听她讲佛，你过着很舒服的生活。你现在怎么说？"

熊妖怪回答，"让我们忘记过去。佛祖观音让我来见你。跟我来。"他们一起走到竹树林，观音坐在那里。熊走了。孙悟空向她鞠躬，等她说话。

"告诉我，猴子，唐僧在哪里？"

"他在长寿山上。"

"那里有一个寺庙，是镇元子大仙的家。你见过他吗？"

孙悟空多次在地上磕头，说，"是的。你那笨徒弟伤害他的树，让他生气了。好吧，说真话，我杀死了他的树。大师不在家，他留下了两个年轻徒弟去见我们。猪悟能听说过这果子，他想试试。所以，我拿了一些果子给他、沙和我自己。年轻徒弟发现了，开始向我们大喊。我生气了，所以，我打倒了人参树。现在，镇元子大师正留着我的师父，想把他放进热油里。在我让树再活起来前，他不会让师父走的。请帮助我们！"

"当然，我可以帮助你，"她说。"没问题。许多年以前，太上老君在火盆中放了一棵小柳树，一直到它都变成又黑又干。然后他把它还给我。我把柳树放在花瓶里。一天一个晚上以后，柳树又活了，有了绿叶。如果我能为太上老君的柳树做这个，我也能为那棵人参树做这个。"

观音站起来，拿起花瓶，走了。孙悟空跟着她，笑了。

不久以后，寺庙里，镇元子大师抬头，看见观音和孙悟空在云中飞向他们。"快，"他大声喊道，"佛祖观音到了。快来见她！"三个大星神仙、唐僧、猪、沙和镇元子的所有徒弟都出来见观音。

观音来到的时候，镇元子大师对她说，"大佛祖，欢迎来到我们的寺庙。但是告诉我，为什么我们的佛祖老师要关心我们这些不重要的事情？"

"唐僧是我的徒弟，"她回答说。"猴子是他的徒弟。所以我对它很关心。现在，我准备让你贵重的树再活。"她带着路，走进花园。镇元子大师跟着她，然后是三个大星神仙、唐僧和他的三个徒弟，和所有其他的徒弟。他们到了花园。都看到了那棵大树，倒在一边，地上都是被打坏的树枝。

"悟空，把你的手给我，"观音说。他给了他的左手。观音拿了一根小柳树枝，在花瓶中轻轻点了一下，然后用它做毛笔，在孙悟空的手上写了魔语。"现在，把你的手放在树根上，然后等着。"悟空走到那棵树，把手放在一根被打坏的树根上。

很快，一股甜水开始从地里出来。观音说，"这是神奇的水。它不能遇到火、水、木、金和土。必须用玉做的东西取它。现在，推那棵树让它直起来，用玉做的东西取神奇的水，把水倒在树上。"

一位徒弟说，"我们有喝茶的玉茶杯和玉酒杯。那可以吗？"

"茶杯和酒杯都没有问题。只要它们是玉做的，可以取水，就可以。现在去把它们拿来！"

孙悟空推那棵树，把树直了起来。寺庙的徒弟们跑进厨房，拿了三十个玉茶杯和五十个玉酒杯回来。他们都过来用玉茶杯和玉酒杯取了水，把水倒在树上。观音站了起来，念着魔语。不久，这棵树变绿了，有了许多叶子和新的树枝。每个人抬头，数了二十三个人参果。

"为什么是二十三个，不是二十二个？"清风问。

孙悟空说，"那天老猴子想要摘四个果子，但一个掉在地上不见了。好像那一个又回到树上，和其他的二十二个在一起了。猪，你说过我把那个果子留给了我自己，但是你可以看见，我没有！"

镇元子大师非常高兴。他要了金棒，把十个果子打下来。然后他请大家到主殿参加人参果宴会。观音坐在最上面。三个大星神仙在她的左边，唐僧在她的右边。主人镇元子大师坐在她对面。观音站起来，读了这首诗，

> 在长寿山的山洞里
> 人参果每九千年成熟一次
> 那棵树被打倒了，树根出来了
> 但是，甜水让它又活了
> 三个大星神仙遇到他们的老朋友
> 四个和尚找到新朋友
> 现在他们学会了吃人参果
> 他们会长生不老

唐僧看着人参果很长时间。然后他慢慢张开嘴，咬了一小口。他笑了。"这很好。我喜欢！"他说。

每个人都有了一个美好的宴会，然后，他们累了，一个晚上都睡得很好。四位游人准备第二天离开，但镇元子大师已经和孙悟空成为了好朋友，他们想能够有几天时间在一起。最后，又是五天的宴会、谈话和休息，四位游人和新朋友说再见，继续了他们的西游。

妖怪的秘密

第 27 章

我亲爱的孩子，今天晚上我要给你讲关于唐僧，他的三个徒弟和他们西游的另一个故事。

他们从中国到印度的旅途非常难。他们已经在大丝绸路上向西走了几个月。他们很冷，很累，很饿，性子也变得有点坏了。

有一天，他们来到了一座有一大片森林的高山。他们都抬头看着那座山。山顶高到云中。在森林里，他们可以看到许多动物。孙悟空看到唐僧害怕动物，他就大声喊叫，动物都逃走了。

他们一直走着。那天晚些时候，他们到了山顶。唐僧对孙悟空说，"我很累很饿。帮我们去要一些素食。"

孙悟空看着他说，"师父，您不是很聪明。我们在山顶上，离村子很远。没有酒店，没有人。我怎么能得到食物？"

"你这只麻烦的猴子！"唐僧回答。"你不记得你在山下的五百年吗？谁帮助你离开了那里？是我！现在你是我的徒弟，你的生命是我的。但是你一点也不想为我们去拿些食物。你一点都不帮助我们！"

"我是帮您的。我每天都在努力地为您工作。"

"那就去给我们拿些食物。我很累，也很饿。而且这座山上的空气也不好。我开始感到有点不舒服。现在就去吧！"

"师父，请不要生气。从马上下来，坐下休息一会儿吧。我会找人给我们一些好的食物。"孙悟空跳到云上。他把手放在像钻石一样的眼睛上，向四个方向看。他看到了许多树木和许多动物，但没有人也没有房子。但是在很远的南方，他看到地上有一点点红色。

他回到唐僧那里说，"师父，这附近没有人。但是在南方，我看到一些红色。我觉得那里有一些成熟的桃子。我去把它们拿来。"他一个筋斗云飞去那里摘桃子。

我的孩子，你知道那句老话，"高山里总是会有妖怪的。"我给你讲了很多故事，经常都是有一个妖怪在山里。好吧，这个故事没什么不同！真的有一个妖怪生活在这座山上。妖怪在云中飞的时候，她看到孙悟空正飞向南方。然后她向下看，看到唐僧坐在地上。她很高兴见到他！她对自己说，"我听说过东方有一位唐僧去西天的故事。我听说吃了他的肉会长生。现在我见到他了，一个人坐在我的山上！"

但是当她走近时，她看到两名强大的战士站在唐僧附近保护着他。当然，这是唐僧的两个徒弟，猪人猪八戒和大个子沙悟净。

她有点怕这两个人，所以她变成了一个美丽的年轻女人。她的脸像月亮，眼睛像星一样明亮。她没有穿鞋，穿着丝绸长衣。手里拿着一个小蓝锅。

唐僧正在地上休息的时候，见到一个年轻女人。他喊道，"猪，沙，我听孙悟空说这个地方没有人。但是我看到有人向我们走来。"

孙悟空不在的时候，猪八戒在徒弟中就是最大的。他对唐僧说，"师父，您和沙坐在这里。让这个老猪去看看。"

猪走过去对她说，"妇人，你要去哪里？你手里拿着什么？"

"老人，这个锅里，有一些很好吃的米饭。我想把它送给你和其他的僧人。"

猪很高兴听到这些话，因为他总是很饿。所以他跑回唐僧那里，大喊，"师父，我们不用再饿了。不要等孙悟空的桃子了。如果他会回来，也会是很长的时间。而且，如果吃太多桃子，您会生病的。这个美丽的女人为我们准备了一些好吃的米饭。"

唐僧和猪去见那个女人。当然，她真的是一个妖怪，但是唐僧和猪非常饿，所以他们没有看到这个。他们只看到一个女人。"妇人，"唐僧说，"你住在哪里？你的家人呢？为什么你要来这里给很饿的僧人送饭？"

"师父，"她说，"你在白虎山上。我和爸爸、妈妈和丈夫住在附近。我的爸爸妈妈没有儿子，他们只有我一个女儿。他们希望我结婚，但是他们也希望当他们老了，有人可以照顾他们。所以他们为我找了一个丈夫，请他来住在我们的房子里。"

"妇人，"唐僧说，"如果你的话是真的，那么你的丈夫应该去外面，给和尚送饭。你不应该一个人出去。"

那女人笑着回答，"师父，你说得对。但是今天，我丈夫和他的几个工人们在山的北边工作。我为他们做中午饭。除了我和我的爸爸妈妈，没人在家里，但是他们老了。所以我必须自己送食物。但现在，我遇到了你们，我想把一些米饭送给你和其他的僧人。"

"啊，谢谢你，但我不能吃这些食物。如果我吃了你丈夫的米饭，他会怎么说？他会骂你的。这个可怜的和尚不能成为那样的人！"

年轻女人再一次想把米饭送给唐僧，但是，唐僧再一次说不要。猪非常饿了，他对自己说，"世界上有很多和尚，但是没有一个像我师父那样，没有自己清楚的想法！这是米饭，马上可以吃。但师父不会吃。他想等那只麻烦的猴子回来。然后，必须把米饭分四份，因为我们会多一张嘴吃饭。"

就在这个时候，孙悟空回来了。他从天上飞过，一只手拿着一袋桃子，另一只手拿着他的金箍棒。他向下看，看到了那个年轻女人。他马上知道她是一个妖怪。他准备用他的棒打她。但是唐僧阻止了他，说，"猴子，你为什么要打这个美丽的年轻女人？她只是想帮助我们！"

"师父，"他说，"过去您看得很清楚，但是今天您有眼睛，但看不见。很久以前，当我是花果山的王的时候，我做的事和这个妖怪现在做的事是一样的。如果我饿了，想吃人肉，我就会变成一个美丽的女人，或者一个老人，或者一个喝醉的人。如果有人很笨，没有看到我真的样子，我会请他来我的洞里。然后我会把他们做成饭，吃了！"

唐僧不相信这些话。他不相信那个美丽的女人真的是一个妖怪。所以，孙悟空说，"师父，我明白。我觉得您想要这个女人。如果是这样，那就没问题。我们三个徒弟可以为你们两个造一座小房子，你们可以在一起，没人会看到你们的。你们都不需要先结婚！然后，当你们结束后，我们可以继续我们的西游。"

唐僧的脸变红了，他张开嘴，但他什么也说不出来。他只是站着，看着孙悟空。孙悟空用他的金箍棒打妖怪的头。但是妖怪用了'离开尸体'的魔法。她的灵魂很快飞向天上，没人能看见她，她在地上留下了她的尸体，死了。

唐僧说，"猴子，你什么都不知道，就杀了那个人。"

"师父，您来看，看看那个锅里有什么。"他打开锅，他们都向里面看。锅里没有米饭。那里只有很多大虫子。

唐僧很吃惊，他想孙悟空可能是对的。但是猪再一次找麻烦。他对唐僧说，"师父，这个女人只是想帮助我们。但是猴子就像以前一样总是生气，用他的棒打人。就这样他杀死了那个女人。然后，他把她好吃的米饭变成了虫子。他为什么那样做？不会对他用'紧头带魔语'！"

唐僧相信了猪的话。他马上就用了'紧头带魔语，'孙悟空头上的魔头带变紧了。他的头开始很痛。"我的头！我的头！"他叫着。

"猴子，你必须对每个人都好。不要伤害任何生物！你杀了这个美丽的女人，所以你不能和我们在一起。回你的家。我不要你这个徒弟。离开我们！"

"师父，如果我不在这里保护您，您走不到西天！"

"我的生命在天宫的手中。如果我必须成为妖怪的食物，那也没关系。现在，走吧。"

"但是我不能离开您。您救过我的生命，我必须用我的生命来保护您。我不能让您有危险。"当唐僧听到这些话的时候，变了主意。他告诉孙悟空，他可以留下。

妖怪坐在云中，听着唐僧和孙悟空说话。她很生气。她知道，如果和尚吃了一点饭，她就可以把他带回山洞，吃了他。但是孙悟空阻止了她。"那只猴子比我想的更强大，更聪明，"她对自己说。"我必须回去再试一次。"

所以她又变了。这次她变成了一个八十岁的女人。她慢慢地走过森林，来到了唐僧和他的徒弟那里。唐僧、猪八戒和沙悟净都看着她，他们看见了一个老妇人。但是孙悟空知道她是同一个妖怪。所以他什么也没有说。他只是再一次用了他的棒，打那个老妇人的头。妖怪再一次用了'离开尸体'的魔法。她的灵魂飞向空中，老妇人的尸体留在地上，死了。

唐僧看到了，他非常生气，对孙悟空说不出任何话。他从马上倒在地上。当他在地上的时候，他说了二十次"紧头带魔语。"孙悟空头上的魔头带变得非常紧，让他的头像一只葫芦。他非常痛苦。"别说了，师父，"他喊着，"就说说您想要对我说的话。"

"我能说什么？我试着教你，但是你不听。你只想伤害人。今天，你已经杀死了两个人。我不能再让你做我的徒弟了。你必须离开。"

"师父，很久以前，我住在花果山上。我是四万七千只小猴子和七十二个山洞的妖怪王。但是后来我遇到了您，我成为了您的徒弟。我把这个头带戴在头上。如果您要我离开，我会离开。但是，请您说松头带魔语，这样我就可以脱了头带，再回家。"

"猴子，我从观音佛祖那里学了紧头带魔语。她没有教我松头带魔语。我不能帮你脱了头带。"

"那么您必须让我做您的徒弟。"

"好的,"唐僧同意。"但是你一定不能再伤害任何人。"

孙悟空帮助唐僧上了马,他们准备再次向西走。在天空中,妖怪看着他们。她对自己说,"我真的很想吃那个和尚的肉。我必须马上做些事情,因为如果他们再走几里,就会离开我的山,我就没有办法对他们做任何事情。"所以她变成了一个留着长长的白胡子的老人。他走得很慢,念着佛。

唐僧看见了那个老人,再一次,他看不到那是一个妖怪。"啊,看,"他说,"这个老人几乎不能走路了,但他还在念佛。"他转向老人,说,"你好,老人!"

老人回答,"和尚,这位老人在这里住了很多年。我一生都在努力做好事。我给僧人们食物,我读佛书。但是今天是非常坏的一天。我的女儿去给她的丈夫送饭,但是我们一直没有见到她。然后我妻子去找她,我也再没有见到我的妻子。我担心她们都被老虎吃了。"

孙悟空只是笑着说,"你不是老人,我可以看到你是妖怪。"他准备用他的棒打那个老人的头。但是他停了下来。他对自己说,"这是一个问题。如果我打了老人,我师父会念紧头带魔语。但是如果我不打那个老人,他会吃我的师父。我应该怎么办?"

很快,他叫了山里的土地神,告诉他们看着妖怪,如果妖怪的灵魂离开老人的身体,就抓住它。然后他用他的棒打了老人的头。妖怪的灵魂没有办法离开他的身体,所以灵魂留在老人的身体里,死了。

唐僧、猪和沙都看到了这些。猪说,"对那只猴子来说,真是很坏的一天。现在还不是吃中午饭的时候,他已经杀死了三个人！"

"师父，"孙悟空说，"这不是人。这是一个妖怪。过来看！"他带着他们看了尸体，但是那里没有尸体，只有一堆白骨。"看见了吗？我杀死了它，现在你们可以看到它真的样子。"

但是猪说，"师父，别相信他。他只是在告诉您一个故事。他把老人的尸体变成了一堆骨。他今天真的杀了三个人。"

唐僧听了猪的话，看着那堆骨。然后他对孙悟空说，"猴子，你必须走。一个好人做的事就像春天里的草，每天都有更多。但是你不是这样做事。你今天已经杀死了三个人。我们在山里，如果我们在城里呢？你要杀死几百个人吗？不，你不能做我的徒弟。现在就离开。"

孙悟空说，"师父，您的话伤害了我。您听那个笨猪的话，但是您忘了我为您做的所有的好事。很多次，我从妖怪和魔鬼中救了您。我把猪和沙给您做徒弟。但是我看到您忘记了所有这些事情。所以，如果您要我离开，我会离开。"

孙悟空想要向他的师父鞠躬，但是唐僧转身走了。所以，孙悟空从头上拔了三根毛发，吹了一下，说，"变！"他们变成了孙悟空。四只猴子站在唐僧的四周，所以他没有办法转身。四只猴子都向唐僧低头鞠躬。然后，孙悟空把三根毛发带回他的身体里，跳到空中，飞向花果山。

第 28 章

唐僧骑上马，再一次开始向西走。猪走在他的前面，沙走在他的后面。他们进入了一片黑暗的大森林。唐僧很怕森林。他也饿了。孙悟空走了以后，他让猪找一些素食。猪让他等着，休息一下，然后拿起要饭的碗向西走去。他走了几个小时，但是没有看到村子，没有看到房子，没有看到人，也没有看到食物。他开始累了，只想睡觉。

"如果我回到师父那里，没有吃的东西，他会生气的，"他对自己说。"我应该在这里休息一会儿，等过了一些时间以后，再回去。"他在地上休息，但是很快就睡着了。

唐僧越来越饿了。"那猪在哪里？"他问沙悟净。

"师父，"沙说，"那猪总是饿，总是只想着自己。他一点都没有想到您。他可能自己正在吃所有的食物。吃饱后，他会回来。可能吧。"

所以，沙悟净拿了他的拐杖，走进森林找猪。现在唐僧一个人在森林里。他等了一会儿。然后骑上马，开始向西，向南，然后向东走。很快，他不知道自己在哪里，也不知道要往哪个方向走。他继续骑着马。不久，他来到了一座美丽的金色宝塔。附近没有树木，所以金色的太阳光从天上到地上，让宝塔明亮地发光。

唐僧从白马上下来，把马绑在附近的树旁边。然后他走进了宝塔。当他走进里面的时候，他看到一个大妖怪睡在椅子上。妖怪有一张红色的脸，紫色的胡子和长长的白牙。他穿着一件旧的黄色长衣，没有穿鞋。唐僧转身跑出门。但是妖怪听到了他的声音。他醒了，大喊，"孩子们！谁在我们的门外面？"

一个小魔鬼回答说，"大王，那是一个和尚。他的身体有很多好吃的肉。我想他会是你的一顿好吃的晚饭。"

"把他带到这里！"妖怪大叫。小魔鬼把唐僧带回宝塔。唐僧非常害怕。妖怪说，"你从哪里来？你要去哪里。快告诉我！"

唐僧说，唐皇帝让他到西天，去找佛书，然后把它带回东方。

妖怪笑着说，"我很高兴你在这里。我要吃你！"然后他告诉小魔鬼去捆唐僧。

"小心，先生。我有两个很厉害很强大的战士，"唐僧说。

"那更好。你加上你的两个徒弟，就是三个。如果再加上你的马，那就是四个！我们可以吃一顿好饭了。"然后，他告诉小魔鬼们关了宝塔的大门，等着唐僧的两个徒弟到来。

这个时候，沙悟净一直在森林里找猪，最后找到了猪八戒。猪还在睡觉。沙把他叫醒，然后回到了他们离开唐僧的地方。当然，唐僧不在那里了。他们开始找他。找了一个小时，他们看到了金色宝塔。"美极了！"猪说，"这个地方很漂亮。我觉得我们的师父一定在里面，吃很多好吃的素食。让我们也去拿一些给我们自己。"

"我不喜欢这个地方的样子，"沙说。"我觉得这是一个妖怪洞。"

但是猪没有听他的话。他走到宝塔的门前，大喊，"开门！开门！"

"大王，"有一个小魔鬼说，"有个和尚来了。他大耳长嘴。还有另一个大个子的和尚。我们应该做什么？"

"我们的晚饭来了！请他们进来！"妖怪说。当猪和沙进来的时候，妖怪说，"你从哪里来，为什么在我家门外大叫？请进来吃一些好吃的人肉包子。"

猪开始走了进去。但是沙马上对他说，"哥哥，你忘了吗？你不再吃人肉了！"猪觉得自己好像是从梦中醒来。他拿出耙子，要打黄衣妖怪。他们两个起来到空中战斗。沙也参加了战斗。他们打了很长时间。猪用九爪耙，沙用拐杖，黄衣妖怪用弯刀。他们一直打到空中都是云烟。大石毁坏，大山倒下，但他们还在继续战斗。

第 29 章

当他们在空中战斗的时候，唐僧被捆在宝塔里。他现在可以看到这是一个山洞。他开始哭了。他听到附近有声音。他抬起头，看到一个三十岁左右的女人站在他的面前。

她说，"老人，你从哪里来？你为什么被捆起来？"

"别问我任何问题，"唐僧很累地回答。"如果你饿了，那就来吃我吧。"

"我不吃人！我来自西边的宝象国，离这里三百里。我是国王的第三个女儿。十三年前，黄衣妖怪来到我的城市，抓了我，把我带回这里做他的妻子。我没有办法阻止他。我没有办法给我的爸爸妈妈送信，所以他们不知道我在哪里。他们可能以为我死了。"

"我这个可怜的和尚正向西天去找佛书，把它带回东方。我来到这个地方，现在我觉得我会成为妖怪的晚饭。"

"亲爱的老人，不要担心。我可以让我丈夫放了你。但是你必须为我做点事。当你到了我爸爸妈妈的城市的时候，请帮我带一封信给他们。你会那样做吗？"

"当然，"唐僧说。所以那个女人松开他的绳子。她写了一封信给了他。然后唐僧走出宝塔的后门，进了森林。他在那儿等着，看看<u>猪</u>和<u>沙</u>是不是能打败妖怪。

那女人走出前门。她抬起头，看到她的丈夫在空中，和<u>猪</u>、<u>沙</u>战斗。她对他叫着说，"亲爱的丈夫，我刚才做了一个梦。"

妖怪停止了战斗，下来站在地上。"告诉我，"他说。

"我以前没有告诉过你，但是当我还是个孩子的时候，我有一个秘密誓愿。我的誓愿是，如果我找到一个好丈夫，我会把吃的东西给很饿的僧人，用这个来感谢上天。刚才在我的梦中，一个金色的神来到我身边，说我必须照我的誓愿做事。我醒了，来告诉你那个梦。但是当我走过房子的时候，我看到一个被捆着的和尚。你能让他离开吗？让他离开就和我给他吃东西是一样的。你愿意为我做这件事吗？"

"当然，我亲爱的。去吧，让和尚离开。"然后妖怪叫<u>猪</u>和<u>沙</u>，"你们空中的两个人。下来，到这里来，我不再和你们战斗了。你们可以走了。和那个和尚一起走，不要再回到这里。如果我饿了，我总是能找到其他的人吃。"

<u>猪</u>和<u>沙</u>已经非常累，不想和妖怪战斗了，所以他们很高兴战斗已经结束，他们没有被杀死。他们感谢妖怪。他们很快在森林里找到了<u>唐僧</u>。然后三个人开始向西走。

现在，我的孩子，你可能会认为这就是故事的结束。但是还有更多的故事要告诉你。这三个游人向西走了近三百里。然后，他们从山上下来，看到了一座美丽的城市。那就是<u>宝象国</u>。这个城市很大，有许多宫殿，寺庙和可以种地的土地。游人们很高兴看到这座城市。他们到了一个小酒店，把马绑在外面，坐下来休息。

后来，在他们休息以后，<u>唐僧</u>去了国王的宫殿。"这位可怜的和尚想见国王，"他说。"我有一封重要的信要给他。"他被带到王宫见国王。

"陛下，这位是来自<u>唐</u>国的低下的僧人，正在去西天。我必须告诉你，你的女儿，第三位公主，多年以前被黄衣妖怪带走的。我遇到了她，她要我给你这封信。"他把信给了国王，

"您可怜的女儿，向我的爸爸，国王，向我的妈妈，王后，磕头一百次。十三年以前，八月十五日那个夏天晚上，您举行了一个大宴会。宴会中，一阵魔风把黄衣妖怪带到了我们家。他把我带到他的山上，让我成为他的妻子。我不能阻止他。我和他在一起已经十三年了，给了他两个妖怪儿子。最近，您可怜的女儿遇到了这个圣僧<u>唐僧</u>，他也被妖怪带走了。我给了他这封信。请您马上让大将和您的军队去抓这个妖怪，把您的女儿带回家。您的女儿一次再一次向您磕头。"

国王和王后看到这封信的时候哭了。然后国王说，"老人，我们没有大将，也没有军队。我们有一些侍卫，但没有真的战士。我们是山里的和平王国。我们不能和这个妖怪战斗。但是你是一个强大的和尚。你能帮我们吗？"

"这个可怜的和尚知道一点佛，但其实，他没有办法和妖怪战斗。"

"如果你不能战斗，你怎么可能去西天，再从西天回来？"

"陛下，我有两个徒弟保护着我。他们叫<u>猪八戒</u>和<u>沙悟净</u>。他们有点丑。其实他们很丑。这就是为什么我没有把他们带入你的美丽宫殿。他们在外面等着。"

"好吧，你已经告诉我们关于你的徒弟，我们准备好了和他们见面。带他们进来！"

猪和沙进入王宫。"你，"国王对猪说，"你的师父说你是一个很厉害的战士。让我们看看你的强大。"

猪用手指做了一个魔法，念了一个魔语。然后他大喊，"长！"他变得比以前大十倍。王宫里的每个人都非常害怕，但是国王很高兴。他给了猪一杯酒，抬头看着他，说，"老人，这杯酒是给你的。请去抓妖怪，把我们的小女孩带回来。然后，我们会举行一个大宴会。我们会感谢你，给你一千块金子。"猪变回到了自己的大小，喝了酒。国王也给了唐僧和沙悟净一杯酒，但是，唐僧当然是没有喝。然后他们都吃了素食晚饭，就去睡了。

第二天，猪和沙飞到云上，去了黄衣妖怪的山洞。猪用力打在前门上，在前门上打了一个洞。一个小魔鬼跑到妖怪那里，说，"师父，大耳朵和长鼻子的和尚回来了，打坏了我们的前门！"

妖怪对打坏的前门很生气。他走到外面说，"和尚，我没有伤害你们和你们的师父，让你们离开了。你们为什么又回到我的家，你们为什么打坏了我美丽的前门？"

"是的，你让我们走了。但是我们刚听说，你抓了国王第三个女儿，让她做你的妻子。你已经让她在这里住了十三年。现在国王要我们把她带回家。马上把她给我们。如果你不给，我只能和你战斗了。"

妖怪听了以后大笑。他拿出了他的弯刀，想要杀死猪。战斗开始了。猪用耙子，喊道，"你伤害了国家，必须死！"沙用他的拐杖，喊道，"你抓了公主，给她的国家带来了耻辱！"妖怪用他的弯刀，高喊，"这和你们没关系，出去！"

他们战斗了很长时间。猪和沙已经非常累了。最后猪说，"弟弟，你和妖怪打。我必须去树林里几分钟。"猪跑进树林，去睡觉了。沙一个人不能打赢妖怪，很快妖怪就抓住了沙，把他捆起来。

第 30 章

现在，这个妖怪非常聪明。他知道唐僧的两个徒弟为什么回到他的家和他战斗。一定是他们的师父送他们来的。但是为什么呢？然后他明白了。他的妻子一定见过唐僧，向他讲了她的故事。他对妻子非常生气，然后去找她。

"妻子，"他对她说，"你做了什么？我把你带到这里，给你丝绸和金。你有我的爱。任何你想要的，我都给了你。但是，现在你告诉唐僧关于我的故事，让他的徒弟来和我战斗？你为什么要对我做这些事？"

"我什么也没做！"她哭了。

"噢？让我们看看这个人怎么说！"然后，他把沙悟净拖进了房间。"现在告诉我们，公主有没有给你师父一封信？"

沙对自己说，"我不能让公主有任何伤害。"所以他对那妖怪说，"先生，没有信。当我的师父被捆在你的房子里的时候，他看见了你美丽的妻子。后来，我们见了宝象国的国王，我的师父告诉了他见过的那个女人。国王知道那是他的女儿。所以，国王叫我们回来，把她带回家。你妻子没有做任何伤害你的事情。如果你一定要杀人，请杀死我。"

妖怪感到很不好，他对妻子说，"对不起，我对你大喊大叫。请原谅我！"他再次把沙捆起来。然后他坐下来，和妻子一起吃晚饭。他们两个人都喝了很多酒。最后妖怪说，"亲爱的，我必须去跟我妻子的爸爸问好。我以前没有见过他。我认为是时候了。"

公主对这很担心。"请不要这样做。你是我的丈夫，但你也是一个妖怪。如果他见到你，你会让他害怕的。"

"你是对的！"他回答。所以，他改变了自己的样子。现在他看上去像个高个子的中年男人。他的脸很漂亮，黑色长发，穿着白色的丝绸长衣和黑色鞋子。然后他很快飞了三百里到国王的宫殿。他站在门外，打着门，说道，"国王第三个女儿的丈夫来这里见国王。"

他被带着去见国王。国王和唐僧坐在一起说话。"我不认识你，"国王说。"你是谁，你住在哪里，你什么时候和我们的女儿结婚的？"

"让我告诉你我的故事。十三年前，我和我的朋友们在森林里走路。我看到一只大老虎，嘴里有一个小女孩。我用剑打老虎，把女孩带回了我的家。我的朋友把老虎带回了我的家。这个女孩没有说她是公主，所以我以为她是村里的一个女孩。我们结婚了。我想在结婚大宴中把老虎杀了吃，但是她告诉我，老虎是我们的媒人，我们应该放它走。所以我让它走了。后来我听说那个老虎已经变成强大的老虎精，杀死和吃掉僧人，变成僧人的样子。现在我看见老虎就在这里！"然后他用手指直指着唐僧。

国王不知道唐僧是和尚，还是老虎是和尚。所以他对妖怪说，"如果这个和尚真的是老虎，让我看看他真的样子。"

"好的。给我一杯干净的水。"一个仆人拿来了水。妖怪把一些水吐在唐僧身上，念了魔语，让唐僧看上去像一只老虎。国王的侍卫们很快地跑去要杀死老虎。如果他们杀死老虎，唐僧也会被杀死。但是唐僧有光明神和黑暗神的秘密保护，所以他没有受伤。过了一会儿，国王告诉他们不要再试着杀死老虎，他们把老虎锁在笼子里。

国王认为妖怪已经让他看到唐僧真的样子，他很感谢。但是他也很累，所以去睡觉了。在睡觉以前，他让十八个漂亮的年轻女仆人送食物和酒给妖怪。妖怪吃了喝了很多东西，他喝醉了。他跳起来，抓住最近的一个年轻女仆人，咬下她的头，吃了。其他十七个年轻女仆人逃走了，但他们没有喊叫，因为国王正在睡觉。然后妖怪坐了下来，喝了更多的酒，把死了的年轻女仆人都吃掉了。

人们跑出宫殿，这个故事很快从一个人传到了另一个人。很快传到了绑唐僧白马的小酒店。现在，请记住，白马其实是西海龙王的儿子。观音让他把唐僧带到西方。那马知道，只有他可以帮助唐僧。他变回龙的样子，然后跑进王宫和妖怪战斗。

龙和妖怪战斗，但是龙没有妖怪那样强大。妖怪把剑向龙扔去，打在龙的腿上。龙用三只脚跑出去。他跑回小酒店，变回到一匹马，倒下睡觉。

现在，让我们回到在树林里睡觉的猪。他已经睡了很长时间。他不知道唐僧被锁在笼子里，沙悟净被捆在妖怪的房子里。他决定去找沙。所以他回到小酒店。他没有看见沙，但是他看到了在地上的白马，腿受伤了。"怎么了？"他问白马。马把宫殿里的事告诉了猪。

"好吧，就那样吧，"猪说。"所有都结束了。你应该回到西海的家。我想我会回到高老庄的家，看看我的妻子是不是还在那里。"

马开始哭了起来。"哥哥，请不要放弃。我知道你想要救我们的师父。只有一个人可以帮助他。你必须去花果山，请孙悟空来帮助。"

"他不会来的。他还在跟我生气。他可能会用他的棒打我，杀我。"

"他不会打你。去告诉他，我们的师父想他了。当他来到这里，看到我们师父发生了什么事，他会对妖怪生气，他会解决所有的事情！"

"好的，我会试试。但是如果猴子不回来，我也不会回来。"

然后猪飞到云上去了花果山。往下看，他看到孙悟空坐在一块大石头上。他周围有几千只猴子，大喊，"大圣爷爷万岁！"猪怕孙悟空，所以他没有走近他。只是坐在所有猴子中间，低着头。但是孙悟空看见了他，说，"把那个大个子带到前面！"所有的小猴子把猪推到前面。猪一直低着头。"你是谁？"孙悟空问。

"什么，你不认识我？你和我已经是多年的兄弟了，"他抬起头。

"啊。我的朋友猪八戒！你为什么来这里？你的师父也对你生气了吗？"

"没有，他没有生气。但是他在想你。"

"好吧，我们现在不用担心他。过来，看看我美丽的家！"孙悟空开始在山中走，告诉猪花果山上所有可爱的东西。一些小猴子拿了水果给两个兄弟吃。

过了一会儿，猪说，"哥哥，这是一个美丽的地方。但是我们的师父在等我们。"

"我为什么要离开？这个地方是我的家。如果你愿意，请离开，但我不会跟你走。"

猪开始生气，对孙悟空大喊大叫。当然，猴王不喜欢这样。他说，"你这胖苦力，为什么要骂我？"然后，他告诉小猴子抓住猪，把他带到水帘洞。孙悟空拿起一条鞭子，准备鞭打猪。

第 31 章

"哥哥，"猪喊道，"为了我们的师父，为了佛祖，请原谅我吧！"

当孙悟空听到佛祖的名字时，他放下鞭子说，"兄弟，我现在不鞭打你。但是你必须完全对我说真话。我们的师父在哪里，他怎么了？"

所以猪告诉了孙悟空很长的故事。你当然知道这个故事：唐僧，猪和沙来到了森林。猪去要饭，累了，睡了一会儿。沙去找猪；唐僧一个人去走路，发现了金色宝塔和妖怪。妖怪抓住了唐僧，想吃他。猪和沙找到了宝塔，和妖怪战斗。唐僧遇到了公主，公主让妖怪放了唐僧。唐僧拿了公主的信给了国王。妖怪变成了一个好看的男人，去见了国王。妖怪把唐僧变成了老虎。妖怪喝醉了，吃了一个年轻女仆人，打伤了白马。最后，白马让猪来请孙悟空帮助。

然后，猪在故事中加了一些新的东西。他说，"哥哥，我告诉妖怪关于你的事。我说你是一个很强大的战士，你会来杀了他的。但是妖怪只是笑着说，'让他来。我会很快很容易地杀死他。我会吃他的心。猴子的身体又小又瘦，但是我会把它砍了，放进油锅，晚饭时把它吃掉。'"

好吧，我的孩子，你知道后来发生了什么！孙悟空非常生气，他开始跳上跳下，挥着他的棒。然后他说，"我现在就去。我会抓住那个妖怪，杀死他！"

"好主意，"猪说。"你应该去杀死那个妖怪。我会在这里等你。这里的水果很好吃。"

"不。你跟着我。我要让你看这个。"然后孙悟空抓住猪的手臂，他们一起飞过大海来到白虎山。孙悟空低头看到了金色宝塔。他对猪说，"你在云中等着。我要去宝塔。我知道妖怪不在家里，但我需要在那里拿些东西。"然后他跳到地上，抱了妖怪的两个小孩。他还走进屋子，找到了沙，告诉他到外面去。然后他告诉猪和沙，把两个男孩带到国王的宫殿，告诉妖怪他们已经到了。

所以猪和沙去了国王的宫殿。他们先把男孩子留在树林里。然后猪打在宫殿的门上，喊道，"嘿，妖怪！我们是唐僧的两个徒弟。我们回来了，你的两个孩子在我们这里！"妖怪听到了这个，跑了出去。他看到了猪和沙，但是没有看到孩子。他不想和猪和沙打，因为他喝了酒，吃了年轻的女仆人以后，还是感到不舒服。所以他很快跳到天上，飞回洞里，看看他的男孩是不是在那里。

当发生这些事情时，孙悟空正在和公主说话。他告诉她，她的丈夫要回来了，他会很生气。孙悟空让公主去森林里。然后他变了自己的样子，让他看起来像公主。然后他等着。

妖怪很快就回来了。他看到一个看起来像他妻子的女人。她在哭。"妻子，你为什么哭？"他问。

"噢，亲爱的丈夫，"孙悟空说，"今天早上，那只很丑的猪回来了。他带了另一个和尚，他带走了我们的两个孩子！"

"别担心，亲爱的。我会去把我们的两个男孩带回来。我也会杀死那些和尚。"

"我不这么认为，"孙悟空说。然后他变回到自己本来的样子。"现在，你认识我吗？"

妖怪吃惊地看到他美丽的妻子变成了丑猴子。但是他认真地看着孙悟空。"其实，我想我是认识你的。"

"你当然不认识我。我是唐僧最大的徒弟。我叫孙悟空，齐天大圣，我已经五百多岁了。我喜欢杀妖怪。因为这个，我师父对我不开心，他让我离开。但是，你知道那一句老话，'爸爸和儿子不开心的事情，过了一夜就没有了。'我听说你打算伤害我的师父，所以我回来了。现在，我不需要杀了你。只是要把你的头放在这里。我会用我的棒打你一次，我认为这就结束了。"

当然，妖怪没有把他的头放在那里。他知道孙悟空很厉害。所以，他叫了住在离他的洞一百里外的所有妖怪，让他们帮助他打败孙悟空。不久，孙悟空看到四周的妖怪，都想杀死他。这让他非常高兴！他变了自己的样子，让他有六只手臂和三个头，他用三根棒和妖怪战斗。

经过了很长时间的战斗。最后，孙悟空杀死了所有妖怪，除了黄衣妖怪。为了结束战斗，他用"叶下偷桃子"的办法，把棒打向妖怪的头。但是妖怪没有死。他只是不见了。孙悟空一个人站在那里。

他向下看，但没有看到任何血。然后他跳到云上，向四个方向看，但是他没有看到妖怪。然后他对自己说，"那个妖怪说他认识我。怎么可能？可能五百年前我在天宫见过他。可能他是天宫里的神。"

他用筋斗云飞到了天宫的南门，然后走进了光明殿。一位天上的大师问他，"大圣，你为什么在这里？"

"我在帮助唐僧去西天。我们到了宝象国，和一个妖怪有了一点麻烦。但是他不见了，我找不到他。我认为他不是地上的妖怪。我想他是从这里来的。你们有没有少了任何妖怪，神或神仙吗？"

天上的大师检查了所有的神仙，神仙们都在天宫里。他们检查了所有山神，河神，天神，太阳神和月亮神，但是每个神都在那里。然后他们检查了二十八个星宿。但是他们只能找到二十七个。奎星，奎木狼，不见了。每个神都需要每三天检查一次。但最后四次都没有检查到奎星，再加昨天。

四乘三是十二，十二加一是十三。

天上的大师去了宫殿，告诉玉皇大帝，已经有十三天没有看见奎星了。天上的一天是地上一年，所以奎星已经在地上生活了十三年。玉皇大帝听了以后，大声叫奎星。奎星在人间的瀑布下。当他听到玉皇大帝叫他的时候，他马上来到了宫殿。他经过孙悟空，孙悟空想打他，但是其他的神仙抓住了他的手臂。奎星没有看孙悟空。他继续进入宫殿，向玉皇大帝鞠躬。

"奎，"玉皇大帝说，"天宫里这么美丽。你为什么要去地球？"

"陛下，"奎星回答，"请原谅我。在你的大香殿里，有一个护香玉女。我们俩个爱上了。但是在天堂里，我们不能在一起。所以，她下到地球上，取了女孩的样子，她是国王的第三个女儿。我也下到地球上，取了白虎山上的黄衣妖怪的样子。我找到了公主，我们结婚了，我们在一起幸福地生活了十三年。"

玉皇大帝告诉他，他不能再做星宿的工作了。他的新工作是成为太上老君家中一个低级别的烧火人。奎星低低地鞠躬，离开了宫殿。

孙悟空也向玉皇大帝鞠躬，转身离开了。玉皇大帝笑了笑，对天上的大师说，"让我们高兴的是，他很快离开，没有在天宫里找任何麻烦。"

孙悟空回到地球。他遇到了猪和沙，他们三个一起回到了国王的宫殿。他们见了国王，王后和公主。孙悟空讲了他去天宫的故事。他对国王和王后说，"现在，你们知道你们的女儿其实是天宫中香殿里的一个护香女孩。你们的女儿有两个男孩。现在，让我们去接回我们的师父。"

他们都去找锁在笼子里的老虎。每个人都看到了老虎，但是孙悟空看到它其实是唐僧。"师父，"他笑着，"一般说，你是一个好和尚。为什么你现在看起来像老虎？"然后他拿了一些水，在老虎的脸上吐了一点水。老虎马上变回到唐僧。

唐僧见到孙悟空很高兴！他说，"徒弟，你再一次救了我。我希望我们很快就能到西方。然后我们回到东方，我会告诉唐皇帝你做得很好。"

"别说了，"孙悟空回答。"别再对我说那个魔语了，我就会很高兴。"

然后国王举行一次素食大宴，那里有很多吃的，喝的，唱歌和讲故事。第二天，四个游人和他们的马再次向西走去。

五宝

第 32 章

我亲爱的孩子，已经很晚了，你累了。但我知道你想听另一个关于<u>孙悟空</u>的故事。

所以今晚我要告诉你他的一个很有意思的故事。在这个故事中，<u>孙悟空</u>遇到了两个非常强大的妖怪，但是这些妖怪不是我们认为的那样！

我们的故事从四位行人开始，他们是猴子<u>孙悟空</u>，和尚<u>唐僧</u>，猪人<u>猪八戒</u>和强大但安静的人<u>沙悟净</u>。

他们正沿着<u>中国</u>西方的<u>丝绸之路</u>行走，他们往西走向<u>印度</u>。冬天变成了春天。树木和草木都变绿了。

一天，行人们到了一座高山。这座山太高了，他们白天看不到太阳，晚上看不到月亮和星星。他们沿路左转，右转，再左转。路变成了一条山路。他们向山上走去。

一个砍木人站在他们上面的绿草地上。砍木人的头上戴着一顶旧蓝帽，穿着一件黑色僧人长衣。他手里拿着一把斧头。当砍木人见到唐僧和他的徒弟们的时侯，他说，"你们这些要去西方的人，请停下，我有事要告诉你们。在这座山上有妖怪和魔鬼。他们等着从东方来的行人，然后把他们吃掉！"

唐僧听到这些话，非常害怕。但是孙悟空只是笑。他对砍木人说，"大哥，我们是被唐皇帝送来，去印度带回佛书。白马上的那个人是我的师父。他有点害怕，所以他让我跟你谈谈，多知道一些这些妖怪的事。告诉我他们的事。然后我会告诉山神和土地神，让他们帮助我抓住这些妖怪。"

"你疯了，"砍木人回答。"为什么你认为山神和土地神会帮助你？你要怎么抓住妖怪，你会对他们做什么？"

"我是美猴王，我是齐天大圣。山神和土地神当然会帮助我。如果魔鬼是从天上来的，我会把他们送到玉皇大帝那里。如果魔鬼是从地上来的，我会把他们送到地宫里。如果他们是龙，我会把他们送到海王那里。如果他们是鬼，我会把他们送到阎王那里。每一种魔鬼都有他们自己的家，老猴子都知道他们。我会告诉他们，他们会照我说的做！"

砍木人对这些话感到好笑。"那么你是一个很笨的人。我来告诉你这些魔鬼的事。这是平顶山。山上有莲花洞。洞中有两个非常大和非常强的妖怪。他们的墙上有一幅唐僧的画，他们在等你们来。他们会把你们做成饭，吃了！"

"他们怎么吃我们？从头开始还是从脚开始？"

"你为什么要问？"

"如果他们先吃我的头，我不会感觉到任何的痛。但是，如果他们先从脚开始吃我，那会需要很长时间，这会是非常痛的。我一点都不喜欢那样。"

"别担心，猴子，这些妖怪会一口吃掉你。这会是很快的！还要小心，因为这些妖怪有五件贝宝，它们有很强大的魔力。这和你有多强大没有什么关系，你要保护<u>唐僧</u>还是非常困难的。你必须变得有点疯才能过这个地方！"

"啊，太好了。我已经有点疯了。谢谢！"<u>孙悟空</u>转身走回到<u>唐僧</u>和其他人那里。他很高兴。"没问题，师父，这里有几个小妖怪。不用担心，走吧，走吧。"

就在这时，砍木人不见了。"那很不好，"<u>猪八戒</u>说。"我们在大白天里遇到了鬼。"<u>孙悟空</u>向四个方向看去，但没有看见砍木人。然后他抬头看向天空，看到<u>日值</u>坐在云上。他飞起来喊道，"如果你有话要说，为什么要变成砍木人？你可以就这么告诉我们的。"<u>日值</u>害怕极了，说对不起，<u>孙悟空</u>把他赶走了。然后他回到地上，开始向其他人走去。

<u>孙悟空</u>回来时，他对自己说，"我应该怎么做？如果我告诉师父关于这些妖怪的真相，他会非常害怕，他可能会从马上掉下来，伤了自己。但是，如果我不告诉他，他可能会做一些很笨的事情，这些妖怪会杀了他。"他想了一会儿。然后，他决定骗<u>猪八戒</u>去找更多有关这些妖怪的事。

<u>孙悟空</u>让他的眼睛里流了些水，看起来好像在哭。<u>猪</u>看到这个，变得非常害怕。他说，"就是这样了。我们的旅途结束了。<u>沙</u>，你应该回到河里，再次成为妖怪。我要回到我的村庄，看看我的妻子是不是还在那里。我们可以卖了这匹马。我们可以用这钱为

师父买一口棺材，给他年老的时候用。"

"你为什么这样说话，你这个笨苦力？"<u>唐僧</u>问。

"你没看见<u>孙悟空</u>在哭吗？他是一个强大的战士。如果他在哭，他一定很害怕。如果他害怕，我们还能做什么？"

<u>唐僧</u>说，"别这样说话了。<u>悟空</u>，你为什么不开心？你为什么给我们看那些不是眼泪的眼泪？"

"师父，我刚和<u>日值</u>谈过。他告诉我，这座山上的妖怪非常危险。我很强，但我不知道我能不能打赢他们所有的人。"

"啊，是的。就像书中说的，'寡不可敌众[1]。'但请记住，你不是一个人。你这里有<u>猪八戒</u>和<u>沙悟净</u>在帮助你。我会把他们给你用，帮助你。"

这正是<u>孙悟空</u>想要从师父那里听到的！他对<u>猪</u>说，"你必须做两件事。第一，你必须照顾我们的师父。第二，你必须进山找妖怪。"

<u>猪</u>回答，"我不明白，哥哥。照顾我们的师父，我必须留在这里。找妖怪，我必须出去。我不能两个都做！"

"那就做它们中的一个。"

"我不知道做哪一个。告诉我更多有关这两个工作的事。"

"好吧。要照顾我们的师父，你必须做所有他要求做的事。如果他想去走路，就和他一起去。如果他饿了，去为他要素食。如果

---

[1] 寡不可敌众 (guǎ bùkě dí zhòng) is "few cannot win over many." This is a quote from the *Mencius* (孟子), a book written by the Confucian philosopher of the same name during the Warring States period, 4th century B.C.

他需要去树林里上厕所，帮助他。"

"这听起来非常危险。如果我去为他要食物，我可能会在路上遇到人。他们不会知道我和唐僧在一起。他们只会看到一头可以吃的大胖猪。他们会杀了我，把我吃掉！"

"那么进山找妖怪。看看有多少妖怪，他们住在哪里。"

"啊，那很容易，"猪说。他拿起耙子，离开去找妖怪。他离开后，孙悟空笑了起来，对唐僧说，"你和我都知道猪不会去找妖怪的。他会走一会儿，然后他会找一个好地方，在地上休息睡觉。然后他会回来告诉我们一些没有意思的故事。你就等着，我会跟着他，看看他做些什么。"

孙悟空轻声说，"变！"他的身体变成了一只小飞虫。向猪飞去，停在他的耳朵上。不用问，猪找到了一片舒服的草地，在上面休息睡觉。几个小时后，他站起来，开始向其他人那里走回去。当他看到三块大平石时，他停了下来。他站在石头前。他对这三块石头讲了一个很长的故事，讲他找到一个山神住的山洞，看了山洞里面。当他说完后，在走向唐僧和其他人时，他继续对自己讲这个故事。

但是孙悟空飞到了猪的前面，比猪先到。他变回猴子，对唐僧说，"猪来了。他睡了一天。但他造了一个关于找山神洞的故事。我听了这个故事。现在，你就等着，你会自己听到这个故事。"

很快，猪回来了。他站在唐僧、孙悟空和沙僧面前，讲了他告诉三块平石的同样的故事。"笨人！"孙悟空喊道，用他的棒打了猪。"我听过你对三块平石讲的同样的故事。你没有找到一个山洞，你只是找到了一个睡觉的好地方。你为什么不告诉我们真相？"

猪抓住唐僧的长衣说，"师父，请保护我，不要让这只猴子伤害我！"

唐僧说，"悟空，别再打猪了。但是猪，你必须再次回到山上。这次，做好你的工作！"所以猪回到了山上。他非常害怕，但他做了他的工作。我们过一会儿再说他的事。

现在，你记得这座山叫平顶山，那里有一个大洞叫莲花洞。有两个妖怪住在那儿。年龄大的叫金角大王，年龄小的叫银角大王。金角对银角说，"你知道我今天听到了什么？唐皇帝让他的弟弟唐僧去西方找圣书。他会在丝绸之路上，经过我们的山，离我们的洞很近。他是一个非常厉害的圣人。他的身体有很强的魔力。如果我们吃了他，我们会活得很久很久。去找他，把他带回这里，这样我们就可以把他当晚饭吃了。"

所以银角带着三十个小魔鬼出去找唐僧。他们没有找到唐僧，但是很快他们发现猪走在山路上。猪看到了妖怪和小魔鬼。他很害怕，但是他用他的耙子和他们战斗。

银角笑了。"我想你是长大后成为和尚的。你年轻的时候一定是一个农夫。你有一把农夫的耙子！"

猪回答，"我的孩子，你不知道这个耙子！当我用它战斗时，它会带来冷风和明亮的火，它遮日月。它抓妖怪，杀魔鬼。它把泰山[1]变为平地。老虎和龙见到它就逃。你可能很强大，但是当你遇到这耙子，我就会看到你的血！"

妖怪也有武器，那是七星剑。他举起剑跑向猪，他们两个战斗了很长时间。猪快要打赢这场战斗了，但后来有三十个小魔鬼来帮助妖怪。猪不能和所有的人战斗。他倒在地上，魔鬼抓住了他的

---

[1] Mount Tai is a huge mountain, a metaphor for anything unfathomably heavy, either physically or philosophically.

手臂和腿，然后他们把他抬回了莲花洞。

第 33 章

银角大喊，"哥哥，看看我们有了什么！我们抓到了唐僧！"

年长的妖怪，金角大王看着猪。他说，"弟弟，这不是唐僧。这只是一只大猪。他是没有用的。"

"是的，我没有用！"猪说。"你应该让我走。"

"不，"年轻的妖怪说。"他是和唐僧一起的。我们应该留住他。把他放在山洞后面的水池中。把他在水中放几天，然后去掉他的皮，把他放在太阳下让他变干。以后，我们可以把他和酒一起当中饭吃。"

"好的，"金角说。然后他告诉他的小魔鬼把猪捆起来，扔进水里。

这个时候，因为猪没有回来，唐僧变得很担心。他说，"这个地方很危险。这里人很少，不像是一个村庄或一座小城。我们要在哪里见到他？"

"别担心，师父。"孙悟空回答。"只要让你的马走得快一点，我们就会跟上他。"

唐僧骑上马，开始很快地走下山路。但是他不知道，金角在几里外看着他。"唐僧来了！"金角对他的小魔鬼说，他用手指指向和尚。唐僧的身体马上发抖，但他不知道为什么。银角向同一个方向看，指着唐僧，说，"是他吗？"唐僧再一次发抖。

"我为什么会抖成这样？"他问其他人。

"我觉得你是不舒服，"沙悟净说，"这就是为什么你感到冷，发抖。"

"我想你只是害怕，"孙悟空说。"让我给你看一些东西，能让你感觉好一点。"他拿出金箍棒，开始练习。他上下挥动着棒，然后左右，然后打圈。他向前推棒，向后拉棒。他表演得很美很强大。

孙悟空做这些练习是因为他不想让唐僧那么害怕。但是当银角看到孙悟空用金箍棒练习时，他变得非常非常害怕。"看看那只猴子和他的棒，"他对那些小魔鬼说。"他太强大，可以打赢我们一万人。我们只有几百名战士。我们不能和这只猴子战斗！"

小魔鬼回答，"如果我们打不赢猴子，我们是不是应该把那只猪放了？"

"不，"银角说，"我们必须用不同的办法。所有人，回到山洞。我会自己抓住唐僧。"

小魔鬼都回到了莲花洞。妖怪变成了一位老道人。现在他有一头白发，一件蓝色丝绸长衣和黄色鞋子。他的腿上都是血，他在山路边的一块大石头后面的地上休息。他哭着说，"救救我！救救我！"

唐僧骑着马，和孙悟空、沙悟净一起来到这里。他听到道人在哭。他说，"谁在这里？"

道人从大石头后面爬出来，爬到山路上。他一次又一次地磕头。唐僧下马，抓住道人的手臂，说，"请爷爷起来！"然后唐僧看到了和尚腿上的血。他问，"你怎么了？为什么你的腿上有伤？"

"昨天晚上，我和我的徒弟在回家的路上，在山路上遇到一只大老虎。老虎抓了我的徒弟，把他拖走了。我用全力逃走，但是我倒在石头上，伤了我的腿。谢谢你，大师，今天帮助了我！"

唐僧说，"我们当然会帮助你。悟空，把这个人放在你的背上，背着他。我们要把他带回到他的寺庙。"

孙悟空抱起道人，开始背着他。但是他轻声说，"我知道你不是道人。你是个妖怪。唐僧相信你说的话是真的，但我活了很久，我一点也不相信你。我想你想要杀死我的师父，然后吃了他。但是，如果你这样做，你应该分一半给我！"

"我不是妖怪！"妖怪说。"我是一个可怜的道人，今天在路上遇到了一只老虎。"

孙悟空回答，"我的师父是个好人，但他有的时候也很笨。他相信他的眼睛看到的。他看不到你里面的东西。但是我看到了你里面的东西，我知道你是什么。你不是道人。"

猴子背了道人几里路，但后来他开始越走越慢了。不久，唐僧和沙悟净就远远地走在他们的前面。当孙悟空看不到唐僧和沙时，他决定杀死道人。但是道人知道孙悟空想做什么。

在孙悟空杀死他之前，他飞上了天空，用手做了一个魔法。把须弥山[1]抬起，向孙悟空的头上掉下。孙悟空的头向右让了一下，山掉在他的左肩上。他笑着说，"这是什么魔法？我觉得两边不一样。"妖怪又做了一个魔法，把峨眉山[2]抬起，掉到孙悟空的右肩上。"谢谢，"孙悟空说。"我现在感觉好多了。"他背着两座

---

[1] Mt. Meru, also known as Mt. Sumeru, is known in Buddhism as the central axis of the universe, reaching up into heaven.
[2] Mt. Emei is one of the four sacred Buddhist mountains. It is believed that Buddha arrived from India and his teachings spread from this mountain throughout China.

大山，开始跑向唐僧和沙僧。

妖怪看到了这个，对自己说，"这只猴子很强大。但是我更强大！"然后，妖怪又做了一个魔法，把中国最大的泰山抬起，掉在孙悟空的头上。对孙悟空来说，这太厉害了。他倒在地上。血从他的耳朵，眼睛，鼻子和嘴里流出。

妖怪离开了被关在三座山下面的孙悟空，跟上了唐僧和沙僧。沙悟净想要战斗，但妖怪太强大了。妖怪抓起了唐僧、沙、马和行李，然后把他们都带回莲花洞。

但是当他来到山洞时，他的哥哥不高兴。"孙悟空在哪里？"他问。"如果我们吃了那个和尚和其他两个徒弟，那只猴子会很生气。他会来这里，他会给我们带来很大的麻烦。"

"别担心，哥哥。猴子在三座大山下面。三座山中的一座是泰山。他动不了。"

"好，那很好。但是，为了安全，把他抓到这里来。"然后年长的妖怪告诉他的两个魔鬼去抓孙悟空。"拿着我的两件宝贝，"他说。"拿着紫金葫芦和玉花瓶，去找孙悟空。找到他后，叫他的名字。当他回答时，打开葫芦。猴子会被吸进葫芦里。关紧葫芦，把他带回这里。"

孙悟空在三座山的下面。他伤得很厉害，他不开心，因为他不能帮助唐僧和他的朋友。他大声的哭着。山神、土地神和金头侍卫听到了他的哭声。金头侍卫对其他两个人说，"啊，这很不好。你们知道谁在你们的山下面吗？是孙悟空，那个齐天大圣。五百年前，他在天宫找了大麻烦。现在他是唐僧的徒弟。你们同意妖怪把他关在三座山下面。

当他逃出来的时候，他会非常生气，他可能会杀死你们两个。"

"我们不知道！"山神和土地神都哭了。"我们只是做了我们的工作。我们听到有人在说搬山的魔语，所以我们把它们搬了起来。就是这样的。我们不知道山会掉在齐天大圣的身上。"

现在山神和土地神都非常害怕。他们走到三座山上，大声喊道，"大圣！山神，土地神和金头侍卫都来帮助你。我们请求你让我们把山搬走，这样你才能出来。非常对不起。请原谅我们！"

孙悟空回答，"搬山就行。我不会伤害你们的。"山神和土地神说了魔语，三座山抬起，回到了它们本来的地方。孙悟空跳了起来。他抬脸向天空，大声说，"天哪！从我在花果山上出生到现在，我一生都在找一位老师来帮助我学习长生不老的秘密。我可以杀死老虎，我可以和龙战斗，我可以在天宫里找麻烦，我被叫做齐天大圣。但是我以前从来没有见过这样的事情。我不能像这个妖怪那样搬动三座山。这个妖怪跟山神和土地神说话时，就好像他们是苦力一样！天哪，如果你生下了老猴子，为什么还要生下这些妖怪呢？[1]"

孙悟空等着，但没有听到从天宫来的回答。但很远的地方，他看到了两道光。他问山神那些光是什么。山神回答说，"它们是金角和银角这两个妖怪的宝贝。"

"很好！"孙悟空说。"我想我会去他们的山洞里见他们。告诉我，他们喜欢什么样的客人？"

"他们喜欢和道人们坐在一起喝茶。"山神回答。山神和土地神离开了。孙悟空变成一个老道人。现在，他穿着一件旧长衣，手

---

[1] This is a parody of the dying words of General Zhou Yu at the end of the Battle of Red Cliff in the classic novel *Romance of the Three Kingdoms*. His adversary was the strategist Zhuge Liang. As he died, Zhou cried out, "O Heaven, you let Zhou Yu be born, why did you let Zhuge Liang be born also?"

里拿着一只木鱼[1]。他坐在山路的一边等着。

不久，来抓孙悟空的两个魔鬼到了。他们看到了老道人。他们的师父喜欢见道人，所以两个魔鬼停下来，向老道人鞠躬问好。

"你们好，我的两个年轻朋友，"看起来像道人的猴子说。"我是蓬莱山的神仙。我来这里是为了帮助人们成为神仙。你们想成为神仙吗？"

当两个魔鬼听到这个时，他们变得非常的高兴。"当然！"他们两个说。

"好。告诉我你们是谁，你们今天在做什么。"

其中一个魔鬼回答说，"我们的主人是金角大王。他有强大的魔力。他的弟弟银角大王抬起三座大山，让它们掉在了老猴子孙悟空身上。现在，猴子被关在山的下面。我们的主人让我们把猴子放进这个葫芦里。"

"你会怎么做？"

"我会叫他的名字。当他回答时，我会打开葫芦。他会被吸进葫芦。然后，我会关紧葫芦，他会被关在里面。在一小时三刻钟时间里，他会变成液体。"

"非常好！"道人说。"我有和这个很像的东西。"孙悟空从头上拔下一根头发，说，"变！"头发变成了一个葫芦，看上去和两个魔鬼拿着的葫芦一样。他对魔鬼说，"你们喜欢吗？"

"那，不错，但是它没有任何魔力。我们的葫芦有强大的魔力。

---

[1] A wooden fish is used as a sort of drum, played during recitation of Daoist scriptures.

我们可以把一千个人放进去。"

"那很有意思。但是我的葫芦比你的葫芦还要强大。我可以把天宫放在里面!有的时候天宫让我生气。当这种情况发生时,我会把天宫在葫芦里放一会儿,然后再让它出去。"

其中一位魔鬼笑着说,"那真的是非常强大的魔法!如果你说的是真的,我们想和你换葫芦。但是你必须先让我们看看你葫芦的魔力。"

"好吧,"道人说,"但是在我们换的时候,你还必须给我玉花瓶。"魔鬼同意了,因为他们想成为神仙。"等一下,"他说。然后他很快飞到天宫,去了玉皇大帝的宫殿。"大帝,我正和唐僧一起去西方找圣书。一些强大的妖怪阻止了我们的去路。我需要他们的魔葫芦。要做到这一点,我必须让他们看我可以把天宫放进我自己的葫芦里。所以,我需要用天宫半小时左右的时间。如果你不做,我会在天宫里开战!"

玉皇大帝生气了,正要说不。但三王子哪吒对他说,"陛下,我知道这只猴子很麻烦,在天宫里找了很多麻烦。但是他是唐僧的徒弟,我们必须帮助那个和尚。我有个主意。我们可以用黑色大旗遮住天宫。地球上的人们就看不到太阳、月亮和星星。他们会认为猴子真的把天宫放在他的葫芦中。"

玉皇大帝点点头,转向孙悟空。"好吧。我们就这样做,不是帮助你,是帮助唐僧。"

孙悟空飞回到地球上,变回道人。他对两个魔鬼说,"好吧。来吧。看这个。"然后他把葫芦扔了上去。哪吒王子看到了这个,就用黑色的旗子遮住了天宫。太阳、月亮和星星都不见了。天空变成黑色,黑暗遮住了大地。

魔鬼吓坏了。"停下来，停下来！"他们哭了。道人说了一些魔语。哪吒听到了。他卷起黑色的旗子，太阳再次出现在天空中。两个魔鬼在发抖。他们把他们的葫芦和玉花瓶给了道人。道人把他的葫芦给了魔鬼，马上离开了。这两个魔鬼想要用葫芦，但是它当然没有任何魔法，因为它只是一只普通的葫芦。孙悟空在天上的云上看着笑着。然后他把葫芦变回了头发，把头发放回到头上。现在，魔鬼什么都没有 – 没有葫芦，没有花瓶，也没有孙悟空。

第 34 章

他们回到山洞，告诉金角大王和银角大王发生了什么事。这两个妖怪对道人很生气，但他们不知道那个道人其实是孙悟空。金角对他的弟弟说，"我们需要用一个不同的办法来抓住这只猴子。让我们用另外三件宝贝。我有七星剑，我还有芭蕉扇。另一件宝贝是黄金绳。我们母亲有那宝贝。让我们请她带着那绳子来我们的山洞见我们。我们可以用这三件宝贝去抓猴子。"

妖怪又叫了另外两个小魔鬼。他们告诉魔鬼们去他们母亲的家，请她来山洞。但是孙悟空变成了一只小飞虫，听到了他们说的每句话。他跟着两个小魔鬼走了两、三里路。然后他飞到他们前面，变成了一个穿着老虎皮的小魔鬼。他跑向两个魔鬼，说，"嘿，你们！等等我！"

"你是谁？"一个小魔鬼问。"我们以前从来没有见过你。"

"我也为金角大王和银角大王工作。他们想让他们的母亲马上去见他们。他们觉得你们两个走得太慢。所以，他们让我来看看你们走得快不快。现在开始跑！"两个魔鬼相信了他。所以他们三个跑下山路。当他们走近妖怪母亲的家时，孙悟空变回了自己本来的样子，拿出金箍棒，打在两魔鬼的头上，杀死了他们。然后他把自己变成一个魔鬼，用他的一根头发变成另一个魔鬼。然后他们两个走到妖怪母亲的家。

魔鬼打了门。当妖怪的母亲来到门口时，他向她鞠躬。他说，"我从莲花洞来。你的两个儿子告诉我来这里。他们想让你到他们的山洞里吃唐僧的肉。他们还要你带上黄金绳，因为他们需要用它去抓猴子孙悟空。"

妖怪的母亲听到这个很高兴。她出来，坐在她的轿子上。两个孙悟空变的魔鬼抬起轿子，在山路上抬了几里路。然后，当他们离房子很远的时候，孙悟空用他的金箍棒打了妖怪母亲的头。妖怪的母亲马上死了。她死后，她的身体变成了一只九尾狐，这是她的真样子。孙悟空拿了黄金绳，放进袖子里。现在他有五件宝贝中的三件宝贝。

他变了他的样子，现在他看起来像妖怪的母亲。他从头上拔下另一根头发，把它变成另一个小魔鬼。然后，两个小魔鬼把母亲抱上轿子，但他们三个当然都是孙悟空！

出来，慢慢地走进了山洞。她面向南坐下[1]。金角大王和银角大王向她磕头，说，"妈妈，你的孩子向你鞠躬。"

"我的儿子们，请起来，"母亲说。

现在，请记住，猪八戒，还有沙悟净和唐僧也在山洞里。猪被捆起来，坐在水池里。当母亲转过身来时，猪看到她有猴子的尾巴。

猪大声笑。"是孙悟空！"他对沙悟净说。

---

[1] The south-facing seat is the place of honor in a Chinese home.

"安静点，"沙说。"让我们看看老猴子会做什么。"

老母亲说，"亲爱的儿子，你们为什么要我今天来这里？"

金角回答说，"亲爱的妈妈，我们请你过来和我们一起吃唐僧的肉。我们把他做成晚饭吃。"

"那个，我不是真的很想吃和尚。但是我真的很想试试猪肉。让我们吃那里那头大猪。我们可以从他的耳朵开始，我听说它们非常好吃。"

当猪听到这个，他喊道，"所以，你来这里吃我的耳朵，是吗？我应该告诉这些妖怪你是谁！"

两个妖怪都听到了。他们看着猪，然后他们对看了一下，然后看着他们的母亲。他们俩都跳了起来。但是就在这时，一个小魔鬼跑进山洞，说，"大事不好，大事不好！孙悟空杀死了你们的母亲，变了她的样子，这样他看起来像她一样。他就在那里！"银角马上拿起七星剑，准备和孙悟空战斗。但是金角抬起手阻止了他。"你打不赢这场战斗，弟弟。他很强大。让他走。让其他人也离开。"

银角说，"什么？你怕他们吗？我不害怕。让我们这样做：我和这只猴子打三个来回。如果我赢了，我们在晚饭上吃了唐僧，明天再吃其他的人。如果我输了，我们会让他们全部离开。怎么样？"金角同意了，银角穿上了盔甲，准备战斗。孙悟空变回到本来的样子，笑着等他。

"老猴子！"银角向孙悟空大喊。"把我们的母亲和我们的宝贝还给我们。我会让你和其他人走。你们可以去西方，我们不会再给你们找麻烦。"当然，他知道孙悟空不会喜欢这些话。

孙悟空只是笑他。"你这个笨妖怪，老猴子不会让你这么容易离开。把我的师父、我的朋友、白马和我们的行李还给我。另外，给我们一些路上用的钱。如果我从你那里听到半个'不'字，那就是你生命结束的时候。你只需要用黄金绳把自己吊起来就可以了，不用麻烦我杀死你了。"

银角和孙悟空都跳到云上，开始战斗。这是孙悟空一生中最大的一场战斗。就像两只老虎在山上战斗，两条龙在海上战斗。他们用了一千种不同的战斗方法。一个用金箍棒，另一个用七星剑。他们战斗了一天一夜。他们打了三十个来回，但没有人能赢。

最后，孙悟空拿出黄金绳，扔向银角，捆住他。但是银角知道松绳法。他说了几句话，绳子从他身上掉了下来。然后银角抓住了绳子，把它扔到了孙悟空身上。孙悟空想用松绳法，但银角更快，他用了紧绳法。绳子紧紧捆住了孙悟空。猴子不能动。妖怪从孙悟空的袖子里拿出葫芦和花瓶。然后他把猴子带回山洞。

当他们回到山洞时，银角告诉一些小魔鬼把孙悟空捆在柱子上。然后他走进另一个房间里去喝酒，和他的哥哥说话。妖怪一走，孙悟空摇了摇头。他的金箍棒从他的耳朵里掉了出来，掉到了他的手中。他在上面吹了一下，棒变成了钻石刀。他用刀砍了黄金绳。然后他从头上拔下一根头发，吹了一下，然后变成了另一只像他一样的猴子。他用黄金绳捆住了第二只猴子。然后他把自己变成小魔鬼的样子。

猪八戒还在水池中。他看到了这一切。他向妖怪大声喊道，"不好了，不好了！被捆住的猴子不是真的猴子。真的猴子跑了！"

"他在喊什么？"金角拿着一杯酒问。

"那只胖猪只是想要找麻烦，"孙悟空变的小魔鬼说。"他想让猴子试着逃走，但猴子不会这样做。这就是为什么那只猪要喊。但是我们必须小心。猴子可能会逃走。让我们用更粗的绳子把他捆在柱子上。"

"你说得对，"妖怪说。他脱下重重的腰带，把它给了小魔鬼。"用这个。"

小魔鬼用腰带捆住猴子。然后他很快在他的一根头发上吹了一口气，做了第二根黄金绳，把它捆在猴子身上，然后把真的黄金绳放入袖子里。金角已经喝了很多酒，所以他没有看到这个。

还是小魔鬼样子的真的孙悟空从山洞里跑了出来。他变回到他猴子的样子，喊道，"嘿，在那里的你！我是孙行者[1]的兄弟者行孙。我是来这里给你找麻烦的！"

银角来到门口说，"我抓了你的兄弟。他被捆在我的山洞里。我想你想要和我打，但我不会和你打。我叫你的名字。你是不是不敢回答我？"

"可以叫我的名字一千遍，我不怕回答，"孙悟空回答。但是他很害怕。他知道，如果他说出真名，他就会被关在魔葫芦中。但是他不知道，如果用"者行孙"不用他的真名，会发生什么。

妖怪喊道，"者行孙！"孙悟空回答，"我是者行孙！"他马上被拖进了葫芦。妖怪关了葫芦，孙悟空被关在里面。他想出去，但是他没有办法动。这是一个魔葫芦。被关在里面的任何人都会在一小时三刻钟里变成液体。孙悟空的身体像钻石一样硬，所以他没有变成液体。但是他还被关在里面。

这两个妖怪非常高兴，因为他们抓住了者行孙。"让我们等几个小时。"其中一个说，"然后我们摇动葫芦。如果我们感觉到液

---

[1] Sun Wukong is sometimes called 孙行者(sūn xíng zhě, Pilgrim Sun). Here he says his name backwards, giving us 者行孙 (zhě xíng sūn, Sun Grimpil).

体在里面动,我们就知道猴子已经死了。"

孙悟空在想。他需要让妖怪们以为自己已经死了,变成了液体。他能做什么?他可以尿很多尿,但是那会很难闻,会脏他的衣服。他决定吐口水。所以他开始一次又一次地吐口水,他吐了半葫芦口水。然后他喊道,"啊,不!我的腿变成了液体。我的手臂变成了液体。我的肚子变成了液体。我担心我的头很快就会变成液体!"然后他变成了一只小飞虫,停在了葫芦口。

第 35 章

金角打开了葫芦。孙悟空马上飞出葫芦,留下了一滩口水。然后他从飞虫变成了小魔鬼。他站在那里看着两个妖怪,他们大笑着喝着酒,他们以为他们已经杀死了者行孙。在他们没有注意的时候,孙悟空把魔葫芦放进袖子,然后把第二个没有魔法的葫芦放在魔葫芦的地方。在妖怪们继续笑着喝酒的时候,孙悟空走出了山洞。

孙悟空在山洞外休息了一会儿。然后他回去打门。"开门。是我,孙行者!"

"这是什么?"金角对他弟弟说。"我们已经把者行孙放进了葫芦。孙行者一定是他的兄弟。那里有几个孙?"

银角回答说,"不用担心,我们的葫芦里可以放一千个人。我们可以把这个孙行者放在他兄弟的旁边。他们都会变成液体。"然后他走出山洞去见孙悟空。他拿着葫芦,但那当然不是魔葫芦,是孙悟空变的葫芦。他对猴子说,"你是谁,为什么在这里找麻烦?"

"我是<u>孙悟空</u>，<u>齐天大圣</u>。我五百年前出生在<u>花果山</u>。我在天宫里找了麻烦，被关在山下很久。我找到了一位老师，现在我们去西方找佛书。现在我们和这座山上的妖怪有些麻烦。我们不想和你们打。让我们继续我们的旅途。我们会离开你们，不会找任何的麻烦。"

"是的，我们不应该战斗。我叫你的名字。回答我，然后你可以离开。"

"好的。但是，然后我叫你的名字，你必须回答我。"

"没问题，"妖怪说。然后他大喊，"<u>孙行者</u>！"

"是，我是<u>孙行者</u>，"<u>孙悟空</u>回答。妖怪打开了葫芦，但当然是什么也没发生。妖怪看着葫芦，然后看着<u>孙悟空</u>。<u>孙悟空</u>说，"现在我叫你。<u>银角</u>大王！"他大喊着。

"是，我是<u>银角</u>大王！"妖怪回答。他马上被吸入了<u>孙悟空</u>袖子里的葫芦。<u>孙悟空</u>笑了，摇了摇葫芦。他能感觉到里面的液体，他知道<u>银角</u>已经死了。他走到山洞的门口，拿着葫芦摇着它。"<u>金角</u>大王！"他向山洞里大喊。"你弟弟在我的手里，他已经变成了液体。很快你也会在我的手里！"

当<u>金角</u>听说他的兄弟死了，他哭了起来。<u>猪八戒</u>听到了这个，说，"妖怪，别哭了。老猪会告诉你一些事情。<u>孙行者</u>和<u>者行孙</u>和<u>孙悟空</u>都是同一个人。他偷了你的宝贝，杀死了你的兄弟。现在不要哭了，为我们准备一顿好吃的素食晚饭。我们吃晚饭，然后我们不会再找你的麻烦。"

"把那头猪做成晚饭！"<u>金角</u>喊道。"我先吃了他，然后等我的肚子饱了，我会和这个<u>孙悟空</u>战斗。"然后他说，"不，等等，先不要把猪做成晚饭。我必须先和这只猴子打。"然后他转向一个小魔鬼，说道，"快告诉我，我们现在有多少宝贝在山洞里？"

"三件宝贝。"

"哪三件？"

"七星剑，芭蕉扇和玉花瓶。"

"我现在不需要花瓶。把剑和扇子拿给我。"魔鬼把这两件宝贝拿给了金角。他把扇子放在袖子里，手里拿着剑。然后他走出山洞，经过孙悟空。他走进一个空地。他叫了那个地方的每个魔鬼。三百个魔鬼来了，他们都拿着武器。金角转身面对孙悟空，妖怪的后面有三百个魔鬼。你问，他看起来怎么样？

  妖怪身穿红色长斗篷，像火一样
  在他的身后，魔鬼举起了红色的长旗
  他张大眼睛，闪电从眼里发出
  他手里拿着七星剑
  他行动快得像天上的云
  他的声音像雷声，摇动大山
  他是一个强大的战士，准备和天宫战斗
  他带着许多魔鬼，准备和老猴子战斗

"你这只难看的猢狲！"他喊道."你杀了我的弟弟和我亲爱的母亲。现在你必须死。"

"妖怪，你才是找死的人。你是说妖怪的生命比我师父和我朋友的生命更金贵吗？你以为我可以和你一起把他们当晚饭吃吗？现在把他们给我。另外，给我一些路上用的钱。那样，我可能会让你活下去。"

金角没有回答。他只是想用这把剑打孙悟空的头。战斗开始了。

他们从白天战斗到晚上。天黑了。龙躲在他们的山洞里，老虎躲在森林里。一个用他的剑，另一个用他的棒，战斗了好几个小时。

金角越来越累，所以他叫来了他的三百个魔鬼。魔鬼和孙悟空四面战斗。孙悟空用他的棒，但是魔鬼太多了。他很快从左手臂上拔了一百根毛发，大喊，"变！"每一根毛发都变成了另一个孙悟空。长毛发变成了拿着金箍棒的大猴子。中长毛发变成了有着强硬拳头的中猴子。短毛发变成了小猴子，他们抓着魔鬼的腿。

魔鬼开始输了战斗。他们逃走了，大喊，"我们打不过这些猴子！"现在，金角一个人在和所有的猴子战斗。他从袖子里拿出芭蕉扇，向孙悟空和一大群猴子挥去。他四周的地上都起了火。那是一场魔火，非常热，没有烟。所有的动物都逃走了，所有的鸟都因为害怕飞走了。火太热了，河流变干了，大地变红了。

火太热了，烧掉了孙悟空手臂上的毛发。火烧毛发的时候，火也烧着所有的猴子。现在，只有孙悟空和金角两个人站在空地上。孙悟空跳起来，飞回山洞。但是当他到了那里时，他看到还有一百个小魔鬼站在洞外。孙悟空现在很生气，他用他的金箍棒杀死了每一个小魔鬼。

在山洞里，他看到了红光。"不好！"他说，"山洞也烧起来了！"但它没有烧起来。他只是看到玉花瓶的光。他很快把花瓶放在袖子里。就在这时，金角跑进山洞，再次想用他的七星剑杀死孙悟空。他们两个在山洞里战斗。但是这次猴子对妖怪来说太强大了。金角逃跑了。

孙悟空转身看到唐僧和他的朋友们被捆在山洞里。他松开了他们。"徒弟，你一直在很努力地做事！"唐僧说。

"是的，我的腿很累，"他回答。"我比送信人走的路还要多，我一点儿也没有休息。但是，所有的事情都很好。一个妖怪被关在葫芦里，变成了液体。另一个妖怪已经逃走了。而且几乎所有的小魔鬼都死了。这是很长的一天。让我们吃晚饭吧！"他们看了看山洞里面，找到一些米饭，面条和蔬菜。他们做了一顿不错的素食晚饭，然后坐下来吃晚饭，还喝了一点酒。唐僧当然不喝任何酒，他只喝水。结束后，他们在山洞后面找到了几张床，然后就睡觉了。

现在你可能以为这是故事的结束，但还没有。金角还是很生气。所以他飞到了压龙山，遇到了几百个女魔鬼。他告诉她们，孙悟空杀死了他的兄弟和母亲。当女魔鬼听到这话时，她们非常生气，想要报仇。

然后他的舅舅到了，他的名字叫狐阿七大王。舅舅听说了他姐姐的死。所以他带来了两百多个小魔鬼。现在他们一起有一支很大的魔鬼军队，他们都想找孙悟空报仇。

早上两个妖怪和几百个小魔鬼来到了山洞。孙悟空、猪八戒和沙悟净在等他们。但是孙悟空变成了一个小魔鬼。他喊道，"金角大王！金角大王！"金角以为魔鬼需要他的帮助，所以他回答了。他一回答，孙悟空就打开了魔葫芦，把妖怪吸了进去。但是就在妖怪进葫芦之前，孙悟空抓住了妖怪的七星剑。

还发生了另外一些战斗，但都很快结束了。狐阿七大王被杀死，变成了一只像他姐姐一样的九尾狐。所有的小魔鬼都逃走了。

现在，所有的战斗终于都结束了。孙悟空对唐僧说，"师父，现在这座山安全了。妖怪被杀死。魔鬼都逃走了。我们有了所有的五件宝贝。"唐僧听了很高兴。他们吃了一顿很好的早饭，然后所有人又开始向西走。

当他们走路的时候，一个老年瞎子走到他们身边。他抓住唐僧的马，说道，"还我的宝贝！"

"啊，不要再有妖怪了！"猪八戒说。但是孙悟空认真地看了那个瞎子，认出他是太上老君。他向太上老君深深地鞠躬。

太上老君说，"我的孩子，你有五件宝贝。它们是我的。我用葫芦放魔药。我用玉花瓶放水。我用七星剑和魔鬼战斗。我用扇子扇火。黄金绳是我长衣的带子。另外，我必须告诉你，你杀死的两个妖怪其实是两个年轻道人。一个看护我的金火盆，另一个看护我的银火盆。观音要我把这两个年轻人给她一段时间。她想看看你是不是真的想要继续你的西游。"

孙悟空心想，"观音说她会帮助我们。但看起来她对给我们找麻烦更有兴趣！"但是他没有对太上老君这么说。他只是说，"先生，我很高兴把你的五件宝贝还给你。"

太上老君从孙悟空那里拿走了五件宝贝。他打开葫芦，把它倒过来，液体从葫芦里流到地上。当他们都看着时，液体变成了两个年轻人。他们站起来，一个站在太上老君的右边，另一个站在他的左边。一束金色的光从天宫中下来。太上老君和两个年轻人飞上金光，进到天宫里不见了。

唐僧、孙悟空、猪八戒和沙悟净看着他们飞上天。然后，背对着早上的阳光，他们又开始向西走去。

鬼王

第 36 章

我亲爱的孩子，今晚我要告诉你关于孙悟空的另一个故事。我们的故事从和尚唐僧骑着马西行往印度开始。他的三个徒弟和他在一起。沙悟净带着马，猪八戒拿着行李。孙悟空走在前面，肩上放着他的铁棒，注意着四个方向有没有麻烦。

"徒弟们，"唐僧说，"为什么去西天这么难？我们看到春天来来去去已经有四、五次了。每次，春天变成夏天，然后是秋天，然后是冬天，然后又是春天。但是我们还走在路上。我们什么时候才能结束？"

孙悟空回答，"别担心，师父，路很长。我们才刚刚开始。要这样看：我们还在家里。天地的所有只是我们家中的一间房间。蓝天是我们的房顶，太阳和月亮是我们的窗，山是我们房子的柱子。我们还没有离开家。但不要担心，只要跟着我！"

他们来到一座高山。孙悟空很快走上山路，其他人紧跟在他的后面。他们听到狼的声音，唐僧变得很害怕。孙悟空看到这笑了。"别害怕，师父，继续往前走。当我们完成了上天要我们做的所有事情时，我们就结束了。"

他们一直走到晚上。他们可以看到天空中几千颗星星，月亮从东面起来。唐僧想找到一个过夜的地方。他看到了几栋房子。"徒弟们，我看到一个地方。可能是寺庙。我们可以停在那里休息。"

"等等，"孙悟空说。"让我先看看。"他跳到空中，飞向那些房子。他看到那真是一座佛庙。寺庙的四周是高高的红石墙，有一扇大金门。他看了墙里面，看到许多和尚。一些和尚正在教课。还有一些在弹奏音乐，做饭，烧香或只是在四周走来走去。他回来说，"师父，在我看来，这里没事。我们今晚可以住在这里。"

他们向金门走去。大门上面是一块字牌，上面都是土。孙悟空把字牌打扫干净，读道："宝林寺。"

"等在这里，"唐僧对孙悟空说。"你是一只丑猴子。如果你让那些和尚感到害怕，我们今天晚上就没有地方住了。"他下了马，把双手放在他面前，然后慢慢地走进大门。他的左边有一座金色的大狮子雕像，右边也有一座。他走过第二扇门，看到一座观音菩萨雕像。她在把食物给鱼和其他海里的生物。他想，"啊，看看这些都在念佛的生物。人们为什么不能这样做呢？"

当他在想这件事时，一个工人从第三扇门走过来见他，说，"师父来自哪里？"

唐僧回答说，"这个可怜的和尚来自唐王国。唐皇帝让他去西方找佛书，把书带回给唐皇帝。我们正在附近行走，看到了你们美丽的寺庙。时间已经晚了，所以我们请你给我们一个休息的地方。我们会在早上离开。"

工人回答说，"我不能说你今晚可以还是不可以留在这里。我只是一个可怜的工人。我去问问我的主人。"工人跑进寺庙，对老师父说，"先生，外面有个和尚。"

老师父看着外面。他看到唐僧穿着旧的脏衣服和脚上的旧草鞋。老师父生气了，对工人说，"那不是和尚，那只是一个要饭的。我不希望他把脏土带进我们美丽干净的寺庙。告诉他走开！"

唐僧听到了，他没有等那个工人。他直走进寺庙，对那位老师父说，"多么的伤心，多么的伤心。就像人们说的，'一个离开家的人很低下！'这个可怜的和尚很久以前就离开了家，成为一名和尚。我不知道我做了什么，让你对我说这些话。如果我告诉我的猴子徒弟你对我说的话，他会用他的铁棒给你上课，你不会再忘记了。"

那个和尚正坐在他的桌子前。他抬头看着唐僧说，"你是谁，你从哪里来？"

"这个可怜的和尚是被唐皇帝送去西天，去找佛书，把它们带回来。我正路过你美丽的地方。时间已经晚了，所以我想停在这里休息。我明天早上很早就要离开。请让我今晚留下来。"

老师父看着唐僧，说，"你是唐僧吗？"

"是。"

"我听说过你。但是，你不能留在这里。离这里往西五里左右的地方有一家不错的酒店。他们那里有卖吃的东西，还有床。现在走开。"

唐僧有点生气。他再次双手放在一起，说，"亲爱的先生，古人说，和尚可能会见任何方丈或到任何的寺庙，在那里取百分之三的食物。你为什么告诉我走开？"

老师父回答，"我不会让要饭的人进来的！很久以前，像你这样的可怜和尚来到这里。他们坐在大门前要吃的东西。我让他们进来，给他们素食。我还给了他们每个人新衣服，我请他们住几天。你知道吗，他们在这里住了八年，造了很多麻烦！"

现在唐僧真的很生气。他没有回答老师父，他只是走了出去。他告诉他的徒弟，老师父不让他们留下来。孙悟空说，"你知道古人怎么说的，'当人们为佛走到一起时，他们都是一家人。'这位老师父不是真佛徒。你们等在这里，我去看看是怎么回事。"

孙悟空走过第一扇门和第二扇门，直走到寺庙的门前。工人看见了他，害怕极了。他跑回寺庙，对那位老师父说，"圣父，外面还有一位和尚。他不像第一个。他有着大大的黄眼睛，尖尖的耳朵，毛脸和像雷神一样的鼻子。他手里拿着一根非常大的铁棒。我想他要用它打人！"

老和尚起身，走到外面去看看谁在那儿。他看了孙悟空一眼，转过身，跑回里面。他很快关上了寺庙的门。

对孙悟空来说，这不是什么问题。他只是用他的铁棒打门。然后他喊道，"快点！我想小睡一下。我现在需要一千个房间！"

老师父在发抖。他对着大门向孙悟空大喊，"哥哥，对不起，但我们的寺庙只有三百个房间。我们没有任何房间给你。请去别的地方。"

孙悟空把铁棒打在地上。石头飞向天空。他对那位老师父说，"是你们该走的时候了。你们所有的人。现在。"

"但是，先生，这里有五百名和尚。我们从年轻时就住在这里。我们没有其他地方可以去。"

"好啊。那出来，我会用铁棒打你们。"

老师父和工人不知道孙悟空想打谁。他们开始争论谁应该出去被他打。他们争论时，孙悟空看了四周。他看到一只大石狮子。他拿起铁棒，用它打在狮子身上，把它变成一堆石头。这让老师父更加害怕。"好吧，好吧！"他哭着说。"你今晚可以留在这里。"

"好。叫所有的和尚。告诉他们都来这里欢迎唐僧。"老师父告诉工人去这样做。孙悟空叫唐僧和其他人，让他们进来。

很快，五百名和尚站在大殿里。他们都向唐僧叩头。猪八戒觉得这很好玩。他对唐僧说，"师父，当你走进寺庙以后，你是哭着出来。但是，当老猴子走进去以后，他出来时有五百名和尚向他叩头。这是为什么？"

"你这个笨人，"唐僧回答。"古人说，'鬼也会怕恶人。'"他转向叩头的和尚们说，"我的朋友们，请起来。"他对那位老师父说，"谢谢你欢迎我们来你的家。真的，我们都是跟着佛的兄弟。"

老师父回答，"请原谅我们没有认出你是大唐僧。我们很高兴见到你。告诉我，你晚饭要吃肉还是吃蔬菜？"唐僧告诉他，他们都是和尚，只吃素食生活。所以，老师父告诉和尚去厨房为客人准备晚饭。

他们都非常开心地吃了一顿好吃的素食晚饭，然后他们上床，准备休息过夜。五百名和尚都跟着他们。唐僧看着他们，说，"请回到你们自己的房间！我们今晚不再需要你们的帮助了。"

和尚们离开后,唐僧走到外面,抬头看向天空。天上有个明亮的大月亮。他对其他人说,

"看那天空中的明月
她的光亮照亮世界的每个地方
它照亮了大大的寺庙和小小的房子
一万里变得明亮非常
她是绿色天空中的一只冰轮
是蓝色大海上的一个雪球
一位老行人睡在酒店中
一位老人睡在他山里的家中
月亮进来把黑发变灰
把灰发变白
她像白雪一样照亮了每扇窗
今晚来这里见我们。"

他说,"我的朋友们,一天的旅途让你们都感到很累了。去睡觉吧。我要在这里,静想佛教。"

孙悟空问他,"师父,你从小就学佛。你为什么现在需要再次学习它们?"

"从我们离开长安后,我们白天和黑夜都在旅途上。我担心我会忘记我年轻时学的东西。"孙悟空点点头,他去睡了。唐僧在外面的明月下停留了很长时间。

第 37 章

最后，在三更的时候，唐僧上床睡觉了。他累了，很快就睡着了。他开始做梦。在他的梦中，他听到了奇怪的强大的风声。他听着风声。它好像在叫他。"师父！"风说。唐僧看到一个男人站在那儿，身上都是水，就像他在大雨中一样。男人又说，"师父！"

在他的梦里，唐僧问，"你是谁？你是来这里找麻烦的鬼吗？我是一个好人，我是一个和尚。我和三个徒弟正在去西天的路上。他们都是伟大的战士。如果你找麻烦，他们会马上杀死你。现在，在你还能走开的时候走开，不要来到这座寺庙的门口。"

"我不是鬼，"那个男人说。"看着我！"唐僧认真地看了那个男人。他头上戴着一顶冲天帽。他穿着一条上面有飞龙红长衣，用一条绿带绑着。他的脚上穿着绣有白云的靴子。他的脸像泰山国王一样强大。唐僧可以看出这是一位伟大的国王。

唐僧深深地鞠了一躬，说道，"陛下，您在您的王国里有麻烦吗？坏大臣想拿走您的宝座吗？这就是为什么您在半夜里来到这寺庙吗？"

那人回答说，"不，我和坏大臣没有麻烦。我的王国在离这里往西四十里左右的地方。它叫黑公鸡王国。五年前，那里有一场可怕的干旱。人们没有水。他们没有办法让任何东西生长，许多人饿死了。"

唐僧说，"陛下，古人说，'王国正，天国笑。'如果没有食物，国王必须打开库房，把吃的东西给人们。但是您没有，而是一个人在这里，给这个可怜的和尚讲您的故事。您做了什么，让天国生您的气？"

"我是像你说的那样做了。我们打开了库房,送出了所有的食物。我们没有钱,所以我们停止了给大臣的钱。我也饿,和我们王国的人们感到一样的痛苦。我们白天和黑夜都向神祈祷。我们这样做了三年,但还是没有下雨。人们正在死去。然后有一天,一位道僧来到我们的王国。他叫来了风,风带来了雨。他把石头变成了金子。人们再一次有东西吃,有水喝。我很高兴,我把他看成是我的兄弟。"

"如果这位道僧可以在他想要的任何时候下雨,那么您的王国应该很有钱,很幸福。您今晚为什么在这里?"

"是的,我们的王国很有钱,很幸福。但是在春天里的一天,我和道僧一起在花园里走路。我们来到了八边井旁边。突然,那个僧人把我推入井中。然后,他用一块大平石盖住井。他用土盖在井上,他在井上种了一棵树!所以,我已经死了三年了。"

<u>唐僧</u>听了这话,然后他说,"陛下,您说您已经死了三年了。您的大臣不想您,不找您吗?"

"道僧把我推入井中后,他就变了他的样子,看起来长得和我一样。然后所有的东西都是他的了,我的王国,我的军队,我四百名大臣和我的许多妻子。这个人真的是<u>魔鬼</u>!"

"我的朋友,我认为您太胆小了。是的,道人当然有魔力。但是,在您死了以后,您可以把这件事告诉地狱里<u>阎罗</u>王。"

"我不能那样做。这个魔鬼是<u>阎罗</u>王大臣的好朋友。地狱里的十个国王是他的兄弟。他还和海龙王一起喝酒。我没有地方可以找到帮助。"

"如果您没有办法在黑暗的世界中得到帮助,您为什么要在光明的世界中来找我?"

"啊，大唐僧，我听说过你！你是一位大好人，你得到黑暗六神，光明六神和许多其他神的保护。刚才，一位黑暗六神用一阵奇怪的风把我带到这里。他告诉我，你有一个徒弟，猴王，他很强大。所以，我请你来我们的王国，抓住魔僧，让我再回到宝座上！"

"好吧，如果您让我的猴子徒弟和魔鬼战斗，抓住妖怪，那会让他非常高兴。但我怕这会是一个非常难的工作。"

"为什么？"

"您说这个魔鬼看起来和您长得一样。这意思是您王国中的每个人都认为魔鬼真的是您。如果我的猴子徒弟做一些伤害魔鬼的事，那么您王国的人会认为他伤害了真国王。他就会有很大的麻烦。"

"那可能是真的。但是我儿子，太子，还在宫殿里。他不知道我已经被杀死，魔鬼现在坐在宝座上，不是我。但是魔鬼不会让我的儿子和他的妈妈说话。他担心如果他们两个一起说话，他们会知道真相。"

"我怎么才能见到太子？我只是一个低级别的行僧。"

"我儿子明天要离开宫殿。他打算去打猎。他要带三千人马。可能你可以在打猎的路中见到他。"

"他为什么会相信我？"唐僧问。"多年来，他一直相信您还活着。他认为他每天都在和您说话。"

"用这个。"国王给唐僧看了一个白色的玉雕像。"魔鬼把我推入井中以后，他拿走了宫殿里的所有东西和王国里的所有东西。但是他没有找到这个玉雕像，因为当他把我推入井里时，它就在我的长衣里。给我的儿子看这个。"

"好吧，我会这样做的。请在这里等着。"

"不，我不能。我今晚还有一个工作要做。我必须去王后那里，在梦里和她说话。"鬼王离开了房间。唐僧想要跟着他，但唐僧倒在地上，头打在地上。就在这发生的时候，他从梦中醒来。

"徒弟，徒弟，快来！"他叫着。"我做了一个梦。我必须告诉你们！"

孙悟空走进房间。他说，"师父，你心里想的太多了。昨天你担心在这座山上遇到妖怪。然后，你担心到西天还有多远。然后，你想到了在长安的家。因为心里想的太多了，你就做梦。看我。我有一颗安静的心，我一点梦都不做。"

"不，这不是梦到了家，也不是可怕的梦。我遇到了一个鬼王。"然后，唐僧把这个梦告诉了他的三个徒弟。然后他看了房间四周，看到在地上的白玉雕像。他拿起它，给他的三个徒弟看。"这是国王在梦里给我的雕像！"

孙悟空笑着说，"看来这位鬼王想让我玩得开心。如果宝座上是个魔鬼，我的铁棒会解决他的！"然后猴子从头上拔了一根头发，吹了一下。它马上变成了一只红色小木盒。孙悟空把玉雕像放在盒子里。"师父，去大殿里坐。把盒子拿在手里。等我。我会把太子带来给你。他到来时，把盒子打开一点点。我会让自己变得只有两寸高，然后跳进盒子里。不要站起来，更不要看他。这会让他生气，他会让人把你抓去。"

"什么？"唐僧哭了。"那么会发生什么？"

"不用担心，我会在那里保护你。告诉他，你是去往西天的和尚，这当然是真的。告诉他，这个盒子里有一个宝贝。宝贝知道过去五百年，现在五百年和未来五百年的每件事。然后我会出来,告诉太子你梦里听到的所有事情。太子会相信我的。然后我可以去宫殿,杀死魔鬼。"

唐僧认为这是一个好的计划。第二天早上,孙悟空跳入空中,飞了四十里到城里。他看到它被黑雾盖着。"真的,如果真国王坐在宝座上,这座城市会是一片光明。但是现在一个魔鬼坐在宝座上,所以这座城市当然被黑雾盖着。"

当他看着这座城市时,东大门打开,三千人马走了出来。他们很快到了离寺庙二十里左右的稻田。面前是一个高大漂亮的年轻人,手里拿着蓝色的钢剑。孙悟空认出这是太子。"让我和他玩一玩,"他自己想着。

孙悟空变成一只小白兔。他跑在太子的马前。太子高兴地大喊,用箭射兔子。他没有看到在箭射向孙悟空的身体前,孙悟空就抓住了箭,所以兔子没有受伤。兔子向寺庙跑去。太子跟着。当兔子来到寺庙时,它跑了进去,变回了孙悟空的猴子样子。"师父,太子来了!"孙悟空大喊。

太子到了,他从马上跳下来,进了寺庙的大殿。不久,三千名骑着马的人也到了,他们中许多人也进了大殿。在大殿的另一头,五百名和尚进来,向太子叩头。太子看了四周。他在大殿里看到了美丽的画。然后他看见一个和尚坐在大殿中间。和尚没有起来,也没有向太子鞠躬。

太子很生气。"抓住他!"他叫着。太子的人要抓唐僧。但是,躲在盒子里的孙悟空用了一个魔语,好像一堵石墙一样保护着唐僧,所以这些人没有办法碰到他。太子说,"和尚,你是谁,用魔法来对我?"

唐僧回答说,"先生,我只是唐帝国的一个可怜的和尚。我正前往西天找佛书,把它们带给我的皇帝。但是我认识你。你没有尊敬你的爸爸。"

"什么？"太子叫着。"我当然很尊敬我的爸爸。我每天都见他，我照他说的去做。"

"伟大的太子，请看这个红盒子的里面。你会发现一个宝贝。这个宝贝可以看到过去的五百年，现在的五百年和未来的五百年。这个宝贝知道你没有尊敬你的爸爸。"然后唐僧打开盒子。孙悟空跳了出来，从两寸高长到他本来的身高。

太子对他说，"这位老和尚说，你知道过去、现在和未来。告诉我真话：我有没有尊敬我的爸爸？"

孙悟空回答说，"殿下，你是黑公鸡王国里国王的儿子。你可能还记得，你们的王国已经几年没有下雨了。人们没有水，也没有吃的东西。然后来了一位道僧。他带来了雨，人们又可以有东西吃了。那位僧人和你爸爸成为兄弟。"

"是的，我知道这个。怎么了？"

"我会告诉你，但这是一个秘密。别的人不能听这个。"所以太子让他的三千人离开大殿。唐僧让五百名和尚离开。现在只有他们三个在大殿里。

孙悟空继续说，"殿下，道僧真是一个魔鬼。三年前他杀了你爸爸。然后，他变成了你爸爸的样子，成为你们国土上的国王。他不能同一个时间在两个身体中，所以他告诉你，道僧已经回到他来的山上。但这不是真的。坐在宝座上的人不是你的爸爸。是那个魔鬼！"

"那不可能是真的，"太子说。"如果我们的国王是一个魔鬼，那对我们来说事情会是非常不好。但是最近几年，我们的王国一直很幸福。我们有很多雨，有很多食物，没有战争。你错了。道僧走了，我爸爸在宝座上，我们的王国一切都好。"

孙悟空转向唐僧说，"看，他不相信我。给他看看宝贝。"唐僧拿出玉雕像给太子看。

"小偷！小偷！"太子哭叫着。"你偷了这尊雕像，现在，当你在说关于我爸爸的谎话时，你想把它还给我。因为你做的事，我要让人把你抓起来杀了！"

唐僧变得非常害怕。他转向孙悟空说，"猴子，看看你造成的麻烦。做点什么！"

孙悟空说，"殿下，我叫孙悟空。我是唐僧的大徒弟。我们昨天在去往西方的路上。天晚了，所以我们在这座寺庙停下来过夜。晚上，我的师父在梦中见到了你的爸爸。你的爸爸告诉我的师父，那个道僧杀死了他，把他扔进井中。然后道僧把他的样子变成了看起来像你的爸爸。他得到了宝座，已经做了三年的国王。魔鬼害怕你妈妈看出他和你真爸爸的不同。所以，他不会让你见你的妈妈。他担心你们两个会谈这个问题，然后知道真相。"

太子不知道应该怎么想。他站在那儿，只是想着孙悟空的话。

孙悟空说，"殿下，我知道这里有很多事情要去想。但这都是真的。你可以自己找到真相。把你的三千人留在这里。安静地回到宫殿。走仆人走的后门，找到你的妈妈。跟她谈！"

第 38 章

太子照孙悟空告诉他的那样做。他告诉他的三千人在寺庙里等着。然后，他骑着他的马，很快回到了宫殿，经过仆人走的门进去，很快找到了他的妈妈。王后坐在花园里哭。她想起了前一天晚上一个重要的梦,但她只记得前半个梦。当她看到儿子到来时,向他跑去。"啊,我的儿子,很高兴见到你!已经有很多年了。"她看到他不开心,说,"你为什么不开心?你的生活很好。在未来的一日,你的爸爸会回到天上,你会坐在宝座上。你怎么能不开心呢?"

"妈妈,我必须问你一个问题。谁坐在宝座上?"

"我的儿子,你疯了吗?当然是你爸爸。"

"妈妈,我必须问你另一个更难的问题。在过去的几年中,你的丈夫和几年前有什么不同?"

"没有,他和以前一样。"

"妈妈,当你和他在床上时,所有都和以前一样吗?"

王后低头看着地上。她静静地说,"好吧,三年前,他都是爱和温暖。但是在过去的三年中,他一直像冰一样冷。我试着请他把他的爱给我,但他只是说他老了,不能再做这了。"

太子跳了起来,骑上马。他说,"妈妈,我必须走了。今天早些时候,我出去打猎,遇到了一位行僧和他的徒弟。他们告诉我,坐在宝座上的那个人不是我爸爸,而是一个魔鬼。我不相信他们,但现在我相信了!"

"我的儿子,你怎么能相信这些人的话?你今天才见到他们!"

"他们给了我这个。"他把那块白玉雕像拿给她。

王后看到雕像,开始哭了。她想起了下半个梦。她说,"我的儿子,昨晚我在梦中见到你爸爸。他身上都是水。他告诉我他已经死了,道僧把他扔下了井。他说有一个行僧可以帮助我们。我的儿子，你必须去那个僧人那里，马上得到他的帮助！"

太子骑着他的马，回到寺庙。他下马，走进大殿。他看到孙悟空和唐僧。他告诉他们所有发生的事情。孙悟空说，"啊，如果魔王在床上冰冷，他可能是那种冷血生物。不用担心，我会解决这个魔鬼的。我明天就做。现在，回到宫殿，等着我。"

"我现在不能回去。我带着三千人离开宫殿去打猎。我怎么能不带肉回去呢？"

孙悟空飞上天空，叫来土地神和山神。他告诉他们，他需要他们把几百只动物放在路边。土地神和山神做了让他们做的事。孙悟空回到寺庙，告诉太子，"殿下，你可以回去了。你会在路边发现很多动物。你可以把它们抓了带回宫殿。"

太子向孙悟空叩头。然后他走出寺庙，告诉士兵们，打猎已经结束，是回宫殿的时候了。当他们走在路上时，他们看到地上的动物，把它们都抓了起来。然后他们回到了宫殿。

那天晚上，孙悟空在他的床上休息。突然他跳起来，跑过去叫醒唐僧。"师父，醒醒！"

"怎么了，"唐僧问。

"我们有一个问题。当然，我们可以回到宫殿去抓住那个魔王，更可以杀死他。但是如果我们说魔鬼杀死了真国王，没有人会相信我们。我们必须回到那口井，找到真国王的尸体。"

"好主意。去找猪八戒帮你。"

孙悟空走到猪的床边。"醒醒！醒醒！"他在猪的耳边大喊。

"让我睡觉。"猪说。"我们明天还要走路。"

"今晚你必须帮助我。我明天要和魔王战斗。他很厉害。我必须找到他的宝贝,偷走它。我需要你帮助我偷那宝贝。"

猪对这不满意。他说,"好吧,但是我想要这宝贝。当我们在旅途上的时候,我可能会很饿。我可以卖掉这宝贝,得到一些吃的东西。"孙悟空同意了。所以猪从床上起来,跟着孙悟空。他们用孙悟空的筋斗云飞回到城市。然后他们走到宫殿,跳过高高的石墙。他们在花园里。他们来到国王死在那里的那口井。它上面长着一棵大树。

猪用耙子把树推倒。然后,他用他的鼻子把土推开,直到他来到一块盖着井的大平石头。孙悟空帮猪把平石推到一边。他们向井里看。他们看到井底下发出的光。

"看!"猪说,"我看到井底的宝贝了!但是,怎么才能到井底呢?我们没有绳子。"

"没问题,"孙悟空说。"把你的衣服给我。"然后,孙悟空把他的铁棒变成一根很长的木杆,杆的长短可以直到井底。他把猪的衣服绑在杆的一头,把猪绑在他的衣服上,把猪放到井下。

下,下,猪下去了。他的脚碰到了水。"停!"他叫道。但是孙悟空往下推着杆子,猪倒在水中。

"我认为宝贝在水底下,"孙悟空说。"游下去,看看你能不能找到它。"猪游了下去。他张开眼睛看了四周。他看到一个字牌,写着,"水晶宫。"猪觉得这很奇怪。井底怎么会有宫殿?他不知道井龙王住在这里。

井龙王听到猪来了。他从水晶宫里出来见猪。他说,"你好,我的朋友。我们在这里没有很多客人。你是天蓬元帅吗?"

猪回答，"是的，我是天蓬元帅。我现在是唐僧的徒弟，他正前往西天找佛书。我的哥哥是孙悟空。他现在在我们的上面，等着我回去。他让我拿一件宝贝，把它带给他。你有吗？"

"我没有宝贝。我不像其他住在海里或大河里的龙王。他们有很多宝贝。但是我住在这个井里。它很小，我很少看到太阳或月亮。我当然不会有宝贝给你。"

"你什么都没有？"

"好吧，我是有一件东西。跟我来。"龙王游到另一个房间，猪跟着他。他们来到了一位死了的国王的尸体边。死去的国王头上还戴着冲天帽。他穿着一件有飞龙的红色长衣，用一条绿带绑着。他的脚上穿着绣有白云的靴子。"这是你的宝贝，"龙王说。

"宝贝？在我遇到唐僧前，我经常吃人。我叫这食物！"

"请不要把这想成是食物。这是黑公鸡王国国王的尸体。他几年前来到这里。我用小魔法不让他的身体腐烂。你可以把这个尸体带给孙悟空。可能猴子可以让他再活。"

猪拿起死去国王的尸体，游回木杆。他叫着孙悟空说，"我有你的宝贝。把我拉上去！"孙悟空拉起木杆，把猪和尸体拉了出来。他们三个都倒在地上。

"好的，现在带着尸体回到师父那里，"孙悟空说。猪不愿意带尸体，但孙悟空拿出铁棒向猪挥了挥。然后猪拿起尸体，他们走出花园。然后孙悟空抓住了猪，用他的筋斗云飞回了寺庙。

当他们来到寺庙时，他们走进了大殿，唐僧在那里等着他们。猪

---

[1] This story is told in *The Hungry Pig*.

把尸体放在地上说，"这是老猴子的爷爷。"孙悟空笑着说，"那不是我的爷爷，你这笨人。那就是黑公鸡王国的国王。"

唐僧说，"是的，他已经死了好几年了。悟空，你能让他再活吗？"

孙悟空回答，"我不这么想。当人死了以后，他们会去地狱一段时间，还他们一生中做的所有坏事。如果他们是一个好人，这可能需要几个星期。其他就有可能需要几年时间。然后，他们回到一个新生命的身体中。但是这个人已经死了好几年了。我怎么能把他带回生命？"

"想想。你必须找到一个办法。"

孙悟空想了几分钟。然后他说，"好的，我有个主意。我会去地狱，和地狱里的十个国王谈。我会找出哪个国王有这个死人的灵魂。然后，我会把灵魂带回来，把它放入这个尸体中。"

猪听到了这个。他说，"啊，猴子，你需要一个比这个更好的计划！你告诉过我，你不用去地狱就可以让这个人再活。"当然，这不是真的。但是唐僧相信了。他开始说紧头带语。孙悟空头上的头带开始变紧，孙悟空的头开始变得非常痛。

第 39 章

"停，师父，停！好吧，我有一个更好的主意。我会用我的筋斗云到第三十三层天，到太上老君的家。他有神奇的丹药，可以让人回到生命。我要得到一粒，把它给死了的国王。"

唐僧同意了这个办法。所以，孙悟空用他的筋斗云飞到了南天门。他穿过大门，然后飞到了第三十三层天，来到太上老君的家。他进去。他看到太上老君带着两、三个年轻人一起在做神奇的丹药。太上老君抬起头，看见孙悟空。他对年轻人说，"小心，这是找麻烦的猴子，他偷走过我们神奇的丹药。后来，当我要拿回我的五件宝贝时，他给我找了麻烦[1]。猴子，你为什么回到我家？"

"先生，如果你没记错的话，当你要拿回你的五件宝贝时，我没有给你找任何麻烦。我把它们给了你。然后我师父和我继续西行。我们来到了黑公鸡王国。我们听说国王已经被魔鬼杀死。魔鬼变成国王的样子，现在坐在国王的宝座上。两天前，死去国王的灵魂在梦中来见我的师父。他需要我师父的帮助。现在我们要让国王回到他的生命中，这样他可以把宝座拿回来。"

"那你想从我这里得到什么？"

"我需要一千粒你的神奇丹药。"

"什么，你认为你可以像吃米饭一样吃这些丹药吗？"

"好吧，"孙悟空大笑。"那就给我一百粒丹药。"

"我没有任何丹药给你。"

"好吧，十粒丹药怎么样？"

"我告诉过你，我什么都没有。"

"好吧，那么我就去别的地方得到它们。"孙悟空转身走了。但是太上老君开始担心孙悟空还会回来，偷他的神奇丹药。

---

[1] The stories of these events can be found in *The Immortal Peaches* and *The Five Treasures*.

"你这个麻烦的猴子，"他说。"我给你一粒丹药。现在就拿走，再也不要回来。"孙悟空拿了丹药，飞回寺庙。他走到死去的国王的尸体那里。他用两只手打开国王的嘴。然后，他把神奇丹药放入国王的嘴中，然后在嘴里倒进一杯冷水。孙悟空，唐僧，猪和沙都在等着看会发生什么。他们等了近半个小时。然后国王的肚子开始发出很响的声音。

他们继续等着，但国王没有开始呼吸。"你必须帮助他，"唐僧说。孙悟空再次打开国王的嘴，用力把气吹了进去。孙悟空的气走在国王的身体里，把它叫醒了。国王深呼吸了一下，坐了起来。

"谢谢你！"国王对唐僧说。"我记得在你的梦中去见你。我请你帮助，但我没想到会再次在活人的世界里醒来！"唐僧帮助国王站起来。然后他们都走进了大殿。和尚给了他们早饭。然后，和尚们脱下了国王的旧的脏衣服，给了他一些干净的和尚衣服穿。孙悟空让和尚去洗国王的旧衣服，晚些时候把它带到宫殿。

早饭后，他们离开了寺庙，向宫殿走去。国王穿着和尚的衣服，拿着一些行李，看上去像是一个仆人或工人。

他们走了四十里路，来到了宫殿。孙悟空走到宫殿门口。他对一名侍卫说，"我们是唐皇帝送去西游的和尚。我们想见你们的国王。"侍卫把这告诉魔王。魔王让侍卫把客人带进宝座房间。

四个行人和真国王走进宝座房间。真国王看了宝座房间的四周，开始安静地哭了。孙悟空在他的耳边说，"请不要哭，陛下。我们不想让魔王知道您是谁。很快我的铁棒就会做它的工作，魔王会被杀死。不用担心！"

当他们走近宝座时，他们中的四个停了下来。但是孙悟空还是在走，直到他站在魔王面前。他没有叩头，他没有鞠躬。

魔王对这个客人没有向他鞠躬感到很生气。"你从哪里来的？"他问。

"我来自伟大的唐国，到西方去找佛书，把它们带回来。我们来到了这里，想向你问好。"

国王很生气。他说，"那么，你来自东方？我不关心你或你的王国。当你在我的宝座房间里，你必须向我鞠躬。侍卫，把他们都抓起来！"侍卫们都跑向前去抓孙悟空，但他只是用手指指着他们，说了些魔语，侍卫们都冻住了。

魔王看到了这。他跳起来，想和孙悟空战斗。但是太子把手放在魔王的手臂上。太子担心魔王会伤害唐僧。他不知道孙悟空有很强大的魔力和一根铁棒。太子对国王说，"爸爸，请你不要生气。我听说过，这位唐僧被他的皇帝送到西方去找佛书。你很强大，但是唐帝国非常大，非常强。如果你伤害这位唐僧，唐皇帝会送来一支大军队。我们没有办法和他们战斗，唐皇帝会惩罚我们的王国。"

国王再次转向孙悟空，说，"你们什么时候离开东方的国土？唐皇帝为什么要把你们送到西方？"

孙悟空告诉魔王所有关于他们旅途的事。他讲了自己在花果山上出生，佛祖怎么把他放在山下五百年，他怎么遇到唐僧，成为他的徒弟。然后，他向魔王讲了唐僧、猪八戒和沙悟净的生活故事。最后，他指着真国王说，"昨天，当我们经过宝林寺时，我们带上了这个工人。"

魔王认真地看着真国王。"我不喜欢他。你说他是个和尚？让我看看他的文书。"

"陛下，"孙悟空回答，"这个人听不见，他也不会说话。几年前，他住在你的王国。三年没有下雨了。人们饿了。他们向天祈祷，但没有得到帮助。然后一个道僧来了，带来了雨。但是那个僧人把他扔进井里，带走了这个人的生命。我把他带回了他的生命。现在我对你和这个房间里所有其他的人说：你是一个魔鬼，这个人是黑公鸡王国的真国王！"

魔王跑到他的一名冻住的侍卫那里。他抓起侍卫的剑。然后他飞到空中。孙悟空跟着他，大喊，"魔鬼，你认为你可以去哪里。老猴子是来找你的！"

魔鬼回答，"猴子，走开。你为什么对这个王国的事情感兴趣？这不是你的问题。"

孙悟空笑了。"你这个无法无天的魔鬼，你以为你应该在这里当国王吗？这个王国不是你的。现在准备好来见我的棒！"

他们开始战斗。魔鬼没有希望能赢孙悟空。他飞走了，回到宫殿，变了他的样子，让他看上去和唐僧一样。孙悟空回到宫殿，准备用他的棒杀死魔鬼。

"别打我，孙悟空。是我，你的师父唐僧！"魔鬼说。孙悟空转身去打另一个人。

"别打我，孙悟空。是我，你的师父唐僧！"唐僧说。

孙悟空对猪和沙说，"他们中哪个是我们的师父，哪个是魔鬼？"但是猪和沙都不知道，因为他们没有看到魔鬼回来，变成唐僧的样子。

孙悟空不知道该怎么办。他看着一个唐僧，然后看着另一个。他们看起来没有任何不同。"我该怎么办？"他对猪说。

"你很笨，哥哥。这很容易，"猪说。"把一个唐僧放在房间的左边，和沙在一起。把另一个唐僧放在房间的右边，和我在一起。让他们两个念观音菩萨给唐僧的秘密佛语。只有我们的师父才知道这个佛语。"

"行。"孙悟空把两个唐僧放在宝座房间的两边，让他们两个念秘密佛语。他们中的一个站在沙旁边，他开始静静地念佛语。另一个站在猪的旁边，他开始自说自话。猪指着他说，"哥哥，这个人在自说自话。他是魔鬼！"

魔鬼再次飞向空中。孙悟空跟在后面。他想要用铁棒一棒杀死魔鬼。但是就在那时，从东北的一朵彩云那里传来一个很响的声音。那个声音说，"孙悟空，不要那样做！"孙悟空看了看云，看见了文殊菩萨。他向文殊鞠躬。

文殊说，"我来这里是为了帮你解决这个魔鬼。看！"文殊手里拿着镜子。孙悟空用镜子看魔鬼。他看到了魔鬼的真样子：大大的红眼睛，大大的头，长着绿毛的绿色身体，四个大脚，两个大耳朵和一条长尾巴。他是一只狮子！

孙悟空说，"菩萨，我认识这只绿毛狮子。这只狮子是你的仆人。他是怎么逃走的，来到这里给这个王国带来麻烦的？"

文殊回答说，"他没有逃走。我把他送到了这里。很久以前，黑公鸡王国的国王是个好人。佛祖让我到这里把他带到西天。我变成一个可怜和尚的样子，向他要吃的东西。他不喜欢那样，所以他告诉他的侍卫用绳子把我绑起来，然后把我扔进宫殿四周的深水里。我在水下三天三夜，然后黑暗六神看见了我，帮助我逃走了。佛祖把这只狮子送来惩罚国王，把他扔进井里，然后把他放在那里三年。现在你来了，他的惩罚结束了。"

---

[1] Wenshu, also known as Manjusri, is a boddhisadva who represents the transcendent wisdom which cuts down ignorance and duality.

"这是个好故事，"孙悟空说。"我很高兴你惩罚了国王。但是有多少人为这受到伤害？有多少人死了？"

"没有人受到伤害，也没有人死。魔王为王国带来了好天气和很多的食物。"

"国王的妻子们呢？魔鬼不是和他们一起睡了三年，坏了天法吗？"

"没有。他可能看起来像一只强大的狮子，但他是被阉割过的。国王的妻子们没有坏了天法。"

猪对这感到好笑，说，"所以，他有一个红鼻子，但他不喝酒，是吗？"

"好的，"孙悟空说。"把他带走。"文殊菩萨念着魔语，魔鬼变成他本来的狮子的样子。文殊和狮子飞上天堂。

孙悟空回到宝座房间。所有的大臣都向真国王、唐僧和他的徒弟们叩头。四名和尚从寺庙来，带来了真国王的干净衣服。国王脱下了和尚的衣服。他穿上有飞龙的红色长衣，用他的绿带绑好。然后他穿上靴子，戴好帽子。国王看了宝座一分钟，但他没有坐在宝座上。他对唐僧和他的徒弟说，"我的朋友们，我已经死了三年了。我不再觉得自己是国王了。你们中的一个应该坐在宝座上，但不是我。"

孙悟空说，"陛下，我为什么要做国王？国王有太多事情要担心。我喜欢做徒弟的简单生活。"唐僧当然说不，猪和沙也这么说。所以最后，国王走到宝座上，坐在上面说，"好吧。我再次成为国王。"

唐僧笑着说，"我想您会成为一个非常好的国王。"

国王要他们在宫殿里过夜，那天晚上他举行了大宴会。早上，唐僧和他的徒弟都向国王，王后和太子说再见。他们走出宫殿，继续他们的西游。

火洞

第 40 章

唐僧和他的三个徒弟离开了黑公鸡王国,继续他们的旅途。他们想的都是佛法,他们的目标是远在印度的雷音山。冬天到来了,空气有点冷,他们可以听到风轻轻吹过绿色的竹树林。

离开黑公鸡王国两个星期后,他们来到了一座高山。唐僧说,"小心,我怕有危险的生物或妖怪住在这里。"一条小路把他们带上了山。他们听到森林里有动物,但看不见它们。

他们继续沿着小路爬山。突然,他们看到前面的山上出现一朵深红色的云。在他们看的时候,那朵云变成了很亮的红色火球。孙悟空把唐僧从马上拉下来,说,"小心,师父,妖怪来了!"三个徒弟把他们的师父围在中间,拿着他们的武器。猴王孙悟空拿着他的金箍棒,猪人猪悟能拿着他的耙子,安静强大的沙悟净拿着他的杖。他们在等那个妖怪走近。

在红色的火球里真的是有一个妖怪。他的名字叫红孩儿，他住在山里。几年前，他听人们说唐僧正向西去印度。他听说任何吃过唐僧肉的人都会长生不老。所以，当红孩儿看到这个和尚到来时，他知道他想杀死然后吃了这个和尚。

妖怪想，"和尚看起来很好吃，但是那三个徒弟看起来很危险。我不想和他们所有人打。"他用他的强大魔力，变了他的样子，让他看起来像一个七岁左右的小男孩。他用绳子把他自己绑起来，倒吊在树上。然后他开始大喊，"救救我！救救我！"

大徒弟孙悟空看到红云不见了。"可以继续，"他对其他人说。"我觉得红云中有一个妖怪，但我没有再看到他了。他可能只是路过。"

猪笑着说，"哥哥，我不知道那个妖怪是不是只是路过！"

"当然。可能魔鬼国王正在过节日，他想邀请这个地方的所有妖怪来。所以，他当然会发出邀请信。那些妖怪没有想去伤害像我们这样的人，他们只是在去参加节日的路上经过。"

猪再次笑了起来，但没有回答。他们在小路上继续走着。不久，他们听到男孩哭着喊救人。孙悟空知道他的师父想停下来去帮助。他说，"师父，我们在一个危险的地方。我们不应该停下来。关心你自己的事。"

唐僧想停下来，但他同意继续走路。但是喊声还在继续。最后，唐僧说，"听听那个男孩的哭声。如果那是魔鬼或妖怪，不会有回声的。我知道我听到了回声。让我们停下来帮助他。"

"师父，"孙悟空说，"请放下你的仁慈，直到我们过了这座山。你知道任何生物都可以成为恶神。他们叫你。如果你回答，那么那神就把你的灵魂拿走！"

他们继续走着，来到了可以看见小男孩倒吊在树上的地方。唐僧生气了。他对孙悟空大喊，"你这个找麻烦的猢狲。你刚才就想吓我！看看那个可怜的男孩。他需要我们的帮助！"孙悟空没有回答，因为他害怕唐僧会念紧头带语，给他带来极大的痛苦。

唐僧对男孩说，"你从哪里来，孩子？你为什么会吊在这树上？"

魔鬼开始哭了。他说，"哦，师父，请帮助我。我的家人住在这座山西边的一个村庄里。我爷爷的名字叫红。他非常有钱，所以人们叫他红百万。他死后，财产传给了我爸爸。我爸爸是一个好人，但他是一个可怜的生意人。他损失了几乎所有的钱，所以人们叫他红千。他欠一些坏人的钱。坏人来了，他们烧了我们的房子，杀了我爸爸。他们把我妈妈带走时，她请他们不要杀死我，所以他们把我绑起来，把我吊在这棵树上。

请救救我，那样我就可以回家。我会做任何你要我做的事情，来报答你的仁慈。"

唐僧看不出这个男孩其实是一个魔鬼。他叫猪砍了绳子。但是孙悟空大喊，"你这妖怪！我认识你。不要以为你可以骗我。如果你的故事是真的，那么你就没有家，也没有家人。但是你说我们应该把你送回给你的家人。你的故事连不起来。"

妖怪听到这个后害怕极了，因为他认识到孙悟空可以看到他真的样子，也可以看穿他的谎话。但是他对唐僧说，"师父，我父母真的是不在了。但是我还有其他的亲戚。我妈妈的家人住在这座山的南边，我有几个亲戚，他们住在不同的村庄里。请救我。我会告诉他们你的仁慈，他们会很高兴来报答你。"

猪把孙悟空推到一边，说，"哥哥，你看不出这只是个孩子吗？我们应该帮助他。"猪砍了绳子，放了小妖怪。唐僧让孙悟空背着他。

当孙悟空抓起这个小妖怪时，他发现那个男孩只有几斤重。他对妖怪说，"你一分钟都骗不了我。我知道你是谁。但是告诉我，小妖怪，你为什么这么轻？"

"我小时候没有足够的奶，"妖怪回答。

孙悟空笑着说，"好吧，我背你。但是如果需要尿尿，告诉我。"

他们静静地走了一段时间，然后孙悟空开始轻轻地对自己说话，他说，"爬这座山已经非常困难了，但师父还要我背着这个妖怪。为什么？我相信这妖怪会给我们带来麻烦。我现在就应该杀了他。"

妖怪听到了孙悟空的想法。他深吸了四口气，吹到猴子的背上。孙悟空马上觉得他背着一千斤重的东西。然后，妖怪用他的魔法离开了他的身体，上了空中。

孙悟空感到他的背上很重。他生气了。他抓住妖怪，把他重重地扔在地上，杀死他。但是当然他只是杀死了妖怪造的尸体。妖怪的精神还活着。

然后，妖怪造了一场大暴风雨。天空变得像夜那样黑。风把树木从地上拔起。它搬动了大石。小溪变成了河流，河流变成了大海。三个徒弟倒在地上，护着头。当红孩儿看到那时，他下来，抓住了唐僧，然后飞走了。

当风停时，三个徒弟站了起来，看了四周。他们的行李在地上。唐僧的白马还在那里，但是那和尚不见了。"师父在哪里？"沙悟净问。没有人知道。三个徒弟只是站在那儿，不知道该怎么办。

孙悟空最后说，"兄弟们，我们必须一起去做。我们必须拿起行李，爬上这座山，救我们的师父。"

他们爬了七十里路，走过河流和深山谷。他们没有看到任何的动物或鸟儿。孙悟空开始担心。他跳到空中，大喊，"变！"他现在有三头六臂。他用三根金箍棒开始打坏四周的树木和石头。猪对沙说，"我的兄弟，这很不好。孙悟空发疯了。"

不久，一大群神来了。他们穿着旧的脏衣服，看上去很饿。他们中间的一位对孙悟空说，"大圣，山神和土地神来这里见你！"

孙悟空看着他们说，"为什么你们有这么多人？"

"大圣，"他回答说，"这里是六百里山。所以，山的这一边从下到上是三百里。每十里就有一位土地神和一位山神。所以，我们一共是三十位土地神和三十位山神。昨天我们听说你要来，但我们需要时间来到一起。请原谅我们来晚了。"

"好的，我原谅你们，"孙悟空回答。"告诉我，这座山上有多少妖怪？"

"啊，只有一个。他给我们造成了很大的麻烦。我们已经烧了所有的香和纸钱，用完了我们所有的食物[1]。"

"这个妖怪住在哪里？"

"他住在火洞里。他有非常强大的魔力。他常常会抓住我们中的一个，让我们成为他的仆人。他的小魔鬼来到我们这里，要取保护的钱。"

---

[1] The mountain gods and local spirits had to give meat and other goods to the little demons. They had to use all their resources to give these gifts, leaving no food or clothes for themselves.

"但是你是神！你没有钱。"

"是的，我们没有钱。所以我们不能给小魔鬼钱。而是给他们鹿肉和其他礼物。但是有的时候他们不喜欢我们的礼物。然后他们打坏我们的寺庙，拿了我们的好衣服。我们不能和平安静地生活。我们想请大圣帮我们把这个妖怪解决了，救救生活在这座山上的生物！"

"这个妖怪叫什么名字？"

"他是生魔王的儿子。他真的很强大。他学习了三百年，直到他学会了怎么造出三昧[1]真火。他的爸爸叫他来这里保护这座山。他被叫做圣婴大王，但在他的背后，我们都叫他的小名红孩儿。"

孙悟空听到这话后很高兴。他感谢土地神和山神，让他们回家。然后他回到猪和沙那里，说，"好消息，我的兄弟们。这个妖怪是老猴子的亲戚！"

猪笑道，"哥哥，那不可能是真的。你在奥莱的花果山上长大。离这里有一万里和两个大海！"

"这个妖怪叫红孩儿，他的爸爸是生魔王。五百年前，当我在天宫找麻烦的时候，我行走在世界上，去找这个世界上的大英雄。我找到了他们中的六个，我们成了像一家人或一个联盟那样。生魔王是六个中最强大的。他是我的兄弟，所以我是这个红孩儿的老舅舅。他怎么会伤害他的舅舅？我们去看看他。"

沙大笑，说道，"哥哥，你知道古人怎么说，'三年远离我家门，你不再是我的亲戚了。'你已经有五百多年没见过生魔王了。你们在节日里没有同喝一杯酒或送礼物。为什么红孩儿会认

---

[1] Samadhi, a state of intense concentration achieved through meditation

为你是他的舅舅？"

"好吧，古人也说，'如果叶子能流到大海，人们来来去去怎么会不遇见呢？'是的，已经很久了，他可能不会给我们带来一个大宴会。但最少，他应该把师父还给我们。"

他们日夜行走，走了一百里。终于，他们来到了一片松树林，那里有一股冷流。溪流的另一边是悬崖。悬崖底是一个有一扇很重石门的大山洞。孙悟空让沙留下来，看着马和行李，他和猪前往山洞找唐僧。

第 41 章

当他们来到火洞时，他们看到十几个小魔鬼站在石门前。魔鬼们都拿着剑。孙悟空对他们喊道，"快，去告诉你们的主人，把唐僧还给我们。如果你说半个'不'字，我们会毁坏你的洞和里面的所有人。现在，走吧！"

在山洞里，红孩儿正坐在椅子上。其他几个小魔鬼正在洗着唐僧，准备把他做成饭吃了。魔鬼士兵跑了进来，对红孩儿说，有两个丑和尚正站在外面想要带走唐僧。"他们长得什么样子？"红孩儿问。

"其中一个毛脸，鼻子像雷神。另一个也有很多毛，长耳朵，长鼻子。他们俩都很丑。"

"啊，那一定是孙悟空和猪八戒，"红孩儿说。他指着几个小魔鬼，说，"你，你，和你，拿小车，把它们推到门外。你，把我的长矛给我。"一个小魔鬼给了红孩儿一把尖上带火的十八尺长矛。其他人把五辆小木车推出门。

猪看到这个，说，"这是什么？他们害怕我们，所以他们决定搬出他们的洞，去其他地方？"

"不，"孙悟空回答，"看看他们把车放在哪里。"猪看了看，他发现这五辆车被放成五角星的样子，对着金，木，水，火和土¹。每个小车旁边都有一个小魔鬼站在那里看着。

红孩儿从山洞里出来。你问他长什么样子？

> 他的脸白得像雪，
> 他的唇红得像血，
> 他的头发黑得像夜，
> 他的眉像刀刻出的两个月亮，
> 大个子举起他的长矛。
> 他顶着明亮的光走出来，
> 他的咆哮像雷霆，
> 他眼里的光像闪电
> 叫他红孩儿，久久有名的名字。

"谁敢在我的山洞外面大声说话？"他咆哮着。

孙悟空笑了。"这是你的老舅舅！你为什么看上去这个样子？今天早上，你只是一个吊在树上的小男孩。你还记得吗，我背着你。现在你就这样回报我的仁慈吗？别再玩了，把我的师父还给我。如果你不这样做，我可能只得和你爸爸谈谈，你不想那样做，对吗？"

"你在做什么，你这丑猢狲？你不是我的舅舅。"

"哦，是的，我是你的舅舅。我是孙悟空，齐天大圣。五百年

---

¹ These are the 五行 (wǔxíng), the five phases or essential processes. Wood feeds fire, fire makes earth (ash), earth yields metal (mining), metal collects water (condensation), and water nourishes wood.

前,我在天宫里找了很大的麻烦。那时,我游走世界,找地球上的大英雄。我遇到了你的爸爸,牛魔王,我们成为了好朋友。还有其他五个人,龙魔王,鹰魔王,狮魔王,一个叫她自己通风大圣的母猴王,和大猢狲魔王。我们七个成为一家人。这远在你出生之前。"

红孩儿没有回答。他不关心孙悟空是他的舅舅,但他记得孙悟空那天早上想着要杀死他。他想要用火矛去刺猴子。孙悟空很容易地就走到一边,想用他的棒打妖怪。他们战斗了很长时间。每个人都想要唐僧,但为了不同的原因。孙悟空想保护和尚,红孩儿想吃和尚。

猪看着这场战斗已有一段时间了。然后他走上前去,把耙子重重地打在了红孩儿的头上。红孩儿踉跄了一下,然后他很快地逃跑了。猪和孙悟空跟着他。红孩儿跑到一辆车上。然后他的手打在自己鼻子上!猪笑着说,"看看他,那样的打他自己。我觉得他想让自己流血,这样他就可以去法官那里告我们!"

就在那时,红孩儿念了一个魔语。火和黑烟从他的嘴里出来。山洞的附近变得像火盆一样热。猪说,"我们最好离开这里。我不想被煮了。那个妖怪想要在晚饭上把我吃了。"

孙悟空跳进火中,用他的魔法保护自己。他想找到红孩儿,但是烟太多了,他什么也看不见。红孩儿和小魔鬼跑回山洞后,把石门锁了。

孙悟空回到小溪的另一边,猪,沙在这里等他。他对猪大喊,"你这个笨人,你为什么不帮我?当你安全逃走时,我只能自己一个人进入火中。我想我只能自己去打所有的战斗了。告诉我,和我比,妖怪的战斗才能怎么样?"

"不好。"猪说。然后他们两个开始谈对妖怪和他的三昧火的不

266

同的战斗方法。他们找不到对红孩儿的好的战斗方法。几分钟后，沙悟净开始大笑。

"你在笑什么？"孙悟空问。

"你们两个都没想清楚。"他回答说。"当然，你是一个比他更好的战士。但是你不会赢，因为那火和那烟。但是你忘记了一件重要的事情。告诉我，什么能克火？"

"你说的对！"孙悟空说。"水克火。我只需要找到足够的水来灭妖怪的火。这样就很容易赢得和他的战斗，我们就可以救出师父。你们两个留在这里。我要去东大海和我的老朋友四海龙王敖闰谈谈。他会给我们带来水。"

老猴子用他的筋斗云马上去了东大海。然后，他用他的魔法在水上打开了一条干的路。一个水神看见了他，告诉敖闰说孙悟空来了。几分钟后，龙王见了孙悟空。他请孙悟空和他一起坐下来喝茶。

"没时间了，我的老朋友，"孙悟空说。"我必须和你谈谈会给你带来麻烦的事情。我和我的师父正在旅途上。我们要去西天找佛书，然后把它们带回唐帝国。我们遇到了一个叫红孩儿的妖怪。那个妖怪抓了我的师父。我比妖怪强大，我是更好的战士。但是妖怪用了黑烟和大火。我们不能和这战斗。所以我来问你要水。我请你带去大雨把妖怪的火灭了。然后我们可以救出唐僧。"

"对不起，我的朋友，"龙王回答。"我不能帮你。"

"但是你是敖闰，四海大龙王。世界上的雨都是你下的。如果我不能问你，我可以问谁？"

"我带来雨这是真的，但我不能什么时候想下雨就下雨。这是玉皇大帝决定的。他决定应该下几尺几寸雨，和下雨的日子和时间。他写下来，然后把文书送给北极星。然后我叫来雷神，电母，风舅和云孩，然后我们一起开始下雨。"

"我不需要雷，闪电，风或云。只要很多的雨。"

"好的，那么我可以帮助你。但是我需要我兄弟们的帮助。"然后，龙王打着他的大鼓，打着他的大钟。很快另外三龙到了，南海龙王，西海龙王和北海龙王。孙悟空向他们说了他的麻烦，他们都同意给他帮助。我们有一首诗是这样写的：

四海龙王愿帮忙
齐天大圣求帮助
大唐僧人遇麻烦
四人取水灭大火

孙悟空和四位龙王很快回到火洞。他对他们说，"这是魔鬼的洞。请等在这里，不要让任何人看到你们。我要去和红孩儿战斗。如果我赢了，我就不需要你们的帮助。如果我输了，我会死，我就不需要你们的帮助。但是，如果他放火，我要你们的帮助，请送雨来。"四位龙王同意了。

然后猴子跑到洞门前，大喊，"开门！"

石门开了，红孩儿出来。他的身后有五个小魔鬼，每个小魔鬼都推着一辆小车。他说，"你为什么回来？你一定是一只非常笨的猴子。我有个主意：忘记你的师父吧。我们要在晚饭时吃了他，没有他，你可以走你的路的。"

这让孙悟空非常生气，他想用他的棒打红孩儿。他们再次开始战斗。他们战斗了很长时间。他们俩都打得很好，没有人能赢。最后，红孩儿想用他的长矛打孙悟空，然后他很快转过身，用力打了自己的鼻子两次。火和烟从他的鼻子和嘴里出来。更多的火从他四周的五辆小车里发出。

"快，龙王，现在下雨！"孙悟空大喊。天开始下雨。开始的时候，雨很小，像早上的雾。然后，雨大了，像春天的阵雨。然后雨更大了，像夏天的雷雨。雨越来越大。水像玉瀑布一样从山边飞流直下。河水漫上河岸，鸟儿躲在树上，动物跑向高处。

但是雨没有把红孩儿的火灭了。这是因为这雨只是普通的雨。它不是玉皇大帝发送的雨，所以它没有办法灭了红孩儿造的三昧火。雨水让火越来越大，就像加了油一样。孙悟空想走进火中找红孩儿。妖怪向他吐出一团黑烟。这对孙悟空来说太厉害了。他身上带着火飞走了。他跳入很冷的山里小溪中灭火。但是冷水对他来说太冷了，他晕倒了。

四位龙王看到了这，他们感到非常害怕。他们高声叫猪八戒和沙悟净来帮助孙悟空。两个徒弟跑到小溪岸边，看着水。他们看到孙悟空漂在水面上，脸向下，没有动。沙跳进小溪，把他抱起来，把他带到河岸。他的身体像溪水一样冷。

沙以为他已经死了，但猪说，"别担心，这只老猴子已经活了很久了。我想他有七十二条生命。让我们叫醒他。"他们让他坐起来，猪开始给他按摩几分钟后，按摩让他有了呼吸，孙悟空张开眼睛。他眨了眨他的眼睛，然后看了四周。他看到了沙和猪，但没有看到龙。

"海兄弟们，你们在哪里？"他问。

四位龙王回答说，"你的小龙在这里。我们伺候你。"

"很对不起，给你们带来了所有这些麻烦。但是我们还没有赢得这场战斗。请回去，我过些天再感谢你们。"四位龙王向空中四个不同的方向飞去。

孙悟空感到非常累,身体从上到下都不舒服。他不知道该怎么办。沙悟净说,"兄弟们,我记得观音菩萨告诉过我们,如果我们需要,上天会帮助我们。那现在我们需要它。我想我们应该去那里要求帮助。"

"这个妖怪非常强大,"孙悟空说。"我们必须得到比我强大的人的帮助。我认为我们必须请观音帮助我们。但是我感觉不舒服,我想我没有办法前往南海去见她。猪,你能帮我走一次吗?"猪同意了,他向南海飞去找观音。

在山洞里,红孩儿和他的小魔鬼在休息。"我想知道那些找麻烦的人现在在做什么?"他对自己说。他走出山洞,抬头看着天空。他看到猪八戒飞向南方。他心想,"那只能是一件事:猪人要请观音帮助。但是我知道去那里的一条更快的路。"他飞出山洞,用了这更短的路到了南海。然后他来到了地上,变了他的样子,让他看上去像观音,然后等着猪。

猪正飞向南海。他低头看见了观音。猪看不出真的和不是真的的不同,所以他以为那真的是观音。他低低的鞠躬说,"菩萨,您的徒弟猪八戒向您叩头。"

妖怪说,"你为什么在这里,不去保护你的师父?"

"我们正西行。我们遇到了一个叫红孩儿的强大妖怪。妖怪知道怎么用火和黑烟战斗。我们的大徒弟孙悟空和那只妖怪战斗,但没能赢。他被烧伤得很厉害,不能动。他要我过来,请您救我们的师父。"

"我觉得红孩儿不会伤害你或你的师父。可能你说了些让他生气的话。"

"我没有。但是我的哥哥想杀死他，我认为这让妖怪有点生气。"

"我很愿意帮助你，跟我来。"妖怪说。然后他很快拿出一个大皮袋，放到猪的身上，拉紧绳子，让猪没有办法逃走。他把猪带回了他的山洞。他说，"我会把你留在这里四、五天，然后我会把你蒸了，把你送给我的小魔鬼们在晚饭时吃了。我觉得喝着红酒，你会很好吃。"

在小溪对面，孙悟空和沙正等着猪和观音回来。他们等了很久。在他们等的时候，一阵很不好闻的风吹过他们。"这是不好的风，"孙悟空说。"我觉得猪有什么不好的事了。"虽然他很痛，他还是跑到洞门前大喊，"老猴子又来了。开门！"一群小魔鬼从山洞里出来。孙悟空伤得太重了，他不能战斗。所以他变成了一小块布。

魔鬼们看见了那块布，把它带回山洞，给红孩儿看。"猴子跑了，"他们说，"他把这个掉在了地上。"

"这不重要，"红孩儿说，"但我们可以用它来补一些旧衣服。"他们把布扔在洞里的一个角落。孙悟空变成了一只小虫。他在山洞四周飞。很快，他发现猪在皮袋里被捆着，他在对他自己说着所有他要对妖怪和小魔鬼们做的可怕的事情。孙悟空自己笑了。但他又听到红孩儿说，"是时候把唐僧准备一下做晚饭。你们六个，"他指着六个小魔鬼，"去找我爸爸生魔王。请他来这里吃晚饭。告诉他，如果他吃了这个和尚的肉，他的生命会长一千倍。"

第 42 章

六个小魔鬼离开了山洞，开始向西南跑向生魔王的家。孙悟空对他自己说，"所以，他们要去见我的兄弟，生魔王。我们的友谊很强大，但这是很久以前的事了。现在，我在走佛的路，但他还是一个魔鬼。我还记得他长什么样子。我要把我变成像他的样子，然后我们看看我是不是可以骗了红孩儿！"

他飞到了离洞西南十里左右的地方。他变了他的样子，让他看起来像生魔王。然后他从头上拔了几根头发，说，"变，"它们变成了带剑的小魔鬼。他拔了更多的毛，把它们变成狗。现在看起来生魔王正在参加打猎大会。

六个魔鬼到了，看见了生魔王。他们叩头，他们中的一个说，"爸爸，我们是您儿子圣婴大王让我们来的。他请您去他的家，和他一起吃唐僧的肉。您的生命会长一千倍。"

孙悟空回答，"请起来，孩子们。我很愿意跟你走。和我一起回我家，这样我可以穿好衣服吃晚饭。"

"爸爸，我们请您跟我们一起走，不要回家了。到山洞有很长的路要走，我们担心如果我们回去太晚，我们的主人会对我们很不满意！"

"你是非常好的孩子！"孙悟空说。"好吧，走吧。"他们回到了火洞。孙悟空进入山洞，坐在了上座。

红孩儿对他说，"父王，您的孩子向您鞠躬。"然后他叩头四次。

孙悟空笑着回答，"谢谢，但是我的孩子不需要鞠躬。告诉我，你为什么请我来这里？"

"爸爸，您的孩子没有才能，但他有办法抓住了一个行僧。这和尚十次生命中都在学习佛教。任何人吃了他的肉都会长生不老。您的笨儿子不敢自己一个人吃这个和尚。所以，我请您一起来，可能会让您长生。"

孙悟空问，"我的孩子，这和尚是美猴王齐天大圣的师父吗？"

"是的，他是。"

"我的孩子，不要招惹他！你可以招惹别人，但不能招惹他。他很强大。有一次，他在天宫找麻烦，玉皇大帝送出十万士兵去抓他，但他们抓不到他。现在你想用吃了他师父来招惹他吗？不要这样做！放了和尚。如果你不这样做，猴子会用他的金箍棒打你和你的山洞。然后你会死，那么当我老的时候谁来照顾我呢？"

"爸爸，您说这只猴子非常的强大，那您自己儿子的强大呢？我已经和这只猴子战斗过了，他不比我强大。他害怕极了，所以他请四位龙王帮助。当然，那没有用。那猴子几乎被杀死，他已经逃走了。现在，我们可以放松一下，开开心心地吃我们的晚饭，这样，您的生命可能会更长，而且不会变老。"

"我的孩子，你不知道这只猴子。他可以把他的样子变成任何东西。他可以变得很小，像虫子一样。他可以变成很普通的东西，像一块布。他还可以变成另一个人，就像我的样子！你怎么认出他？"

"爸爸，我已经几乎杀了他。他不敢回到这里来。"

"好吧，我的孩子，听起来你是个伟大的战士，可能比猴子还伟大。但是不幸的是我今天不能吃肉。这些天我觉得老了，所以我决定吃素。"

"啊，这是个很有意思的消息。您每天都吃素吗？"

"不，每月只有四天。今天是这四天中的最后一天。让我们等到明天再吃唐僧。"

红孩儿听到这个，他心里想，"有些奇怪。我爸爸吃人肉已经活了一千年。现在他突然决定吃素？"他走出去，对他的一个小魔鬼说，"告诉我，你在哪里找到大王的？"

"我们正去他的家，我们在路上遇到了他。他在打猎。"

"啊！我想那不是我爸爸。看起来像他，但他说出的话听起来不像他的话。大家小心！我会回去和他谈谈。如果他的话不对，我会大喊，你们都必须打他。"

红孩儿回到他爸爸那里说，"您的笨儿子让您来这里有两个原因。当然先是要请您吃唐僧肉。而且，我有一个问题要问您。上个星期，我行走在九霄空里，遇到了道僧张大师。他说他可以告诉我我的未来。要做那，他需要知道我出生的小时、日、月和年。我不知道，所以我希望您能告诉我，我就可以告诉张大师。"

孙悟空对这感到很吃惊，心里想，"啊，这真是一个非常聪明的妖怪！"他笑着对红孩儿说，"我的孩子，我怕我这个年龄已经忘记了很多事情。我不记得你是什么时候出生的。我明天回家问问你的妈妈。"

马上，红孩儿知道这不是他的爸爸，因为他的爸爸总是告诉他他出生的吉祥子和时间。他大声叫小魔鬼打孙悟空。孙悟空变成一束光，离开了山洞。

红孩儿没有想要跟着他。他感到有点不舒服，因为他刚刚告诉他的小魔鬼去打一个看起来像他爸爸的人。他挥了挥手，对小魔鬼说，"好吧，好吧，放他走。洗一下唐僧，把他准备一下用来做晚饭。"

孙悟空走过小溪，见到了沙。他笑着说，"兄弟，我赢了妖怪一次。我们的猪兄弟被抓了，在洞里被放在一个皮袋里。我想进入山洞，所以变了我的样子，看起来像妖怪的爸爸。妖怪不知道是我，所以他四次向我叩头。真是快乐！"

沙回答，"哥哥，我怕你想要小赢的欲望会阻止我们救我们的师父。"

孙悟空回答，"别担心，我的朋友。这个小赢让我忘记了我的痛！现在，我要去南海请观音帮助我们。我不在的时候，你要照顾好行李，看好马。"然后，他用筋斗云飞到了南海的普陀落伽山。他飞得很快，只用了半个小时就到了。他进了观音的家，向她叩头。

观音说，"悟空，你为什么在这里？你应该正带着你的师父去西天。"

美猴王回答，"请让我告诉您发生了什么。我们正向西行走，来到了一座高山。在那里，我们遇到了一个非常聪明的妖怪，叫红孩儿。他抓住了我的师父，把他带回了火洞。猪悟能和我和他战斗，但他用强大的魔法向我们发出了三昧火和黑烟。我们赢不了战斗。我请四海龙王帮忙。他和另外三位龙王一起来了。他们四个带来了很多雨，但是雨没有把妖怪的火灭了。您的徒弟被烧得很厉害，几乎死了。"

"如果他有三昧火，那你为什么去找龙王？你应该来请我帮忙。"

"因为我被烧伤了，我没有办法来。我让猪悟净来请您帮忙。"

"他没有来这里。"

"他是没有。妖怪变成您的样子骗了猪。他把猪放在一个皮袋里，把他带回了火洞。现在，妖怪的洞中有唐僧和猪。他打算把他们俩做成饭吃了。"

"那个妖怪敢变成我的样子！"她生气地说。她抓起一个白色的瓷花瓶，扔进大海。几秒钟后，花瓶又回来了。它停在一只大黑乌龟的背上。乌龟走出水面，向观音点头二十四次，意思是他正向她鞠躬二十四次。花瓶从乌龟的背上滑落到地面上。然后乌龟回到了大海。

"悟空，去拿那个花瓶给我，"她说。孙悟空想把它拿起来，但他没有办法把它拿起来。他感觉就像是一个小虫子想要搬动一块大石头。他跪在观音面前说，"对不起，您的徒弟不能拿起这个花瓶。"

"猴子，如果你一个小花瓶都不能拿起，你怎么可能和强大的妖怪战斗？"

"我不知道。可能我被烧伤了，让我今天变得虚弱了。"

"一般说，这个花瓶是空的，几乎没有重量。但是，当我把它扔到海中时，它游走世界，走过了世界上所有的大海和河流，拿了一海的水。你可能很强大，但就是你也没有办法拿起一个大海。"然后她向下拿起花瓶，就像拿起一束春天的花朵一样容易。

"悟空，我花瓶里的水不像龙王带来的雨。这水可以灭了三昧火。我要你拿着它，但我怕你会偷了它。你必须留下什么东西给我，这样我就知道你完成后会把花瓶还回来。"

"菩萨，我没有东西给您。我的衣服是旧的，不值钱。我的棒贵重，但我需要用它来和妖怪战斗。我很愿意给您我的头带，但是我不能把它从我的头上脱下来，再说，我认为您不会让我不戴它的。"

"好吧，你是聪明的猴子。我会和你一起去。我们走吧。你先走。"

"您的徒弟不敢先走。我们要在大风中行走。我的衣服可能会吹起来，我不想因为让您看到我的身体对您不尊敬。"

观音笑了。她让孙悟空跳进一朵漂在水面上的大莲花。然后她在花上吹了一口气，这花很快就过了海水。观音叫了她的一个徒弟木叉，告诉他去天上借星座剑。木叉去了，不久后带着剑回来了。观音把所有的剑都扔向空中。当他们下来时，他们变成了一朵大莲花，有一千片花瓣。观音坐在莲花上。然后，她和孙悟空一起飞去见了沙，沙正在火洞边小溪的对面等着。

观音做了祈祷，所有的山神和土地神都马上来到她的面前。她说，"去，所有人。在这三百里的地方找到每只动物，每只鸟和每只虫。把它们带到很远很安全的地方。"当他们这样做时，她等着。

然后观音把花瓶倒过来。洪流一样的水从花瓶里出来。水像瀑布一样流出来。它流过山里所有地方，水盖住了所有东西，把这地方变成了一片大海，看起来就像南海一样。然后她大喊，"悟空，把你的手给我。"他拿出他的手。她用柳树枝在他的手上写下了"迷"字。"现在去和妖怪战斗。但是不要赢。你必须输。让他追你回到这里。我会等着。"

孙悟空跑到洞的石门前。"开门！"他喊道。红孩儿在山洞里，但是他不回答孙悟空的叫喊。孙悟空用他的棒打门，毁坏它。红孩儿从山洞里跑出来。孙悟空对他说，"你是一个可怕的儿子。你把自己的爸爸赶走了。你应该受到什么惩罚？"

这让红孩儿非常非常生气。他们开始战斗。但是，孙悟空没有想要赢这场战斗。他不停地向后走，把红孩儿从山洞带向观音。红孩儿大喊，"你为什么打得这么差？我们上一次战斗时，你做得好多了。"

孙悟空大喊，"我怕你的火。过来抓我吧！"然后他打开手，给妖怪看"迷"字。现在，妖怪的头脑不清楚了。他只想一件事：追孙悟空。猴子像箭一样快地跑开，妖怪紧跟在后面。

他们来到了观音等着的地方。孙悟空说，"你一直追着我到了菩萨观音的家，南海。你怎么还在追我？"然后他跑到观音的后面，不见了。红孩儿把矛刺向观音，但她马上变成了一束光，也不见了。

现在，红孩儿一个人站在那里。他大喊，"笨猴子，你不能打赢我，所以你逃走了。你的女朋友也已经逃走了。但是她留下了这朵漂亮的莲花。我想我会坐在上面放松一下。"他盘手盘脚坐在莲花中间。

这就是观音要等的这一刻。她用柳树枝向下指，叫了一声，"退！"莲花不见了，现在红孩儿正坐在星座剑尖上。观音对木叉说，"用你的锤子打这把剑！"木叉开始用锤子打剑的把手。每次他打剑的把手时，它都会深入到红孩儿的身体。血开始从他身体的几十个洞中流出。

"停下。"观音对木叉说。然后她念了另一个魔语。剑变成了大钩，像狼牙一样尖。现在，红孩儿没有办法让自己逃离。他对观音说，"菩萨，这个笨妖怪有眼睛，但他看不见。现在，我看到了您的强大。请让我活着。我再也不会伤害另一个生物了。我会跟着您，听您的说教。"

观音对他说，"你想跟着我吗？"

"如果您让我活着,我愿意进入您的教门。"观音从她的袖子里拿出一把金剃刀,除了三小簇头发,她剃掉了红孩儿的所有头发。然后她用手指指着,叫了一声,"退!"剑掉在地上,红孩儿所有的伤都不见了。

红孩儿看到他的伤不见了,他马上站起来说,"你骗了我!那些不是真的剑,我没有任何真的伤。我不会跟着你。准备看我的长矛!"

孙悟空正要用他的棒打妖怪,但观音让他等等。然后她从袖子里拿出一个金头带。她说,"这宝贝以前是佛祖的。他给了我三个金头带。一个在孙悟空的头上。另一个在我家护山人的头上。现在我知道第三个怎么用了。"她把头带扔到空中,叫了一声,"变!"它变成了五个箍。一个套在妖怪的头上,两个套在他的手臂上,两个套在他的腿上。五个头带都绑住了他。然后观音念了紧头带语,所有五个带都深入到他的肉中,变得又小又紧。红孩儿倒在地上,痛苦地哭了。她再次大喊,"闭!"他的两只手放在一起,好像在祈祷。他一点也不能动。他只得叩头。

观音对孙悟空说,"我认为这个男孩需要上一课。我会带他一路走到普陀落伽山。他的每一步必须叩头。可能那会教给他一些东西。现在,你必须回火洞,救你的师父和弟弟。"孙悟空向她鞠躬,转身离开。

这个时候,沙僧和行李、马一起正等着。他已经等了很久了。最后,他拿起行李,开始带着马向南走去。他在路上遇到了孙悟空。

孙悟空告诉他发生的一切,然后说,"我们去救师父和猪。"

他们回到了火洞,跑过大门,杀死了那里所有的小魔鬼。他们发现猪还被吊在皮袋里。他们打开袋子,放了他。猪从袋里掉了下来。

他跳起来大喊，"那个可恶的妖怪在哪里？我想让他试试我的耙！"

"妖怪已经去了普陀落伽山，和观音一起学习，"孙悟空回答。"但我想他会需要很长时间才能到那里。"

然后三个徒弟找唐僧。他们看了山洞的四周，但找不到他。然后他们去了山洞的后面，发现了一个大房间。唐僧被绑在房间的中间。他没有穿衣服，他在哭。他们也放了他。

唐僧感谢他们，说，"徒弟们，你们辛苦了！妖怪怎么了？"孙悟空给他讲了故事。在故事的最后，他讲了观音是怎么来的，赢了这个妖怪，让他成了她徒弟中的一个。唐僧向南跪下鞠躬。

"不用谢她，"孙悟空说，"我们给了她一个新的徒弟！"

观音的新徒弟红孩儿慢慢地到了普陀落伽山。那是一段长长的旅途。每走一步，他停下来，跪在地上，然后向南叩头。在这段长长的旅途中，他学会了怎么放开，不生气。后来，他成为观音最虔诚的徒弟之一，取了佛教名字善财童子，意思是"财富之孩子。"他行走世界，找悟性，遇见五十三位老师。他的一位老师是佛祖，他让善财童子看到了所有的天堂世界。善财童子在佛教，道教和民间故事中非常有名[1]。

对唐僧和他的三个徒弟来说，他们的问题一天就解决了。他们看了洞的四周，发现了一些米饭和菜，做了简单的晚饭。那天晚上，他们睡在火洞中。

---

[1] Shancai is also known by his Hindu name Sudhana. His story is told in the *Avatamsaka Sutra*, as well as the 18th century Chinese book *Precious Scroll of Shancai and Longnü*.

第 43 章

第二天，唐僧和他的三个徒弟又开始向西走。经过一个月的旅途，他们来到了一个地方，在那里他们听到了水声。唐僧很担心。他问孙悟空，"那水声是从哪里来的？"

孙悟空笑道，"师父，你多忧了！你忘了禅师教你的心经。"

"我忘了哪一部分？"唐僧问。

"你忘了'没有眼睛，没有耳朵，没有鼻子，没有舌头，没有身体，没有头脑'这句话。我们这些离开家的人必须放弃这六件事。这就是'杀六强盗。'你说你求佛，但你还带着六个强盗。你怎么能到西天去见佛呢？"

唐僧安静了很久，想着这件事。

他们继续往前走，很快他们就来到了一条很宽的河边。水像墨一样黑。动物不会喝它，鸟儿不会飞过它。

"徒弟，"唐僧说，"水为什么这么黑？"

沙说，"可能有人在洗毛笔上的墨水。"

"没关系，"孙悟空回答。"这条河宽十里。我们必须想办法把我们的师父带到另一边。猪，你能背他吗？"

"不，我不能，"猪回答。"我可以自己飞，但如果我想要带着我们的师父，我连离地三尺都做不到。你知道古人怎么说的，'人比山还重。'"

就在他们说这事的时候，有一个人坐着一只小船沿河流过来。他们看到这是一只小木船，只能坐两个人和一名船工。

猪对孙悟空和沙说，"我和师父一起过河。你们两个可以飞过河。"孙悟空同意了。猪和唐僧上了船，船工开始带他们过河。

他们不知道船工其实是住在河里的妖怪。在他们开始过河后不久，妖怪叫来了一场大暴风雨。大风、大雨和像山一样的浪打在小船上，小船很快就在黑水中不见了。

孙悟空和沙看了看，但看不见其他人。沙说，"我住在河里很长时间了。你还记得我以前是流沙河里的妖怪吗？让我去找他们。"不等回答，他就抓起他的拐杖，跳进了黑水里。他举着拐杖，水在他面前分开。

向前看去，沙看到了一个美丽的亭子。亭子的门上写着，"黑河神之家。"他走到大门口。他听到亭子里有人说，"啊，这很好！这位和尚学道已经有十生了。如果我能吃他的肉，我就会长生不老！"然后那个声音说，"小的们，给我拿两个铁笼子。我们将蒸这两个和尚。我会邀请我的舅舅一起参加这个宴会。"

这让沙很生气。他开始用拐杖打门。"不好了！"小魔鬼喊道。"外面有个黑脸的大个子，在打我们的门。"妖怪站起来，叫小魔鬼把他的铁盔甲和金头盔给他拿来。他穿上盔甲，戴上头盔。然后他拿起他的武器，一根马鞭，走到门口。

妖怪喊道，"谁在打我的门？"

沙叫道，"你这个妖怪，你带走了我的师父和我的兄弟！把他们还给我，我会让你活下去。"

"是的，我抓了你的师父和猪。我会把他们蒸了，吃他们的肉。现在来这里和我战斗。如果你能打三个来回，你可以带他们走。如果不能，我也要把你蒸了吃。"

他们开始在河底战斗，沙用他的拐杖，妖怪用他的马鞭。他们打了三十个来回，但谁也赢不了。最后沙转身跑开了。妖怪喊道，"我不会追你的。我还有其他的事情要做。"当然，他没有把两个囚犯给沙。

沙回到河边，把发生的一切都告诉了孙悟空。孙悟空问道，"他是什么妖怪？"

"我不是很清楚。可能是一种蜥蜴。"

就在这个时候，有一个人从河里出来，向他们走来。孙悟空拿起他的金箍棒，准备战斗，但那人磕头说，"大圣，黑河神向你鞠躬！"

孙悟空说，"你就是那个妖怪，回来找更多的麻烦吗？"

"不，我真的是这河里的神。让我告诉你我的故事。去年的五月，一个妖怪从西海来这里。他和我战斗。他比我强多了，所以我没有办法和他战斗。他强取了我的家，开始住在我的河里。我去找西海龙王告妖怪，才知道西海龙王其实是妖怪的舅舅。西海龙王告诉我，我必须让妖怪住在我家。我是低下的神，不能去找玉皇大帝。所以我没有办法。大圣，我求你，请帮助我！"

"我明白了，"孙悟空说。"好吧。你和我弟弟留在这里。我去找西海龙王。"猴子举起手指，做了一个魔手势。水分开了，他走进了河里。

他看到一条黑鱼拿着一只金盒子。他打了鱼的头，杀死了它。他在盒子里发现了一封信。信上说，

> 敖先生，你的笨侄子向你磕头一百次。你一直对我很好。现在我刚抓了两个从东方来的和尚。他们非常好吃。你的生日快到了，所以我邀请你来我家。我们将一起吃这些和尚的肉。我希望你会来。

孙悟空把信放进袖子里。然后他继续前往西海龙王敖顺的宫殿。他到了后，西海龙王说，"大王，请进来和我喝杯茶。"

"我不会和你喝茶的。你犯了大法。"

"犯了什么法？"

孙悟空从袖子里拿出那封信，给西海龙王看。西海龙王读了信。他张了张嘴，但说不出话来。然后他跪下说，"大圣，请原谅我。这条小龙是我姐姐的第九个孩子。她的丈夫是泾河龙王。他做了一件很错的事，他送了错的风量和雨量，唐皇帝在梦中杀死了他。丈夫死了，我姐姐没有地方可以去。她带着她的孩子来到这里。两年前，她病死了。她的儿子需要一个住的地方，所以我告诉他去黑河。我不知道他会做出这样可怕的事情。"

"你姐姐有几个儿子？"

"九个儿子。他们是不同的。其中八个是好龙，生活在不同的河流和山中。只有这个变成坏的。"

"我本来打算向玉皇大帝告你。但看起来是蜥蜴有错，不是你。快，让人去抓他，救出我的师父。"

敖顺叫来他的儿子摩昂太子，让他叫来五百名鱼士兵去抓蜥蜴，救出唐僧和猪。然后他请孙悟空留下来吃东西喝酒。但孙悟空说他需要和摩昂一起去救他的师父。

孙悟空、摩昂和鱼军队前往黑河。孙悟空离开他们回到河边，在那里他见了沙，告诉他发生的一切。他们坐在河边上等着。

蜥蜴妖怪正坐在黑河下的亭子里，突然听到一个声音喊道，"摩昂太子来看你了。"这时，一个小魔鬼来找他，说有一大群鱼等在外面。妖怪不明白发生了什么。但他很担心。所以他要来了他的盔甲、他的头盔和他的马鞭。他穿上盔甲，走出了门。

当他到外面时，蜥蜴妖怪看到他的表兄弟摩昂在等他。他还看到了五百名鱼士兵。有些很大，有些很小。他们手拿银剑、长矛和短刀。一些人举着大旗。妖怪喊道，"表兄弟，今天早上我给舅舅写了一封信，请他来吃饭。但看来他来不了了。可是你为什么会在这里，又为什么带了这么多士兵呢？"

"告诉我，"摩昂太子回答说，"你为什么请你舅舅吃饭？"

"敖顺舅舅一直对我很好，我好久没见他了。昨天我抓到了一个学道十生的和尚。他的肉会很好吃。我想让舅舅和我在晚饭时一起吃和尚的肉。"

"你这个笨人！"摩昂喊道。"你不知道你抓到了谁吗？这个和尚有三个徒弟。你见过其中两个。但第三个是齐天大圣。五百年前，他在天宫找了大麻烦。他把你的信拿给了舅舅。现在你想活下去，就必须把和尚和猪还给大圣，求他让你活下去！"

蜥蜴妖怪很生气。他说，"表兄弟，你可能怕这位大圣，但我不怕。告诉他来这里和我战斗。如果他能打三个来回，我会放过他和其他人。如果不能，我也要把他蒸了吃。"

"你真是个笨人。我不会让大圣和你战斗。我自己和你战斗！"两人开始战斗，摩昂太子的士兵也开始和妖怪的小魔鬼打。真是一场战斗！河里都是战斗的鱼和妖怪。

最后，摩昂用他的棒重重地打在了妖怪的头上。妖怪倒在地上。摩昂踢了他一脚，把他手里的马鞭踢掉了。士兵们把他绑起来，带出了河，去见孙悟空。

孙悟空站在河岸上，看着着蜥蜴妖怪。"你一直是一条非常坏的龙。你舅舅让你来这里学道，变得有智慧。但是你把河神赶出了

285

家。你用魔法骗了我、我的兄弟们、和我的师父。我现在就应该杀了你。但我不那样做，我请你放了我的师父和我的弟弟。"

蜥蜴妖怪跪倒在地上。他说，"大圣，我现在才知道你是谁。谢谢你让我活下去。你的师父在我的亭子里，还被绑着。让我走。我会回到亭子那里，把他们带回给你。"

"不要这样做！"摩昂说。"他会游走，你再也不会见到他了。"

沙说，"我去。我知道他们在哪里。"沙和河神跳入水中，很快游向亭子。他们发现唐僧和猪都被绑着。他们松开了两个囚犯，很快把他们带回河岸。

猪看到了蜥蜴妖怪，跑到蜥蜴身边，双手高举耙子。就在他把耙子打在妖怪头上之前，孙悟空说，"弟弟，放了他。想想敖顺和他儿子的感觉吧。"猪停下手，放回了耙子。

摩昂对孙悟空说，"大圣，我一定要把这只蜥蜴带回去见我的爸爸。我相信我爸爸会用他的办法惩罚他。对蜥蜴带给你的所有麻烦，我感到非常对不起！"然后摩昂和他的士兵回到了大西海。

唐僧说，"徒弟，我们还在这河的东岸。我们怎么过河呢？"

黑河的河神说，"大圣，谢谢你让我回家。现在请让我为你们打开一条到河那边的路。"

唐僧骑上马。猪牵着马，沙拿起行李。河神用他的魔法打开了一条到河西岸的路。他们走上高地，继续向西走去。

道教神仙

第 44 章

<u>唐僧</u>和他的三个徒弟继续他们的西行。他们一个冬天都在冷风和深雪中行走。他们已经不在<u>中国</u>了。经过几年<u>丝绸之路</u>的旅途，他们来到了国家西面边界外的荒野乡村。

日子一天天过去，很冷的冬天变成了早春。冰雪化了，河水流得很快，空气里都是鸟儿的歌声，树木又变绿了。有诗说，

新年之神已来到
森林之神去散步
暖风带来了花香
云开见到了太阳
雨带来了新生命
万物出现春之美。

游人们正在向西走去，突然听到像有一万个人的声音那样响的一个声音。

"那是什么声音？"唐僧问，他是唐国的僧人。

"听起来像是大地碎了，"猪八戒说，他是猪人，唐僧的二徒弟。

"听起来像雷声，"沙悟净说，他是安静的大个子，最小的徒弟。

"你们谁都不对，"孙悟空大笑，他是猴王，大徒弟。"等在这里，我去看看。"他跳到空中，用他的筋斗云很快向前飞去。他向下看，看到雾中的一个大城。仔细看，他发现雾不是魔法造成的。在城门外，他看到几百名佛教和尚想要把一辆很重的木车拉上一座小山。车里满是石头，对他们来说太重了。他们都大声地叫着请求菩萨帮助他们。这就是游人们听到的声音。孙悟空决定走近看看。

他到了地上，走向和尚。他们很瘦，穿着旧碎布。这让人吃惊，因为和尚一般都穿比较好的衣服。孙悟空想，"他们可能正在想要造或修这里的寺庙，找不到这里的工人，所以他们必须自己做这工作。"

然后，他看到两个年轻的道士从城门里出来。他们穿着漂亮的衣服。他们吃得很好，他们的脸像两个满月一样又明亮又漂亮。当和尚们看到那两个道士时，他们低下头，更努力地把车拉上小山。他们看上去很害怕。

"啊，是这样啊，"孙悟空想。"和尚们害怕道士。我听说过一个尊敬道教但不尊敬佛教的城市。这一定就是这个地方了。我必须把这告诉师父，但我先需要了解这里发生了什么。"

他摇了一下他的身体，变了他的样子。现在，他看起来像穿着旧衣服游走的道僧。他拿着一只木鱼，用棒敲打着，唱着道教歌。他走到两个穿着漂亮衣服的道士那里说，"大师，这位老道士向你问好。"

"你从哪里来的？"道士中的一个问。

"这个可怜的徒弟漂游海角，行走天边。就在今天早上，我来到了你们美丽的城市。你能告诉我哪些街道有道士的朋友，哪些街道我应该避开？"

"你为什么要问这个？"

"我想要一些素食，但我不想找麻烦。"

"那你为什么要这食物？"

"这是一个奇怪的问题！我们离开家的人必须一直要食物。我们没有钱，不能自己买食物。"

道士听了这大笑，说，"我的朋友，你来自很远的地方，你不知道我们的城市。这是车迟王国。城里所有的大臣和所有的人都是道士的朋友。他们很高兴给我们食物。就是我们的国王也喜欢道。"

"你是说你的国王是道士吗？"

"不，他对道教很有好感。许多年前，这里的天气非常不好。没有雨。庄稼死了，土地变成了咖啡色，人们没有饭吃。国王和人们都祈祷，但仍然没有下雨。然后有一天，当我们看起来都要饿死的时候，三个神仙来到了。"

"这些神仙是谁？"

"第一个叫<u>虎力</u>神仙，第二个叫<u>鹿力</u>神仙，第三个叫<u>羊力</u>神仙。他们对道有很深的了解，他们的魔力也很强大。他们可以像翻手一样容易地命令太阳、风和雨。他们来到后不久，就带来了雨。土地变成绿色，人们有很多的东西吃。"

<u>孙悟空</u>说，"你们的国王真的是一个运气很好的人。就像古人说的那样，'魔法感动了大臣。'你觉得我可以见见这三个神仙吗？"

"一点问题都没有。我们会把你介绍给他们。但是，我们先要做一些工作。你看到这些没用的和尚了吗？他们是佛教徒。在我们饿的时候，佛教徒向他们的神祈祷下雨，但是什么也没发生。然后，道教的神仙来了，很容易带来了雨水。这让我们的国王对佛教徒感到生气。他说他们没用。他毁坏了他们的寺庙，告诉他们不能离开这座城市。他让他们工作。我们的工作是看着这些和尚，确保他们在应该工作的时候不会放松。"

<u>孙悟空</u>点点头，想着这事，但什么也没说。然后他有了一个主意。他说，"我的朋友们，可能你们可以帮助我。我有一个亲戚，我的舅舅，住在这个地方。他是一个佛教和尚。我已经很多年没见过他了。我想他可能住在你们的城市。我能看看他是不是这些工人中的一个吗？"

"当然。下去看一看那些和尚。应该有五百个。你可以帮助我们数数，确保所有五百个人都在那里。你在那里时，你可以找你的舅舅。然后再回来，我们会向你介绍那三位神仙。"

<u>孙悟空</u>感谢了他们，然后他走向和尚们工作的地方。他一边走一边敲着木鱼，唱了一首道教歌。和尚们看到他来了。他们都停止工作，向他叩头。其中一个说，"哦，大师，别生气。我们所有五百人一直在努力地工作！"

他回答说，"请起来，不要害怕。我不是来看你们的工作的。我在找我舅舅。"和尚们围着他，所有人都希望孙悟空能认他为舅舅。他问，"我的朋友们，你们为什么要像奴隶一样工作？你们应该在寺庙里念佛。你们为什么要为这些道士工作？"

其中一个讲了道士讲过的一样的故事，那是关于饿、三个神仙的到来和国王对佛教徒生气的故事。他说，"现在国王不让我们再做和尚了。我们只能是道士的奴隶！"

"你们为什么不逃走呢？"

"这对我们没有帮助。国王有我们每个人的画像，王国里的每个地方都挂着这些画像。如果我们逃跑，我们会被认出和被抓住的。"

"那么，你们就放弃，等死吧。"

"是的，我们许多人已经死了。一开始我们有两千人。一千五百人因为工作太累死了。但是对我们最后五百人来说，我们死不了。许多人想杀死自己，但我们总是失败。所以，我们每天都在工作。晚上我们吃一点米汤。夜晚，我们睡在外面的地上。每天晚上，黑暗六神和光明六神来到我们的梦中。他们告诉我们要强大起来，等唐僧和他的徒弟齐天大圣的到来。他们告诉我们，当大圣来时，他会帮助那些受到伤害的人。他会毁了道士，带回佛的爱！"

孙悟空听到这个很吃惊。他决定现在不是告诉和尚们他就是齐天大圣的时候。他转身走回到两个穿着漂亮衣服的道士那里。其中一个人说，"小兄弟，你找到你的舅舅了吗？"

"是的，我找到了。他们所有五百人都是我的舅舅。"

"那怎么可能？"

"我来自一个非常大的家。我右边有一百个邻居。我左边有一百个邻居。我爸爸那边有一百个，我妈妈那边有一百个。还有一百个是我的真兄弟。所有都是我的亲戚和朋友。让他们都离开。现在。"

道士说，"我们当然不会那样做。如果我们让他们离开，谁来做这个城市里的工作？"

"那不是我的问题。让他们离开！"孙悟空大喊。他们拒绝了。他又问了他们三次。每次他们都拒绝了，每次他都变得更生气了。最后，他拿出他的金箍棒，打向两个道士的头，马上把他们杀死了。

和尚们看到了这，就跑向孙悟空，大喊，"不好了！不好了！现在国王会非常生气，我们会因为这受到惩罚。你为什么这么做？"

"不要叫了，你们所有的人。我不是游走的道士。我是孙悟空，齐天大圣。我和唐僧一起在旅途上。我来救你们的生命。"

其中一个和尚喊道，"不，你不可能是大圣。在我们的梦中，我们遇到了一个叫自己太白金星的老人。他说，大圣有一个圆头、毛脸、金眼和尖嘴。他拿着一根金箍棒，这棒被他用来打过天宫的大门。他们还说他很粗鲁。"

孙悟空很高兴听到神仙们在讲他，但他也有些生气，因为神仙们对这些和尚讲了太多关于他的事了。他说，"好吧，我不是大圣。我只是他的徒弟。这里有一位大圣！"他指着和尚后面的一个地方。当他们转过头去看时，他变回他真的样子，然后大喊，"我在这里！"

他们回头看见了他，然后他们都跪下说道，"哦，爸爸，我们很对不起，我们没有认出您。我们求您为我们报仇。进城，杀死那些魔鬼！"

孙悟空用他的魔力拿起很重的小车，把它砸在地上。他大喊，"走开！明天我要去见这个笨国王，要杀死那些道士。"

"但是爸爸，我们很害怕。您走后我们该怎么办？如果道士回来怎么办？"

孙悟空从头上拔了一把头发。他嚼着它们，直到他有五百根头发小段。他给了每个和尚一小段。他告诉他们把小段头发放在他们的第四个手指的指甲下。"如果有人给你们麻烦，请握紧拳，说，'齐天大圣。'我就会来保护你们的。"

这让和尚们很难相信。其中一个和尚举起拳，低声说，"齐天大圣。"马上，一位雷神出现在他的面前，手里拿着一根铁棒。雷神那么的大和强，没人敢攻击和尚。得到了这个鼓励，其他几位和尚也说，"齐天大圣。"每一次，雷神都出现在他们的面前。

"当你们想要雷神走开，只需要说一个字'停'，它就会不见了。"和尚们现在感到更自信了，都喊着"停！"所有的雷神都不见了。

在所有这些发生时，唐僧和其他两个徒弟正在路上等着。他们等得累了，不想再等下去了，所以他们开始向城市走去。不久，他们看到孙悟空站在那里，有一群和尚围着他。他让孙悟空讲发生了什么事。孙悟空给他从头到尾讲了这个故事。唐僧吓坏了，问孙悟空该怎么办。

其中一个和尚对唐僧说，"伟大的爸爸，不要害怕。孙大圣有强大的魔力，他会保护您不受到危险。城里还有一座寺庙，国王没有毁坏它。请到我们的寺庙来，在那里休息。明天，大圣会知道该怎么做。"

四个游人和一群和尚都走进了寺庙。当他们进入时，他们看到了一座金色大佛。<u>唐僧</u>拜倒在佛前。然后一位老和尚出来见他们。他看着<u>孙悟空</u>，拜倒在地上说，"爸爸，您来了！您是<u>齐天大圣</u>，是我们在梦中看到的那个人！"

"请起来，"<u>孙悟空</u>笑着。"明天我们会解决你们的问题。"和尚们都去为游人们准备一顿简单的素食。然后，游人们上床睡觉。

但是<u>孙悟空</u>睡不着。他在想着白天发生的事情和明天要做什么。在二更的时候，他听到了音乐声。他起床，穿了衣服，然后跳到空中云上。向下看，他看到了叫<u>三清观</u>的道庙。在庙外的院子里，在火炬的光亮下，他看到三个穿着漂亮长衣的道教神仙。还有七、八百个道士。他们在唱歌，打鼓，烧香，把祈祷送上天。桌子上有很多食物。他心想，"我想去那里玩玩。但是，我先要得到<u>猪</u>和<u>沙</u>的帮助。"

他回到佛庙叫醒了<u>猪和沙</u>。他说，"和我一起去<u>三清观</u>。道士们在那里举行一种典礼。桌上放满了水果，像桶一样大的包子和每个有 50 斤重的蛋糕。让我们一起享受吧！"

他们三个人离开了寺庙，飞到了道庙。他们向下看，看到道士和所有好吃的食物。"我们不应该到那儿去，"<u>沙</u>说，"人太多了。"

"让我用一点魔法，"<u>孙悟空</u>回答。他吹出一阵大风。风变成了暴风雨。它吹灭了所有的灯和火炬，砸倒了桌子和椅子。<u>虎力</u>神仙说，"徒弟们，天气变坏了。我们去房里睡觉。我们明天再完成我们的祈祷。"

道士离开后，三个徒弟来到了院子。猪马上抓起了一个包子。孙悟空打了他的手，说，"不要那样做。让我们坐下来，要有礼仪的吃饭。"

"你在跟我开玩笑吧？"猪回答。"你在这里，从庙里偷食物，你在跟我谈礼仪吗？"

孙悟空抬头，看到墙边有三座雕像。"他们是谁？"他问。

"你什么都不知道吗？"猪回答。"那是三清。左边是玉清。中间是上清。右边是老子本人，太清。"猪用他的长鼻子推开老子的雕像。然后他变了他的样子，看上去就像老子的雕像。沙笑了，变成了上清，孙悟空变成了玉清。"好，"猪说，"我们吃饭吧！"

"还没呢，"孙悟空回答。"我们要把这三座雕像藏起来。在这个房间外面，我看到右边有一扇小门。那里很难闻，所以我想这是五谷轮回房。把雕像放在那里。"当然，当孙悟空这样说时，他的意思是那是厕所。猪把三座雕像搬进了厕所，然后扔进了马桶。它们掉在脏水里。然后他笑着回到院子里。他们三个看上去像三清，坐在桌子旁边。他们喝了所有的酒，吃了最后一口食物。

一个年轻的道士正想要去睡觉，但他想起他把手铃留在了院子里。他在黑暗中起床，走到院子里去拿铃。他听到呼吸声，变得非常害怕。他想从院子里跑出来，但他在一根香蕉上滑倒了。猪看到了这，大声笑了起来。这让年轻的道士更害怕了。他跑到三

---

[1] According to the Dao De Jing, "The Dao produced One; One produced Two; Two produced Three; and the Three produced the Ten Thousand Things." The Three Pure Ones are manifestations of those Three. They are also called the Jade Pure One (Lord of Primordial Beginnings), the Supreme Pure One (Lord of Numinous Treasure), and the Grand Pure One (Lord of the Way and Its Virtue) manifested as the sage Laozi.

个道教神仙住的地方，喊道，"大师，快来！我听到院子里有呼吸声，然后我听到有人在笑！"

虎力神仙喊道，"拿灯来。让我们看看谁在那里。"然后，所有三个道教神仙和几百个道士都拿了灯和火炬，跑到院子里。

第 45 章

孙悟空听到人群来了。他对猪和沙说，"看着我！"然后他变得安静，坐着不动，像一座雕像。猪和沙看到他这样做。他们也坐着不动。现在他们看上去就像三清。

虎力神仙和其他人一起来到了院子里。他举起了火炬，仔细看了这三座雕像，但它们看起来真的就像三清雕像。然后他说，"这里没有小偷，只有这三座雕像。但是谁吃了所有的食物？"

羊力神仙回答说，"我认为三清下到人间，来到我们的寺庙，吃了我们的食物。我们非常有运气！让我们请他们给我们一些金色丹药。我们可以把它给我们的国王。"

三个神仙和所有道士开始唱歌，跳舞，念道经。然后虎力神仙拜倒在地上，举起双臂，请三清给国王金色丹药。

孙悟空对他们说，"你们这些年轻的神仙，请不要再向我们要金色丹药了。我们刚刚从仙桃节回来。现在，我们没有你们想要的丹药。明天回来，我们会把它们给你们的。"

道士们看到玉清张开嘴说话。他们吓坏了，倒在地上。鹿力神仙上前，也拜倒在地上说，

哦，三清

你们的徒弟向你们祈祷

我们的头在土中

你们的徒弟为你们唱歌

夜晚有火炬，白天有香火

我们来这里，放了国王

现在我们请你们给他长生

请听我们的祈祷

给我们一些金色丹药！

孙悟空说，"好了，年轻的神仙，不谈这个了。我们听到了你们的祈祷，会把你们要的金色丹药给你们。给我们一些东西来放礼物。"马上，三个神仙跑去找三个大桶。很快，他们带着空的桶回来了。"很好，"孙悟空说。"现在离开，关上所有的门和窗木板。天上的秘密，不能被人们的眼睛看到。当丹药准备好了，我们会叫你们来。"三个神仙和所有道士都离开了院子。他们关上了所有的门和窗木板，所以没人能看到院子里。

孙悟空站起来，走到其中一个桶前，打开他的老虎皮，尿到了桶里，直到桶满。猪看到这，笑了，说，"哥哥，我们做朋友已经很长时间了，但这是我和你做的最开心的事了！"然后他尿满了第二个桶。沙尿满了第三个桶。

然后孙悟空喊道，"小人儿，过来拿你们的金色丹药！"道士们回到院子里。他们向三清叩头。然后，他们拿起三个桶，把那些液体倒入一个大桶中，把它们混合在一起。"徒弟，"虎力神仙叫着，"给我拿个杯子来。"其中一个道士给他拿来了一个大杯子。他把杯子放入桶中，给杯子放满了温暖的液体，然后马上把杯子里所有的液体都喝了。其他人看着他。他眨了几次眼睛。

"哥哥，"鹿力神仙说，"味道怎么样？"

"我只能说，它的味道不好，"虎力神仙说。"味道很强很苦。"

羊力神仙试了液体。"我觉得它的味道像猪尿，"他说。

孙悟空笑了出来。他站起来说，"哦，道士们，你们真笨！让我告诉你们我们的真名。我们不是三清。我们是唐僧的徒弟，唐皇帝让我们西行。我们来到你们的城市，找休息的地方。今晚，我们发现了这些好吃的食物，吃了喝了所有的东西。我们想找一个办法来还你们好吃的食物和好酒，所以这里就是。我们希望你们喜欢你们的金色丹药！"

道士们非常的生气。他们拿起所有能找到的东西——耙子，棒，火炬，石头——攻击了三个唐徒弟。很快，三个佛教徒飞到空中，回到佛庙。当他们到了那里，他们安静地回到床上，不想吵醒他们的师父。他们的肚子很饱，他们一直睡到第二天早上很晚才起来。

早上，唐僧起床，对他们说，"徒弟，起床。我需要去见国王。他要签署我们的通关文书[1]。"

三个徒弟也起床了，穿上衣服，等着唐僧。他们说，"师父，请小心。这位国王是道士的朋友，不喜欢佛教徒。我们担心，如果他看到我们是佛教徒，他会拒绝签署我们的通关文书。请让我们和你一起去见国王。"唐僧同意了，他们离开寺庙，走到国王的宫殿。

他们来到宫殿，告诉一位大臣，他们是来自东方的和尚，去印度，希望向国王问好，得到签署的通关文书。大臣告诉了国王，

---

[1] 通关文书 (tōngguān wénshū) is a travel rescript, similar to an imperial passport that needs to be stamped by each kingdom to guarantee legal passage, in this case along the quest to India. It contains an introductory letter from the Tang emperor and the stamps of all the kingdoms already visited.

四个游人被邀请进入宝座房间。

国王看着四个佛教徒。他对他的大臣说，"如果这些和尚想找死，他们为什么要来这里找死？"

大臣回答说，"陛下，他们来自唐帝国。它在中国，离这里向东有一万里远。从唐到这里的路非常危险，有许多妖怪和动物。但是，这四个还活着。他们一定有非常强大的魔力。请签署他们的通关文书，让他们继续前行。"

唐僧和三个徒弟走向前，把文书给了国王。国王拿了文书，读了，然后准备签署文书。

但是就在这时，三个道教神仙来了。他们没有被邀请就走进宝座房间。国王向他们鞠躬。他们直直地站着，没有叩头。国王对他们说，"哦，大仙，我们没有想到今天能见到你们。你们为什么来？"

其中一位回答说，"我们有话要告诉你。但是，先告诉我们，这四个和尚从哪里来？"

"他们说，他们来自向东一万里远的中国的唐帝国，"国王回答说。"他们正在向西去印度。他们要求我们签署他们的通关文书，我们同意了，希望和唐帝国有好的关系。"

那三个神仙笑了。虎力神仙说，"我必须告诉你昨天发生了什么。这些和尚一来到我们的城市，就在东门外杀死了我们的两个徒弟。然后他们放了五百个佛教和尚，砸坏了他们的小车。然后昨天晚上他们来到我们的寺庙。他们变成了三清的样子，吃了我们为三清准备的所有食物。我们以为他们是真的三清，所以我们要求他们给我们一些金色丹药。我们想把金色丹药给你，让你长生。但是他们给了我们他们的尿，不是金色丹药。我们喝了一些可怕的东西后才知道这个。我们想抓住他们，但他们逃走了。我们没有想到他们还敢留在我们的城市，但他们就在这里！"

国王听到这。他正要下命令杀死这四个游人。但是孙悟空很快说，"陛下，请别生气，让这个可怜的和尚说话。"

"什么？"国王说。"你是在说这些圣仙没有说真话吗？"

孙悟空看到国王有点头脑不清楚，不是很聪明。所以，他决定要骗国王。"陛下，他们说我们杀了两个徒弟。但是没有证人。如果这是真的，这罪行也只会让我们中两个人被杀，不是四个人。然后他们说我们砸了车。一样，没有证人。如果这是真的，这也不是重的罪行，我认为我们中没有一个人应该被杀。最后，他们说我们在他们的寺庙中找了麻烦。这很清楚就是他们给我们的陷阱。"

"你怎么能说这是一个陷阱？"

"陛下，我们是从东方来的游人。我们刚到。我们不知道您的城市，我们不认识这条街道和那条街道。我们怎么能知道他们寺庙的地方，到了晚上也是那样？如果昨天晚上我们真的给了他们尿，不是金色丹药，为什么他们要等到今天早上再告诉您？许多人长得很像。可能其他人给了他们尿，不是我们。这件事一点都不清楚。我们要求您成立一个委员会，在做出任何决定前，仔细检查这事。"

现在国王很困惑。他不知道该做什么或该说什么。但是当他站在那儿时，一位大臣进来说，"陛下，许多村庄的长老正在等着见您。"国王回到他的宝座上，告诉大臣把他们带进来。

长老们进来了。他们都向国王叩头，他们中的一个人说，"陛下，今年春天没有下雨。我们的农田正在变成咖啡色，我们担心很快就会没有食物。我们请三个神仙祈祷下雨,这样人们会有食物。"

国王对<u>唐僧</u>说,"现在你明白我们为什么喜欢道士,不用佛教徒了吗?在过去的几年中,佛教和尚祈祷下雨,但没有下雨。然后,三个道士神仙来了,他们祈祷下雨,雨就来了。神仙救了我们的城市,佛教徒什么都没有做。现在你来到这里,给这些神仙带来麻烦。我应该让人杀了你,但是我有一个更好的主意。我们要做一场造雨比赛。如果你带来雨,我会签署你的通关文书,你可以继续西行。如果你失败了,你们所有人都会丢掉你们的头!"

国王和他的大臣们爬上了一座高塔的顶,看比赛。四个游人和三个神仙也爬到了塔顶。<u>虎力</u>神仙向前走到塔边。所有边上放着的旗子在风中飘着,旗子上有二十八个星宿的名字。有一张大桌子。桌上放着一个火盆,里面烧着香。

<u>孙悟空</u>说,"等一下!如果我们俩都试着带来雨,雨来了,没人会知道谁带来了雨。我们需要一种办法来知道谁赢了比赛。"

<u>虎力</u>神仙笑着说,"没问题,小猴子。我在这张桌子上敲五次。第一次风会来。第二次云会来。第三次雷电和雷会来。第四次雨会来。第五次雨会停,云会离开。"

"非常好!"<u>孙悟空</u>说。"我从来没有见过这个。请开始吧!"

道士大声地敲在桌子上。风开始起来。"哦,不,"<u>猪</u>说,"我们现在有麻烦了!"

"安静,兄弟,"<u>孙悟空</u>说。"让我工作。"他拔出一根头发,在上面吹了一下,变成了猴子的样子。那只猴子站着不动。<u>孙悟空</u>的精神飞向空中。他大喊,"谁是这里负责风的?"

风老妇人出现了，手里拿着一个造风的大袋子。"我造风，"她说，"你是谁？"

"我是齐天大圣，是唐僧的徒弟。我们正在向西行走，去印度，在车迟国停留。现在，我正在和一位道士比赛。他想带来风。我要你把风停了。如果你不马上做，我会用我的棒打你二十次！"

风老妇人马上停止了风。塔上，每个人都看到风停了。道士烧了些香，再次敲在桌子上，云开始形成。孙悟空在天空中再次大喊，"谁带来云？"推云男孩和散雾男孩向他走来。他给他们讲了同一个故事，给了他们一样的命令。他们马上阻止了云的形成，太阳出来了。

在塔上，猪大声笑着说，"这位老道士骗了国王和人们。他一点魔力都没有。看，没有风，天空中没有一朵云！"

道士变得有些害怕，但他继续试着做他的魔法。他说了更多的祈祷，烧了更多的香，第三次敲了桌子。在天空中，邓天君[1]，雷王子和电母一起从南天门下来。邓天君说，"玉皇大帝叫我们来帮助造雨。"

孙悟空回答，"很好，请等一下。你们可以照玉皇大帝的命令做，但是可以同时帮助我。"邓天君同意了，他停止了雷和雷电。

现在，道士变得绝望了。他烧掉了所有留下来的香，说了些祈祷，第四次敲了桌子。在天空中，四海龙王都出现了。但是他们都是孙悟空的老朋友。他向他们问好，告诉了他们同一个故事。

---

[1] Dèng Tiānjūn (邓天君), or Lord Deng, is a Daoist deity also known as the Statutory Commander of Scorching Fire. He has a red-haired bird head, wings, and eagle claws. He holds a drill in his left hand and a mallet in his right.

他们同意等着，没有带来任何的雨。

邓天君说，"大圣，我们已经照你的要求完成了所有的事情。现在我们会等着你的命令。"

孙悟空回答，"谢谢。我会把我的棒向上指五次。每次我用棒指的时候，都会告诉你们吹大风，然后带来云，然后带来雷和雷电，然后带来雨，然后停止下雨。"所有的天气神都同意照他的命令做。然后他飞到塔上，回到他的身体。他对道士说，"先生，你已经试过带来风，云，雷，雷电和雨，但你失败了。现在让我试试。"

道士慢慢离开桌子，对国王说，"对不起，陛下，龙王们今天不在家。"

孙悟空听到了。他说，"陛下，龙王们今天是在家的。但是您的道士朋友没有足够的魔力带来雨。让这个佛教和尚试试！"

"请，"国王说。

孙悟空很安静地对唐僧说，"好，现在是你带来雨的时候了。"

唐僧回答，"但是我不知道任何关于下雨的事！"

"别担心。你知道怎么念经。只要去那里说一些佛教祈祷。我会照顾好所有的事情。"

唐僧念着心经。当他结束时，孙悟空把他的棒从他的耳中取出，把它指向天空，然后把它举起一次。风老妇人看到了这。她打开她的袋子，风开始起来。它变得越来越强。吹过城市，灰土飞起，空气里都是灰土雾。但是塔比灰土雾高。

孙悟空第二次举起他的棒。推云男孩和散雾男孩看见了，他们带

303

来了厚厚的云被。云被非常深非常黑，城市的白天变成了黑夜。他第三次举起他的棒。雷王子发出的雷声是那样的响，它吵醒了一百里地方里睡觉的动物。电母带来的雷电是那样的明亮，它照亮了天空，就像一条龙在天上吹出火。这座城市的人们害怕了。他们烧香和纸钱。

现在，猴王第四次举起棒，四位龙王带来了雨。雨下得非常大，好像整个长江的水都倒在了这座城市上。所有的街道都被水淹没了。国王说，"请停止下雨。我们有足够的雨了！我怕它会毁坏农夫们农田里的庄稼！"孙悟空第五次举起棒。雨停了。雷声和雷电停止了。风停了。云飘走了，太阳又回到了天空中。

国王对这感到非常高兴。他正准备签署通关文书，把它发送出去。但是道士们很生气。他们说，"陛下，这雨不是那些佛教和尚带来的。它来自我们的力量，不是他们的力量。"

"你怎么能这么说呢？"国王回答道。"你刚刚说龙王不在家。但是佛教和尚让我们看到龙王在这里，他们带来了雨。"

虎力神仙说，"你必须记住，是我先祈祷和烧了香。那时，龙王和其他天气神一定在其他地方很忙。他们用最快的时间来了。是我的祈祷把他们带来了，不是这个很笨的佛教和尚。"

国王再次变得困惑。他不知道该怎么想。孙悟空笑着说，"陛下，这位老道士又在跟您讲故事了。但您应该很容易知道他是不是在说真话。他说，他命令四位龙王带来了雨。所以，让他命令那些龙自己出现！"

"我在宝座上坐了二十三年，"国王回答说，"但我从来没有见过活的龙！"然后他命令道士把龙带来。道士叫了龙，但他们就是不回答他。天上没有龙。然后国王转向孙悟空说，"你能做这吗？"

"当然！"孙悟空说。他把脸转向天空，喊道，"西海的敖闰龙王！我请你和你的三个兄弟都出现！"

所有四位龙王都出现在城市上的天空中。他们在城市上空跳舞，他们的身体像镜子一样在天空中发光。孙悟空等了一会儿，然后向他们喊道，"谢谢你们，龙王和天气神。你们都可以回家了。国王会另选一天为你们做一个特别的祈祷。"龙回到了他们的大海，天气神走了，天空又放晴了。

第 46 章

那天晚些时候，国王签署了唐僧的通关文书。他准备把它给唐僧，但就在那时，三位道士神仙又进来了。

"你们现在想要什么？"国王问。

"陛下，我们在你的王国生活了二十年。我们带来了雨，我们保护了你和你的国人。现在，这个行僧来了，让你看了一点魔法，你准备回到佛教，忘记我们吗？你怎么能这样对我们？我们要求再来一次比赛，看看谁的魔力更强。"

这位国王的头脑不强。他很难做出决定，他总是同意最后一个和他说话的人。所以，他把通关文书放在一边，问道，"你们想要怎么比赛？"

"我们叫它云梯比赛。我们需要一百张桌子。造两座塔，每座塔有五十张桌子，一张放在另一张的上面。我会爬上一座塔顶，只用一朵云，不用手或梯子。佛教徒要用一样的办法爬上另一座塔。然后我们都静想。静想时间最长的人就会赢得比赛。"

国王喜欢这个主意。他告诉他的工人找到一百张桌子，在院子里做成两座塔。然后，他让他的一位大臣向四位游人说了这个比赛。

孙悟空对这不满意。他说，"我砸东西砸得很好。但是我不会静想。我不能长时间坐着不动。我怕我会输了这场比赛。"

"我可以静想！"唐僧说。

"太好了！"孙悟空回答。"你可以坐多久？"

"哦，至少两、三年。"

"我们不需要那么长时间。"

不久，所有的游人和道士都来到了院子里的两座塔旁边。虎力神仙跳上了空中。云在他脚下形成，他从空中向上。当他到了塔顶时，他从云上走下，走到了最高的桌子上。他坐下来开始静想。

孙悟空变成了五色云。云在唐僧旁边的地上。和尚站在云上，云把他带到另一座塔的顶上。唐僧走下云，坐了下来，也开始静想。

现在，鹿力神仙决定帮一下他的兄弟。他从头上拔了一根头发，吹了一下。它飘到了唐僧坐的塔顶。它掉在唐僧的头上，变成了一只虫。虫开始咬唐僧的头。唐僧很想抓他的头，但他知道，如果他动了他的手，他就会输了比赛。

孙悟空看到他的师父有麻烦。他变成了一只蟋蟀，飞到了唐僧坐的塔顶。他看到唐僧头上的虫。他赶走了虫。然后他用他的小腿帮唐僧抓头，停止了痒。

孙悟空知道，虫是不可能飞到塔顶。它必须是一位道士做的。所以他飞到了另一座塔，在静想道士的上方。他变成了一条七寸长的蜈蚣。蜈蚣掉在道士的脸上，在他的上唇上咬了一大口。道士跳了起来，从塔上掉下来。当他来到地面时，他的朋友们接住了他。他们把他带走，国王宣布唐僧赢了比赛。

但是在国王让游人走之前，鹿力神仙对他说，"陛下，我的哥哥有时在冷和有风的天气中会有点问题。这就是为什么他没有办法赢得这次静想比赛。请让我们举行第二场比赛。我们叫它藏物比赛。这个可怜的道士可以看到藏在木板后面的东西。让我们看看行僧是不是可以做到这一点。"

国王再次感到困惑，所以他同意再来一场比赛。他要王后把贵重的东西放进一个红漆箱子里，然后箱子被带到院子里。他说，"让两方面的人都猜猜箱子里有什么宝贝。"

唐僧对孙悟空说，"徒弟，我不知道怎么看到这箱子的里面！"

"不用担心，师父，"孙悟空回答。"我看看，告诉你里面有什么。"他变成了一只蟋蟀，在箱子底上发现了一条小裂缝。他进了箱子，发现宝贝是一件美丽的王宫长衣。他咬了嘴唇，在长衣上吐了一滴血，用他的魔法把长衣变成了一件旧僧衣。然后只是为了好玩，他变成了一只猫，在长衣上面尿尿。然后他变回到蟋蟀，离开了箱子，飞到唐僧的耳朵边。他低声说，"那是一件旧僧衣。"

"怎么样？"国王问。"箱子里有什么？"

"那是一件美丽的王宫长衣，"鹿力神仙说。

"不，不，不，"唐僧回答。"那是一件旧僧衣。"

"你怎么敢这样！"国王大喊。"你认为我们的王国里没有宝贝吗？"

唐僧很害怕，他回答说，"陛下，您低下的和尚求您等着，看看我的话是不是对！"然后他紧张地等着箱子打开。里面是一件旧僧衣，闻起来像猫尿。

现在国王和王后都很生气。王后生气，是因为她美丽的王宫长衣已经变成了碎布，国王生气，是因为在他的宫殿中发现了这么旧的脏东西。他说，"我们还要再举行一场比赛。这次，我会自己把东西藏起来。"他让两个仆人把箱子搬到花园里。在那儿，他发现了一个很大的桃子，有两个拳头那样大，他把它放进箱子。他们回到了院子里。

孙悟空再次变成蟋蟀，进了箱子。他很高兴找到了桃子。他把水果都吃了，只留下一个核。然后他离开了箱子，飞到唐僧的耳朵边，告诉他里面有一个桃子核。

国王又问了箱子里有什么。道士说，"箱子里面是一个大桃子。"

唐僧说，"不，陛下，箱子里只有一个桃子核。"

他们打开了箱子，当然只有一个桃子核。国王摇了摇头，说，"我自己把桃子放在箱子里。真的，这个佛教和尚有非常强大的魔力。"

"是的，"虎力神仙说，"他是有些魔力。但是，这些只是小骗术。我们希望和他们举行最后一场比赛。我们要你砍了我们的头。"

"但是那意思一定是死！"国王哭叫着。

"不是我们。可能是这些和尚，"神仙回答。

孙悟空听到这笑了。"这是我好运气的日子！"他说。"看起来生意已经到了我家门口！"转向国王，他说，"陛下，因为我们赢了前三场比赛中的每一场，所以请同意我们变一下最后一场比赛的规则。我希望自己一个人参加这场比赛。我同意把我的头砍了。对道士来说，他们每个人的头也都要被砍掉。您同意吗？"

国王同意了。孙悟空被绳子捆着，他的头被放在一块木头上。三千名士兵站在那里。刽子手举起斧头，然后斧头掉在猴子的脖子上。他的头掉下来，滚在地上。刽子手踢了一下头，它滚开了。当头滚开时，它喊道，"长！"孙悟空的脖子上长出了一个新的头。

现在国王非常害怕。他告诉唐僧和三个徒弟离开他的城市，再也不要回来。但是孙悟空说，"我们很愿意离开，但是比赛还没有结束。这三个道士也必须丢掉他们的头。"

三个道教神仙被捆了起来。三个刽子手同一时间用三把斧头砍下了头，三个头沿着地面滚着。道士的三个身体都在叫他们的头回来，但孙悟空在三根头发上吹气，把它们变成了三只狗。狗抓住了三只头，然后带着它们逃跑了。道士们不能把他们的头带回来。一分钟后，血从他们的脖子上流出，他们死了。他们的身体变了。一个是没有头的黄虎，一个是没有头的白鹿，一个是没有头的灰羊。

国王看到三个神仙死了。他跪了下来，不停地哭着。孙悟空听了一会儿，然后对国王大喊，"您怎么这么笨？这些不是道教神仙，他们是魔鬼！您看不出来吗？他们只是等着您的力量虚弱，然后他们把您杀死，接管您的王国。您运气很好，我们来到这里，救了您的生命，救了您的王国。但是您看不到。没问题，只要给我们我们的通关文书，我们就可以上路了。"

国王的丞相说，"陛下，猴子是对的。这些是魔鬼，不是道士。"

国王说，"这样的话，我们感谢<u>唐僧</u>和他的徒弟。请今晚在佛庙休息。明天我们会为你们举行一个很大的素食宴会，你们可以继续你们的西行。"

第二天，国王为四位游人举行了一个大宴会。他宣布佛教和尚可以安全回到这座城市。五百名和尚回来了。他们把小段猴子毛还给了<u>孙悟空</u>，感谢他救了他们的生命。

<u>孙悟空</u>站起来，对国王和人们说，"我必须承认。我放了这五百名和尚。我砸了车。我杀了大门外两个道士。我做了这些事情是为了从三个魔鬼那里救你们的城市。从现在开始，请记住佛的话。不要相信别人的假话。也请记住尊敬佛教和尚，尊敬道士，尊敬有才能和聪明的人。做到这些，你们的王国就会安全。"

国王同意。他再次感谢四位游人，把通关文书给了<u>唐僧</u>。然后，<u>唐僧</u>和三个徒弟离开了这座城市，继续西行。

大魔王

第 47 章

亲爱的孩子，昨天晚上我给你讲了四个行人的故事，圣僧<u>唐僧</u>、猴王<u>孙悟空</u>、猪人<u>猪八戒</u>和强大但安静的<u>沙悟净</u>。他们救了<u>车迟</u>王国的人们。等他们结束后，<u>车迟</u>王国的国王给他们举行了一个宴会，感谢他们。

第二天早上，他们继续向西走。他们口渴了就喝，饿了就吃，累了就休息。春天变成夏天，夏天变成秋天。早秋的一天，凉风吹过树林，<u>唐僧</u>和徒弟们说话。他说，"时间不早了。今天晚上我们在哪里可以找到一个地方睡觉？"

<u>孙悟空</u>说，"师父，我们很久以前就离开了家。我们没有舒服的床，我们没有妻子在晚上给我们温暖，我们没有孩子给我们带来快乐。我们生活在太阳、月亮和星星之下。如果有路，我们就走。如果路结束了，我们就停下来。"

"你说得容易！"猪人猪八戒说。"我一天都拿着你们很重的行李。我累了，我饿了，我的脚痛了，我现在就想停下来！"

"今天晚上的月亮很亮。我们再走一点吧，"孙悟空说。其他人也没有和他争论，只是跟在他身后。

这条路在一条大河前结束了。他们看不到远处的另一边。孙悟空用他的筋斗云跳到天空中。他用他的钻石眼睛看，但是看不到河远处的那一边。"这条河很宽，"他说。"我白天可以看到一千里外，晚上可以看到五百里外，但我看不到这条河远处的那一边。我不知道我们怎样才能到远处的那一边。"

唐僧没有说话，他开始轻轻的哭了起来。

"别哭了，师父，"沙说。"我看到那边有一个人，站在水边。他可能可以帮助我们。"孙悟空走过去看。走近一看，他看到那不是人，那是一根高大的石柱子。石柱子上写着三个大字："通天河。"下面是小一点的字：

　　八百里宽
　　少有人能过

四个行人读了这些话，但什么也没说。孙悟空、猪和沙可以很容易地飞过河，但唐僧没有魔力，不能飞。他们怎么才可以都从这条河过去呢？

然后他们听到了从河上一里左右的地方传来的音乐声。"那音乐听起来不像是道家的音乐，"唐僧说。"可能是佛教的。我要过去和他们谈谈。我会向他们要一些素食和一个我们睡觉的地方。你们等在这里。你们都很丑，我不想吓这些人。"

唐僧沿河岸骑着他的白马。他来到了一座大寺庙。每个窗户上都点着蜡烛，在里面点着更多的蜡烛。他摘下他的帽子，在前门外等着。几分钟后，一个老人走了出来。

唐僧鞠躬说，"爷爷，这个可怜的和尚向您问好。"

那人说，"你来晚了。如果你早一点到，你会得到一些米、一些布和一点点钱。现在你什么也得不到。走吧。"他转身走回寺庙里。

唐僧马上说，"爷爷，请等一下。我们是被唐皇帝送往西天。我们去找佛圣书带回唐帝国。快要晚上了，我们只想找个地方过夜。我们早上会离开。"

"和尚，一个离开家的男人，不应该说谎话。唐帝国在东边的五万四千里外。一个人行走，你不可能来到这里。"

"那是真的。我身边有三个徒弟。他们非常能和妖怪，魔鬼、老虎战斗。但他们有点丑。我没有把他们带到这里，因为我不想吓您。"

"今天晚上你吓不到我，"老人说。"带他们进来。"唐僧不明白这一点，但是把三个徒弟叫了过来。孙悟空、猪、沙笑着叫着跑进寺庙。他们带了马和行李。老人倒在地上，叫着，"妖怪来了！妖怪来了！"

"爷爷，别怕，"唐僧说，"他们不会伤害您的。"然后他转向三个徒弟，对他们喊道，"你们怎么这么粗鲁？我每天都告诉你们要像佛教和尚一样做事，但是你们就像荒野里的动物一样！"

老人听了。他看向孙悟空、猪和沙，见他们都没有回答。这才明白，这三人真的是和尚的徒弟，不是妖怪。他让他的仆人给这四个行人拿来食物。仆人们非常害怕。他们拿来了食物，然后飞快地跑出了房间。

老人介绍了他自己，他叫陈澄。他和四个行人坐下来吃晚饭。然后门打开了，另一个老人走进了房间。他用拐杖走路。他对他们说，"你们是什么魔鬼？你们为什么半夜到我们家来吓我们所有的仆人？"

陈澄对行人说，"朋友们，这是我的哥哥，陈清。"他转向他的哥哥说，"哥哥，请不要担心。这和尚是从唐帝国来的。他正带着他的三个徒弟去西方。"第二个人点了点头。他叫仆人搬出几张矮桌。唐僧坐在了房间中间的荣誉坐位上。一边，三张桌子给了孙悟空、猪和沙。另一边，两张桌子给了两个老人。仆人们拿出了水果、蔬菜、米饭、面条和包子。其中一个仆人把马带到外面，给了它一些草吃。

食物被放下后，唐僧拿起筷子，开始念《启斋经》。可还没等他念完，猪就拿起一大碗饭，把饭都倒进他的嘴里。一个仆人跑过来，又在碗里放满了饭。唐僧继续念经，猪又吃了一碗饭。然后一碗又一碗。在唐僧念完经以前，他已经吃完了六碗饭。

晚饭后，唐僧问，"尊敬的爷爷，请告诉我，我们到的时候，你们在举行什么宴会？我没有听出是什么音乐。"澄回答说，"这是为死人做的预先法事。"

猪笑得嘴里都吐出饭来了。"爷爷，当有人在说谎时，我们是知道的。没有为死人做的预先法事。有时会为死人举行法事，但那是在他们死后。我们没有在这里看到任何死人！"

澄回答说，"告诉我，你们这些游人。当你们到河边时，你们看到了什么？"

"我们看到了一根写着字的石柱子。"孙悟空说。"因为这条河，我们不能走得更远。所以我们转身来到了你的寺庙。"

"如果你往另一个方向走一里路，你就会来到灵感大王庙。"

"我们没有看到。告诉我们，这位灵感大王是谁？"

"这位大王把祝福送给远近所有的人。他每个月都送来甘雨，一年又一年送来吉祥的云。"然后他开始哭了。

"这听起来不错，"孙悟空说。"你为什么哭？"

"这些祝福是有代价的。大王爱吃年轻的男孩和女孩和女孩，当然还有牛、猪和鸡。每年他都会选一个家庭。这个家庭必须给他一个男孩和一个女孩。大王吃他们。"

"所以，你家今年要给大王送孩子？"孙悟空问。

"是的，今年是我家。我是一个老人。多年来，我没有孩子。我把我所有的钱都给村里修路和修桥。我一共给了他们三十斤金子。三十斤是一秤。所以当我的女儿终于在八年前出生时，我叫她一秤金。"

"那小男孩呢？"

陈清开口说，"我们两个是兄弟。因为我弟弟没有儿子，大王就要吃我的儿子。他叫关保[1]。我和我弟弟加起来一共活了一百二十年。我们只有这两个孩子。因为大王，他们很快就会死！"他开始哭了。"我们不能对大王说不，但我们很难放弃我们的宝贝孩子。"

唐僧也哭了起来，说，"啊，上天对没有孩子的人太残忍了！"

---

[1] This name means "blessed by Guan" and refers to the warrior Guan Yu in *The Three Kingdoms*.

孙悟空只是说，"老人，你有多少钱？"

清回答说，"很有钱。我和我弟弟有很大一片农田。我们有很多马、猪、羊、鸡和鹅。我们还有金和银。你为什么要问？"

"如果你有这么多钱，为什么不买一个男孩和一个女孩呢？我听说你可以用一百五十两的银子买到两个孩子。"

"那不行。大王经常来看我们。我们看不见他，但当他走过时，我们能感觉到冷风。他认识村里的每一个人。他认识我儿子，也认识我弟弟的女儿。我们买不到一个年龄和样子相同的男孩和女孩。"

孙悟空点了点头。"我明白了。我有个主意。请把你儿子叫出来。"老人叫了一声，关保进了房间。他是一个快乐的小男孩，又是跳舞又是笑。孙悟空把身体摇了一下，马上他看起来就和关保一样。现在房间里有两个快乐的小男孩。两人又是跳舞又是笑。

老人张大了嘴。他不敢相信他看到的。孙悟空把身体摇了一下，变回到了他自己的样子。他说，"你觉得我可以是祭品吗？"

"如果你看起来像那样，是的，当然可以！"清说。"如果你能救我的儿子，我就给唐僧一千两银子，感谢他，帮助他西行。"

"你为什么不感谢我？"孙悟空问。

"大王会吃了你。你会死。如果你死了，我怎么感谢你？"

"让我来决定这事。"

清很高兴。但他的弟弟澄哭了。孙悟空知道为什么。"爷爷，别哭了。我知道你不希望你的女儿被那大王吃了。我们可以阻止它。请给我的猪朋友很多米饭，蔬菜和面条。让他想吃多少就吃多少。然后我就可以让他变成你女儿的样子。我们会救你们的两个孩子，我们会在天上得到功德！"

猪听到了。"哦，不，哥哥，别让我和这事有关系。你可以做任何你想做的事，但我不想成为大王的晚饭！"

"弟弟，你为什么这么说？当我们来到这个房子时，这两兄弟给了我们食物和喝的。现在我们必须还他们。那有问题吗？"

"我不想用我的生命来还！"猪叫道。

唐僧说，"悟能，你哥哥说的是真话。古人说，'救人生命，比造七层塔要好很多。'你可以报答这些和尚给你吃的，你可以在天上得到功德。你和孙悟空应该这样做。这应该会很好玩。"

"好玩？"猪叫道。"这不好玩。而且我不知道怎么变成一个小女孩。一匹马，可以的。一座山，可以的。但是一个小女孩？不。"

"爷爷，"孙悟空对澄说，"请把你的女儿叫出来。"澄叫了一声，一秤金进了房间。孙悟空对猪说，"好，我的朋友。是时候了。变！"

猪很不开心，但还是念了一些魔语，摇了几次头。他的头变成了一秤金的样子，但身体没有任何变化，还是一个胖猪人的身体。

"再变！"孙悟空笑道。

"我不能再变了！"猪叫道。

"好，我帮你。"孙悟空说。他对着猪吹了一口魔气。猪的身体马上就变成了一秤金的样子。

然后孙悟空对陈家兄弟说，"请你们把孩子带进去，这样就不会不知道谁是谁。告诉他们要非常安静，在这一切结束之前不要出来。"然后他变成了关保的样子。他对陈家兄弟说，"你们要怎么把我们送给大王？"

澄说，"我来告诉你。"他叫了四个仆人，拿出两个大红漆盘子。他让孙悟空和猪坐在盘子上。他让仆人抬起盘子，放在两张桌子上。然后他让他们把桌子抬到灵感大王庙去。

在被抬到庙里的路上，孙悟空对猪说，"坐在盘子里。不要动，不要说话。等大王来抓我的时候。然后跑出庙，越快越好。"

猪回答，"可是如果他先抓我呢？"

澄走在他们的身边。他说，"几年前，村里的一些人躲在庙后面看大王。他先吃男孩，然后是女孩。所以我认为它会再次发生这样的事情。可能吧。"

就在这时，一群村里的人在路上遇见了他们，他们拿着火炬，敲着锣。"带男孩去大王庙！带女孩去大王庙！"他们喊着。四个仆人抬着桌子进了大王庙。

第 48 章

到了大王庙，他们看到了一块大石头。石上用金字写着"灵感大王。"在庙的地上是死了的猪羊祭品。村里的人们把男孩和女孩放在祭品的最上面。他们点了许多蜡烛，烧了香。然后他们都唱了起来，

"伟大的父王，我们今天来到您的身边
我们在每年的同一天都会这样做

陈澄给您他的女儿，<u>一秤金</u>
陈清给您他的儿子，<u>陈关保</u>
我们还为您带来猪和羊让您享受
请给我们带来风和雨，让大地变绿
为我们带来五谷丰收"

然后他们烧了纸钱和纸马，回到了自己的家。

<u>孙悟空</u>和<u>猪</u>等了几分钟。然后<u>猪</u>说，"我们现在回家吧，好吗？"

<u>孙悟空</u>说，"你很笨，别这样说话了。如果我们很早离开，大王会对村庄做出可怕的事情。我们同意帮助村庄，所以我们必须帮助他们到最后。我们必须等大王来吃我们。"

就在这时，他们听到外面很大的风声。"哦，天哪，"<u>猪</u>说。庙门打开了，站在那里的是<u>灵感</u>大王。他非常大，非常高。他头戴金头盔，身穿红长衣，腰上一把金剑，一双棕色的大靴子。他的眼睛像明亮的星星，他的牙像钢剑。灰雾包围着他。当他走进庙时，一股冷风跟着他。

他看到了两个小孩子。他用雷声一样的声音喊道，"今年是哪家送的祭品？"

<u>孙悟空</u>笑着说，"好问题！今年是<u>陈</u>家兄弟给你送的祭品。"

大王对这有点困惑。他想，"这很奇怪。孩子们一般都会害怕极了，没有办法回答任何问题。这男孩怎么就这么容易地说话了？我在这里一定要小心！"他说，"小孩子，你们叫什么名字？"

"我叫<u>陈关保</u>，"<u>孙悟空</u>说，"那女孩叫<u>一秤金</u>。"

"这种祭祀是一年一次的习俗。你们已经被送给了我。所以我要吃了你们。"

"做吧！"

大王从困惑变为生气。"别这样跟我说话！在过去的几年里，我一直是先吃小男孩。但是今年我会改变这个习惯。我先吃小女孩。"

"哦，不要！"猪喊道，"请不要改你的习惯！照老办法做！"

大王用手抓住了猪。猪跳到地上，变回到了他自己的样子，用耙子重重地打在了大王的头上。大王踉跄了一下。两片小鱼鳞掉在地上。孙悟空也跳到地上，变回到了他自己的样子。他想用他的棒打大王。大王本来以为他是来参加宴会的，所以他只有腰上那把金剑。那把剑没有足够的强大，不能用来跟孙悟空和猪战斗。

大王飞快地飞上了天空。孙悟空和猪追了上去。站在一片云边上，他喊道，"你们两个从哪里来？你们怎么敢来这里，偷我的晚饭，还骂我？"

孙悟空回答，"我们是唐僧的徒弟。他被他的皇帝送去西天带回圣经。昨天晚上我们住在陈家。他们告诉我们关于叫自己为大王还要吃小孩的魔鬼。我们决定救生命，还要抓住你。现在你必须告诉我们所有的事情。你杀了和吃了多少孩子？如果你把一切都告诉我们，我们可能会让你活下去。"

魔鬼听到这些话，害怕了。他变成一阵风，吹过通天河。"他可能住在河里。"孙悟空说。"我们在这里等到明天。我们可以抓住他，让他带师父过河。"然后两个徒弟拿起猪、羊、桌子和盘子。他们把所有的东西都带回了陈家，把它们丢在了院子里。他们把大王庙里发生的一切，都告诉了唐僧和陈家兄弟。

同时，魔鬼变回到了他自己的样子，来到了通天河底他自己的宫殿。他在椅子上坐了很长时间，没有说一句话。他的朋友和亲戚都很担心他。其中一人说，"大王，一般来说，祭祀回来，你都会很高兴。今年你很安静。发生了什么？"

"我的运气非常不好，"他回答说。"一个去西天取佛书的圣僧，他有两个徒弟。其中一个变成了小男孩，另一个变成了小女孩。他们几乎杀了我！"

他继续说，"我听说过这个<u>唐僧</u>。他们说他已经在十次生命中学习道。他们说只要吃一点他的肉就能有长长的生命。这听起来像是一个好主意。可是啊，这些徒弟！他们非常危险。我想吃<u>唐僧</u>，但又不敢走近那些徒弟。"

一个大鱼妈妈向他鞠躬说，"大王，抓住<u>唐僧</u>不难。我可以帮助你。但如果我帮助你，你要怎么帮助我？"

魔鬼回答，"如果你能教我怎么抓住<u>唐僧</u>，我就成为你的亲哥哥[1]。我们会一起坐下来吃他的肉。"

"谢谢！大王，我知道你可以带来风和雨，你可以翻动河流和大海。但是你能带冰和雪吗？"

"当然，这对我来说很容易。"

"那么，你可以抓住那个<u>唐僧</u>了。今天晚上，你必须带来很冷的天气和大雪。<u>通天</u>河会变成冰。然后，你必须把我们变成人的样子。我们从东岸到西岸走过河。我们会带着伞，我们会推着车。<u>唐僧</u>会看见我们。他会以为我们是生意人，这样过河就很安全。等到和尚和他的徒弟过了河的一半，然后把他们脚下的冰化了。

---

[1] Literally, "dear brother." This is similar to the Western idea of "bond brother" or "blood brother," when unrelated people choose to form a bond as close as that of two brothers. In Book 6, Tangseng became the bond brother of the king Taizong.

他们会掉进河里。你就得到了他们。简单！"

"太好了！"魔鬼喊道。他飞到云中，开始带来冷天气和大雪。河流很快变成了冰。

在陈的家里，四位行人都睡着了。天气变冷了，他们醒来时都在发抖。"我好冷，"猪在发抖。

"笨人，"孙悟空说，"你需要长大了。我们已经离开了家。我们不应该受到热或冷的影响。你怎么会怕冷呢？"可是当他们走到陈家外面的时候，他们看到树上盖满了冰。雪从天上下来，像一根根丝线和一片片玉。风把雪吹成很大很大的雪堆。远远地，他们可以看到河被冰盖着。

澄老人带着几个仆人进屋子生火。唐僧问他，"爷爷，告诉我，您这里有春、夏、秋、冬四个季节吗？"

"当然，"他回答，"我们和其他人生活在同一个太阳下。"

"那您告诉我，为什么我们在早秋的时候有冰冷的天气和大雪？"

"可能我们的王国比你们的更冷。我们在早秋时常常会下一点雪。但是别担心，我们有足够的食物和烧火的木头。你住在这里会很舒服。"

"爷爷，多年前，我离开家，走上了这旅途。唐皇帝他和我一起喝了一杯酒，成了我的亲哥哥。他问我，我的旅途会有多久。我告诉他三年。但是已经是八、九年了，我还没有接近西天。现在，因为这冷天气，我们必须等着。我不知道我们能不能过这通天河。"

澄笑道。"圣父，请放松，好好享受这美好的天气吧！"

第二天，天气更冷了。澄家里生着火，但是行人们还是能看到他们呼吸的气雾，像空中的白云。他们穿上厚外衣，但他们还是感到冷。"我从来没有见过这么冷的天气，"猪说。"我想现在河里一定已经盖着厚厚的冰。"

唐僧看了他一会儿。然后他对澄说，"爷爷，谢谢您这几天对我们的照顾。现在这条河上盖着厚冰。这是我们走过河，继续向西行的时候了。"

"请等一下，"澄回答。"再过几天，冰就会化了。那时我就可以用我的船带你们过河。"

"谢谢您，但我们不能等了。如果可以，请您再给我们三匹马，我的徒弟每人一匹。我们四个人骑马过河。"

澄对这不满意，但他同意了。他的仆人带来了三匹马。四位行人骑上马，看着冰盖着的河。"那些是什么人？"唐僧指着一群过河的人问道。

"我想他们是生意人。许多生意人去河远处那边的西梁女国。河这边卖一钱的东西在河那边卖一百钱。河那边卖一分钱的东西在这里卖一百钱。所以当然可以得到很多利益。生意人喜欢利益，所以虽然有危险，他们也会过河。"

唐僧想着这。"是的，人是名和利益的奴隶。许多人会为了名和利益放弃他们的生命。但在我这里，我为我的皇帝放弃我的生命。可能我也想要有名。可能我和那些生意人没有什么不同。"他转向孙悟空。"大徒弟，准备马。我们现在就离开。"

"等一等！"猪喊道。他跑到一百尺远的冰上。他举起他的九叉耙子，重重地砸在冰上。耙子从冰上弹开。猪的手受伤了，但冰没有被砸开。"好了，"他喊道，"在冰上行走是安全的。"

323

四个行人开始在冰上慢慢地骑着马。唐僧的马马上滑了一下，几乎滑倒。猪让他们等着。然后他跑回陈家，拿了一大捆草。他跑回到唐僧和其他人那里。他们用草包在马蹄上。这阻止了马在冰上滑倒。

他们骑了三、四里路。猪对唐僧说，"师父，请拿着我的耙子。我们骑马时要横拿着它。"

"为什么？我不需要你的耙子。"唐僧回答。

"师父，你不知道这个，但是有的时候冰是有洞的。如果你的马步入了洞里，你和马都会掉进冰里，你会淹死在冷水中。这个耙子可以阻止你从冰上掉下去。当然，马会淹死，但你不会死。"

所以唐僧横握着耙子。孙悟空见这，他就横握着他的棒。沙和尚也那样拿着他的拐杖。猪没了他的耙子，但他横拿着行李杆骑着。

夜晚来了，四个行人不敢停下来。他们继续在月光和星光下行走。他们吃了一点冷的食物。他们骑了一晚上，直到第二天。

当四位行人在冰上骑着马的时候，魔鬼在冰下的宫殿中等着。他听见马蹄在冰上的声音。他用他的魔力化了行人脚下的冰。冰碎了。孙悟空跳到空中，但是其他三个行人和四匹马都掉进水中。猪、沙和白马游到水面，爬到冰上。"师父在哪里？"孙悟空喊道。

水下，魔鬼抓住唐僧，把他带到了水下的宫殿中。"鱼妈妈，快来！"他喊道。"你的主意很好。我们得到了唐僧。让我们把他做成饭吃了！"

"大王，谢谢你，"鱼妈妈回答，"不过请等一会儿。和尚的徒弟现在可能很生气。你应该注意他们，因为如果他们来这里，你要和他们战斗。让我们留着唐僧，等一、两天，当问题解决了，再把他吃掉。我们要唱歌跳舞，举行大宴会！"

三个徒弟来到空中，飞回村子，马跑得像风一样快。他们都到了陈家。"你们的师父呢？"陈澄问。

猪回答说，"现在他的姓是'沉'，他的名字是'到底'。"

"多么可怜！"澄哭着说。"我们告诉他我们可以用船带他，但他不能等了。现在他死了。"

"我不认为我们师父已经死了。"孙悟空说。"是那个魔鬼，灵感大王做的。爷爷，请给我们一些干衣服，把这些湿衣服洗一下，把我们的通关文书弄干，喂我们的白马。我们需要回去面对这个魔鬼。我们要去救我们的师父，我们还要杀死这个恶魔。你们村子可以有和平生活！"

陈家兄弟听到这话，很高兴。他们给了三个徒弟一顿好吃的热饭和干衣服。吃完饭，三个徒弟拿起他们的武器，回到河边找他们的师父，抓住魔鬼。

第 49 章

他们来到了唐僧掉进水里的地方。孙悟空不想下水。他对猪和沙说，"你们两个在水里比我好多了。如果这个魔鬼在山洞里，那没问题，但我在水里不行。我需要用一只手做避水的手势。这就是说我只有一只手可以用我的金箍棒。"

沙说他可以带着孙悟空，直到魔鬼的家。但猪说他更强，他要背着孙悟空。"好的。"孙悟空说。但他有一种感觉，猪想捉弄他。

沙用魔法开了一条往河底的路。兄弟三人向河底跳了下去。孙悟空想猪已经准备好了来捉弄他。所以他从头上拔了一根头发，变了一个假的自己。他把假的自己放在猪的背上，把他自己变成一只虱子，爬进猪的耳朵里。

几分钟后，猪踉跄倒下，把假的孙悟空扔飞到了他面前的地上。假的孙悟空变回到头发，在水中漂走了。"现在你做了这，"沙说。"哥哥漂走了。没有他，我们怎么和魔鬼战斗？"

"别担心，"猪说，"我们不需要那只猴子。我们两个和魔鬼战斗没有问题。"

"不，我不会再继续走。哥哥很强很快，是一个很好的战士。我们需要他。没有他，我不会去。"

孙悟空不能再继续安静下去了。他在猪的耳边喊道，"我在这里！"猪吓得跪了下去，向每个方向叩头。

"哥哥，对不起！"他哭着。"你在哪里？我想说对不起，但我不知道你在哪里！"

"我是你耳中的虱子。现在我要变回我自己的样子。不要再有任何捉弄了！"

他们又走了一百里左右的路。他们来到了一座大房子前。房子上的一块牌子上写着，"水海龟屋。"孙悟空让猪和沙躲起来。他走进大门。他变了他的样子，所以他看上去像一条小鱼。他看了看四周。他看到魔鬼坐在一张大椅子上。他的四周都是他的朋友和亲戚。他们在说着吃唐僧的最好方法。他们应该蒸他、烧烤他、烘培他、还是把他和蔬菜炒在一起？

孙悟空知道了他的师父还活着，很高兴。但他在哪里？孙悟空游到另一条小鱼身边，问，"朋友，我听说大王在谈怎么煮昨天抓到的唐僧。我也想试试那个和尚。他在哪里？"

小鱼回答说，"他在宫殿后面的一个石盒子里。大王正等着看和尚的徒弟是不是来救他。如果他们到明天还不来，我们大家都要吃一点和尚的肉。"

孙悟空和她说了一些话，就游走了，去找那个石盒子。他在宫殿的后面找到了它。他游得更近一点，听到唐僧在里面哭，说：

> 我这次生命里有很多跟河流有关系的麻烦！
> 我出生时，我妈妈把我放在河里
> 我在黑河遇到很大的麻烦
> 现在我可能会死在这冰冷的河中
> 我不知道我的徒弟会不会来救我
> 或者，这就会是我生命的结束。

孙悟空只是笑着说，"师父，你为什么要说这些？土地是所有东西的妈妈，但所有东西都是从水来的。没有土地就没有生命，但是没有水就没有生长。"

唐僧哭着说，"哦徒弟，救救我吧！"

"试着放松一下。我会解决这个魔鬼的，然后你就可以离开这里了。"

孙悟空离开了宫殿，回去见了猪和沙。他说，"我们的师父还活着。他被关在一个石盒子里。魔鬼打算明天吃他。你们两个必须开始和魔鬼战斗。试着赢他。但是如果你不能赢他，试着让他从河里出来。那我就可以打赢他！"然后，他用手做了一个避水的手势，游上河岸边等着。

猪跑到大门前，喊道，"恶魔！把我的师父送出来！"小鱼魔鬼听到这，对大王说，大门前有一头大猪。

大王说，"那一定是和尚的一个徒弟。快，把我的盔甲拿来！"他戴上了他的金头盔和盔甲。他一只手拿着一个大铜锤。另一只手里，他拿着一枝池里的瘦绿草。走出大门，去见猪。他的声音像夏天的雷声。"你这丑猪，你从哪里来，你为什么在这里？"

猪叫着回答说，"不要问问题！你叫你自己灵感大王，但你只是一个恶魔。你还记得吗，你昨天想吃了我！你不认识我吗？我是陈家的一秤金。"

魔鬼回答说，"和尚，我没有做错什么。我没有吃你。但是你打了我的手，伤害了我。你犯了法。你变成另一个人的样子。这样，你还敢回来再次找麻烦？"

"是你再次找麻烦！你送来冷风，冰和雪。你化了冰来抓我的师父。现在把他给我。如果你说半个'不'字，你就试试我耙子的味道！"

魔鬼举起他的铜锤，砸向猪的头。猪用耙子挡住了它。沙看到战斗开始了，就跑过去，开始用他的拐杖打魔鬼。

魔鬼说，"你们两个不是真的和尚。猪，你一定是个农夫，所以才用耙子做武器。"恶魔转向沙说，"你一定是个烘培师傅，所以你用擀面杖做武器。你们不是和尚，你们不是很好的战士！"

三个人这个时候都非常生气。他们在河底战斗了两个多小时。猪对沙眨眼睛，两人就假装输了。他们逃向河面。魔鬼跟着他们。

孙悟空坐在河东岸，注意看着水面。突然出现了大浪。猪和沙从河里冲了出来，猪喊着，"他来了！他来了！"然后大王冲出河面，追着他们。

孙悟空喊道，"看我的棒！"把它打在魔鬼的身上。魔鬼挡住了棒。四个人战斗了一会儿。然后魔鬼转身回到水中。他回到了他的宫殿，把发生的事情告诉了他的朋友和他的亲戚。

鱼妈妈说，"大王，第三个徒弟长什么样子？"

魔鬼回答说，"他看起来像一只猴子。他有一张毛脸，断了的鼻子和钻石一样的眼睛。说真的，他很丑。"

她说，"大王，我知道这只猴子是谁。很久以前，我住在大东海。我听到老龙王在说他的事。他是美猴王，齐天大圣。五百年前，他在天上找了大麻烦，但现在他是佛教徒，是唐僧的徒弟。他改名为孙悟空。他很强大。请不要试着和他战斗！"

"好的，谢谢！"魔鬼说。他转身对他的小魔鬼说，"孩子们，去把大门关上。在大门的后面，做石墙和土墙。不要让那些徒弟进来，一、两天后他们等累了，他们就会离开。那我们就可以吃了唐僧，又可以和平地住下去。"

猪和沙到了。猪用耙子砸坏了大门，但他们没有办法穿过石墙和土墙。他们回到河东岸，和孙悟空谈这事。

谈了很长时间后，孙悟空告诉他们，"我想不出有什么办法可以进入那座宫殿，救我们的师父。你们两个回去看着魔鬼的宫殿。确保他不会把我们的师父带到另一个地方。我要去普陀洛伽山和观音谈谈。我想知道这个魔鬼的名字，他从哪里来，我怎么才能救我们的师父。"

孙悟空用他的筋斗云很快飞到南海，然后飞到了普陀洛伽山。当他到了那里，几个观音的徒弟来见他。其中一个是善财童子。"你好，我的朋友！"孙悟空说。"我记得你被叫为红孩儿的时候，你给我和我的兄弟们找了很多麻烦[1]。"

---

[1] This story is told in Book 14, *The Cave of Fire*.

善财童子回答说,"孙大圣,谢谢你的仁慈。菩萨好心留我,我很高兴为她做事。"

其中一名徒弟让孙悟空等着。"菩萨现在不在。她在竹林里。她告诉我们你要来。她说你要等她回来。"

孙悟空想等着,但他不能等下去了。不一会儿,他跑进了竹林。他看到了观音。她盘腿坐在一棵大树下的地上。她光着脚,穿着简单的衣服。他叫了她,"菩萨,徒弟孙悟空求见你!"

观音没有动,也没有看他。"在外面等。"她说。

"菩萨,我的师父现在非常的危险。我是来问你关于通天河底魔鬼的事情。他抓了我的师父。"

"离开竹林,等我。"她又说。孙悟空没有选择。他离开了竹林,等着她。过了一会儿,她从竹林中走了出来。她还是光着脚,穿着简单的衣服。她的手里拿着一个紫色的竹篮子。"悟空,我和你一起去救唐僧。"

孙悟空和观音一起飞到了通天河。他们来到河东岸。孙悟空叫了猪和沙,他们从河里出来。看到观音,他们向她叩头。

观音取下带子,绑在篮子上。然后她到了空中,飞到河上。她把篮子放到河里。她说,"死人离开,活人留下。"几分钟后,她把篮子从河里拉了出来。篮子里有一条小金鱼。

"悟空,"她叫道,"下水去找你师父。"

"但我们还没有抓住魔鬼,"他回答说。

"魔鬼在篮子里。我会告诉你他的故事。以前,他是住在我家附近池里的一条金鱼。每天他都会来到池的水面听我讲课。他从我的讲课中学会了道,有了强大的魔力。九年前,我从家里出来,但他不在池里。我知道涨潮把他从我的池里带到了这条河里。他在这里变成了一个恶魔。那铜锤其实是一朵莲花的花苞,他把它做成了一件武器。"

三个徒弟向她鞠躬。孙悟空问她要不要等一会儿,让村里的人出来见她。她同意了。猪和沙跑进村子里,喊道,"你们所有的人都来见观音菩萨!"村里的人,年轻的和老的都出来了。他们都跪下,向观音叩头。有一个人画了观音拿着篮子的画像。所以这就是为什么今天你还能看到观音拿竹篮子的画像。

猪和沙跳进河里,很快的向海龟屋走去。所有的小魔鬼都死了。他们找到了里面放着唐僧的石盒子。他们打开了盒子。他们把他拉了出来,把他从河里带出来,回到河岸。陈澄和陈清正等着见他。澄说,"圣父,你应该听我们的!"

唐僧笑着说,"不用再说这个了。你们的问题已经解决了。不用再给大王祭品了,不会再有孩子被魔鬼吃了。现在,你们能不能帮我们找一条船,我们就可以过这条河,继续我们的旅途?"

陈家兄弟还没说话,一个很大的声音从河中传来。"我带你们过河!"每个人都非常害怕。然后一个很大的生物从河里爬到河岸上。那是一只非常大的老乌龟。

孙悟空举起他的棒,说,"不要走近!我会用我的棒杀了你!"

乌龟慢慢开口,小声说,"我很感谢你们。海龟屋以前是我的家。我和我的亲戚住在那里。然后九年前,来了一个恶魔。他杀了我很多亲戚。他把其他的人变成了仆人。我没有办法和他战斗,所以我只能离开我的家。现在你们来了。你们救了你们的师父,你们也救了我的家和这个村子。请让我为你们做这件小事!"

孙悟空放回了他的棒，说，"你说的是真的？"

乌龟说，"如果我没有说真话，就让上天把我的身体变成血！"

孙悟空点了点头。"好吧。那么，过来。"老乌龟游到河岸边，爬上了岸。孙悟空带着白马来到乌龟背上。唐僧站在左边。沙站在右边。猪站在后面。孙悟空站在前面。他没有完全相信乌龟，所以他把虎皮带子套在乌龟的脖子上，像马缰绳一样。他一只手拿着带子，另一只手拿着金箍棒。"乌龟，小心点。一个错的行动，我就会用我的棒打你的头！"

"我不敢！我不敢！"乌龟说。他开始很快游着过河。四个行人和一匹白马骑在他的背上。在一天的时间里，他游过了一条八百里宽的河。他们到了河西岸。

"谢谢你。"唐僧说。"我现在没有什么东西可以给你。但是等我们从西天回来后，我会给你一份礼物。"

"我不需要礼物，"乌龟说。"但你可以为我做点事。我学习道有一千三百年了。我活了很长时间，但我还没有学会怎么改变我自己的样子。当你见到菩萨时，请问他，我怎样才能改变我的样子，成为人的样子。"

"我一定问，"唐僧回答。

乌龟转身在水中不见了。孙悟空帮唐僧上马。猪拿起行李。他们找到了大路，又开始向西走去。这真是，

  圣僧找佛书
  经历许多年许多难
  他心强大，不怕死
  他骑上龟背过天河。

小偷

第 50 章

我亲爱的孩子，你还记得我们昨天晚上的故事吗？圣僧<u>唐僧</u>在乌龟的背上过了一条很宽的河。乌龟还背着和尚的三个徒弟，猴王<u>孙悟空</u>、猪人<u>猪八戒</u>、安静的大个子<u>沙悟净</u>。这只乌龟在一天里游了六百里，过了这条河。当他们来到河西岸的时候，<u>唐僧</u>向乌龟道谢。然后他们继续沿着<u>丝绸之路</u>向西前往<u>印度</u>。

秋天变成了早冬。开始下雪了，天气转冷。路变得狭窄。它向上直到山顶。<u>唐僧</u>的白马走得很困难。终于，这匹马再也带不了<u>唐僧</u>了。<u>唐僧</u>对他的徒弟说，"我们到了一座很高的山。我想我们不能再继续走下去了。我们应该怎么做呢？"

<u>孙悟空</u>说，"我们继续吧。师父，请下马。我们必须走路。"就这样，他们慢慢地往上爬，一直到了山顶。他们看了看四周。在他们前面的西边，他们看到了一座高塔。塔旁边是一些小房子。

"徒弟们，"唐僧说，"你们看！我们的面前有东西。可能是一座寺庙，也可能是一个小村庄。我饿了。我们去那里，要一些吃的吧。"

孙悟空用他的钻石眼睛看了村庄。"请不要去那里，"他说。"我看出那个地方有问题。空气中有邪气。这不是一个好地方。"

"它有什么问题？"和尚问。"那里有一座塔和一些房子。在我看来没问题。"

孙悟空轻轻一笑。"哦，师父，你看了，但是你看不见。我们在旅途中已经遇到了许多魔鬼。他们可以用魔法来弄出他们想要的任何样子的塔和房子。你知道古人说，'龙可以生出九种不同的后代。'魔鬼可以弄出这些东西。当行人走得太近时，魔鬼就会吃了他们！"

"好吧。我们不去那里。但我很饿。你能不能去别的地方，给我们要一些吃的东西？"

"我会的，师父。但这里不安全。让我来保护你。"孙悟空用他的金箍棒在地上画了一个大圈。他告诉唐僧和另外两个徒弟，走进圈里。他把白马带进圈里。然后他拿起行李，也把它放进了圈里。

"师父，请你留在这个圈里。它像石墙一样强。什么都不能进入这个圈里。老虎进不去，狼进不去，妖怪进不去，魔鬼进不去。只要你在这里面，你就会很安全。你如果走出这个圈，我怕会有什么东西杀了你，吃了你。"他停了下来。"他们可能还会吃了猪、沙和白马！"

唐僧同意了。他、猪和沙在圈里坐下。"请不要离开这个圈！"

孙悟空又说一次。然后他用他的筋斗云飞向天空。他在短短几分钟里飞行了一千里。往下看，他看到一个村庄。村庄里有一幢大房子，四周是高大的树木。他来到地上，走到前门，用他的棒敲打木门。

几分钟后，一位老人开了大门。他穿着一件旧长衣，草鞋，戴着一顶旧的羊毛帽子。一只小狗跑出大门，对着孙悟空叫。男人看着他说，"你想要什么？"

孙悟空在他面前拿着他的要饭碗。"老父，这个可怜的游人，来自大唐的土地。我和我的师父，还有另外两个徒弟，一起去西天。我们正经过你们的地方。我的师父饿了。我是来为我们要一些素食的。你能给我们一点米饭吗？"

那人回答说，"年轻人，你走错路了。西天离这里向北有一千里路。"

孙悟空笑道。"是的，老父，你说得对。现在我师父就坐在那条路上，等着我给他带去一些食物。"

"从那里走到这里最少需要一个星期的时间。你还需要一个星期才能回到他那里。在你回去之前，他就已经死了。"

"不，我刚刚离开他不久，和你喝一杯茶的时间差不多。"

那人喊道，"鬼！鬼！"他用他的拐杖在孙悟空的头上打了几下。孙悟空就这样站着不动，拐杖从他头上弹开。那人转身跑了进去。他关上门，从里面锁上了门。

孙悟空对他喊道，"老人，请记住你打了我多少次。每一次你都要给我一碗饭！"他等着，但老人没有开门。所以孙悟空就用自己的魔法变得看不见了。他跳过大门，走进厨房。他看到一个大锅子，里面放满了好吃的米饭。他在他的要饭的碗里装满了米饭。然后他走到外面，用他的筋斗云，回到了唐僧和另外两个徒弟的身边。

现在，就在孙悟空不在的时候，唐僧和他的另外两个徒弟在圈里等着。唐僧已经非常的饿了。他对两个徒弟说，"那只猴子在哪里？他已经离开很久了。"

猪说，"谁知道？他可能只是在什么地方玩。他想让我们在这里坐牢，只是为了好玩。"

"你什么意思，让我们在这里坐牢？"

"师父，你想想。你真的认为地上的一个圈就可以挡住老虎、狼或魔鬼吗？当然不能。那只猴子把我们放在这个圈里来捉弄我们。我们应该开始走路。猴子回来后，他很容易在路上找到我们的。"

唐僧很笨地同意了猪。他们走出了圈。他们走下狭窄的小路，一直走到塔前。它有一道高高的白墙，墙的角落看上去像八字。有一扇很大的门，上面雕刻着爱情鸟。大门被漆成五种颜色。他们没有看到任何人。

"师父，"猪说，"我没有看到任何人。人应该都在里面，用火来保持温暖。我进去看看。"

他走进了塔。他走过三个大房间。他来到一个大殿，有一个两层高的屋顶。屋顶附近是开着的窗户，黄色的丝绸窗帘在风中飘动。没有家具。整座塔像死一样的安静。"人在哪里？"他想。"他们可能想保持温暖，睡在他们的床上。"

猪继续上到了二楼。他走进一个大房间。房间中间有一张大床。床上有一个很大的白色骷髅。骷髅的头骨有罐子那么大。腿有四、五尺长。

他对骷髅说，"我想知道你是谁。你可能是一位伟大的大将。现在我们看到的只有你的骨头。你没有家人和你在一起，你没有士兵为你烧香。过去的伟人，现在只是一副骷髅！"

床后面是丝窗帘。猪看到窗帘后面有光。他走到窗帘后面。他看到光是从一扇开着的窗户里进来的。有一张矮桌。桌子上有三件漂亮的绣花丝背心。猪什么都没有想，就拿起了三件背心。他走到外面去和唐僧说话。

"师父，"他说，"看看我发现了什么。"然后他把房间、骷髅、窗帘和背心的事告诉了唐僧。"房子里没有人，所以我拿了这些背心。请穿上一件，它会让你温暖。"

"不不不！"唐僧喊道。"如果你拿东西，你就是小偷。有没有人看到你不重要。可能没有人知道，但是天会知道。正像玄帝[1]说的，'神眼像闪电。'快把它们放回去！"

猪当然不听。他穿上背心。然后他把一件背心给了沙，沙也穿上了背心。唐僧看着，但没说话。但是，几秒钟后，背心变得非常紧。猪和沙的手臂不能动了。他们几乎没有办法呼吸。唐僧想把背心从他们的身上脱下来，可是脱不下来。

然后情况变得更坏。附近的山洞里住着一个妖怪，他用这座塔来骗然后抓住很笨的游人。猪和沙刚穿上背心，塔就消失了。妖怪告诉他的小魔鬼去抓住三个行人，还有马和行李。小魔鬼把他们三人带到了妖怪的洞。

小魔鬼把唐僧推倒，跪在妖怪面前。"你是谁，你从哪里来？"他喊道。"你为什么要拿我的东西？"

---

[1] Xuandi, the eighth emperor of the Han Dynasty, ruled for 26 years and was known as a wise ruler who brought peace and prosperity to his kingdom.

唐僧哭道，"这个可怜的和尚，是被唐皇帝送往西天，带回佛祖的圣书。我们在一座高山上行走。我饿了，就叫我的大徒弟去要些食物。他让我们等他，但很笨的我们又开始走路了。然后我的另外两个徒弟看到了你的背心，就把它们拿走了，因为他们很冷。我让他们把背心放回去，但他们不听我的。请对我们仁慈一点，让我们走吧，这样我们就可以继续我们的西游。我会一直感谢你的。"

妖怪只是笑笑。"你真的以为我会放你走吗？我听说过你，唐僧。我听说只要吃了一点点你的肉，白头发会变黑，掉了的牙会再长出来，他们又会变得年轻。我们很快就会知道的！"然后他让他的小魔鬼把三个行人都绑起来，磨砺他们的武器，准备和第四个行人孙悟空见面。

当然，不是只有猪和沙是小偷。孙悟空也是一个小偷。他在要饭碗里装了满满一碗从老人那里拿来的饭。他一只手拿着饭碗，用他的筋斗云回到了他离开其他行人的地方。他看到地上的圈，但是那里是空的。行人们不在那里。

孙悟空开始向路的西边跑去。跑了五、六里路以后，他听到一个声音，停了下来。看了四周，他看到一个老人和一个年轻的仆人。"爷爷，"孙悟空说，"可怜的和尚向你问好。我和我师父，还有另外两个徒弟一起西游。我的师父饿了，所以我去给他找一些食物。当我回来时，他们已经走了。你见过他们吗？"

老人回答说，"是不是有一个行人长着长鼻子和大耳朵？是不是还有一个又高又有点丑的行人？是不是有一个皮肤很白的矮胖男人？"

"对对对！"孙悟空叫道。"皮肤很白的男人是我的师父。另外两个是我的弟弟。他们在哪里？"

"忘记他们吧，为了你的生命，快逃吧！"老人说。"我看到他们走上了一条去向强大魔鬼洞的路。这座山是金山。它有一个洞，叫金洞。住在洞里的是大水牛王。如果遇到他，你可能会被杀死。"

孙悟空谢了老人，向他叩头。他正要把要饭碗里的饭给老人。但然后老人和仆人就变回了他们本来的样子。两人向孙悟空叩头。"我们是这个地方的山神和土地神。我们帮你拿着碗和米饭。请用你所有的力量去和大水牛王战斗。"

孙悟空对这很不高兴。"你们这些笨鬼，你们应该早点来，在这妖怪抓到我师父之前，告诉我这个危险。现在事情变得更困难了。我应该用我的棒打你们。但现在，拿着我的米饭。我马上回来。"

他把饭碗给了山神，跑到了洞口。他喊道，"小魔鬼，告诉你们的师父，齐天大圣来了！让他把我师父送出来，不那样做，他就会付出他的生命！"

小魔鬼告诉大水牛王，洞口有一只丑猴。"哦，好的，一定是孙悟空。"妖怪说。"孩子们，把我的长枪拿来！"小魔鬼给他拿来了一把十二尺钢长枪。

妖怪从山洞里出来。他看起来像一个非常大的水牛人。一只大角长在他的头上。他皮肤很黑，大嘴，黄牙，长长的舌头有时会舔他的大鼻子。他用他有力的大手握着钢长枪。"这只笨猴子在哪里？"他叫着。

孙悟空直直地走到他面前，说，"你的孙爷爷在这里。快把我的师父给我。如果你说半个'不'字，你就会死得非常的快，让你都没有时间说你的坟墓应该在哪里。"

"你的师父是个小偷。我不会把他给你的。他应该被杀死,被吃掉。"

"你怎么能说我师父是小偷?他是圣僧,一定不会偷东西!"

"哦,是的,他一定就是个小偷。有证人。他是个有罪的,很快他就会成为我的晚饭。"

两人对骂了一会儿,就不再说话,开始打了起来。猴王用他的金箍棒,妖怪用他的钢长枪。他们打了三十个来回,但没有人能赢。妖怪对孙悟空的战斗能力感到吃惊,说,"神奇的猢狲!神奇的猢狲!现在我知道了你是怎么在天上找了这么大的麻烦!"孙悟空对这妖怪的战斗能力感到吃惊,说,"厉害的神!厉害的神!这妖怪知道怎么用他的长枪!"就这样,他们又打了二十个来回。

终于,妖怪大喊,"攻击!"他所有的小魔鬼都冲上去攻击孙悟空。"哦,太好了!"孙悟空叫道。他把金箍棒扔向空中,大喊,"变!"那棒马上变成了一千根小棒。小棒像雨一样下来,掉到了小魔鬼的头上。他们这些小魔鬼害怕极了。他们保护着头跑回了山洞。

妖怪笑着喊道,"看我的小魔法!"他从袖子里拿出一个白圈,把它扔向空中,大叫一声,"击中!"所有的铁棒又变回到一根棒。那根棒被圈吸了起来。它消失不见了。

孙悟空没了武器。他很快地用他的筋斗云飞走了,勉强逃了出去。

第 51 章

孙悟空飞到了山另一边安全的地方。他坐下来哭了起来。他丢了他最宝贝的金箍棒。现在他手里是空空的。他没有武器。他的师父和他的两个弟弟被关在妖怪的洞里。他不知道他应该做什么。

然后他想到了什么。"那个妖怪认识我！"他想。"我们战斗的时候，他说'现在我知道你是怎么在天宫里找了那样的麻烦！'我没有告诉他。所以他一定是从很久以前我在天宫找麻烦的时候就认识我的。他一定是一个神或一颗星，因为对这个世界的向往，想要生活在地球上。我想知道他是谁，他来自哪里。我必须去天宫找出这些。"

他用他的筋斗云，很快就到了南天门。一名侍卫向他鞠躬，问，"大圣要去哪里？"

"我一定要见玉皇大帝，"孙悟空回答。

四位大臣到了，向孙悟空鞠躬，请他一起喝茶。"你和唐僧结束西游了吗？"一位大臣问。

"没有，"老猴子回答。"我们离西天一半的路都还没有到。我们的旅途花了很长时间，因为我们在路上遇到了所有的魔鬼和妖怪。昨天我们到了金山。一个非常危险的妖怪住在那里。他抓了唐僧。我和他打。他很强大，他能拿走我的金箍棒。我想他可能是一个天上的神，因为对这个世界的向往，他来到人间。我需要知道他是谁，他来自哪里，我应该怎么和他战斗。我一定要和玉皇大帝谈谈，问他为什么不能在他的控制下看住他的人！"

大臣笑着说，"我看你还在天上找麻烦。好，我去告诉玉皇大帝，你想见他。"

不一会儿，大臣回来了，带着孙悟空来到了玉皇大帝的宝座房间。孙悟空鞠躬说，"陛下，谢谢您来见我。几年来，我一直和唐僧一起西游，去带回佛祖的书。因为我们遇到了所有的妖怪、魔鬼和荒野动物，这是一个非常慢的旅途。现在，在金山的金洞里，一只水牛妖怪抓了唐僧。不知道我师父会不会被蒸、被炒、或被烤。这个妖怪很强大。还有，这个妖怪认识我，但我不认识他。我觉得这个妖怪真的是天上来的恶魔星，因为对这个世界的向往，离开了天宫。陛下，只有您能帮助我的师父。请帮助我知道他的名字，让士兵去抓住他。老猴子害怕得发抖地求您。"

一位大臣正站在附近。他笑着说，"悟空，你经常在天上找麻烦。你今天怎么这么害怕？"

孙悟空说，"我现在是一只没有棒可以玩的猴子。"

玉皇大帝对可韩君[1]说："可韩，这只猴子向我们求帮助。这是我的法令。和悟空一起去，了解一下这个恶魔星的名字。去所有的天宫找，问所有的星星和行星。看看是不是有人因为对世界的向往，离开了这些地方。结束后来向我报告。"

可韩君和孙悟空离开了宫殿，开始找人。他们和所有大臣谈话。然后他们和所有的神仙谈话。然后他们和所有的星星、行星谈话。然后他们和雷神和雷电神谈话。然后他们在三十三个天宫里找。最后他们在月亮的二十八宿里找。所有人都在他们应该在的地方。

孙悟空对可韩君说，"谢谢可韩君。老猴子不用再回宫殿麻烦玉皇大帝了。请去向皇帝报告。我会在这里等着。"

可韩君向玉皇大帝报告说，"陛下，我们已经去了您天宫的四个

---

[1] Lord Kehan was one of the nine monarchs in the Shenxiao School of Daoism during the Southern Song dynasty (1127-1279 A.D.).

角落。每颗星星、每颗行星和每个神都在他们应该在的地方。没有人因为对这个世界的向往，离开天宫。"

玉皇大帝说，"这是我的法令。让悟空从天上选几个战士，帮助他抓在下面世界的那个魔鬼。"可韩君回到孙悟空身边，把皇帝的法令告诉了他。

孙悟空安静了几分钟。他心里想，"天上的战士很多，但大多都没有我强。我为什么要从他们那里得到帮助？但另一方面，我也不能违抗玉皇大帝的法令！"

可韩君明白孙悟空为什么不说话。他说，"悟空，你不可违抗皇帝的法令！请从天上选几位战士来帮助你。"

孙悟空想了想，说，"好吧。我要李天王和他的儿子哪吒太子。他们都是伟大的战士。我要他们带着天兵军队。还有，我要两个雷神。他们要在高高的云上看着战斗，向妖怪扔雷电，杀死他。"

可韩君叫来了李天王、哪吒太子、两个雷神和天兵军队。他们都见了孙悟空。他们一起出了南天门，回到了金山。当他们来到金洞的时候，李对孙悟空说，"请让我儿子开始打吧。他是天宫中最伟大的战士。"

孙悟空和哪吒太子站在洞门外。孙悟空喊道，"恶魔，打开这扇门，放我师父走！"小魔鬼跑去告诉他们的师父。魔鬼走了出来，手里拿着钢长枪。他看到了一只丑猴子。在猴子旁边，他看到了一个穿着银盔甲的漂亮年轻人。

妖怪笑了。"啊哈，是小男孩哪吒，李的第三个儿子。你在这里做什么？"

哪吒太子说，"我来这里是因为你找了麻烦！玉皇大帝发了法令，让我来抓你。放唐僧走，你跟我来。"

妖怪想要刺哪吒太子。哪吒用他的银剑去接长枪。他们开始战斗。孙悟空飞到空中，对着雷神喊道，"快！把你的雷电扔向妖怪！"

哪吒说了一些魔语。马上，他有了三只头六条手臂。每条手臂都握着一把剑。妖怪也变成了三只头六条手臂的妖怪。每条手臂都拿着一根长枪。太子把六把剑丢向空中，喊道，"变！"六把剑变成了六千把剑，所有的剑都向妖怪飞去。妖怪拿出他的白圈，喊道，"击中！"马上，六千把剑都被吸进了圈里，消失不见了。哪吒站在那里，手里什么都没有了。妖怪笑了，走回了山洞。

一个雷神对另一个雷神说，"还好我们没有向那妖怪扔雷电！如果妖怪的手把我们的雷电吸进他的白圈，我们要怎么做？我们需要我们的雷电来造雷雨。"

李、哪吒和孙悟空谈了这事。孙悟空说，"我们一定要找到一件不能被那白圈吸进去的武器。"

李说，"只有水和火才能不被吸走，因为它们的力量是没有限制的。"

"当然，你是对的！"孙悟空回答。他跳到空中，用他的筋斗云去了天宫，穿过南天门。这一次，他没有去见玉皇大帝。他去看了火星，那颗火之星。火星出来见他，说，"你怎么又来了？你昨天来过这里。我告诉过你，我家没有人去了地球。你为什么又回来了？"

"我们需要你的帮助。"

"我怎么帮你？伟大的哪吒太子打败了九十六个洞里的魔鬼。如果他不能打败这个妖怪，我怎么能？"

"妖怪有一个魔圈，可以吸走任何武器。它已经吸走了我的金箍棒和哪吒太子的剑。我们不知道它是什么。但是火可以毁坏任何东西。请和我们一起来。点火，烧了魔鬼。你一定要救我的师父！"

火星同意了。他和孙悟空回到了金洞。这一次，李自己站在山洞前，喊着让妖怪出来。妖怪出来，看到了李。"所以，你不高兴是因为我拿走了你小男孩的剑？太不好了！"他笑了。

李天王说，"不，我是来这里抓你的。把唐僧给我！"妖怪当然没有把唐僧给他。他们开始战斗。孙悟空飞上云，对火星说，"准备好用你的火对妖怪！"

李和妖怪战斗。然后他看到妖怪拿出了白圈。李没有停留。他飞走了。"快，用你的火！"孙悟空对着火星喊道。火星向妖怪扔了一个大大的火球。火球里有五条火龙、五匹火马和五只火鸟。妖怪举起白圈。火球被吸进了圈。它消失不见了。所有的龙、马和鸟都消失了。妖怪转身，走回了他的洞。

火星伤心的坐在地上。"我没有了我的火，"他说。"我现在能做什么？"

"等着。"孙悟空说。"我们都知道水能打败火。"他飞上北天门，请水星帮忙。"请带来水。淹没山洞。淹死妖怪！"

"我当然可以，"水星回答，"但那也会淹死你的师父。"

"别担心，我可以让他从死里活过来。"

"好，"水星回答。他从长衣里拿出一个圣杯，举起来。"这个圣杯看起来很小。但它可以装整条黄河。"

孙悟空笑道。"我觉得半个圣杯就足够了！跟我去金洞。等妖怪一打开洞门,就把水倒入洞里。不要等到战斗开始。"

孙悟空走到洞门口,叫妖怪出来。妖怪打开门。水星打开了他的圣杯。一半的黄河水从圣杯中倒出。妖怪马上举起他的白圈,吸干了所有的水。然后水从圈的另一边流出。它冲出山洞,来到山上。孙悟空和水星为了避开冲出来的水,只能飞到空中。水变成了洪水,淹没了四周几里的土地。它淹没了路、村庄和农田。"这很不好。"孙悟空说。"妖怪一点没有受到这个的影响,但是看看我们找来的所有麻烦。"

他真的生气了。他跑回到洞门,用拳敲打着门。"出来,你这个邪恶的妖怪。我不需要我的棒,我会用我的拳来打你!"

"你的拳和核桃一样小,"妖怪说。"但如果你想用你的拳来战斗,我们可以战斗。"他扔掉他的长枪,和孙悟空开始空手战斗。他们打了很长时间,每个人都用拳和脚打来打。李天王、哪吒太子、火星、水星和两位雷神,都在附近看着,对着他们叫。几百只小魔鬼也在叫着,敲着鼓。孙悟空拔了五十根头发,喊道,"变。"头发变成了五十只小猴子。他们都去打妖怪,咬着、抓痕、踢着妖怪。

妖怪变得有些害怕了。他拿出了他的白圈。当孙悟空和其他人看见这,都飞走离开了。五十只小猴子都被吸进了圈里。战斗结束了。妖怪笑着走回山洞。

孙悟空回去和其他人谈话。他说,"你们觉得妖怪的战斗能力怎么样?"

李说,"悟空,他不比你好。但他有白圈。他不会输了战斗的。如果你不能在战斗中打败他,你就必须偷他的宝贝!你很会偷东西。我知道几百年前你从太上老君天宫中的屋子里偷走了丹药。现在你必须偷走他的圈。"

"好主意！"孙悟空说。他变成了一只小虫，爬进了洞里。他看到了几百个小魔鬼，都在跳舞和唱歌。大水生王坐在一张大椅子上，喝酒吃饭。孙悟空在山洞里飞来飞去找圈。他没有看到它。但在洞的后面，他看到了五匹火马，五只火龙和五只火鸟。他们的旁边是金箍棒。孙悟空变回了他自己的样子，抓住了棒。他转身，打开一条路，出了山洞。

第 52 章

孙悟空回到了那些神等他的地方。他们问他发生了什么事。他回答说，"我变成了一只小虫，进了洞里。我看到妖怪在吃喝，在和他的小魔鬼说话。然后我听到了从山洞后面传来马的声音。我走到那后面，找到了我的金箍棒。然后我用棒打开一条路，出了山洞。"

"我们很高兴你找回了你的宝贝，"那些神说，"但我们的宝贝呢？"

"别担心，我会帮你们把它们拿回来的。"孙悟空说。就在这时，他听到一大群人沿着路向他走来。在这些人的前面的是大水生王。在他身后，有几百个小魔鬼。"很笨的魔鬼，你要去哪里？"孙悟空喊道。

"你这个小偷！"妖怪喊道。"你拿走了我的宝贝。你怎么敢这样做！"

"你是小偷！你用你的白圈偷走了我的宝贝。你还偷了我朋友的宝贝。不要逃跑。试试老猴子的棒吧！"

他们又开始打了起来。三个小时后，他们还在战斗。谁也不能赢。一天就要结束了。"悟空，"妖怪说，"我们现在停下来吧。明天早上我们可以继续战斗。"

"闭嘴，你这个无法无天的妖怪！"孙悟空说。"我不在乎是不是太晚了。我想知道谁是更好的战士。"但是妖怪转身跑回了他的洞。他的小魔鬼跟着他。然后他关上洞门，紧锁了门。

李天王对孙悟空说，"好了，今天就这样吧。让我们休息一个晚上，明日再打。"

"不要，"孙悟空说。"现在是我回到洞里的最好时候。妖怪累了。他不会来找我。当然，你知道晚上是做小偷的最好时间！现在是我进到洞里四周看看的最好时间。可能我能拿到你们的一些宝贝。"

猴王又变成了一只小虫。他爬进了山洞。他看见妖怪睡在他的床上。妖怪的白圈像手臂套一样套在他的上手臂上。"啊，那妖怪很小心！"孙悟空想。然后他变成了一只跳蚤。他爬到被子下，咬了妖怪的手臂。妖怪跳了起来，但他的圈还在他的手臂上。"好吧，那不行，"孙悟空想。

所以他飞进了洞中的另一个房间。他看到那里点着明亮的灯。房间里面，是妖怪从神那里拿走的武器。然后他看到桌子上有一小堆有五十根左右的猴毛。"哦，天哪！"他想。他变回了他自己的样子。他拿起头发，在上面吹了一下，小声说，"变！"所有五十根毛变成了五十只小猴子。一些猴子拿起了武器。其他的猴子走到洞的后面，拿了五匹火马、五只火龙、五只火鸟。为了让小魔鬼分心，孙悟空放了一把火。小魔鬼被火吓坏了，想把火灭了。当他们在灭火时，孙悟空和五十只小猴子带着宝贝跑出了山洞。

大水牛王醒了。他从床上跳了起来。他在山洞里跑来跑去，用他的白圈把火抓进去。每次他拿他的圈，火都被吸了进去，消失不见了。最后，所有的火都消失了。"是那只小偷猴子做的！"他喊道。"我会找到他，杀了他！"

第二天早上，孙悟空和那些神回到山洞。"无法无天的魔鬼，"他喊道，"来和老猴子战斗！"

"你这个放火偷东西的猴子！"妖怪回答。"你为什么觉得你能赢我？"

"哦，你这个无法无天的妖怪，"孙悟空说，"让我告诉你我的故事：

    我从出生开始就是一个伟大的战士
    我年轻的时候就跟着大圣学习
    我学会了怎么用上天的力量
    筋斗云，金箍棒
    地球和天堂的所有都是我的
    我在山上和老虎打
    我在海里和龙战斗
    花果山上有我的宝座
    水帘洞里有我的家
    但想要更多，我飞到了天宫
    很笨的我偷上面世界的东西
    我成了齐天大圣
    美猴王
    有一天，那里有一个桃花节
    我没有被邀请，但我还是来了
    我吃了所有的食物，我喝了所有的酒
    玉皇大帝看见了我的邪恶行为
    他送去了一支军队，但我打败了他们

终于太上老君抓住了我

他把我放在火盆里四十九天

我出来时像钢铁一样强大，

像钻石那样硬，

像老虎那样强大！

天神们也害怕我

然后佛祖骗了我

他关了我五百年

没有食物只有火，没有喝的只有热铁

直到唐僧放了我

观音菩萨教了我

现在我和唐僧一起往西走

放了和尚，你这个无法无天的魔鬼

放了和尚，向佛祖鞠躬！"

妖怪听了后，说，"所以你就是在天上偷宝贝的小偷！你的生命结束了。准备去死吧！"他们开始战斗。所有的天神和天上的战士都和妖怪战斗。但是这场战斗结束得和其他的战斗一样。妖怪只是拿着他的白圈，说了一个，"击中。"所有的武器都被吸入圈中，消失不见了。孙悟空和那些神又是两手空空。

天神们很不高兴，孙悟空笑着说，"请你们不要不高兴。你知道古人说的'赢和输对战士来说是经常遇见的事。'我会找出这个妖怪是谁。我已经去天宫问过了玉皇大帝。我在整个天宫中的每一个地方都找了，但我没有发现妖怪是谁。现在我必须去别的地方看看。"

"你要去哪？"李天王问。

"我要一直走到西天，我会问佛祖。他什么都知道。他可以帮助我们。"

"如果你想去，就快点去。"李说。

孙悟空用他的筋斗云，几分钟后就到了西天。他看到一座高山脚下的一个美丽小村庄。每处是鲜花，鸟儿在歌唱，轻风吹过树林。他能听到钟声和流水的声音。圣男圣女们在高大的老树下给他们的学生上课，其他人在小路上慢慢行走。这真是一个满是佛祖精神的地方。

孙悟空只是站着，看着这美丽的地方。然后他听到有人和他说话。他转过身来，看到了比丘尼菩萨。他对她说，"我有一件很重要的事，我要和佛祖面对面的谈。"

比丘尼回答说，"要见佛祖，必须到山顶上的雷音寺。跟着我。"他们飞到了山顶上雷音寺门口。八名金刚侍卫守卫着它。比丘尼对他们说，"孙悟空要见佛祖。"金刚侍卫走到一边让他们进去。

佛祖盘腿坐在树下。他穿一件黄色的长衣和草鞋。他看着孙悟空说，"悟空，我听说唐僧把你从五百年前我关你的监狱里放了出来。我也听说你变了，你现在正在帮助唐僧来雷音寺。但是你怎么一个人在这里？"

孙悟空在地上叩头。他说，"让我告诉佛祖我的故事。您的徒弟现在跟着您走的路。我正在帮助唐僧来到这里。这是一段非常困难的旅途。我们已经走了许多年了。我们遇到了许多魔鬼、妖怪和荒野动物。最近我们来到了金山，在那里我们遇到了大水生王。他是一个恶魔。他抓了我的师父。他有一个强大的武器，一个白圈。它可以让任何武器消失。他打败了我，也打败了天宫里最伟大的战士。魔鬼关着我的师父，打算很快吃了他。

"我相信这个魔鬼是因为对世界的向往才离开了天宫。但我不知道他是谁，也不知道怎么打败他。我去过天宫，问过玉皇大帝，他也不能帮我。现在我请您告诉我这个魔鬼的真名，他来自哪里，我怎么能打败他。"

佛祖坐了一分钟。他用他智慧的眼睛看向远方。很快，他就明白了整件事情。他对孙悟空说，"现在我知道这个魔鬼的名字了。但我不会告诉你，因为你有猴子的舌头，你会说的太多。如果你告诉魔鬼我帮助了你，他只会在雷音寺里争论。那会给我带来很多麻烦。这就是为什么我不会告诉你。但是，我会用不同的方法帮助你。"

孙悟空再次叩头，说，"哦，佛祖大人请告诉我！"

"我要把十八粒金丹砂[1]给我的十八个罗汉[2]。他们会和你一起回到山洞。找到魔鬼。告诉他，你想和他再打一次。当他出来时，我的罗汉会放出丹砂。它会抓住他。他会没有办法动他的手或脚。"

"太好了，太好了！"孙悟空拍着手说。

孙悟空飞到空中，十六个罗汉也一起飞到空中。"另外两个罗汉呢？"他问。很快，最后两个罗汉，龙斗士和虎斗士也和他们一起飞到空中。然后十八个罗汉和孙悟空都飞回到了金洞。李天王、他的儿子哪吒、其他的神和战士来见他们。

"你去了哪里？"李问。

"这是一个很长的故事，没有时间去讲这个了。"一个罗汉说。

---

[1] 丹砂 (dānshā) is cinnabar, mercury sulphide, a naturally occurring bright red ore that can be distilled to produce pure mercury. Daoists believed that through alchemy it could bring immortality.

[2] 罗汉 (luóhàn) is an arhat, one who has gained insight into the true nature of existence and has achieved nirvana.

"悟空，去见见这个魔鬼。我们在云上等。"

孙悟空走到山洞前，用他的拳敲打在门上，喊道，"出来，出来，你这又胖又老的妖怪。再来和老猴子比比！"

魔鬼只是坐在他的洞里。他摇头说，"那只猴子又来了？每次他和我打，他都输了。他没有武器。他的朋友没有武器。他为什么一直回来？"他慢慢站起来，走到门口，打开门。"好吧，你这个笨猴子。我在这里。这次你想要什么？"

"如果你不想再见到我，就说一声对不起，把我的师父和我的弟弟还给我。"

"我们刚刚洗完你的师父和你的兄弟们。很快我们就会把他们做成饭，吃了他们。等我们吃完了，你能不能走开，别再给我麻烦了？"

孙悟空打魔鬼。魔鬼用他的长枪打回去。孙悟空左跳右跳，避开长枪。魔鬼向前走，一次又一次地攻击孙悟空。很快，他就到了洞外。孙悟空对罗汉们喊道，"现在！"

罗汉们站在云上，把丹砂倒在魔鬼身上。丹砂像白雾一样掉下来。它盖住了一切。魔鬼低头看，发现自己的脚和腿都被埋在了丹砂里。他试着把一条腿从丹砂里拉出来，但他不能动。

他拿起白圈，向空中扔去，喊道，"击中！"所有十八粒丹砂魔粒都被吸进圈，消失不见了。所有的丹砂都消失不见了。魔鬼转身走回了他的山洞。

孙悟空飞上云，喊道，"你怎么不送出丹砂？"

"我们的金丹砂丢了！"一个罗汉回答。"那个白圈把它们从我们手中吸走了。现在我们怎么办？"

龙斗士和虎斗士说，"我们还有一个主意。在我们离开雷音寺之前，佛祖让我们等一等。他给了我们两个人特别的指示。他说，如果魔鬼赢了，我们就应该叫你去见太上老君。他会知道应该怎么做。"

孙悟空笑着说，"佛祖也会跟我玩游戏。如果他知道太上老君可以帮助我们，他为什么要让我们输了这场战斗？好吧，没关系。我要去见太上老君，最后解决这件事。"他用他的筋斗云，飞上了南天门。他很着急。他没有停下来和任何侍卫说话，只是穿过大门，直走到三十三层天太上老君的家。

两个年轻人守卫着房子。孙悟空从他们身边走过。他们想要抓住他，但他不理他们。他看到了太上老君。鞠躬说，"先生，我好久没有见到你了！"

"你这个无法无天的猢狲，你怎么会在这里？你应该帮助你的师父去西方。"

"我们遇到了一点麻烦。"孙悟空回答。然后他开始在太上老君的房子里看了四周。房子的后面是一个畜栏。它是空的。一个男孩在附近睡觉。孙悟空对太上老君说，"先生，我相信你的水牛已经逃走了。"

"什么？"太上老君喊道。这让男孩醒了过来。他对太上老君鞠躬说，"圣父，我不知道那头水牛是怎么逃出去的。"

"我知道。"太上老君回答。"我们正在做七返火丹。你是个小偷。你偷了一点给自己喝了。这就是为什么你在过去的七天里一直在睡觉。那段时间，水牛去了人的世界，找了很多麻烦。"

"还有比那更坏的。"孙悟空说。"这个水牛魔鬼有一个白圈。他住在地球上，找麻烦，吃人。"

"哦，不，"太上老君说。"那个白圈是我的金刚圈。它比我所有的武器都强，除了我的叶子扇。"

太上老君拿起叶扇，和孙悟空一起飞下去到金洞。十八罗汉，二雷神，水星，火星，李天王和他的儿子哪吒来见他们。他们解释了所有的事情。

"悟空，"太上老君说，"请你到山洞里，把我的水牛带出来。"

所以，孙悟空再次走到洞门前，喊着让魔鬼出来。魔鬼刚开门，孙悟空就跑到他面前，打在他脸上！魔鬼非常的生气，追着猴子。

魔鬼刚走出洞口，就听到一个声音说，"那是我的小水牛吗？为什么他在这里，没有在他应该在的家里？"

大水牛王抬头，看到了太上老君。太上老君挥着他的扇子，所有的力量都离开了魔鬼。魔鬼把他的白圈扔给了太上老君。太上老君很容易地拿住了，又挥了挥他的扇子。现在魔鬼变了；他不是大水牛王了，他只是一头普通的绿水牛。太上老君挥了挥白圈。它变成了一个穿过水牛鼻子的黄铜环。太上老君拿下他的腰带，绑在黄铜环上。然后他爬上了水牛的背。他们一起回到了太上老君在三十三层天宫的家。

孙悟空和天神们、战士们一起回到了山洞中。他们杀死了留在那里所有的小魔鬼，拿了武器。李天王和他的儿子哪吒回到了天宫。水星回到了河里。火星回到了天空。雷神回到了云中。十八罗汉回到了雷音寺。

孙悟空找到了唐僧、猪和沙。他松开了他们。他们在附近找到了马和行李。他们一起离开了山洞，再次开始向西走。

但就在他们刚开始走的时候，他们听到了一个声音。它说，"哦圣僧！在你继续你的旅途之前，请吃一点东西。"

唐僧听到这声音，非常的害怕，他想可能是又一个妖怪或魔鬼。但那只是山神和金山的土地神。他们对行人说，"这是大圣前几天要来的米饭。他想要帮助你们。他告诉你们留在圈里，但你们没有听他的。这就是你们最近这些麻烦的原因。"

孙悟空说，"他们说得对。猪，你这个笨苦力，是你很笨的话给师父和我们带来了麻烦。为了救你们，我必须去见佛祖。"

唐僧说，"大徒弟，你说得对。从现在开始，我会一直听你的！"

唐僧和三个徒弟吃了米饭，谢过山神和土地神。结束后，唐僧骑上马，开始往前走。诗中说，

> 他们的头脑很清楚，没有担心没有着急
> 他们行人在风中吃饭
> 在水边休息
> 在他们向西行走的时候。

女儿国

第 53 章

唐僧和他的三个徒弟离开了金山，继续向西行。他们走了几个月。冬雪来了，在春雨中化了。冰冷的地面在他们的脚下变得又软又湿。山和山谷从棕色变成了绿色。鸟儿在树上唱歌。

早春的一天，游人们来到了一条河边。他们可以看到河的那一边，但它太宽太深，唐僧的马没有办法过去。河的另一边有一些小房子。孙悟空说，"那是一个小村庄。那里应该有渡船送人过河。"

他们在找渡船，但没有看到任何渡船。猪放下行李，喊道，"嘿，摆渡人！嘿，摆渡人！来这里！"几分钟后，一只小船从柳树下出现，慢慢地穿过河。船很小，但游人们可以看到它足够的大，可以装下他们、他们的马和他们的行李。

渡船到了河岸。船上的人叫道，"如果你们要过河，动起来。"唐僧赶着马向前走。他仔细看了船上的人。他吃惊地看到，这是一个穿着旧外衣、戴着旧帽子的老妇人。她的手很有力，她的皮肤是风化的棕黄色。

孙悟空走到船边，说，"你在开船？"

"是的，"妇人说。

"摆渡人呢？"

妇人笑了笑，没有回答。她等着四个游人和马走上船。然后她把船推离岸边，划船过河到河的另一个岸边。她把船上的绳子绑在一根柱子上，等着游人们下船。唐僧让沙悟净给她几分钱。妇人拿了钱就走了。他们可以听到她走路时发出的笑声。

唐僧觉得很渴。他看着水。它看起来很清很干净。"猪，"他说，"拿要饭的碗，把它装满水。我渴了。"猪把碗放进河里，装满了水。他把碗给唐僧，唐僧喝了一杯左右的水。然后猪把剩下的水倒进了他自己的嘴里。

他们继续向西走。但是，不到半个小时，唐僧和猪都开始感到肚子很痛。"太痛了！"他们两个叫道。他们的肚子开始大起来。唐僧把手放在他的肚子上。他感觉到有什么东西在他的皮肤下动。

很快，他们来到了另一个小村庄。"等在这里，"孙悟空说。"我找人给你们一点药。"

他走到一个坐在家门前的老妇人身边。他对她说，"婆婆，这个可怜的和尚，是从东方唐国来的。我的师父去西天找佛祖的圣书。不久前，他喝了一点河里的水。现在他病得有点厉害。这里有人可以帮助我们吗？"

妇人笑着说，"那么说，你们是喝了河里的水了？你们都进我家来吧，我告诉你们一些事。"四个游人跟着她进了她的房子。孙悟空帮着唐僧走路，沙帮着猪。

孙悟空对她说，"婆婆，请给我师父一些温水喝。"但是老妇人跑到外面，叫她的朋友们过来看。很快，几个中年女人进了屋子。她们指着游人，大声笑了起来。

这让孙悟空很生气。他抓住老妇人，说，"快给我们一点热水，不这样做我就用棒打你。"

但是那妇人只是说，"热水不能帮你们。放开我，我就会告诉你。"

孙悟空放开了她。她说，"你们在女儿国里，在西梁王国。这里没有男人，只有女人和女孩。你们很笨地喝了母子河的水。当一个年轻的女人到了二十岁，想要怀孕时，她就喝那条河里的水。你师父喝了那河水，那只丑猪也喝了。他们俩现在都怀孕了。热水不会改变那个情况！"

"哦，不好了！"猪叫道。"我们是男人。孩子怎么从我们身上出来？"

"不用担心。"孙悟空笑道。"古人说，'水果成熟了，它自己会掉下来。'可能小孩子会从你腋下的洞里出来。"

"我要死了，我要死了，"猪大喊着，摇动着他的身体。

沙对他说，"二哥，别摇得这么厉害。你可能会伤害到孩子。"

孙悟空对妇人说，"你有什么药可以停止怀孕？"

女人回答说，"药不能帮你们。但如果你们向南走几里，你们就会来到解阳山[1]。山上有个山洞。洞里有一口井。如果你们喝那井里的水，你们就可以结束怀孕。"

"听起来不错，"孙悟空说。

"啊，但这不容易。去年，一位道士来到洞中。他不再免费送魔水。你必须给他钱、肉、酒和水果。然后他会给你一小杯水。但你们是可怜的和尚。你们没有钱，所以你们不能从他那里得到水。"

"婆婆，"孙悟空说，"这里离解阳山还有多远？"

"有三千里左右，"她回答。

"很好！"他说。他让沙悟净照顾唐僧和猪。妇人给了他一个大碗，要他在碗里装满魔水。孙悟空拿了碗。他跳到空中，用他的筋斗云，向南飞去解阳山。

过了一会儿，他来到了一座高山。在近山脚的地方，他看到一栋房子。非常漂亮。房子前，有一条小溪从木桥下流过。他走向大门。门外的地上，坐着一位老道士。孙悟空放下碗，向道士鞠躬。

道士点了点头，说，"你从哪里来？你为什么会来我的小山洞？"

孙悟空回答，"这个可怜的和尚和唐帝国的一位圣僧一起行走在旅途上。我们正在前往西天。我的师父渴了，很笨地喝了母子河的水。现在他的肚子大了，痛得厉害。有人告诉我，在这个山洞里有水可以帮助他。我请你给我们一些那样的水。"

---

[1] The Male Undoing Mountain. 解 (jiě) means to untie or undo. 阳 (yáng) is the male principle in Daoism.

道士回答，"我师父是真仙。这是他的山洞，这是他的水。如果你想要一些他的水，你必须带礼物来。我看你是个穷和尚，你没有礼物。请马上离开。我们没有什么可以给你的。"

"请告诉你的师父，孙悟空，齐天大圣来了。可能他会给我一些水。可能他会把整个山洞都给我。"

道士走进洞里，对他的师父说，"先生，外边有个佛和尚。他说他是孙悟空，齐天大圣。他想要一些我们的水。"

仙人听了以后，非常的生气。他跳起来，跑到洞外。他喊道，"你真的是孙悟空，还是另一个人用着他的名字？"

孙悟空看着仙人。他红胡子、红头发和尖白牙。他穿着一件有着金线的红色长衣。他的头上戴着一顶许多颜色的帽子。他的左手拿着一个很尖的金钩。孙悟空对仙人说，"我当然是孙悟空。古人说，"好人站着不改姓，坐着不改名。""

"你认出我了吗？"

"先生，我在外面游走了多年，从来没有见过你这样好看的脸。"

"你师父是唐僧吗？"

"是的。"

"你西游的时候，有没有遇到过一位圣婴大王？"

"是的，就是那个小名叫红孩儿的魔鬼。真仙为什么问这个？"

"我是他的舅舅。牛魔王是我的哥哥。前些时候他给我写了一封信，说唐僧的大徒弟孙悟空给他的儿子圣婴大王带来了可怕的伤害。我不知道去哪里找你。但是现在你来了，站在我的山洞前，要水！"

孙悟空笑了，想让仙人冷静下来。"先生，你错了。你的哥哥是我的朋友，我的亲兄弟。他的儿子一点都没有受到伤害。他成为观音菩萨的徒弟。他现在的名字是善财童子。"

"停止上下翻动你的舌头，你这老猴子！你认为红孩儿做观音的奴隶比他做国王的时候更好吗？当然不是。我要报仇！"他用他的钩子打向孙悟空。

孙悟空挡住了钩子，说，"先生，请停止说这种打的话。只要给我一点水，我就离开。"

"你这个笨人！你不可能打赢我。如果你能活十五分钟，我就给你水。如果不能，我就把你砍了，成为我晚饭的肉！"

就这样，两人在山洞前开始了战斗。诗中说，

> 圣僧喝了溪中的水
> 所以大圣一定要找魔水
> 谁知道这被真仙守卫着？
> 他们说着愤怒的话，他们战斗到死
> 一个为他的师父来找水
> 另一个为他哥哥的儿子来报仇
> 像蝎子一样快的钩
> 想抓住猴子的腿
> 像龙一样强的金箍棒
> 想打仙人的胸
> 战斗了一天，两个人都想赢
> 钩一次一次的钩，棒一次一次的打
> 但没有人能赢这场战斗。

真仙累了。他跑进了洞的后面，消失不见了。孙悟空没有跟着他。他拿着碗走近路，跑进山洞。他用井里的水装满了碗。就在这时，真仙从洞的后面走了出来，挥着他的钩。

孙悟空一只手拿着碗，另一只手拿着金箍棒。这让他很难战斗。真仙用钩子钩住了孙悟空的腿，这让他倒了下来，碗掉在地上。孙悟空不能打，也拿不到水，所以他转身，飞出了山洞，说，"我需要帮助。"

他回到老妇人的家，把洞里发生的一切都告诉了唐僧和猪。"现在，我需要沙跟我来。在沙取水的时候，我会和真仙战斗。"

唐僧说，"可是你走了，谁来照顾我们？"

"别担心，"老妇人说，"我会照顾你们的。你们运气好来到我家。"

"我们为什么运气好？"孙悟空问。

"记得吗，这个村子里没有男人。我老了，不再对爱情感兴趣。但是其他一些房子里有年轻女人。如果你到她们的家，她们会想和你做爱。如果你拒绝，她们会杀了你，把你砍成小块。"

"这听起来不错，"猪说。"除了杀人的那部分。"

"猪，留着你的力量，"孙悟空说。"当你的孩子出来的时候，你会需要它。"

孙悟空和沙带着一只水桶和两条绳子离开了屋子。他们飞到了鲜阳山。孙悟空对沙说，"拿着桶和绳子。躲在洞外。我会和真仙开始战斗。当战斗开始时，你进山洞，从井里取水。然后快快离开。"

孙悟空走到山洞前，喊道，"开门！开门！"

真仙出来回答说，"这是我的洞，这是我的水。连国王也必须为一点点的水向我请求。你什么都没有给我，我也没有看到你在求我。所以离开这里。"

孙悟空拿着他的金箍棒冲向真仙，两人又开始了战斗。在他们战斗的时候，沙进入了山洞，找到了井，装满了桶。老道士看到了他。他说，"你是谁，来偷我们的水？"

沙用他的拐杖打他，打断了道士的肩和手臂。道士倒在地上。沙说，"老人，我不会杀你的。别挡我的路。"他拿起水桶，跑出了山洞。他对孙悟空喊道，"哥哥，我拿了水。你不需要杀真仙！"

孙悟空停止了战斗。他对真仙说，"我可以很容易地杀了你。但让一个人活着总是比杀了他好，所以我会让你走。但是从现在开始你必须给任何要水的人免费的水。"

"永远不会！"真仙叫道，他冲向孙悟空。猴子抓住了仙人的钩。他把它碎成两块。然后他把那两块碎成四块。他把碎片扔在地上，喊道，"现在你同意免费给水了吗？"仙人不说话，只是看着自己碎了的武器，点了点头。孙悟空用他的筋斗云很快地飞回了村子。

孙悟空和沙进了屋子。他们看到，唐僧和猪都快要生孩子了。老妇人说，"快，给我水！"她把一个杯子放入桶中，往杯子里装水。"把这个慢慢喝下去，"她对唐僧说，"它会化了你肚子里的孩子。"

猪抓起水桶说，"我不要杯子！"

"等等！"她对他喊道。"如果你喝一桶水，你身体里的一切都

364

会化了，你会痛苦地死去。"猪只喝了半桶水。

很快，他们的痛苦就变小了。两人都着急地要去厕所。老妇人把马桶给了他们两个。他们走到外面，花了一些时间装满了马桶。他们的痛停止了，他们的肚子回到了正常大小。一些妇人准备了一些汤给他们喝。

"圣父，剩下的水可以给我们吗？"老妇人问。

"猪，你还需要水吗？"唐僧问。

"不需要了，我感觉不错，"猪回答。所以唐僧把剩下的水给了老妇人。女人们为四位游人准备了素食。他们都吃了一顿好吃的晚饭，然后他们休息了一夜。第二天早上，他们离开了村子，继续走他们的路。

第54章

走了有四十里左右的路后，游人们来到了一个城市。唐僧对徒弟们说，"记住，我们还在女儿国。你们所有的人都必须像和尚那样做事，不要像荒野里的动物。尊敬别人，控制你们的欲望。"

他们进了城。很快，他们就到了一个集市。他们看到几百名女人和女孩，她们在买卖许多不同的东西。那里有卖食物、药和衣服的商店。那里有酒店、茶店和小饭馆。很多人都在街道上。当人们见到游人时，有几个人拍手叫道，"看，人的种子来了！人的种子来了！"游人没有办法往前走，因为街道上都是叫喊的人。

"快，"孙悟空喊道，"吓走她们！"猪翻了翻他的耳朵和嘴唇。沙挥了挥他的手臂。

孙悟空跳上跳下。女人们变得害怕起来。她们从徒弟们身边退走，但她们继续看向好看的唐僧。慢慢地，游人们穿过集市，后面跟着几百名女人和女孩。

他们来到了集市结束的地方。一个女人站在路中间。她对他们说，"没有许可，游人不能进入这座城市。你们必须去男人驿站¹，等在那里。我会告诉女王你们的到来。如果她决定帮助你们，她会签署你们的通关文书，你们就可以继续你们的旅途。"

女人指着附近的一个房子。房子上有一块牌子，上面写着"男人驿站。"他们进去坐下。仆人给他们拿了茶。一个小时后，官员来了，问，"客人从哪里来？"

孙悟空告诉她，"我们是从唐国来的穷和尚。我们要去西天找圣书。我们有四个人加上马。我们求你签署我们的通关文书，让我们继续我们的旅途。"

官员让仆人为游人准备食物。然后，她很快地去了宫殿。她告诉门口的侍卫，她需要马上见女王。几分钟以后，她站在了女王的面前。

"为什么男人驿站的官员要见我？"女王问。

这位官员告诉女王关于男人驿站里游人的情况。女王笑着说，"昨天晚上我做了一个梦。美丽的色彩从金色的屏风中穿出，一缕阳光从玉镜子中射出。现在我想上天给我们送来了一份礼物。这个唐僧会是我的丈夫。我们会有孩子，他们会有他们自己的孩子，我们的国家会继续几千年。"

官员回答说，"陛下，这是一个好主意。但我见过唐僧的徒弟。

---

¹ In ancient China, post houses were established along main roads for changing horses. They also served as hotels for officials and traveling businessmen.

他们看起来不像人。他们就像荒野里的动物或神。"

"那不是问题,"女王回答。"我们会签署那三个徒弟的通关文书。我们会给他们食物和钱,让他们往西走。唐僧会留在这里做我的丈夫。"

唐僧和三个徒弟等在男人驿站。他们吃素食,喝茶。"你们觉得会发生什么?"唐僧问。

"哦,她们可能是要你和女王结婚,"孙悟空回答。

"如果她们那样做,我们应该怎么办?"

"师父,就答应她们。老猴子会解决这事的。"

就在这时,官员回到了男人驿站。她向唐僧低低地鞠躬。唐僧说,"亲爱的妇人,我是一个离开家的穷和尚。为什么要向我鞠躬?"

官员说,"圣父,我们祝福你万个幸福。"

"我只是一个穷和尚。我的幸福从哪里来?"

"圣父,这里是女儿国。我们这里已经很多年没有男人了。我们运气很好,因为你来了。我的女王决定用这个王国所有的金银请求你和女王结婚。你会坐在向南的荣誉座椅上,你会成为一个和众人不一样的人[1]。女王还会是这片土地的统治者,但是你会成为她的丈夫。我们会给你的徒弟钱和食物,让他们可以继续去西天。他们回来的时候,我们会给他们更多的钱和食物,帮助他们回到唐国。"

---

[1] "The man set apart from others" (和众人不一样的人) refers to the king, who is believed to suffer from loneliness because of his great power.

唐僧没有说话。官员继续说，"这对你来说是一个很好的机会，圣父。我的女王希望你能很快回答。"

唐僧还是没有说话，猪走到前面说，"你不知道。我师父是圣僧。他十次生命中都在学佛。他对财富、权力或结婚没有兴趣。你应该签署他的通关文书，让他走。我会留下来做女王的丈夫。"

官员看着猪。她闭上眼睛，过了一会儿又张开眼睛。"先生，你是男的，这是真的。不过你真的太丑了。我们的女王不会想要和你结婚的。"

"我认为你太刻板了，"猪说。"我会是一个很好的丈夫。"

"哦，停。"孙悟空对猪说。他对那官员说，"我们会让我们的师父留在这里，和女王结婚。我们三人会继续前往西天。当我们回来时，我们会来见女王和她的丈夫，要钱和食物，完成我们回家的旅途。"

官员鞠躬，谢了孙悟空。猪说，"今天晚上我们想要一个大宴会，要很多食物和很多酒！"

"当然，"官员回答说，她离开了男人驿站。

她刚离开，唐僧就抓住孙悟空，对他叫道，"你这个恶猴！你的骗术要杀死我！你怎么能告诉她们我会和女王结婚？我不敢做这种事。"

"放心吧，师父，"孙悟空说，"我知道你的感觉。但我们必须用我们的骗术来面对她们的骗术。"

"你这是什么意思？"

"想一想。如果你拒绝和女王结婚，会发生什么？你认为她们会签署我们的通关文书，让我们离开吗？当然不是。她们会试着让你被迫和她结婚。你会再一次说不。然后就会有一场大的战斗。我只能用我的棒。你知道我的棒是用来打魔鬼的，不是用来打普通女人的。我可能会杀死几百个人。你真的要我那样做吗？你想要在你的手上有这么多人的血吗？"

唐僧点头。他说，"我明白了。你很聪明。但是我们能做什么呢？如果女王让我去她的宫殿，她会要我做丈夫应该做的事。我怎么能同意呢？我怎么能放弃我的阳气[1]，离开佛道呢？"

"不要对她说不。让她用她的马车来接你，带你进宫殿。请她签署通关文书。和她一起吃一顿好吃的晚饭，但不要和她一起进睡觉房间。晚饭后，告诉她你想用马车去和你的徒弟们说再见。她当然会给你马车。坐马车出城，和我们见面。然后你就可以骑上白马，我们离开这个地方。"

"她们不会跟着我们吗？"

"老猴子会解决的。我会用我的魔法让她们整天都不能动。这会让我们有时间逃走。一天一夜以后，她们才能再动，但是我们离开了。没有人会受到伤害。"

唐僧有一种从可怕的梦中醒来的感觉。他感谢孙悟空的智慧。

就在这时候，那位官员跑进宫里，对女王说，"陛下，您的梦很快就会是真的了。您很快就会有结婚的幸福！我和游人们谈过，告诉他们您要和唐僧结婚。和尚有点犹豫，但是他的大徒弟还是同意了。他只要求您签署他们的通关文书，这样他们就可以继续

---

[1] Daoists believe that a man's male energy (阳, yang) is transferred to his partner during sex in exchange for the woman's female energy (阴, yin).

他们的旅途。"

"唐僧有没有说话?"

"没有。我想他不知道自己要不要结婚。一直是大徒弟在说话。哦,二徒弟想要一个有很多酒的宴会。"

女王告诉她的仆人为游人们准备一个大宴会。然后她让仆人把她的马车和马带来。她坐着马车出了宫殿的大门,去了男人驿站。一百多名宫殿里的官员跟着马车。唐僧和三个徒弟走出男人驿站,来见她。她看了他们每个人。"你们谁是要和我结婚的男人?"那位官员指了指唐僧。

她对这位好看的和尚满是欲望。她对他笑了笑,说,"御弟哥哥,你不和我一起骑凤凰吗?"唐僧的脸变红了。

孙悟空笑着说,"师父放心,我看她只是想让你跟她一起坐马车。"唐僧点了点头,放松了一点。猪看着美丽的女王,口水从他的嘴里流了出来。

女王从马车上下来。她走到唐僧身边,在他耳边轻声说,"亲爱的哥哥,现在,跟我来。坐上凤凰马车,和我一起坐车前往宫殿。我们会成为丈夫和妻子。"

唐僧的另一只耳边小声说,"师父,去吧。别担心。"唐僧对女王笑笑,坐上了凤凰马车。马车转了方向,回到宫殿中,官员们跟在后面。猪追着马车,喊道,"等等!我们要喝结婚的酒!"

女王挨近唐僧。她在他耳边轻声说,"跟在我们后面的那个丑猪人是谁?"

"那是我的二徒弟猪悟能。他总是又饿又渴。做我们的事了。"

"亲爱的，"她笑着对他说，"你吃肉还是吃素食？"

"这个可怜和尚是吃素食的，但我的徒弟们真的喜欢酒。我的二徒弟非常喜欢酒。"

他们来到了宫殿。白鸟在他们头顶的天空中飞。他们听到塔那里传来的音乐。几十名仆人在他们马车经过的路上等着看着他们。

他们进了宫殿的大殿。有客人的桌子。女王和<u>唐僧</u>坐在主人的桌子边，女王在右边，<u>唐僧</u>在左边。三个徒弟坐在他们的两边。其他官员和客人坐在其他的桌子边。女王举起酒杯，向所有的客人敬酒。她看着<u>唐僧</u>。<u>唐僧</u>不知道应该做什么。<u>孙悟空</u>挨近他，在他的耳边轻声说，"师父，这是你敬酒的时候了！"然后<u>唐僧</u>向女王和所有的客人敬酒。

音乐停止了，客人们开始吃喝。桌子上放着许多不同的好吃的食物。<u>猪</u>把许多食物倒进他的嘴里，然后喝了七、八杯红酒。"拿更多的酒来！"他喊道。仆人们为他拿来了更多的酒。

等客人吃完喝完，<u>唐僧</u>站起来。他说，"陛下，感谢您给了这么美好的宴会。我们有足够的食物和酒。现在，请签署我们的通关文书，这样我就可以和我的徒弟们说再见，送他们走上他们的旅途。"

"很好，"女王说。

通关文书包在布里。<u>沙</u>把它打开，把它给了<u>孙悟空</u>，<u>孙悟空</u>转身用两只手拿着给女王。女王看了通关文书。她看到了<u>唐帝国</u>的印章，还有<u>宝像</u>王国、<u>黑公鸡</u>王国、<u>车迟</u>王国的印章[1]。她看着<u>唐僧</u>问，"亲爱的，为什么我在这份通关文书上没有看到你三个徒弟

---

[1] These travels are described in "The Monster's Secret", "The Ghost King" and "The Daoist Immortals."

的名字？"

"我那三个找麻烦的徒弟都不是从唐帝国来的，"他回答。"我的第一个徒弟来自敖莱国的花果山。我的第二个徒弟来自福陵山的一个村庄。我的第三个徒弟来自流沙河。"

"那他们为什么要跟着你？"

"三人都犯了天法。观音菩萨救了他们。现在这三个人都在佛的道上。他们和我一起西游，在我向西的旅途中保护我。许多年前我离开唐帝国的时候，他们不在我身边。这就是为什么他们的名字没有在通关文书上。"

"我可以把他们的名字加到通关文书上吗？"

"我的女王可以做任何她想做的事。"

女王要了墨和毛笔。她用毛笔在通关文书的下面写下了孙悟空、猪八戒、沙悟净的名字。她在通关文书上盖了她的印章，然后在印章下签了她的名字。她把通关文书给了孙悟空。他把它给了沙。沙再用布把它包起来，放进自己的长衣里。

女王给孙悟空一块金钱，说，"这里有一些钱，可以帮助你们西行。当你们回来时，我会给你们更多的钱和礼物。"

孙悟空回答说，"陛下，我们这些离开家的人，不能拿这些礼物。当我们在旅途上，我们找要饭的地方。这就是我们需要的。"

女王让她的一个仆人把一大捆丝绸给孙悟空。她说，"那你们拿着这个给自己做衣服吧。"

孙悟空说，"陛下，离开家的我们，不能穿丝衣。我们只穿布衣。"

女王说，"很好。带三斤饭，这样你们就有东西吃了。"

孙悟空还没说话，猪就大喊，"谢谢你，陛下！"拿了米饭。

唐僧站了起来。他对女王说，"陛下，请和我坐凤凰马车前往城西门。我想和我的三个徒弟说再见，给他们一些最后的指示。然后我会回来，我们会像丈夫和妻子一样在我们剩下的日子里幸福地生活。"

他们一起坐车到西门，所有宫殿里的官员和几百名来自城里的女人和女孩都跟在他们的后面。当他们来到西门时，三个徒弟一起说，"陛下不用再往前走了。我们现在就离开。"

然后唐僧从马车上走下来，说，"再见了，我的女王。我现在必须离开。"

女王的脸因为害怕变得非常的白。她抓住唐僧的长衣，哭着说，"亲爱的，你要去哪里？今天晚上我们就成为丈夫和妻子。明天你就会坐在我的王国的宝座上。你说了你同意的。你都吃了婚礼大宴。为什么现在改变主意了？"

唐僧还没说话，猪就冲到了马车前。他对女王说，"一个和尚怎么会和你这样的骷髅结婚呢？让我的师父继续他的旅途！"这吓坏了女王。她倒在了马车里。沙抓住唐僧，帮他上了白马。他们转身就走，沙挥着他的拐杖，这让人们都向后退。

孙悟空已经准备好用他的魔法让人们不能动。可是就在这时，一个女孩从人群中跑了出来。她喊道，"唐御弟哥哥，你要去哪里？我想和你做爱！"沙想要用他的拐杖打女孩，但他只是打在空气中。女孩叫来了大风。然后她抓住唐僧，两人上到空中，消失不见了。

第 55 章

孙悟空听到了大风的声音。他转身对沙喊道,"师父呢?"

沙回答说,"一个女孩从人群中出来。她抓住了师父。两人在大风中飞走了。"

孙悟空用筋斗云来到空中。他用手放在他的钻石一样的眼睛上,看向所有四个方向。在西北方向很远的地方,他看到了一个很大的黑雷云。"兄弟们,"他喊道,"跟我一起飞。我们一定要救师父!"三个人向着西北方向飞去。

在地上,西梁的女人和女孩们都看到了这。她们倒在地上,哭喊着,"我们不知道这些人是可以飞上天宫的圣人!"

一名官员对女王说,"陛下,不要害怕。这不是一位普通的中国和尚。他是一位伟大的圣人。我们谁也看不到这一点。请坐上您的马车,我们送您回宫殿。"

我们现在不说女王,我们来告诉你三个徒弟的事情。紧跟着黑色的雷云,他们很快向西北飞去。很快,他们来到了一座高山。他们向下离地面更近了些。仔细看,他们看到一块绿色的大平石,像屏风一样站立着。他们向石头后面看去,看到了两扇石门。猪想砸坏门,孙悟空阻止了他,说,"弟弟不要那么笨。我们不知道师父是不是在这扇门后面。如果这个洞是别人的呢?我们不想没有原因的让别人生气。"

孙悟空说了一句魔语,摇了一下他自己。他变成了一只小蜜蜂。他飞过石门上的一个小裂缝。看了山洞的四周,他看到了一张舒服的椅子,椅子的四周是不同颜色的花。椅子上坐着一个美丽的女魔鬼。旁边是几个穿着丝绸长衣的女孩。他们都在说着什么。

又有两个年轻女孩拿着两盘热包子走近魔鬼。"夫人，"她们说，"这是你要的包子。一盘是人肉包子。另一盘是红豆沙包子。"

"孩子们，"魔鬼说，"把唐僧带出来。"两个女孩走进了洞的后面。很快，她们带着唐僧回来了。他的脸很黄，嘴唇很白，眼里都是泪。

漂亮的魔鬼对唐僧说，"放心吧，御弟哥哥！我们的家没有女王的宫殿那么大，但你会发现它很舒服。这里安静平和。在你剩下的日子里，你都会在这里，念佛经，读你的圣书。你会是我的伴侣。"

唐僧吓得说不出话。魔鬼对他笑了笑，继续说，"我知道你在宴会上吃得不多。你一定饿了。请试试我们好吃的包子！"

唐僧心想，"这魔鬼不像女王。如果我让她生气，她可能任何时候都会杀了我。我一定要让她开心，等着我的徒弟来救我。"所以他对魔鬼说，"包子里有什么？"

魔鬼回答说，"有些是人肉。有些是红豆沙。你想吃哪些？"

"这个可怜的和尚一直吃素。"

"很好！"魔鬼叫她的仆人给唐僧送茶。然后她拿起一个红豆沙包子，分成两块，给了唐僧。唐僧拿起一个肉包子给了魔鬼，但他没有把它分开。

魔鬼笑了。"亲爱的，你怎么不把肉包子分开？"她问。

"这个可怜的和尚一直吃素。我不敢分开肉包子。"

孙悟空听了。他想，"我不知道他们为什么说了这么多关于包子的事。但是我很担心师父。是时候结束这一切了。"他摇了一下他的身体，变回了他自己的样子。他喊道，"放开我的师父，你这个恶魔。别吃你的包子了，试试我的棒吧！"

很快，魔鬼吹出一些雾气，把她自己和唐僧藏起来。然后她叫她的仆人，把唐僧带到山洞的后面。她转向孙悟空说，"无法无天的猴子，你来我家做什么？不要从我这里逃走。试试这个！"她用她的三股叉砸向孙悟空，孙悟空用他的棒挡住了它。

魔鬼和猴王打了起来，三股叉对着棒，慢慢地出了山洞。猪和沙在洞外等着。当两个战斗的人从山洞里出来的时候，猪对沙喊道，"快，把马和行李从这里带开，看着它们。我去帮老猴子打魔鬼。"然后他对孙悟空喊道，"哥哥，往后站，让我来和这个婊子打！"

魔鬼看到猪来了。火从她的鼻子里出来。她摇了一下她的身体，现在她不是用一个三股叉战斗，她用三个三股叉战斗。她喊道，"孙悟空，我认识你，但你不认识我。但是我告诉你，你雷音山的佛祖也怕我。"

魔鬼攻击了两个徒弟。空气中都是三股叉、耙子和棒相砸的声音。当太阳从西边下去，月亮从东边上来时，他们三人还在战斗。两边都没能赢。可是突然，那魔鬼跳上空中，向下刺在孙悟空的头上。孙悟空没有看到武器。他痛得大叫，抱着他的头就跑。猪跟在他后面。魔鬼拿起她的三股叉，回到了她的洞。

孙悟空双手抱头，哭道，"哦痛，痛！"

"这很奇怪，"沙说。"你的头很硬。其他妖怪和魔鬼打你的头，没有造成任何的痛。这次怎么了？"

"我不知道。"孙悟空回答。"自从偷了太上老君的金丹以后，我的头就像钻石一样强。五百年前我在天宫找麻烦的时候，<u>玉皇大帝</u>让整个军队来打我，但他们都不能伤害我。然后<u>太上老君</u>把我放在他的火盆里四十九天，那也不能伤害我。我不知道这个魔鬼对我用了什么武器！"

"让我看看你的头，"<u>沙</u>说。"把手拿开。"他仔细地看了，没有看到任何淤青。

"这个魔鬼认识我。"<u>孙悟空</u>说。"她知道我们在<u>女儿国</u>发生了什么。但我不知道她是谁。"他用手轻轻地碰了他的头。"嗯，太晚了，我的头很痛。我不认为师父会马上有危险。魔鬼不想杀他。我想她想和他结婚。但是我师父的心是很强大的。我认为他今天晚上会放弃欲望。我们休息吧。"

在山洞里，魔鬼放好了她的武器，对她的仆人笑着。"孩子们，"她说，"关上门，看着他们。我们不希望那只丑猴子再回来。"她指着另外两个仆人说，"去睡觉的房间，点上蜡烛。我要和<u>唐御弟哥哥</u>一起过这个夜晚。"

<u>唐僧</u>被带进了睡觉的房间。魔鬼对他笑着，轻轻握住他的手臂。她说，"古人说，'金有价钱，有谁知道快乐的价钱？'让你我做丈夫和妻子。我们会玩得很开心！"

<u>唐僧</u>没说话。他不想对她说不，因为他怕她会杀了他。所以他跟着她进了睡觉的房间。他的身体在发抖，他的眼睛闭着。诗中说，

> 他的眼睛什么也看不见
> 他的耳朵什么也听不到
> 对她来说，他漂亮的脸像天堂
> 对他来说，她美丽的脸像土
> 她脱下她的衣服，她的激情很强

他把他的长衣包得更紧，他的心意更强

她只想勾引他

他只想求佛

她说，"我要你，我的床准备好了。"

他说，"我是和尚，我怎么能去那里？"

她说，"我和西施[1]一样漂亮。"

他说，"我和越王[2]一样正直。"

他们谈了和争论了很长时间，一直到深夜。魔鬼终于看出唐僧没有兴趣和她睡觉。所以她用绳子把他绑起来，拖到了山洞的后面。然后她就灭了蜡烛，自己去睡觉了。

第二天早上，孙悟空感觉好多了。"我的头不再痛了。我只是有点痒。"

猪笑着说，"如果你觉得痒了，你应该叫魔鬼再用三股叉刺它一下。"

孙悟空向他吐了口水。"走，走，走！"

"好吧。但是昨天晚上，我觉得我们的师父要疯了，疯了，疯了！"

孙悟空对沙说，"小兄弟，留在这里，看着马和行李。我会和猪一起去，解决这个魔鬼。"

两个人回到了山洞。"等在这里。"孙悟空说。"我进去看看发生了什么。如果昨天晚上师父真的放弃了他的阳气，我们都可以

---

[1] Xishi, the Lady of the West, was one of the Four Great Beauties of ancient China. It's said that when she looked at fish in the pond, the fish would be so overcome by her beauty that they would forget how to swim and would sink to the bottom of the pond.

[2] King Goujian ruled the Kingdom of Yue from 596 to 45 BC. He had no interest in kingly riches. He ate peasant food and slept at night on a bed of sticks.

走了，不理他。但如果他保持强大，你和我必须和魔鬼战斗，救他。"

"不用担心，"猪说。"你知道古人怎么说，'你可以给猫一个鱼肉做的枕头，但枕头在晚上会有很多抓痕。'"

"别胡说了。"孙悟空回答说。他又变成了一只蜜蜂，进了山洞。他看到魔鬼还在睡觉。"嗯，她好像很累，"他想。"我想知道昨天晚上发生了什么。"他飞到山洞更深的地方，发现唐僧被捆得像猪一样。"师父！"他说。

"悟空！"唐僧哭了。"救我！"

"昨天晚上过得怎么样？"孙悟空问。

"别担心，我昨天晚上什么都没做。魔鬼把我留了半夜。但我没有脱衣服，也没有碰她或床。最后她厌倦了勾引我，所以她就这样把我绑了起来。请救我，那样我就可以继续我们的旅途。"

他们说话的声音吵醒了魔鬼。她很生气，但也感到对唐僧有欲望。她对他说，"所以你真的不想和我结婚？你就愿意做一个和尚，每天晚上一个人睡在地上？"

孙悟空从山洞里飞了出去。他对猪说，"你放心，我们师父昨天晚上没有和魔鬼睡觉。他说他没有脱了他的衣服，他也没有碰她。他只想在佛的道上。"

"那好吧，"猪回答。"他还是个和尚。我们去救他。"

猴子和猪拿着他们的武器跑进了山洞。魔鬼见了他们，他们再次开始战斗。火和烟从魔鬼的口中出来，她用三股叉的技术非常好。孙悟空和猪不能打败她。然后她刺在猪的嘴唇上。"哦，疼，疼！"他哭了。他和孙悟空跑出了山洞。

他们回到了沙带着马和行李等他们的地方。他们坐在地上。猪因为嘴唇上的伤痛在哭着。孙悟空和沙在讨论着怎么和魔鬼战斗。然后他们看到一个老妇人从山路上走来。她的左手拿着一篮子蔬菜。"大哥，"沙说，"去跟这个女人谈谈。她住在这地方，她可能知道山洞中魔鬼的事情。"

孙悟空向着那个女人走了过去。当他走近时，他看到她头的四周都是美丽的云。他跪了下来，对其他人说，"兄弟们，快叩头！是观音菩萨！"三人都向她叩头。

"菩萨，"孙悟空说，"请原谅我们没有好好地向你问好。我们的师父在危险中，我们一直没能救他。你能帮我们吗？"

观音说，"悟空，这魔鬼非常非常的危险。她的三股叉其实是她的前爪。你的伤来自她尾巴上的毒刺。是的，这妖怪其实是蝎子精。很久以前，她住在雷音山。她听过佛祖讲的课。佛祖见了她，想把她推开。她刺了佛祖左手的手指。佛祖都觉得这种痛是很可怕的。他让他的一些圣人去抓她，但她逃到了这个山洞里。她想成为人，所以她改变了她的样子。"

"啊，"孙悟空说，"伟大的菩萨能不能告诉我们，怎样才能从这只蝎子精那里救出我们的师父？"

"去东天门。找昴日星官[1]。他会知道怎么打败这个魔鬼精。"然后观音变成一道金色的光，回到南海。

孙悟空告诉另外两个徒弟，他要去东天门找昴日星官。他用他的筋斗云，很快就到了东大门。四位天上的大师见了他。"大圣，你要去哪里？"一位大师问。

---

[1] Mao is the Maned Head, the 18th of the 28 constellations in the Chinese zodiac. It has seven stars and corresponding to Pleiades in the Western zodiac.

"我一定要找到昂日星官，"孙悟空回答。

"你会在观星台那里找到他。"

孙悟空飞到观星台。他看到一百名士兵走过观星台。在他们后面是伟大的昂日星官。他头戴金帽，身穿玉盔甲。一条很宽的宝贝腰带上挂着七星剑。士兵们看到孙悟空，停了下来。昂说，"大圣为什么来这里？"

"先生，我师父被蝎子精抓走了。他有很大的危险。我和徒弟兄弟们都不能救他。刚才观音菩萨说你可以帮我们救我们的师父。"

"好的。我一般会告诉玉皇大帝，但我看你很着急。所以我不告诉玉皇大帝了，也不给你拿茶了。我们现在走吧！"他们一起飞下天宫，来到了山洞。

孙悟空对猪、沙说，"起来，起来！星神来了！"

猪说，"我站不起来。我的嘴唇还很痛！"

"让我看看，"昂说。他看了猪的嘴唇，然后用他甜甜的气吹在上面。痛马上停了，嘴唇回到了正常的大小。

"太好了！"孙悟空说。"你也可以吹我的头吗？"

"你的头怎么了？在我看来没问题。"

"蝎子精昨天刺了我。痛已经停止了，但很痒，感觉到麻。"所以星神在孙悟空的头上吹了一口甜气，痒和麻都消失了。

"现在，让我们来解决这个蝎子精，"昂说。"你们两个，去山洞开始战斗。把她带出来。我会等着她。"

孙悟空和猪冲进了山洞，高举武器。他们砸了二楼的门，大声骂着。蝎子精刚准备松开唐僧的绳子，给他吃的和喝的。看到两个徒弟来了，她就跳了起来，用她的三股叉和他们战斗。他们打了几分钟。蝎子精想要刺他们，但他们很快就跑出了山洞。蝎子精跟在他们后面，高举着毒刺。"快，昂日星官，现在就动手！"孙悟空喊道。

昂日星官变回到他自己的样子，一只七尺高的大公鸡。他对着蝎子精，大叫一声。蝎子精变回到了她自己的样子，蝎子的大小像一只小狗。他又叫了一声，蝎子精倒在地上死了。

昂日星官没说一句话，就飞到空中，回到了天宫。三名徒弟向天鞠躬，说，"谢谢。对不起给你带来这个麻烦。我们会去你的宫殿，面对面地感谢你。"

三个徒弟回到山洞中，准备和蝎子精的帮手战斗。但是当他们到山洞时，帮手们都跪了下来。一个帮手说，"大人，我们不是魔鬼。我们是西梁的女孩和女人，很久以前被魔鬼抓住。我们在这里做了多年的奴隶。你们会在洞后面的一个房间里找到你们的师父。他在哭。"

孙悟空仔细看着她们。他说，"我看你们不是魔鬼。好了，你们可以走了。"徒弟们跑到了山洞的后面，找到了唐僧。

"见到你们真高兴！"他说。"那个女人怎么了？"

"那不是女人，"孙悟空说。"那是蝎子精。观音出现在我们面前，告诉我们只有昂日星官可以帮助我们。我去了东天门，找到了昂日星官。他来到这里，杀死了蝎子精。"

唐僧一次一次地谢了他们。然后他们看了山洞的四周，发现了一些米饭和面条。他们吃了一点饭。吃完饭后，他们帮助女孩们回家。然后他们点了火，把山洞里的东西都烧了。

这以后，他们再次开始西游。

愤怒的猴子

第 56 章

亲爱的孩子，今天晚上我要给你讲另一个关于和尚<u>唐僧</u>和他的三个徒弟的故事。三个徒弟是猴王<u>孙悟空</u>、猪人<u>猪八戒</u>、安静强大的<u>沙悟净</u>。你记得昨天晚上的故事，他们从蝎子妖怪的洞里逃了出来。然后，他们继续他们的西游，去取圣经，带回<u>唐</u>帝国。

春天变成了夏天。游人们沿着<u>丝绸之路</u>慢慢地向西走。他们看到黄色的鸟在他们的头上飞，在温暖的轻风中他们可以闻到花香。

早夏的一天，他们来到了一座大山。山路向上，变得更困难。他们爬上山。空气变凉了。他们看到了山路两边的荒野动物。很远的地方，他们听到老虎的咆哮声。

经过几个小时的爬山，他们来到了山顶，开始在西面向山下走去。<u>唐僧</u>的马累了，开始走得慢了。<u>唐僧</u>不能让马走得更快一些。猪对它大喊，但马不理他。孙悟空说，"让我来吧。"他对马挥着他的金箍棒，对着它大喊。马上，马开始跑了起来。唐和尚吓坏了，双手紧紧抓住马。马跑了二十里，把唐僧带到很前面，离三个徒弟很远。终于，马来到了平地。它不跑了，又开始行走。

在马跑的时候，唐僧已经很害怕了。当马再一次开始行走时，他放松了下来，抬起头来。在路的前面，他看到三十几个人站在路上。他们都拿着剑、矛和长棒。其中一个男人长着绿脸，长牙，看上去就像是一条强大的龙。另一个是红头发，大眼睛，看起来像一只愤怒的老虎。唐僧看出他们是强盗。

"你要去哪里？"绿脸强盗首领问。"我们不想伤害你，我们只想要你的过路钱。马上把它给我！"

唐僧从马上下来。他把两手掌放在一起，然后说，"大王们，这个穷和尚已经行走多年了。很久以前，我离开了唐国。我要去西天取圣经。当我开始我的旅途时，我有一些钱，但我很久以前就用完了。大王们，我请求你们，给一点仁慈，让我继续我的旅途。"

强盗首领说，"我们守卫着这条路，你要付钱给我们。如果你没钱，就给我们你的衣服和你的马。那我们就让你过去。"

"这件长衣旧了，也穿坏了。它是从许多不同的人那里要来的布做的。如果你从我这里拿走它，就像杀了我一样。那时你会怎样？你这一生可能是个大王，但是你的下一生回来可能是一个动物。"

这让强盗首领很生气。他开始用他的棒打和尚。当棒像雨点一样打在他的头上时，唐僧有了一个主意。他说，"请不要打我。我有一个年轻的徒弟，几分钟后就会到这里。他有一小袋银子。我会让他把银子给你。"强盗们不再打唐僧。他们把他绑起来，吊在树上。

不一会儿，三名徒弟走近了。猪看见唐僧吊在一棵树上。
"看，"他说，"我们的师父想要让我们看看他有多么的强大，所以他爬上了一棵树。"

孙悟空用他的钻石眼睛，把情况看清楚了。"你是个笨人，"他对猪说。"别说了。等在这里。我去看看是什么事。"他跳上一座小山，又看了看。现在他看到了强盗。他对自己说，"啊，这很好。生意来我家门口了！"

他摇了一下他的身体，变成了一个十六岁左右的年轻和尚。他走到唐僧面前，说，"师父，这里发生了什么事？这些坏人是谁？"

唐僧哭着说，"悟空，求你救救我！这些是非常坏的人。他们是强盗。他们想要我的钱，但是当然我没有什么可以给他们。所以我告诉他们你会来。我说你会给他们银子。"

"你为什么告诉他们那些？"

"我需要让他们停止打我！"

"好吧，好吧。我喜欢这个。如果你一直这样做，老猴子就会有很多生意！"

说话的时候，强盗们悄悄地在孙悟空的四周围了一圈。绿脸强盗首领说，"小和尚，你师父说你有一点钱。把它给我们吧。"

"没问题，我有不少的金和银。但是你必须先让我师父离开。"强盗首领点了点头，几人把唐僧放了下来。和尚跑向他的白马，跳上马，飞快地骑走了。孙悟空准备跟着他。

强盗首领挡住他，说，"你想要去哪里？"

孙悟空说，"好吧，我会在这里多留一会儿。但是我认为过路钱应该分成三份。"

强盗首领笑着说，"啊，你真是个聪明的小和尚！你想要留一些钱给自己，嗯？那好吧。把你所有的钱都给我们，我们会还给你一点点。你可以把它藏在你的长衣里，你的师父永远不会知道。"

"我不是这个意思。"孙悟空回答。"我的意思是，把你们从其他游人那里拿的钱都拿出来。我们把那钱分成三份，两份给我，一份给你们。"

这让强盗们非常生气。他们开始像雨点一样打在孙悟空的头上。孙悟空只是站着不动。这些攻击一点都没有影响他。最后他说，"你们结束了吗？现在我给你们看一些东西。"他从耳后取出一根小针，拿在手中。"变！"他小声说。针马上变成了他的金箍棒，十六尺长，像饭碗一样粗。

他把棒放在地上，说，"如果你们中任何人能拿起这根棒，你们就可以留着它。"两个强盗首领想要拿起它，但是就像是苍蝇想要拿起一座山。这是因为这棒重一万三千五百斤[1]。孙悟空拿起棒，说，"现在我想你们的运气已经结束了。"他挥了两下棒，马上杀死了两个强盗首领。其他的强盗转身就逃。

这个时候，唐僧正在飞快地向西骑着马，向另外两个徒弟跑去。他走到猪和沙身边，喘着气，"哦，徒弟们，快去你们哥哥那里。告诉他不要伤害那些可怜的强盗！"

---

[1] During the Ming Dynasty when this was written, a cattie was 590 grams, about 1.3 pounds. So the rod weighed almost 9 tons.

猪飞快地跑向孙悟空。他走到猴子面前说,"哥哥,师父让你不要杀死任何强盗。"

"我没有杀死任何人,"孙悟空答道。他指着倒在地上死了的两个强盗首领,说,"他们两个只是在睡觉。"

"那很奇怪。他们为什么睡在路的中间?可能他们整个晚上都不睡觉,在喝酒唱歌。"猪更仔细地看了看。"他们为什么张着嘴睡觉?"

"那是因为我用我的棒打了他们。他们永远不会醒来了。"

"啊,我明白了。"猪回答道。他跑回唐僧身边,说,"师父,好消息。强盗已经解散了。"

"那很好。他们去哪里了?"

"有两个什么地方都没去。"

"那你为什么说他们解散了呢?"

"他们被打死了。这对你来说那不是解散了吗?"

唐僧听了,非常生气。"猪,用你的耙子为这两人挖坟墓。然后我们把他们埋了。我要为死了的人念经。"猪开始用他的耙子挖洞。他挖了三尺左右深,然后他的耙子碰到了一些石头。他放下耙子,用他的鼻子很快地挖完坟墓。当他完成时,洞有五尺深。徒弟们把死了的强盗放在洞里,然后用土把他们盖住。唐僧站在坟墓旁。他把双手放在一起,说,

"兄弟们,我向你们鞠躬,请听我说
我来自东方,是唐皇帝把我送来的
我在这条路上遇见你们,面对面

你们想要我的衣服和我的马

我求你们让我过去，但你们不听

你们遇见了我的大徒弟，倒在他的棒下

现在我可怜你们的尸体

如果你们遇见阎罗王，请记住

我的大徒弟姓孙

我姓陈

我的其他徒弟是八戒和悟净

告诉阎罗王，是孙杀死了你们，不是我们！"

孙悟空听到了。当唐僧说完，他说，"师父，你这就不仁慈了吧？是的，我杀死了这些强盗。但我做这都是为了你。这是你的旅途，我只是在这里帮助你。如果你没有决定去西游，这些人就不会死。如果你没有带着我做你的徒弟，这些人就不会死。这是你的错，不是我的错！"然后他转向坟墓，生气地说，

"听我说，你们这些非常笨的强盗

你们一次又一次地打我的头

你们让我很生气

是的，杀了你们是个错误

但我不怕你们

我不怕阎罗王

我是齐天大圣

地狱里的十个大王都为我工作

玉皇大帝认得我

泰山的守卫怕我

天上的众神都是我的朋友

你们可以去地狱告我

我不在乎！"

唐僧听了这话。他很吃惊孙悟空会这么生气。"徒弟，我的话是

为了让你看到生命的价值，让你成为更好的人。你为什么这么不高兴？"

"师父，"孙悟空说，"你的话不是在开玩笑。"他开始往西走，然后转身又说，"让我们找今天晚上住的地方。"唐僧和另外两个徒弟跟在他身后。四个人都不高兴，有些生气。空气中满是紧张的气氛。

很快，他们来到了一个小村庄。看了四周，他们发现这是一个不错的地方。他们听到狗叫声，看到小屋子窗户上点着的蜡烛。一位老人从一间小屋子里走了出来。唐僧向他问好。"你好，爷爷。我们前往西天，找佛的圣书。已经很晚了，我们想找个地方过夜。请不要怕我的徒弟。他们很丑，但他们不会伤害你。"

老人看着徒弟。他说，"他们非常丑。一个看上去像夜叉，一个是马脸，一个是雷神。"

孙悟空还在生气。他回答说，"老人，雷神是我的孙子，夜叉是我儿子的孙子，马脸是我孙子的孙子。"老人听了，吓坏了。他脸变白，倒在地上。唐僧帮着他站起来，说，"别担心，我的朋友，他们都很粗鲁，不知道怎么礼貌地说话。你叫雷神的那个人，是我的大徒弟孙悟空。你叫马脸的那个人，是我的第二个徒弟猪八戒。你叫夜叉的那个人，是我的第三个徒弟沙悟净。他们不是魔鬼。别害怕。"

"好了，进来吧，"老人说。他们进了他的屋子。老人让他的妻子去把茶拿来。她去厨房泡茶。一个小男孩跟着她。

"爷爷，"唐僧说，"你姓什么，几岁了？"

"我姓杨。我已经活了七十四年了。我有一个儿子。你在这里看到的小孩子是我的孙子。"

"我想见见你儿子。"唐僧说。

"那年轻人不配见你这样的圣僧。我希望他有一份好工作。但他只想杀人，拿走他们的钱。他的朋友都是坏人。他五天前出去了，还没有回来。"

唐僧想着这。他想知道孙悟空是不是那天早些时候在路上杀了他们的儿子。他还没说话，孙悟空就对老人说，"先生，这么坏的儿子，只会给你和你的家人带来麻烦。为什么要留他？让我去找他。我可以帮你杀了他！"

"我可能会让你那样做，但是我没有其他的儿子。我儿子变成了坏人，这是真的，但我死后需要有人帮我挖坟墓。"

孙悟空还没有回答，沙马上就说，"哥哥，做好你自己的事吧。"他转向老人说，"爷爷，你和你的家人对我们很好。请告诉我们，今天晚上我们可以在哪里睡觉。"老人带他们到了谷仓。他把一些干净的草放在地上，给游人们睡觉。很快，四个人都睡着了。

现在，杨的儿子真的是强盗中的一个，但他不是强盗首领中的一个。那天早些时候，孙悟空杀死了强盗首领后，杨的儿子和其他强盗逃跑了。那天晚上，游人们上床睡觉后，强盗敲了杨家的门。老人开了门。强盗跑进屋里，喊道，"我们饿了！"杨的儿子的妻子醒了。她开始为强盗们煮饭。杨的儿子到屋后去拿烧火的木头。他看到了唐僧的白马。他回到屋里，问他的爸爸，"屋后那匹白马是什么？"

老人回答说，"这匹马是旅游僧人的。他们要去西天。他们想今天晚上他们可以睡在这里。"

杨的儿子拍了拍手，对他的朋友们说，"好消息，朋友们！我们的敌人在这里！我们今天晚上可以杀死他们。我们可以拿走他们的马和他们的钱。"

一个强盗说，"让我们等一下。让我们先吃点晚饭，磨一下我们的刀。今天晚上晚些时候，我们可以杀死他们。"所以他们都坐下来吃晚饭，磨刀。

在他们吃晚饭的时候，老人悄悄地走进了谷仓。他叫醒游人，告诉他们强盗正打算杀死他们。"快跑！"他说。游人们拿起他们的行李，离开了谷仓，走上向西的路。

在五更左右的时候，强盗们决定攻击的时候到了。他们跑出房子，跑进谷仓。但是当然，游人们已经走了。强盗带着刀和矛开始在路上向西跑。很快，他们就追上了游人。

孙悟空停下，转身对着强盗。"徒弟，"唐僧说，"你不可以伤害这些人。只是吓吓他们，让他们走开。"

孙悟空不理他。强盗把孙悟空围在中间。他们开始用刀和矛攻击他。猴王开始挥动他的金箍棒，越来越快。当他击中强盗时，他们像星星一样倒下。有几个人逃走了，有几个人受了伤，但大多数人都被杀死了。他们的尸体躺在地上。

唐僧很不高兴。他骑马离开了战斗。孙悟空跑到一名受伤的强盗身边，说，"杨的儿子在哪里？"强盗指着一个人说，"在那里，那个穿黄色衣服的人。"孙悟空跑到那个穿黄色衣服人面前，砍下了他的头。把它拿起来，他跑到唐僧面前说，"师父，这是杨老人的儿子。我已经砍掉了他的头。"

唐僧倒在地上，叫道，"把它拿开！把它拿开！"猪把头踢到路边。然后他用耙子挖了一个小洞，把头埋了。

沙走到唐僧身边，帮他站了起来。唐僧开始念紧头带魔语。孙悟空头上的头带马上变得更紧了。孙悟空痛苦的叫着。唐僧一次又一次地念着紧头带魔语。他念了十次。头带紧了十倍。孙悟空躺在地上,双手放在头上,痛得大叫,说,"师父,求你停下来!"

唐僧对他说,"我没有话可以和你说。我不再想要你做我的徒弟了。杨的儿子是不好,但他也不应该被你杀死。你杀了太多的人,找了太多的麻烦。你没有仁慈。走吧,别回来了!"

孙悟空双手抱头叫道,"停止念经!"然后他用他的筋斗云,消失不见了。

第57章

孙悟空只能离开,但是他可以去哪里呢?他想回花果山的家,但他怕因为他没有跟着他的师父,其他猴子瞧不起他。他想去天宫,但他怕天神不让他留在那里。他想和他的朋友东海龙王住在一起,但他不想因为他是一个没家可以回的猴子才去那里。最后他还是决定回到唐僧那里,向他说对不起。

他用他的筋斗云,来到唐僧的马前,说,"师父,请原谅我。我不会再伤害或杀死别人了。我求你,让我和你一起去西天。"

但是唐僧还是对孙悟空很生气。他只是又开始一次次地念紧头带魔语,念了二十次。现在的头带变得非常的紧,进入了孙悟空的肉里,有一寸深。唐僧说,"你怎么又来我这里找麻烦?快离开。"

"师父,你需要我的帮助。如果没有我,我想你走不到西天。"

唐僧回答说,"你是杀人猢狲。我不要你了。可能我会走到西天，可能我不会，但这和你没关系。现在离开。如果你不离开，我会继续念紧头带魔语，直到你死。"

孙悟空伤心的再次上到云中。他决定去普陀洛迦山见观音菩萨。

一个小时后，他来到了南大海。他飞到了普陀洛迦山，然后进入了观音的紫竹林。观音徒弟木叉见了他，说，"大圣为什么来这里？"

"我有话要告诉菩萨。"

木叉想问他一些问题，但就在这时，一只美丽的白鸟出现了。它来来回回地飞着。这就是说观音已经准备好见他了。孙悟空走近观音。他开始哭了。观音说，"悟空，告诉我你为什么哭。我会帮你。"

"你把我从监狱里放了出来，让我走上佛的道路。从那个时候开始，我就一直跟着唐僧，保护他不受到妖怪、魔鬼和荒野里的动物的伤害。我怎么知道他会这么不感谢我？真的，他不知道什么是黑，什么是白。"

观音笑着说，"悟空，告诉我更多黑和白的事。"

孙悟空把一切都告诉了她。他告诉她关于强盗的事。他告诉她唐僧是怎么用紧头带魔语的。他告诉她，现在天上人间都没有他可以去的地方。

观音听了。说，"唐僧是圣僧，他不会杀人，一个都不会杀。但是你杀了很多人。杀魔鬼或妖怪可以，但你不能杀人。你可以很容易地吓跑那些人，不是去杀死他们。在我看，你做得很不好。"

"我明白。但我不应该被这样对待。我求求你，请给我一些仁慈。请把我从这个神奇的头带中放出来。让我回花果山，安静地住在那里。"

"我很对不起，但我不能那样做。佛祖他自己给了我这个头带放在你头上。他还教了我紧头带魔语。但怕是没有松头带魔语。"

"那好吧。我谢谢你。我现在就走。"

"你要去哪里？"

"我去见佛祖，请他把头带从我的头上拿走。"他站起来，准备离开。

"不，等等。我想为你看看未来。"

"请不要那样。我不想看到我的未来。"

"不是你的未来。是唐僧的未来。"她闭上了她的眼睛，看向了三个世界。她张开了眼睛，说，"悟空，你师父可能很快会死。他会需要你。我会让他把你带回去，这样你们俩可以走到你们旅途的最后，得到智慧。"孙悟空不敢说什么。

就在孙悟空见观音的时候，唐僧和他的另外两个徒弟继续他们的旅途。接近晚上的时候，唐僧已经非常饿了。他让猪在附近找个村子，他可以要一些米饭。猪看了，但没有看到附近有村庄。唐僧说，"那你给我拿点河水。我非常渴。"猪离开去拿水。

唐僧和沙等了很久，但猪没有回来。最后，沙离开去拿水。唐僧这个时候一个人，坐在路边。他听到一个很响的声音，抬头看。孙悟空拿着一碗水站在他面前，说，"师父，我回来了。这里有一些水。喝吧！"

但是唐僧还是很生气。他说，"我不要你的水，我也不要你。对我来说，渴死比让你回来好。现在离开这里！"孙悟空生气了。他把唐僧打倒在地上。然后他抓起行李，用他的筋斗云飞走了。

猪正准备去河里取水，但他抬头看，看到一间小棚屋。他决定去那里要食物。他不想让自己的样子吓到人，所以他念了一个魔语，身体摇了几下。他变成了一个黄皮肤、又病又老的和尚。

"帮帮忙，帮帮忙，"他对着房子的门说，"我是个穷和尚。请给我一些米饭！"屋里有两个女人。他们怕生病的和尚，所以她们马上把他要饭的碗装满了饭，给了他。

猪拿着米饭回来的时候，在路上遇到了沙。猪用他的长衣接住从要饭的碗里倒出来的米饭，然后他们用要饭的碗装满了河里的水。然后他们就回到了他们离开唐僧的地方。可是当他们到了那个地方的时候，看到唐僧的脸向下倒在地上。他看起来像死了一样。行李不见了。

"完了，完了！"猪叫道。"我们结束了。不要再说去西天取经了。你留在这里，看着师父的尸体。我去下一个城市，买一口棺材，这样我们就可以把他埋了。这以后，我们俩都可以回家，忘记这个旅途。"

沙把唐僧的身体翻过来，他弯下腰，仔细看。他看到唐僧轻轻地呼吸着。"师父还活着！"沙说。

他们等着，直到唐僧又呼吸了几次，张开了他的眼睛。他对徒弟们说，"是那个无法无天的猴子。你们走后不久，猴子回来了。我叫他走开。他打了我，以为我死了，就离开了。"

他们回到了猪那天早些时候要饭的那间小棚屋。两个女人中的一个打开门说，"什么，更多的和尚？今天早些时候我看到一个又老又病的和尚，给了他一些米饭。我没有什么可以给你们了。请你们走开,别来给我找麻烦。"

猪告诉那女人,他就是她见过的生病的和尚。然后唐僧解释说他们正去西天,他的大徒弟打了他的头,然后逃跑了。他问他们是不是可以在她家休息。她同意了,给他们一些热茶喝。唐僧喝了茶。过了一会儿,他感觉好多了。他对他的徒弟说,"你们中的一个一定要去找那个无法无天的猴子。他那里有我们的行李,里面有我们的通关文书。你们必须把我们的行李带回来,这样我们才能继续我们的旅途。"

"我去,"猪回答说。"我以前去过花果山。我认识路。"

"不,"唐僧回答。"那只猴子不喜欢你。你说的话常常很粗鲁。他可能会很生气,会攻击你。"然后他转向沙悟净说,"沙,你必须去。找到那个猴子。如果他愿意把行李给你,就拿着,然后回到这里。如果他拒绝,不要和他争论或战斗。去普陀洛迦山,把一切都告诉观音菩萨,请她帮忙。我们在这里等着。"

沙悟净走了三天,来到了东大海。他闻到盐水的味道,感觉到大海的风。他飞过大海,很快就到了花果山。往下看,他看到孙悟空正坐在一块高高的石头上,四周围着许多猴子。沙从云上下来,来到地上。

孙悟空马上大叫,"抓住他!"几十只猴子围着沙,抓他的手臂和腿,所以他不能动。他们把他抬到孙悟空面前,孙悟空说,"你是谁,没有我的许可,就来到我的山洞?"

"我是你的弟弟,沙悟净。我们的师父对你很生气,对你用了紧头带魔语。我和你的猪弟弟没有想要阻止他。你求他停止说那个魔语,但他拒绝了。然后你用你的棒打他,飞到这里。如果你没有对我们生气,就跟我回去。我们将一起继续我们的西游。但如果你还在生气，就把行李给我。你可以留在这里，享受你的老年生活。"

"兄弟，你不懂。我不想和你们、还有师父一起行走。我决定自己去西天。我要去雷音山，问佛祖要圣书，我会把它们送到唐皇帝那里。我的名字将一直留传下去！"

"哥哥，你有些不明白。佛祖告诉过观音菩萨，在东方找一位僧人，他将走过千座山，来到西天。在旅途中遇到许多麻烦是和尚的命运，这就是为什么我们三个人都从监狱中被放出来，让我们和他一起西游。佛祖一定不会把圣书给你一个人。"

"啊，但我这里是有一个唐和尚。我还有另外两个徒弟兄弟。猴子们，给他看看！"小猴子带出了一匹白马。骑马的是一个唐僧。站在他旁边的是一个猪八戒和一个沙悟净。

沙看到这，变得非常愤怒。"老沙走不改名字，坐不改姓。不会有另一个像我的人！"然后他用他的拐杖击中第二个沙，马上杀死了他。死了的沙的身体变成了魔猴精。孙悟空和其他的猴子围住沙，开始和他战斗。沙飞快地飞走了，他对自己说，"我要马上见菩萨！"

一天一夜后，他来到了普陀洛迦山。他慢慢地从云上下来。木叉见了他，问他，"沙悟净，你为什么在这里？你应该和唐僧在一起，帮助他去西天！"

"我要见菩萨！"沙回答。

木叉带他去见观音。观音菩萨正坐在紫竹林的木头平台上。平台下坐着孙悟空。他对他自己说，"唐和尚一定是遇到了麻烦，这就是为什么沙在这里。"

沙走近平台。他打算告诉观音他的故事。可在他想要说话前，他向平台下看，看到了坐在那里的孙悟空。他马上想用他的拐杖打那只猴子，大叫道，"你这个无法无天的猴子！你想要杀死我们的师父！你怎么敢来这里，骗菩萨？"孙悟空只是走到一边，躲开了这一攻击。

"停！"观音说。"悟净，你如果对这只猴子有意见[1]，告诉我。别打他。"

沙放下他的拐杖。他向观音磕头，把一切都告诉了她，从孙悟空杀了两个强盗首领开始，到花果山战斗的事。

"悟净，你错怪人了。这四天来，孙悟空一直和我在一起。我没有让他去任何地方。"

"可是我在花果山见到他！你觉得我在说谎吗？"

"请不要生气。你和悟空一定要一起去花果山看看。谎话会被毁掉，但真相会留下。"所以，孙悟空和沙悟净一起飞到了花果山去找出真相。

第 58 章

孙悟空的筋斗云比沙在云上飞要快得多。很快，他就远远的走在沙的前面。"慢点，"沙说，"不要试着在我之前到那里，也不要在我看到那里发生的事情之前改变那里的事情。"所以孙悟空慢了下来，和沙一起走。

经过一天一夜的飞行，他们来到了花果山。往下看，他们看见一

---

[1] 意见 (yìjiàn) means "opinion." Chinese people say "do you have an opinion on this?" instead of "do you have a problem with this?"

个<u>孙悟空</u>正坐在一块高高的石头上。他看上去和另一个<u>孙悟空</u>长得一样。他头上戴着一个金头带，棕色毛发，钻石眼睛，一张长着大牙的毛脸。他穿着一件丝绸衬衫，一条用虎皮做的短裙子，一双鹿皮靴子。他手里拿着一根金箍棒。

真的<u>孙悟空</u>大喊道，"你怎么敢看上去像我的样子，抓我的小猴子，坐在我的山洞里？试试我的棒！"假<u>孙悟空</u>没有时间回答。他举起了他自己的棒。他们开始战斗。诗中说，

> 两根铁棒
> 两只战斗的猴子
> 这场战斗不是件小事！
> 两个都想西游
> 真猴跟着佛
> 假猴不跟任何人
> 他们两个都有强大的魔法
> 他们战斗的技术一样
> 他们在洞里开始战斗
> 但很快上到空中
> 他们战斗了很长时间，但没一个能赢

<u>沙</u>看着两只战斗的猴子。他想帮助<u>孙悟空</u>，但不知道哪个是真，哪个是假。他找事情做，他来到了地上，杀了小魔猴。然后他砸坏了所有的石头家具。然后他去找行李，但没有找到，因为行李被藏在<u>水帘</u>洞的瀑布后面。最后，他又飞到了云上，继续看着战斗。

"<u>沙</u>，"其中一只猴子喊道，"回去告诉师父这里的情况。让老猴子和这个魔鬼战斗。我会把他带去<u>普陀洛迦</u>山，让<u>观音</u>认出真假。"

另一只猴子喊道，"<u>沙</u>，回去告诉师父这里的情况。让老猴子和

这个魔鬼战斗。我会把他带去普陀洛迦山，让观音认出真假。"

两只猴子听起来完全一样，看起来也完全一样。沙不知道应该怎么做，所以他照两只猴子告诉他的去做。他回去向唐僧报告。

空中的战斗还在继续。两只猴子用他们的筋斗云飞到了普陀洛迦山，一路上都在战斗。他们来到了普陀洛迦山。木叉进入观音的山洞，告诉她，"菩萨，两个孙悟空刚到。他们在战斗。"

观音离开她的洞去看他们，木叉和她的另一个徒弟善财跟着她。其中一只猴子对她说，"菩萨，这个魔鬼像我，但他是假的。我们的战斗从花果山开始，一直继续到这里。我很难打败这个假的。沙看不出真假，所以他不能帮我。请帮助你的徒弟。分出真假，说出真相！"

然后另一只猴子说了一样的话。

观音看了看他们，然后她说，"你们别打了。分开站，让我看看你们。"他们停止了战斗，站着看着她。她让木叉抓住其中一个，让善财抓住另一个。然后她念了紧头带魔语。两只猴子都叫了起来，双手抱头。他们开始在地上打滚，同时还在相斗。

观音对他们说，"孙悟空！"两人都停止了战斗，看着她。"五百年前，你在天上找了大麻烦。天宫里所有的大人都认识你。现在去那里，让他们告诉你们哪一个是真的，哪一个是假的。"

两个孙悟空都谢了她，然后飞到了南天门，一路战斗。他们飞过大门，一直飞到了玉皇大帝的宫殿。四位天上的大师见他们来了，对皇帝说，"地球上的两个孙悟空来了。他们在战斗。他们想见陛下。"可是在他们说完之前，两只战斗的猴子就飞进了宫殿，在皇帝面前的地上滚来滚去。

皇帝低头看着他们，轻声问，"你们为什么没有许可就来到这里，在我面前战斗？你们两个是在找死吗？"

其中一人说，"陛下！陛下！对不起，麻烦你了，这个魔鬼已经变成了我的样子…"然后他将事情的经过告诉了玉皇大帝。在他说完后，另一只猴子说了一样的话。

皇帝对他的仆人说，"把照妖镜拿来！"他们拿来了魔镜。他看着镜子里的两只猴子。两只猴子从镜子里看他，他们看上去是一样的。他对他们说，"我不能帮你们。马上离开这里。"

滚出宫殿，一路上都在战斗，他们对着另一个说，"我要去见师父！"

回到地球上，沙悟净已经回到了唐僧和猪住的小棚屋。他告诉他们，"我去了花果山。在那里，我看到了孙悟空。还看到了一个猪、一个沙和一个骑着白马的师父。我杀了沙，看到那是魔猴精。然后我去见观音。当到她家的时候，真的孙悟空就在那里。我们一起回到了花果山。两只猴王见了面，就开始战斗。我看不出真假，所以就回到这里。"

他的话刚结束，他们就听到了一个很响的声音。他们抬头看向天空。他们见两只猴王在大喊大叫，在战斗。猪说，"让我看看，是不是能分出他们。"他飞向空中，向着他们飞去。

两个孙悟空都对着猪大喊，"兄弟，快来帮我打这个魔鬼！"

在下面的小棚屋里，女人们看到两只猴子在空中战斗。一个人说，"嗯，这里一定有很多人！我必须拿出更多的食物。"她开始准备米饭和茶。另一个女人说，"我希望他们可以停止战斗。我怕他们会给天上和人间带来很大的麻烦。"

沙说，"奶奶，别担心。"然后对唐僧说，"师父，我去让他们二个停止战斗。猪和我会把他们带过来，你可以解决这事。"他

402

飞到空中，说，"你们两个，现在停止战斗。师父要见你们两个。"他们都停止了战斗，飞到了地上。他们站在屋外，等着。

唐僧让猪抓其中的一只猴子，让沙抓另一只。然后他念紧头带魔语。两只猴子都叫了起来，用手抱住他们的头。唐僧停了下来。"我不能分出你们两个，"他说。

两只猴子同时说，"兄弟们，照顾好师父。我要去见阎罗王。"两人飞去见阎罗王。

他们走后，猪问沙为什么不把行李从花果山带回来。"我没看到行李，"沙回答。

"你不知道，瀑布的后面，是一个叫水帘洞的秘密山洞。那是孙悟空住的地方。我想他把我们的行李放在那里了。这是我去拿行李的好时候。"

"小心一点，兄弟，"沙说。"有一千多只魔猴守卫着山洞。"

"不用担心我！"猪大笑，他飞去了花果山。

两只战斗的猴子来到了在阴山的地狱。地狱里的鬼神看到了他们的到来。吓坏了，他们想躲起来。几人跑进了黑暗殿，对地狱里的十个大王说，"大王，有两位齐天大圣来了。他们像两只愤怒的老虎一样在战斗。"十个大王都来到了黑暗殿。他们叫来了地狱里所有的士兵，去抓那两只猴子。他们等在黑暗中。很快，他们就感到一阵很强的冷风，两只战斗的猴子倒在地上，滚来滚去，踢着咬着另外一个。

十个大王中最伟大的阎罗王对他们说，"你们两个为什么要来我的王国找麻烦？"

其中一只猴子踢开了另一只。他站起来，说，"陛下，我正跟着唐僧在去西天的旅途上。我们被一群强盗攻击。我杀了他们几个人。我师父很生我的气，让我离开。我去见观音菩萨，请求她的帮助。当我在那里的时候，这个魔鬼，"他指着另一只猴子，"变成了我的样子，去了我在花果山的家。他要自己去西天见佛祖，自己去拿圣书。我想要阻止他，但我没有办法赢他，因为他和我是一样的。没有人能分出我们。我问过玉皇大帝、观音菩萨和我师父，他们都不能帮我。"

另一只猴子等他说完，然后说了完全一样的话，每个字都一样。

阎罗王让他的一位大臣拿来生死簿。这本书里面有所有生物的名字——人、猴子和动物。书中有一章是特别介绍天上出生的石猴子。那一章只有一页纸，但被划掉了[1]。阎罗王对两个猴子说，"我不能帮你们。"

但就在两只猴子要离开前，地藏菩萨[2]说，"等等。让我问问谛听，可能他可以帮助我们。"

谛听是住在地藏菩萨桌子下的一只动物。对地狱、人间和天上的一切生物，他都能马上看出真假。那动物从桌子下出来。他仔细地看着那两只猴子。然后对大王们说，"我知道谁是魔鬼，谁是唐僧的徒弟。但我不能告诉你们。"

"为什么不能？"地藏问。

"如果我说了哪一个是魔鬼，他会在这里造成很大的麻烦。他和孙悟空一样强大。他可以毁掉黑暗殿，杀死我们所有人。我们没

---

[1] Five hundred years earlier, Sun Wukong visited the underworld. He crossed out his own name and the names of 130 other monkeys from the Book of Long Life. This story is told in *"Trouble in Heaven."*

[2] Also known by his Sanskrit name Ksitigarbha, he is the Bodhisattva of all beings in the underworld. He has taken a vow to not achieve Buddhahood until all hells are emptied.

有他那么强大去打败他。"

"我们能做些什么？"

谛听只是说，"佛法无边。"

两只猴子都跳起来叫道，"是啊！我要去雷音山见佛祖！"看着两只猴子飞在空中，离开地狱，一路上都在战斗，黑暗殿中的大人们都放松了下来。

两只猴子很快就到了西天的雷音山。几千个和尚和尼姑正在听佛祖讲课。他的课讲的是关于真和假，空和不空，知和无知。然后佛祖说，"你们都是一心。但现在看看相斗的二心[1]。"

和尚和尼姑们抬头看，看到了两只战斗的猴子。八位金刚王想要阻止他们进来，大喊道，"你们两个要去哪里？"

一只猴子说，"妖怪精变成了我的样子，我要请伟大的佛祖说出真假。"然后他讲了整个故事。等他说完，另一只猴子也说了一样的话。

他们等着佛祖说话。可就在他们等的时候，一朵粉红色的云出现了，观音从云中走了出来。佛祖笑着对她说，"观音，你能说出哪个是真的，哪个是假的吗？"

"我试过了，但我不能。所以我才来到这里，求你来做，帮助唐僧完成他的旅途。"

佛祖又笑了，说，"你有很多的知识，你可以看得很远，但是你不可能知道所有的事情。有五种神仙，有五种生物[2]。这人不是他

---

[1] In Buddhism, "monkey mind" (心猿) refers to the restless and uncontrolled mind of the untrained person.
[2] The five kinds of immortals are the celestial, the earthbound, the divine, the human,

们中的任何一个。"

观音等着，佛祖再次说话。"但是，有四种猴子，它不在那十种中。第一种是天上出生的石猴，它很强大，可以改变星星和行星的轨迹。第二种是狒狒，知道人的事情，知道阴和阳。第三种是长臂猿，它能拿太阳和月亮，毁掉千座大山。第四种是六耳猕猴，它知道过去和未来，知道所有的事情。这个假悟空一定是六耳猕猴，因为他知道千里外的事[1]。"

当佛祖说这话的时候，假孙悟空吓得发抖。他跳起来想要飞走。佛祖让几千个和尚和尼姑围住他。真的孙悟空跑过去帮忙，但是佛祖对他说，"悟空，别动。让我帮你抓住他。"

假孙悟空变成一只蜜蜂，直飞到空中。佛祖将一个金色的要饭的碗扔向空中。它抓住了蜜蜂，把它放到了地上。所有的和尚和尼姑都以为蜜蜂已经逃走了，但佛祖说，"不，妖怪精没有逃走。看！"他举起要饭的碗。在碗的下面是一只六耳猕猴。

孙悟空举起他的金箍棒，砸在猕猴身上，马上将它杀死了。佛祖对这很不高兴，但他只是看着孙悟空说，"现在是你回到你师父那里去的时候了。你必须在他的旅途上帮助他。"

孙悟空向佛祖叩头，回答说，"伟大的佛祖，我必须告诉你，我的师父不想我回到他身边。他不要我的帮助。请把我头上的头带取下来，让我回到我过去在花果山上的生活。"

"不要再胡说了，不要再找麻烦了，"佛祖说，"观音会带你回

---

and the ghostly. The five kinds of creatures are the short haired, the long haired, the scaly, the winged, and the crawling.

[1] According to Lam (2005) and McClanahan (2020), this six-eared macaque is actually the Macaque King named "Great Sage Informing Wind," another one of Sun Wukong's sworn brothers from his younger days, but for some reason Sun Wukong does not recognize him. Its six ears represent the ears of a third party eavesdropping without permission on the Buddha's secret teaching.

到你师父那里。他不会把你推开。等你们的旅途结束后，你将坐在莲花宝座上。"

观音把她的两只手掌放在一起。两人上到云上，飞回到了唐僧和沙悟净等着的小棚屋。她对唐僧说，"请你不要生孙悟空的气。他没有打你。是一个假孙悟空，一只六耳猕猴做的。佛祖让我们看到了真假悟空的不同。然后真的孙悟空杀死了假孙悟空。你的旅途还没有结束，路上还有许多危险等着你。你在旅途中需要孙悟空的保护。请把他带回去。"

唐僧向她鞠躬，只是说，"我照你说的做。"

没有很久，猪就拿着行李从花果山回来了。他看到观音，向她叩头。她把雷音山发生的一切都告诉了他。然后唐僧和三个徒弟都向观音鞠躬感谢。她回到了她在南海的家。游人们谢了照顾他们的两位妇人。然后他们离开了小棚屋，继续他们的西游。

燃烧的山

第 59 章

我亲爱的孩子，在昨晚我给你讲的故事里，猴王孙悟空杀了几个强盗。这让唐僧很生气。这让孙悟空对他的师父也很生气。另外两个徒弟，猪人猪八戒和大个子安静的沙悟净，也变得生气和不高兴。因为这四个游人都不愿意放下他们的愤怒，一个魔鬼才能变成孙悟空的样子，造成了大麻烦。这几乎造成了唐僧的死。

但是，在佛祖和观音菩萨的帮助下，这些问题得到了解决。魔鬼被杀死。唐僧让孙悟空回来，仍然做他的徒弟。这四位游人放下了愤怒，继续西游。有诗说，

愤怒削弱五行[1]

---

[1] The five natural forces are: fire (火 huǒ), water (水 shuǐ), wood (木 mù), metal or gold (金 jīn), and earth (土 tǔ). The five forces form a cycle. A writing from the 6th century BC says, "Heaven has produced the five elements which supply humankind's

但魔鬼的失败带来了天堂的光明

精神回，心安静

六感静，丹药近

游人们看到了夏热的结束和秋天的到来。绿叶变成黄色和红色。野鹅飞过天空。溪水变冷。草地和树上盖着早晨的霜，他们可以看到远处山顶上的雪。

但是，当游人们走近一个村庄时，他们觉得天气变暖了。<u>唐僧</u>说，"徒弟们，现在是秋天了，为什么感觉像夏天？"

<u>猪</u>回答说，"师父，我想我们快到天边了。这里是每天晚上太阳下到西海的地方。当太阳照到水面上的时候，海中生出巨大的水蒸汽云。我想我们正感到的热来自那水蒸汽。"

<u>孙悟空</u>笑着说，"<u>猪</u>，你真笨。师父可以行走几生，仍然没有走到天边。这热一定有其他的原因。"

很快，他们来到一些大房子前。红色的房顶，红色的门，红色的砖头墙，红色的木凳。<u>唐僧</u>指着其中一栋房子说，"<u>悟空</u>，去那栋房子，问问为什么天气这么热。"

<u>孙悟空</u>离开大路，向房子走去。就在这时，一位老人从房子里出来。他穿着一件不太黄、不太红的长衣。他的帽子不太蓝，也不太黑。他的靴子不太新，也不太旧。他的眉毛是白色的，他的一些牙是金色的。当他看到<u>孙悟空</u>时，他害怕了。

<u>孙悟空</u>向那人鞠躬说，"请不要害怕，爷爷。我是<u>唐</u>帝国一个和尚的徒弟。他被<u>唐</u>皇帝送去西方找圣经。我们有四个人。我们刚到这里。我们就感到这里的热。你能告诉我们为什么这里这么热

---

requirements, and the people use them all. Not one of them can be dispensed with."

吗？"

老人放松了一点，说，"请不要生气，我的朋友。这位老人看不太清楚。你的师父在哪里？请他过来。"唐僧和另外两个徒弟向房子走去，老人请他们四个人到他家喝茶。

"你们来到了火焰山，"他一边倒茶一边说。"这里没有春天，也没有秋天。所有四个季节都热。那座山离这里向西六十里[1]左右远。山火烧向两边，有四百里远，挡住了路。你们走不过去。如果你们要过那座山，你们会被烧毁或变成液体。"唐僧听了，变得非常害怕。

就在这时，一个年轻人来到房门口。他在卖米糕。孙悟空从头上拔了一根头发，把它变成了一个硬币。他把硬币给年轻人，买了一些米糕。但是米糕太热了，孙悟空没有办法把它拿在手里。他把它从一只手扔到另一只手，每次米糕碰到他的手时，他都会痛苦地大叫。

"我的朋友，"年轻人笑着说，"如果你不喜欢热，你不应该在这里！"

孙悟空回答说，"年轻人，如果这里这么热，稻田种的米怎么生长？怎么有米做米糕？"年轻人回答说，

"如果你想要的是米，
你必须问铁扇仙人。"

"这是什么意思？"孙悟空问。

"铁扇仙人有一把神奇的芭蕉叶扇子。挥动一下他的扇子就可以

---

[1] These are Chinese miles, called 里 (lǐ), which at the time was equal to about a third of a mile. The character is a combination of "field" (田, tián) and "land" (土, tǔ), since in ancient times a *li* was considered to be the length of a village.

把火灭了。挥动第二次可以带来凉风。挥动第三次可以带来雨。当铁扇仙人挥动他的扇子时，我们可以种五谷，有食物吃。"

"师父，"孙悟空说，"我会找到这个铁扇仙人。我会请他把扇子给我。我们先要用扇子把山上的火灭了，这样我们就可以向西走。然后，我要把扇子给这里的人，这样他们就可以在正常的情况下种五谷。"

老人说，"他不会把扇子给你的。你们这些人没有任何礼物。每十年，铁扇仙人和这个地方的每家人见一次面。每人给他猪，羊，鸡，鹅，酒和花。他们请求他来控制火，那样他们可以种五谷。"

"告诉我他住在哪里。"

"他住在翠云山上，在一个叫芭蕉洞的洞里。离这里有 1,450 里左右。你需要一个多月的时间才能到那里。那里有许多老虎和狼。"

"那不是问题，"猴王笑着说。他跳到空中消失了。几秒钟后，他来到了翠云山。他往下看，看见一个人在砍木头。他来到地上，走到砍木人面前，鞠躬说，"砍木兄弟，请接受我的鞠躬。请问哪里可以找到翠云山、芭蕉洞和铁扇仙人？"

砍木人鞠躬，回答说，"先生，你好。你已经在这山上了，你找的洞就在附近。但我必须告诉你，这里没有人叫铁扇仙人。但是这里有铁扇公主，也叫罗刹。她有可以灭火的芭蕉叶扇子。她是牛魔王的妻子。"

孙悟空吃惊地眨了眨眼。牛魔王是他五百年前的老朋友和兄弟。但孙悟空几乎被牛魔王的儿子红孩儿烧死，那时红孩儿想用五辆装满魔火的车杀死他[1]。他还记得红孩儿的叔叔对孙悟空很生气，在女儿国的破儿洞里拒绝给他魔水。现在看起来他会见到红孩儿的妈妈，可能还有他的爸爸[2]。

砍木人看到孙悟空一直在想着。他说，"长老，你是一个和尚。你已经离开了家。不要担心过去或未来。去见罗刹，只想着借扇子，不要想任何以前有过的不开心。我相信你会得到你在找的东西。"

孙悟空深深地鞠躬，回答说，"我感谢砍木兄弟聪明的话。"他走了一小段路，到了芭蕉洞的进口。他打门，喊道，"开门！"

门慢慢打开。一个年轻女孩走了出来。她穿着旧碎布，手里拿着一束花。肩上一把小耙子。

孙悟空说，"小女孩，请告诉罗刹，唐国的孙悟空来看她了。我想借她的扇子。"

女孩走进山洞，向罗刹报告了这事。当罗刹听说是孙悟空来了，好像油被倒在了火上。她跳了起来，喊道，"那无耻的猢狲来了？仆人们，把我的盔甲和武器拿给我！"她穿上了长衣，腰上是两条老虎筋做的腰带。她每只手上拿着一把蓝钢剑。她看起来比夜叉更厉害。她跑出山洞，喊道，"孙悟空在哪里？"

孙悟空鞠躬，对她说，"嫂嫂，老猴子在这里向你问好。"

"你怎么敢叫我嫂嫂？"

"许多年前，你的丈夫牛魔王是我的老朋友和兄弟。我为什么不应该叫你嫂嫂？"

---

[1] This story is told in *The Cave of Fire*.
[2] This story is told in *The Country of Women*.

"无耻的猢狲，你为什么抓我的儿子？"

孙悟空假装不懂。"你的儿子是谁？"

"他是红孩儿，圣婴大王。你打败了他。我要报仇，现在你就在这里！"

孙悟空笑着说，"亲爱的嫂嫂，我觉得你不太了解情况。你儿子抓了我的师父，要把他煮了吃。观音菩萨抓了那孩子，救了我的师父。他成了观音的徒弟，他现在很开心。他和天地同岁，和太阳月亮活得一样长。你应该感谢老猴子帮了你的儿子！"

她向他吐口水。"你这个说谎的猴子。我怎样才能再次见到我的儿子？"

"这不是问题。把你的扇子借¹给我们。我们把山上的火灭了，这样我的师父就可以继续他的西行。然后，我去见观音，请她和你的儿子来看你。"

"停止翻动你的舌头，你这无耻的猴子。弯下腰，让我用我的蓝钢剑砍几下你的头。如果你能忍受住痛，我会把扇子借给你。"

孙悟空同意了。他弯下腰，那样罗刹可以看见他的头。罗刹用她的蓝钢剑在他的脖子上砍了十到十五次。剑只是从他的脖子上弹开了。她转身，想逃走，但孙悟空说，"嫂嫂，你要去哪里？你忘了你的承诺了吗？试试我的棒！"他把小小的金箍棒从他的耳朵里拿出来，轻声说，"变。"它变成了原来的大小、像饭碗一样粗的一根棒。他想要攻击罗刹，但是她用她的剑挡住了他的攻击。很快，他们就打了起来，完全忘记了他们间的友好。

罗刹是个技术很好的战士，孙悟空不能很容易地打败她。他们战

---

¹ 借 (jiè) can mean "to borrow" or "to lend" depending on context.

斗了几个小时，一点都没有感觉到太阳已经下山了。罗刹开始感到累了。她丢下一把剑，挥动着她的扇子。一股强大的冷空气吹向猴王。他被推得很远，就像风中的一片叶子。罗刹回到她的山洞，关上了门。

孙悟空被风吹了一夜。到了早上，他终于能够在一个山顶上抓住，不动了。他休息了几分钟。然后，他站起来，看了四周。他看到他在小须弥山上。他想，"我知道这个地方。几年前，我在这座山上和黄风魔鬼战斗[1]。那时，灵吉菩萨帮了我。我应该找到她，看看她是不是能帮助我们。"

他下山，走向一座小寺庙。一位寺庙工人看见了他。工人走进去，告诉菩萨，"那毛脸的猢狲又来见你了。"

灵吉向孙悟空问好，说，"悟空，很高兴再次见到你。你的师父已经走完他的旅途了吗？"

"没有。自从你帮助我们打败了黄风魔鬼的这些年来，我们翻过了许多山，走过了许多路，打过许多妖怪。现在我们的路被火焰山挡住了。有一把扇子可以把火灭了，但扇子的主人不会把它给我们。她是我老朋友牛魔王的妻子。但她对我非常生气，因为我帮她把她的儿子介绍给了观音菩萨。这个男孩现在是观音的徒弟。她开始和我打，然后她挥动她的扇子，把我一路吹到这里。"

"我认识她，我也知道那把扇子。它是由天地在很多年前造出来的，在混沌的第一次分开。它可以灭所有的火。如果人被它扇到，他们可以漂过八万四千里。你非常强大，所以它只把你吹了五万里。"

---

[1] This story is told in *The Hungry Pig*.

"神奇的扇子！"孙悟空吃惊的喊道。"我师父怎么能避开这？"

"你可以放心。许多年前，佛祖他自己给了我一颗定风丹，但我从来没有用过它。我会把它给你。你可以用它把扇子拿来，去灭火，帮助你的师父。"她从她的袖子里拿出一个小丝袋。袋子里是定风丹。她把丝袋缝在孙悟空的衬衫上。她说，"我们没有时间喝茶了。现在就走吧！"

猴王用他的筋斗云，很快地回到了翠云山。他用棒打门，喊道，"开门！老猴子想借你的扇子！"

罗刹对孙悟空这么快就回来了感到吃惊。她有点担心。但她再次穿上盔甲，走出山洞去见他。她说，"所以，你又在找死吗？"

"亲爱的嫂嫂，请把你的扇子借给我。我是个真君子。我一定会还我借的东西！"

"试试这个老妇的剑！"她喊着，用她的两把蓝钢剑攻击他。孙悟空很容易地打退了她，开始用他的棒打她。她丢下一把剑，抓起她的扇子，对着他扇。什么都没有发生。

孙悟空笑着对她说，"这次和上次不一样了。你要怎么扇就怎么扇吧。我哪儿也不会去。"罗刹转过身，跑回山洞，锁上了她身后的门。

孙悟空把丝袋从衬衫上拿下来，把神奇的丹药放进嘴里。然后他变成了一只小蟋蟀。他从门下爬进了山洞。罗刹坐在椅子上，喝着一杯热茶。在她没有看的时候，他跳进了茶杯里。她张开嘴喝茶。孙悟空跳进她的嘴里，进到她的肚子里。然后，他喊道，"嫂嫂，把你的扇子借给我！"

罗刹感到很困惑。她问她的女仆人，"你锁门了吗？"她们告诉她，她们锁了。"你在哪里？"她喊道。

"我只是在我亲爱的嫂嫂的肚子里，玩得有点开心。这种感觉怎么样？"

他把他的脚往下踩了一下，让她感到小肚子巨痛。她倒在地上，痛苦地哭着。然后，他突然抬起头，让她的心感到巨痛。她在地上打滚，疼痛让她的脸变得很黄。她大声喊道，"求你了，叔叔，不要杀我！"

"啊，所以现在我是你的叔叔了？很好。给我扇子。"

"我给你。快从我的肚子里出来。"

"不，我要先看到它。我会好好对你，不会在你的肚子上弄个洞。张开你的嘴，我会出来的。"她张开嘴。一只小蟋蟀从她的嘴里飞了出来，但她没有看到。她继续张着嘴，等着孙悟空出来。孙悟空变回了他猴子的样子，拿起扇子，谢了她，走出了山洞。

他回到唐僧和其他的徒弟那里，告诉他们，他是怎么拿到扇子的故事。然后，游人们感谢了老人，向西走去。他们走了四十里左右，接近了火焰山。那里非常非常的热。沙和猪说他们的脚踩在火上。就连白马都感到不舒服。"悟空，用扇子！"唐僧喊道。

孙悟空对着山上挥动那扇子。第一扇后，火比以前更大了。第二扇后，火比以前亮了一百倍。第三扇后，火跳到一万尺高的空中，开始向他们烧过来。"跑！"孙悟空喊道。"那个公主骗了我！"他的头发和衣服开始烧了起来。

唐僧的马被唐僧紧紧的抓着，快跑了二十里。三个徒弟紧跟在后面。唐僧哭着说，"我们应该怎么办？我们应该怎么办？"

沙对孙悟空说，"哥哥，你怎么也被火烧了？我以为火不会伤害你。"

"我没有对火做好准备，"他回答。"我没有时间做避火手势。"他转向唐僧，说，"师父，我们是不是可以往北，避开这座山。"

"我不想往北、往南或往东走，"唐僧说。"经书在西方，那就是我要去的地方。"

"嗯，这是个问题，"沙说。

> "哪里有经书，哪里就有火。
> 哪里没有火，哪里就没有经书。"

就在这时，一位老人来了。在他的肩上，是一个鹰头鱼脸的魔鬼。"我是火焰山的土地神，"他说。"罗刹骗了你，给了你一把假扇子。"

"我们知道，"孙悟空愤怒地说。"我们现在能做什么？"

土地神笑着说，

> "如果你想要真的扇子，
> 你必须问强大的牛魔王。"

第 60 章

孙悟空说，"那么，这火是牛魔王放的吗？"

土地神回答说，"不是。请不要因为我告诉你这些生我的气，但是这火是齐天大圣放的。那是你。"

孙悟空张大了眼睛，他生气了。"你怎么能那么说呢？你认为我是放火的人吗？"

"请不要生气，大圣。你以前见过我一次，但你没有认出我。很久以前，你在天宫找了很大的麻烦[1]。太上老君把你放在一个火盆里四十九天。当他打开它时，你跳了出来，和天宫里的每一个人打。你没有发现你打翻了那个火盆。火盆里的两块砖头从天上掉到地球上。那些砖头变成了火焰山。那时我是寺庙里的工人。我的工作是照顾那个火盆。太上老君怪我让砖头掉到了地球上，所以他把我赶出了天宫，把我变成了山上的土地神。"

"那么，我为什么一定要去见牛魔王呢？"

"你知道的，牛魔王是罗刹的丈夫。几年前，他离开了她，现在住在离这里很远的另一座山上的摩云洞里。那个洞以前是狐狸魔鬼的家，但一万年后，他死了。狐狸魔鬼有一个女儿叫玉面公主。这个女孩也是狐狸魔鬼[2]。她继承了她爸爸的山洞，也继承了他的许多财富。两年前，她听说牛魔王有强大的魔力。她成了他的女朋友。他和她住在一起，两年来没有去看过罗刹。"

他继续说，"如果你去见牛魔王，拿到扇子，你可以同时做三件好事。你可以帮助你的师父继续他的西游。你可以把火灭了，帮助这个地方的人们。你可以让我回到天宫。"

孙悟空点了点头。"这个摩云洞在哪里？"

"这里向南三千里左右，"土地神回答。孙悟空让猪和沙照顾唐僧。他让土地神留在那里保护他们。然后，他跳到空中，向南飞

---

[1] This story is told in *Trouble in Heaven*.
[2] In Chinese folklore, beautiful fox demons often seduce men and drain them of their energy, killing them. Read *The Love Triangle* to learn more.

去。

很快,他就来到了那座有摩云洞的山。那是一座巨大的山。它的顶连着蓝天。他不知道山洞在哪里,所以他来到地上,开始在四周走走。他听到一个声音,抬头看,看见一个年轻女人向他走来。他躲在一棵树后面看着她。你问她长什么样子?

> 她步子很慢,很小心
> 她的脸像王嫱[1]
> 她的脸像楚国的女孩
> 像一朵美丽的花
> 像一座玉雕像
> 她黑色的头发盘在头上
> 她绿色的眼睛明亮像池水
> 红唇,白牙
> 眉毛光滑像锦河
> 她比卓文君[2]和薛涛[3]更可爱

孙悟空从树后出来,问她,"菩萨夫人,你要去哪里?"

她看到一只丑猴子,吓坏了。"你从哪里来?"她问。孙悟空想着怎么回答她。她等着他的回答,然后生气地说,"告诉我,你是谁,你为什么敢来问我?"

孙悟空终于找到话说了,"夫人,我来自翠云山。这是我第一次来到你们美丽的地方。我在找摩云洞。你能告诉我,哪里可以找

---

[1] A brilliant and dazzlingly beautiful girl, a concubine of Emperor Yuan of Han, she volunteered to marry a chieftan of the nomadic Xiongyu tribes to help bring peace to the region. Over 700 songs and poems have been written about her.
[2] A poet in the 2nd century BC. As a young widow she eloped with a poet. Later he left her and took a concubine. She wrote him a letter about the inconstancy of male love, which became a famous poem, "White Haired Lament."
[3] A famous poet in the Tang Dynasty. Over 100 of her poems survive to the present day.

到它吗?"

"你为什么要找这个洞?"

"铁扇公主让我来找牛魔王,把他带回她身边。"

当然,女孩就是玉面公主。她变得很愤怒。她喊道,"那个很脏的贱人!我的爱人,牛魔王,已经和我一起生活两年了。在那段时间里,他给她送了很多礼物。他给了她珠宝、钻石和丝绸。他给她烧火的木头取暖,给她米饭吃。那个女人没有羞耻!为什么她要你把他带回到她身边?"

孙悟空这才知道那个女孩是谁。他向她挥动了他的金箍棒,大叫道,"你这个婊子!你用你爸爸的财富买下了牛魔王。你应该感到羞耻,不是我!"

就像他希望的那样,女孩转身跑了,带着他回到了摩云洞。她跑进去,锁上了门。她跑进山洞的后面,牛魔王正坐在那里的图书馆里看书。她跳上跳下,对着他喊,"你这个无耻的魔鬼!我会让你和我在一起,是因为我想要保护和照顾。但现在你几乎杀了我!山洞外面有一只毛猴子。他告诉我,你的妻子要你回到她身边。然后,他向我挥动他的大棒,几乎杀了我。"

牛魔王静静地听着。然后他对她说,"漂亮的夫人,这一定是弄错了。我妻子已经学道很多年了。她现在是一个仙人。她家没有男人。她怎么会让一个男人或猴子来这里,说出这样的要求呢?那一定是一个魔鬼。我出去看看。"

他穿上盔甲,拿起一根铁棒,走到山洞外,说,"谁在我家找麻烦?"

孙悟空深深地鞠躬,说,"哥哥,你不认识我了吗?"

"我想我认识你。你不是孙悟空，齐天大圣吗？"

"是的，我是。我必须说，我的老朋友，你看起来比以前更好了。"

"别说了！我听说过关于你的故事。我听说你在天上找了麻烦，被关在五指山下五百年。我听说你伤害了我的儿子红孩儿。我真的对你很生气。你为什么在这里？"

孙悟空讲了红孩儿和观音相遇的故事，和现在他是怎么成为她的徒弟的。牛魔王冷静了一点，但是他说，"好吧，但你为什么想要打我的女朋友？"

"关于那个，我很对不起。我想要找到你，我问她，你的洞在哪里。我不知道她是我的二嫂嫂。请原谅我，老朋友。"

"好吧，我原谅你。现在走开。"

"我必须请你帮助。我在帮助唐僧去西天。我们的路被火焰山挡住了。你妻子有一把魔扇，可以把火灭了，这样我们就可以过那座山了。我们要借那把扇子，但她拒绝了。我相信你有那把魔扇。请让我们借用它一下。等我们过了山，我就把它还给你。"

"所以，你不是像朋友一样来这里看我。你是来这里要我的东西的。好吧，这是我们要做的。我们会战斗。如果你能打到三个来回，你可以借用扇子。"在孙悟空说话前，牛魔王用他的铁棒打向猴子的头。

孙悟空走到一边，避开了那棒。他们开始战斗。开始的时候，他们在地上战斗，但他们很快就到了空中。他们对骂着，忘记了他们过去的友谊。他们打了一整天，但没有人能赢。就在太阳下山前，一个声音从山顶传来，"牛魔王，我的主人邀请你吃晚饭。请来他家享受宴会。"

牛魔王停止了战斗，说，"猴子，我现在必须走了。我们等一会儿继续。"他来到地上，走进他的山洞，对玉面公主说，"亲爱的，我必须离开，去朋友家喝酒。别出去，那只丑猴子在外面。"他脱下盔甲，穿上一件绿色的丝绸外衣。然后他就走了。

孙悟空看到牛魔王飞走了。他跟着他到了另一座山，他看到那头老牛跳进水池里。孙悟空变成了一只螃蟹，跟着他跳了进去。到了池底，他看到了一个宴会大殿。许多客人都在那里。他们一边吃饭，一边说话，一边听鱼和其他的水里生物弹奏着音乐。年轻的男孩吹了木笛。

牛魔王坐在荣誉座位上。女龙神坐在他的左右两边。他的对面坐着一条老龙。老龙身边有许多儿子、孙子、女儿和孙女。他们都在喝酒，大声说话。

孙悟空像螃蟹一样横着走到了房间的中间。老龙看见他，喊道，"抓住那只螃蟹！"龙的几个儿子冲上前，抓住了他。

"哦，不要杀我，不要杀我！"孙悟空喊道。

"你从哪里来，野螃蟹，你为什么在这里？快告诉我，我们就不杀你。"

"大王，从出生起我就住在一个小山洞里，在湖里找食物。但我从来没有学会怎么正常地走路。对不起，如果我做了让你生气的事，请原谅我！"

龙的儿子要求老龙放了螃蟹，老龙同意了。孙悟空像螃蟹一样横着走出了宴会大殿。他从水池里游了出来，变回了他原来猴子的样子。他对他自己说，"我想我不应该等牛魔王离开，他可能会在那里几天。我要变成他的样子，去见罗刹。我要试着让她把扇子给我。这个计划更快更安全。"他变成了老牛的样子，骑着他的筋斗云回到芭蕉洞。

他敲了洞门,仆人让他进去。他对罗刹说,"夫人,很久不见了!"

她看着他,以为他是她的丈夫。她回答说,"大王万福。看起来他是忙着和他新的女朋友玩,把这个可怜的夫人忘记了。"

"对不起,亲爱的。我有许多事要做。但最近听说一只叫孙悟空的猴子来这里找你要扇子。你必须告诉我,他是不是又来过。我要把他抓住,把他砍成小块。"

"哦,丈夫,那只猴子昨天在这里。他想要借扇子。我用扇子扇他,把他吹走了。但后来他带着一种魔法回来了,保护他不受到扇子的风的影响。他进入我的肚子,让我非常痛苦。然后,他拿走了我的扇子,跑了。"

"这太可怕了!你为什么把我们最好的宝贝给他?"

罗刹笑着说,"请不要生气。我给了他一把假扇子。"

"啊,这很好。真的扇子在哪里?"

"别担心,它还在我这里。我亲爱的丈夫,现在请留下来和我一起吃晚饭。"仆人拿来了食物和酒。孙悟空不敢坏了他的素食规则,所以只吃了一点水果,喝了一点酒。

罗刹喝了很多酒。她开始对她的丈夫非常友好。她走近他,把腿放在他的腿边。他们在同一个杯子里喝酒。他们相送水果。孙悟空没有选择,只能笑,假装是她的丈夫。罗刹已经很醉了。孙悟空看到这是他的机会,所以他问她,"亲爱的,你把真的扇子放哪里了?"

罗刹张开嘴，吐出一把小扇子。她笑着把它给了他。

孙悟空看着它。"这个小东西怎么能灭八百里的火？"

罗刹摇来摇去，几乎坐不起来。她说，"丈夫，你过去两年一直在和你的小女朋友玩。它影响了你的头脑，现在你什么都不记得了。记住，你用左手拇指碰第七根红线。然后你说一声魔语，*荝嘘呵吸嘻吹呼*[1]。扇子就会长到十二尺长，它就能很容易地把火焰山的火灭了。"

孙悟空拿过小扇子，放进他的嘴里，变回到他原来猴子的样子。"罗刹，好好看看我。我是你亲爱的丈夫吗？"她倒在地上，又踢又哭。他离开了山洞。他跳到空中，马上照罗刹告诉他的去做。他用拇指碰了第七根红线，念了魔语。扇子马上长到十二尺长。"我希望我学了让它再次变小的魔语！"他想。

这个时候，在池底下，牛魔王和他的朋友吃完了，喝完了。他起身准备离开。"那只早些时候在这里的螃蟹在哪里？"他问。没人知道螃蟹在哪里。"哦，现在我明白了。在我参加这个宴会之前，我和猴王在战斗。他很聪明，技术也很好。我想他变成了螃蟹的样子，来看看我在做什么。我不知道他会不会去见我的妻子，骗她把魔扇给他。"

他跳出水池，用一朵黄云飞到了芭蕉洞。他走进山洞，发现他的妻子在哭着，打着她自己的胸。"孙悟空在哪里？"牛魔王问。

罗刹用她的拳头打在他的胸上，喊道，"你这个笨人。你怎么能让那只猴子变成你的样子来骗我？"

---

[1] These words all are related to the act of expelling breath, which is part of Daoist practice of alchemy. It is said that only those who have perfected the Way (Dao) can utilize the power of these words.

"他在哪里？"牛魔王又问了一遍。

"他拿走了我们的宝贝，变回到他原来猴子的样子，飞走了。哦，我生气得要死了。"

"夫人，照顾好自己，不要担心那只猴子。我会打碎他的每一根骨头。"然后，他喊道，"把我的盔甲和武器拿给我！"

一个女仆人说，"先生，你已经不住在这里了。你的盔甲和武器都不在这里。"牛魔王愤怒的脱下丝绸外衣，把它扔在地上。他把腰带紧紧地绑在里面的衣服上，拿起了他妻子的两把蓝钢剑，走出山洞，去找孙悟空。

第 61 章

牛魔王看到孙悟空走在路上，芭蕉扇放在他的肩上，唱着快乐的歌。牛魔王对他自己说，"这只猴子很聪明。他从我妻子那里拿走了扇子，他也知道怎么用它。如果我只是向他要扇子，他会说不。他还可能向我挥动那扇子。那会把我送得很远。我需要几天的时间才能回来。"他又想到更多。"我听说他和另外两个徒弟一起行走，一个猪人和一个流沙精。我要变成猪人的样子，把我的扇子拿回来。"

孙悟空感到非常的高兴。他骗了罗刹，让她给了他扇子和怎么用它的方法。所以，当他在路上看到猪八戒时，他都没有想到这可能是个骗术。他对猪说，"兄弟，你要去哪里？"

牛魔王回答说，"因为你没有回来，师父很担心。他让我找你。"

"我就在这里，这里是扇子！我看到牛魔王在水下和他的朋友喝酒说话。所以我去见罗刹，假装是她的丈夫。她见到我很高兴。她喝了很多酒，喝醉了，告诉了我怎么用它。"

"太好了。你看起来很累。我帮你拿扇子。"

孙悟空觉得这没有问题，所以他把扇子给了牛魔王。牛魔王马上变回到他的真的样子，喊道，"无耻的猢狲，你现在认出我了吗？"

孙悟空慢慢地摇着他的头，说，"哦，这是我的错。我打野鹅已经很多年了，今天一只小鹅骗了我。"然后，他从耳朵里拿出他的小小的金箍棒，轻声说，"变，"把巨大的棒用力打向牛魔王的头。牛魔王躲到一边，避开了攻击。然后他向孙悟空挥动扇子。但定风丹还在孙悟空嘴里，所以扇子不能动他。

牛魔王见了，吓坏了。他把扇子变得非常小，放进他自己的嘴里，然后拿了他的两把蓝钢剑，开始向孙悟空砍去。二王像两条龙一样战斗在一起。石头、土和灰飞向空中，吓坏了鬼怪和神。当他们打的时候，他们对骂着。一个用他的棒，另一个用他的剑，但是他们的技术相同，没有人能赢。他们战斗了几个小时。

当二王战斗的时候，唐僧正坐在路边。他又热，又饿，又渴，又累。"那个徒弟在哪里？"他问猪和沙。"你们中的一个人应该去看看他在哪里。他可能需要一些帮助。"

"我去，"猪说，"但我不知道怎么去摩云洞。"

"这个可怜的神知道去的路，"土地神说。"如果流沙精可以留下来，保护圣僧，我可以和猪人一起去。"流沙精沙同意了。猪拿起他的耙子。他和土地神飞上云雾中，向东飞向摩云洞。

他们到的时候，看到孙悟空在忙着和牛魔王的战斗。"兄弟，我在这里！"猪喊道。

"那真的是你吗？"孙悟空喊道。"你今天已经骗过我一次了。"

"你这是什么意思？"

"今天早些时候，我看见你在路上向我走来。你想拿着扇子，所以我把它给了你。但后来你变成了那个无耻的牛魔王。从那时起，我一直在和他战斗。"

猪很生气。他对着牛魔王喊道，"你怎么敢变成我的样子，在我和我哥哥中间造成麻烦！试试我的耙子！"他攻击了牛魔王。

牛魔王一整天在和孙悟空战斗，已经很累了。他转身就跑。但他看到土地神和一群鬼士兵挡住了他的路。

土地神说，"牛魔王，你现在必须停下来。天上的每一位神都会帮助唐僧完成他的西游。天上、人间、地狱里的每个人都知道他的旅途。马上用你的扇子灭了这座山上的火，让和尚可以继续他的旅途。如果你不这样做，天上的每个人都会和你战斗，你一定会死。"

牛魔王回答说，"土地神，听我说。这只猴子偷了我的扇子，羞辱了我的女朋友，骗了我的妻子，把我的儿子从我身边带走。我对他非常生气，我希望我能吃掉他，让他经过我的肚子，从我的屁股里出来，然后把他喂我的狗！我怎么能把我的宝贝给他？"

牛魔王和孙悟空、猪、土地神、几百名鬼士兵继续战斗着。他们战斗了一个晚上，一直战斗到深夜。月亮上到天空，星星出来了，他们还在战斗。第二天早上，他们还在战斗。他们越来越接近摩云洞。洞里，玉面公主听到了战斗的声音。她向山洞外看，看见她男朋友正在和一群敌人战斗。很快，她叫了她所有的魔鬼侍卫进入战斗。一百多人抓起长矛和棒，跑去帮助牛魔王。他们冲向猪，猪被打败，只能退了下去。他们冲向孙悟空，孙悟空只能用他的筋斗云逃跑。土地神和鬼士兵都向四个方向飞去。老牛和他的魔鬼侍卫都非常满意，回到了他们的山洞，在他们的身后锁上了门。

孙悟空和猪都很累。他们坐下来说话。"我们怎样才能找到帮助师父走过这座山的办法？"猪问。

土地神来了，说，"猪兄弟，没有别的办法。你的师父说他必须向西走。不想向北、向南或向东走。不管怎样，你们都一定要走在对的路上！"

"是的！"孙悟空回答。"我们必须得到扇子，把火灭了。只有这样，我们才能见佛祖。"

猪跳了起来，喊道，"是的，是的，是的！走，走，走！谁在乎老牛说是或不是！"

鬼士兵加入了他们三个。他们冲向洞门，砸碎了它。牛魔王和他的魔鬼侍卫冲出山洞，战斗又开始了。猴子用他的棒，猪用他的耙子，老牛用他的剑，所有的鬼和魔鬼都用他们手上有的任何武器。空气中满是雾、风和雨。他们从早晨一直战斗到中午。

牛魔王累坏了，转过身，想回到他的洞。但土地神挡住了他的路，喊道，"我们在这里，你不能过去！"没有地方可以去了，老牛丢下了他的武器和盔甲，摇了摇他的身体，变成了一只白天鹅，飞向空中。

孙悟空喊道，"猪和土地神，回到山洞里，杀掉所有的魔鬼。我会追上这头老牛！"他飞在高空中，变成一只大秃鹫，攻击天鹅。牛魔王变成了一只鹰，攻击秃鹫。孙悟空变成了一只巨大的黑凤凰，攻击鹰。

老牛不能变成任何其他的鸟，因为凤凰是所有鸟的王，没有鸟会攻击它。所以他来到地上，变成了一只鹿。孙悟空飞下来，变成了一只饿虎，攻击鹿。牛魔王变成一只大豹子，攻击老虎。孙悟空从老虎变成了金眼狮子，攻击豹子。牛魔王变成一只熊。熊和狮子打了起来，滚在地上。孙悟空变成了一头巨大的灰象，想要踩在熊的身上。

然后牛魔王变到他本来的样子。他是一头巨大的白牛。他的头像一座山，他的角像高塔，他的牙像长长的白剑。他一百多尺高。"无耻的猢狲，你现在要做什么？"他叫道。

孙悟空变到他自己的样子，喊着，"长！"他变得像山一样大。他的眼睛像太阳和月亮，他的牙齿像宫殿的门。他举起他那根巨大的铁棒，把它打在老牛巨大的头上。他们开始战斗。地动山摇。声音太大了，天上所有的神都听到了。金头侍卫、黑暗六神、光明六神和十八护教伽蓝都来了。他们围住了牛魔王。老牛攻击他的左，右，前、后，但每一条路都被一个或多个天神挡住。因为没有地方可以走，老牛又变回到了他本来的大小，跑去芭蕉洞罗刹那里。他跑进山洞里，拒绝出来。

猪跑到山洞前，用他的耙子砸山洞。门倒下，变成一堆石头。罗刹对老牛说，"亲爱的丈夫，求你了，你赢不了。给他们扇子吧。"

他回答说，"亲爱的，扇子是小事，但我的愤怒是深远的。你等在这里，我会再次和他们战斗。"

他跑到外面，开始用他的蓝钢剑砍他们。他赢不了。他转身向北飞去，但他被泼法金刚挡住，泼法金刚对他喊道，"牛魔王，你要去哪里？释迦牟尼[1]让我来抓你。"

他转身向南飞去，但他被胜至金刚挡住，胜至金刚对他喊道，"牛魔王，佛祖他让我抓你。"

他的腿变得很虚弱，老牛向东飞去。他遇到了大力金刚，大力金刚喊道，"牛魔王，你要去哪里？我是来抓你的。"

老牛害怕极了，转身向西飞去。他的路被永住金刚挡住了，永住金刚喊道，"我是照雷音山佛祖的命令来到这里，我不会让你过去的。"

他看了四周，看到士兵们从每个方向过来。他直飞向上。托塔李和他的儿子哪吒太子挡住了他的路。"慢！"他们叫着。"我们照玉皇大帝的法令，来这里抓你。"

他又变成了一头巨大的白牛。但这次，哪吒太子变成了一个三头六臂的人。他跳到老牛的背上。哪吒把他的杀妖怪剑放在老牛的脖子上，砍掉了它的头。哪吒正准备从老牛身上跳下来，但又一个头从老牛的脖子上生了出来。哪吒再次砍掉了它。又一个头生了出来，哪吒把它砍掉了。这种情况发生了十次。

最后哪吒拿出他的火轮，把它放在老牛的一只角上。轮子上开始烧着明亮的真仙火。老牛想要改变它的样子，但托塔李把照妖镜拿在老牛面前，阻止它改变样子。

老牛放弃了。他说，"请不要杀我。我会归顺佛祖的。"

哪吒回答说，"如果你想救你自己的生命，就快把扇子给我们。"

---

[1] This is another name for Gautama Buddha, the Awakened One.

"我没有扇子。它在我妻子那里。"哪吒用绳子穿过老牛的鼻子，带他回山洞。天神们都跟着他们。当他们来到山洞时，牛魔王说，"夫人，请拿出扇子来救我的命。"

罗刹听到他的话。她脱下所有的珠宝和五颜六色的衣服。她把头发绑了起来，穿上一件普通的长衣，像一位佛教徒的尼姑。她走出山洞。她看到所有的天神都站在山洞前。她跪了下来，向他们磕头。她说，"我求菩萨们不要杀我们。这是扇子。"孙悟空接过扇子。

几里外，唐僧和沙还在路边等着。他们听到一个声音，抬头看去。他们看到几十个神和几百个战士向他们走来。走在前面的是哪吒太子，牵着老牛的鼻子。在他旁边是托塔李，拿着魔镜。

"怎么了？"唐僧问。

一个侍卫回答说，"我们是照佛祖的法令来帮助你的。你必须继续你的旅途。不要放弃，不要退回。"

孙悟空转身面对火焰山。他手里拿着扇子。他挥了一次扇子，所有的火都灭了，只留下一点点金光。他第二次挥动扇子，每个人都感到从山上吹来的凉风。他第三次挥动扇子。天空中满是云朵，开始下雨了。有诗说，

  山火八百里宽
  一夜火烧，丹药难成
  但芭蕉叶扇子带来云和凉凉的雨
  天神带来了他们的神力
  他们把老牛带向了佛祖
  水加入了火
  世界很安静。

四个游人谢了天神，天神们都离开了，回到他们在天宫中的家。托塔李和哪吒太子带着老牛去见在雷音山上的佛祖。只有土地神留了下来。土地神和孙悟空都看着罗刹，她还站在那里。

"罗刹，"孙悟空说，"你为什么还在这里？"

罗刹跪了下来，说，"我求大圣把我的扇子还给我。"

"什么？"猪叫道。"你不知道你应该停止了吗？"

她不理他，对孙悟空说，"大圣，你说过，你用完扇子后，你会把它还给我。我不会再伤害任何人了。我愿意跟着佛祖学佛道。请把我的扇子还给我，这样我才能开始新的生活。"

土地神说，"大圣，这个女人知道怎么永远地把火灭了。在给她扇子之前，你应该让她做这个。我会留在这里，照顾生活在这座山上的人和生物。"

孙悟空对她说，"这里的人说，大火只能被灭一年，然后它们又会回来。"

罗刹说，"如果你想永远地把火灭了，你必须对着山挥动扇子四十九次。"

孙悟空转身，面对着大山。他挥了四十八次扇子。然后，他第四十九次挥动扇子。一场大雨来了。它灭了山上所有的火。但是在没有火的地方，没有下雨。

四个游人看了一会雨。然后他们走进山洞，睡了一夜。第二天早上，他们把扇子还给了罗刹。孙悟空对她说，"我告诉过你，我会把扇子还给你，现在我已经做到了。现在走吧，不要再找任何麻烦了。"她拿了扇子。她说了几句魔语。扇子变得非常小，她把它放进她的嘴里。然后，她离开了，去学习佛道。

432

土地神感谢了游人。他们开始向西走向火焰山。他们脚下的地又凉又湿。

血雨

第 62 章

我的孩子，昨天晚上我告诉你关于<u>唐僧</u>和三个徒弟的故事。他们用魔扇灭了山火。他们挥着魔扇，燃烧的山变凉了，天上下了雨。水火和谐，阴阳平衡。四个游人的心都很安静。他们一点担心都没有，过了凉凉的山，继续向西行。

秋天已经要结束了，现在是冬天的开始。早晨，他们看到地上的霜。冰出现在小溪和河流的岸上。白天，天晴明亮。晚上，他们可以看到天空中几千颗星星。

经过几个星期的旅途，他们来到了一个大城市。城市的四周是一条很宽的护城河。一座桥穿过护城河，通向一对大城门。游人们看到街道很干净。房子的窗户上放着花。他们能听到小酒店里唱歌的声音。

唐僧对他的徒弟们说，"这是一个大城市。它看起来像一个强大国王的家。"

猪人猪八戒笑着说，"这只是一个城市。你怎么能看出来这是一个国王的家？"

"你看看吧，"孙悟空说。"围着这个城市的墙可能有一百里长。它至少有十个门。看看这些房子，它们那样的高，它们的顶都被云遮住了。师父说得对，这一定是一个大王的家。"

他们过了桥，进了城里。看了四周，他们看到人们看起来很健康，穿着漂亮的衣服。但是，当他们再往前走，他们看到一群穿着旧碎布的和尚。和尚们在一家一家的要饭。

唐僧看着和尚，说，"兔子死了，狐狸哭了[1]。悟空，去问问那些可怜的和尚，为什么他们在要饭，还穿着旧碎布。"

孙悟空走到他们面前，问道，"和尚兄弟，你们看起来很穷，很不开心。你们为什么在受到痛苦？"

一位和尚回答说，"爸爸，我看你是从另一个国家来的。我们是金光寺的和尚。我们站在街道上谈这件事是不安全的。请和我们一起去寺庙，我会解释一切。"

游人们和穿着碎布的和尚们一起走到金光寺。他们走进了寺庙。唐僧看了四周。那是一座大寺庙。它之前很漂亮，但现在，寺庙里没有了和尚。地上满是土，墙上都是灰，大殿里一片安静。只有几只鸟飞过大殿的声音。

他们进入大殿。在大殿的后面，几个年轻的和尚被锁在柱子上。

---

[1] This is an old Chinese expression, 兔死狐悲 (tùsǐhúbēi, literally, "rabbit dead fox sad"). It describes the sadness you feel when someone like yourself encounters misfortune because you worry that the same misfortune might come to you too.

唐僧看到这一切，哭了起来。

一个和尚说，"爸爸，请告诉我，你们是从东方唐帝国来的游人吗？"

孙悟空听到这个，很吃惊。他对和尚说，"兄弟，你是怎么知道的？你有魔力吗？"

"我们没有魔力。但是我们受到很大的痛苦。我们每天都向天地请求帮助。昨天晚上，我们每个人都做了相同的梦。在我们的梦里，我们被告诉，说有一位圣僧会从唐帝国来，救我们的生命。今天你来了！"

"我们可能可以帮助你们，"唐僧说。"请告诉我们你们的问题。"

"圣父，这个城市叫祭赛王国。我们被其他四个王国包围着。在过去的几年里，所有四个邻居王国都给了我们贡品[1]钱。我们不用和他们战斗。"

唐僧说，"如果他们给你们贡品，他们尊敬你们，害怕你们。你们一定有一个正直的国王，好的大臣和强大的军队。"

"圣父，我们的国王不正直，我们的大臣不好，我们的军队也不强大。我们的邻居给我们贡品，是因为这座金光寺。白天，美丽的彩云出现在寺庙的上空。夜晚，寺庙的光照到千里之外。所有四个王国都看到这，所以他们给我们贡品。"

"这听起来很不错，"唐僧说。

"是的，那是非常的不错。但三年前，在冬天的第一个深夜，发

---

[1] 贡品 (gòngpǐn) is tribute, a payment made by one nation to another as a sign of dependence.

生了一场血雨。整个城市都下着血雨，血雨盖满了这座寺庙。寺庙里都是血。这之后，白天不再出现彩云。夜晚也没有了光。四个王国见了这，他们就停止给我们贡品。国王不明白发生了什么事。他的大臣们也不明白，但他们必须告诉国王发生了什么。所以他们告诉国王，这座寺庙的和尚从寺庙里偷了宝贝。国王相信了他们的故事。他命令把我们抓起来、打我们，用锁链把我们锁起来。大多数和尚现在都死了，我们中只有几个人还活着。我们求你救救我们的生命，救救我们的寺庙！"

唐僧几分钟没有说话，在想着。然后他说，"我想见你们的国王，这样他就可以签署我们的通关文书。但是，我不明白这里发生了什么。我很难和你们的国王谈这件事。所以，我想先洗澡，吃些晚饭。然后，请给我一把扫帚。我要打扫你们的宝塔。然后我可能可以知道是什么造成了血雨。如果我明白了这件事，我就能够和你们的国王谈，试着帮助你们。"

和尚们想为唐僧准备洗澡的东西，给游人们准备晚饭，但他们不能，因为他们被锁在大殿后面的柱子上。孙悟空看到了这个，他挥动他的手，用他的开锁魔法。锁马上被打开了，和尚身上的锁链掉在地上。

四个游人吃了和尚准备的素食晚饭。然后唐僧对他们说，"你们都应该去睡觉。让我来打扫宝塔。"他脱下他的僧衣，穿上一件里面穿的长衬衫，绑上一根丝绸带子，拿起扫帚，去打扫宝塔。

孙悟空说，"师父，这场血雨是由邪恶的魔法造成的。谁知道这个宝塔里住着什么邪恶的生物？请让我帮你打扫宝塔。"唐僧同意了。猴王拿起另一把扫帚。他们一起走进了大殿。唐僧点了香，祈祷佛祖告诉他们，邪恶的血雨从哪里来。然后他们开始打扫宝塔。

宝塔很高，有十三层。他们从一楼开始，打扫完后，上了二楼。

他们继续一层一层的打扫宝塔。当他们到十楼的时候，唐僧已经很累了，他再也站不起来了。"师父，"孙悟空说，"你累了。请让我来完成最后的三层。"唐僧同意了，他坐下来休息。很快他就睡着了。

孙悟空不累。他打扫了十楼和十一楼，然后上了十二楼。他听到有两个人在说话。"这很奇怪！"他说。"现在已经是三更了，为什么会有人在宝塔的顶上？"他悄悄地放下扫帚，飞出窗外，飞到顶楼。在十三楼的地上，坐着两个妖怪精。在他们面前的地上，有一锅米饭，两只碗，一壶酒。妖怪正在玩猜拳的游戏。孙悟空拔出他的金箍棒，对他们喊道，"啊！你们就是偷了寺庙宝贝的人！"

妖怪们跳了起来，把一锅米饭和一壶酒扔向孙悟空。孙悟空很容易地走到一边，避开飞来的锅和酒壶。他对他们说，"我应该现在就杀了你们，但我不会。我需要你们活着，这样你们就可以把你们的故事告诉国王！"

妖怪们向后退，直到他们到了墙边。"请不要杀我们！"他们哭叫着。"我们没有拿走宝贝。别的人拿走了它。"

孙悟空抓住他们每个人的手臂，把他们拖到十楼。他叫醒唐僧，对他说，"师父，我已经抓到小偷了！我在宝塔的顶楼发现了他们。他们在玩猜拳游戏，吃着米饭，喝着酒。我想杀了他们，但我决定让他们活着，这样他们就可以告诉你他们把寺庙的宝贝放在哪里。"

在唐僧想要说什么之前，一个妖怪开始说话。"请不要杀我们！我会告诉你所有的事。"唐僧只是静静地等着。

妖怪继续说，"我叫灞波儿奔，我朋友的名字是奔波儿灞。我们都是鱼精。我们被万圣龙王送到这里。他住在绿波泻湖。龙王有一个漂亮的女儿。她和一个很厉害的魔术师结了婚，魔术师叫<u>九头</u>。两年前，<u>九头</u>给这座寺庙带来了一场血雨。然后，他偷走了寺庙的宝贝，佛祖的舍利[1]。然后龙王的女儿去了天堂，偷了一个九叶神奇蘑菇。现在，舍利和神奇蘑菇都在泻湖底下。它们形成美丽的雾气和明亮的光，让龙王、他的女儿和魔术师非常享受。"

"我知道这个<u>万圣龙王</u>，"<u>孙悟空</u>对<u>唐僧</u>说。"他就是那个邀请<u>牛魔王</u>参加水下宴会的人。我看见过他的绿色泻湖[2]。"然后他转向<u>奔波儿灞</u>，说，"你为什么在宝塔里？"

"最近，我们听说一只叫<u>孙悟空</u>的强大的猴子要来这里。龙王让我们在这里看着，这样当他来到的时候，我们就可以把这报告给龙王。"

就在这时，<u>猪八戒</u>来了。<u>孙悟空</u>给他讲了两个鱼精和<u>万圣</u>龙王的事情。<u>猪</u>飞快地拿出他的耙子，准备把它砸在鱼精的头上。但<u>孙悟空</u>说，"小兄弟，你还没有把这想好。我们要这两个鱼精活着，这样他们就可以把他们的故事告诉国王。"

"好吧，"<u>猪</u>说。"但我真的很想用这两个鱼精为和尚做一些鱼汤。"

已经是深夜了，<u>孙悟空</u>和<u>猪</u>带着两个鱼精，来到寺庙。几个和尚走在他们面前，高举着灯笼。当他们来到寺庙的大殿时，<u>孙悟空</u>说，"用铁链把这两人捆起来。把他们关到明天早上。我们现在去睡觉了。"然后，游人们去休息，和尚看着两个鱼精。

---

[1] 舍利 (shèlì) is a sarira. In Chinese Buddhist tradition, this is a saint's relic, part of his or her body that remains after the saint is cremated. Usually it is shaped like an egg or pearl.
[2] Sun Wukong visited the lagoon in *The Burning Mountain*.

早晨，唐僧穿上他最好的僧衣，戴上帽子，去宫殿见国王。孙悟空穿着他的虎皮和丝绸衬衫。"我们要不要带鱼精去见国王？"他问。

"不要，"唐僧回答。"让我们先和国王谈谈，让他知道发生了什么事。如果他想的话，他可以让人去把他们带来。"

他们两人走进了国王的宫殿。当他们来到东门时，唐僧对一位官员说，"请告诉国王，这位穷和尚是唐皇帝送来的，去西天取佛经。我们想请国王签署我们的通关文书。"那位官员把这告诉了国王，国王同意见他们。

唐僧和孙悟空进入了宝座房间。宝座房间里的人看到孙悟空就变得非常害怕。唐僧向宝座低低地鞠躬，但孙悟空只是双臂交叉在那里。他没有鞠躬。唐僧说，"陛下，我们被唐皇帝送去西天，取佛经。我们的旅途把我们带到了你尊敬的王国，没有你签署的通关文书，我们不敢走过你的王国。"

国王打开他的手。唐僧走向国王，把通关文书给他。国王仔细地读着。然后他说，"你的皇帝很聪明地选择了这样一个正直的和尚，来完成这次西游。很不幸，我们王国里没有这样的和尚。我们的和尚只会偷，给人们和他们的统治者带来伤害。"

唐僧问，"陛下，你们的和尚是怎么伤害你和你王国的人们？"

"我们的王国是这一带的强国。因为金光寺的神奇，我们四个邻居每年都给我们贡品。但三年前，我们的和尚偷走了寺庙的宝贝。现在四个王国不再给我们贡品了。"

"陛下，昨天晚上，当这个穷和尚来到你的城市时，我们遇到了一些在街道上要饭的和尚。他们邀请我们住在金光寺。夜里，我们发现了两个鱼精妖怪，躲在宝塔里。我相信他们偷了宝贝。"

"这些鱼精现在在哪里？"

"他们被锁在金光寺里。"

"我会让我的侍卫把他们带到这里。"

"很好，但是不是可以让我的大徒弟和他们一起去？"国王同意了。他让他的侍卫给孙悟空拿来一顶轿子。八名强有力的侍卫抬起轿子，抬着孙悟空，走在城里的街道上。骑马的人在他们的前面和后面，喊着，"让开！"

他们来到了金光寺。孙悟空用开锁魔法松开了两个鱼精。猪抓住其中一个，另一个徒弟，沙悟净抓住另一个。他们穿过城市，回到宫殿，孙悟空又坐上了轿子。

猪和沙把两个鱼精带进了宝座房间。国王仔细地看了他们。其中一个鱼精，他全身是黑色的鱼鳞。他有一张尖嘴和尖尖的牙齿。另一个鱼精，他皮肤光滑，大肚子，大嘴。国王对他们说，"你们两个看起来像鱼！你们是谁，你们来自哪里？你们什么时候来我们王国的？你们对我们的宝贝做了什么？告诉我一切。"

两个鱼精跪了下来。其中一个说，

> "陛下，三年前
> 七月的第一天
> 万圣龙王到来了
> 住在这个王国的东南方
> 他在绿波泻湖下建了一个家
> 他的女儿很漂亮
> 她和一个强大的魔术师九头结了婚
> 他们听说了宝塔的宝贝
> 他们送来了一场血雨

他们偷走了你的舍利宝贝
然后他们去了天堂
偷走了一个九叶神奇蘑菇
现在你的宝贝照亮了龙王的家
请不要惩罚我们
我们不是小偷
我们只是龙王的仆人
我们说的是真话！"

国王听了这个故事很满意。他告诉他的侍卫把两个鱼精关进监狱。然后，他发出法令，要求拿掉城里的所有和尚身上的锁链。他对唐僧和唐僧的徒弟们说，"我们感谢你们的帮助。我们想为你们举行一个宴会。宴会上，我们要谈谈怎么去抓龙王，拿回我们的宝贝。"

那天晚上，在国王的宫殿里举行了一个大宴会。唐僧坐在主桌子的荣誉座位上。孙悟空坐在他的左边。猪和沙坐在他的右边。他们的桌子上放着蔬菜、米饭、水果和茶。国王坐在唐僧对面的桌子旁。国王的桌子上放着许多肉食。还有为其他客人准备的一百张桌子。

国王举起酒杯，为尊敬的客人敬酒。唐僧不敢喝酒，但他的三个徒弟都喝了些酒。他们都吃了东西，但是当然，猪比别人吃得更多。

宴会快要结束时，国王对唐僧说，"尊敬的客人，我们去另一个房间吧。我们谈一下，怎么抓住龙王，拿回我们的宝贝。"

"不需要这样做，"唐僧回答。"我们会解决这事。我的大徒弟，猴王孙悟空，在这件事上是有能力的。他会抓住小偷。我的二徒弟，猪人猪八戒，会帮助他。我最小的徒弟，沙悟净会和我在一起。"

"非常好。我们可以给你什么武器？"

"我们不需要任何武器，"孙悟空说。"我们有自己的武器，它们非常强大。但是，请把两个鱼精带来。我们将把他们带着，和我们一起去，这样他们就能给我们有用的信息。"侍卫们把两个鱼精带了过来。孙悟空抓着一个，猪抓着另一个，他们一起上到天空，飞走了。

第63章

国王说，"他们是真的大圣！这个孤独的人有一双眼睛，但他看不见。我们以为你的徒弟是伟大的战士。但我们没有想到，他们是很厉害的仙人，可以骑雾飞到云上！"

沙和尚对国王说，"陛下，我的哥哥是齐天大圣。五百年前，他在天宫找了大麻烦。连玉皇大帝都怕他。我的另一个兄弟是天蓬元帅。很久以前，他是八万士兵的首领。和他们相比，我没有什么力量，但我以前是卷帘大将。我们三个人非常能抓妖怪，和老虎、龙战斗，翻动大海和河流。像这样的事情我们做得非常好。说到骑雾飞到云上，那其实不是什么大事。"

这以后，国王和他的大臣们开始叫唐僧'大佛，'叫他的徒弟'菩萨。'

这个时候，孙悟空和猪八戒拖着两个鱼精飞过天空。很快，他们到了绿波泻湖。孙悟空把两个鱼精扔进水里，对他们说，"快走，向万圣龙王报告。告诉他，他的爸爸，齐天大圣，在这里。告诉他马上拿出金光寺的宝贝。如果他说半个'不'字，我会清空这个泻湖，杀死里面的所有生物。"

两个鱼精在水中很快地游着，拖着他们的锁链。他们游进了龙王的宫殿。他们看见国王坐在他的宝座上，在和他的女婿九头喝酒。鱼精喊道，"大王，不好了！不好了！昨天晚上我们在金光寺的宝塔里，我们被齐天大圣和唐和尚抓了。他们用铁链把我们绑起来，把我们拖到这里来向你报告。他们说，你必须马上还回他们寺庙的宝贝，不那样做，他们就要杀死这个泻湖里的所有生物！"

龙王很害怕，因为他知道孙悟空的力量。但九头说，"爸爸不要担心。你不聪明的女婿学了一些战斗的技术。让我去和他打几个来回吧。很快，他将被打败，会给你磕头。"

拿起他的武器，一把大戟，他向上游，游出泻湖。从远处看，他看起来像个人。但当孙悟空和猪仔细看他时，他们可以看到，他有九张嘴。他头上有十八只眼睛，所以他可以同时看到每个方向。他用九张嘴喊道，"大圣在哪里？现在过来，把你的生命给我！"

孙悟空站起来，看着他。他右手拿着金箍棒，用它拍打着他左手的手掌。"我来了，"他说。

九头向他喊道，"你从哪里来？你为什么来到我们的王国？你为什么在守卫着宝塔？你怎么敢抓我的两个帮手，和我开战？"

"你这个妖怪！你认不出你的孙爷爷了吗？听听这个故事。很久以前，我住在花果山上，在大海上，瀑布后面的一个山洞里。我走了几千里去找知识，得到力量。玉皇大帝让我做了齐天大圣。我在天宫的大殿里找了大麻烦。天神们不能打败我。他们请了佛祖。他跟我打赌，我输了。他的手和五根手指变成了一座有五座山峰的山。他把它翻过来，关了我五百年。观音菩萨救了我，她让我帮助和尚唐僧去西天。我们已经走了几年了。就在昨天，我们来到了这个王国。我们听说宝塔的光消失了。我的师父想要知道真相，所以昨天晚上，我们打扫了宝塔。我们在宝塔的顶发现了你的两个妖怪。他们告诉我，你是小偷。我们告诉了国王，他让我们来这里抓小偷，把他带到国王那里。不要问我任何问题。只要还回宝贝，你就可以活下去。如果你和我们打，我会把这个泻湖清干。我会把这座山推平，杀了你们所有的人！"

九头等孙悟空说完。然后他说，"所以，你们在向西行走，去找经书。好。这和我们没有关系。你为什么要关心这件事？"

"你这无耻的妖怪，就是因为你，我的兄弟，那些寺庙里的和尚，在受到通苦。也是因为你，寺庙里都是血。我怎么会不关心这事？"

"好吧，那么我们必须战斗。老话说，'战士避开战斗，除非必须要那样[1]。'我会很快杀了你，这将是你们和尚西游的结束。"

九头拿起他的戟，把它打向孙悟空的头。猴王用他的棒，很容易地挡住了戟。他们打了三十个来回，但是没人能赢。在战斗中，猪在不远的地方看着，等着有好的机会，参加进去。最后，他跑上前，想用他的耙子打九头。但是九头的头后面有眼睛。他看见猪来了，用戟的把手挡住了耙子。

战斗又继续了六、七个来回。九头累了，他没有办法继续和孙悟空、猪八戒战斗。所以，他跳上天空，变到了他的真样子，一只又大又可怕的九头鸟。他的身体有十二尺长，长满羽毛。他的脚像刀一样尖。他的九个头形成一个圆圈。

猪吓坏了，但孙悟空说，"让我上去和他打！"然后跳上了天

---

[1] In *The Art of War*, chapter 3, Sunzi says, "A hundred victories in a hundred battles is not the greatest good. Subduing the enemy's army without battle is the greatest good."

空。猪跟着他。

孙悟空想用他的铁棒打那鸟。鸟冲向一边，避开攻击。一个新的头从他的肚子中弹出。那只头抓住了猪。鸟飞到泻湖，把猪拉下水。当鸟来到龙王的宫殿时，它又变回了九头。他对他的爸爸说，"把这个和尚绑起来。"一群水下生物过来，抓住猪，把他抬进宫殿。

孙悟空还在云中。他看见那只鸟把猪拖到水下。他不想和龙王和鸟在水下战斗。所以他变成了一只螃蟹，游到了龙王的宫殿。他像螃蟹一样横爬着进了宫殿，看了四周。他没有看到猪，但他看到龙王和九头在和他们的亲戚喝酒说话。他像螃蟹一样横爬着离开了他们。他发现了其他几只螃蟹。他听了一会儿它们的说话，然后他问，"你们看到我们国王的女婿带到这里来的一只丑猪吗？他是活着还是死了？"

"他还活着，"一只螃蟹说。"你没看到他在那里吗？"孙悟空看了看，看到猪被绑在柱子上。他像螃蟹一样横爬着向猪走去。

猪看见了他，说，"哥哥，我们应该怎么办？"孙悟空用他的钳子切断了把猪绑在柱子上的绳子。猪说，"妖怪拿走了我的耙子。我想它在大殿里。"

孙悟空回答说，"我去拿你的耙子。去大门等我。"他像螃蟹一样横爬着进了大殿。他看到了猪的耙子。他拿起耙子，用他的魔力把耙子藏了起来。然后，他横爬着走到大门，把耙子给了猪。

"我在水下是一个比你更好的战士，"猪说。"你应该离开。我会打回宫殿。在泻湖岸边等我。"孙悟空游到泻湖水面上。猪双手拿着他的耙子。他挥动着他的耙子，进入宫殿。他砸坏了所有的东西，窗户、门、桌子、椅子，还有酒杯。龙王和他的家人都飞快地逃走了。

九头妖怪在确保了他的公主妻子的安全后，他抓起他的戟，向猪跑去，喊道，"你这无耻的猪！你怎么敢来吓我的家人！"

"你怎么敢抓我？"猪回答。他们开始战斗。但很快龙王和他的亲戚都出来，参加了战斗。猪不能和他们所有的人打。他转过身，很快游出宫殿，游向泻湖的水面。紧跟在他后面的是九头、龙王和他们的所有亲戚。

猪从水里冲了出来。孙悟空等在泻湖岸边。当龙王从水里出来时，孙悟空跳上了云。他把铁棒砸在龙王的头上，马上就把他杀死了。龙的尸体掉进水里，血把水变成了红色。九头抓住龙的尸体，把他带到水下的宫殿，所有的家人都跟在后面。

孙悟空和猪坐到泻湖岸边说话。猪说，"我很高兴你把那条老龙打死了。现在，他们要忙一段时间，准备葬礼。他们今天晚上不会再出来了。已经很晚了，我们现在应该怎么办？"

孙悟空能够看出来，猪累了，不想再打了。他说，"兄弟，别担心时间。这是我们攻击他们的最好的机会。我们可以拿到宝贝，把它们带回给师父和国王！"

就在这时，他们听到一个声音。他们抬起头，看到一大片黑雾从东边过来。孙悟空用他的钻石眼睛仔细看。他看到是二郎和梅山六兄弟。他们正在打猎。他们每个人都带着弓箭，每个人手里都拿着一把尖刀。

孙悟空说，"我知道这七个人，他们是我的亲兄弟。我们应该请他们帮助我们。"然后，他停了一会儿，又说，"但二郎在很久以前的一场战斗中打败了我[1]。我现在有点不好意思去求他帮助。

---

[1] In the story told in *The Immortal Peaches*, the Jade Emperor asked Erlang to capture the troublemaking Sun Wukong. With the help of Laozi and his six brothers, Sun Wukong was captured and placed in a hot brazier for 49 days.

猪，请帮帮我。站在他们的面前，挡住他们的路。等他们走到你的面前，告诉他们，齐天大圣在这里，要见他们。"

猪照他的要求做了。二郎让他的六个兄弟去请孙悟空来见他。六个兄弟都跑出营地，喊道，"孙悟空哥哥！我们的大哥要你去见他。"

孙悟空走了出来。他向六个兄弟中的每个人问好。然后，他们一起走进营地。二郎说，"大圣，你帮助唐僧，取得了功德。很快你就会完成你的旅途，你会坐上莲花宝座。"

"我还有很长的路要走，"他回答。"唐和尚救了我，我们正向西走。我们正经过这个国家，想要帮助一些佛教和尚。我们在这里是为了抓一些魔鬼，找回寺庙的宝贝。我们看见你和你的兄弟们在附近经过，我们低下地请求你的帮助。但是，我们不知道你的计划，也不知道你是不是愿意帮助我们。"

"我没有什么事，"二郎笑着说，"我很愿意帮助一位老朋友。告诉我更多一些。"

孙悟空讲了整个故事，他们怎么来到祭赛王国，怎么看到佛教和尚的痛苦，怎么发现宝塔顶上的两个魔鬼，怎么把魔鬼带到国王面前，怎么去了泻湖，怎么和九头战斗，怎么杀死了龙王。最后，他说，"当我们看到你和你的兄弟们来的时候，我和猪兄弟正在谈下一步该做什么。"

二郎回答说，"嗯，你刚刚杀了老龙王。现在是攻击的最好时候！"

但他的兄弟们不同意。其中一人说，"别着急，兄弟。九头魔鬼的家人在这里，所以他不会逃跑。我们现在有两位客人。在我们的营地里，我们有食物和酒。今天晚上，让我们和我们的朋友们一起举行一个宴会。明天将有足够的时间去战斗。"二郎同意了。他们一起走回营地。他们吃了一顿好吃的素食，说了几个小时的话。然后，他们就去睡觉了，天是他们的帐篷，地是他们的床。

第二天早上，猪起了床。他喝了几杯酒，然后他说，"天亮了。我要下去和这些妖怪战斗。"

"小心点，"二郎回答。"只要把他们带到水面。我和我的兄弟们会解决他们。"

猪点点头，然后抓起他的耙子。他用他的分水魔法，很快地向下游到了宫殿。他大声喊叫着，挥动着他的耙子，跑进宫殿。龙的一个儿子正弯腰在龙的尸体旁边。猪用耙子砸在那个儿子的头上，在他的头上砸出了九个血洞。

"那头猪也杀了我的儿子！"龙王的寡妇喊道。龙王所有的亲戚都跑出去和猪战斗。猪转过身，游到泻湖的水面，冲向空中。亲戚们跟着他。孙悟空和七兄弟攻击了他们。

在战斗中，龙的一个孙子被杀了。九头看到事情变坏。他变成了一只巨大的九头鸟，开始在战斗的上空打转。二郎向那只鸟射了一箭，但没有射到它。鸟飞下来，长出一个新的头来咬二郎。但二郎的狗跳起来，咬掉了那个头。鸟转身，飞向北海。

猪开始追他，但孙悟空阻止了他，说，"别追他。永远不要把一个被打败的敌人逼到墙角[1]。我有一个更好的主意。我会改变我的样子，让我看起来像九头。你追我进宫殿。我会骗公主把宝贝给

---

[1] In *The Art of War*, Sunzi says that a cornered enemy fighting on "death ground" is the most dangerous of all enemies because his only option is to fight to the death. He writes, "If death is certain, soldiers will fight to the end."

我。"

二郎说，"好吧，如果你愿意，我们可以等。但是让这样的妖怪活着不是一个好主意。以后只会给每个人带来麻烦。"其实，就是在今天，我们也能看到这些血红色的妖怪[1]。

孙悟空把他自己变成九头的样子，冲入水里。猪跟着他，大喊大叫着。他们来到了宫殿的大门。王后对孙悟空说，"亲爱的女婿，你为什么这么害怕？"

孙悟空回答说，"那头猪打败了我，现在他想在这里抓我。快，把我们的宝贝藏起来！"

王后跑到大殿的后面，然后带着两个盒子回来。一个是金做的，另一个是白玉做的。她将金盒子给孙悟空，说，"这是佛教的宝贝，舍利。"然后，她又将白玉盒子给他，说，"这是九叶神奇蘑菇。你必须把这些东西带走，远离这里。我会和猪打几个来回。这样你就有时间逃跑了。"

孙悟空摇了一下他的身体，又变回了他自己的样子。"仔细看着我，王后，"他说。"我真的是你的女婿吗？"王后想去抓盒子，但就在这时猪来了。他用耙子打她的肩，她倒在地上。

猪举起他的耙子再要打她，但孙悟空举起手来阻止他。他说，"别杀她！我们应该把她带回国王的宫殿，告诉他们。"

孙悟空和猪游出泻湖。孙悟空拿着两个装宝贝的盒子，猪抓着王后的手，拖着她。当他们来到泻湖岸边时，孙悟空对二郎说，"谢谢你，我的朋友！我们拿到了丢了的宝贝，我们杀死了小

---

[1] It's not clear what animal the original author is referring to here, because the Nine Headed Beast (九頭蟲头虫, jiǔ tóu chóng tóu chóng) is variously described as a bird, a gigantic insect, or just a monster. Some say it is the mango bird, a kind of oriole found in India.

偷。"

"我们什么也没做，"二郎回答。"那是因为国王的好运气和你的强大。"

"你会和我们一起去见国王吗？"

"不，我们现在就离开，猴子兄弟。"然后，二郎和他的六个兄弟回去打猎了。

孙悟空和猪把王后带回了祭赛王国的国王宫殿。一个和尚看到他们来了。他跑进宫殿告诉国王和唐僧，说猴子和猪回来了。孙悟空给国王看了那两件宝贝，告诉他，他们去泻湖的整个故事。国王听了故事。然后他问，"告诉我，龙王后懂人的话吗？"

孙悟空回答说，"她做龙王的妻子很多年了，生了很多儿子和女儿。她怎么会不懂人的话？"

"如果她懂，那么她现在必须告诉我们关于这件事的一切。是谁从寺庙里拿走了两件宝贝？"

王后回答说，"我对偷佛教宝贝什么都不知道。是我死去的丈夫在九头的帮助下做的。是他们给寺庙带去了血雨。那神奇蘑菇么，那是我女儿做的。她去了天宫，偷了蘑菇。"

"告诉我们关于神奇蘑菇的事。"

"很久以前，它是由西王母娘娘种的。它将活一千年。用你的手挥动它，它会发出一千束彩光。"她停了一下，然后继续说，"现在你有了神奇蘑菇和佛教宝贝。你杀了我丈夫和许多我的亲戚，我求你让我活着。"

孙悟空对她说，"全家人不用对家里一个或两个人的罪行负责。

我们会让你活下去的。但你必须留在寺庙里，在你剩下的日子里，成为宝塔的守卫人。"

她点点头。"不幸福的生活比死了的好。你要怎么对我都可以。"

"好吧，"孙悟空说。他让和尚们给他拿一条铁链。然后，他打开了铁链的一个环。他在她的肩骨上打了一个洞，然后把铁链的第一个环穿过洞，然后他又连上了铁链。

然后，他们都去了金光寺，进入宝塔。孙悟空用他的魔法叫来了城里的土地神和寺庙的守卫神。他告诉他们，从今天起，王后将留在宝塔里。"每三天给她送一次食物和水，"他说。"如果她想试着逃跑，马上杀死她。"他们同意了。

唐僧用神奇蘑菇把宝塔的十三层全都打扫了一遍。然后他把蘑菇放在舍利旁边的花瓶里。宝塔又开始亮着彩色的光。整个王国和所有四个邻居王国都可以看到这光。

他们都走出了宝塔。国王对唐僧说，"我很高兴你和你的三个徒弟来到我们的王国，把这件事弄清楚了。"

唐僧点了点头。孙悟空对国王说，"陛下，请想想，要不要改这座寺庙的名字。现在它叫金光。但金可以化掉，光只是发光的空气。如果你把它改成伏龙寺，它将永远在那里。"国王同意了，把名字改了。

那天晚上，国王为这四位游人举行了一个大宴会。艺术家们来了，画了四个游人的画像。他们的名字被刻在五凤塔中。国王给了他们金和珠宝，但当然，他们拒绝了。所以国王给了他们每个人两套新衣服、两双袜子、两双鞋和两条腰带。他还给了他们食物，签署了他们的通关文书。然后国王把他自己的马车给了他

们，把他们带到王国的边界，这样他们就可以继续他们的旅途。这真是，

> 恶魔被杀死
> 王国被清洗
> 宝塔之光又出现
> 世界又得光明。

第 64 章

当他们来到王国西方的边界时，四位游人从国王的马车上下来，继续他们的旅途。国王和王国里的人们和他们一起走了几里路，然后和他们说再见，转身回去了。但是有一些寺庙里的和尚继续跟着他们。<u>唐僧</u>叫他们回到城里，但他们继续跟着，说他们想和四个游人一起，一直走到西天。

最后，<u>孙悟空</u>从头上拔了一些头发，在它们上面吹了一下，说，"变。"每根头发都变成了一只大老虎。老虎在路上来回走动，咆哮着。和尚们不敢再跟着。四个游人继续走着，几个小时后，<u>孙悟空</u>取回了他的头发。

过了一会儿，他们的路又被挡住了。在他们面前是一片巨大的荆棘地。它盖住了路，向左向右，一直到他们能看到的最远的地方。荆棘很大，紧挨在一起。人或马都不可能穿过它们。

<u>猪</u>说，"这些荆棘对我来说不是问题。我可以用我的耙子，把它们分开，为我们开出一条路。"

"那不行，"<u>唐僧</u>回答。"你很有力，但是那里有太多的荆棘，你很快就会累的。<u>悟空</u>，请看看，告诉我们，怎么才能走过这些

荆棘。"

<u>孙悟空</u>跳到空中。他把手放在他的钻石眼睛上，看了所有的方向。在他能看到的地方，地面上都是荆棘。荆棘中间，有许多盖满藤蔓的大树。所有这一切看上去就像是一大片绿云盖着地球。

他久久地看着荆棘地。然后，他回到地面。他对<u>唐僧</u>说，"师父，这是一片巨大的荆棘地。我看不到它的边界。它一定有一千里长。"

<u>唐僧</u>很不高兴。"我们能做什么？"他问。

<u>沙</u>说，"别担心，师父。让我们做农夫做的事。我们只是放火烧荆棘，用这个办法清出一条路。"

<u>猪</u>笑着说，"那不行。如果你想烧荆棘，你必须在十月的时候做，那时一切都很干。现在荆棘是绿色的，在生长，它们不会燃烧。"

<u>孙悟空</u>说，"是的，即使你能生起火，火也会很大很热，可能会烧死我们所有的人。"

<u>猪</u>说，"不要再说了。我会解决这件事。"他用手指做了一个魔法手势，说，"长！"他马上就长到三百尺高。他走上前去，沿着地面来回挥动着他的巨大耙子。荆棘在耙子前倒下。他向前走，在荆棘地上，清出一条路。<u>唐僧</u>骑着马走在他的身后，<u>孙悟空</u>和<u>沙</u>跟在后面。

他们走了一整天。夜晚到来时，他们来到了一片空地。空地中间是一块石头。石头上刻着大字，"荆棘岭。"下面的话是，

　　八百里的荆棘
　　这是一条很少有人经过的路

猪读了这些话。他笑着说，"让老猪再加几句话！"然后，他在石头底刻上了这些话，

> 但现在猪八戒开出了一条路
> 它带着我们直通向西方

唐僧累了，想休息一个晚上。但是猪希望继续。所以猪在他们前面开路，他们继续走着。他们走了一整夜和第二天的一整天。第二天晚上，很累的游人来到了另一个空地。空地中间有一个小神社。当他们在看它时，一位老人走出了神社。在他旁边是一个红发小魔鬼，拿着一盘糕。

老人跪了下来，对唐僧说，"大圣，这个可怜的老人是荆棘岭的土地神。在这八百里远的地方，只有这一栋房子。请吃点食物，今晚在这里休息。"

猪走上前，去接盘子。但孙悟空对他喊道，"停！"然后他对老人说，"你是谁？你为什么要骗我们？"

老人和小魔鬼马上消失了。一阵强大的冷风吹来。它把唐僧吹到空中，把他带走了。风带着他走了许多里路。最后，它轻轻地把他放在一间被雾围着的小房子前。老人和红发小魔鬼再次出现。

老人对唐僧说，"请不要害怕。我们不会伤害你。我是荆棘岭的十八公[1]。这是一个美丽的夜晚，月亮和星星都在看着我们。我请求你今天晚上就像一个朋友那样，用一些时间和我在一起，谈谈诗。"

唐僧看了房子的四周和空地。它真的是很漂亮。然后，他听到有

---

[1] As we will see, he is really the spirit of the pine tree. His name, Eighteenth Squire, consists of the characters for eight (八), ten (十) and squire (公) which together form the character for pine tree (松).

人说，"看，十八公把唐和尚带到这里了！"又有三个老人来了。一个有像雪一样白的头发，第二个有着绿色的脸和头发，第三个有着蓝黑色的头发。他们都向唐僧鞠躬。其中一个人对他说，"圣僧，我们听说你正在西游。我们很高兴你今天晚上和我们在一起，我们请求你，给我们一些你的智慧。"

"你是谁？"唐僧问。

那个白头发的人说，

> "我是孤直公。
> 我活了一千年
> 我的树枝碰到天空
> 我的阴影盖在地面
> 我的身体被雪盖着
> 我强硬高大
> 没有世界上的灰和土。"

那个绿头发的人说，

> "我是凌空子。
> 我见过一千个冬天
> 我的身体高大又强硬
> 夜里雨声传来
> 我的绿叶给大地带来阴影
> 龙和鹤生活在我的树枝上
> 我的根知道长生的秘密。"

那个蓝黑头发的人说，

> "我是拂云叟。
> 我经过了一千个秋天

这里没有愤怒，只有冷静和放松
七个有智慧的人跟我谈道
我的六个朋友和我一起唱歌喝酒
我和天堂一起
我和神同游。"

唐僧转向十八公，问，"那你呢？"十八公回答，

"我也活了一千年
我又高又强又绿
我的力量来自雨水和露水
我喝着山谷的风和雾
仙人们坐在我的绿树枝下
下棋，谈着道。"

唐僧笑着说，"你们都活了很久，你们都很强大，很漂亮，你们学了道。太好了！"

"那请问圣僧的年龄？"四个老人同时问。

唐僧回答，

"四十年前，我离开了我妈妈的肚子
在我出生之前，麻烦就是我的命运，
我逃了出来，漂在海浪上
我到了金山，被救了
我学习了佛道，读了圣书
我只想拜佛
现在陛下把我送往西方
我很高兴能见到你们这些古神仙！"

其中一位老人说，"这位圣僧真是一位高僧。我们的运气很好，

今晚能在这里见到你。我们求你教我们佛道。这是我们一千年来的心愿。"

就这样，唐僧和四个古人坐在一起，教他们佛的智慧。他讲了很久。古人们听着。

但然后拂云叟说，"圣僧，道从中国开始，已经在中国几千年了。但现在你在这里，要去西方的印度找智慧。你在找什么？石狮子把你的心拿走了吗？你忘记了你出生的土地。你求佛的智慧，但你不去注意就在你眼前的智慧！你和荆棘岭上的荆棘一样困惑。你怎么能教别人、带着别人？你必须仔细检查你自己的生活，你必须静坐。只有这样，你才能用没有底的篮子打水[1]。"

唐僧安静地听着这话，然后他感谢了拂云叟古人，向他叩头。凌空子笑着说，"请起来，圣父。你不用相信我们朋友说的一切。今天晚上，我们不要再有这样认真的谈话了。我们应该念诗，放松，享受夜晚！"

就这样，这五个人在剩下的夜晚里喝茶，念诗，享受他们在一起的时间。他们中的一个人会念一句诗，像，"空空的头脑就像没有灰和土的月亮，"然后另一个人会加第二句，另一人会再加第三句。就这样，他们创作出了美丽的长诗。后来，他们每个人又念了更长的诗。每个人念完自己的诗后，其他的人都笑着称赞他的美丽的诗。

他们就这样过了一夜。就在早晨的太阳开始在东方的天空中发光时，唐僧对四位老人说，"我的朋友们，这真是太美好了。但现在我必须回到我徒弟那里。我相信他们很担心我。我必须继续我

---

[1] This is an interesting defense of traditional Daoism. The "bottomless basket" in the last line is possibly a reference to Chapter 4 of the *Dao De Jing*, where Laozi says, "Dao is a bottomless cup that need not be filled. Profound and deep, it is the root of ten thousand things."

的西游。"

"哦，请再多留一些时间！"老人们叫道。"不要担心你的徒弟。过一会儿，我们会带你回去见他们。"唐僧对这有点担心，但他没有说什么。

就在这个时候，两个年轻女孩走进了空地。她们穿着蓝色长衣。她们的身后是一个仙女。她穿着一条粉红色的裙子，裙子上画有紫色的李子，还有一件红色的上衣。她的眼睛像星星。她向四位老人问好。然后她看到了唐僧。她让年轻女孩去给大家拿茶水。然后，她坐在唐僧的身边，离他很近。她挨近他，低声说，"所以，你就是昨天晚上来的客人！你能给我一首你美丽的诗吗？"

唐僧找不到话来回答她。她继续说，"你怎么了？如果你今天晚上不想和我一起玩，那你在等什么？生命很短，我们现在就去做吧！"

唐僧还是说不出话来。孤直公说，"这位圣僧找到了道。他不会做任何不对的事。如果杏仙愿意，他们两人现在就可以在这里结婚。"

这时唐僧的脸变红了。他跳起来，喊道，"你们都是妖怪，想把我带离佛道。我很高兴和你们一起念诗，喝茶，但是我拒绝做那个！"

四个老人听着他，但什么也没说。但红发小魔鬼冷冷地说，"杏仙是我的姐姐。她怎么了？你不喜欢她吗？你在做一个错的决定，你知道，我们可能会生气。如果我们生气了，我们会确保你永远不能离开这个地方，永远不能结婚，永远不能成为一个和尚。你的一生将什么都没有。"

唐僧这才知道他有大麻烦了。就在这时，他听到孙悟空、猪和沙在叫他的名字。他喊道，"徒弟们，我在这里！救我！"

他刚说这话，四个老人、美女和小魔鬼都消失了。唐僧告诉他的徒弟发生了什么。孙悟空看了四周。在空地的边上，他看到一棵大桧树、一棵老柏树、一棵老松树和一棵老竹树。竹树后面是一棵红枫树。附近有一棵老杏树。

"我想我找到了这些魔鬼，"孙悟空说。"十八公是松树。孤直公是柏树。凌空子是桧树。拂云叟是竹树。红发小魔鬼是枫树。杏仙就是杏树。你的朋友是这些树的树神，但是在这千年中，他们变得很困惑。他们不再仁慈，他们变得很危险。"

猪听到这话后，马上冲上前去，把他的耙子高高地举过头顶。他把耙子砸下去，把所有的树都砸倒在地上。唐僧想要阻止他，但孙悟空说，"师父，放下你对这些魔鬼的仁慈心吧。如果我们现在不这样做，他们只会在以后变得更危险。"所以，唐僧看着猪把树砸成小树枝。

他做完后，徒弟们帮着唐僧上了他的马。他们已经接近荆棘地的边。猪说了魔语，他再次变大。他清出了一条小路，让游人们能够避开荆棘。他们再次找到了路，继续他们向西的旅途。

假佛

第 65 章

我的孩子，今天晚上我要再给你讲一个关于圣僧<u>唐僧</u>和他的三个徒弟的故事。但在我们开始之前，我必须告诉你，

> 永远做好事，远离邪恶
> 神知道你在想的一切
> 为什么要聪明
> 为什么要让自己有点笨？
> 就是要让你的头脑变空
> 在你活着的时候做好事
> 一直求道，不跟着别人
> 张大你的眼睛，检查你的想法
> 过三关[1]

---

[1] In advanced Daoist practices, the student learns to go through three barriers or

你将骑着凤凰和鹤

带着快乐，你会上天堂

装满黑暗的海

你还记得我们上一个故事，游人们逃离了荆棘和想要将<u>唐僧</u>留下来的树精们。他们继续沿着<u>丝绸之路</u>向西走。冬天结束了，春天来了。大地长满了新草。桃树上开出了红色的花朵。

有一天，在他们走路的时候，他们看到远处有一座巨大的山。山峰比云还高。<u>唐僧</u>对<u>孙悟空</u>说，"你看那座山。它碰到天堂了！"

<u>孙悟空</u>回答说，"没有一座山能碰到天堂。"他们沿着小路往上走，爬上山的一边。在他们的四周，他们听到了狼、老虎和豹子的叫声。<u>唐僧</u>开始感到害怕。但<u>孙悟空</u>大声喊叫，所有的动物都跑开了。

他们继续往上爬，一直来到一个高山口，然后他们沿着山的西边向下走去。很快，他们看到了一座又大又漂亮的房子。房子的上面有一缕缕彩色的光。他们听到了钟的音乐声。

"徒弟们，"<u>唐僧</u>说，"去看看。告诉我这是一座什么房子。"

<u>孙悟空</u>把手放在他的钻石眼睛上，仔细地看了那栋房子。然后他说，"师父，这是一座寺庙。它非常漂亮。但我感觉到它有一股安静的空气。我以前去过西天，我去过<u>雷音</u>山。这个寺庙看起来很像<u>雷音</u>，但有些地方不太对。请不要进去。我们必须小心。里面可能藏着一些邪恶。"

---

passes called 关 (guān) on the spinal column: the Tailbone Gate just above the coccyx, the Narrow Ridge just below the shoulder blades, and the Jade Pillow at the base of the skull. One can open these passes by avoiding hunger for sex (Tailbone Gate), good food (Narrow Ridge), and desire (Jade Pillow).

唐僧看着他。"你说这个地方让你想起了雷音。这真的是我们要找的地方吗？"

在孙悟空回答之前，沙悟净说，"我们不需要担心这个。这条路将带我们经过寺庙的前门。当我们到了寺庙，我们就会知道它是不是雷音。"

唐僧同意了。他赶着他的马向前走。很快，他们到了寺庙的前门。他们抬头看，看到前门上面的大字。这些字是，"雷音寺。"

唐僧吃惊得从马上掉了下来。他倒在地上。然后他又马上跳了起来，生气地对孙悟空说，"你这个无耻的猢狲！你骗我！这真的是雷音寺。我们已经走到了我们旅途结束的地方。"

孙悟空笑道，"师父，前门的上面有四个字。你只读了它们中的三个字。"

唐僧又看了看。有四个字，不是三个。他大声读着，"小雷音寺。"他想了一会儿，然后说，"好吧，虽然这只是小雷音寺，也一定有一位佛祖住在这里。经书说有三千位佛。他们不可能都住在同一个地方！我们都知道观音菩萨住在南海。我想知道哪位佛祖住在这个地方。我们进去看看。"

"我认为那会是一个错误，"孙悟空说。

"我们要进去，"唐僧坚持着。"即使这里没有佛祖，也一定有佛的雕像。我有过誓愿，要为我看到的每一尊佛像祈祷。"他让猪去拿他的僧衣和帽子。等他穿上僧衣，戴上帽子，他们就都向寺庙里走去。

他们刚走进寺庙，就有一个声音大声喊道，"唐僧！你从东方来拜佛。你现在为什么这么没有礼貌？"唐僧马上叩头，猪和沙跪在地上。孙悟空牵着马，站着不动。他感觉到这里有些不对。

另外三个人慢慢地向前走。他们来到了里面的门。里面是佛殿。佛殿外，有一大群人。他们看到五百名老师，三千名侍卫，八位菩萨，还有许多尼姑、和尚和普通人。唐僧、猪和沙走一步，叩一次头，直到他们来到佛殿。在他们的身后，孙悟空走得很慢，没有叩头。

那个很响的声音说，"孙悟空！你见到佛祖为什么不叩头？"

孙悟空松开马，拔出他的金箍棒。他对着金色宝座上的佛祖喊道，"邪恶的妖怪，你怎么敢变成假的大佛！在那里不要动！"然后他举起他的棒，准备打那佛祖。但在他攻击前，两个巨大的铜钹从天空中掉下。它们把孙悟空关在它们的中间，合了起来，发出巨大的碰击声。孙悟空被关在里面。人们抓住了三个游人，还绑了他们。

游人们抬头看，看到一位佛在金色的宝座上。在他们看的时候，佛变到他真的样子，现在游人们可以看到他真的是一个魔鬼。其他人也变到他们真的样子，他们都是小魔鬼。小魔鬼们拿起两个金钹，把它们放在一个平台上。他们等着孙悟空在三天里化成一滩血。他们计划着把另外三个游人蒸了吃。

这里发生了什么？

  钻石眼睛的猴子知道那佛是假的
  但是唐僧只用了他的人眼，被骗了
  他只看到外面的样子，没有看到真相
  魔王比道大
  游人们选错了路
  现在他们可能会丢了他们的生命！

孙悟空被关在两个钹中间。里面完全是黑的，非常热。他试着左推右推，但没有逃出去。他用他的金箍棒砸钹，但它们没有动。他用魔法长到一千尺高，但钹也跟着长。他变得像芥菜种子一样小，但钹也跟着变小。他从头上拔下一根头发，轻声说"变，"它变成了一个五角钻子。他用钻子在钹上钻了一千次，但对钹没有影响。

最后，他念了圣语，"乾元亨利贞[1]。"这是在叫光明六神、黑暗六神、五方揭谛。他们都来得很快。他们站在钹外面等着。孙悟空对他们说，"我被关在这里，是因为我师父不听我说的话。我真的不在乎他们是不是杀了他，但我需要离开这里。这里太黑了，我看不见，而且太热了，我没有办法呼吸！"

听到这话，光明六神跑去保护唐僧，黑暗六神跑去保护另外两个徒弟，四名揭谛留下来守卫钹，第五名揭谛飞向南天门。他直飞进玉皇大帝的宝座房间，拜倒在皇帝的脚下。

"陛下，"他说，"我是五方揭谛中的一个。齐天大圣正和唐僧一起前往西天。他们来到了一个叫小雷音山的地方。和尚以为这是真的雷音山，虽然大圣警告他这是一个陷阱。他们还是进去了。现在，大圣被关在两个大金钹中间。他很快就要死了。这就是我来这里的原因。"

玉皇大帝抬起手说，"让二十八星宿去帮助大圣。"二十八星宿马上跟着揭谛回到了寺庙。

他们在二更左右到了寺庙。所有的魔鬼都在睡觉。二十八星宿悄悄地走到金钹前。他们中的一人说，"大圣，我们是来这里帮助

---

[1] These are the first five characters in the *I Ching*, the Book of Changes. The first, 乾, means sky or heaven in Daoist cosmology. The next four mean beginning, prosperity, harmony and justice, and correspond to the four seasons of spring, summer, autumn and winter.

你逃出来的，但我们必须小心。如果我们击中钹，它会发出巨大的声音，会吵醒魔鬼。所以，我们将试着在一个钹上打一个小洞。只要你看到一点点光，你就可以逃出来。"然后他们开始用他们的武器试着在钹上打一个洞。但这两个钹就像一只饺子，它们的边紧合在一起。两个小时里，他们用了他们所有的武器，但他们没有办法在钹上打出一个洞。

最后，一个星宿，金龙说，"让我试试。"他有一只尖角。他把自己弄得很小，这样他的角就像一根很小的针。然后他非常用力地推。他的角尖穿过两个钹中间，进到里面。孙悟空什么也看不见，但他的手指能感觉到角尖。他用他的金箍棒在角尖上钻了一个小洞。然后他把自己变得像芥菜种子一样小。他爬进了角尖的洞里。"好，把角拉出去！"他喊道。

金龙用了全力，拉出了带着孙悟空的角。这之后，龙太累了，他倒在地上。孙悟空从金龙的角里爬了出来，回到他正常的大小。

现在，孙悟空很生气。他用他的金箍棒砸在钹上，它们碎成一千块。这弄出了巨大的声音，吵醒了魔王和所有的小魔鬼。他们冲进房间，看到地上的碎钹。"快！"魔王喊道，"关门！"但还没等他们关上门，孙悟空和众神就飞快的出了门，飞上九天。

魔王拿起了他的武器，一根有九个尖头的狼牙棒。魔鬼有长长的头发，粗大的黄色眉毛，大鼻子，长牙。他看起来像一个人，但也像一头野兽。他大喊，"悟空！一个真的男人不会就这样逃跑！来这里和我打三个来回！"

孙悟空飞到地上。他回答说，"你是什么妖怪？你怎么能变成假佛，造出一座假雷音山？"

"你不知道我的名字，"魔鬼回答。"我是黄眉佛，但这里的人都叫我黄眉王。我很久以前就知道你们的旅途了。我用我的魔法把你和你的师父带到这里。现在你在这里，让我们来比一下力量。如果你赢了，我会让你们都离开，你们可以继续你们向西的旅途。但是，如果你输了，我会杀了你们所有的人，我会自己去真的<u>雷音</u>山。我会拿到经书，把它们带回中国。"

"你说得太多了，"<u>孙悟空</u>回答，拔出他的金箍棒。他们开始战斗。战斗的时间比三个来回还要长。五十个来回后，他们仍然在战斗。战斗的一边有小魔鬼们在大喊大叫，另一边有天神和天上的士兵们在大喊大叫。最后，<u>黄眉</u>王从腰带上拉下一块旧白布，扔向空中。它抓住了<u>孙悟空</u>和所有的天神和天上的士兵。他抓住装着所有人的布，把它带回了寺庙。他告诉他的小魔鬼们，把所有的囚犯都绑起来。然后魔鬼们吃了一顿大宴，从早上吃喝到晚上。他们吃完喝完后，就去睡觉了。

囚犯们都感到非常虚弱，所以他们没有办法从绑着的绳子中逃走。<u>孙悟空</u>听到了哭声。是<u>唐僧</u>，他说，"我要是听了你的话就好了。我们是可以避开这一切的。现在，我们的工作没有得到任何东西。我们怎么能从这可怕的情况中得救呢？"

<u>孙悟空</u>听了很高兴！他让自己变得非常小，很容易从绑在他身上的绳子中逃出来。然后他松开了<u>唐僧</u>、<u>猪</u>和<u>沙</u>，然后是<u>二十八星宿</u>和其他的天神和天上的士兵。他让<u>唐僧</u>骑上白马，快一些离开寺庙。<u>二十八星宿</u>用他们的魔法帮助<u>唐僧</u>和他的徒弟们快快地离开。

这时<u>孙悟空</u>想起他们的行李还在里面。"我必须回去拿行李，"他说，"它里面有我们的通关文书，师父的僧衣和帽子，还有要饭的金碗。这些都是佛教的大宝贝，我们不能把它们留在这里。"他回到里面去拿行李。他拿起所有的东西，开始把它们带到外面。但要饭的金碗从他手中掉了下来，掉在地上，发出巨大的声音。这吵醒了魔王和他的小魔鬼。<u>孙悟空</u>丢掉剩下的行李，

用他的筋斗云逃出了寺庙。

魔王和他的小魔鬼跑出寺庙。他们跟着孙悟空。很快，他们来到了营地，在那里，游人们、二十八星宿和五方揭谛正在休息。

"兄弟们[1]！"金龙大喊道，"妖怪来了！"

"你们觉得你们要去哪里？"魔王喊道。除了唐僧和那匹马，营地里所有的人都冲上前去参加战斗。三个徒弟和魔王战斗，天神、天上的士兵和几千个小魔鬼战斗。战斗一直继续到太阳下到西边，月亮从东方的天空中上来。

孙悟空正在和魔王战斗，他看到魔王拿出了他的白布。"这很不好，"他想。他喊着让其他人停止战斗，马上逃跑，然后他飞向了九天。但其他人没有听他的话，他们继续战斗。魔王很容易地用他的白布把他们都抓了起来。他把他们带回寺庙，关上了门。

孙悟空从九天飞下来，在山的东边休息。"哦，师父！"他哭道，"你前一生做了什么，让你遇到这些麻烦？要把你从痛苦中救出来，真是太难了。我们该怎么办？"

他不知道该做什么。他想去找玉皇大帝，但他害怕皇帝会对他生气。然后他想起一位伟大的战士，名叫荡魔天尊，他住在武当

---

[1] The Golden Dragon's brothers are the 27 other constellations of the Chinese zodiac: The Metal Dragon of the Gullet, the Earth Bat of the Woman, the Sun Hare of the Chamber, the Moon Fox of the Heart, the Fire Tiger of the Tail, the Water Leopard of the Winnower, the Wooden Unicorn of the Dipper, the Metal Bull of the Ox, the Earth Raccoon Dog of the Base, the Sun Rat of the Barrens, the Moon Swallow of the Roof, the Fire Pig of the House, the Water Beast of the Wall, the Wooden Wolf of the Strider, the Metal Dog of the Harvester, the Earth Boar of the Stomach, the Sun Cock of the Pleiades, the Moon Crow of the Net, the Fire Monkey of the Turtle, the Water Ape of Orion, the Wooden Hyena of the Well, the Metal Goat of the Ghosts, the Earth River Deer of the Willow, the Sun Horse of the Seven Stars, the Moon Deer of the Spread Net, the Fire Snake of the Wing, and the Water Worm of the Axle Tree.

山。这个战士也叫做祖师。他决定去请祖师帮助。他跳到空中，用他的筋斗云向南走去。

第 66 章

孙悟空去了武当山，那里是荡魔天尊的家。孙悟空听说过大师出生的故事。

  他的爸爸是净乐国王
  他的妈妈是善胜王后
  她梦见她吞下了太阳
  十五个月后，孩子出生了
  他长大成勇敢强大
  他对他爸爸的宝座没有兴趣
  他只想求智慧
  他离开了他父母的家
  他去山里生活
  在那里他学习了道的奥秘
  他学会了在任何时候飞到天宫去的技术
  玉皇大帝叫他为真武
  在整个世界里
  从开始到结束
  他知道所有的真相
  他赢了每一场战斗
  他杀死了每一个魔鬼。

孙悟空来到了武当山，很快地穿过第一、第二、第三道天门。在那里，他看到一群大臣，有五百人。他要求见祖师。几分钟后，祖师出来见他。

孙悟空对他说，"先生，我需要你的帮助。我是孙悟空，齐天大圣。我和唐僧一起去西天求佛经。我们到了一个叫小雷音山的地方，那里有一个魔鬼骗了我的师父，让我师父以为他是真的佛祖。魔鬼用一块魔布抓住了我的师父、我自己和我的徒弟兄弟。我叫五方揭谛来帮助我们。其中一位去见了玉皇大帝。皇帝让二十八星宿来帮助我们。但所有的星宿都被抓了，现在都是囚犯。我自己一个人逃了出来。其他的人都是魔鬼的囚犯。我不知道该怎么办，所以我请求你的帮助。"

祖师点了点头。他说，"在过去的日子里，我统治着北方的土地。玉皇大帝叫我真武[1]，要我杀掉这片土地上所有的魔鬼和恶魔。我赤脚骑在乌龟和蛇上。我得到了五位雷大将、龙、狮子和其他野兽的帮助。我们一起结束了魔鬼的统治。现在我安静地生活在这座山上。"

他继续说，"我很高兴你来看我，但有一个小问题。一方面，没有玉皇大帝的指示，我不能帮助你。如果我做了，他可能会对我生气。但另一方面，我不能拒绝你的要求。所以我会让乌龟大将、蛇大将和五大神龙来帮助你。我相信他们会抓住这个魔鬼，救出你的师父。"

孙悟空鞠躬感谢。然后他飞向空中，七个魔兽紧跟在他后面。他们很快地都去了小雷音山。当他们到了那里的时候，一个小魔鬼看到了他们，跑进了寺庙。他对黄眉说，"那只猴子回来了，带着几条龙、一只乌龟和一条蛇。我想他们要和我们战斗。"

黄眉穿上盔甲，拿起他的狼牙棒。他走到外面，大喊，"你们是

---

[1] Zhenwu, the Perfect Warrior, the protector of Wudang Mountain, has long unbound hair and is barefoot. He represents the North and is one of four Chinese astrological figures for the four directions. Originally he was called Xuanwu (玄武), the Dark Warrior, but during the Northern Song dynasty his name was changed to Zhenwu in order to avoid using the character 玄 from the Song Emperor's name.

谁，你们怎么敢来我这神仙的家？"

魔兽们回答说，"无耻的妖怪！我们是乌龟大将，蛇大将和五大神龙。我们是被齐天大圣邀请到这里来的。我们的师父是一位祖师，荡魔天尊。把唐僧和其他囚犯给我们，我们会让你活下去。如果你不给，我们会把你和你的小魔鬼砍成小块，把你所有的房子都烧成灰。"

这让黄眉非常生气。他大喊，"不要动，试试我的力量！"战斗开始了。五条龙翻云下雨。两位大将用他们的武器攻击，带来一阵土和沙。孙悟空用他的棒加入了他们。

他们战斗了一个小时左右。这时孙悟空看到魔鬼向下去拿他的白布。"小心，我的朋友们！"他喊道，然后飞到九天之上。七个魔兽不知道他这是什么意思。他们停止了用武器攻击，但他们没有飞走。黄眉把布扔向空中。它容易地抓了所有七个魔兽。魔鬼捆紧布，把囚犯带回寺庙的地窖。

孙悟空在九天上看见了这。在魔兽被抓后，他回到了山的这边。他对自己说，"这个魔鬼非常强大！"他不知道下一步该做什么。他坐着，不动，闭着眼睛。

"醒醒，大圣！"附近传来一个声音。孙悟空张开眼睛，跳了起来，抓住他的棒。他看到是日值。

"你这个无耻的小神，"他喊道，"我已经好几天没见到你了。你为什么现在出现在这里？你让我很生气，我想我会打几下你的脚，只是为了让我自己感觉好一点。"

日值回答说，"大圣，请不要生气。你知道，我来这里是为了秘密地保护唐僧。"

"嗯，你做得不是很好。告诉我，这个妖怪把我的师父、我的徒弟兄弟、二十八星宿、和其他神和魔兽关在哪里？"

"你的师父和另外两个徒弟被绑了起来。他们被吊在宝贝大殿旁边的一间房间里。其他的人被关在地窖里。你一定要快去救他们！"

孙悟空说，"我能去哪里？我不能上天，我不能下海能下海，我害怕去见菩萨，我不能去见佛祖。七个魔兽不能帮我，因为它们也被抓了。我不敢回到祖师那里告诉他，他的魔兽被抓了。我没有地方可以去。"

"别担心，大圣！你刚刚在武当山上。附近是盱眙山。有一位伟大的老师住在那里。他叫菩萨王老师。他有个徒弟叫小张太子。那里还有四位强大的天国大将。我听说他们非常能和魔鬼战斗。你应该去求他们的帮助。"

这让孙悟空感觉好多了。他站起来说，"好吧，我这就去。你留在这里，照顾师父。不要让他有任何伤害。"然后他用他的筋斗云飞向了盱眙山。

很快，他就到了盱眙山。他看到了一座大寺庙和一座一千尺高的宝塔。他进了宝塔的二楼。在那里，他遇到了菩萨王老师和小张太子。孙悟空向他们鞠躬。然后他把唐僧和其他人被抓的事情告诉了菩萨王老师。

当孙悟空讲完这个故事后，菩萨王老师说，"你说的事，对我们佛教的成功很重要，我应该和你一起去那里帮忙。但是有一个小问题。现在这个地方有大雨，附近的淮河可能会有洪水。我最近只能去和水猿大圣[1]战斗。他是一只找麻烦的猴子！如果水碰到

---

[1] This ape is also known as Wuzhiqi (無支祁), an aquatic demon with the appearance of a green macaque monkey. He lived in the Huai River. He was considered the god of water in ancient Chinese mythology. He was defeated by the emperor Yu the

他，他可能会找麻烦，只有我能打败他。所以我不能离开。但是，我会让我的徒弟小张和四大战士去。他们去抓这个魔鬼应该没有问题。"

孙悟空对这有些担心，但他还是感谢了菩萨王老师。他和小张，还有四大战士，一起回到了小雷音寺。

你可能猜到接着发生了什么。一个小妖怪向黄眉王报告说，小张、孙悟空和四大战士正站在寺庙外。黄眉出来对孙悟空喊道，"猴子！这次你带来了谁？"

小张走上前，回答说，"你这个无法无天的妖怪！你的脸上没有肉，你的眼睛看不见。这就是为什么你不认识我！我是菩萨王老师的徒弟，我是来帮助齐天大圣的。这就是为什么我来这里抓你。"

黄眉笑道，"你只是一个小男孩。你为什么敢以为你能和我战斗？"

"我是流沙王国国王的儿子。我小时候就离开了家，学到了长生的秘密。我去过佛祖的家。我用双手抓了一只水妖怪。我打败了老虎和龙。现在我也要打败你！"

"小太子，你很笨，跟着这只猴子走过千山万水。你可能足够强大，可以打败几只老虎、几条龙和几个水妖怪，但如果你想要和我战斗，你会丢掉你的生命。"

战斗就这样开始了。孙悟空用他的棒。小张用他的武器，一把白长枪。四名战士用他们的红剑。但黄眉非常强大。他用狼牙棒，

Great as part of the emperor's grand project to tame the Great Flood of Gunyu and is imprisoned under Turtle Mountain.

其他人没有办法打败他。

他们战斗了很长时间。孙悟空小心地看着黄眉。黄眉正要去拿白布，孙悟空就大喊，"所有的人，小心！"他飞快地飞向了九天。其他人没有飞得那么快。他们都被白布抓住了。黄眉把他们带回寺庙，和其他囚犯一起关在地窖里。

孙悟空坐下，哭了起来。他坐了很久，不知道下一步该怎么办。过了一会儿，他抬起头看。

一朵彩云从东南方向过来。云的后面，远处的山上下着大雨。一个人骑在云上。他有两只大耳朵，一张方脸，宽肩和一个大肚子。他的眼睛明亮，他的声音满是快乐。孙悟空马上认出，这就是那个笑僧弥勒[1]，未来的佛祖。

孙悟空跪倒在地，叩头。他说，"佛祖，你要去哪里？"

弥勒回答说，"我来这里，是因为小雷音山的魔鬼。"

"谢谢你。请问，这个魔鬼是谁？他从哪里来？他用的那个白布宝贝是什么？"

"他以前是一个黄头发、黄眉毛的年轻人。他的工作是敲击两个金钹，在我的宫殿里弹奏音乐。今年早些时候，我需要离开一段时间。我把他留在宫殿里。他偷走了我的一些宝贝，变成佛祖的样子，来到地球上。他的白布是我的'人种子袋[2]。'他的狼牙棒

---

[1] Mílè, known in English as Maitreya, is one of the thousands of forms taken by the Buddha. According to Buddhist legend, he will appear on earth in the future when the dharma (teachings) has been forgotten by most of the world. He will replace the current Buddha, Gautama, and will restore the dharma. Then the people of earth will lose their doubts, be freed from unhappiness, and lead joyous and holy lives.

[2] A legendary tenth century wandering sage named Budai (or Hotei) was believed to be an incarnation of Maitreya. He carried a hemp bag full of gifts for local peasants, especially children. He is a fertility deity and is portayed as a disheveled, fat, laughing Buddha. A porcelain statue of Budai is often seen in Chinese restaurants.

是敲击钹的棒。"

孙悟空说，"啊，我很吃惊，你让这个男孩逃走了，成了假佛！"

"是的，我很不小心。但是，在这段旅途中，受到痛苦是你师父的命运。他必须经过八十一次考验，你必须和一百个妖怪和魔鬼战斗。现在我要去帮你抓这个妖怪。"

"这个妖怪有巨大的力量。你连武器都没有。你怎么能打败他呢？"

弥勒笑了。"这不会有问题。在这座山下，有一片草地。在草地上，我会建一个小屋和一片瓜地。所有的瓜都不会成熟。去开始和魔鬼战斗。不要试着打败他。把他带到瓜地。当你到了这里，把你自己变成一只成熟的瓜。妖怪会又饿又渴，所以他会找成熟的瓜。他会找到你，吃掉你。然后你会在妖怪的肚子里。那时，你可以对他做任何你想要做的事情。"

"这是一个好主意。可是妖怪为什么会跟着我去瓜地呢？"

"我会教你一点魔法。把你的手给我。"孙悟空把他的左手给他。弥勒舔了舔他自己的手指，然后在孙悟空的手掌上写下了"禁"字。他说，"保持你的左手握成拳头，只把这字给魔鬼看。当他看到它时，他会跟着你。"

就这样，孙悟空回到了寺庙。他对着黄眉大喊道，"邪恶的妖怪，你的主人回来了。现在出来吧！"

一分钟后，黄眉走了出来，说，"又是你。但是只有你一个人。看起来没有人愿意帮助你。这次，你会丢掉你的生命。"然后，他看到孙悟空只用一只手拿着他的棒。"你为什么只用一只手？"他问。

"你是一个可怜的战士,这就是为什么你必须总是用那块白布。我敢跟你赌,如果你不用白布和我战斗,我一只手就能打败你。"

"好吧,继续用一只手战斗。我不会用我的宝贝。"他跑上前去攻击孙悟空。孙悟空打开他的左拳,让黄眉看了那神奇的字。黄眉马上忘记了一切,除了用狼牙棒攻击孙悟空。猴子向瓜地退去,黄眉紧跟在他后面。

他们来到了瓜地。孙悟空变成了一只大瓜,成熟又甜。黄眉看了四周,没有看到猴子。他走到草屋前,说,"谁是这里的农夫?"

"我是农夫,"弥勒从小屋里出来说。他变了他的样子,看起来像个普通的农夫。

"你有成熟的瓜吗?我很渴。"

"当然有。请拿一个吧。"

黄眉看了四周。他在地里看到了一只成熟的瓜。他把它拿起来开始吃。孙悟空跳进他的嘴里,下到他的肚子里。然后他开始从里面踢黄眉。可怕的疼痛让黄眉倒在地上,哭了起来。他喊道,"我完了!我完了!谁能帮我?"

弥勒向他走来。他变回到他的真样子,说,"无耻的野兽,你现在认出我了吗?"

黄眉抬头看,马上认出了他的师父。他一边用双手抱着自己的肚子,一边向弥勒叩头。"师父,请让我活着!我不会再这样做了!"

弥勒从黄眉的腰带上拿走了白袋子。然后他拿走了狼牙棒。孙悟空还在黄眉的肚子里，用力地踢着。弥勒大喊道，"孙悟空，别再踢他了！"

孙悟空不听。他非常生气，继续从里面踢黄眉。

"放过他！"弥勒喊道。

孙悟空终于停了下来。他说，"张开你的嘴，你这个无耻的野兽，让我出来。"黄眉张开嘴。孙悟空跳了出来。然后他抓起他的棒，准备把它打在黄眉的头上。但还没等他这样做，弥勒就抓住了黄眉，把他变得很小，把他丢进了那个白袋子里。

弥勒看了瓜地的四周。然后他对袋子里的黄眉说，"你用我的金钹做了什么？"

黄眉喊道，"那只找麻烦的猴子砸坏了它们！"

"如果它们被砸坏了，那么你至少必须把金子还给我。"

"那一堆金块在小雷音寺的宝座房间里。"

弥勒和孙悟空一起上山，去了寺庙。当他们到了那里的时候，他们看到大门关着，上了锁。弥勒挥了一下他的手，大门就被打开了。他们走了进去。宝座房间里有一堆金块。弥勒向它们吹气，念了一个魔语。金子变成了两个小钹。他拿起两个钹。然后把它们和狼牙棒放进他的长衣。然后，他拿着装有黄眉的白袋子，飞向空中，回到了最高天宫中他的家。

孙悟空走进房间，找到了唐僧、猪和沙。他松开了他们的绳子。猪饿了，连孙悟空都没感谢，就跑进厨房，开始把米饭放进他的嘴里。吃完两锅米饭后，他带了一些米饭回来，给其他人吃。

孙悟空给他们讲了他和黄眉战斗的故事，也讲了他从弥勒那里得到的帮助。然后他走进地窖，松开了所有囚犯的绳子。囚犯们从地窖里出来。唐僧穿着僧衣，戴着帽子，在那里见了他们，感谢他们的帮助。

然后龟大将、蛇大将和五大神龙回到了武当山。小张和四大战士回到了他们的家。二十八星宿回到了天宫。五方揭谛、光明六神和黑暗六神也回到了他们在天宫的家。

唐僧和徒弟们喂了白马。他们留在寺庙，休息了一夜。第二天早上，他们放了一把大火，把整个寺庙都烧了。

第 67 章

四个游人们再次继续向西走。他们走了一个月左右。天气变暖了。

有一天，他们看到了一个小山村。村子东边的几棵树下，有一座小房子。他们向房子走去。唐僧敲了敲前门，说，"开门！开门！"

一个老人从房子里走了出来。他头上戴着一块黑布，穿着一件旧的白长衣。"谁在这里弄这么大的声音？"他问。

唐僧双手合在一起，鞠躬，说，"爷爷，我们来自东方。我们正前往西方求佛经。今天晚上我们可以住在你家吗？"

"对不起，从这里，你们去不了西天。这里是小西天。你们要去大西天。但有一个问题。这里向西是一座大山，八百里宽。整座山都长满了柿子树。只有一条山路可以通过这座山。每年的这个时候，柿子树上的果子会掉下来。果子都掉在那条山路上。它们把整条路都给盖满了，所以没有人能通过。当果子腐烂时，那个地方比所有的厕所都难闻。这里的人都叫它为'稀屎沟。'没有人能过那条山路。"

孙悟空笑道，"老人，你这是在吓我们，让我们离开。那没问题。如果你的房子太小，我们明白。我们就睡在附近的这些树下。"

老人仔细地看着孙悟空。"你很丑。你是什么人？"

"先生，你有眼睛，但你看不见。我是齐天大圣。我是很丑，但我有一些技术。我很能抓魔鬼，很能杀魔鬼。我可以吓鬼神。我还可以从天上偷宝贝！"

老人听到这话后，笑着邀请四位游人进他家。他和他的家人为他们准备了非常好的素食。游人们吃着喝着，直到吃饱。后来，等他们吃完，孙悟空问老人，"先生，我们第一次见到你的时候，你对我们不是很友好。但现在你给了我们一顿非常好的晚饭，我们谢谢你。你能告诉我们你为什么给我们这么好的吃的东西和喝的东西吗？"

老人回答说，"猴子，你说你很能抓魔鬼，很能杀魔鬼。我们附近正好有一个魔鬼。"

"哦，好！"孙悟空说，拍着他的手。"又有生意上门了！但是我看不出这个村庄有什么问题，而且你的家人看起来很健康。告诉我，你为什么要我为你抓一个魔鬼。"

"多年来，我们的村庄一直都和平快乐。但三年前，一阵冷风吹过村庄，一个妖怪精来了。他吃了我们所有的牛和猪。他还吃了一些男人、女人和几个孩子。从那以后，妖怪精又回来了好几次，吃了更多的动物和人。如果你能抓住、杀死这个妖怪，我们会给你很多钱！"

"老人,你很笨。你说这个妖怪已经吃动物和人三年了。但是这个村庄里,一定有几百个家庭。如果每个家庭给一两[1]银,你就有足够的钱付给一个抓妖怪的人来这里杀死这个妖怪。"

"我们就是这样做的。两年前,我们付钱给一位佛教和尚来这里抓这个妖怪。那个和尚唱歌,烧香,敲钟。妖怪听到了,就来到了我们的村庄。和尚和妖怪战斗。妖怪很容易地赢了战斗。他杀死了和尚。还要我们付葬礼的钱。还要我们给和尚的徒弟们一些钱。真是一团糟[2]!"

"是的,这听起来很不好。你后来又试过吗?"

"是的。一年前,我们付钱给一个道士来这里抓这个妖怪。道士挥着手臂,叫他的神来。众神没有来,但妖怪来了。妖怪和道士战斗了一天。战斗结束后,我们发现道士淹死在河里。"

孙悟空笑道,"嗯,你们的运气真的很不好!现在去叫村里的老人们过来。"老人走了出去,很快就带着八、九个村里的老人回来了。他们都站在房子外面的院子里。孙悟空问他们可不可以让他去抓住、杀死妖怪。老人们当然都同意了。他们一定要付钱,但孙悟空说,他只想要一点点米饭和茶。

一位老人说,"你这么小,猴子。妖怪非常大。你怎么能和他打呢?"

"我会把他看成是我的孙子。我会打他,他会照我说的去做。"

就在这时,一阵大风开始吹来。所有的老人都跑进屋里躲了起来。唐僧、猪和沙跟着他们,但孙悟空抓住了猪和沙。他骂他们,说,"你们头脑不清楚吗?和我一起在这里!让我们看看这

---

[1] 两 (liang) is a Chinese ounce, equal to 1/16th of a catty (斤, jīn), 1¾ ounces.
[2] 真是一团糟 (zhēnshi yītuánzāo) means "what a mess."

是什么妖怪！"

哦，好大的风！

> 老虎和狼躲在它们的洞里
> 鬼神们都吓坏了
> 大树倒在地上
> 大石头从山顶滚下
> 村里的人关上门，上了锁
> 孩子们躲在床底下
> 黑云盖满了天空
> 整个大地变得黑暗一片。

风在孙悟空的四周咆哮着，他站着一点都不动。当风停下时，世界变得安静黑暗。他抬头看向天空，看到两道黄光。它们看起来像挂在天空中的灯笼。

沙说，"那看起来像灯笼，但它们真的是妖怪的黄眼睛。如果那是他的眼睛，那他的嘴有多大？"

孙悟空飞向空中。他拔出他的金箍棒。他对妖怪喊道，"你是谁？你从哪里来？"妖怪没有回答。孙悟空开始一次又一次地用他的棒打妖怪。妖怪一句话也没说，也没有试着打回去。他只是举着他的武器，一把长枪，挡住猴子的攻击。

猪也用他的耙子参加了战斗。现在，妖怪用第二把长枪挡住了耙子的攻击。他还是什么都没说。

"妖怪不知道怎么说话，"孙悟空说。"可能他还没学会人说的话。"

他们战斗了一个晚上。猴子和猪像雨点一样地打着妖怪，妖怪只是用他的两把长枪挡住了他们。当早晨的太阳在东方上来时，妖怪转身逃跑了。孙悟空和猪跟着他。但很快他们就注意到了一股难闻的味道。"哪家在清洗厕所？"猪问。当然，那是稀屎沟腐烂的柿子。

妖怪跑出了山路。然后他变成了一条巨大的红蛇。蛇的身体太长了，他们看不到最远的那头。它的身体盖满了很硬的红鳞。它的眼睛像黄色的星星，白色的雾气从鼻子里出来，它的牙齿像长剑，它的头上有一只长长的角。

孙悟空和猪攻击了蛇。它转身，钻进了地上的一个洞里。但七、八尺的尾巴还在洞的外面。猪抓住它的尾巴，想把蛇从洞里拉出来。"别麻烦了，"孙悟空说。"你不能那样把蛇拉出来。蛇很大，那个洞很小。蛇不能转身。所以，在其他地方一定有另一个洞口。那就是蛇想要逃跑时会出去的地方。"

孙悟空看了四周，很快发现了第二个洞。他叫猪用耙子刺蛇的尾巴。猪把他的耙子刺在蛇的尾巴上。几秒钟后，蛇从第二个洞里飞了出来。孙悟空站在它面前，挥动着他的棒。蛇张开大嘴，吞下了猴子。

"哦，不，我哥哥死了！"猪喊道。

"我很好，"孙悟空在蛇的身体里面说。"看，我会为你建一座桥。"他在里面用他的棒顶住蛇肚子的上面。蛇抬起它身体的中间部分，它的头和尾巴在地上，这让它看起来像一座桥。

"那太好了，"猪说。"你还能做些什么？"

"你看，我会给你造一条船，"孙悟空说。他转动他的棒，开始把他的棒推向蛇肚子的下面。这让蛇把它的肚子顶在地上，它的头和尾巴抬起。现在它看起来像一条河船。

"也很好，"猪说，"但那条船需要一根桅杆。"所以孙悟空把他的棒变到七十尺长。他把它从蛇肚子的上面刺出去,它像船的桅杆一样插在空中。蛇的身体摇了一下,死了。孙悟空从蛇肚子上的洞里爬了出来。

村子里,老人正在告诉唐僧,他的两个徒弟可能已经死了,因为他们一整天还没有回来。"我不担心,"唐僧回答。就在这时,他们看到孙悟空和猪从路上走了过来。他们拖着他们身后那条巨大的红蛇,大喊着让村里的人让路。

"那就是一直在吃我们的动物和我们的人的妖怪精!"老人说,"我们很高兴你们用你们的魔力杀死了这个可怕的妖怪。现在我们都又安全了。"

村里的人们一定要感谢唐僧和他的徒弟,所以四位游人只能在村里住了几天,吃喝,休息。最后,唐僧说,他们必须继续西游。他们离开了村庄,开始向西走。村里所有的人都跟着他们。

经过一天的旅途,他们来到了山路,那里满是腐烂的柿子。柿子太多了,不可能走过去。而且非常的难闻,就像一个多年没有清洗过的厕所。

就连孙悟空也说,"这太难了。"

猪说,"不,这一点都不是问题。"他转向老人说,"先生,请村里的人准备一大顿米饭、包子和面包。我会全部吃掉。这将给我力量。然后我会在这山路上开出一条路。"

村里的人们为猪准备了一个大宴。猪吃了所有的东西。然后他脱下黑衬衫,用手指做了一个魔法手势。他变成了一头一千尺高的巨大的猪。他用巨大的鼻子在腐烂的果子中挖开一条狭窄的小路。唐僧、孙悟空和沙跟着他,非常小心地避开小路两边大堆的腐烂果子。

三百名村里的人跟着他们。他们抬着七、八担¹米和几十盘包子给猪吃。

一整天后，猪来到了那一大堆腐烂果子结束的地方。他擦掉鼻子上的一些柿子。他很饿。他坐下来，吃了所有的米饭和包子。他不在乎他面前是什么食物，他把所有的食物都吃了。

当猪吃完后，他又回到了他正常的大小。他穿上黑衬衫，拿起行李。唐僧骑上他的白马，然后他转过身来，感谢村里人的仁慈。村里的人感谢游人们杀死了妖怪，他们都回到了他们自己的家。

游人们转向西方，继续他们的旅途。

---

¹ 担 dàn is a traditional Asian unit of weight, sometimes called a picul, originally defined as the amount that a grown man can carry on a shoulder pole. It's equal to 100 catties, or about 143 pounds.

猴子医生

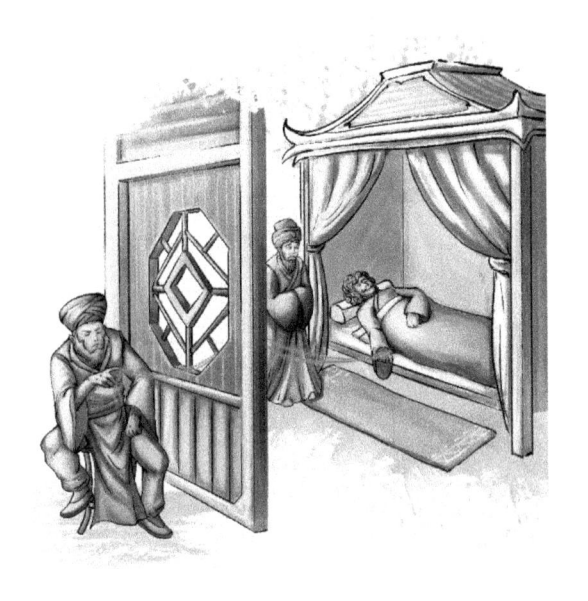

第 68 章

佛教僧人<u>唐僧</u>和他的三个徒弟，猴王<u>孙悟空</u>、猪人<u>猪八戒</u>和安静的<u>沙悟净</u>，已经西游了许多年了。又凉又湿的春天变成了又热又干的夏天。有一天，在他们的旅途上，他们看到一座大城市在他们的面前。一条宽宽的护城河围着高高的城墙。

<u>唐僧</u>喊道，"徒弟们，你们看。这是什么城市？"

<u>孙悟空</u>说，"师父，看来你还不认识字。那面黄色的旗子上写着城市的名字。上面写着，'<u>朱紫</u>王国。'"

"我从来没有听说过这个王国，"<u>唐僧</u>说。"我们必须在这里停下来，拿到我们的通关文书。"

他们走过护城河上的一座桥，从大门进入了城市。当他们走过街道时，他们看到这座城市又大又美丽。大多数房子的一楼有商店或饭馆，楼上住人。船从很远的地方过来，为城里的人带来了很多东西。伟大的宫殿直冲天空。

街道上都是买东西、说话和做生意的人。但当城里的人看到这四个陌生人，他们停了下来，看着这四个游人。<u>唐僧</u>对他的徒弟们说，"不要找麻烦。低下头，继续往前走。"<u>猪</u>和<u>沙</u>低下了头，但<u>孙悟空</u>抬着他的头，看向四周找麻烦。

过了一会儿，大多数人都不再跟着他们，回去做他们自己的事情。但一群年轻人继续跟着游人，笑着向<u>猪</u>扔石头。<u>唐僧</u>变得很紧张，但他们还是继续走着。

过了一会儿，他们来到了一栋叫<u>会同馆</u>[1]的大楼。"我们在这里停下来，休息一下，"<u>唐僧</u>说，"等一会儿，我们可以拿到我们的通关文书，这样我们就可以继续我们的旅途了。"

他们进了大楼。两名官员坐在那里。他们抬起头看，变得很吃惊。其中一个人说，"你们是谁？你们在这里做什么？"

<u>唐僧</u>把双手合在一起，放在胸前，对他们说，"这个穷和尚正在从<u>唐</u>帝国到西天的旅途上，为我们的皇帝取佛经。我们刚来到贵地，没有拿到我们的通关文书，我们不敢离开这里。我们要求你们能为我们做这件事。还请你们能让我们留在这里休息，吃一点东西。"

官员命令人准备一些客人的房间，给游人一些食物。很快，游人们就拿到了米、绿色蔬菜、豆腐和蘑菇。但官员告诉游人，他们必须自己做饭。

---

[1] Hostels of Meetings were established in the 13th century A.D. and were used as temporary lodging for visiting foreign envoys.

唐僧问官员，哪里可以见到国王。其中一个人回答说，"陛下今天正在见他的大臣们。但如果你想见他，你必须快去见。明天可能就太晚了。我不知道你要等多少时间才能见到他。"

猪从行李中取出僧衣和通关文书，把它们给了唐僧。唐僧穿上僧衣，把通关文书放进袖子里。他对他的徒弟们说，"留在这里。请不要找任何的麻烦。"然后他沿着街道向王宫走去。他遇到了王宫里送信的人。唐僧告诉送信人他是谁，他为什么要见国王。送信人告诉了国王，国王同意见唐僧。

唐僧走进宝座房间，在国王面前磕头。"起来，起来，"国王挥了挥手说。他让唐僧给他看通关文书。看完后，他说，"亲爱的和尚，朕[1]听说过你们的皇帝。朕听说他有一次病得很重。告诉朕，他病后是怎么又回到生命中来的？"

唐僧说[2]，"陛下，我们的皇帝是一位伟大的、聪明的统治者。长安的北边住着一条河龙，它负责给王国带来雨。有一天，龙没有听皇帝的下雨命令。因为这，皇帝下了法令，龙必须死。他命令一个叫魏的丞相，去杀死龙。但在魏做这之前，龙出现在皇帝的梦中，请求皇帝让他活着。皇帝同意了。第二天，皇帝请魏过来，和他下棋。魏来了，但在下棋中，魏睡着了。魏在梦中杀死了龙。"

"啊，"国王说，"这太可怕了。"

"龙死后，他很不高兴。他以为皇帝骗了他。所以他去找阎罗

---

[1] 朕 (zhèn) is the royal first-person pronoun. In Imperial China monarchs and others of high rank referred to themselves as 朕 instead of 我. This is similar to the "royal we" used by European monarchs, which is why "we" is used in the English translation. Chinese monarchs also sometimes referred to themselves as 寡人 (guǎrén), the "lonely one."

[2] The story that he tells here is a brief summary of the events in *The Emperor in Hell*, the fifth book in this series.

王，告了皇帝。不久，皇帝病得很重。他的灵魂离开了他的身体，去了地狱。但就在皇帝死之前，魏给了他一封信，让他把它给一位叫崔珏的、已经死了的大臣。皇帝死了，去了地狱，见到了崔珏，把信给了他。看完信后，崔珏同意帮助皇帝。"

"太好了！"国王说。"他是怎么逃出地狱的？"

"崔珏骗了阎罗王。他改了生命书，给皇帝加了二十年的生命。阎罗王们读了生命书，发现皇帝的生命还没有结束。所以他们同意让他回到人间。皇帝很快就从病中恢复过来。但他从来没有忘记自己在地狱的那段时间。后来他让我去西天，取佛经，把它们带回唐帝国。"

"尊敬的和尚，谢谢你讲了一个很好听的故事。你来自一个伟大的国家。朕已经病了很久了，朕没有像魏这样的聪明大臣，能够救朕。"就在这时，仆人拿来了吃的和喝的，他们吃了晚饭。

就在唐僧和国王见面的时候，三个徒弟在酒店里。他们变得非常饿。沙走进厨房准备食物。

那里没有油或酱油，所以他不能煮蔬菜。他让猪出去买这些东西。猪拒绝了，说他太丑了，只会在街道上找麻烦。所以孙悟空说，他会和猪一起去买油、盐和酱油。

孙悟空问一名官员，哪里可以买到这些东西。官员说，"沿着这条街道向西走，转过第一个街角。你会找到郑家杂货店。他们有你需要的所有东西。"

孙悟空和猪沿着街道向杂货店走去。他们看到附近有一大群人。孙悟空对猪说，"你在这里等着。把头低着。"然后他走向人群。他看到他们正在读墙上国王发的文书。文书说，

"自从朕成为朱紫王国的国王后，朕的王国一直是和平和幸福

的。但三年前，朕病得很重。大臣们都没有办法帮助朕。所以，现在朕邀请来自世界任何地方的读书人和医生，来朕的王宫。如果你能让朕恢复健康，朕会给你一半的王国。"

孙悟空对他自己说，"嗯，这看起来很好玩。我想我们应该在这个城市多住一些时间，这样老猴子就可以成为一个医生，玩一玩！"然后他拿起一把土，扔向空中，念了一个魔语。他变得看不见了。他大大地吹了一口气。一阵强大的风吹来，把所有的人都吹走了。然后他走到文书前，把它从墙上拿了下来。他走到猪的身边。他看到猪已经睡着了。他卷起文书，把它悄悄地放进猪的长衣里。

人群从地上爬起来，抬头看，发现文书不见了。侍卫们在四周找。其中一个守卫看到猪站在附近。他看到猪的长衣里露出的文书。侍卫喊道，"你是个死人了！你怎么敢拿国王的文书？你或者是一个伟大的医生，或者就是一个小偷。我们会知道你是哪一个。"

他们要把他拖到王宫，但猪不肯动。他好像是一棵树，根深深地埋进地下。侍卫拉他推他，但他们没有办法让他动。

一群老太监走了过来。一个太监对猪说，"你这个人长得很奇怪。你是谁，你在这里做什么？"

猪回答说，"我来自唐帝国，正在去西天的旅途上。我的师父是一位佛教和尚，他去了王宫，办我们的通关文书。我和我的哥哥想买些油和其他食物。我想他是把他自己变得看不见了，然后拿下了国王的文书，把它放进了我的长衣里。"

太监说，"就在几分钟前，我看到一个和尚向王宫走去。那一定是你的师父。你的哥哥一定有强大的魔法。他现在在哪里？"

"他叫孙爸爸。他可能在会同馆。"

"跟我们来。我们将去那里了解这事的真相。"他让侍卫放了猪。猪走回会同馆，太监、十几个侍卫和几百名城里的人紧跟在他后面。

当他们来到酒店时，猪看到了孙悟空，就对他愤怒地大喊大叫。孙悟空只是笑了笑。然后，几个太监和王宫侍卫走上前去，向孙悟空鞠躬。他们说，"孙爸爸，我们很高兴上天把你送到了我们这里。我们请求你帮助我们的国王从他的病中恢复过来。如果你能做到这一点，我们的国王会给你他王国的一半。"

孙悟空停止了笑。他满脸认真地说，"我把自己变得看不见了，拿下了国王的文书。我还安排了这一切，所以我的弟弟会把你们带到我身边。你们的国王生病了，我当然可以帮助他。但你们知道那句老话，

　　卖药要小心
　　生病时，不要见到一个医生就让他给你看病

告诉你们的国王来这里，请我帮助他。我可以很容易地让他恢复健康。"

一半的太监和侍卫留在了酒店，另一半跑回了王宫。没有等宣布，他们就跑进了宝座房间。国王还在和唐僧一起吃晚饭。其中一人在国王面前磕头，说，"陛下，一位来自唐帝国的圣僧，已经拿下了你的文书。我们觉得他有强大的魔力。和尚现在在会同馆。他要陛下去那里，请求他帮忙。"

国王听到这个消息非常高兴。他对唐僧说，"尊敬的和尚，你有几个徒弟？"

唐僧回答说，"我有三个笨徒弟。"

"他们中哪一个是医生？"

"说真话，陛下，他们都很笨。他们可以拿行李、牵马、爬山过河。他们也有一些杀妖怪和魔鬼的技术。他们中没有人懂医学的。"

"可能你对他们要求太高了。朕希望看到这位孙爸爸。但是朕太虚弱了，不能走路。他必须来这里。"国王让太监和侍卫回去酒店，有礼貌地请孙爸爸到王宫里来。

太监和侍卫回到了酒店。他们在孙悟空面前叩头，告诉他国王病重，不能走路，请他去王宫。孙悟空同意了。他离开酒店前，告诉猪和沙等在酒店，把人们送来的药都留下。他们同意了。

孙悟空和太监、侍卫一起走到了王宫。他们进入了宝座房间。国王说，"谁是圣僧？谁是伟大的孙爸爸？"

孙悟空走上前，用力喊道，"我是！"国王听到了很响的声音，看到了猴子很丑的脸。他坐倒在他的宝座上。太监们帮他离开了宝座房间。大臣们对孙悟空很生气，对他大喊大叫。但孙悟空回答说，"别那样跟我说话，如果那样，你们的国王一千年也不会好起来。"

"你这是什么意思？"一位大臣问。"人的生命不会那么长。"

"如果我不帮他，他就会死。然后他将再出生，还是一个生病的人，然后再死去。一次又一次，这就一千年。听，

> 医学是一门神秘的艺术
> 你必须用你的眼睛和耳朵
> 问问题，感觉脉搏[1]

---

[1] 脉搏 (màibó) means pulse. Traditional Chinese Medicine practitioners diagnose

检查病人的生命能量

　　他睡得好吗？

　　听他的声音

　　是清楚还是刺耳？

　　他说的是真话还是疯话？

　　问他病了多久

　　他怎么吃、怎么喝、怎么上厕所？

　　感觉脉搏

　　是长还是短，快还是慢？

　　我必须做所有这些事情，

　　不那样做，你们的国王将永远没有办法恢复。"

听到这话，大臣们认为孙悟空是一个厉害的医生。他们去见国王，问他是不是愿意见孙悟空。"朕要自己一个人，"国王说。"朕太虚弱了，不能见任何人。"

大臣们回到孙悟空那里，把国王的话告诉了他。"没问题，"孙悟空说。"我不需要碰国王。我会用一根挂着的线来感觉他的脉搏。"

他们回到国王那里，把这告诉了国王。国王说，"这很有意思。朕已经病了三年，从来没有人试过这。朕会让他这么做的。"

大臣们回到孙悟空身边，告诉他，国王同意用挂线。没等他说话，唐僧就喊道，"你这个贼猢狲！你将是我的死神！在我们一起的这些年里，我从来没有见过你治好过一个人。你对药一点都不懂，你从来没有读过一本医学书。你怎么可能会用挂线来了解

---

illness by taking the patient's pulse at three locations on the wrist. Some pulse conditions are: floating, sunken, slow, rapid, surging, fine, vacuous, replete, long, short, slippery, rough, string-like, tight, soggy, moderate, faint, weak, dissipated, hollow, drumskin, firm, hidden, stirred, intermittent, bound, skipping, and racing.

他的病？"

"师父，你不知道我能治病。我知道我可以治好国王。看，这是我的挂线！他从尾巴上拔下三根毛，大声喊道，'变！'毛变成了三根金线。每根长二十四尺，对着一年中的二十四节气[1]。然后孙悟空转身，走回国王休息的房间。"

第 69 章

国王很累，也很怕孙悟空，所以他不想让猴子走近他。所以孙悟空把三根金线给了太监。他对他们说，"把这些线系在国王的左手腕上。将第一根放在寸上，第二根放在关上，第三根放在尺上[2]。然后把线的一头从窗户传给我。"然后他离开了房间。

太监们照他说的做了。孙悟空用他的右手拇指和食指拿住三根线，一根一根，感觉每个点的脉搏。然后他告诉太监将线放到国王右手腕的寸，关和尺。在他们把线放好后，他用左手拿住线，感觉每个点的脉搏。

他完成后，他摇了他的身体，让毛回到他的尾巴上。然后他大声说，"陛下，我仔细地感觉了你的脉搏。我感觉到很多东西。你心痛，你肌肉虚弱，你的尿里有血，你的身体里有女魔鬼，你的肚子太饱，你身体冷。一句话，这意思是你担心和害怕。这种病

---

[1] The traditional Chinese calendar is divided into 24 equal periods. The first one, 立春 (lìchūn), starts approximately on February 4th and marks the Chinese New Year. Each 节气 represents 1/24th of the sky. Since there are 24 节气 and 12 astrological signs, two Chinese 节气 equal one astrological sign.
[2] In traditional Chinese medicine (TCM) one takes the pulse by placing three fingers next to each other on the underside of the wrist at three locations. The one closest to the base of the thumb is called 寸 (cùn), the middle one is called 关 (guān) and and the furthest one is 尺 (chǐ). In English these are sometimes called the inch, bar and cubit.

被叫做'两鸟分离。'"

国王听到孙悟空已经找到了他生病的原因，非常高兴。他让他的大臣们告诉猴子准备药来治好他的病。

"两鸟分离'是什么意思？"太监们问道。

"这很简单，"孙悟空说。"当两只鸟在暴风雨中一起飞行时，风可能会把它们吹向不同的方向。雄鸟想雌鸟，雌鸟想雄鸟。现在，我必须去准备国王的药。请马上将药送到会同馆，每种药三斤。"

"但是有808种不同的药和404种不同的病。你会用哪些？"

"把所有的药都给我。你会明白的。"

唐僧起身，要跟着孙悟空回酒店。但国王阻止了他，告诉他要在宫里过夜。国王告诉唐僧，第二天，他从病中恢复以后，他会给游人送礼物，还要签署他们的通关文书。唐僧知道这是什么意思。他对孙悟空说，"徒弟，他想把我留在这里成为人质。如果事情没有办好，他会杀了我！"

"别担心，"孙悟空回答说，"在宫里好好享受吧。我是一个非常好的医生。"

孙悟空回到了酒店。他和猪、沙一起吃了一顿好吃的晚饭。他告诉他们发生的一切。当他们吃完晚饭后，他对猪说，"好吧，让我们开始吧。给我一两大黄，把它做成粉。这将对国王身上气的流通有帮助。这也会让他的肚子舒服放松下来。"猪不认为这对国王来说是对的药，但他取出大黄，把它做成了粉。

然后孙悟空说，"现在给我拿一两巴豆¹种子。这将治好心脏病。也把它做成粉。然后把两种粉混合。"

猪也不相信这种药会帮助国王，但他取出了它，准备了药粉。然后他问，"你还需要一些药，是吗？"

"不，"孙悟空回答说，"就这样。现在把黑色的灰从煮饭锅的锅底上弄下来，把它做成粉，拿来给我。"

"我从来没听说过用锅灰做药，"猪小声地说着，但他照孙悟空说的做了。

"好了，"孙悟空说，"现在给我半杯我们马的尿。"

沙悟净看着他说，"哥哥，小心点。你知道马尿很难闻。你不能用它做药。国王会闻出来，会呕吐。如果他吃了大黄和巴豆种子，他就会去厕所。东西就会从他身体的上下两个地方出来。这不是开玩笑的事情。"

"你不懂，"孙悟空回答。"我们的马不是普通的马，他的尿也不是普通的尿。我们的马以前是西海的一条龙。他的尿有魔力。我只是希望他能给我们一些尿。我们去取吧。"

他们三个人走到外面，让白马给他们尿一些尿。那马变得非常生气，用人语说，"什么？我记得当我还是西海的一条飞龙的时候。我必须非常小心我尿尿的地方。如果我在河里尿尿，鱼会喝它，变成龙。如果我在山草上尿尿，男孩们会吃那草，变得长生不老。我不能让它流入这个满是土和灰的世界。"

"小心你说的话，"孙悟空说。"我们是在一位伟大国王的城市里。我们必须治好他，不那样的话，我们将没有办法继续我们的

---

¹ 巴豆 (bādòu) is a croton, an herb used in traditional Chinese medicine.

旅途。我们只需要一点点你的尿。"

就这样，马往杯子里尿了几滴尿。三个徒弟回到了酒店。他们把马尿和大黄、巴豆种子、黑锅灰混合在一起。然后他们把药做成三个大圆球。他们把三个药球放进一个木盒子里。做完后，他们就都去睡觉了。

第二天早上，国王叫<u>唐僧</u>来见他。然后国王让一群大臣去酒店，从<u>孙悟空</u>那里拿药。大臣们在<u>孙悟空</u>面前叩头说，"<u>孙爸爸</u>，陛下让我们来取魔药。"<u>孙悟空</u>向<u>猪</u>点了点头，<u>猪</u>把那盒药给了大臣们。

大臣们问，"这药叫什么？"

<u>孙悟空</u>说，"这叫<u>黑金丹</u>。"

"国王应该怎么用药？"

"有两种不同的方法。第一种方法是泡一种特别的茶。你必须用飞得很快的鸟的屁，游得很快的鱼的尿，<u>王母娘娘</u>脸上用的粉，<u>太上老君</u>火盆里的黑烟灰，<u>玉皇大帝</u>帽子上的三根线，和很累的龙的五根胡子。把它们煮在一起，泡茶给国王喝。"

大臣们互相看了看。其中一人说，"大和尚，我们觉得泡这种茶可能有点困难。另一个方法是什么？"

"让国王用无根水吃药。无根水是用从天上下来没有碰到地面的雨做成的。"

大臣们听了很高兴。他们把那盒药拿给国王。他们告诉他，这种药是<u>黑金丹</u>，要用无根水来吃这药。国王叫来他的魔术师，命令他们造雨。

回到酒店，孙悟空想帮助国王得到无根水。他让沙站在他的左边，猪站在他的右边。然后他说了一句魔语。不久，东边出现了一朵黑云。它越来越近了。一个声音从云上传来，"大圣！是我，东海龙王敖广。"

"谢谢你过来，"孙悟空回答。"你能帮我们一点忙吗？国王需要一些无根水。你能为他下一点雨吗？"

"大圣，你叫我的时候，你没有说要下雨。我一个人来的。我没有带任何仆人去造风、云、雷和闪电。我怎样才能让它下雨？"

"我们不需要太多的雨，只要足够给国王吃药。"

"好的。我想我可以为你吐一点口水。"老龙把他的云搬到了宫殿上空。然后他吐出一些雨。雨在宫殿上空下了两个小时左右，但其他地方都没有雨。国王告诉宫里的所有人，年轻的、老的、高级别的官员、和低级别的官员，都要跑到外面，在雨碰地之前接住雨水。当雨停后，他们把他们接到的所有水都放在一起。有三杯左右。他们把它给了国王。

国王用一杯无根水吃了第一颗药。然后他吃了第二颗药和一杯水，然后他吃了第三颗药和一杯水。然后他就坐着等。几分钟后，他的肚子发出了非常响的声音。国王跑到厕所，坐在马桶上。他在那里停留了很长时间。

这以后，他很累，他躺在他的御床上睡了。他的两个仆人检查了马桶。他们看到了非常多的屎，还有一个又大又硬的粽子。"病的原因找到了！"他们说。

休息后，国王感觉好多了。他走回宝座房间。他看见唐僧，向唐僧叩头。唐僧很吃惊，很快地在国王面前叩头。国王伸出双手，帮唐僧站起来。

国王让他的一位大臣到酒店请三个徒弟来宫殿。然后，他命令晚上在宫殿里举行一个大的感谢宴会。多么美好的宴会！为唐僧和三个徒弟准备了四桌素食。有十倍游人们能吃的菜。其他人有素食和肉，也是有十倍他们每个人能吃的东西。有

    一百道难得的菜
    一千杯好酒
    猪肉羊肉、鹅和鸭、鸡和鱼
    好吃的热汤面
    多种香甜的水果
    糖龙围着甜狮子
    凤凰样子的大蛋糕

还有很多很多。国王举起一杯酒，向唐僧敬酒。唐僧说，"陛下，我是一名佛教和尚。我不能喝酒。但我的三个徒弟会帮我喝酒。"

国王把一杯酒给了孙悟空。他喝了那杯酒。国王给了他第二杯，他也喝了。然后是第三杯。

猪看着这。他真的很想要一些酒。当国王给孙悟空第四杯时，他再也不能等了。他大喊，"陛下，帮助你的不只是那只猴子。我们都为你做了药。我们放了马…，"孙悟空很快地把一杯酒倒进了猪的嘴里。猪停止了说话，喝了酒。

后来，国王想再给孙悟空一些酒。"谢谢你，陛下，"孙悟空说，"可是我不能再喝了。"

"许多年来，朕一直不快乐，一直生病，"国王说。"但你的药治好了朕。"

"我看到你不高兴，生病了，但我不知道为什么。"

"古人说，'家里的丑事不应该和外面的人说。'"

"陛下，你可以和我自由地谈话。"

国王低头看了一会儿他的酒杯。然后他说，"朕以前有三个王后，但现在朕只有两个。金王后已经走了三年了。"

"她怎么了？"

"三年前，朕和三位美丽的王后一起去龙船节。我们看龙船，吃粽子，喝酒。突然，一阵冷风吹过龙船节。一个恶魔出现在空中。他说，'我的名字是赛太岁。我很孤独，需要一个妻子。你现在必须把金王后给我。如果你拒绝，我就吃了你，然后我会吃了你所有的官员和大臣，然后我会吃了城里所有的人。'朕必须保护朕的这些人，所以朕把金王后给了他。他在冷风中把她带走了。那天朕吃的粽子变得像石头一样硬，在朕的肚子里已经有三年了。另外，朕一直没有办法入睡。这就是为什么朕这三年来一直生病。但你把朕的生命还给了朕！"

孙悟空笑道，"你运气好，能见到我！要我去为你解决这个恶魔吗？"

国王跪倒在地上，说，"朕会把朕的王国给你！朕将带着我的三位王后，过普通人一样的生活。"

孙悟空马上帮着国王站起来。他说，"陛下，告诉我，这个恶魔在过去的三年里回来过吗？"

"是的。他有时候会回来。每次，他都要求我们给他两个妇人去做金王后的仆人。他已经这样做了四次了。朕怕他，所以朕建了一个恶魔避妖楼。当我们听到风的声音时，我们就跑去躲在避妖楼里。"国王让他们看了避妖楼。那是宫殿下面二十尺深的一间地下房间。

就在这时，一阵强风开始从南面吹来。有一位大臣一直在听国王和孙悟空的谈话。他大声喊道，"这位和尚知道未来！他在说恶魔，恶魔就来了！"

国王跑进了避妖楼，还有唐僧、大臣和太监。孙悟空留在外面。猪和沙想要跑进避妖楼，但孙悟空拉住他们，阻止他们逃跑。他们抬头望向天空。他们看到了什么？

　　九尺巨大身
　　眼像金灯笼
　　四颗钢尖牙像长刀
　　红发眉毛像火焰
　　绿脸、大鼻
　　赤脚、长发
　　红色肌肉的手臂和绿色的手
　　腰上豹子皮
　　手中一长矛

三个徒弟看向恶魔。孙悟空对沙说，"你认识他吗？"

沙说，"不认识，我以前没有见过他。"

"猪，你呢？"

猪说，"不认识，我从来没有和这个恶魔一起喝过酒。他不是我的朋友。"

孙悟空说，"他看起来有点像东山的金眼鬼。"

"不，鬼只在晚上出来。现在是早上十点，所以它不是鬼。这可能是赛太岁。"

"猪，你也没有那么笨。你可能是对的。好吧，你们留在这里，守卫师父。我要问这个魔鬼他的名字。然后我会救出金王后,把她带回国王那里。"

第 70 章

孙悟空跳到空中。他对恶魔喊道,"你是从哪里来的,你这个无法无天的恶魔?你觉得你要去哪里?"

恶魔回答说,"我是伟大的赛太岁的战士。我的主人命令我去找两个年轻女人去做金王后陛下的仆人。你是谁,你怎么敢来问我?"

"我是孙悟空,齐天大圣。我和唐僧一起去西天,去取佛的圣经。我们正经过这个王国。我们知道你的主人在这个王国里做的恶事。我一直在找你的主人。现在你来了,准备好丢掉你的生命。"

那战士将长矛扔向猴子,猴子用他的棒容易地挡住了它。他们开始在天空中战斗。他们打了一会儿,但孙悟空更强大。他把他的棒砸在那战士的长矛上,把它砸成两半。战士转过身,飞快地向西飞去。

三个徒弟回到避妖楼,告诉国王和唐僧,可以安全地出来了。他们走了出来。天晴了,没有风,那战士不见了。国王感谢孙悟空,又给了他一杯酒。但就在这时,一位大臣跑了过来,大喊,"西门着火了!"

孙悟空听了这话,就把酒杯扔到了空中。它掉在了地上。国王很吃惊,对他说,"大和尚,你为什么把杯子扔到空中?我们做了什么羞辱你的事情吗?"

"一点都没有，"孙悟空笑着说。过了一会儿，另一位大臣跑进来说，"西门突然下了一场大雨。火灭了。街道上都是闻起来像酒的水。"

孙悟空对国王说，"陛下，我一点也没有因为你给的酒受到羞辱。我知道是那战士点了那大火。所以我用那杯酒把火灭了，救附近的人。"

国王比以前更开心了。他邀请唐僧和三个徒弟和他一起来到宝座房间。他计划把王国给他们，成为一个普通人。但在他说话之前，孙悟空就说，"陛下，那个战士说他的主人是赛太岁。我在战斗中打败了那战士，所以他一定会回到他的主人那里，报告发生的事情。然后他的主人会来这里，想和我战斗。这将对你的城市非常不好。我应该在他的山洞里见他。你知道它在哪里吗？"

"是的。它很远，有一千多里。请在这里等着。朕要为你的旅途准备一匹快马和一些干的食物。你明天就可以离开。"

"不用！我几分钟就可以到那里。"

"圣僧，朕希望你不要怪我说的话，但你漂亮的脸看起来很像猢狲。你怎么能跑这么快？"

"殿下，我学习道已经几百年了。我学会了筋斗云，一跳就能行六万里。一千座山对我来说没有问题，一百条河对我来说不是事。"

孙悟空没有再说一句话，就用筋斗云飞向了妖怪的山。

几分钟后，他看到一座高山，上面满是雾气。他从山顶上下来。他看了四周。这是一个美丽的地方。山上长满了绿色的松树。他听到了鸟儿的歌声和荒野动物的声音。山桃挂在树上。每个地方都是鲜花。他想，"这是一个恶仙在他们剩下的生命中可以幸福生活的地方！"

就在这时，一团大火从山脚里飞出。火焰冲到天上。过了一会儿，火焰中出现一团巨大的热烟。烟雾除了黑色，还有许多不同的颜色 - 蓝色、红色、黄色、白色和黑色。空气中满是烟雾，把荒野动物烧死了，煮了。想要逃离烟雾的鸟没了它们的羽毛。

然后一场巨大的沙尘暴从山上过来。天空中满是沙和灰。在山上砍木的砍木人变成了瞎子，找不到回家的路。孙悟空摇了一下身体，变成一只灭火的鹰。他灭了山上的火，然后回到地面，恢复了他自己的样子。

他看到一个年轻的魔鬼走在山路上。魔鬼在和他自己说话。孙悟空想听听他在说什么，所以就变成了一只小苍蝇。他跟着年轻的魔鬼，听见他说，"我们的国王太可怕了。他先是带来金王后，但他不能得到她。然后他带来几个年轻女人，杀死了她们。现在他遇到了麻烦，因为有一只叫孙的猴子或差不多那样的东西。我们的国王正在向人们住的城市发起战争。他将用火，烟雾和沙尘暴。城市里的所有人都将死去。我们的国王会赢，但这是在和上天对着做。"

孙悟空觉得有意思的是，年轻的魔鬼说"他不能得到她"和"这是在和上天队着做，"所以决定和那个魔鬼谈谈。他变了自己的样子，所以他看起来像一个道教男孩。他走到年轻的魔鬼面前说，"先生，您贵姓，您要去哪里？"

"我的名字叫去来。我要去人们住的城市送我王的宣战书。"

"告诉我，先生，金王后和你的国王睡过觉了吗？"

"没有。一位神仙给了金王后一件魔斗篷，用来保护她。如果我们的国王想要碰她，它就会重重地伤害他。所以他不能碰她。"

"那他是不是心情不好？"

"哦，是的，他心情很不好！你应该去给他唱一些道教歌，这可能会让他感觉好些。"

"谢谢，"孙悟空说。然后，他把他的金箍棒砸在去来的头上，马上杀死了他。他把魔鬼的尸体带回了宫殿。他把它拿给国王、唐僧和另外两个徒弟看。

孙悟空对国王说，"陛下，告诉我，金王后和魔王一起离开的时候，有没有留下她的东西？当我去救她时，我需要给她看一些东西。如果我不那样做，她可能不会相信我。"

"是的，"国王回答说，"她留下了两个金手镯。她原来打算戴着它们去龙船节的，但当恶魔来带走她的时候，她把它们留下了。朕会把它们都给你。"

孙悟空接过那两个手镯，谢过国王，然后用他的筋斗云，很快回到了赛太岁的山洞。他看到五百名魔鬼士兵站在山洞外。很快，他就把自己的样子变成了年轻魔鬼去来的样子。

他向山洞走去。一名士兵说，"去来，你来晚了。我们的国王正在等你的报告。"

孙悟空进了山洞。他抬起头，看到一个巨大的房间，光从八个窗户射进来。中间是一张金色的大椅子。魔王坐在椅子上。

"去来，"魔王说，"你回来了，是不是？"

孙悟空什么也没说。

"去来，"魔王说，"你回来了，是不是？"

孙悟空还是什么也没说。

魔鬼抓住他，大喊，"回答我的问题！"

"我不想去，但你让我去。我在城里看到很多士兵。他们看到我，抓住我，大喊'抓魔鬼！'他们把我拖到王宫去见他们的国王。我给了他宣战书。国王非常生气。他们鞭打了我三十次，把我赶出城外。"

"我不在乎他们的士兵或武器。一场大火将解决掉他们所有人。现在，去看看金王后。她一直在哭。告诉她，那国王有一支强大的军队，可能会打败我们。这会让她感觉好些。"

"太好了！"孙悟空想。他去看金王后。她很漂亮，但她的头发又长又乱，她没有戴任何珠宝。她坐在自己的房间里。附近有几个狐狸仆人和鹿仆人。

"你好，"孙悟空说。"我是陛下的送信人。他让我去向朱紫王国的国王送宣战书。那国王给了我一句秘密的话，让我把它传给你。但我不能告诉你身边这些仆人。"

金王后让狐狸和鹿都离开。"告诉我那秘密的话，"她说。

孙悟空抹了一下脸，变回了正常的样子。"别怕我。我是一个和尚，接受了唐皇帝的命令，跟我师父前往西天。我们来到了朱紫王国。我们看到国王病得很重。我治好了他的病。国王告诉我，你被一个恶魔带走了。我有一些杀死恶魔的技术，所以他让我试着救你。"

当然，金王后不相信他。所以孙悟空给她看了两个手镯。他说，"如果你不相信我，看看这些。"

她开始哭了起来。她说，"如果你能把我送回到我丈夫那里，我到老、到没有牙齿，都会记得你。"

"告诉我，魔王是怎么弄出火、烟和沙尘暴的？"

"他有三只金铃。当他摇第一只铃时，就会射出一千尺高的火焰。当他摇第二只铃时，就会射出一团三千尺的烟。当他摇第三只铃时，一场三千尺的沙尘暴就开始了。他一直把铃挂在腰带上。"

"现在，你必须忘记你对你丈夫的爱。让魔王认为你爱他。把他带到这里来，从他那里拿到铃。我会偷走它们，打败妖怪，让你回到你自己丈夫身边。"

金王后去见魔王。她对他说，"先生，三年来，我一直不让你一起用我的枕头。那是因为你把我看成是一个陌生人，不是你的妻子。当我还是朱紫王国的女王时，我的丈夫相信我，让我看护他的宝贝。但你不会让我那样做。如果你相信我，那就让我来看护你的宝贝。那样，可能我会愿意做你的妻子。"

魔王笑道，"谢谢你告诉我这些！好吧，这是我的宝贝。"他把三只铃给了她，说，"要小心这些铃。你可以做任何事，但都不要摇动它们！"

王后告诉她的仆人，小心地把宝贝放在她的房间里。然后她告诉魔王，她想和他一起吃一顿大宴，有很多食物和酒，这样他们就可以像丈夫和妻子一样在一起了。魔王很高兴。两人去了山洞的另一边，留下孙悟空一个人。

他们刚走，孙悟空就跑回王后的房间，拿起了三只铃。但是当他带着它们逃跑时，他不小心摇了它们。射出了巨大的火柱、烟柱和沙柱。山洞里的一切都开始燃烧。山洞里满是烟雾和沙雾。

魔王回来了，大喊道，"脏奴，你为什么要偷我的宝贝？抓住他！"孙悟空变回了猴子的样子，拔出他的金箍棒，击退了魔王和他的士兵。魔王命令关闭山洞的大门。孙悟空变成一只小苍蝇，飞进一个黑暗的角落。

魔王和他的士兵找不到孙悟空。他的一位大将，一只大熊，走过来对他说，"陛下，那个小偷是孙悟空，那个打败了我们战士的孙悟空。我想他在路上遇到了去来，杀死了他，变成他的样子。"

"是的，你说得对，"魔王说。"孩子们，不要打开大门。我们会找到那只猴子的！"

第 71 章

魔王和所有的小魔鬼一整天都在找孙悟空。他们在找一只猴子，当然，不是墙上的苍蝇，所以他们没有找到他。夜晚来到时，他飞到金王后的房间，停在了她的肩上。她哭着说，

> 前一生，我烧了断头香[1]
> 这一生，我被恶魔王带走
> 什么时候再见到我的丈夫？
> 我们就像两只被暴风雨分开的鹅
> 今天我有了希望，但现在猴子已经死了
> 被他的好奇心和金铃杀死了
> 我比以前任何时候都更想我的丈夫！

孙悟空在她耳边说，"别害怕，陛下。是我，猴王。我还活着。我不小心摇了铃。火、烟和沙射了出来。现在魔王已经锁上了

---

[1] A folk belief is that a person who offers the Buddha an incense stick with a "broken head" (断头香, duàn tóu xiāng) is fated to be separated from their loved ones in future lives.

门，我出不去，也没有铃。请做得像一个妻子，把他带到这里来，让他睡觉。然后我可以逃走，再来救你。"

"我怎么做呢？"她问，看了四周，但没有看到他。

"古人说，'酒是过完一生的最好东西,[1]'他们还说，'酒是解决问题的最好东西。'给他足够的酒喝。我会帮忙的。让我看一个你的女奴。我会改变我的样子，让我看起来像她。"

王后喊道，"春娇，请过来！"一个美丽的小狐狸魔鬼走进了房间。

"帮我为魔王来做好准备。点上丝绸灯笼，烧香。"女孩照她说的做了。然后孙悟空停在她的头上，从他的头上拔出一根头发，把它变成了一只睡虫。睡虫爬进了她的鼻子。这让春娇睡着了。看她睡着了，孙悟空就变了他的样子，让他看上去长得像春娇。他把真的春娇拖进了房间的一个黑暗角落。

金王后走到魔王面前，对他笑了笑，说，"亲爱的，你一定是累了。请去床上吧。"他跟着她进了她的房间。她对假的春娇说，"给陛下送酒来，他累了。"

假女孩仆人拿来了酒。金王后给了魔王一杯酒，然后又给了一杯，然后又给了一杯。魔王开始变得非常想睡觉，有点醉了。

孙悟空需要拿到三只金铃。他从头上拔下一些毛发，在上面吹了吹，把它们变成几百只跳蚤。跳蚤爬满了魔王的衣服。这让他非常不舒服。"对不起，亲爱的，"他半闭着眼睛小声地说，"但我的衣服好像很脏。"

---

[1] This phrase 酒是过完 一生的最好东西 has a dual meaning because of the multiple meanings of 完. It can be read as "wine is best for completing a life" (that is, wine is the best thing in life) or "wine is best for ending a life."

"没问题，亲爱的，"她说。"让我把你的衣服脱了。"她脱掉了他的衣服，但三只铃还在他的腰带上。孙悟空让跳蚤爬到腰带和三只铃上。现在，铃上爬满了小虫。

"陛下，"假女孩仆人说，"把那些铃给我。我帮你抓跳蚤。"国王非常想睡，非常困惑，他照她的话做了。假女孩仆人拿起铃，藏在袖子里。然后她用头发做了三只假铃。魔王没有看到这些。

"要非常小心，"他小声地说，然后他睡着了。

看他睡着了，孙悟空就变回了他自己的样子。三只铃还在他的袖子里。他变得看不见了。他走到洞口的门前，用开锁的魔法打开了洞口的门，离开了山洞。

第二天早上，孙悟空用棒敲打大门，大喊，让魔王出来和他战斗。"我是你的外公。我从朱紫王国来，是来要回金王后的。"然后他用他的棒砸碎了前门。

一些小魔鬼听到这话，跑回了刚刚起床的魔王那里。"山洞外面有人，他说他是外来的人[1]，"他们说。"他刚刚砸坏了前门。"

魔王穿上盔甲，走到了外面。他看到了孙悟空。他喊道，"你怎么敢来我家找麻烦？你是谁？"

"听听我的故事，"孙悟空说。然后，他长长地、仔细地讲了他的一生，从他在花果山上出生时的一只小石猴开始。他谈到在天宫找麻烦和被佛祖关在山下五百年的事。他最后说，他现在正在

---

[1] When Sun Wukong says he is a grandpa, he uses the word 外公 (wàigōng) which means maternal grandfather. But the characters taken one at a time are 外 (wài) meaning "outside" or "foreign," and 公 (gōng) which means "male" when used as a noun.

帮助唐僧西行。

"原来，你是那只在天宫找麻烦的无法无天的猴子。你为什么在这里找我的麻烦？"

"你这个贼妖怪！朱紫王国的国王让我帮助他，这就是我为什么在这里。现在试试我的棒！"

他们俩开始打了起来。猴子用他的金箍棒，魔王用他的斧头。他们打了五十个来回。然后魔鬼说，"猴子，停下来。我还没有吃早饭。在这里等着，我很快就回来。"

"没问题。一个好的打猎人不会去追一只很累的兔子。去吃早饭吧，我在这里等着。"

魔王跑回山洞里。他对金王后说，"快！三只金铃在哪里？"她把孙悟空做的假铃给了他。

魔王又跑到外面，对孙悟空喊道，"不要走。看我摇铃。"

孙悟空笑道，"当然。但是，如果你摇你的铃，我就要摇我的铃。"他把三只铃拿了出来，给魔王看。

魔王看到它们。他很吃惊。"你从哪里得到这些铃？"他问。

"你从哪里得到的？"

"我的铃是用八卦炉烧出来的金做的。它们是太上老君自己做的。"

"这很有意思，我的铃也是用同样的方法做的。我的是雌的，你的是雄的。"

"你很笨。这些是宝贝，不是动物。它们不可能是雌或雄。"他摇了摇他的三只铃，但什么也没发生。他看着铃。他说，"有些不对。可能雄的害怕雌的。它们看到了雌的铃，这就是为什么什么都没发生。"

"可能吧。让我们看看我的铃能做什么。"孙悟空摇了他的三只铃。火、烟和沙从铃中射出。山上的树木开始燃烧。烟漫天空，沙盖大地。魔王没有办法逃离。他准备去死。

就在这时，孙悟空听到一个女人的声音说，"孙悟空，我在这里。"是观音菩萨。她左手拿着一花瓶水。她的右手拿着一根柳树枝。她摇了摇柳树枝，几滴水就出来了。大火被灭了，烟和沙消失了。

孙悟空马上把铃放在他的长衣里，然后向菩萨磕头。她对他说，"我来这里是为了找到这个邪恶的妖怪，要把他带走。"

"请问菩萨，这个妖怪是谁，你为什么要很麻烦地去抓他？"

"它是我以前骑的一只金毛狼。一个男孩仆人应该看着他，但男孩睡着了，狼跑了。然后狼去了朱紫王国去救国王。"

孙悟空又磕头说，"菩萨，我必须告诉你，你把故事倒过来了。这个魔鬼没有将国王从麻烦中救出来。他带去了麻烦。三年来，他一直在对朱紫王国的国王和王后做可怕的事情。"

"悟空，你不明白。多年前的一天，当朱紫王国的国王还是一个年轻人的时候，他去打猎。他看到了一只雄孔雀和一只雌孔雀。雄孔雀和雌孔雀其实是西方佛祖母亲的两个孩子。年轻的国王打伤了雄孔雀，杀死了雌孔雀。佛祖的母亲命令国王和他的妻子分开三年，这样他就可以像雄孔雀和雌孔雀一样感到分离的痛苦。她还命令让国王得'两鸟分离'的病。"

"这和魔鬼有什么关系？"

"佛祖的母亲说这句话的时候，我正在附近骑着我的狼。狼听到了她的话。当他逃走时，他来到这里，带着国王的妻子去完成佛祖母亲的心愿。那是三年前的事了。现在国王的惩罚已经结束。你治好了他的病，你救了他的妻子。不要杀死那个魔鬼。我会把他带回去的。"

"如果你把他带回南海，你一定不能再让他逃到人间了。"

观音转向魔鬼说，"邪兽！变回你自己的样子！"魔鬼摇了摇，变成了一头黄毛狼。观音骑在他身上。她准备骑着他离开，但她低头看着他的脖子。没有看见三只金铃。"悟空。把三只铃给我。"

"我没见过它们。"

"贼猴！马上把铃给我，不那样的话，我就会念紧头带语。"

"别念了！别念了！这是铃。"他把手伸进虎皮长衣，拿出铃，小心地给了观音。观音把铃挂在狼的脖子上。然后，菩萨身盖金布，飞向南海。

孙悟空回到山洞里。他杀死了所有的小魔鬼。在山洞的后面，他找到了金王后。他告诉她发生的一切。他还告诉她为什么在过去三年里她必须和他的丈夫分开。然后他找了一些很软的草，为她做了一条草龙。他对她说，"请坐在这个上面，闭上眼睛。"

他们骑在云上，飞回朱紫王国。她走进国王的宫殿，走进宝座房间。国王在那里。他跳起来，跑向她。他抱住她。然后他拿回他的手臂，说，"朕的手！好痛！好痛！"

猪看到这，笑道，"哈哈！国王不能享受快乐！"

孙悟空对猪和宝座房间里的其他人说，"王后穿着一件有毒的外衣。任何碰她的人都会感到很痛。这就是为什么魔王在她山洞里的三年里没有和她一起睡觉的原因。"

大臣们问，"我们能做些什么呢？"

就在这时，他们听到有人从上面喊道，"大圣，我来了！"他们都抬起头来。从天上下来的是一个被光和雾包围着的人。孙悟空认出了他。他说，"你好，张紫阳[1]。你在这里做什么？"

张回答说，"三年前，我经过这个王国。魔王抓金王后的时候，我正在龙船节。我担心王后会受到伤害，所以我做了一件特别的斗篷，把它给了魔王。它就成了魔王送给女王的结婚礼物。只要她穿上斗篷，她的身上就会长满毒刺。这保护了她，让她不受到魔王的伤害。现在我要去掉斗篷和毒刺。"

他用手指指向王后。斗篷从她的身上脱下。张抬起他的双手说再见，然后他上了天空，消失不见了。

孙悟空跟王后、唐僧、另外两个徒弟和宫中所有的大臣们都讲了话。他从头到尾讲了整个故事。当他讲完时，国王为他们举行了一个大宴会。然后他签署了他们的通关文书。最后，他请唐僧坐上国王的龙车。国王、三位王后和大臣们用自己的双手推着和尚的马车，三个徒弟坐着另一辆马车。

在城市的边界，唐僧和他的三个徒弟从马车上下来，又开始向西走。我们不知道等着他们的会是怎样的考验。当我们的故事继续时，我们将会知道...

---

[1] Zhang Boduan (or Zhang Ziyang) was a 10th century civil servant who became a Daoist master and expert on Zen Buddhism. He wrote a famous book, 悟真篇 (Wùzhēn Piān), "Folios on Awakening to Reality/ Perfection," a collection of 81 poems on Daoist inner alchemy.

蜘蛛网山的恶魔

第 72 章

我亲爱的孩子，你还记得我们最后一个故事吗？佛教和尚<u>唐僧</u>和他的三个徒弟，强大的猴王<u>孙悟空</u>、猪人<u>猪八戒</u>和安静的大个子<u>沙悟净</u>，去了<u>朱紫</u>王国。这个国家的国王病得很重，因为他的一个王后被魔鬼抓走了。他们救了王后，打败了魔鬼。为了感谢他们，<u>朱紫</u>王国的国王给他们举行了一个大宴会。宴会结束后，四位游人说了再见，继续他们的旅途。

他们向西走了好几个月。他们越过许多山，穿过许多河流和小溪。秋天变成了冬天，冬天变成了早春。树上出现了新的叶子，草又变绿了。

有一天，游人们在几棵大树下发现了几栋房子。房子被石墙包围着。<u>唐僧</u>从马上下来，看着那些房子。"我要去那边，要一些素食，"他说。

孙悟空回答说，"师父，让我去要饭，不是你去。古人说，'一日为老师，将永远是父亲。'徒弟留在这里，让你去要饭是不对的。"

"徒弟们，今天天气很好，没有风，也没有雨。而且房子很近。我要去。如果我需要帮助，我会叫你们的。"猪打开行李。他从行李中拿出要饭的碗、僧衣和帽子，把它们一起给了唐僧。

唐僧向最近的一栋房子走去。房子前面是一座石桥。这座桥建在一条小溪上，通向一个院子。四周都是大树。他能听到树上鸟儿的歌声。他站在桥前。从窗户往里看，他看到房子里有四个可爱的年轻女人，坐在那里缝衣服。

唐僧不敢进只有年轻女人的房子。所以他在外面站了近半个小时，等着。他心里想，"如果我连一顿简单的饭都要不到，我的徒弟会怎么看我呢？他们为什么会愿意和我一起去西天呢？"他决定过桥，进入院子里。

当他进入院子时，他看到石墙里有一个小村庄。他看到了另外三个年轻女人，和其他四个一样漂亮。这三个人在玩游戏[1]。她们在踢一个满是空气的球。她们在做什么？

> 她们玩的时候蓝袖飘动
> 她们跑的时候黄裙飘飘
> 她们踢球，互相传球
> 她们跑的时候项链晃动
> 转身踢个"出墙花"

---

[1] The game describe here is 蹴鞠 (cùjū), a game similar to soccer where players try to kick a ball through a net without using their hands. Kicking games date back to the Warring States period in the second or third century BC. Air-filled balls were introduced during the Tang dynasty in the seventh century AD. Cuju was very popular and was played by men and women across all classes of society.

向后筋斗"过大海"

用头击球就像"珍珠上佛头"

她们踢球就像黄河水倒流

球像河岸上的金鱼一样上下弹跳

一人得球，其他人来拿走球

她们跑，她们叫

她们汗湿衣服

她们头发松散，她们项链不正

累着，快乐着，她们喊着结束了她们的比赛。

唐僧看了一会儿比赛。当结束时，他走到房子里，大声叫道，"菩萨，这个可怜的和尚请求你们给他一点食物。"

四个女人停止了缝衣，抬起头来。其中一人说，"长老，请原谅我们，在你进入我们穷村庄的时候，我们没有去见你。请进，请进。"她打开了两扇大石门。

唐僧走进了屋子。他看到屋子很奇怪。有一张石桌和一些石凳，但没有其他家具。他注意到屋子里又黑又冷。他才知道这个屋子其实是一个山洞。他开始担心起来。他想，"这是一个邪恶的地方。"

"尊敬的长老，请坐，"女人说。屋子变得更冷了。唐僧开始发抖。"先生，你从哪里来？"她问，"你为什么来要钱？"

"我不是在要钱，"唐僧回答说。"我是被唐皇帝送往西天的雷音山。我被命令去取佛祖的经书，把它们带回唐帝国。当我们经过贵家时，我们饿了。我来要一点素食。然后，我们这些穷和尚将再次走上我们的旅途。"

"太好了！"女人们说。"我们会很快地给你们弄素食！"其中三个女人坐下来，开始和唐僧说话，谈佛教和道教。第四个女人走进厨房准备一些食物。但她准备的食物不是素食。她用黑酱煮人肉，让它看起来像面筋。她把人的脑子切碎，所以它看起来像豆腐。然后她用人油煮这些东西。

当她做好后，她把食物从厨房里拿出来。她把盘子放在唐僧面前的石桌上。"请吃，"她说。"对不起，我们没有时间准备更好的饭菜，但这不会让你饿着了。"

唐僧闻到了食物的味道。他马上就知道那是人肉。他说，"菩萨，我从出生起就是吃素。我不能吃这个。"

"但是先生，这是素食。"

"亲爱的妇人，我照唐皇帝的命令，不伤害任何生物。我感谢你们的食物。但如果我吃了，我就没有照我的誓愿做。现在，请让我走。"

女人们跳了起来，挡住了门。其中一人说，"哦，好吧，看起来生意已经来到我们家门口了！你离开这里的机会和用手盖住屁一样多。"

她们很快把他扔到地上，用绳子把他绑了起来。然后她们把他吊在梁上。他的一只手被绳子举起，对着正前方。第二根绳子把他的另一只手绑在腰上。第三根绳子把他的腿吊起。他吊在梁上，背向上，肚子向下。这叫做"仙人指路。"

唐僧努力不让他自己哭出来。他想，"我以为我是在向一些好人要一点素食。但现在我掉进了火里。哦，徒弟们，你们在哪里？快来救我！"

然后他看到女人们开始脱衣服。唐僧害怕地看着。但女人们只是打开她们的上衣，露出肚子。丝绳从她们的肚脐中出来，像飞起来的银丝。绳子紧紧地盖住了唐僧。绳子越来越长。它们盖住了房子，然后它们盖住了整个村庄。

就在这个时候，三个徒弟正在路边等着。猪和沙正在休息，看着行李。孙悟空在树上跳来跳去，找成熟的水果吃。他抬起头，看到一片亮光从唐僧去的地方射来。他从树上跳下来，大喊着让其他人看。然后他拔出他的金箍棒，向着亮光跑去。

当他到那里时，他看到千千万万根丝绳在地上，有一大堆。他用手碰了一下丝绳。它们很软很粘稠。他不知道该怎么办。他想了一会儿。然后，他做了一个魔手势，说出"Om"这个字，叫来土地神。

几秒钟后，土地神出现了。他是一个老土地神，非常怕孙悟空。他跪了下来。

"起来，起来，"孙悟空说。"我不会打你的。告诉我，这是什么地方？"

土地神回答说，"大圣，这是蜘蛛网山。它下面是蜘蛛网洞。七个魔鬼住在那里。"

"他们是什么魔鬼？"

"她们都是女魔鬼。我对她们了解不多。但这里向南三里外，有一个温泉。以前是天上七仙女在用它。但是，自从七个魔鬼来到这里，仙女们就离开了。魔鬼每天在温泉里洗澡三次。她们今天早上已经洗完了。她们今天中午还会再来。"

孙悟空告诉土地神，他可以离开了。然后他摇了一下他的身体，变成了一只小苍蝇。他坐在温泉附近的一根树枝上等着。

他等了半杯茶左右的时间。然后他听到了很大的呼吸声。这听起来像是虫在吃树叶，或是海滩上的浪声。七个年轻女人来了，笑着、说着话。她们长什么样子？

像玉，但更香
像会说话的花
眉毛像远山
小嘴红嘴唇
头发上美丽的羽毛
红裙下面的小脚
她们看起来像嫦娥¹飞下人间
像仙人一样下到地球

孙悟空笑着对自己说，"我明白了师父为什么要向这些美丽的女人要食物了，但她们可能会是麻烦。如果她们每个人都想要他，他也活不了几天。我必须走得近一点，听听她们的谈话。"

他停在其中一个年轻女人的头上。她说，"姐妹们，让我们在温泉里洗澡吧。然后我们回家，把那个胖和尚蒸了吃晚饭。"她们笑着走上前去，推开了两扇大木门。里面是一个很大的热水池。水池宽五十尺，长一百尺，深四尺。一团团蒸汽从池中上来。水很清，可以看到水底。

年轻女人脱下衣服，挂在附近的树枝上。然后她们都跳进了水里。她们一起在热水中玩。孙悟空心里想，"现在把她们都杀了，真是太容易了。但真的男人不会跟女人打。这会伤害我的声誉。但是，我可以给她们一些困难。"

他又摇了摇，变成了一只大鹰。他用爪子抓住了所有七套衣服。然后他带着衣服飞走了。他变回了他自己原来的样子，回到了猪

---

[1] Cháng'é (嫦娥) is the Chinese goddess of the moon. Altars are set up to worship her during the Mid-Autumn Festival when the full moon appears in the eighth lunar month.

和沙等着的地方。

"这些是什么？"猪指着衣服问。

"这些是七个恶魔的衣服，"孙悟空回答。

"你是怎么脱掉她们的衣服的？"

"我不需要脱她们的衣服。这个地方叫蜘蛛网山，那村庄叫蜘蛛网洞。七个恶魔生活在山洞里。她们抓住了师父，把他吊在山洞里的梁上。然后她们去温泉洗澡。我看着她们脱掉衣服，跳进热水里。我变成一只鹰，拿了她们的衣服。现在她们都被困在热水中。她们太尴尬了，不敢出来。现在是我们救师父的好时候。"

猪回答说，"哥哥，你没做完这件事。你知道她们是恶魔。你应该在那时、那里杀死她们。如果你不这样做，魔鬼会等到天黑，然后在没有人能看到她们的时候从水中出来。她们会穿上其他的衣服。然后她们就会杀了、吃了师父。"

"我不会打她们。如果你想杀了她们，你自己去吧。"

猪拿起他的耙子。他高高地举着耙子，直跑向温泉。他踢开大门，往里面看。他看到七个没有穿衣服的女人坐在水里。她们非常生气，对着鹰大喊大叫，要拿回她们的衣服。

"你很没有礼貌，"女人们说。"你是一个和尚，我们是女人。古人说，'从七岁开始，男孩和女孩就不应该在一起用同一个垫子。'你不能和我们一起洗澡。"

"妇人们，对不起，但今天很热。我必须跳进水里。"猪脱了衣服，跳入水中。魔鬼们非常生气。她们冲向他，但他变成了大鱼精。现在他游得很快，她们没有办法抓住他。她们向东抓他，他就跳向西，她们向西抓他，他就跳向东。他经常会游到她们的两腿之间。这种情况继续了一段时间。最后，猪跳了出来，变回猪人的样子，穿上了衣服。

魔鬼们非常害怕。其中一个说，"开始的时候，你看起来像个和尚，然后你看起来像一条大鱼，现在你又像个和尚。你是什么人？"

"恶魔，你不知道我是谁。我是唐僧的徒弟，前往西天取经。我叫猪八戒。你们已经抓住了我的师父，你们打算吃掉他。我的师父对你们来说只是一点食物吗？我要用我的耙子砸碎你们。"

美丽的魔鬼求他停下来，但他开始发疯地挥动他的耙子。虽然她们没有穿衣服，但魔鬼还是跳出了水面，跑出一小段路。然后她们转向猪。七根丝绳从七个肚脐中发出。猪被丝绳盖住。他试着动他的脚，但他不能。他倒在地上，想站起来，又倒在了地上。最后，他躺在地上呻吟着。魔鬼把他绑起来，把他带回山洞。

每个魔鬼都走进她自己的睡觉房间，找其他的衣服穿。然后她们都出来，喊道，"孩子们，你们在哪里？"

七只大虫来了。它们说，"妈妈，你们要我们做什么？"这七只虫很早以前被这七个魔鬼抓住。魔鬼没有杀死它们。她们让虫子活着，但虫子变得像魔鬼的儿子，魔鬼就成了它们的母亲。

魔鬼对虫子说，"儿子们，我们错抓了一个唐和尚。现在他的徒弟很生气，想杀了我们。你们必须走出去，找到这些徒弟，让他们离开。完成后，请在你们舅舅家和我们见面。我们现在就去那里。"

七只虫子变成小魔鬼，跑出山洞，向温泉跑去。

山洞里，绑着猪的丝绳突然消失了。他站了起来。他很痛，但没有被伤到。他看到孙悟空，告诉他发生了什么事。然后沙来了。

他们三人决定回到山洞去救他们的师父。但还没到山洞，就看到站在他们面前的七个小魔鬼。小魔鬼说，"慢着，慢着。我们在这儿。"

"这些只是小孩子，"猪笑着对他的兄弟们说。"他们每个人不会重过八、九斤。"然后他对他们说，"你们是谁？"

小魔鬼回答说，"我们是七个仙女的儿子。你在这里找了麻烦，现在要小心！"小魔鬼攻击猪，猪向他们发疯地挥动着耙子。

小魔鬼们看到猪那么的强大。他们变回到了虫子。它们飞向空中，大喊，"变！"一只变成十只，十只变成一百只，一百只变成一千只，一千只变成一万只。天空中都是飞虫。它们把徒弟们盖住，上下咬着他们。

"我必须告诉你，哥哥，"猪说，对着在咬他们的虫子挥了挥手，"去西天取经不容易。连虫子也来找我们的麻烦。"

"没问题，"孙悟空回答。他拔了几根毛发，咀嚼它们，然后把它们吹出来。他让这些毛发变成许多不同的大鸟。鸟儿在空中飞来飞去。它们用嘴或爪子抓住虫子，或者用翅膀拍打它们。几分钟后，所有的虫子都死了。地上盖着一尺高的死虫。

三个徒弟跑过桥，进了山洞。他们发现唐僧仍然被挂在梁上。孙悟空很容易地切断绳子。他问唐僧，"恶魔在哪里？"

唐僧回答说，"那七个人都从后门跑了出去。她们在喊她们的儿子。"

三个徒弟从后门跑了出去，高举他们的武器，但没有看到七个恶魔。"她们走了，"猪伤心地说。"我们回去，砸碎这个山洞里的所有东西，这样她们就没有家可回去了。"

"这太麻烦了，"孙悟空说。"我们去找一些烧火的木头。"他们找到一大堆树枝，点了火，看着山洞被烧毁。

第 73 章

在他们烧毁蜘蛛网洞后，四个游人沿着大路很快地向西走去。几个小时后，他们到了一个有许多高塔的地方。他们看到可爱的小溪在房子之间流过。附近有停满了会唱歌的鸟的大树。鹿双双地在树林之间安静地走着。它和古时候刘阮的天台洞一样美丽[1]。

"师父，"孙悟空说，"这里不是有钱人或王的家。它看起来像一个道庙或佛庙。"

他们走到大门前，看到一个牌子，"黄花庙。"猪说，"这是一个道教的地方，所以我们进去一定没问题。"

四个游人走了进去。在里面门的两边，他们又看到了两行字，

    黄芽，白雪，仙人家
    少见的美丽花，长翅膀人的家

"所以，"孙悟空笑着说，"这里是道士玩炼丹术[2]的地方。"

---

[1] This refers to the legend of Liu Chen (劉晨) and Ruan Zhao (阮肇) who traveled to Tiantai Mountain to procure medicinal herbs. They encountered a couple of beautiful maidens in a valley of peach blossoms. They lived with the maidens for six months, then became homesick. But when they returned home they discovered that hundreds of years had passed in their home village. Saddened, Liu and Ruan disappeared again, this time apparently forever.

[2] 炼丹(术) liàndān (shù) is Chinese alchemy. It provides methods for extending life and purifying one's spirit, mind and body. Alchemists often mixed and drank elixirs containing toxic metals such as mercury, lead and arsenic in their quest for immortality.

"注意你说的话，"唐僧回答说，"我们不认识这些人。"

他们穿过了里面的门。一位道教大师坐在地上做长生不老药。他穿着黑色的道士长衣，系着黄色的腰带，戴着一顶明亮红色和金色帽子，穿着一双绿色的鞋子。他的脸像瓜一样圆。他的眼睛像星星一样明亮。

"先生，你好！"唐僧说。

道士抬起头看，很吃惊，长生不老药掉在地上。他说，"请进，请进，进来坐。"四位游人走了进来，坐下。道教大师让两个男孩去厨房拿茶。

蜘蛛网洞里的七个魔鬼正躲在寺庙的后面。她们看到男孩们正在准备茶。其中一人说，"孩子，什么客人来了？"

"四个佛教和尚，"其中一个男孩回答。

"他们中有没有一个白胖和尚？"

"有。"

"他们中有没有一个长嘴大耳的？"

"有。"

"那就给他们送茶，悄悄地告诉你师父来这里。我们必须和他谈谈。"

男孩给他的师父和四位游人送了五杯茶。然后他给他的师父眨了一下眼。那师父说，"请原谅我走开一分钟，"然后回到厨房。当他走进厨房时，七个魔鬼跪倒在地上。他对她们说，"姐妹们，你们为什么要和我谈话？我不想在这里有任何麻烦，我只想安静地生活。现在你们让我没有办法照顾我的客人。你们怎么可以这么没有礼貌呢？"

其中一个魔鬼回答说，"亲爱的兄弟，男孩刚刚告诉我们，四个佛教和尚刚刚来到这里。一个人有一张白胖的脸。另一个是长嘴大耳。对吗？"道士点了点头，什么也没说。她继续说，"我们认识这位和尚。他被<u>唐</u>皇帝送去西天取经。今天早上他来到我们的山洞要食物。我们抓了他。"

"你们为什么那样做？"

"我们听说过这位和尚。他已经学道十生了。任何吃他肉的人都会永远活着。这就是我们抓他的原因。后来，长嘴和尚在温泉里找到了我们。他偷了我们的衣服。然后他和我们一起跳进了水里，猪！他和我们一起在水中游来游去。很多次他游到我们两腿之间！他一点礼貌都没有。然后他想要用他的耙子杀死我们。我们不能打赢他，所以我们让我们的七个儿子去和他战斗。然后为了安全，我们来到这里。我们不知道我们的儿子是活着、还是死了。我们求你为我们报仇！"

道士变得愤怒起来。"别担心，我会解决这些犯法的人。跟我来。"他走进自己的房间，爬到梁上。他把手伸进梁里，抓起一个小皮箱。箱子上有一把锁。道士把手伸进袖子里，拿出一把小钥匙。他用钥匙打开了箱子。然后他拿出一个布袋。袋子里有什么？

　　一千斤鸟屎
　　煮很长时间，直到只剩下一杯
　　再煮到只剩下一勺
　　然后炒，煮，再煮
　　最后，它成为最强大的毒药
　　只要吃一粒，就会很快看到<u>阎罗</u>王
　　三粒可以杀死一位神或仙人

道士从袋子里拿出十二粒毒药。他拿了十二颗枣，在每颗枣上都挖了一个小洞。他在每颗枣里放进一粒毒药。完成后，他在四个不同的茶杯中，将三颗有毒的枣放入每个茶杯里。在他自己的杯子里，他放进了两颗没有毒药的枣。

他说，"我会问他们一些问题。如果我发现他们来自唐，我就会叫人换新的茶。用这些茶杯。我会给他们毒茶。他们将会喝茶，然后死去。你们就报了你们的仇了。"

他回到了四位游人坐着的房间。"请原谅我，我必须在厨房里解决一些事情。先生，请问你从哪里来？"

唐僧回答，"我被唐皇帝送去西天雷音寺取经。我们经过你的寺庙，想进来拜拜。"

"这里非常欢迎你，"道士说。然后他转向男孩说，"孩子，马上给我们的客人拿一些新茶！"男孩走进厨房。他从女魔鬼那里接过了放着五个茶杯的盘子，拿着茶回来了。道士给每个游人一个装有三颗枣的杯子。他只拿了装有两颗枣的杯子。

孙悟空看到道士的杯子里只有两颗枣。"先生，"他说，"我们换杯子吧。"

道士笑了笑，说，"住在森林里，我们没有很多食物可以吃。我只能找到十二颗好枣。你们是我尊敬的客人，所以我希望把它们给你们。我吃这两颗不那么好吃的老枣。"

孙悟空开始要去争论，但是唐僧插了进来，说，"悟空，这个人是好心。喝你的茶，不要和他争论。"孙悟空不再说话，但他没有喝茶。

猪将手伸进热茶中，抓起他的三颗枣。他马上把它们吃了。唐僧和沙比较有礼貌，他们喝了茶。几秒钟后，他们三个人都晕倒在地上。

孙悟空跳了起来，把茶杯扔向道士。"你这个畜生！"他喊道。"看看你做了什么。我们对你做过什么了？"

道士回答说，"你自己找的，你这个畜生。你不是在蜘蛛网洞要食物吗？你不是在温泉里洗澡吗？"

"那个温泉里有女魔鬼！你知道这件事，所以你必须和她们成为朋友。你自己可能也是一个恶魔。在那里不要动，试试我的棒！"他拔出金箍棒，打向道士的脸上。道士躲开了，拔出一把剑，开始战斗。七个女魔鬼听到了战斗的声音。她们跑出厨房，打开她们的衬衫。魔丝绳从她们的肚脐里出来，绑住了孙悟空。

但这对猴王来说不是问题。他说了一些魔语，用筋斗云，飞向空中。他逃跑了，但他不高兴。他想，"这太可怕了。我以前从来没有见过这样的事情。我的师父和我的兄弟们都被毒茶毒了。我不知道该怎么办。我想我会再次叫来土地神。"

所以他又回到了地上。他做了一个魔手势，说了"Om"这个字。这让老神又来了。

老神吓得发抖。他说，"大圣，你怎么来了？我以为你去救你的师父了。"

"我今天早上救了他，"孙悟空回答。"后来我们到了黄花庙。那里的道教大师对我们很好，但后来他给我的师父和我的两个徒弟兄弟喝了毒茶。他开始说在温泉里洗澡的事，所以我马上就知道他是个魔鬼。我们开始战斗。然后七个女魔鬼从厨房里出来，参加了战斗。她们用丝绳绑住了我，但我逃走了。现在我需要更多地了解这些魔鬼。告诉我你知道的关于她们的一切。"

发抖的老神说，"恶魔来到这里不到十年。她们真的是蜘蛛精。

丝绳真的是蜘蛛网。"

"这就是我需要知道的，"孙悟空回答说。他告诉土地神，他可以离开了。他从头上拔下七十根毛发，低声说"变，"把它们变成了七十只小猴子。然后，他在他的金箍棒上吹了一口气，低声说了一声"变，"把它变成了七十把叉子。他给每只小猴子一把叉子。然后所有的小猴子都攻击魔鬼。魔鬼想要用丝绳盖住小猴子，但小猴子用叉子拖住了所有的丝绳。然后猴子抓住七个魔鬼，把她们拖出山洞，用普通的绳子把她们绑起来。

"把我的师父和我的兄弟还给我，"孙悟空对蜘蛛魔鬼喊道。

"哥哥，"蜘蛛魔鬼对道教大师大叫着，"把唐僧还给他。让我们活下去吧！"

道教大师从山洞里喊道，"不行，我要吃唐僧。我帮不了你们。"

这让孙悟空很生气。他把七十个叉子都拿回到他的金箍棒里。然后他用棒杀死了所有七个蜘蛛魔鬼。当他杀死魔鬼后，他跑进山洞和道士战斗。

这是一场伟大的战斗。猴王和道士都在为唐僧战斗。孙悟空很强大，但道士很聪明，很快。棒和剑一次又一次地砸在一起。他们打了五、六十个来回。好多的灰和土，森林里的动物都吓坏了，跑开了。星星不见了，灰雾盖满了天地。

经过长时间的战斗，道士变得很累。他拉开腰带，脱下黑长衣。"哈！"孙悟空说。"如果你穿着长衣不能打败我，你脱下长衣又怎么能打败我？"

但道士在他的长衣下藏了另一件武器。他举起双臂。在他的胸前有一千只眼睛。它们发着明亮金色的光，像火一样。厚厚的黄色烟雾从眼睛里出来。孙悟空什么也看不见了。他试着用他的棒击中道士，但他看不到他的敌人。他变得非常热。他跳到空中，试着要砸碎金色的眼睛。但他什么也没砸到。他倒在地上。他的头很痛。

"啊，这很不好，"他想。"我不能向左或向右走，我不能向前或向后走，我不能上去。我想我只能下去。"

他念了一个魔语，摇了摇，变成了一只穿山甲[1]。他用尖铁爪挖地。他挖了一条六里长的隧道。金光只能行三里左右。他又挖了隧道，回到地面。然后他躺在地上，一点力都没了。

当他躺在地上时，他听到了哭声。他想，

  一双泪眼对着另一双泪眼
  一颗碎了的心对着另一颗碎了的心

他对她说，"妇人，你为什么哭？"

她说，"我丈夫因为一些生意上的争论，被黄花庙的师父杀死了。那师父用了毒茶。现在我在他的坟墓上，给他烧一些纸钱。"

"我是孙悟空，僧人唐僧的大徒弟。我们前往西天，经过黄花庙。我们在那里停下来休息，但道教大师是七个蜘蛛恶魔的兄弟。道教大师把毒茶给了我的师父和我的两个兄弟。我没有喝茶。道教大师和七个蜘蛛魔鬼攻击了我。我和他们战斗，杀死了七个蜘蛛魔鬼。然后我和道教大师战斗。他脱下衬衫，用一千只眼睛让我看不见东西。我变成穿山甲，在地下挖了隧道才逃出

---

[1] 穿山甲 (chuānshānjiǎ) is a pangolin, also called the scaly anteater. It's a large nocturnal mammal that looks much like an armadillo. They nest in hollow trees or underground burrows and live on a diet of ants and termites.

来。"

"你一定有强大的魔力和他战斗,而且仍然活着,因为他非常强大。我认识一个可以打败魔王的圣人,但这可能对你的朋友没有帮助。圣人住在离这里很远的地方,毒药会在三天里杀死你的朋友。"

"我可以行得非常快。告诉我这个圣人住在哪里。"

"好吧。这里向南三百里外是紫云山。在那座山中有个千花洞。住在那个山洞里的是圣人毗蓝。她可以打败魔鬼。"

说完这句话,那女人就不见了。孙悟空抬起头,看到她飞走了。他飞在她身后,叫道,"菩萨夫人,请告诉我你的名字,这样我就可以感谢你了。"

她回答说,"大圣,是我。"他仔细看了看,发现她是黎山老妇人。她继续说,"我从龙华节回来。我看到你的师父有麻烦了。现在快去找到圣人。但不要告诉她是我让你去的。她可能有点难讲话。"然后她飞走了。

孙悟空用筋斗云很快去了紫云山。他到了那里,找到了千花洞。洞的四周都是许多颜色的花。在洞的上面,他看到了一朵吉祥的云。

他很高兴看到美丽的花朵和天上吉祥的云。但当他进入山洞时,里面一片安静。他一步步地往山洞里走去。走了一里多后,他看到了一个道教尼姑。她坐在矮床上。她穿着一件金色的丝绸长衣,戴着一顶五花绣帽。她的脸很老,但她的眼睛很亮,她的声音就像鸟儿的歌声。他知道这就是毗蓝菩萨,千花洞的佛祖。

"你好,毗蓝菩萨,"他说。

"你好，大圣，"她回答。

听到这，他很吃惊。"你怎么知道我的名字？"他问。

"你在天宫找麻烦的时候，你的画像就被传了出去。每个人都知道你是谁。"

"是的，'好事不出家门，但坏事会传得很远。'你不知道吧，我现在是个佛教徒。我需要你的帮助。我的师父正在前往西天取佛经。他喝了黄花庙里道教大师给他的毒茶。我逃了出来，但我的师父和我的两个兄弟被困在他的山洞里。如果你不能帮助他们，他们很快就会死去。"

"你怎么知道我？我在这里生活了三百年，没有人听说过我。"

"我是大地的魔鬼，你在任何地方我都能找到你。"

"好吧。我不应该去，但我知道，唐僧的西行一定要成功。我会帮助你的。"他们一起开始向黄花庙飞去。

他们一起飞的时候，孙悟空问道，"菩萨夫人，请告诉我你要用什么武器？"

"我有一根小绣花针。"

孙悟空笑了起来。"如果我知道你要用绣花针，我就不会来了。我有很多针。"

"你的跟这不一样。你的针是用铁、钢或金做的。我的针是我的儿子，昴日星官做的。它是在太阳的火焰中造出来的。看这个。"

他们正走近黄花庙。他们可以看到从那里发出的明亮黄色光。毗蓝从她的长衣上拔出针，把它扔向空中。几秒钟后，传来一声巨大的声音。从寺庙传来的金光灭了。针又回到了毗蓝的手中，她把它放回到她的长衣里。

"太好了！"孙悟空说。

他们进了山洞。道教大师站在那里，闭着眼睛，没有动。孙悟空拔出他的棒，准备砸死道士。但毗蓝说，"不要打他。去找你的师父。"

他进了山洞的后面。唐僧、猪和沙躺在地上，看起来像是要死了。孙悟空不知道该怎么办，"我怎样才能帮助他们？"他喊道。

"别担心，大圣，"毗蓝说。"这里有三粒药，给你的师父和兄弟们每人一粒。"她给了他三粒红色药。他把药放进他们每个人的嘴里。几秒钟后，他们都开始吐出毒茶。他们马上开始感觉好多了。

孙悟空告诉他们毒茶的事，毗蓝菩萨救了他们。唐僧感谢她，向她鞠躬。猪变得非常生气，高举着耙子跑向道教大师。

"停下，元帅[1]，"毗蓝说。"不要杀他。我的山洞里没有仆人。我要把他带回我的山洞，做我的仆人。"

孙悟空说，"菩萨，谢谢你的帮助。我们能看看他真的样子吗？"

"这容易，"她回答说。她走上前去，指着道士。他倒在地上，变成了一条巨大的蜈蚣精，七尺长。她用小指把他抓起来，飞回千花洞。

---

[1] Zhu Bajie was formerly the Marshal (元帅) of the Heavenly Reeds.

"那是一位强大的妇人，"猪说，看着毗蓝飞去的方向。

孙悟空回答说，"她告诉我，她的儿子是昂日星官。他在太阳光下做了她的绣花针。现在，我们知道昂日星官其实是一只公鸡。所以他的母亲一定是一只母鸡。我们都知道母鸡非常了解怎么去解决蜈蚣。这就是为什么这对她来说这么容易。"

唐僧一遍又一遍地向着毗蓝飞去的方向叩头。然后他说，"徒弟们，我们吃晚饭吧。"沙走进厨房，为晚饭准备一些素食。然后他们走出了山洞。孙悟空在厨房里点了火。很快，山洞里的所有东西都燃烧了起来。他们看了一会儿火。然后他们转身，又开始向西走。

我们不知道他们下一步会发生什么。我们会在下一章中知道。

大鹏和他的兄弟们

第 74 章

我亲爱的孩子，请听这些话，

> 好好学习佛法
> 当欲望离去，智慧到来时
> 要有耐心，让你的心强大
> 像月亮一样没有灰土，
> 做好你的工作，不要有错
> 完成后，你将成为一个有悟的仙人

你还记得昨晚的故事吗？佛教僧人唐僧在他的三个徒弟，猴神孙悟空、猪人猪悟能和安静的沙悟净的帮助下，从蜘蛛的欲望网中逃了出来。他们继续向西行走。大雨洗去了最后的一点夏热。凉凉的秋风吹过树林，蟋蟀在明亮月光下的夜晚发出音乐之声。

有一天，当他们向西走的时候，唐僧抬头看，看到一座非常高的山。他说，"那座山太高了，我们怎么能走到它的另一边呢？"

孙悟空笑道，"别担心，师父。古人说，'再高的山也有路，再深的水也有摆渡的船。'"

唐僧点了点头，他们继续往前走。走了几里路后，他们遇到了一个老人。白色的长发、银色的长胡子。他手里拿着一根龙头拐杖。"停下！"他向游人们喊道。"这些山上住着可怕的魔鬼。他们已经吃掉了这个地方所有的人。他们也会吃掉你们。"

唐僧非常害怕。他的腿变得虚弱，他从马背上掉了下来。孙悟空想去跟老人说话，但唐僧说，"徒弟，你的脸太丑了，你说话的声音太刺耳了。我担心你会吓坏老人，他会拒绝和你说话。"

"好吧，我会改变我的样子，"猴王回答。他用手指做了一个魔手势。现在他看起来像一个年轻的道教僧人，有着好看的脸和好听的声音。"怎么样？"他问。唐僧笑了笑，说那只丑猴子现在很漂亮。

孙悟空走到老人面前说，"老爷爷，这个可怜的和尚来见你！"

老人拍拍他的头，说，"小和尚，你从哪里来？"

"我们来自东方的唐帝国。我们正向西，前往印度。我们想找到佛祖的经书，将它们带回，给我们国家的人们。刚才我们听你说这座山上有魔鬼。你能告诉我们更多关于他们的事情吗？这样我们就能打败他们。"

"你是一个年轻人，你什么都不懂。让我告诉你关于这些魔鬼的事。如果他们送信去灵山[1]，五百名战士就会来帮助他们。这些魔

---

[1] Spirit Mountain is the home of Tathāgata, the Buddha. We will hear more about this

鬼和四大海龙、八洞仙人、这地方所有城市里的众神都是他们的朋友。"

"你好像把这些魔鬼想得很厉害。可能他们是你的朋友，或者他们是你的亲戚？没关系，我会打败他们的。我姓孙，名悟空。我的家在花果山上的水帘洞。许多年前，我也是一个妖怪精。有一天，我和其他一些魔鬼一起喝酒。我睡着了。见到两个人把我拖到地狱，去见阎罗王和黑暗王。这让我很生气。我用我的金箍棒打败了黑暗王。他们非常害怕，所以他们说，如果我停止打他们，他们就会成为我的仆人。"

老人大声笑了起来。他说，"你告诉我这么一个很难相信的故事，你不会再长高了。你多大了？"

"你猜。"

"哦，有七、八岁了吧。"

"老人，把它乘一万，你会更接近真相。现在我要让你看看我的真样子。请不要害怕。"孙悟空用手抹了一下脸。现在他看起来像一个雷神。他有很长很尖的牙齿和很大的嘴。他穿着虎皮长衣，手里拿着一根金箍棒。老人吓坏了，开始发抖。

孙悟空问，"老爷爷，这座山上有多少魔鬼？"但老人太害怕了，说不出任何的话。孙悟空转身走回唐僧和其他人身边。

"悟空，"唐僧说，"你发现了什么？"

"哦，没有什么。这里的人太多担心了。只有几个妖怪。让我们继续我们的旅途。"

---

later in the story.

"等一下，"猪说。"我们都知道，哥哥很会讲故事和用骗术。但是，如果你想要一个讲真话的人，看看我。我会找出真相的。"

"好吧。但要小心，悟能，"唐僧说。

猪把耙子放在腰带上，弄平他的黑衬衫，走到路上去和老人说话。当老人看到很丑的猪向他走来时，他叫着，"这是什么恶梦，里面有这么多妖怪？第一个只是很丑。但这个看起来连人都不是！"

猪说，"不要害怕。我是唐僧的第二个徒弟。我哥哥吓坏了你，所以我来找你帮忙。请告诉我，这是什么山？山上有什么洞？山洞里有多少魔鬼？哪里有可以过这坐山的路？"

老人用他的拐杖指着山说，"这座山是狮子山，有八百里宽。它有一个叫狮子洞的山洞。三个魔鬼住在山洞里。"

"那没什么，"猪说。"我们为什么要去关心三个小魔鬼？"

"你很笨。这三个魔鬼非常强大。他们还有许多小魔鬼。南边有五千，北边有五千，守卫东路有一万，守卫西路有一万，巡逻的有五千，守卫山洞的有一万。还有更多的小魔鬼看护火和找木头。一共有四万八千人左右。他们都喜欢吃人肉。"

猪听到这话后，跑回到了唐僧和其它人的身边。"师父，我们必须往回走！这座山都是魔鬼！山洞里有三个大魔鬼，附近有近五万小魔鬼，他们都喜欢吃人肉。如果我们继续走下去，我们将成为他们的食物。"

"哦，别说了，"孙悟空说。"这里的人很容易被吓坏的。我相信我们可以解决几个魔鬼的。"

"你怎么能打败五万个魔鬼？"猪问。

"这很容易。我要让我的棒长到四百尺长，八十尺粗。当我让它从山的南边滚下去时，五千个魔鬼就会死。当我让它从北边滚下去时，又有五千人会死。当我让它滚向东和滚向西时，会有几万个死魔鬼。"

猪点了点头。"这是一个好主意。我想你可以在四个小时左右完成。"

唐僧也不感到那么害怕了。他回到马上，他们开始往山上走。老人不见了。沙说，"我觉得老人他自己就是一个邪精。"

孙悟空说，"让我来看看。"他跳到空中，看了四周。他看到天空中明亮的颜色。走近看，他看到是太白金星。孙悟空抓住他，说，"李长庚[1]，你为什么假装成老人，让我看上去很笨？"

"很对不起，"李说。"但这些魔鬼真的非常强大。你有强大的力量，但对你来说还是非常困难。"

"谢谢。我希望你能去天宫，请玉皇大帝把他的士兵借给我们。"

"当然。只要你说这话，你就可以有一支十万士兵的军队。"

孙悟空回到了唐僧和其他人的身边。"等在这里，"他说，"我去看看四周。我会找到一些魔鬼。我会抓住一个，问他问题，了解这里发生了什么。然后我会告诉魔鬼们留在他们的洞里，这样我们就可以容易地通过了。"

他变成了一只苍蝇，在树枝上等着。很长一段时间里，他没有看

---

[1] This is the immortal known as Bright Star of Venus. Sun Wukong is calling him by his personal name 长庚李 (Chánggēng Lǐ), literally, "Long Lived Li."

到任何人。这时，一个年轻的魔鬼沿着一条山路跑了过来。年轻的魔鬼对自己说，"我们必须小心。我们必须注意那个叫<u>孙</u>的人。他可以变成一只苍蝇！"<u>孙悟空</u>一直等到年轻的魔鬼跑了远一点。然后他变成了一个年轻的魔鬼，比那个真的年轻魔鬼高一点，但和他穿的一样。

他喊道，"嘿，等等我！"

年轻的魔鬼转过身来，说，"你是谁？你不是我们中的一个。"

"我在厨房工作。"

"不，我们的大王非常严格。厨房工作的人只能在厨房工作，山上巡逻的人只能在山上工作。你不应该在这里。"

<u>孙悟空</u>想了一会儿，然后说，"你不知道，我在厨房里做得非常好，得到了一份巡逻的新工作。"

"我不相信你。让我看看你的通行证。"

当然，<u>孙悟空</u>没有通行证，因为他不知道关于通行证的事。他说，"让我先看看你的通行证。"

年轻的魔鬼拿出了他的通行证。那是一块金色的牌子，上面写着"<u>小钻风</u>。"<u>孙悟空</u>看了看，然后伸手到长衣的袖子里，拿出一块一样的金牌子，但是上面写着"<u>总钻风</u>。"

年轻的魔鬼见了，马上鞠躬，说，"先生，对不起。你最近才得到这份工作，所以我不认识你。"

<u>孙悟空</u>说，"没关系，我不生气。"

他们俩一起走了一、两里路，直到他们走到了一块又高又瘦的石头。<u>孙悟空</u>跳了起来，坐在石头上。然后他说，"过来。"<u>小钻

风站在石头附近。孙悟空对他说，"我们的大王想杀死、吃掉唐僧，但他担心孙的魔力。我们听说孙可以改变他的样子，让他看起来像我们中的一个。这就是为什么他们让我成为总钻风，所以我可以发现你是不是真的钻风。告诉我，我们的大王有什么能力？"

小钻风说，"我们的大王有强大的力量。他一次吃掉过十万天上的战士。"

"这真是疯了。我们的大王嘴再大，也不可能吃掉十万战士啊？"

"我们的大王叫蓝毛狮。他可以让自己变得像天一样高，也可以像蔬菜种子一样小。有一天，他很生气，因为王母娘娘没有邀请他参加天宫的宴会。他开始了一场战争。玉皇大帝送去十万天上的士兵和他战斗。我们的大王给了自己一个神奇的身体，嘴巴像城门一样大。他准备吃掉所有的士兵，但他们逃跑了，锁上了天宫的大门。"

"对的。现在，告诉我关于第二个大王的事。"

"我们的第二个大王叫老黄牙象。他身高三十尺，声音像美丽的女人，鼻子像龙。"

"对的。那么第三个大王呢？"

"我们的第三个大王叫云程万里大鹏[1]。他不是来自这个世界。他

---

[1] Péng (鹏) is a huge bird of prey that transforms from a giant fish. The Daoist classic *Zhuangzi* begins with a famous story about this great bird: "In the northern darkness there is a fish and his name is Kun. The Kun is so huge I don't know how many thousand *li* he measures. He changes into a bird named Peng. The back of the Peng measures thousands of *li* across and, when he rises up and flies off, his wings are like clouds all over the sky. When the sea begins to move, this bird sets off for the southern darkness, which is the Lake of Heaven."

可以转风搬海。他带着一个叫做阴阳罐的宝贝。任何放入罐子里的人都会在几分钟里变成液体。"

孙悟空想，"我不怕那只鸟，但最好当心那罐子！"他转向小钻风说，"对的。现在告诉我，哪一个想吃唐和尚？"

"你不知道吗，先生？他们都想！我们的第一个大王和第二个大王在狮子山生活了很多年。我们的第三个大王，大鹏，以前住在一百里外的另一个国家。五百年前，他吃掉了首都中的每一个人，把国家里剩下的人都变成了魔鬼。最近他听说了唐和尚要来。他听说，吃了唐和尚肉的人，都会长生不老。但他害怕和尚的孙徒弟。所以他来到了这里。现在，他和另外两个大王正在一起抓唐和尚。"

这让孙悟空非常生气。"他们怎么敢吃我的师父？"他喊道。他拔出他的棒，很快杀死了小钻风魔鬼。"哦，我想他也是好心，"他想，"但已经那样做了。就那样吧。"

他拿起已经死了的小钻风的金通行证，把它系在腰上。然后他做了一个魔手势，改变了他的样子，看起来和死了的小钻风一样。他跑向狮子洞。当他到那里时，他看到有四十群人，每群有250名士兵，一共有一万名士兵。他想，"李长庚说的是真话！"

他走到山洞门口。几名士兵挡住他，说，"你回来了，小钻风。你看到那个叫孙的人了吗？"

"是的，"孙悟空回答。"我们都应该非常害怕孙。他看起来像一个大神，几百尺高。他说他打算用他的魔棒杀死这座山上所有的魔鬼。我想，现在，我们的大王想抓这个唐和尚。但和尚只有几斤的肉。我们的大王不可能给我们每个人一些和尚的肉。所以我认为我们应该逃走，救我们自己的生命。"

"你说得对！"他们喊道，几分钟后，一万名士兵都消失了。

"嗯，这很容易！"孙悟空对着自己说道。他走进了山洞。

第75章

孙悟空走进山洞时看到了什么？

  骷髅山
  尸体山
  骨森林
  人头和头发成堆
  血的海
  煮人肉的味道
  只有孙悟空才敢进去！

他走过骷髅、尸体和骨头。穿过第二扇门后，他来到了洞里，一个安静、和平、美丽的地方。他又走了两、三里，穿过了第三扇门。在这里，他看到一百零十名身穿盔甲的士兵。在山洞的中间，三个魔鬼坐在椅子上。他们长什么样子？

中间的魔鬼是

  圆头方脸
  声音像雷声
  眼睛像闪电
  他是所有动物的王
  这是大魔鬼，蓝毛狮。

他左边的魔鬼是

白脸像牛

金色的眼睛和两根长长的黄象牙

长鼻银发

头像尾巴

巨大的身体，但声音像一个年轻的女人

这是二魔鬼，<u>老黄牙象</u>。

他右边的魔鬼是

金色的翅膀、巨大的头

豹子眼睛像星星一样明亮

他向南飞行时能摇动北方

龙都怕他

他在云中可以飞行三万里

这是三魔鬼，<u>大鹏</u>。

<u>孙悟空</u>不害怕。他看起来仍然像<u>小钻风</u>。他走到三个魔鬼面前说，"陛下，我去找一个叫<u>孙</u>的徒弟。我找到他了。他一百多尺高。当我看到他的时候，他正在玩他神奇的金箍棒。他对他自己说，他正准备攻击陛下。"

"快！"其中一位大将喊道，"让所有人都进山洞，关上大门。让<u>唐</u>和尚和他的徒弟从我们的土地上过去。"

其中一名士兵回答说，"先生，小魔鬼都跑了。他们一定是害怕了。"

士兵们关上了通向山洞的大门。<u>孙悟空</u>说，"陛下，小心点。这个<u>孙</u>可以变成一只苍蝇。"然后他从头上拔下一根头发，吹了吹，小声说，"变！，"把它变成了一只金色的苍蝇。

苍蝇飞向<u>蓝毛狮</u>的脸。狮子喊道，"兄弟们，他就在我们的洞里！"孙悟空笑了起来。但是在他笑的时候，有几秒钟他的脸又变回到了猴子的样子。

大鹏看到了这，跑上前去，抓住了孙悟空。他喊道，"这不是小钻风，这是孙他自己！他一定是杀了真的小钻风，变成他的样子来骗我们。"大鹏把孙悟空打倒在地上，用绳子把他绑起来，拉掉他的衣服。衣服下面，他看起来仍然像一只猴子。他有一条长长的尾巴，上面长着棕色的毛发。

"我们抓住他了！"蓝毛狮喊道。"快，把他放进罐子里！"他让三十六个小魔鬼去拿罐子。罐子很小，只有两尺四寸高。但是它很重，因为它是阴阳宝贝。需要三十六个人来抬它，每一个对着北斗星座中的一颗星。小魔鬼拿来了罐子。他们取下了盖子。孙悟空马上被罐子里发出的魔雾气吸了进去。他们盖上了罐子。

"哈！"魔鬼们说。"那只猴子可以忘记他的西游了。他只能经过大转世轮，才能见到佛祖。"然后他们都去了另一个房间，放松喝酒。

孙悟空让自己变得非常小。他在罐子里坐了下来。凉凉的，很舒服。他笑着说，"这些魔鬼错了。他们说这个罐子里的任何人都会在几分钟里死去。但这里很舒服，我可以在这里住上几年。"

但他不知道罐子的魔力。只要囚犯安静，罐子就凉凉的，很舒服。但囚犯一开口，火就开始了。罐子里很快就变得很热。孙悟空用手做了一个魔手势，保护自己不受到火的伤害。然后四十条蛇来咬他。他抓住它们，把它们分成八十块。这时，三条火龙飞

---

[1] In ancient Chinese astrology, the Big Dipper constellation has 36 stars representing heavenly spirits and 72 stars representing demons. In the classic novel *The Water Margin* (水浒传) these 108 stars, called the Stars of Destiny, band together to fight for justice.

了过来,在他头顶上飞来飞去。

他担心火龙,所以他做了一个魔手势,长到十二尺高。罐子也长大了。然后他把自己变得像蔬菜种子一样小。罐子也变小了。不管怎样做,他都被困在罐子里。其中一条火龙在他的脚上吹火,他开始感到很痛。

他开始哭了起来。但后来他想起了一些事情。他对自己说,"很多年前,菩萨给了我三根神奇的毛发。我不知道我是不是还有它们。"他的手在自己的身体上找。他所有的毛发都很软,但他在后脑上发现了三根很硬的毛。

他从头上拔下那三根硬毛,用魔气吹在上面,说,"变!"第一根毛变成了钻子,第二根毛变成了竹条,第三根毛变成了丝线。他把它们放在一起,做了一个魔钻。他在罐子底钻了一个小洞。阴阳的力量从洞里流了出来。罐子变凉了。孙悟空变成一只小虫,从洞里逃了出来。他飞了出去,停在了蓝毛狮的头上。

"三哥,"蓝毛狮说,"那只猴子已经变成液体了吗?"大鹏让一些传命令的人把罐子拿来。

"罐子太轻了!"他喊道。然后他打开盖子,往里面看。"它是空的。猴子逃走了。找到他!"

孙悟空跑出山洞,大声喊道,"我在罐子上打了个洞,逃了出来。阴阳也逃走了。现在你可以用你的罐子做一个马桶了!"

他高兴地大喊大叫,跳舞,从云上飞向唐僧。当他走近时,他低头看。唐僧双手放在胸前。他在说,

  哦,你们这些云中的神仙
  保护我的徒弟
  他有强大的力量,他有无边的魔法

好猴子，孙悟空。

孙悟空来到地上。他把整个事情都告诉了唐僧。他说完后，唐僧说，"所以，你没有和恶魔战斗。所以，我不敢过这座山。"

"师父，有三大魔鬼和几万个小魔鬼。我一个人怎么和他们战斗呢？"

"猪和沙也有一些技术。让他们帮助你。"

"好的，"他转向其他徒弟。"沙，你保护师父。猪，你跟我来。"

"哥哥，"猪说，"我能帮你什么？我什么都做不了。"

"你知道有句话，'即使是屁也能让风更强。'我相信你会有帮助的。"

所以，孙悟空和猪飞回了山洞。大门关着。孙悟空大喊，"开门，邪恶的妖怪！出来和老猴子战斗吧！"

两个魔鬼太害怕了，不敢出来，但蓝毛狮对他的兄弟们说，"我们在这个地方的声誉已经很坏了。如果我们不和孙战斗，我们的声誉会更坏。我会去那里和他战斗。如果我不能和他战斗到第三个来回，我会回到洞里，我们会让他们通过，让他们去西方。"

蓝毛狮穿上金色的盔甲，走出了山洞。他用雷声一样的声音说，"谁在敲我的门？"

"是你的孙爷爷，齐天大圣，"孙悟空说。

"我从来没有给你找过任何的麻烦。你为什么现在要和我战斗？"

"什么？你怎么能说'没有麻烦'呢？你的狐狸和狗正想要抓住我的师父，然后吃掉他。"

"好吧，我们战斗吧。但我不会用我的士兵，你也不能得到任何人的帮助。只有你和我。"孙悟空点了点头，让猪退后。

蓝毛狮说，"过来。让我用剑砍你的头三次。如果你没有被砍死，我会让你和你的师父通过。"

孙悟空站着，一动不动。蓝毛狮用双手举起他的巨剑，把它砍在猴子的头顶上。一声巨响，但孙悟空的头一点也没受伤。

"你真的有一个很硬的头！"蓝毛狮说。

"你的剑不是很快。来吧，再让你砍一次。"

蓝毛狮用全力再次砍他。这一次，孙悟空的头被砍成了两半。他在地上打滚，变成两个身体。蓝毛狮被吓坏了。猪在不远的地方看着。他笑着说，"去吧，再砍他。你就会有四只猴子来和你战斗！"

蓝毛狮第三次想要砍孙悟空，但猴子举起了他的金箍棒，挡住了这一击。他们开始战斗。猴子用他的魔棒，狮子用他的巨剑。他们在地上和天上战斗。天空中都是云，大地盖满了雾。好的和恶的打了二十个来回，但都没能赢。然后猪跑了进来，加入了战斗。妖怪吓坏了，逃了。孙悟空追着他跑。狮子转过身来，张大嘴，一口吞下了猴子。

猪看到这。他喊道，"哦，兄弟，你很笨。你为什么要走到妖怪那里？你今天还是一个和尚，但明天你就是一堆屎。"

低着头，猪慢慢地走回到唐僧和沙的身边。他说，"沙，去拿行李吧。我们每个人都应该拿一些东西，然后分开。你可以回到你的河里，继续吃人。我会回到我的村庄，去见我的妻子。我们可以卖掉白马，为师父买棺材。"唐僧听到这话，开始哭了起来。

这个时候，蓝毛狮回到了他的山洞。"我抓到了他们中的一个，"他对他的兄弟们说。"他在我的肚子里。"

大鹏说，"哥哥，你不应该吃猴子。他不好吃。"

"我很好吃，"孙悟空在蓝毛狮的肚子里说。"你再也不会饿了。"

当蓝毛狮听到肚子里传来一个声音的时候，他变得很害怕。他让一些小魔鬼给他拿一些热盐水。他很快地喝了下去，希望能把孙悟空从肚子里吐出来。但孙悟空紧紧抓住妖怪的肚子，不肯出来。

"我不想出来，"他说。"我做了好几年的和尚，总是又冷又饿。但这里非常温暖，有很多东西可以吃。我想我整个冬天都会留在这。"

"那我就不吃东西，你会饿死。"

"我不这么认为。我有一个不错的煮饭锅。我会生火，煮你身体里的所有器官。如果烟太多，我会在你的头上打个洞，用它做烟囱。这也会给我一些太阳光。"

蓝毛狮要了一些酒。他喝了一杯又一杯的酒。当酒进到妖怪的肚子里时，孙悟空把它喝了。过了一会儿，他喝醉了。他跑来跑去，翻筋斗，从肚子里面踢妖怪。非常可怕的痛。最后，怪物倒在地上，晕了过去。

第 76 章

妖怪躺了几分钟，一动不动，然后对肚子里的猴子说，"哦，菩萨，齐天大圣，对我仁慈一点！"

"哦，叫我孙爷爷吧，"孙悟空回答。

"孙爷爷！孙爷爷！我不应该吃了你，对不起！请让我活着。我没有任何宝贝可以给你。但我会用我的轿子，把你的师父抬过山。"

"那会比宝贝更好。张开你的嘴，我要出来了。"

就在妖怪开始张开大嘴的时候，大鹏安静地说，"猴子从你嘴里出来的时候，咬他，咀嚼他，吃掉他。结束了他。"当然，孙悟空听到了这一切。所以，当蓝毛狮张口时，孙悟空把他的金箍棒从妖怪的嘴里推出。妖怪咬了棒，咬断了他的一颗牙齿。

"所以！"孙悟空说，"你不是一个好妖怪。我让你活着，但你想要杀了我。现在我就留在你的肚子里。"

大鹏听到了这句话。他想让孙悟空生气。他说，"猴子，我听说过你在南天门外的强大，也听说过你杀了许多魔鬼。但现在我觉得你很小、很虚弱。你躲在我哥哥的肚子里。现在就出来和我战斗吧！"

"你知道我从里面杀死这个妖怪很容易。但这会伤害我的声誉。所以我会出来。但是我们不应该在这个山洞里战斗，它太小了。我们必须找到一个可以用我的棒的地方。"

另外两个魔鬼把蓝毛狮抬出了山洞。三万个小魔鬼围住了他们。他们都有武器。他们等着孙悟空从妖怪的肚子里出来。

孙悟空从头上拔下一根毛发，说了一句，"变，"就把它变成了一根四百尺长的细绳子。他把绳的一头绑在妖怪的心脏上。他手里拿着另一头。然后他把自己变得很小。他不想冒险越过妖怪很尖的牙齿，所以他爬进了妖怪的鼻子。怪物打了个喷嚏，孙悟空从鼻子里飞了出来。

猴子马上长到三十尺高。他开始和三个大妖怪还有几万个小魔鬼战斗。但是敌人太多了，所以他用他的筋斗云飞到了附近的山顶。然后他拉动了绳子。它紧紧地绑着蓝发狮的心脏。妖怪痛苦地倒在地上。

孙悟空很生气。他向他们喊道，"你们什么都不是，只是一群有罪的人。你们承诺让我从妖怪的肚子里出来，然后你们要咬我。你们承诺我们一对一地战斗，然后你们带了几万士兵来打我。我和你们之间结束了。我会杀死蓝毛狮，把他的尸体拖去给我的师父看。"

"请不要那样做！"他们都哭了。

"如果我让他活着，你们会让我们通过你们的山吗？"

"是的，"大鹏说。孙悟空以为他说的是真话。所以，他松了绑着蓝毛狮心脏的绳子。大鹏继续说，"大圣，请回到你师父那里去。告诉他准备好离开。我们会给他准备轿子。"所有的小魔鬼都放下了武器。

孙悟空回到他师父和另外两个徒弟身边。他看到唐僧在哭。沙和猪正在分行李。"哦，不，"孙悟空想，"那只笨猪告诉我的师父，我死了。这就是为什么他在哭。"

猪看到了孙悟空。他对其他人说，"我看到妖怪在吃他。这一定是个恶鬼。"

孙悟空打在他的脸上。"笨人！你还以为我是恶鬼吗？"他转向唐僧说，"师父，别担心。妖怪们过来用轿子把你抬过山。"

唐僧鞠躬说，"徒弟，我给你找了大麻烦。如果我相信猪，我们早就完了！"他们坐下来，在路边等着妖怪的到来。

山洞里，三个魔鬼兄弟正在做计划。老黄牙象说，"我以为孙是一个九头八尾的大战士。但现在我发现他只是一只小猴子。我们可以很容易地抓住他。给我三千个小魔鬼。"

大鹏回答说，"我会把我军队里的每一个小魔鬼都给你。"他们把所有的魔鬼战士都放在一起。然后他们让一个传命令的人去找孙悟空，告诉他，老黄牙象已经准备好和他战斗了。

孙悟空听到这话，笑了起来。他对猪说，"嗯，看起来他们的大魔鬼蓝毛狮不敢再和我战斗了。他们让他们的二魔鬼老黄牙象过来。猪，你应该和他战斗。"

"好吧，但要把那根魔绳给我。"

"为什么？你不可能跳进大象的肚子里，把它绑在他的心脏上。"

"我要你把它绑在我的腰上。拿住绳子的一头。如果你看到我赢了这场战斗，给我更多一点绳子。但是，如果我输了，拉绳子，把我从那里拉出来。"

孙悟空笑了笑，把绳子绑在猪的腰上。猪举起耙子，攻击大象。大象把长矛扔向猪的脸。猪挡住了长矛。两人打了七、八个来回，猪开始累了。他对孙悟空喊道，"哥哥，拉绳子，把我从这里拉出去！"

孙悟空笑了，把绳子丢在地上。猪转身，从妖怪身边跑开。他没有看到地上的绳子，所以他被绊倒在地上。大象追上了猪，用他的鼻子卷住猪，把他高高地举在空中，然后把他带回了山洞。所有的小魔鬼都高兴地大喊大叫。

唐僧看到了这。他对孙悟空看着他的兄弟被抓但没有救他感到非常生气。孙悟空说，"别怪我了，师父。我会去救他的。"他变成一只小苍蝇，飞进了山洞，停在猪的耳朵上。

大象魔鬼把猪扔在地上，对他的兄弟们说，"看，我抓住了他们中的一个。"然后他对小魔鬼说，"把他绑起来，放在水池里。把他在那里放一天。然后，我们可以切开他的肚子，放一些盐，然后，放在太阳光下变干。把他和酒一起吃，味道会很好。"小魔鬼把他拖走了。

孙悟空对他自己说，"那我该怎么办？师父要我救猪。但他总是在找麻烦。几天前，我听沙说，猪藏了一些钱。我想知道这是不是真的。"所以他改变了声音，在猪的耳边说，"猪悟能，猪悟能。我是五阎罗王的送信人。他让我来把你拖到地狱去。"

猪吓坏了。他说，"请回去告诉五阎罗王，我今天很忙，请明天再来。"

"不。如果五阎罗王决定你在三更死，你就不会活到四更。现在就跟我来。"

"请帮帮我，我想多活一天。等到这些邪恶的妖怪抓住了我的师父和我的兄弟们。"

孙悟空对他自己笑了笑。他说，"好吧。我今天还要抓另外三十个人。我可以等到明天，但你必须给我一些钱。"

"我是个穷和尚，我没有钱！"

"那太不好了。那你现在就跟我来。"

"等等,等等!这些年来,我一直留着人们送给我的一点点银子。一共有半两左右。它在我的左耳里。拿去吧!"

孙悟空看了猪的左耳。真的,他耳朵里面,有一个小银球。孙悟空伸手到耳朵里,抓起银球,拿在手里。他大声笑了起来。猪听出了那笑声。他说,"该死的,你在我遇到这样的麻烦时,来这里偷我的钱。"

"我现在抓到你了,你这个苦力。你一直在让你自己变得有钱,但是,我在为保护我们的师父受到痛苦。"

"有钱?这只能让我买一些做新长衣的布。你从我这里偷走了钱。现在把那一半的钱还给我。"

"你不会得到一分钱。"孙悟空抓住猪的脚,把他拖出水池。"现在我们走吧。我们不从后门出去。我们要从前门离开。"

孙悟空跑向前门,挥着他的棒,对着小魔鬼左杀右杀。猪在附近看到了他的耙子。他抓起耙子,也向小魔鬼攻击。老黄牙象听到战斗的声音,向孙悟空跑去。他们俩开始战斗。

  大象是狮子的兄弟
  他们一起计划吃掉唐和尚
  猴王有强大的力量
  他救了笨猪,杀了小魔鬼
  大象的长矛动起来像森林里的蛇
  猴子的棒动起来像海中的龙
  他们都为唐和尚努力地战斗

猪看了战斗。他喊道,"哥哥,小心象鼻子!把你的棒插到象鼻子里!"孙悟空听到了这。

他把棒变得像鸡蛋一样粗，然后用力地把它插进大象的鼻子里。然后他用另一只手抓住了象鼻子的另一头。猪向大象跑去，他把耙子高高举起。

"等等，"孙悟空喊道，"不要杀死大象。如果你这样做，师父会生气的。用耙子的另一头。"猪把他的耙子转过来，开始用耙子的把手打大象。孙悟空把大象拖出山洞，沿着山路向唐僧走去。

唐僧看到他们来了。他对沙悟净说，"太好了！那是一个非常大的妖怪精。问他是不是愿意帮助我们通过这座山。"

沙走到大象面前，让他带师父过这座山。大象回答说，"如果你让我活着，我会自己抬着唐老爷。"

孙悟空对他说，"我们是好人。我们会让你活着。去拿轿子。但如果你再次想要伤害我们，我们一定会杀了你。"妖怪叩头离开了。孙悟空把发生的一切告诉了唐僧。猪感到非常羞耻。他从其他人身边走开。他脱下湿衣服，放在石头上，让它们在太阳光下变干。

山洞里，老黄牙象告诉了他的两个兄弟发生了什么事，还有唐和尚对他有多好。他对他们说，"我的兄弟们，我们该怎么办？我们应该帮助那个和尚吗？"

大鹏说，"我们当然应该准备好带他们过山。这是我们计划的一部分，就是把老虎从山上带下来。"

"你这是什么意思？"老黄牙象问。

"把一万个小魔鬼叫到山洞里来。从一万人中选一千。从一千中选一百。然后从一百中选十六和三十。这三十个人一定是好厨师。给他们最好的食物。告诉他们到这里向西十里的地方去，为唐和尚准备一场大宴。他们还应该在离这里二十五里的地方再准备一顿饭。"

"那十六个人呢？"

"八个人抬轿子。八个人大喊着开道。我们三个人将走在轿子旁边。我们将向西走，直到我们来到150里外我的城市。我那里有一支强大的军队。"

三个大魔鬼和十六个小魔鬼回去见唐僧和三个徒弟。八个小魔鬼抬着轿子。"老爷，请坐上轿子，"老黄牙象说。唐僧不知道这里有骗。连孙悟空也没有仔细了解情况。他让猪和沙把行李绑在白马身上，保护唐僧。他走在一群人的前面，用他的棒开道。就这样，他们都开始向西走。

他们走了十里路，然后他们都停下来吃了一顿好吃的素食。吃完饭后，他们继续走了十五里路，在那里他们吃了第二顿非常好吃的饭。在那之后，他们停下来过夜，舒服地休息。

就这样，他们向西走了150里。他们来到了一座有高大城墙的城市。孙悟空在前面，他先看到了这座城市。他看到了什么？

 有一大群邪恶的妖怪和魔鬼
 所有四个门上都有狼精
 大将是老虎
 鹿是传命令的人
 狐狸走在街道上
 兔子在商店里卖东西
 长蛇在城墙上休息
 城市里都是妖怪
 以前这里是一个天堂王国的首都
 现在它是一个狼和老虎的城市！

身后走过来，要用武器打他的头。他听到风声，马上转过身来。他用棒挡住了鸟的攻击。他们开始战斗。狮子开始和猪战斗，大象和沙战斗。在三个徒弟都忙着战斗的时候，十六个小魔鬼抓住了白马、行李和唐僧。他们把他们抬进了有城墙的城市。

"陛下，我们现在该怎么对唐和尚？"一位虎大将问。

"不要吓到和尚，"大象一边和沙战斗一边回答。"这会让他的肉不好吃。"所以小妖怪对唐僧很好。他们让他坐在荣誉位上，给他茶和食物。唐僧看了四周，没有看到他认识的人。他变得很困惑。

第 77 章

三个徒弟和三个魔鬼战斗了一整天，一直到深夜。天空中都是云，天变得很黑。猪很累。他想要逃走，但蓝发狮抓住他。把他扔给一群小魔鬼。他们把猪绑起来，把他带到宝座房间。然后狮子回到战斗中去帮助他的兄弟们。

沙看到战斗的情况很不好。他也想逃跑。老黄牙象用他的鼻子卷住他，把他给了小魔鬼，告诉他们，把他也带到宝座房间。然后他去帮助大鹏打孙悟空。

现在，孙悟空正在和三个魔鬼兄弟战斗。他发现自己赢不了，就骑着筋斗云飞走了。大鹏飞快地飞着追他。孙悟空的一个筋斗可以行 36,000 里。但大鹏拍一下翅膀就是 30,000 里。所以他很快地追上了孙悟空，用爪子抓住了他。他把猴子抓回城里，小魔鬼用绳子把他绑起来，放在猪和沙旁边的地上。

到了二更的时候，小魔鬼把唐僧推进房间里，他的三个徒弟正躺在那里的地上,被绳子绑着。他哭着倒在孙悟空旁边的地上,说,"哦,徒弟,你总是用你的魔力打败魔鬼。但现在连你都被打败了!"

猪和沙也哭了起来。但孙悟空只是笑了笑,回答说,"放心吧,师父!你不会受到伤害的。我们很快就可以逃走。你认为这些绳子很重,但对我来说,就像耳边吹过的秋风。"

就在这时,他们听到三个妖怪在说要怎么把四个游人蒸了吃掉。"听,"猪说,"那些妖怪正计划着把我们蒸了吃。我们就要成为阎罗王的邻居,你还在说什么秋风!"

小魔鬼来了。他们带走了四个游人。他们把猪放在一个大锅的最底层。他们把沙放在第二层。就在他们要抓起孙悟空把他放在第三层之前,猴子从他的头上拔下一根毛发,说了一声"变,"把它变成了第二只猴子,看起来像他自己一样。他真的身体到了空中,在那里他可以向下看着房间。小魔鬼把假猴子放在第三层,然后把唐僧放在最上一层。然后他们点了火。

"我应该快点做些什么,"孙悟空说。"师父不能在那热火中忍受太久。"他马上在空中做了一个魔手势,说了一些魔语。北海龙王敖顺马上来了,向猴王磕头。

"请起来,"孙悟空说。"我是和唐师父一起来到这里的。他被三个可怕的魔鬼抓住了。他们把他放进那个锅里。请保护他和我的兄弟们。"敖顺变成一阵凉风。把他自己吹向锅,围住了锅。锅里面变凉了。

现在,对猪来说太凉了。他对其他人说,"你们知道吗,当我们刚被放进这个锅里时,它又好又温暖。现在天冷了。我有一点关节炎,我喜欢热。这对我来说太冷了!"

孙悟空听到这话笑了起来。然后他决定，是时候救唐僧和他的兄弟们了。他记得自己以前和一位天王玩过猜拳游戏，他赢了几只睡虫。他把手伸进虎皮裙里，找到了几只。他把其中十只扔在了小魔鬼的脸上。虫子爬进了小魔鬼的鼻子里，所有的魔鬼都睡着了。

猴子感谢龙王。然后他拿下锅盖。他松开了绑着唐僧、猪和沙的绳子，帮他们从锅里出来。他说，"我们前面还有很多山。师父将没有办法走出去。我们需要我们的通关文书。所以我们必须找到我们的马和行李。"

他回到了宝座房间。他找到了那匹马，松开了它的绳子。然后他看到了行李，把它拿了起来。他把马和行李带到其他人那里。唐僧上了马。他们都开始向宫殿的前门走去。但当他们到了前门时，他们发现它已经被魔法锁上了，孙悟空没有办法打开锁。

"这不是问题，"猪说。"让我们找个地方，把师父抬到墙上，爬过墙，用这种方法逃走。"

孙悟空笑道，"那不好。以后我们带着经书回来时，我们不希望人们认为我们是爬墙的和尚[1]！"

猪说，"兄弟，现在不是担心这种事情的时候。为了我们的生命，我们必须逃跑！"

更多的小魔鬼听到了囚犯逃跑的声音。他们跑到三个魔鬼兄弟那里报告。魔鬼兄弟跑到前门，看到门还锁着。他们跑到后门，看到它也锁着。然后他们看到四个和尚在试着爬上一面墙。魔鬼们向他们跑来，大喊大叫。唐僧从墙上掉下来，被抓住了。猪、沙

---

[1] In Chinese stories from this time period, wall climbing priests were usually thieves or adulterers.

和白马也被抓住了。只有孙悟空逃走了。

魔鬼将猪和沙绑在大殿的柱子上，但大象抓着唐僧，开始张开嘴。大鹏对他说，"大哥，现在不要吃他。最好的方法是把他煮了，和好酒、音乐一起，慢慢吃。"

老黄牙象回答说，"没错，兄弟。但我们必须小心。很快，那只无耻的猴子就会回来，偷走和尚。"

"我在宫殿里有一个大铁箱。把和尚藏在箱子里。告诉大家，我们已经吃了和尚。当猴子来到这里时，他会听到人们说和尚已经被吃掉了，他会离开。然后我们可以吃和尚，一点问题都没有了。"

孙悟空飞到狮子洞，在接着的时间里，杀死了他在那里发现的所有小魔鬼。第二天，他飞回了城市。他把自己变成小魔鬼的样子。走在城里的街道上，他听到有人说，昨天晚上唐僧被魔鬼兄弟吃掉了。他走进宫殿，发现了被绑着的猪和沙。"师父在哪里？"他问他们。

猪回答说，"小魔鬼说，师父昨晚被吃掉了。但我没有看见。你应该去看看真相是什么。"

但沙说，"哦，兄弟，昨天晚上魔鬼精吃了我们的师父！"

孙悟空飞到附近的一座山上，坐了下来，哭了一会儿。然后他对他自己说，"佛祖为什么这样对我们？如果他真的关心我们，他会把他的经书送到东方。但是没有，他没有那样做。他把经书放在印度，让师父过百条河，爬千座山，但在这个可怕的地方丢了生命。我要自己去见佛祖。我会请他把经书给我，让我带回唐帝国。如果他不这样做，我会要求他把绑在我头上的头带松开。"

他用筋斗云跳了起来。一小时后，他来到了印度的灵山，那里是佛祖如来¹的家。他走到四个守卫面前，说，"我有事，一定要见佛祖。"

守卫回答说，"你还没有感谢我们帮你解决了牛魔。这里不是南天门，在那里你可以照自己的心愿进进出出。这里是佛祖的家。如果你在这里有生意，请先告诉我们。我们会告诉佛祖。他叫你的时候，你就可以进去。"

孙悟空开始和四个守卫大声争论。如来听到了争论的声音，叫孙悟空进去。四个守卫退到一边，让孙悟空进去。

"悟空，"如来说，"你为什么不开心？"

孙悟空把事情的经过告诉了他。他们是怎么来到魔鬼的城市，三个魔鬼兄弟是怎么抓了四个游人，他是怎么一个人逃走，龙王是怎么帮助他救了另外三个游人，和他是怎么听说唐僧被魔王吃掉了。他最后说，"哦，伟大的佛祖，我们的西游失败了，它结束了。我求你，请从我的头上取下这个头带，这样我就可以回到我在花果山的家，在那里过完我剩下的日子。"然后他开始哭了。

"别哭了，悟空。我认识这三个魔鬼。蓝毛狮和老黄牙象的师父名叫文殊和普贤。他们会解决那两个魔鬼。但第三个，大鹏，其实和我有关。"

"哦，真的吗？是你父亲一边的，还是你母亲一边的？"

"开始是一片混沌。然后混沌分离，出现天。然后出现地，然后出现人。天地合二为一，生出了许多生物。其中一个就是凤凰。你明白吗？"

---

¹ This is the Buddha Gautama. When referring to himself, the Buddha uses the Chinese word 如來 (rúlaí), or Tathāgata in Sanskrit. The word means "one who has gone," that is, someone who is beyond all transitory phenomena.

"明白。"

"凤凰生下了孔雀和大鹏。在那些日子里，孔雀是一种非常危险的生物。有一天，它把我吸进了它的肚子里。为了逃走，我只能在它的背上开一个洞，然后骑着它回到了灵山。我把它留在这里，把它变成佛祖母亲，释迦牟尼菩萨。因为大鹏和佛祖母亲有相同的父母，你可以说大鹏是我的舅舅。"

孙悟空笑着说，"我求求你，快来打败这个妖怪。"

"好吧。"如来对文殊和普贤说，"你们的兽消失不见多久了？"

"七天了，"文殊回答。

"在地球上，这就是几千年，"如来说。"我们应该快点去。"

他们一起飞向魔鬼的城市。"如来，你看那里，"孙悟空说。"那上面有黑雾的地方，就是魔鬼的城市。"

佛祖说，"去那里，开始和三个妖怪战斗。你一定不能赢。退到这里。我会解决他们的。"

孙悟空飞向魔鬼城市，走向宫殿，大喊道，"你们这些无法无天的妖兽，出来和老猴子战斗吧！"三个魔鬼兄弟高举着武器，跑了出来。他们都在攻击孙悟空。猴子和他们战斗了一会儿，然后他飞到了云中。三个魔鬼跟着他，大叫着。

孙悟空跑到如来的身后，不见了。三个魔鬼看到的是三位佛祖，过去、现在和未来。还有五百名老师和三千名守卫。他们把三个魔鬼围了起来。

三个魔鬼开始攻击。文殊和普贤马上大喊，"现在就归顺吧，无耻的邪兽！"狮子和大象都放下了武器，停止了战斗。文殊和普贤带着他们离开了。

但大鹏拒绝停止战斗。他从天上向下看，看见孙悟空，想要用爪子抓住他。如来摇了摇头。它变成了一块血肉。妖怪想要抓住肉。如来用手指着妖怪。妖怪马上没有了飞走的能力。他被困在佛祖上面的天空中。

"如来，"妖怪喊道，"你为什么困住我？"

佛祖回答说，"你杀了许多生物，欠了很多债。跟着我，改变你的道。"

"我不能。你的地方只有素食，但我只能吃肉。如果我跟着你，我会饿死的。"

"拜我的人很多。他们中的一些人会放弃他们的生命，这样你就可以吃了。"听到这话，大鹏没有其他的选择，只能拜向佛祖。如来把这只大鸟放在他头顶的光环上，成为他的守卫。

孙悟空再次出现。他向如来叩头说，"佛祖，你打败了魔鬼。但我的师父已经死了。"

大鹏听到了这句话。他生气地说，"无耻的猴子。我没有吃你的师父。他被藏在我宫殿里的铁箱里。"

听到这话，孙悟空马上向如来鞠躬，飞回魔鬼城市。当他到了那里，他看到所有的小魔鬼都逃跑了。他进了宫殿，找到了铁箱子，把它打开，帮助唐僧出了箱子。然后他救出了他的两个兄弟。他告诉他们发生的一切。他们在宫殿里找到了一些米饭，准备了一顿简单的饭菜。吃完饭后，他们回到路上，继续向西走。

我们不知道他们什么时候会再次见到如来。可能我们会在下一个故事中知道更多。

一千个孩子

第 78 章

我亲爱的孩子，还记得昨晚的故事吗？我告诉过你，佛教和尚唐僧的徒弟们是怎么和一只大鸟、一只蓝毛狮子和一头黄牙大象战斗的。他们救了唐僧，救了狮子王国。

他们离开了狮子王国，再次向西走。天气变冷了。池面出现了冰，树叶变黄变红，大地上盖着草，一团团的雪飞过天空。白天，游人们在风雪中行走，晚上，他们睡在冰冷的地上。

有一天，他们看到了一座大城市，高高的城墙，四周有护城河围着。唐僧从白马上下来，和三个徒弟一起走过城门。大徒弟孙悟空看到一个老士兵睡在城墙旁的地上。他走向士兵。他摇了摇士兵的肩，说，"醒醒，儿子！我们是来自东方的和尚，前往西方的天堂取佛祖的经书。我们刚到你们的城市。告诉我，这个地方叫什么名字？"

士兵看着孙悟空，以为他是雷神。士兵说，"长老，这个国家以前叫比丘，但名字已经改了。现在是小子城。"

孙悟空向其他人走去。他告诉他们，"那个士兵告诉我，这个国家以前叫比丘，但已经改名为小子城。"

唐僧问，"如果以前叫比丘，为什么现在叫小子城？"

唐僧的二徒弟，猪人猪八戒说，"可能以前有一位比丘王。他死了，他的儿子成为国王，所以他们改了名字。"

唐僧的三徒弟，大个子沙悟净说，"那不可能是真的。那个老士兵可能被老猴子吓坏了，就乱说话了。"

他们继续往城里走。看了四周，他们看到

>卖酒的商店里和饭馆里都是大声说话的客人
>许多美丽的商店和茶屋
>人们在卖金、银和丝绸，只想要钱
>客人们走路、说话和买东西
>一个很大、很繁荣的城市！

但是他们看到了一些奇怪的东西。每家门口都有一个笼子，看上去可以装鹅。"徒弟们，"唐僧说，"为什么这些人都要把笼子放在他们家门口呢？"

猪笑着回答说，"师父，这一定是有好运气的一天。每个人都在举行婚礼！"

孙悟空说，"胡说，哪有每家都办婚礼的？不行，我要去看看。"他不想吓到任何人，所以他挥了挥手，说了一些魔语，然后变成了一只蜜蜂。他飞到附近的一个笼子，往里面看了看。他看见里面坐着一个小男孩。他飞到旁边的房子，看了看笼子里面。他看到了另一个小男孩。他看了八、九栋房子。每栋房子都有一个小男孩坐在笼子里。

他回到唐僧面前，说，"师父，每个笼子里都有一个小男孩。最小的可能是四岁，最大的可能是六岁。我不知道他们为什么在那里。"

他们继续走着。不久，他们来到了金亭馆驿。"太好了，"唐僧说。"我们进去吧。我们可以知道我们在哪里。我们可以让马休息，今晚我们也可以睡在这里。"

他们走进金亭馆驿。经理见到他们，问，"先生，你们从哪里来？"

唐僧回答说，"我是一个穷和尚，是唐皇帝送去西天取佛经的。我们刚到你们美丽的城市。我们要求你们的国王签署我们的通关文书，请让我们今晚住在金亭馆驿里。"

"当然，"经理回答说。"请留在这里吃晚饭。你们今晚可以睡在这里。明天早上，你们可以和我们的国王见面，拿到签署的通关文书。"

唐僧谢了他。一些工人为游人准备了床，还为他们准备了素食晚饭。他们都吃了晚饭。这以后，天黑了，工人们点了灯。唐僧、他的三个徒弟和经理都一起坐在灯下。唐僧对经理说，"先生，请告诉我，贵国的人是怎么养孩子的？"

经理回答说，"每个地方的人都是一样的，就像天空中从来没有两个太阳一样。父亲的种子和母亲的血混合在一起。十个月后[1]，

---

[1] The manager is referring to lunar months. A lunar month is 29½ days, so ten lunar months is 295 days. A more accurate answer would have been 九个半月后 (jiǔ gè bàn yuè hòu), 9½ lunar months, since a normal pregnancy lasts 280 days.

孩子出生了。孩子们喝母亲的奶三年。他们就这样长大。每个人都知道这一点。"

"是的，"唐僧说，"在我的国家也是这样。但是当我们来到你们的城市时，我们看到每家门前都有一个鹅笼，每个笼子里都有一个小男孩。我不明白这一点。"

经理挨近唐僧，在他耳边低声说，"先生，请不要问这件事。更不要去想它。"然后经理站起来说，"现在，你可能很累了。我想你应该上床睡觉了。"

但唐僧不肯上床睡觉。他坚持要听解释。最后，经理让所有工人都离开房间。他们走后，他坐下来对唐僧说，"鹅笼在那里，是因为我们的国王是一个很不好的统治者。你为什么一定要听这个？"

"在我弄明白这一点之前，我不能休息。他是怎么一个坏的统治者？"

"好吧，我会告诉你的。这个国家以前叫比丘王国。三年前，一位老道士带着一个十五岁的女孩来到这里。女孩和观音菩萨一样美丽。道士把这个女孩给了国王。国王爱上了这个女孩。他忘记了一切。他忘记了他的王后和他的妃子，忘记了王国的事。他想做的就是一直和女孩在床上玩。他停止了吃喝。正因为这样，他变得非常虚弱。他快要死了。宫中的医生已经试了所有的药，但没有任何东西能帮助国王。"

"那道士呢？"

"我们的国王让他成为国王的岳父。这个人告诉国王，他有一种秘密的药，可以让我们的国王活一千年。道士去过十大洲和三个魔国，找做这种药需要的草药。但现在他还需要再做一件事。他必须用 1,111 颗小男孩的心做汤，将汤加到药中。这就是你在笼子里看到的那些男孩。父母们太害怕了，不敢说任何事情。这就是为什么这个城市现在被叫做小子城。"

经理站了起来。他说，"明天去王宫的时候，你什么都不能说。只需拿签署的通关文书，然后继续你们的旅途。"他吹灭了灯，离开了房间。

经理离开后，唐僧开始哭了。"笨国王！你的欲望几乎要了你的生命，现在你打算杀死所有这些小男孩。你怎么能这样？"

猪走到他身边，说，"师父，你怎么了？这就像把一个陌生人的棺材带进你的家，你为他哭。你知道那句老话，

当国王想让他王国的人死，
那些人必须死。
当父亲要儿子死，
儿子必须死。

那些男孩是他王国的人。他们对你来说是什么？走吧，我们去睡觉吧。"

唐僧说，"噢，徒弟，你的心很硬！我们是和尚，我们必须帮助别人。这个国王怎么会这么邪恶呢？我从来没有听说过吃心脏会长生这种事。当然，听到这件事让我很伤心！"

孙悟空说，"师父，我们今晚不要担心这个。明天我会和你一起去宫殿。我们将看到国王的岳父。如果他是人，只是认为药会带来长生，我就会告诉他真相。如果他是妖怪，我会抓住他，让国王看看他是什么东西，这样国王就可以学会控制自己的欲望，恢复他的力量。不管怎样，我不会让他杀了那些孩子。"

唐僧说，"那太好了。但是我们不能对国王说什么。我们不希望

他对我们生气。"

"没问题。今晚我将用我的魔力。我会把所有的男孩都弄出城。国王当然会听到这个消息，但他不会认为是我们做的。"

"你怎么把男孩们弄出城？"

"你知道我有一些神奇的力量。猪和沙留下，和师父在一起。如果你感觉到一阵冷风，你就知道是男孩们离开了这座城市。"

孙悟空飞向空中。他叫来了城神、土地神、黑暗六神、光明六神，还有其他更多的神仙。他们都很快地来了，问道，"大圣，你为什么半夜叫我们？"

"谢谢你们的到来。我刚到这个城市。国王是个坏人。他相信了一个邪恶妖怪的话。明天，他计划从一千多个小男孩身上取出他们的心脏，用来做一种神奇的丹药，能让他永远活着。我的师父要我救男孩，抓住妖怪。这就是为什么我请你们大家来这里。请用你们的魔法举起男孩们。把他们带过城墙，到一个安全的地方，远离森林。留他们在那里一、两天。给他们吃的东西。保护他们，不要让他们感到害怕。等我把邪恶妖怪从这个城市中除了，你们可以把男孩们带回来。"

到了三更的时候，

  一阵冷风遮住了天空中的星星
  月亮消失在神奇的雾气后面
  冷让人们的衣服变成了铁
  父母躲在家里
  笼子和小男孩们被众神带走了
  黑夜很可怕
  但是第二天，每个人都会感到高兴。

孙悟空回到了金亭馆驿。他告诉唐僧，所有的小男孩都被带出了城。唐僧一次又一次地感谢他。然后他们都去睡觉了。

第二天早上，唐僧穿上他最好的衣服去见国王。经理走到他面前，低声地再次告诉他不要去关心和他没有关系的事情。唐僧点了点头。孙悟空变成了一只小虫。他飞向唐僧，停在和尚的金色帽子上。

唐僧向王宫走去。当他到了那里，他告诉一个宫中太监，他们想见国王。几分钟后，国王邀请唐僧进宝座房间。唐僧看着国王。他看到那个人非常虚弱。他几乎站不起来，说话也很困难。当唐僧把通关文书给他时，国王连上面的字都看不懂。国王好不容易地签署了文书，将它还给了唐僧。唐僧把文书放在他的长衣里。

就在这时，一个太监走了进来，说，"国王的岳父来了。"唐僧转过身来。他看到一位老道士，晃动着身体，向宝座走去。

他长什么样子？

  他的头上，一顶黄色的丝绸帽子
  他的身上，一件丝绸和羽毛的斗篷
  他的腰上，一条蓝色的布腰带
  他的脚上，一双草做的云鞋
  他的手上，一根龙头拐杖
  他的脸像玉一样光滑
  他的眼睛像火一样燃烧
  他的白胡子在他的脸下飘动
  云跟着他走动
  香雾跟着他流动
  官员们一起大喊，
  "国王的岳父进宫了！"

国王的岳父没有向国王鞠躬。国王向他鞠躬说，"岳父，朕的运气很好，您来见朕了。"

道士看了看唐僧，然后对国王说，"这位和尚从哪里来？"

"他被唐皇帝送去西天取经书。他来这里是为了拿到签署的通关文书。"

道士说，"去西方的路很黑暗。没有什么好。"然后他又说，"我们听说，如果一个和尚是佛祖的徒弟，他可以永远活着。"

唐僧说，

> "僧人知道万物都是空
> 他生活在不生的地方
> 他在不语中看到真奥秘
> 他没有被三界[1]困住
> 如果想要知识，必须懂心
> 静静地坐着
> 让纯洁的心明亮
> 它照亮所有的想法
> 有大智慧的人看起来很笨
> 他知道不做就是做
> 最好的计划不需要去想
> 因为一切都必须放下
> 想要通过丹药来长生是非常笨的办法
> 放下一切，让你的头脑放空
> 简单生活，放下欲望

---

[1] In Buddhism these are the three destinations for karmic rebirth: the world of desire, the world of form, and the world of formlessness. The human world is the world of desire and is populated by humans, animals, hungry ghosts, as well as some godlike creatures.

这样，你将永远不停地享受生活。"[1]

国王的岳父听了后，他笑了起来。"你在胡说什么！"他说。"你说要认识现实，但是有关现实来自哪里，你其实什么都不知道。听我说，

    坐坐坐，你的屁股会很痛
    玩火，你会被烧伤
    求长生的人骨硬
    求道的人精神强大
    我去山上见我的朋友
    我得到了一百种草药来帮助世界
    我唱歌，人们拍手
    我跳舞，然后我在云上休息
    我讲道，我教老子的道
    我用圣水除妖怪
    我从太阳和月亮那里得到力量
    我混合阴阳来做神奇的丹药
    我骑蓝凤凰到紫宫
    我骑白鸟到玉城
    在那里，我见到天神
    和你们极静的佛教是多么的不同
    你们和平的黑暗
    它永远不会让你们去到这个世界之上
    我的奥秘最高级
    我的道最伟大！"[2]

---

[1] These lines, spoken by a Buddhist monk in defense of Buddhism, are from a poem called "Rhymeprose on the Ground of the Mind" in the *Minghe Yuyin* (鸣鹤余音), a 14th century collection of Daoist poems by various authors. Several of the lines echo lines from the *Dao De Jing*.

[2] These lines, spoken by a Daoist in defense of Daoism, are taken from the same

当他说完时，国王和他的大臣们大喊，"说得太好了！道最伟大！"唐僧看着自己的鞋子，什么也没说。国王命令为唐僧和他的徒弟们举行素食宴会。唐僧吃完饭，谢了国王，转身离开。走的时候，孙悟空飞到他耳边说，"师父，这个岳父是个邪精。国王在他的控制下。请回金亭馆驿。我会留在这里，了解更多的情况。"

唐僧离开了王宫。孙悟空留下来听消息。一位大将进来向国王报告说，"陛下，昨晚一阵冷风吹过城市。它把笼子里所有的小男孩都带走了。"

"太可怕了！"国王喊道。"朕已经病了几个月了。朕需要这些男孩。岳父，朕怎么才能再好起来？"

"不，这是一个好消息，"道士说。"我们不再需要那些男孩了。当我看到唐僧时，我马上就知道他已经做了十生的和尚。在他每一次的生命中，他的阳气变得越来越多[1]。如果你能用他的心做汤，把汤和我的丹药混合在一起，你就可以活一万年！"

笨国王回答说，"你为什么不早一点告诉我？他在这里的时候，我是可以杀了他，取了他的心。"

"这不是问题。现在他可能在金亭馆驿。命令关城门。把你的士兵送往金亭馆驿。告诉他们把唐僧带回宫里。当他来到时，礼貌地问他要他的心。告诉他，你将为他建一座神社。如果他拒绝，就把他绑起来，把他的心脏挖出来。这不是很容易吗？"

国王同意了。他命令关城门，让士兵包围金亭馆驿。

---

poem as the previous one!

[1] Daoists believe that male energy, *yang*, accumulates in a man's body but is depleted during sex. Thus, a celibate monk can store up a great deal of *yang* over the course of ten lifetimes.

孙悟空很快飞回金亭馆驿。他变回了他自己的样子，向唐僧说了他刚才听到的一切。唐僧吓坏了，但孙悟空说，"要想活下去，老的要变年轻，年轻的要变老。"

沙问道，"哥哥，你这是什么意思？"

但唐僧说，"没关系。如果你能救我的生命，我会做任何你说的事。"

孙悟空让猪弄一些泥。猪用耙子挖了一些土，但他不能离开金亭馆驿去取水。所以他拉开他的长衣，在土上尿尿，把土和尿混合在一起，做了一个很难闻的泥球。他把球给孙悟空。猴子把泥弄平，抹在自己的脸上，让它变成他脸的样子。然后他把它从脸上拉下来，拿在手里。

他告诉唐僧站着不要动。然后他把难闻的泥抹在唐僧的脸上，说了一些魔语。现在唐僧看起来就像猴子一样。唐僧和孙悟空互相换了衣服。唐僧穿上了猴子的虎皮裙。孙悟空穿上了僧衣。孙悟空又再说了几句魔语，很容易地变成了唐僧。

刚说完，他们看到金亭馆驿前面是一片长矛和剑的森林。三千名士兵包围了这栋楼。一名官员走进金亭馆驿。他对经理说，"从唐帝国来的君子在哪里？"

"那边，在客人的房间里，"经理说，他吓坏了。

官员走进客人的房间，说，"爷爷，陛下请你去宫殿。"假和尚走出客人房间，猪和沙在他的两边。

第 79 章

假唐僧被士兵包围着走向宫殿。当他们来到宫殿门口对太监说，"请告诉陛下，我们已经把唐僧带来了。"

太监把这告诉了国王。国王命令把和尚带入宝座房间。房间里的每个人都跪在国王面前，除了假唐僧，他仍然站着。他大喊，"比丘王，你为什么把我带到这里来？"

"朕已经病了很久了，"国王回答说。"朕的岳父为朕做了一种长生丹药，但朕需要再加一点小东西。你有那个东西。如果你把它给朕，朕会为你建一座庙。四个季节里，人们都会在庙里祈祷，他们将永远为你烧香。"

"我是一个普通的和尚。我没什么可以给你的。"

"你有朕需要的东西。朕需要你的心。"

假唐僧笑着说，"陛下，我有很多心。你想要哪一个？"

国王很吃惊。他说，"朕要你的黑心。"

"好吧。给我一把刀，我会打开我的胸。如果我胸里有一颗黑心，我会很愿意把它给你。"

国王命令他的一个官员给假和尚一把刀。假唐僧打开长衣，左手在胸前，用刀深深地切了下去。他的胸被打开，一堆心掉出来。掉在了地上，流着血。假和尚一个一个地把它们拿起，举起来让大家看。有一颗红心，一颗白心，一颗黄心。还有一颗邪恶的心，一颗害怕的心，一颗谨慎的心，一颗没有名字的心。但是没有黑心。

国王吓坏了。他大喊，"把它们拿走，把它们拿走！"

孙悟空不想再等了。他变回了他自己的样子。他拿起心脏，把它们放回到他的胸里。然后他说，"陛下，你有眼睛，但你看不见。我们和尚都是一片好心。只有你的岳父有一颗黑恶的心。"

道士看到和尚已经变为孙悟空。他飞到云上。孙悟空跳到空中，大喊，"你要去哪里？试试我的棒！"

两人开始在半空中打起来。孙悟空用他的金箍棒砸向道士的头。道士用他的龙头拐杖挡住了这一击。猴子的棒就像一只从山顶跳下来的老虎，道士的拐杖就像一条从海中出来的龙。天空中满是雾气。国王吓坏了，跑去躲了起来。

猴子和道士战斗了二十个来回。道士累了。他变成一道冰冷的光，飞到国王的睡觉房间，找他的女儿。她也变成了一道冰冷的光。他们两个人一起消失了。

孙悟空回到了王宫。他对大臣们说，"嗯，那是你们国王的岳父。"大臣们向他鞠躬，感谢他。孙悟空挥了挥手，说，"别再鞠躬了，去找你们的国王。"

大臣们走进国王的睡觉房间。国王不在那里。女孩也不在那里。然后见四、五个太监走进宝座房间，帮着国王走路。大臣们告诉国王发生了什么事。国王对孙悟空磕头说，"先生，你今天早上来这里的时候，你很好看，为什么你现在看起来不一样了？"

孙悟空回答说，"陛下，今天早上，你以为你在和我的师父圣僧唐僧说话。他是唐皇帝的弟弟。我是他的大徒弟。我的两个兄弟徒弟也在这里。我来这里是为了打败妖怪，因为我知道他想杀死我的师父，用他的心做汤。"

国王命令他的大臣们去金亭馆驿请唐僧和另外两个徒弟。当然，唐僧脸上还是戴着泥面具，看上去像孙悟空。大臣们很困惑，但唐僧解释说，他看上去像孙悟空，是因为他戴着面具。唐僧带着猪和沙，和大臣们一起走向王宫。他们来到王宫时，孙悟空拉掉了他师父脸上的泥面具，说了几句魔语。唐僧看起来又像唐僧了。

孙悟空转向国王问道，"陛下，你知道这两个妖怪是从哪里来的吗？我们应该抓住他们，这样他们就不会造成更多的麻烦。"

国王回答说，"三年前他来到这里时，他说他来自清华村，在离这里向南七十里左右一个叫柳林坡的地方。他没有儿子，只有一个第二位妻子生的女儿。她还没有结婚，所以她是他送给朕的礼物。朕爱她，让她成为了宫中的妃子。但过了一段时间，朕病得很重。妖怪说他有丹药，但它需要1,111名年轻男孩的心脏。我很笨，相信了他。"

"这些男孩是什么时候被杀的？"唐僧问。

"他们今天要从那些男孩那里取心脏。朕不知道你会来这里把男孩们带走。但邪恶的妖怪告诉朕，你十生都是圣僧。他说，因为你的阳气很强，用你的心做的丹药会比用那些男孩的心做的丹药更强大。朕感到困惑，朕那时没有认识到这是多么的邪恶。朕非常感谢你。现在，请用你巨大的魔力来阻止这个邪恶的妖怪。朕将把朕国家里所有的一切都给你。"

孙悟空说，"说真话，把男孩们带出城外是我师父的主意。所以我就那样做了。请不要说关于给我们财富的事。我只想抓到那个邪恶的妖怪。猪，我们走吧。"

猪把手放在肚子上，说，"我想跟着你，哥哥，但我的肚子是空的！"国王为猪人安排了一大顿素食饭。猪把所有的东西都吃了，然后他到空中，和孙悟空一起飞走了。

两个徒弟向南飞了七十里，才来到了柳林坡。他们从云上往下看。他们没有看到清华村，只看到一股清溪在千千万万颗柳树之间流过。孙悟空说了一些魔语叫来土地神。

土地神来了。他看起来很担心。他跪下说，"大圣，柳林坡的土地神向你磕头。"

孙悟空说，"别担心，我不会打你的。告诉我，清华村在哪里？"

"我们有一个清华洞，但没有清华村。你为什么问这个？"

"比丘王被一个邪恶的妖怪骗了。但我看到妖怪真的样子。我在战斗中打败了他。妖怪飞走了，变成了一道冰冷的光。国王说，妖怪来自柳林坡的清华村。我看到了山，但我没有看到任何村庄。"

"大圣，我想帮助你。但邪恶的妖怪有很大的力量。如果我帮助你，他会重重地惩罚我。所以我不能告诉你清华村在哪里。但是，我可以帮你找到清华洞。去小溪的南边。找到一棵有九根树枝的柳树。从左到右围着树走三圈，然后从右到左再走三圈。双手放在树上，喊三声，'开门。'你就会看到洞。"

孙悟空告诉土地神，他可以走了。孙悟空很快找到了那棵有九根树枝的树。他对猪说，"在这里等着。我去叫开门。我会找到邪恶的妖怪，把他赶出山洞。你看到他时，请帮我打败他。"猪同意了。

孙悟空从左到右围着树走了三圈，然后又从右到左走了三圈。他把双手放在树上，喊了三声，"开门！"树马上消失了。两扇门打开。在门里，他可以看到明亮的雾气。他跑进了山洞。

洞里面很漂亮。白色雾气从山洞里飘出。不同颜色的奇怪的花盖满了地面。蜜蜂和蝴蝶从一朵花飞到另一朵花。空气像春天一样温暖。

孙悟空跑过山洞。他看到一块石头做的牌子，上面写着，"清华仙宫。"他围着石头牌子跑。石头牌子的后面是邪恶的妖怪和美丽的女孩。他们俩一起说，"我们计划了三年。它将在今天完成。但那只无耻的猢狲毁了这一切！"

孙悟空拔出金箍棒，大喊道，"你们这些很笨的人，你们在说什么？试试我的棒！"邪恶的妖怪拿起他的龙拐杖。他们开始在山洞里打了起来。

真是一场战斗！金色的光从棒上射出。愤怒的雾气从拐杖上发出。妖怪喊道，"你怎么敢进我的山洞！"

"我是来打败妖怪的！"孙悟空回答。

"我对国王的爱和你没有关系，你为什么要对这感兴趣？"

"和尚做的事是仁慈。我们不能让你杀死这些小男孩。"

他们继续战斗。他们踩在美丽的花朵上。蜜蜂和蝴蝶飞出了山洞。洞里明亮的雾气变得黑暗。只剩下猴子和邪恶的妖怪。他们的战斗翻起了卷地咆哮的大风。慢慢地，他们的战斗让他们去了洞口的方向，猪正等在那里。

猪听到了战斗的声音。他真的很想加入战斗，但是他没有办法加入，所以他用他的耙子击倒了九枝柳树。树倒在地上，呻吟着。猪说，"哦，这棵树成精了！"

然后妖怪跑出了山洞。猪冲上去，他把耙子高高举起，向妖怪击去。老妖怪看出他没有办法赢这场战斗。他摇了摇，变成一道冰冷的光，向东飞去。孙悟空和猪追着他。

但当他们追上妖怪时，他们看到南极的老寿星已经抓住了冰冷的光。"大圣和天蓬元帅，不要再追妖怪了。老道士向你们问好！"

"老寿星兄弟，"孙悟空回答，"你好！你从哪里来？邪恶的妖怪在哪里？"

"他在这里，"老寿星笑着说。"请不要伤害他。"

"那个邪恶的妖怪不是你的亲戚。你为什么要为他说话？"

"他是我的送信人。我不小心让他跑了，他就在这里变成了一个妖怪。"

"请把他变回到他自己的样子，这样我们才能看到他真的样子是什么。"

老寿星放出了冰冷的光。他说，"无耻的兽！让我们看看你真的样子！"妖怪变成了一只白鹿。鹿不能说话，它只能躺在地上哭。

鹿的角像七把长刀
饿的时候，他常常吃草药
渴的时候，他常常喝雾溪中的水
慢慢地，他自己学会了飞
许多年以后，他学会了怎么改变自己的样子
现在他听到了他主人的话
他恢复了他自己的样子，躺在泥土上。

老寿星帮助鹿站起来。他骑上鹿，准备飞走。但孙悟空阻止了他。"老哥，"他说，"请先不要离开。还有两件事，我们必须解决。"

"哪两件？"

"我们必须抓住那个美丽的女孩。我们必须一起回去，向比丘王报告。"

"好吧，我等你去抓住那个女孩。然后我们会一起去见国王。"

两个徒弟回到山洞，大喊，"抓住邪精！"美丽的女孩想要逃跑，但山洞没有后门。她被困住了。

"你要去哪里？"猪喊道。"看我的耙子，你这个难闻的说谎的邪精。"女孩没有武器可以用来战斗。她变成了一道冰冷的光，想要飞出山洞。但孙悟空用棒击中了光，杀死了女孩。她死后，变回到了她真的样子，一只白脸狐狸精[1]。

猪举起耙子，准备再次打狐狸。但孙悟空说，"别打她！我们需要让国王看看他女朋友真的样子是什么。"猪抓住狐狸精尸体的尾巴，把它拖出了山洞。

山洞外，老寿星正在和白鹿说话。他对鹿说，"恶兽，你为什么从我身边逃走，变成邪精？"

猪把狐狸精的尸体扔在地上。他对鹿说，"我猜，她是你的女儿。"鹿点了点头，哭了起来。

老寿星对鹿说，"恶兽，你运气好，还活着。"他拿下腰带，把它系在鹿的脖子上。他说，"大圣，我们去见国王吧。"

"等一下，"孙悟空回答。他告诉土地神去拿一些干的烧火木

---

[1] Beautiful fox spirits are believed to seduce both men and women, enticing them to exhaust themselves in endless lovemaking. The fox spirits feed off this energy, becoming stronger while the victims weaken and die. There are occasional exceptions, as told in our book *The Love Triangle*.

头，生起火。他们把所有的干木头都放在山洞口。然后他们点了火。洞里的一切都被烧成了灰。孙悟空告诉土地神，他可以离开了。然后他们都飞回了国王的宫殿。

他们走向国王的宝座。孙悟空把狐狸精的尸体扔在了国王面前的地上。"这是你的女朋友，"他对国王说。"你现在想和她一起玩吗？"国王开始发抖。国王和他所有的大臣都跪倒在地上，向孙悟空磕头。

孙悟空笑着说，"你们为什么要给我磕头？"他指着白鹿说，"这是国王的岳父，可能你们应该给他磕头！"

国王非常尴尬。他只能说，"我感谢唐僧救了我们国家的男孩。"然后，他命令给四位游人和老寿星举行一场素食大宴。

宴会正在准备的时候，唐僧问老寿星，"如果说白鹿是你的，它怎么会来这里伤害人呢？"

老寿星回答说，"不久前，东方大王经过我山里的家。我请他留下来和我下棋。在下棋的时候，这只无耻的兽跑了。我们找不到他。但是我用手指算了一下，知道这兽已经来到了这个地方。我来这里是为了找他。在我到的时候，我遇到了大圣。如果我晚一点来，我想我的兽会死。"

宴会准备好了。真是一场大宴！

  房间里有许多颜色
  鸭形的火盆里飘出烧香的烟雾
  桌上放满了蔬菜
  龙形的蛋糕
  狮形的糖果
  鸟形的酒杯

金色的盘子上堆满了巨大的包子

银碗里装满了香米饭

热辣的汤面

许多种蘑菇

十种蔬菜

百种食物

所有这些全部是给游人的

主桌上，老寿星坐在荣誉位上。国王坐在他旁边，唐僧坐在国王旁边。三位徒弟坐在旁边第一张桌子上。三位老大臣坐在旁边其他的一张桌子上。有音乐和跳舞表演。国王举起他的紫色酒杯，向所有人敬酒。每个人都吃了很多，但猪当然吃了比其他人加起来吃的东西还要多的东西。

宴会结束后，老寿星站起来离开。国王走到他面前，磕头，向他请求健康和长生不老的秘密。"我没有带任何丹药，"老寿星说。"即使我有丹药，你的身体和精神都太虚弱，没有办法用它。但我有三颗枣。我本来是想要把它们送给东方大王的。你可以吃了它们，不用给东方大王了。"

比丘王吃了枣。他马上开始感觉好多了。他的病治好了。这可能就是他的孩子和孙子孙女们长生的原因吧。

猪对老寿星说，"嘿，你还有那些枣吗？"

老寿星回答说，"对不起，没有。但下次见到你，我会给你一些。"他感谢了国王。然后他跳到鹿的背上。他们到了空中，飞走了。宫里所有的人都跪在地上烧香。

唐僧对徒弟们说，"拿上行李。我们必须离开了。"

国王请求唐僧留下来教他。孙悟空对他说，"陛下，这很简单。

你必须控制你的欲望。多做好事。用你好的补你不好的。这将会让你不生病，让你有很长的生命。"

国王命令用御用马车把游人送出城。他们坐着马车开始沿着城市的街道向城门走去。突然传来一阵大风的声音。他们抬起头看。一千一百一十一个鹅笼从天上下来，掉在路上。每个笼子里都有一个在哭的小男孩。天上，神仙们大喊，"大圣，你让我们把这些男孩带出城外。我们听说你打败了邪恶的妖怪。所以我们把每个小男孩都带回来了。"

国王和他的大臣们都跪下磕头。

孙悟空喊道，"谢谢你们的帮助。现在请回到你们的神社。我会请这些人拜谢你们。"

城里所有的人都来接他们的孩子。他们抱起男孩，叫着他们"宝贝"、"亲爱的。"他们笑着跳着。他们让孩子们牵着唐僧、孙悟空、猪和沙的手，把他们带去他们的家。没有人害怕徒弟们很丑的脸。每家都想给游人们举行一个大宴。游人们只能在城市停留一个月！真是，

  他们做的好事像山那样大
  他们救了一百、一千条生命

你可能不知道接着会发生什么。我会在下一个故事中告诉你。

和尚和老鼠

第 80 章

我亲爱的孩子，在昨晚的故事中，我给你讲了另一个关于佛教和尚唐僧和他的三个徒弟的故事。在他们去西方的长长的旅途上，他们发现他们在比丘王国。在那里，他们看到一千多名小孩子被困在笼子里。他们只能和一个想要伤害孩子的邪恶魔鬼战斗。四位游人打败了魔鬼，救了孩子们。然后他们继续西游向印度走去。

冬天变成了春天，春天变成了夏天。天气很暖，可以看到不同颜色的花朵。

有一天，他们看到这条路被一座高山挡住了。唐僧说，"徒弟们，我们一定要小心，这山上可能有妖怪精。"

孙悟空，也是猴王，也是唐僧的大徒弟，说道，"师父，你听起来不像一个真的游人。你听起来像一个住在井里看天空的人。请记住，每座山都有一条穿过它的路。我来看看[1]。"他手里拿着金箍棒，跳到一块高高的石头上，看了四周。

他看到山顶上都是云雾。他听到了大瀑布和小溪的水流声。他闻到了花香和松树、柳树和桃树的味道。他更仔细地看了看，看到一条围着山向上走的狭窄小路。他叫来唐僧和另外两个徒弟，他们一起走上那条围着山的小路。

不久，他们来到了一片巨大的黑暗的松树林。唐僧很担心。他说，"悟空，我们一定要穿过这片黑暗的森林吗？我们必须小心！"

"有什么可以害怕的？"孙悟空问。

唐僧回答说，"古人说，'小心那些看上去好心的邪恶。'我们走过许多森林，但我们从来没有见过像这样大的森林。

> 从东到西看树，
> 它们直到云深处
> 从北到南看树，
> 它们碰到上面的天空
> 你可以在这个森林里停留半年
> 不知道月亮是不是在天空中
> 你可以在这个森林里走很多里路
> 永远看不到星星
> 有一万年的树
> 那么多，连神仙都画不出它们
> 听鸟儿们，它们叫着，跳着，唱着

---

[1] There is an old Chinese proverb about an ignorant frog who has lived his entire life at the bottom of a well. He brags to his friends that he has seen the entire world, but all he has really seen is a tiny sliver of sky just above the well.

看大兽摇着尾巴

老虎露出牙齿

老狐狸看起来像妇人

空气中都是灰狼的哭声

如果天王来到这里

他可能会打败魔鬼，但他没有办法打败这片森林！"

但孙悟空不害怕。他带着唐僧和其他徒弟穿过森林。他们走了半天后，唐僧说他想休息一下。他让孙悟空去要一些素食。

孙悟空用筋斗云跳上了天空。看了四周，他看到唐僧头上有一片吉祥的云。他想，"这很好。五百年前，我在天宫中找了大麻烦。我去过地球的四个角落。我给了自己一个名字，叫齐天大圣。我从生死簿中去掉了我的名字。我是一个魔鬼王，我有47,000个魔鬼为我工作。哦，是的，在那些日子里，我真的很有名！但现在我是大唐和尚的徒弟。看看我师父头顶上的这些吉祥的云。我相信在这次旅途中，一切都会好起来的。"

就在这时，他看到一些黑云从森林的南方上空出来。"那些黑云表示那里有什么邪恶的东西，"他想。他仔细看了看，但看不出黑云是从哪里来的。

就在这时，唐僧和另外两个徒弟正在地上等着。猪人猪八戒和安静的大个子沙悟净四处走着，找鲜花和水果。唐僧坐着，心里念着佛。突然，唐僧听到有人喊道，"救救我！"

"那是谁？"唐僧问。他站了起来，向声音的方向走去。他走过千年的柏树和古老的松树。很快，他看到一个年轻女人被绑在一棵树上。她的上半身被藤蔓绑在树上，下半身埋在地里。唐僧问她，"女菩萨，你为什么被绑在这里？你有什么罪？告诉我，我就可以救你了。"

当然，这是一个魔鬼。<u>唐僧</u>有眼睛，但他看不见，所以他认为这只是一个被绑在树上的女孩。她哭了，眼泪从她可爱的脸上掉了下来。她是那样美丽，让看到她的鸟儿都会从天上掉下来。她的眼睛像星星一样明亮。

"师父，"她一边说，一边造谎，"我来自七十里外的一个小村庄。当我和我的父母一起穿过森林的时候，我们遇到了一群强盗的攻击。我的父母骑着他们的马走了，但我太害怕了，动不了。强盗抓住我，把我带回了他们的营地。强盗大首领想让我做他的女朋友，二首领想让我做他的妻子，三首领和四首领只是为了我的美丽，想要我。他们开始打了起来。他们都不希望其他人得到我。最后，他们把我绑在树上，把我留在这里。我已经在这里五天了，我快要死了。先生，请救我。即使我死了，在<u>九泉</u>之下，我也不会忘记你[1]。"说到这里，她的眼泪像雨一样流了下来。

<u>唐僧</u>听了她的故事，也开始哭了起来。他叫来<u>猪</u>说，"徒弟，松开这位妇人的绳子，我们一定要救她。"<u>猪</u>拿出刀，开始去切断绳子。

就在这时，<u>孙悟空</u>回来了。他看到了黑云，知道邪恶的东西就在附近。他看到<u>猪</u>正在切断绳子。他马上抓住猪的一只耳朵，把他扔到地上。"弟弟，"他对<u>猪</u>说，"不要松开她的绳子。她是个邪精。"

"无耻的猢狲，"<u>唐僧</u>喊道，"你为什么认为这个可爱的女孩是邪精？"

<u>孙悟空</u>回答说，"师父，以前我想吃人肉的时候，我也做了同样的事情。你不知道她是什么，但我知道。"

---

[1] Another name for the underworld is 九泉 (jiǔquán), the Nine Springs.

猪说，"师父，别听他的。他只是想让我们把她留在这里。然后他会回来，和她一起玩。"这让孙悟空很生气。他和猪开始大声争论起来。

最后，唐僧说，"你们俩停下。一般来说，孙悟空在这些事情上都是对的。把邪精留在这里。我们继续走吧。"他们开始走路，让美丽的女孩继续被绑在树上。

邪精非常生气。她想，"我真的很想把唐和尚带走，做我的丈夫。我听说他已经做了十生的僧人，有很强的精神力量。他的阳气非常强。我想要那力量！但那只猴子是个麻烦。"

她让风吹向唐僧。风把她甜甜的声音带到他那里。她告诉他，"师父，你是什么样的佛教和尚？如果你连像我这样可怜的女孩的生命都不救，你取了佛经又有什么用呢？"

唐僧听到了这话。他停下马，说，"悟空，去把那个女孩接过来。她正在哭喊着求救。"

孙悟空说，"师父，她对你说了什么？"

"她说，'如果我拒绝救一条生命，我取佛经有什么用呢？'她说的很对。"

"师父，想想我们在旅途中遇到的所有魔鬼。许多的魔鬼把你带进他们的洞。很多时候他们想吃你。我多次救过你。我们已经杀死了千千万万个魔鬼。你为什么不能让这个魔鬼今天去死呢？"

"徒弟，古人说，'不要因为好事很小就不去做，也不要因为坏事很小就去做。'去救她。"

"师父，你一生都是和尚。你对这个世界什么都不知道。这个女孩年轻美丽。如果人们看到我们和她一起行走，他们会认为我们在和她一起做坏事。我们都会被抓起来的。你会丢了你的僧人证书。猪和沙将进监狱。即使我也会受到痛苦。我们所有人都会受到伤害。"孙悟空想了一会儿，然后又说道，"那个女孩也会被毁掉的。"

"你是什么意思？"

"她已经快要死了。如果我们把她留在那里，她会很快死去，去地狱。但如果我们救了她，她将没有办法跟上我们。她会掉在后面。她可能会被狼或老虎攻击、吃掉。她的身体将被分成许多小块。"

"你说的对。我们该怎么办？"

孙悟空笑了笑。"她可以和你一起骑马。"

唐僧的脸红了。"哦，不，我不可能那样做。"

他们站着谈了很长时间。最后，他们决定去救这个女孩，把她放在下一个遇到的寺庙或村庄。猪回到了女孩被绑的地方。他切断了绳子，放了女孩。唐僧从马上下来。他们都开始向西走。

就这样，他们走了几里路。在夜晚来到之前，他们到了一座高楼前。这是一座寺庙，但情况非常不好。楼倒了，墙也倒了，四周有成堆的碎砖头，院子里长满了草。楼里的所有东西都盖满了灰。佛祖的金色雕像已经掉了颜色。他们看到一尊碎了的观音的雕像，她的柳树花瓶掉在地上。他们没有看到任何和尚住在这里，那里只是狐狸和老虎的家。

唐僧慢慢地走过这座老庙。当他走进被毁坏的钟塔时，他看到一个很久以前就掉在地上的大铜钟。"钟啊，"他说，

　　"以前，你在高塔上大喊

你在彩梁上大喊
宣布黎明
报告夜晚
化铜的僧人在哪里？
造你的工匠在哪里？
他们都在地狱里
他们留你在这里，无声无语。"

附近站着一个人，正在烧香。当他听到唐僧说话的声音时，他拿起一块断砖，向钟扔去。声音太大了，把唐僧吓得倒在地上，然后他马上起来，但被树根绊倒，又倒在地上。"钟啊，"他说，

"我只是在说你的生命
你突然地喊了出来
在这条通向西方的孤独路上
这么多年来，你已经变成精。"

那人走到唐僧身边，帮他站了起来。"请不要害怕，先生。我在这里看护香。我听到你在说话。我担心你可能是一个魔鬼，所以我扔了一块砖来吓你。这钟不是精，它只是一口钟。请进来。"

那人带着唐僧穿过另外两扇大门。在那里，唐僧看到了一个美丽的大殿。蓝色砖块做成的墙，上面有画着白云的画。那里有金色的圣像。蓝光在佛殿里跳舞。从窗户向外望去，他看到了一千棵绿竹和一万棵美丽的松树。吉祥的云游走在树林之间。

"兄弟，"唐僧说，"为什么这座寺庙的前面这么可怕，但后面是这么的漂亮？"

"先生，这山上有很多魔鬼和强盗。他们白天偷东西，晚上来这里睡觉。他们坐在雕像上。他们把寺庙里的柱子用来做烧火的木头。这里的和尚没有足够的强大能去和他们战斗，所以我们把寺庙的前

面给了他们。我们住在后面。"

就在这时，一位漂亮、穿得很好的喇嘛走出来欢迎唐僧。他个子很高，眼睛像银一样明亮。他的耳朵上挂着两只铜环。他说，"先生，你从哪里来？"

唐僧回答说，"我被伟大的唐皇帝送去印度西天取佛经。我们路过你的贵庙，希望今晚能留在这里。我们明天早上就会离开。"

"先生，我怕你是在说空话。唐帝国和西天之间有许多山，许多山洞，许多魔鬼和许多妖怪。像你这样的和尚永远不可能自己一个人一路走来。"

"你当然是对的。我有三个徒弟保护我。他们在外面等着。"

喇嘛的两个徒弟到外面去看。他们回来说，"先生，你运气不好。你的徒弟都走了。那里只有三个邪恶的妖怪。一个看起来像雷神。一个看起来像一头大猪。一个有一张绿脸和大牙。哦，还有一个可爱的女孩和他们在一起。"

"啊，是的。那三个很丑的人就是我的徒弟。这个女孩是我在森林里救的人。"

喇嘛的徒弟们又回到外面。其中一人全身发抖，他说，"我的大人们，唐大人请你们进去。"

猪问孙悟空，"那人为什么发抖？"

孙悟空回答说，"他害怕，因为我们很丑。"

"我们生来就是这样。我们谁也没有选择丑。"

唐僧的徒弟们系好马，然后他们都走进了大门。喇嘛的徒弟们为三位唐徒弟准备了睡觉房间，还给他们所有的人准备了热的素食晚饭。

第 81 章

当他们吃完晚饭时，天已经黑了。灯点亮了。喇嘛跪倒在地。唐僧马上让他站起来。唐僧问他为什么这样做。喇嘛回答说，"请原谅我，父亲，但有一件事我必须问你。当然，欢迎你在这里过夜，也欢迎你的徒弟。但是那位女菩萨留在这里不太行。我不知道她今晚应该住在哪里。"

唐僧说，"方丈，你不用担心。我的徒弟和我没有邪恶的想法。今天早上，我们路过森林。我们发现那个女孩被绑在一棵树上。我救了她。"

"很好。她可以睡在天王殿后面的草床上。"唐僧认为这是个好主意。喇嘛的徒弟们给女孩看她睡觉的地方，大家都上床睡觉了。

早上，大家都准备离开。但唐僧感觉不太舒服。猪把手放在他师父的额头上，说，"师父，你发烧了。"

唐僧轻声说，"徒弟，我连站都站不起来。我们只能在这里留一段时间。"所以，游人们那天没有离开。他们住在寺庙里。徒弟们照顾了唐僧三天。第四天早上，唐僧坐起来问，"悟空，有没有人给女菩萨送食物？"

"当然，"孙悟空回答。"你为什么担心她？"

"没什么。给我拿纸、毛笔和墨。我要给长安的唐皇帝写一封信。"

593

"你想对陛下说什么？"

"我会说，'你的臣民给你三叩头，三喊"陛下万岁。"我已经西游了很多年。有很多麻烦，很多延误。现在我病得很重，我都站不起来了。佛门和天门一样远。我担心我不会活着带回经书。我求你再送一个人来代替我。'"

孙悟空大声地笑了起来。"师父，你不用担心死。我可以很容易地保护你。我会找出是哪个地狱的国王在叫你去。我会去那里，抓住地狱里的十个国王，打他们，直到他们让你活着。"

唐僧笑了一下，说，"悟空，别说大话了。现在我渴了。给我拿点冷水喝。"

孙悟空拿着一个要饭的碗走进厨房。在那里，他看到一群和尚，他们都红着眼睛，在那里哭。"怎么了？"他问。"我们吃了太多你们的食物了吗？别担心，我们会为这一切付钱的。"

"不是这样的，"其中一位和尚说。"寺庙里有一个邪恶的妖怪。在前三个晚上，每个晚上都有两名和尚失踪。早上，我们去找他们。我们只找到了他们的帽子，鞋子和骨头。他们都被吃掉了。我们不想拿这个来麻烦你的师父，因为我们知道他感觉不舒服。"

孙悟空努力藏住自己大大的笑脸。他很高兴听到寺庙里有一个妖怪。"不要再说了，"他说。"我会为你们杀死这个妖怪。"

"如果你能做到这一点，那就太好了。但如果你不能杀死妖怪，事情就不好了。"

"怎么讲？"

"先生，我们从小就是和尚。每天早上，我们起床，洗脸，向佛祖祈祷。晚上，我们烧香，向佛祖祈祷。我们想悟懂佛法。当烧香拜佛的人来到这里时，我们敲木鱼，念佛书。当这里没有烧香拜佛的人的时候，我们合双手，静坐。我们是简单的和尚。我们不能和老虎或魔鬼战斗。所以，先生，如果你让妖怪生气，我们所有的人都只能够成为他的一顿饭。我们都会掉在转轮藏上。这座古老的寺庙将被毁。我们也不会再看到佛祖的脸了。"

孙悟空听了这话后，生气了。"你们这些很笨的小和尚，你们不知道我是谁吗？"

"真的，我们不知道，"他们回答说。

"那我告诉你们，

  我在花果山打败了老虎和龙
  我去了天宫，在那里找了很大的麻烦
  我饿了，吃了几颗太上老君的长生不老丹药
  我渴了，喝了一点皇帝的酒
  当我用我的金色眼睛看时，天空变得很白
  当我用我的金箍棒时，它无声地敲击
  我不在乎大大小小的妖怪
  他们可以试着逃跑
  但是他们会被抓，被煮，被毁
  不用担心，我会抓住那个邪精
  那时你们就会知道老猴子是谁！"

和尚们听了这个。他们都点了点头，对互相说，"嗯，他在说大话。但他可能会做到。"

孙悟空转身离开。他拿着那碗水回到了唐僧那里。唐僧喝了冷水,感觉好多了。"我们来这里多久了?"他问。

"有三天了。明天将是第四天了。"

"我们明天应该离开了。"

"好的。但今晚我需要抓一个邪精。"

唐僧听说寺庙里有邪精,很吃惊。"可是,我还在不舒服的时候,你怎么能这样做呢?如果你没能抓住妖怪,它就会试着杀死我!"

"师父,我必须告诉你。这个邪精一直在吃人。它已经吃掉了六个和尚。"唐僧同意让孙悟空抓住、杀死邪精。孙悟空让猪和沙留在唐僧身边,保护他。

那天晚上,天空中的星星很亮,月亮还没有出来。孙悟空摇了摇身体,变了样子。现在他看起来像一个年轻的和尚,十一、二岁。他穿着一件黄色的丝绸衬衫和一件白色的长衣。他一只手拿着一只木鱼,另一只手敲着木鱼,念着经。他一直等到一更。什么也没发生。二更的时候,月亮出来了。突然,一阵大风吹来。他等着。风停了下来。他抬起头,看到一个美丽的女人向他走来。她抱着他,问道,"你念的是什么经?"

"这是我发过誓要念的佛经,"他回答说。

"你为什么要在其他人都在睡觉的时候念它?"

"我发过誓愿。我为什么不能念呢?"

女人吻他的嘴唇。"我们回去一起玩吧。"

孙悟空把头转到一边,说,"我觉得你有点笨。"

"你觉得我是什么样的女人?"

"说真话,我觉得你是一个荡妇。"

"你什么都不知道!"她喊道。"我不是一个荡妇。几年前,我和一个年轻人结婚。他太年轻了,他不知道在睡觉房间里应该做什么。所以我离开了他。今天晚上,星星和月亮都很明亮。经过了几百里的路,我们相遇在一起。我们去花园做爱吧。"

现在孙悟空明白了六位年轻喇嘛是怎么死的。他说,"妇人,我是一名和尚,也很年轻。我对这种事一点都不懂。"

"跟我来。我会教你的。"

他决定和她一起去看看会发生什么。他们手牵手走到花园里。然后她绊倒了他,把他扔在地上。她大喊,"亲爱的!"然后去抓他的裆部。

他说,"所以,你真的想吃我!"他抓住她的手,让她一个筋斗倒在地上。

她笑着说,"亲爱的,你真的知道怎么让你的女孩倒下!"

他心里想,"我现在必须攻击。老话说,'先攻击,赢。等,输。'"他跳起来,变回了自己的样子。他拔出他的金箍棒,去打魔鬼的头。

她想,"这个年轻的和尚是一个非常好的战士!"然后她仔细看了看,才发现那真的是唐和尚的大徒弟孙悟空。她也变回了她自己的样子。现在的她,

 金鼻,白毛,
 地下道里为家

三百年前她从天上被送下来
天王的女儿，
哪吒太子的妹妹，
她什么都不怕
她像伟大的长江一样来来去去
她像泰山一样上上下下
看到她美丽的脸
你永远不会知道她真的是一个老鼠精

现在她拿着两把银剑，每只手一把。在她和孙悟空战斗时，它们发出响声。她看起来不再像一个年轻女孩了。她是一个强大的战士。孙悟空的棒像闪电一样发光。老鼠精的剑像星星一样明亮。他们穿过古老的寺庙，在战斗中砸碎了雕像。但老鼠精不能赢老猴子。她转过身，想要飞走。

"你想要去哪里？"孙悟空喊道。

老鼠精脱下她左脚的鞋子，在上面吹了吹，说，"变！"它马上变成了另一个老鼠精，手拿两把剑，冲向孙悟空。同时，她把自己变成了一阵清风，消失不见了。她直走向唐僧的房间。她把和尚举到云中，把他带到她的无底洞的家中。

当她来到山洞时，她告诉她的小魔鬼，去准备一个素食婚礼大宴。

就在这时，孙悟空正在努力地战斗。经过多次来回后，他用他的棒将敌人砸入地下。他的敌人变成了一只鞋。他很生气，回去见唐僧。他的师父不在那里，可是猪和沙在那里。孙悟空举起棒，喊道，"你们两个笨人，我让你们保护师父。他不见了。我要杀了你们俩！"

"如果你杀了我们，"沙说，"谁来照顾行李？还有马？记住，

'要杀死一只老虎，你需要你兄弟的帮助。'我希望你不要杀了我们，这样，我们明天可以一起去救我们的师父。"

孙悟空还是很生气，但他放回了他的棒。他们三个人想要睡觉，但他们睡不着。早上，当和尚们给他们送早饭时，他们报告说女孩失踪了。当然，这对孙悟空来说不奇怪。早饭后，他们向东走，回到了他们第一次看到女孩被绑在树上的地方。

愤怒的猴王变成了他在天宫找麻烦时的样子，有三个头，六只手臂和三根金箍棒。在愤怒中，他砸碎了左右的树木。不久，山神和土地神来见他。

孙悟空对他们说，"山神，土地神，你们什么都不是。我想你们和这山上的强盗和老鼠魔鬼一起工作。我想你们帮她绑了我的师父。告诉我，他现在在哪里，如果不那样做，我就打你们俩。"

"大圣，"他们喊道，"我们什么都没做。邪精不住在我们的山上。但是我们听说过一些关于她的事情。我们听说她把他带到这里向南三百里的地方。陷空山就在那里，在那座山上有一个山洞，叫无底洞。"

孙悟空转身离开了山神和土地神。他向南飞去，猪和沙紧跟在后面。很快，他们就到了陷空山。这座山很大，山顶碰到蓝天。

猪抬头往山顶看了看。他说，"哥哥，这座山太高了，里面一定有邪恶的东西。"

孙悟空回答说，"当然。每座高山都有妖怪，每座悬崖都有神仙。我会和沙一起等在这里。你去山上，试着找到无底洞。等你找到了它，我们一起去救师父。"

猪人放下耙子，拉了拉他的黑衬衫，跳到山上找路去了。

第 82 章

猪找到了山路。他开始沿着山路上山。走了近两里路后，他看到两个女妖怪从井里取水。他怎么知道她们是女妖怪？因为她们俩的长发用两根很长的竹棒盘起。这是一种过时的头发样子。

"嘿，邪恶的妖怪！"他喊她们。

这让那两个妖怪非常生气。她们开始用抬水的杆子打他。猪没有武器，他的头被打了几下，他只能逃跑。他跑回孙悟空身边，说，"回去吧，哥哥！这些妖怪太可怕了！其中两个人一次又一次地用她们的抬水杆子打我，就因为我和她们说话。"

"你说了什么？"

"我叫她们邪恶的妖怪。"

"那就对了。记住，说软话会让你去任何你想去的地方，但说硬话，你连一步都走不了。"

"我不懂那个。"

"弟弟，想想柳和檀香。柳木很软，所以工匠们用它做雕像。他们给它上漆，在它的上面放上金子、珠宝和鲜花，人们给它许多祝福。但檀香木很硬。它被用来做油。人们用锤子砸它。它受到痛苦，因为它太硬了。"

"你应该早点告诉我的。"

"现在回到那里再试一次。说软话。向她们鞠躬。如果她们比你年轻，叫她们'小姐。'如果她们年纪比你大，叫她们'妇人'。但在你走之前，你应该改变你的样子，这样她们就不会认出你了。"

猪改变了他的样子，变成了一个黑皮肤的胖和尚。他回到妖怪那里，说，"妇人们好。请问你们为什么要取水？"

其中一个妖怪对另一个妖怪说，"嗯，这个和尚比那只丑猪好多了！"然后她对猪说，"和尚，你不知道。昨晚，我们的夫人带了一位唐和尚到我们的山洞。我们的水不是很干净，所以她让我们从这口井里取干净的水。今晚将有一场大宴，我们的夫人将和唐和尚结婚！"

猪听到这话，跑回到孙悟空那里，报告了这一切。徒弟们跟着两个妖怪走了五、六里路，走进深山中。然后妖怪消失了。

孙悟空说，"我想她们进了一个山洞。等一下，我去看看。"很快，他看到一个拱门，上面写着，"陷空山无底洞。"在附近，他们看到了一块三里宽的巨大石头。石头的正中间是一个圆洞。这是洞的入口。孙悟空把头伸进洞里，往下看了看。他说，"兄弟们，这个洞很大，很深。可能有一百里宽。"

"忘了它吧，"猪说。"我们救不了师父。"

"别这么说！放下行李，系好马。我要你和沙守卫在洞口。我进山洞里看看。"

他跳入洞中。一朵云出现在他的脚下，他骑着云来到了洞底。那里明亮美丽，满是阳光、轻风、鲜花和果树。在附近，他看到了一群楼。"这一定是邪精住的地方，"他想。

他摇了一下自己的身体，变成了一只苍蝇。他飞到其中一栋楼前，看到老鼠魔鬼舒服地坐在亭子里。她比月亮上的女人嫦娥还要漂亮。她看起来很开心，她想着她很快就会和唐和尚一起同床睡觉。她对她的仆人说，"我的孩子们，准备宴会。很快，我亲爱的和尚和我将成为丈夫和妻子。"

孙悟空想，"我最好要知道师父在想什么。如果他真的想和这个魔鬼结婚，我就留他在这里。"他飞到唐僧身边，停在了他的头上。

"师父，"他用小苍蝇的声音喊道。

"救救我，徒弟！"唐僧喊道。

"师父，太晚了。他们正在准备结婚大宴。宴会结束后，你们俩就要结婚了。很快你就会有一个儿子或女儿。你为什么不开心？"

"徒弟，我们一起走了好几年了。你见过我吃肉或有任何邪恶的想法吗？这个邪精要我和她交合。如果我这样做，我会丢了我的阳。我将从大转轮藏上掉下来，我将永远被困在黑暗的山里。"

"好吧，我相信你。你很容易进入这个山洞，但你很难离开。我的计划是这样的。邪精会想和你一起喝一杯酒[1]。你必须喝一点点。然后马上把酒倒入她的杯子中，这样杯子中就会出现气泡。我会变成一只小虫，游到气泡下。当她喝酒时，我会进入她的肚子。我会拉断她的器官，杀了她。"

"这好像有点残忍。"

"师父，如果你想对她仁慈，我就帮不了你了。记住，她已经杀了很多和尚。"

"哦，好吧。但你一定要和我近一点。"

---

[1] A Chinese wedding night tradition is 交杯酒 (jiāo bēi jiǔ), "have a glass of wine." The bride and groom drink cups of wine with their arms crossed. The word for wine, 酒 (jiǔ) sounds like 久(jiǔ) which means a long time, thus symbolizing that they will be together forever.

"我当然会的。"

就在这时，邪精来到房间门口，喊道，"长老！"唐僧没有回答。她又说，"长老！"唐僧没有回答。他在想，"当舌头开始动时，麻烦就开始了。"她第三次说，"长老！"

他想，如果他一直不回答，她可能会生气，然后杀了他。所以他回答说，"夫人，我在这里。"

听到他的回答，邪精走进了房间。她真的很漂亮。她的眉毛像柳叶。她的脸像桃花。但唐和尚对她一点感觉都没有。她抱着他，说，"长老，我给你拿了一杯酒。"

"夫人，"唐僧说，"我是和尚。我不能吃任何不纯洁的食物。"

"我知道。我让人从山上取来了一些干净的水。它来自山上的阴阳交合。我还有一些水果和蔬菜给你。之后，我们会一起玩得很开心！"

她拿起一个金杯，倒满了酒。"亲爱的，"她说，"请喝下这杯爱的酒。"

唐僧无声地祈祷，"天上的神啊，请听我说。这个可怜的和尚感谢你，在我去西天的旅途中保护我。现在我被一个想和我结婚的妖怪精困住了。如果这酒我可以喝，我就喝，希望我还能见到佛祖。但是，如果我不能喝这酒，我愿再次进入转轮藏。"

孙悟空现在还是一只小苍蝇。他坐在唐僧的耳边，告诉唐僧这酒没问题。唐僧喝了酒。然后他为邪精倒了另一杯酒。他倒得很快，杯子里出现气泡。孙悟空跳进了杯子里。

但邪精没有马上喝酒。她放下杯子，对唐僧又说了更多爱的话。

当她再次拿起杯子时，气泡不见了。她低头看了看酒，看到一只小虫。她用手指把虫从杯子里拿出来，把它扔掉了。

孙悟空的计划被毁了。很快，他变成了一只很饿的大鹰。他飞了起来，打翻了桌子，把所有的水果和蔬菜都砸在地上。邪精吓坏了。她抓住唐僧说，"亲爱的，那只鸟是从哪里来的？"

"我不知道，"他回答。

"那东西一定是天地送到这里来的，因为它们不喜欢我把你关起来。"她转身对仆人说，"把这些碎盘子和食物都扔掉。再准备一个宴会。是不是素的都没关系，只要快点做就行了。然后我们结婚。"

在他们等第二个宴会的时候，孙悟空飞出了山洞，变回了他自己的样子，见了猪和沙。他说，"我们的师父和魔鬼刚刚喝了一杯结婚酒。很快，他们将举行婚礼宴会，结婚。然后她将和他在他们的床上做她想要做的事。但别担心，我会回去救他。"

然后他又变成了一只苍蝇，飞回了山洞。他停在唐僧的头上。唐僧看到他，说道，"猴子！你用你的魔法砸碎了所有的盘子。但这有什么用呢？魔鬼比以前任何时候都更想和我交合！什么时候才能结束这个？"

"师父，别担心，我会救你的。这间房间的后面是一个花园。你必须让她带你到花园里，和你一起玩。和她一起坐在桃树下。我会变成一只红桃子。把桃子给她。她会吞吃下桃子，我会在她的肚子里。那将是她结束的时候！"

唐僧对这个计划有些担心，但还是点了点头。

他喊道，"夫人！几天前，我生病了。今天我感觉好一点，但我想放松一下。你有没有可以玩的地方？"

魔鬼听到这个，非常高兴。"所以，亲爱的，你觉得你有了些兴趣，嗯？我们去花园，在那里玩得开心。"他们手牵手走进花园。她低声对他说，"亲爱的，我们到了。让我们玩得开心，它会让你感觉更好！"

他们穿过花园，看着美丽的花草树木。唐僧看到了桃树。他停在那里说，"夫人，看看那棵可爱的桃树。告诉我，为什么有些桃子是绿的，有些是红的？"

"如果天空没有阴和阳，我们就不知道太阳和月亮。如果地球没有阴和阳，草木就不会生长。如果人没有阴和阳，男女就会不分。在这里，南边的桃子有太阳光，它们先成熟。北边的桃子没有太阳光，所以它们还没有成熟[1]。"

"谢谢你，我不知道这些。"他摘了一个红桃给她。邪精摘了一个绿桃给他。他张开嘴，开始吃绿桃。邪精很高兴，张开她可爱的嘴，开始吃红桃。她这样做的时候，猴子就跳进了她的嘴里，滚到她的肚子里。

"这个桃子有问题，"她叫道。"在我还没有咬它之前，它就滚入了我的嘴里。"

"这是因为你喜欢美丽的东西，"他回答说。

孙悟空在肚子里说，"师父，你不用和她多说。我已经成功了。"

---

[1] The original meaning of the word *yin* was "the shaded side of a hill" and *yang* was "the sunny side of a hill." Peasants would go to work when the sky was bright, and return home to rest when the sky was dark, living life in balance. So over time, *yin* and *yang* evolved as complements to each other and developed their modern meaning as the feminine and masculine aspects of *qi*, the fundamental energy of the universe.

"谁在说话？"魔鬼问道。

唐僧说，"是我的徒弟孙悟空。他在红桃子里。现在他在你的肚子里。"

"哦，我死了！猴子，你为什么要这样做？"

"我想吃掉你所有的器官，只留下骨头。"

可爱的魔鬼抓住唐僧说，"亲爱的，我以为我们会永远在一起。我们像鱼和水一样那么近。我从来没有想过我们会分开。我们什么时候才能再见面？"

孙悟空听到了这话。他怕他的师父会让他对魔鬼仁慈。所以他开始在她的身体里又踢又跳。因为太痛了，让她停止了说话，倒在了地上。她的仆人在花园外等着。当她们听到这些声音时，冲了进来。"你没事吧，夫人？"她们问。

"什么都不要问，马上把和尚送出去。"

"不，"孙悟空在肚子里说。"你必须自己把我的师父送出去。那我就让你活着。"

"好吧，"她回答。"只要明亮的月亮还在天空中，我就会找到另一个地方下钩。我会把这个人送到外面，然后我会找到另一个人。"

她骑着云，把唐僧带出了山洞。

第 83 章

到他面前，问道，"哥哥在哪里？"

"他在魔鬼的肚子里，"唐僧回答。

猪说，"里面真的很脏。哥哥，你在那儿做什么？出来吧！"

孙悟空在魔鬼的肚子里说，"张开你的嘴，我要出来了。"她照他说的张开了嘴。孙悟空准备离开，但他又想，"她可能会咬我。"所以，他把金箍棒变成了一颗石枣，放在她的上下牙齿之间，让她的嘴张开。然后他跳了出来，变回了他自己的样子，拿了他的棒去打她。她拔出她的两把剑，战斗开始了。

> 两把飞剑保护着她的脸
> 金箍棒击向她的头
> 一个是天生的猴子
> 另一个是地球女孩变成的精
> 两人都很生气
> 棒举起时，天空中出现了冷雾
> 用剑时，大地摇动
> 他们战斗了很长时间
> 地动，山摇，树木倒

猪和沙看了一会儿战斗。然后他们跑向魔鬼，用耙子和拐杖攻击她。魔鬼飞到唐僧身边，一只手抱住他，另一只手抓住行李和马，飞走了。

孙悟空很生气，但猪开始大笑。"有什么好笑的？"猴子喊道。

猪回答说，"魔鬼把师父带回了她的山洞。你已经去过那里两次了。第三次你一定会成功！"

"好吧，我去那里。你们两个守卫着洞口。"大圣用他的筋斗云进入了山洞。他直直地飞向魔鬼的家。大门关着，但这对他来说不是问题。他用棒砸碎了大门。他走进屋子，看了四周。那里没有人。但他闻到了从另一个房间传来的香的味道。

他跑进了另一个房间。那里也没有人。但是有一张烧香的桌子。桌子上放着一块金牌。上面用大字写着，"尊敬的父亲，李王。"用小一点的字写着，"尊敬的哥哥，哪吒太子[1]。"

孙悟空抓起牌子，把它带回去给猪和沙看。"看，"他对他们说，"我在魔鬼的家里发现了这个。我认为魔鬼是李王的女儿，哪吒太子的妹妹。我想她向往生活在人间，所以她变成人的样子。现在她把我们的师父带走了。我会把这块牌子带到天宫，向玉皇大帝抱怨。他会命令魔鬼把我们的师父还给我们。"

"你最好小心点，"猪说。"如果皇帝决定要反对你，你可能会丢了你的生命！"

"这就是我要告诉皇帝的，'一个邪精绑了我的师父。这个邪精就是李王的女儿。国王没有看护好他的女儿。他让她跑了，成了一个邪精。她找了很多麻烦，杀死了很多人。她现在把我师父带到了一个找不到他的地方。我求陛下控制这个魔鬼，让我的师父回来。我还求陛下对这给出正确的惩罚。'"

"太好了！快走吧，要赶在魔鬼伤害我们的师父之前。"

"我会在一杯茶的时间里回来的。"

孙悟空拿着牌子上到南天门，然后到了通明殿，天上的四位老师

---

[1] Sun Wukong knows these two immortals very well. At the Jade Emperor's command they fought against the Monkey King five hundred years earlier (see *Trouble in Heaven*). Later they helped Sun Wukong defeat the Great Buffalo King (*The Thieves*) and the Bull Demon (*The Burning Mountain*).

见了他。"我想告两个人。"四位老师把他带到灵霄殿，孙悟空在那里给了玉皇大帝他的抱怨文书。皇帝的一位大臣，太白金星，接过抱怨文书和牌子，把它们放在皇帝面前的桌子上。皇帝读了抱怨文书，又看了看牌子。然后他让太白金星把李王叫来宫中。孙悟空问他是不是可以一起去，皇帝同意了。

当他们来到李王的宫殿时，李王说，"这是怎么回事？"

太白金星回答说，"大圣已经告了你。他说你让一个邪精绑了他的师父。"

李王读了抱怨文书。他突然把拳头砸在桌子上，大喊，"说谎！都是在说谎！"

"他说你女儿绑了他的师父。"

"这不可能是真的。我只有一个女儿，她只有六岁。这只猴子在说谎。你知道的，告假罪行的惩罚比有罪的惩罚要重三个级别。把那只猴子绑起来！"他的三个仆人抓住孙悟空，把他绑了起来。国王继续说，"现在，在这里等着。我去拿我的剑，杀死这只找麻烦的猢狲。"

在太白金星阻止他之前，李王抓起了他的剑，走到孙悟空身边，把它打向猴子的头。但就在它击中他的头之前，另一把剑挡住了它。哪吒太子握着剑。他对国王说，"父亲，请放下你的愤怒。"

现在，这是哪吒太子的故事。在他出生时，左手写着'哪'右手写着'吒'所以他被叫做'哪吒。'三天后，小哪吒跳进海里，抓住一条龙，杀死了它，用它为自己做了一条腰带。国王看到了这。他非常害怕这个男孩，决定杀了他。

哪吒听说了他父亲的计划。他用一把剑砍下他的肉，把它给了他的母亲。然后砍下他的骨头，把它给了他的父亲。还了父母的债以后，他飞往西天，求佛祖帮忙。佛祖帮哪吒用莲根做了骨头，用莲叶做了衣服，让他恢复了生命。

回到生命以后，哪吒想杀死他的国王父亲。国王请求佛祖救他。所以佛祖给了国王一座大宝塔，里面有许多佛像。然后佛祖告诉哪吒看着这些雕像，就好像它们都是他的父亲一样。这让哪吒放下了愤怒。

但现在，国王害怕哪吒再次想杀了他。他对哪吒说，"儿子，你为什么要阻止我杀死这只猢狲？"

"父亲，你忘了你还有一个女儿。三百年前，一个邪精变成了一个妖怪。她从佛祖的寺庙里偷走了香和花。你抓住了她。你想杀了她，但佛祖告诉你，让她活下去。因为你让她活着，女孩像对她父亲那样向你鞠躬，像对她哥哥那样向我鞠躬。在她的家里，她放了一张桌子，为我们烧香。你现在记起来了吗？"

"儿子，我忘了这个。她叫什么名字？"

"她有三个名字。先是在天上，她是金鼻白毛老鼠精。后来她被改名为半观音，因为她偷了佛祖的香和花。后来，当她被送到人间时，她再次把自己的名字改为地涌夫人。"

李王点了点头，开始松开孙悟空。但孙悟空很生气，对国王说，"不要松开我。就这样把我带回到皇帝那里。我想让皇帝看看你对我做了什么。"

"猴子，"太白金星说，"请不要在这里找麻烦。记住我为你做的好事。五百年前，当你在天宫里找麻烦的时候，很多人都想抓你。但是我为你说了好话，所以你没有被抓，还得到了一份照顾皇帝的马的工作。然后你喝了一些皇帝的酒，但你没有因为这被抓，还得了'齐天大圣'的名字。我是那个帮助你的人。现在我求你让大王松开你的绳子。"

"哦，好吧。正像古人说的，'不要和老人同坟墓，你会一直听到他的抱怨。'让大王松开我吧。"

太白金星说，"还有一件事。你已经告了李王。如果你们想的话，你们俩可以为这争论很长时间。但请记住，天宫的一天是人间的一年。如果你在这里太久，你的师父可能已经结婚了，抱着一个和尚孩子！"

"你说得对，"猴子说。"我们该怎么办？"

"李王和他的士兵可以和你一起去人间，打败魔鬼。我会告诉玉皇大帝，你已经放弃了你的抱怨。"孙悟空同意了。

孙悟空跳上了一朵云。李王和哪吒太子也上了那朵云，和他们一起的还有李王的大将、指挥官和几千名士兵。他们一起飞向人间。他们来到了陷空山。

猪和沙看到这支从天上下来的军队，张大了眼睛。猪对国王说，"谢谢你过来。我们给你带来了很多麻烦。"

李王回答说，"我的猪朋友，你不知道，那个魔鬼已经为我们烧了很多年的香。我们接受了她给我们烧的香。所以，她抓了你的师父，部分是我们的错，。很对不起，我们用了这么长时间才来到这里。那么，山洞的入口在哪里？"

孙悟空带他们走了三、四里路，才到了无底洞的入口。当他们到了入口时，李王说，"要抓住老虎，你必须入老虎的洞。大圣和我的儿子、士兵一起入洞。猪和沙，你们和我一起在这里等着，我们守卫在入口。她将没有办法逃走。"

孙悟空和哪吒进入了山洞。他们看到了什么？

  洞中太阳月亮挂天空
  河山就像外面的世界一样
  温暖的雾气漂在美丽的水池上
  红色的房子，彩色的大殿，
  红色的悬崖，绿色的农田，
  春天的柳树，秋天的莲花
  这个洞就像天堂一样

他们飞到了魔鬼的家。他们走进屋里，看了四周。他们检查了每一个房间，他们打开了每一扇门，他们看了无底洞的四周，他们找了洞外面的地方，但他们找不到魔鬼，也没有唐和尚。他们不知道，在无底洞入口的外面，还有另一个更小的洞。这个洞有两个小门。里面有一个小房子，四周种满了鲜花。这是魔鬼把唐僧带去的地方。她要让他和她结婚。

小山洞里还有几个小魔鬼仆人。其中一人把头伸出门外，看了四周。他的头碰到了李王军队中的一名士兵。士兵喊道，"他们在这里！"

孙悟空拿着他的金箍棒跑进了小山洞。他看到了老鼠魔鬼、唐僧、马和他们的行李。哪吒太子和几名士兵跟着他进了山洞。魔鬼没有地方可以躲藏。老鼠魔鬼向哪吒太子叩头，求他救她的命。

哪吒太子对她说，"我们是照玉皇大帝的命令来抓你的。你给我们带来了很大的麻烦。"然后他喊着让士兵把老鼠魔鬼和所有的小魔鬼都绑起来。

"谢谢你！"孙悟空对哪吒太子说。他和三藏一起向太子鞠躬。

猪很生气，想把老鼠魔鬼砍成小块。但哪吒太子说，"放下你的愤怒，我的猪朋友。玉皇大帝要抓她，所以我们一定要好好对她。我们要把她带到皇帝那里。"

就这样，太子把老鼠魔鬼带回了皇帝的宫殿。我们不知道会有什么事情等着她。孙悟空保护着唐僧，沙拿好了行李，猪松开了马绳。他牵着马，让唐僧上马。然后，游人们走上通向西方的大道。

真是，

> 丝网被切断
> 金海已经干
> 玉锁被打开
> 麻烦被丢下。

我们不知道游人们在前往西天的旅途中还会碰到什么。请听下一个故事里发生的事情！

灭法王国

第 84 章

我亲爱的孩子，在昨晚的故事中，我给你讲了一个关于佛教和尚<u>唐僧</u>的故事。他被一个恶魔抓住，几乎和一个女魔鬼结婚。<u>唐僧</u>在他的三个强大的徒弟：猴王<u>孙悟空</u>、猪人<u>猪八戒</u>、安静的<u>沙悟净</u>的帮助下逃了出来。徒弟们救了他，让他没有和美丽但危险的女魔鬼结婚，也没有丢了他的阳。之后，四位游人继续向西行走。

当他们在前往<u>印度</u>的旅途中，天气变暖了。温暖的轻风吹在他们的脸上，早夏的雨水打在他们的脸上。地上开满了美丽的山花。

突然，一个老妇人从两棵高大的柳树之间走了出来。她牵着一个小男孩的手。她说，"停住！和尚们，不要再往前走了。转身向东走。这条路走不通。"

<u>唐僧</u>很吃惊，从马上跳下来，向她鞠躬，说，"老菩萨，古人

说，'海很宽，鱼儿可以跳，天很高远，鸟儿可以飞。'怎么可能没有向西的路呢？"

老妇人看着他说，"离这里五、六里的地方，就是灭法王国。在前一生，国王对佛教很生气，因为一些佛教和尚对他不好。这一生，他发誓要杀死一万名佛教和尚。到现在，他已经杀死了九千九百九十六名和尚。他只是在等另外四个和尚。如果你们去城里，你们将会丢了你们的生命。"

"谢谢，"唐僧回答。"我很感谢你的话。告诉我，城的四周还有另一条路吗？"

她笑了。"没有，没有别的路可走，除非你能飞。"

猪人猪说，"妈妈，你的话不会吓坏我们。我们都能飞。"

只有猴王孙悟空一个人能看到这个女人的真相。他看出她是观音菩萨，在旅途中保护着四位游人。这个男孩是观音的徒弟红孩儿[1]。孙悟空倒在地上说，"菩萨，请原谅你的徒弟没有向你问好！"

观音骑上了她的彩云。唐僧和他的三个徒弟向她叩头。她走后，安静的大个子沙说，"太好了，她告诉了我们关于灭法王国的事情。那我们该怎么办？"

"别害怕，"孙悟空说。"我们打过很多魔鬼和妖怪。在这个王国里，没有魔鬼，没有妖怪，只有人。我们为什么要害怕他们呢？"他看了四周，继续说道，"但是时间不早了。我们不希望村里的人看到我们。他们可能正在找四个和尚，把他们杀了。让

---

[1] Red Boy is the son of Princess Iron Fan and the Bull Demon King. The story of his battle with Sun Wukong is told in *The Cave of Fire*. After his defeat, Red Boy became a devoted disciple of Guanyin and was given the new name Shancai (or Sudhana), "Boy Skilled in Wealth."

我们远离这条路，找个可以休息和说话的地方。"

他们在离路不远的地方找到了一个安静的地方。他们坐在地上。孙悟空说，"猪和沙，你们照顾师父。我去城里看看。"

他跳到空中，飞到城市的上空。往下看，他看到了一座明亮繁荣的城市。这时已近晚上，月亮从东边上来。人们正在结束他们的工作，回到他们自己的家。孙悟空不想被人看到，所以他变成了一只飞蛾。他在城市中飞着，看着街道和商店。他看到一家大酒店，上面写着"游人休息所。"在这下面又写着商店主人的名字，王先生。他往里面看，看到八、九个人，都是游人。他们已经吃完了晚饭，准备上床睡觉。

孙悟空想，他可以偷走他们的衣服，这样他和另外三位游人就可以看起来像普通游人一样。但就在他这样想的时候，王先生说，"先生们，请小心。这个城市里有小偷。请照顾你们的衣服和行李。"

王先生手里拿着一个灯笼。游人们把衣服和行李都拿给了王先生。他把所有的行李和灯笼都搬进了自己的房间。然后他关上了门。

孙悟空飞进了灯笼的火焰中，把灯火灭了。然后他变成了一只老鼠。他抓起衣服，把它们拖到外面。王夫人看到了这。她叫来了她的丈夫，说，"老头子，这太可怕了。一只老鼠变成了一个精，拿走了我们客人的衣服！"

孙悟空变回了他自己的样子。他喊道，"王先生，不要听你妻子的话。我不是老鼠，也不是精。我是齐天大圣。在唐僧去西天的路上，我保护他。我必须借这些衣服来保护我的师父不受到你们邪恶的国王的伤害。我以后会把它们还给你的。"

孙悟空回到唐僧身边，对他说，"师父，我看了这个城市，学会了这个地方的话。国王是一个杀死和尚的恶人。但他也是一个真天子[1]。他的城市幸福繁荣。我借了这些衣服。我们将穿上它们进入城市。帽子会遮住我们的光头。我们住在酒店里。明天早上，我们将走出大门，沿着大路向西走。如果有人想要阻止我们，我们会告诉他们，我们是唐皇帝送来的。唐帝国被认为是一个很强大的帝国。这位国王不敢阻止我们的。"

其他人都认为这是一个好计划。唐僧脱下僧衣，穿上借来的衣服，戴上帽子。沙也换了衣服。猪也试了衣服，但他的头太大了，戴不上帽子。孙悟空只好把两顶帽子缝在一起，才做成一顶非常大的帽子。最后，他们都穿上了借来的衣服。

"好了，"他说。"我们现在必须走了。但是，我们在这里的时候，不要叫'师父'或'徒弟。'我们互相叫兄弟。师父，你是唐老大。我是孙二。猪，你是猪三。沙，你是沙四。我们到酒店时，让我一个人说话。我会说我们是卖马的人。我会说这白马是样品，我们还有更多的马。"

四个游人进了城。他们走向酒店。他们听到了喊叫声。人们大喊，"我的衣服不见了！""我的帽子在哪里？"游人避开了那家酒店，去了另一家远一点的酒店。

这家酒店门口有一个灯笼，这就是说这酒店仍然开着。他们进去了。酒店老板是一个女人，她让他们进去。一个人牵走了马。他们上了楼，在一张桌子旁坐下。

---

[1] The concept of "Mandate of Heaven" (天降大任, tiān jiàng dàrèn) originated in the Zhou Dynasty, where it was used to justify their deposing of the decadent and corrupt Shang Dynasty in 1046 BC. The Zhou claimed that heaven gives its blessing to the rulers who are most fit to rule. Later rulers such as the Tang Emperor Taizong embraced this and used the title "Son of Heaven" (天子, tiānzǐ) to solidify their hold on power.

酒店老板问，"几位先生从哪里来？"

孙悟空回答说，"我们来自北方。我们有一百匹可怜的马要卖。"

她回答说，"你来对地方了。我姓赵。我丈夫几年前死了，所以这个地方叫'赵寡妇酒店。'我们有一个大院子，很容易放下你们所有的马。我们有三种不同的服务级别。请告诉我，你们想要哪个级别。"

孙悟空回答说，"请解释一下这三个不同的级别。"

"如果选择最好的级别，你们将有一个美好的宴会，宴会中有多种水果和许多菜。年轻妇人会来你们的桌子上唱歌，如果你们需要的话，她们可以和你们一起玩。价钱是每人五个银币。"

"这听起来非常好。在我的家乡，五个硬币还请不到一位小姐来桌子旁。和我说说第二级别吧。"

"我们的第二级别是，你们都吃相同的菜。我们给你们水果和酒。没有年轻妇人。价钱是每人两个银币。"

"这听起来也不错。那第三级别呢？"

"我不敢告诉你，因为你们都是这么好的先生。"

"请告诉我们吧，这不会伤害到我们的！"

"好吧。在我们的第三级别中，没有人为你们服务。我们给你们一大锅米饭，你们可以一起吃。我们给你们一些草，你们可以把它放在地上，在上面睡觉。你们早上给我们几个铜币，多少都可以。"

猪说，"我觉得第三级别听起来不错。拿一大锅米饭来，我饿了。"

但<u>孙悟空</u>说，"不。我们有银币。酒店老板，给我们最好级别的服务。"

酒店老板很高兴。她对她的工人喊道，"泡点好茶。告诉厨房做好准备。杀一些鸡和鹅。"她停了一下，然后又说，"另外，杀一头猪和一只羊。再拿一些好酒。"

<u>唐僧</u>对准备这些肉很不高兴。<u>孙悟空</u>一边踢脚一边说，"<u>赵夫人</u>，请过来。"他等到她过来。他告诉她，"请不要杀死任何生物。我们今天都吃素食。"

"什么，你们都是吃素的吗？"

"我们在做<u>庚申斋</u>¹。今天是<u>庚申日</u>，所以我们一定要吃素。明天是<u>辛酉</u>，我们就可以吃肉了。所以，请今天晚上为我们准备一些素食。我们会付给你相同的价钱。"

这让酒店老板非常高兴，因为素食远没有肉那么贵。<u>孙悟空</u>继续说，"我们也会喝点酒，但<u>唐</u>哥不喝酒。请不要送任何女孩给我们。今天是<u>庚申</u>日，所以我们要避开和女孩们一起玩。但我们明天一定会要这些女孩。"

酒店老板离开去帮忙准备素食，还去告诉女孩们不要上楼。四位游人吃完了饭。酒店工人拿走了盘子。

<u>唐僧</u>对<u>孙悟空</u>说，"我们睡在哪里？楼上太危险了。如果有人进

---

[1] The traditional Chinese calendar uses a sixty day cycle. The 57th day of the cycle is 庚申 (Gēngshēn), the Metal Monkey. The 58th day is 辛酉 (Xīnyǒu), the Metal Rooster. There is also a sixty year cycle, with Gēngshēn and Xīnyǒu being the 57th and 58th years.

来，看到我们的光头，我们就会被困在那里。"

"是啊，"他回答说。他踢着脚，再次叫来了酒店老板。她到了后，他告诉她，"夫人，我担心我们没有地方睡觉。我的两个兄弟有点不舒服，他们不能睡在楼上的房间里，因为那里有风。如果房间里有光，我和我的哥哥就睡不着。"

酒店老板离开去告诉她的女儿，"我们有一个问题。今天晚上来了四位有钱的卖马人。他们想要最好级别的服务，我希望从他们那里赚点钱。但他们不想睡在酒店里，因为房间里有风和光。我可能只能让他们离开。如果我这样做，我们将拿不到他们要付给我们的钱。"

女儿回答说，"母亲，别担心。父亲活着的时候，他做了一个大木箱。它宽四尺，长七尺，高三尺。它足够大，可以睡几个人。当箱子关上时，没有风，也没有光。正好给我们的客人用。"

这让酒店老板非常高兴。她把箱子的事情告诉了<u>孙悟空</u>，他同意用那箱子。一些工人抬出箱子，打开盖子。四位游人进了箱子。他们让酒店老板把白马系在箱子旁边。然后他们让她关上箱子，锁上它，在任何可能进光的地方放上纸。

"你们很奇怪，"她说，但她照他们的要求做了。然后每个人都去睡觉了。

夜里，游人们都非常不舒服。箱子里太热，没有风，每个人都挨得太近了。他们都试着入睡。

<u>孙悟空</u>想找些麻烦。他捏<u>猪</u>的腿把他叫醒。他大声说，"兄弟，我们上周卖掉的那些马，换了三千个银币。另外，我们的袋子里有四千个银币，明天我们将卖掉所有的马，至少能换三千银币。这还不错吧，嗯？"

在箱子外面，几名酒店工人正听着。他们和地方上的强盗有勾结。听到这话时，他们中的一些人跑去告诉强盗，他们的酒店里来了很有钱的客人。二十个强盗来到酒店。赵寡妇和她的女儿看到他们到来。她们很害怕，所以她们把自己锁在她们的房间里。

强盗们看了四周。他们没有看到任何游人，但他们看到了锁着的大箱子。首领说，"这个箱子里可能装满了钱、丝绸和珠宝。我们把它带到城外。打开它，拿走所有的东西。"几个强壮的强盗抬起箱子，把它抬走了。其他一些强盗牵走了白马。

在箱子里，游人们都醒了。他们知道箱子在动，但他们不知道发生了什么。孙悟空说，"强盗在抬着我们。保持安静。他们可能会把我们一直带到西天，这样我们就不用走路了。"

但强盗们向东走。他们在城门处杀死了一些守卫，逃离了城市。人们看到了这，把它报告给了军队的指挥官。一大群士兵冲出城外，想要抓住强盗。强盗们看到他们来了，丢下箱子，放开白马，跑进了森林。

士兵们把箱子抬回城里。指挥官看到了那匹白马。他看到了什么？

  银丝长在他的鬃毛上
  玉线长在他的尾巴上
  他的骨头可以带来一千个金币
  他能跑三千里
  他爬山见绿云
  他像雪一样白，对着月亮嘶鸣
  他真是来自海的龙

人间的玉麒麟[1]

指挥官骑着白马回到了国王的宫殿。士兵们把箱子抬进了宫殿。他们把箱子放在那里,这样国王在早上就可以检查箱子了。

夜里,<u>孙悟空</u>用他的魔法在箱子底部钻了一个小洞。他变成了一只小蟋蟀。他爬了出来,变回到了他自己的样子。现在是时候去玩一些好玩的魔法了!

他把右臂上所有的毛都拔了下来,吹了吹,小声说,"变!"每一根毛都变成了一只小猴子。他把左臂上所有的毛都拔了下来,吹了吹,小声说,"变!"每一根毛都变成了一只睡虫。然后他抓起他的金箍棒,捏了捏,小声说,"变!"棒碎了,变成了一千把小剃刀。

他给每只小猴子一只睡虫和一把剃刀。他告诉他们去宫殿和政府办公室找到每个人。他告诉他们给每个他们遇到的人一只睡虫,等他们睡着后,用剃刀剃他们的头。

几个小时后,工作完成了。<u>孙悟空</u>摇了摇身体,把所有的毛都拿回到了他的手臂上。他把剃刀放在一起,变回成了他的金箍棒。他把棒变小,放在耳朵里。然后他又变成了一只小蟋蟀,爬回了箱子。

早上,宫里很乱。宫里的女人们醒来后去洗头,发现她们都是光头。男人们发现他们也是光头。王后醒后,在御床上看她的身边,看到一个和尚睡在那里。她大声喊了起来。和尚坐起来,她看到是国王,完全没有了头发。他看着她说,"我的王后,你为

---

[1] 麒麟 (qílín) is a kirin, a benevolent horned beast in Chinese mythology. Males kirins are 麒 (qí), females are 麟 (lín). They are peaceful, bearded, with a dragon-like appearance and a jewel-like brilliance. In Buddhist tradition, kirins walk on clouds to avoid harming even a single blade of grass.

什么是秃？"

"陛下，你也一样，"她回答说。

国王看着她，哭了。他对她说，"这一定是因为那些被朕杀了的和尚。"

第 85 章

那天早上晚些时候，国王见了他所有的大臣。大臣们说，"陛下，我们不知道为什么，但昨晚你所有的仆人都掉了头发。"大臣们和国王都同意，他们再也不敢杀任何和尚了。

然后，军队的指挥官走近国王说，"陛下，昨晚我们从强盗那里拿到了一个大木箱和一匹白马。我们请陛下决定该怎么做。"

"把它带到这里来，"国王回答说。几名士兵抬起很重的箱子，把它抬进了宝座房间。

箱子里，唐僧非常担心。"我们要对国王说些什么？"他问。

"别担心了，"孙悟空回答。"我已经控制了一切。当箱子打开时，国王会向我们鞠躬。我只是希望猪能闭上他的嘴。"

唐僧还想说什么之前，士兵就把箱子放在了宝座房间。他们打开盖子。猪跳了出来，吓坏了房间里的每个人。孙悟空紧跟着爬了出来，同时帮助唐僧出来。沙最后一个爬了出来，拿着行李。

四位游人站在宝座房间里，等着。国王从宝座上站了起来，走了几步，直到他站在游人面前。他鞠躬问道，"先生们，是什么把你们带到这里来的？"

唐僧回答说，"我是被唐皇帝送去印度的雷音寺，拜活佛，把圣书带回唐帝国。"

"那你为什么在箱子里？"

"我知道陛下发誓要杀死一万名佛教和尚。这就是为什么我们穿成村民的样子，不是和尚的样子。昨晚我们睡在箱子里，因为我们害怕强盗。我们还在里面时，箱子就被强盗偷走了。你们的军队指挥官救了我们。现在我看到你尊贵的脸，云已经消失，太阳已经出来了。我希望你能让我继续我的旅途。我的感激心情会像海一样深。"

"尊敬的大师，这是朕的错没有欢迎你来朕的王国。很久以前，一些和尚说了一些关于朕的可怕的事情。在愤怒中，朕发誓要杀死一万和尚。我们从来没有想过我们也会成为和尚！朕求你，尊敬的大师，请让我们做你的徒弟。"

猪大笑起来。"如果你们要成为我们的徒弟，你们有什么礼物给我们？"

国王回答说，"大师，如果你接受我们做你的徒弟，朕王国的一切都是你的。"

孙悟空说，"我们是和尚，我们对你们的财富没有兴趣。请签署我们的通关文书，让我们安全离开你的城市。你的王国将长在，你将有很长、很幸福的生活。"

国王马上同意了。然后他要游人改他的国家的名字。孙悟空说，"'法王国'这个名字很好，'灭'这个字才是问题。如果你把你的王国的名字改成'钦法王国'你将有

  一千年清清的海水和静静的大海
  四季风雨调和

王国的和平"

国王感谢了四位游人，给了他们御马车，让他们前往钦法王国的西部边界。

当他们来到王国的西部边界时，他们下了马车车，继续他们的旅途。孙悟空向其他人解释了他前一天晚上是怎么用他的魔法剃光所有人的头的。大家都笑了。

就在这时，他们看到另一座大山挡住了他们的去路。唐僧说，"徒弟们，看看那座高高的山。它看起来有点邪恶。我开始感到有点害怕。"

孙悟空回答说，"师父，你忘了禅师给你的心经了吗[1]？记住心经中的这些话，

> 不要走太远去求灵山的佛
> 灵山活在你心里
> 每个人心里都有一个灵山神社
> 在这神社里，你会被改变

当心纯洁时，它像灯笼一样明亮。当心安静时时，世界就看得清了。但如果你犯了一个错误，你一万年里也不会成功。你强大，雷音山就在你面前。你让自己害怕，雷音山就很远。所以，忘记你的害怕，跟我来吧。"

唐僧听到这些话时，感觉好多了。他们继续往前走，到了山上。抬头望去，他们看到了许多颜色，还有近山顶的白云。山上长满

---

[1] In *The Hungry Pig*, the travelers met a Chan (Zen) Master. He gave Tangseng the Heart Sutra and said, "If you ever meet trouble, just say the words in this prayer, and no troubles will come to you." Interestingly, the Heart Sutra was originally written over three thousand years ago and was first translated from Sanskrit (or possibly Tibetan) into Chinese by Xuanzang, the monk who was the inspiration for Tangseng in this story.

了千千万万棵松树和一些竹林。远处传来灰狼、老虎、和猢狲的叫声，还有鸟儿在树上唱歌的声音。然后他们听到了风的声音。

"我听到了风声，"唐僧害怕地说。

"当然。四季都有风。你怎么被这个吓坏了？"

"这阵风很强。"突然，从地面上出现了一团大雾。太阳消失了，鸟儿停止了歌声，他们什么也看不见了。"为什么有风的时候还会有雾？"

"我去看看。师父，请从马上下来。"唐僧下了马。孙悟空跳起来。手遮在眉上，看向四个方向。他低头看，见一个妖怪精坐在悬崖边。他身体强壮，长长的尖牙，像玉钩一样的大鼻子，金色的眼睛和银色的胡子。三、四十个小魔鬼坐在他身边，坐成一直线，嘴里都吹着雾气。

孙悟空笑着对自己说，"嗯，师父是对的，真是一股邪风。我现在可以杀死这个妖怪，但这会毁了我的声誉。我会让猪做这事。"

他回到唐僧面前说，"师父，我的眼睛一般都很好，但这次我错了。没有妖怪。雾现在已经消失了。我想它是来自附近的一个村庄，村民们正在蒸米饭。"

猪听到了这话。他当然饿了。他小声对孙悟空说，"你吃了他们的食物了吗？"

猴子回答说，"我只是吃了一点点。对我来说盐太多了。"

"我不在乎食物里有多少盐，不管怎样我会吃的。"猪走上前去向唐僧鞠躬道，"师父，哥哥刚才告诉我，附近村子里有人给和尚食物。让我去要一些食物。"

唐僧同意了。猪正要离开,孙悟空对他说,"兄弟,他们只给好看的和尚食物。你很丑。"所以猪说了些魔语,摇了一下他的身体。他变成了一个矮瘦和尚,拿着一只木鱼,用小木锤敲着它。他不会念任何经文,所以他只是一遍又一遍地说,"哦,伟大的人。"

猪走了。很快,他走进了一群小魔鬼中间。魔鬼抓住了他。猪说,"别拉我!你们可以让我在每家吃饭,一次一家。"

其中一个小魔鬼回答说,"嗯,和尚,所以你想吃饭?但你不知道,我们喜欢吃和尚。我们抓和尚,把他们带回家,蒸了吃。"

猪很害怕,也很生气。他变回了自己的样子,开始向小魔鬼挥动耙子。魔鬼们逃跑了,冲回到了老魔鬼身边。"大王,不好了!我们抓住了一个小和尚。我们打算留下他,以后再吃他。但后来他变成了一个大猪人。他用耙子打我们。"

"让我去看看,"老魔鬼说。他走近看,见到猪手里拿着神奇的九齿耙子。老魔鬼喊道,"你从哪里来?你叫什么名字?告诉我,我会让你活着。"

"怎么,你不认识我?"猪回答说。

> "我以前是天蓬元帅
> 我是天河上八万士兵的指挥官
> 有一天我在天宫里羞辱了美丽的嫦娥
> 然后我吃了王母娘娘的魔蘑菇
> 玉皇大帝打了我两千锤
> 把我送到了人间
> 我成了像你一样的邪恶妖怪
> 我在高村和一个村里的女孩结了婚
> 然后我遇到了我的孙悟空哥哥

他用他的金箍棒打败了我
我只能鞠躬，向佛发誓
现在我是唐和尚的苦力
我姓猪
我的佛名叫猪八戒！"

妖怪喊道，"原来你是唐和尚的徒弟。我听说他的肉很好吃。现在试试我的狼牙棒！"

妖怪和猪开始打了起来。

猪的耙子像咆哮的风
狼牙棒的击打像粗大飞快的雨点
猪的耙子像一条大海里的龙
妖怪的狼牙棒像水池里的蛇
他们的喊声让山河晃动
他们吓坏了地狱里所有的生物

他们战斗的时候，孙悟空笑着对沙说，"那头猪真的很笨。我告诉他那里有吃的，所以他就去找了。他现在可能已经遇到了魔鬼。好吧，我还是去看看他怎么样了。"

孙悟空看到猪和妖怪在战斗。他喊道，"猪，别紧张。老猴子来了！"猪和孙悟空一起和妖怪战斗。很快，妖怪和小魔鬼被打败，逃跑了。

两位徒弟回到了唐僧那里。猪打得累了，他全身是汗，流着鼻涕。"你怎么了？"唐僧问。"我以为你去村里要饭了。"

"哥哥骗了我，"猪说。"他告诉我，有一个村庄，那里都是愿意给我们食物的人。但是那里是一群邪恶的魔鬼。我和他们恶战了一场。猴子帮了我，我们打败了他们。"

"那里真的有妖怪吗？"唐僧问。

孙悟空说，"有几个小恶魔，但他们不会给我们带来任何麻烦。我们走吧。猪，你走在前面，开路。如果老魔鬼再次出现，你就和他战斗。我知道你能打败他。"

猪说，"兄弟，你知道的

> 宴会上的王子
> 不是喝醉就是吃饱
> 战斗中的士兵
> 不是伤就是死。"

"这听起来很不好。你为什么这么说？"孙悟空问。

"现在这么说，以后我会让我自己变得更强大。"四位游人继续在通向印度的路上往西走去。

这个时候，老魔鬼和小魔鬼回到了他们的山洞。老魔鬼的心情非常不好。一个小魔鬼问，"大王，你今天为什么这么伤心？"

他回答说，"小的们，一般我出去巡逻的时候，我能找到几个人或动物带回来给你们吃。但今天我遇到了一个非常危险的和尚，猪人猪八戒。他和他的师父唐和尚一起来了这里。我想吃唐和尚的肉，但我不能打败他的徒弟。"

一个小魔鬼说，"大王，我以前住在狮子洞里。我为狮子岭的魔鬼工作。我的主人也想吃掉唐和尚。但是和尚的大徒弟，一只叫孙的猴子，杀死了我的主人和许多其他魔鬼。我从洞的后门逃了出来，来到了这里。这就是为什么我知道孙的力量。五百年前，

---

[1] His boss was one of the three demons – Blue Haired Lion, Yellow Tusk Elephant and Great Peng – who fought the travelers in Book 25, *Great Peng and His Brothers*.

他在天上找了麻烦，天上的众神都怕他。你应该不要再去想吃唐和尚了。那太危险了。"

这个故事吓坏了老魔鬼。但紧跟着又有一个小魔鬼站了出来。他说，"大王，不要害怕。我有一个抓唐和尚的计划。它叫'分瓣梅花计。'"

老魔鬼问，"'分瓣梅花计'是什么？"

"叫来所有你的小魔鬼。从所有这些魔鬼中，选最好的一百个。从那一百个中选最好的十个。从那十个中选最好的三个。他们必须能改变他们自己的样子。让三人改变他们的样子，让他们看起来都像大王一样，穿着你的盔甲，拿着你的武器。让一个去打猪八戒，一个去打沙悟净，一个去打孙悟空。当他们都在忙着战斗的时候，你就可以抓住唐和尚。这很简单。"

老魔鬼拍手说，"这真是太好了！如果成功了，我会让你成为所有小魔鬼的指挥官。"小魔鬼叩头，然后去叫所有的小魔鬼。很快，最好的三个小魔鬼被选了出来。他们都变了样子，看起来就像老魔鬼一样。然后他们就等着和尚和他的徒弟的到来。

唐僧骑着马，身边围着三个徒弟。他们听到了一声巨响。一个魔鬼跳了出来，向唐僧跑去。孙悟空喊道，"魔鬼来了。猪，抓住他！"

猪拔出他的耙子，开始和魔鬼战斗。一分钟后，第二个恶魔跳了出来，向唐僧跑去。孙悟空说，"我想是猪让魔鬼跑了。我要和他战斗。"他开始和第二个魔鬼战斗。

紧跟着，一阵大风，第三个恶魔向唐僧跑去。"这是怎么了？"沙悟净问道。但是他拔出他的拐杖，开始和第三个魔鬼战斗。

现在三个徒弟都在战斗。老魔鬼从天上飞下。他抓住唐僧，带着他往自己的山洞走去。他走进山洞，肩上背着唐僧。"指挥官！"他喊道。做计划的小魔鬼走上前来。老魔鬼说，"你的计划非常成功。你现在是我所有魔鬼的指挥官。让人去拿水、烧火木头和一个大锅。我们将蒸唐和尚。然后我和你吃他的肉，长生不老。"

指挥官回答说，"大王，我们还不能吃和尚。那只孙猴子真的、真的非常危险。如果他发现我们杀了、吃了他的师父，他都不会想和我们战斗。他只会把整座山推倒在我们头上，马上杀死我们。"

"你有什么好的主意？"

"我想我们应该把唐和尚带到花园后面，把他绑起来，把他在那里放几天。这将把他里面都清干净。我们等他的三个徒弟离开。然后，我们可以蒸和尚，舒舒服服地享受他。怎么样？"

"好，"老魔鬼笑道，"这是一个非常好的计划。"

他们把唐僧带到花园后面，把他绑在一棵树上。他哭了，说，"徒弟们，你们在哪里？我被一个恶魔抓住了。我什么时候再见到你们？"

正哭着，他听到附近传来一个声音说，"长老，你也在这里！"

"那是谁？"唐僧问。

"我是住在这座山上的一个砍木人。三天前，我被抓了，被绑了起来。我想他们打算吃掉我。"

"砍木人，很对不起听到这个。但如果你死了，那只会是你自己。如果我死了，情况会更坏。"

"你为什么这么说？你是一个已经离开家的人。你没有父母，没有妻子，没有孩子。"

"我是<u>唐</u>皇帝送来的，去西天取经。如果我死在这里，我将对不起我的皇帝和他的大臣们。地狱里无数的灵魂将永远没有办法逃离<u>转轮藏</u>。我所有的工作都将像风中的灰尘一样。"

"这真的让人难过。但我的死会更不好。我和母亲住在一起。她今年八十二岁，只有我一个人照顾她。如果我死了，谁来埋她？"

"我的朋友，伺候皇帝和伺候父母是一样的。你被你母亲的仁慈感动，我被皇帝的仁慈感动。"

第 86 章

当<u>唐僧</u>和砍木人被关在老魔鬼的洞里时，<u>孙悟空</u>打败了三个假的老魔鬼中的一个。他跑回师父等他的地方。但他没有看到<u>唐僧</u>，他只看到了白马和行李。他开始找<u>唐僧</u>。

不久，<u>猪</u>和<u>沙</u>加入了他的战斗。他们都很困惑，因为三个徒弟都认为他们一直在和同一个老魔鬼战斗。每个人都以为其他人让老魔鬼逃了。最后<u>孙悟空</u>跳了起来，愤怒地喊道，"他骗了我！他骗了我！"

"你是什么意思？"<u>沙</u>问。

"他用了古老的'<u>分瓣梅花计</u>'的骗术。他让我们三个人和其他魔鬼战斗，然后他跳下来，把我们的师父带走了。"他开始哭了，说，"我们现在该怎么办？"

猪说，"哥哥，别哭。他一定在附近。我们去找他吧。"他们开始在这山上找。过了一会儿，在一个大悬崖底，他们发现了一个通向一个山洞的大石门。大门上有一块石牌。上面刻着大字，"隐雾山折岳连环洞。"

"这是老魔鬼住的地方，"孙悟空说。"猪，去抓住他。"猪举起耙子，向前跑去，砸碎了石门。

年轻的指挥官听到了声音。他跑向大门，看到了猪人。他转过身，跑回老魔鬼面前，说，"大王，别担心。只是猪八戒。他不是问题。要小心猴子。"

猪听到了这话。他转过身来，对孙悟空喊道，"哥哥，他们不怕我，但他们一定怕你。你最好快点来这里。"孙悟空马上跑到门口，开始喊着让魔鬼们放了他的师父。沙跟着他。

魔王听到了这话。他对指挥官说，"都是你用什么'分瓣梅花计'给我们带来了这场灾难。这对我们来说将怎么结束？"

"大王，别担心，"指挥官回答。"我知道这只猴子。他是一个强大的战士，但他也很虚荣。我们对他说一些他喜欢的话，骗他，让他以为我们已经吃了他的师父。"

"那我们怎么做？"

"我会做一个假人头。我们把头给孙看，告诉他，那是他死去的师父的头。"

指挥官用斧头砍下一块柳树根。他把它做成像一个人头。他咬了他的嘴唇，把血弄在假头上。然后他让一个小魔鬼把头放在盘子上，带给孙悟空，说，"哦，大圣，请放下你的愤怒，让我们和你说话。"

小魔鬼很害怕，但还是慢慢地向徒弟们走去，把头放在盘子上。猪正要用耙子砸小魔鬼。但孙悟空喜欢被人叫做'大圣'所以他举起手说，"等一下，兄弟。让我们听听他们怎么说。"

小魔鬼说，"哦，大圣，这个山洞里的一些魔鬼可能做了一件很坏的事。他们已经吃掉了你的师父，只剩下他的头。我这里有他的头。"

孙悟空说，"嗯，如果你们吃了他，那只能那样了。给我看一下他的头。"小魔鬼把头扔了出去。它掉在了孙悟空的脚下。

"有些不对，"孙悟空对猪说。"当你把一个真的人头扔在地上的时候，它不会有很响的声音。但是这个头掉到地上时，它发出很响的声音，就像两块木头碰在一起一样。"然后他用他的棒打那个头。那个头碎开了，他们看到，那是一块柳树根。

小魔鬼跑回山洞，向老魔鬼报告了这事。"那好吧，"老魔鬼说，"我们只需要给他看一个真的人头。去厨房拿一个。"

小魔鬼去了厨房，发现了一堆人头，他拿了一个。他用刀从头上取下了大部分肉。然后他把头拿出来，对孙悟空和猪说，"大圣，我给你看的第一个人头是假的。但这个真的是你师父的头。"他把头向孙悟空那里的地上扔去。

孙悟空开始哭了起来。他相信这个头真的是他师父的。三个徒弟拿起了头。他们在离山洞不远的地方找到了一个安静的地方。猪用耙子挖了一个洞。他们把头埋进洞里，用土盖上，在上面放了几根柳枝和一些石头。

孙悟空擦了擦眼睛，说，"沙，你守卫坟墓，看护马和行李。猪，你和我一起去抓那个妖怪，把他的身体碎成千块。"猪人拿起耙子，孙悟空举起金箍棒，两人直向山洞跑去。他们进了山

634

洞，开始攻击所有的小魔鬼。

"我们该怎么办？"指挥官对老魔鬼说。

他回答说，"古人说，'把你的手放在鱼篮子里，你的手就会很难闻。'我们已经开始了这事，现在我们必须完成它。坚持自己的立场！"然后他拿起他的武器，一把铁棒。他跑出山洞，指挥官和几百个小魔鬼跟在他的身后。他对<u>孙悟空</u>和<u>猪</u>喊道，"你们不知道我是谁吗？我是<u>南山</u>大王。我已经在这里几百年了。我已经吃了你的师父。你敢怎么样？"

<u>孙悟空</u>说，"你怎么敢叫自己<u>南山</u>大王？连<u>太上老君</u>、<u>如来佛</u>和<u>孔子</u>都不敢叫他们自己大王。你什么都不是。"

大圣和大王站着，互相说着羞辱的话。最后，妖怪跳向前，想用他的铁棒打<u>孙悟空</u>。<u>孙悟空</u>很容易地挡下了这一击，战斗开始了。在他们战斗时，<u>猪</u>和指挥官也在战斗。<u>孙悟空</u>看到几百个小魔鬼来了。他马上用他的分身魔法，变出了几百只小猴子。每个小猴子都开始和一个小魔鬼战斗。

真是一场战斗！

    东方的和尚正西行
    南山老魔鬼挡了他的路
    妖怪很不聪明地抓了<u>唐</u>和尚
    然后他遇到了<u>猴王</u>和有名的<u>猪八戒</u>
    尘土起，天空变黑暗
    战斗的上空都是魔鬼的喊叫声
    大圣和猪露出他们的力量
    妖怪和他的指挥官露出他们的饿
    大圣和猪想要报仇
    妖怪和他的指挥官要和尚的肉

四个人战斗了很长时间
但他们都没有办法赢

最后,南山大王看到他打不赢。他飞回了他的山洞。指挥官没能飞走。他被猴王的棒击倒了。他的身体变回了他自己的样子,一只灰狼。孙悟空和猪看了狼的尸体。然后他们飞跟在大王的身后。

大王让他的小魔鬼用石头和泥挡住洞的入口。猪想用耙子砸碎石头,但石头没有动。"不要理它,"孙悟空说。"他们挡住了前门,但洞的后面一定有一个入口。我去找找。"

"别让自己死了,"猪说。"我们已经为师父哭过了,我不想也为你哭。"

孙悟空围着山走了一会儿。他听到了流水的声音。低头看,他看到一条小溪从地上的一扇小门里流出来。他对自己说,"我可以变成一条水蛇,这样就可以进入山洞。但是,如果我变成一个又长又瘦的生物,师父不会喜欢的。螃蟹呢?不行,师父也不会喜欢的,腿太多了。"最后,他决定变成一只水老鼠。他走过大门,跟着流水向上进入了山洞。

不久,他发现自己在洞的后面。抬头一看,他看到一些小魔鬼在准备吃的人肉。当他看到这个时,他感到恶心。"我最好去弄清楚这里发生了什么,"他对自己说。然后他变成了一只小蜜蜂。他飞过山洞,来到了老魔鬼坐着的房间。

一个小魔鬼跑过来对老魔鬼说,"大王,我在山洞外巡逻。我看到了唐和尚的三位徒弟。他们都站在坟墓旁边,大声地哭着。我想他们一定认为我们给他们的头真是他们师父的。"

孙悟空听到这话很高兴。他看了一下房间。房间的一边有一扇非常小的门。他从门下飞过。他发现自己在一个大花园里。他听到了哭声。他看到了唐僧和另一个人。他们俩都被绑在树上。

他变回了他自己的样子，喊了他的师父。"是你吗，悟空？"唐僧问。"快帮我离开这里！"

"师父，放心吧。等一下。我必须先杀死那恶魔。"

他变回到了一只小蜜蜂，回到了老魔鬼的房间。魔鬼们在谈怎么把唐和尚做成饭。他们应该蒸、炒、还是煮？一个说他们应该把他放在盐里，然后慢慢地吃他。这让孙悟空非常生气。他对自己说，"我师父对你们做了什么？"

他飞到房顶，没有人能看到他，他变回了他自己的样子。然后他从手臂上拔下一些毛，小声说，"变！"把它们变成了睡虫。睡虫爬进魔鬼们的鼻子里，让他们睡着了。大王个子大，他没有睡着。所以孙悟空又把几个睡虫放进了他的鼻子里。最后，大王打了两个哈欠，睡着了。

当他们都睡着了，孙悟空打坏了花园的门。他正要松开唐僧的绑绳，但又说，"师父，等等，我要先杀掉那恶魔。"他跑回到房间里，举起他的棒。然后他说，"哦，等等。可能我应该先救出师父。"他又跑回花园。他这样来回跑了好几次，不知道该先做哪件事。最后，他松开了唐僧。

当唐僧起来离开时，另一个人大声喊道，"大人，请你也救救我！"

"那人是谁？"孙悟空问。

唐僧说，"他是个砍木人，也是被魔鬼抓住的。他的母亲年纪很大了，他很担心她。也松开他吧。"

孙悟空带着他们两人走出了山洞。他们走到猪和沙站着的坟墓前。猪以为唐僧是鬼，但孙悟空把假头的事和他怎么救出唐僧的事都告诉了他。

孙悟空和猪回到山洞里。他们找到了那个叫自己大王的老魔鬼。他们把老魔鬼绑起来，把他带到山洞外面，老魔鬼还在睡觉。然后他们在洞的后门放了很多干的烧火木头。他们点了火。猪扇动他的耳朵，让火烧得更大。它烧毁了山洞里的一切，杀死了所有的小魔鬼。

他们回到了唐僧那里。他们看到大王醒了过来。猪很快用他的耙子砸死了他。死去的大王变成了一只豹子。孙悟空说，"豹子可以杀老虎和人。杀死了他，我们救了许多生命。"

和尚和三个徒弟准备离开。但砍木人说，"先生们，我家离这里不远。你们能不能去我家，见见我的母亲，让我们为你们准备一顿饭？"

他们跟着砍木人。很快，他们看到了一个小屋。它被竹篱笆围着。一条石头小路从大门通向前门。四周都是鲜花和树木。一个老妇人站在门前，看着四周，大声喊道，"我的儿子，你在哪里？"

"我在这里，母亲！"他喊道。他跑到她面前，跪在她面前，哭了起来。

老妇人抱住他。说，"我的孩子，你已经走了好几天了。我以为是山主抓走了你。发生了什么事？"

"母亲，山主是抓了我。我被绑了好几天。他们要吃掉我。但这些先生救了我。他们是来自唐帝国的圣僧，前往西天取佛经。他们杀死了山主和他所有的小魔鬼。如果不是他们，你的儿子已经死了。"

母亲和儿子俩都向唐和尚和他的徒弟们叩头。然后他们很快走进小屋去准备素食。

吃完饭后，唐僧向砍木人的母亲道谢。然后他让砍木人告诉他们怎么回到向西的大路上。他们五个人走了几里路，翻山过河，终于又找到了大路。

"徒弟们，"唐僧说，

"我在这旅途中已经走了很远
每条河每座山都遇到灾难
从妖怪和魔鬼那里逃离死的命运
我的心只在佛经上
我的思念只在天堂上
这个旅途什么时候结束？
我什么时候可以回家？"

砍木人听见了他说的话，回答说，"先生，别担心。三百里外就是印度。你离西天很近了。"

这让唐僧很高兴。他向砍木人道谢。和尚和徒弟们面向西方，继续他们的旅途。

我们不知道他们需要多长时间才能到西天，我们将在下一章中知道。

九头狮子

第 87 章

我亲爱的孩子，听听这些话！

    大道深藏不露
    它可大，它可小
    它的故事吓坏了神和鬼
    它围着天和地
    它分开黑暗和光明
    它给世界带来幸福
    <u>灵鹫</u>山[1]前
    珍珠和珠宝出现

---

[1] Vulture Mountain, also known as Holy Eagle Mountain, was the Buddha's favorite retreat in the ancient city of Rajagriha (now called Rajgir) in northeastern India. He gave many famous sermons there, including the Heart Sutra which appears in this book.

它们发出五色光亮

　　它们照亮天和地

　　那些知道它的人会像山和海一样长命

你还记得，在我们上一个故事中，唐僧和一个砍木人被一个叫南山大王的魔鬼抓住。他们被唐僧的三个徒弟救了出来：猴王孙悟空、猪人猪八戒、安静的大个子沙悟净。

被救后，四名游人继续向西走去。几天后，他们来到了一个围着高墙的大城。

"悟空，"唐僧说，"我们到印度了吗？"

"没有，"他回答说。"佛祖住在印度的雷音寺。它在一座名为灵鹫山的大山上，那里没有城市。但我想我们离印度边界很近了。"

他们进了城。唐僧从马上下来。他们走过街道。看到那里的人看起来都很饿、很穷。他们穿着黑色的衣服。很快，他们走到了一群站在路上的官员那里。当游人们走近时，官员们没有动，猪就喊道，"让开！"

这吓坏了官员们。其中一人鞠躬说，"你们是谁，你们从哪里来？"

唐僧想要避开麻烦，回答说，"我是唐皇帝送来的和尚，去雷音山拜佛祖，把圣书带回唐帝国。我们的旅途让我们来到了贵地。我们希望不要因为我们进到你们的城市让你们感到羞辱。"

那位官员说，"这是凤仙，在印度东部的边界。我们这里有好几年没有下雨了。郡侯让我们挂出这个字牌。"他举起一个大字牌。游人们都看着字牌。字牌上说，凤仙郡侯上官正在找一位开悟的佛法大师来帮助我们。我们已经很多年没有下雨了。河流干了，井里没有水。有钱人有很少的东西可以吃，穷人正在死去。一担米要一百银。女孩被卖三升¹米，男孩被送给任何愿意接受他们的人。有钱人卖掉东西来买吃的东西，穷人成为强盗和小偷。我正在找一位有智慧的人求雨，帮助这个城市的人们。如果你能带来雨水，你会得到一千银。我承诺我说的话！

唐僧对他的徒弟们说，"如果你们中有人知道怎么带来雨水，就去那样做，救救这些人。如果你们不知道，那我们就必须走我们的路。"

孙悟空问，"下雨很难吗？我可以把河流翻过来。我可以转星搬山。我可以踢天空，推月亮。下雨很容易。"

两名官员听到了这话。他们跑去告诉郡侯，"大人，我们把你写的字牌带去集市上。我们遇到四个和尚。他们说，他们来自东方的唐帝国，正前往雷音山拜佛。他们说他们可以带来雨水！"

郡侯从他的椅子上跳了起来。他没有等轿子，快快地走去集市。他走到唐僧和他的三个丑徒弟面前。他一点都不怕，叩头说，"我是上官，这个城市的郡侯。我求你们帮忙求雨来救这些人。"

唐僧鞠躬说，"先生，我们不能在街上说话。请带我们去寺庙。"

郡侯带他们回到他住的地方。他命令给客人送茶和素食。食物送来后，他们都吃了，但猪吃得像一只很饿的老虎。仆人送来了一

---

¹ 升 (shēng) is a traditional unit of volume equal to 100 liters, about 26 gallons. Other volume measures include 市斗 (shì dǒu, 10 liters), 市升 (shì shēng, 1 liter), 合 (gě, 100 ml), 勺 (sháo, 10 ml), and 撮 (cuō, 1 ml).

碗又一碗的汤，一盘又一盘的米饭。终于，他吃饱了，不再吃了。

吃完饭后，唐僧问郡侯为什么没有下雨。郡侯回答说，"这里已经三年没有下雨了。草不长，五谷都死了。现在三分之二的人都已经死了。对剩下的人来说，他们的生活就像风中蜡烛的火焰。你来到我们这里，是我们的运气。如果你能带来一寸雨水，你就会得到一千个银币。"

孙悟空笑道，"如果你给我们银子，你一滴雨都得不到。但如果你有同情心，尊佛，老猴子会给你带来一场大雨。"

"当然，"郡侯回答说，向他鞠躬。"我永远不会对这些事情置之不理。"

孙悟空站了起来，说了些魔语。不久，一朵黑云出现在东边，一直来到房前。这是东海老龙敖广。敖广变成人的样子，走到猴子面前。他鞠躬问道，"大圣，你为什么要让这条可怜的龙过来？"

"请起来，我的朋友，"孙悟空说。"谢谢你来这里。这个地方已经三年没有下雨了。你能下点雨吗？"

敖广回答说，"我当然可以下雨，但如果没有天上的命令，我是不敢下雨的。另外，我必须有我天上的战士在这里帮助我。现在我要回到东海去叫我的战士。你必须去天宫。求玉皇大帝命令下雨，求官员放龙出来。那样我就会照皇帝的命令下雨。"

敖广回到了大海。孙悟空让猪、沙守卫唐僧。然后他消失了。

"猴子去哪儿了？"吓坏了的郡侯问。

"他骑云上了天宫，"猪笑着回答说。然后，郡侯命令城里所有

643

的人拜龙。他还让他们把柳枝放在罐子里的清水里，放在他们的大门前。

孙悟空来到了西天门。遇见了护国天王。他对天王说，"我和师父已经到了印度边界的凤仙城。那里已经三年没有下雨了。我让龙王敖广来下雨，但他告诉我，没有玉皇大帝的命令，他是不能那样做的。"

护国天王打开了大门。孙悟空过了大门，飞向通明殿，在那里他遇到了四位天上的老师。他向四位老师讲了同样的故事。其中一位老师说，"但那里不应该下雨！"

"可能是，可能不是。但请让我自己问问玉皇大帝。"

四位老师把孙悟空带到了灵霄殿。他们对玉皇大帝说，"陛下，孙悟空已经到了印度边界的凤仙城。他想让那里下雨。"

玉皇大帝对孙悟空说，"三年前，十二月二十五日，朕游走三界。朕来到了凤仙城。朕见到了上官郡侯。朕看到他打翻了天上的祭品，把它们喂了狗。然后他说朕的坏话。正因为那样，朕在披香殿里设置了三样东西。"他转向四位老师，说，"带孙悟空去看看这三样东西。"然后他对孙悟空说，"当郡侯照朕的要求做了，朕就下命令。在那之前，关心你自己的事吧。"

四位老师带着猴子来到披香殿。他看到了三样东西。左边是一座一百尺高的米山。山边有一只拳头大小的鸡，不时地吃一点米。中间是一座两百尺高的面山。山边有一只金色毛发的小狗，不时地用舌头舔面条。右边是一个十五寸左右高的金色大挂锁。它挂在铁棒上。挂锁正下方是一根小蜡烛。蜡烛的火焰刚好碰到挂锁的底部。

孙悟空不明白自己看到的东西是什么。"这是什么？"他问老师们。

"玉皇大帝在看到郡侯做的事后，就设置了这个。当鸡吃完了所有的米，当狗吃完了所有的面条，当灯火化了锁，凤仙就会下雨。"

孙悟空的脸变得很白。他什么也没说。他转身离开大殿。"大圣，不要难过，"一位老师说。"如果郡侯有仁慈和善良的想法，米山和面山就会倒，锁就会断。可能你可以让郡侯走在仁慈和善良的道上。"

孙悟空很快飞回了郡侯那里。他进了他的办公室。许多人围在他四周，问他问题。他没有理他们。他对郡侯喊道，"你知道为什么这里没有雨吗？这是因为三年前，十二月二十五日，你做了一件让天地愤怒的事情。这就是为什么没有雨，这就是为什么这里的人们在受到痛苦。你为什么要打翻天上的祭品，把它们喂了狗？"

郡侯说，"是的。那天，我正在准备给天上的祭品。我和妻子争论了起来。在愤怒中，我推倒了祭品桌。食物掉在地上。我让狗吃了食物。我不知道天上会知道这件事。请问，我现在该怎么办？"

"玉皇大帝在天上的披香殿里设置了三样东西。有一座米山，一只小鸡不时地吃一点米。有一座面山，一只小狗不时地吃一点面。还有一把锁，下面有一根蜡烛在燃烧。当鸡吃完所有的米，狗吃完所有的面条，蜡烛烧断锁的时候，这里就会下雨。"

猪说，"哥哥，没问题。带我去吧。我可以吃掉所有的米饭和面条，我可以打坏锁。"

"别这么笨了，"孙悟空回答。"这是皇帝安排的。你不能走近

645

那个地方。"

"那我们该怎么办呢？"唐僧问。

孙悟空对郡侯说，"大人，他们告诉我，如果你的心转向善良，问题就会得到解决。如果你不那样，那么你的生命就没有办法得救。"

郡侯跪在地上说，"伟大的老师，我会照你说的去做。"然后，他命令所有佛教和道教和尚准备他们的典礼。他带着他的人们烧香拜佛。他请唐僧念经。他要求每个家庭都要烧香拜佛。

过了几天，孙悟空觉得是时候回天宫了。他让猪和沙照顾唐僧。然后他直飞向西天门。他对护国天王说，"郡侯已经回到了正确的道上。"过了一会儿，几位送信人来了，带来了佛教和道教和尚写的信。天王让送信人把信带给通明殿里的玉皇大帝。

孙悟空要跟着送信人，但护国天王阻止了他，说，"大圣，你不需要再去见玉皇大帝了。你应该去九天应元府。在那里你可以借一些雷神。"

孙悟空同意了。他去了九天应元府。他对那里的一位官员说，"我想见见天尊。"

天尊来到房间，向孙悟空问好。猴子说，"我想请你帮忙。我正在帮助唐僧西行。我们来到了凤仙城。那里已经三年没有下雨了。我承诺过要让那里下雨。但是我需要雷神的帮助。"

天尊回答说，"我听说郡侯让玉皇大帝很生气，所以皇帝已经设置了三件东西。没有人告诉我，要在那里下雨。"

"那三样东西是米山、面山、金锁。设置还在，在那些东西倒下之前，凤仙不能有雨。但四位天上的老师告诉我，如果郡侯开始在人间做好事，上天会帮助他。好事开始在凤仙城里出现。我相信皇帝很快就会许可下雨。这就是为什么我要请你们雷神帮忙下雨。"

"好吧，大圣，你可以有四个雷神和闪电娘子。"

孙悟空带着雷神和闪电娘子飞回凤仙。当他们接近城市时，雷神开始用他们的魔法。真是，

　　闪电像紫金蛇
　　雷声像百万只睡醒的虫
　　明亮的光像飞火焰
　　雷声砸碎山洞
　　箭照亮天空
　　声动大地
　　红金叫醒了地下的种子
　　摇动三千里河山

城里的人都跪倒在地上，举着点着的香，手拿柳枝，说，"我们归顺佛祖！"

凤仙的暴风雨开始的时候，送信人走进了灵霄殿，把信给了玉皇大帝。皇帝看了信，然后对他的官员说，"去看看这三件东西怎么了。"官员们去了披香殿，看到米山和面山都倒了，锁也断了。

就在这时，土地神和城里的神进来了。他们向皇帝鞠躬说，"我们的郡侯和城里的每一个人现在都在拜佛拜天。请同情他们，下雨救他们。"

玉皇大帝很高兴。他说，"让风神、云神、雨神都去凤仙城。让云遮住天空，让雷咆哮，下三尺四十二滴雨。"

开始下雨了。厚厚的云，黑色的雾，雷声隆隆，雷电闪烁。一千里地，一片黑暗。雨水淹没了河海。它敲打着屋顶和窗户。它淹没了街道。干的草变绿了，枯树开始长出新的叶子。农田里的五谷又开始生长。农夫们去农田里工作。真的是，当风和雨来的时候，人们是幸福的。当河流和大海安静的时候，世界一片和平。

整整三尺四十二滴雨水。众天气神正准备离开，但孙悟空阻止了他们。他说，"众神，请留一下。请露出你们的真身，让郡侯见见你们，他将送上给天上的贡品。"

所以，

> 龙王出现
> 雷神出现
> 云孩出现
> 风大人下来
> 龙王出现
> 银色的胡子，灰白的脸
> 雷神出现
> 强壮的身体，弯弯的嘴
> 云孩出现
> 金冠玉脸
> 风大人下来大眼睛，粗眉毛
> 人们抬头望
> 他们烧香，叩头
> 人们抬头望，看到众神和天上的大将
> 他们洗心向善良

众神和天上的大将们在那里停留了两个小时，人们叩头祈祷。最后，孙悟空说，"谢谢你们的帮助。你们现在可以回去了。但请每五天送一次风，每十天下一次雨。"众神们同意了，他们回到了天上。

游人想在那天离开。但郡侯要求他们留下来，为他们建一座荣誉寺庙。所以他们留了下来。寺庙建得非常快。半个月后，它就完成了。唐僧给了它一个名字，叫甘霖普济寺。从那天起，远近的和尚们都来这里，在寺庙里祈祷和烧香。郡侯还为雷神和龙神建了寺庙，感谢他们。

最后，游人不能再留在那里了。郡侯和他的官员们流着眼泪，看着他们离开。

第 88 章

唐僧和他的徒弟们继续向西走，夏去秋来。树叶变红。凉凉的夜晚，明亮的星星在天空中，白色的月光照在窗户上。

有一天，他们看到了一个大城的城墙。"悟空，"唐僧说，"那里又有一个城市。我想知道那是什么地方？"

"我们以前从来没有见过这个城市，"孙悟空回答说。"我怎么会知道呢？我们去看看。"

就在这个时候，一位老人从树后面走了出来。他拿着一根木头拐杖，穿着草鞋。唐僧从马上下来，向那人问好。那人也向唐僧问好，然后问道，"先生，你从哪里来？"

"我是一个穷和尚，被唐皇帝送去拜佛取圣经。你能告诉我们，远处是什么城市？"

"师父，你们现在是在印度。这里是玉华王国。我们城主是一位王子，是印度王的亲戚。他是一个好人。他尊敬佛教和尚和道教和尚，关心那里的人们。如果你去见他，他会对你很尊敬。"然后那个人走回了森林。

游人又往前走了一点，走过城门，进了城市。街上有很多人。有商店、酒店和茶屋。它看上去很繁荣。

唐僧心想，"我从来没有来过印度，但这和唐国真的没有什么不一样。"他看到人们在买和卖，他听说人们可以用十分之四两的银子买一担大米，用一分钱买一斤油。这真的是一个繁荣的城市！

他们穿过城市，一直来到王子的宫殿。"在这里等着，"唐僧对徒弟们说。"我会请王子签署我们的通关文书。如果他给我饭吃，我会让人送给你们一起享受。在你们等的时候，你们可以去那边的酒店，给马买一些谷子。"

不久，唐僧被邀请到宫里去见王子。他把通关文书给了王子。王子看着文书。他看到来自许多国家的签名。他签了通关文书，把它还给了唐僧。"伟大的老师，"他说，"你走过许多国家。你走了多长时间了？"

"我在旅途中已经经过了十四个冬天和夏天，"唐僧回答说。"我见过千千万万个妖怪，我没有办法告诉你有多少的痛苦。"

王子让人为他的客人准备饭。唐僧要求让他的三个徒弟一起吃饭。但当王子的大臣们出去时，他们没有看到任何人。所以他们走到街对面的酒店。"唐僧的徒弟是谁？"他们问。"殿下邀请他们吃饭。"

猪听到"饭"字，跳了起来，说，"我们是！我们是！"

这吓坏了酒店的工人。他们大喊，"猪魔鬼！猪魔鬼！"

猴子抓住猪，让他安静。酒店的工人看到他，大喊，"猴子精！猴子精！"

沙举起双手，想要告诉他们不要害怕。但酒店的工人看到他，大喊，"厨房神！厨房神！"

最后，三个徒弟就这样走出酒店。他们跟着大臣们回到了宫殿。王子看到他们，也吓坏了，但唐僧说，"不要害怕，殿下。他们很丑，他们不知道怎么有礼貌地互相对待，但他们有善良的心。"

宫里的仆人们拿出食物，大家都吃了。后来，王子回到了他自己的房间。他的三个儿子看到他的脸很白。"父亲，什么让你害怕了？"他们问。

"东方的大唐来了一位和尚。我邀请他和我们一起吃饭。他说他有三个徒弟，所以我也邀请他们和我们一起吃饭。他们都非常丑，他们看起来像魔鬼。所以我脸看起来这么白。"

这三个年轻人现在都是技术很好的战士。他们跳起来对他们的父亲说，"这些一定是来自山上的妖怪精。我们去拿武器，看看他们是谁。"大儿子拿起一根棒，二儿子拿起九齿耙子，小儿子拿起一根拐杖。他们跑出宫殿，大喊，"妖怪在哪里？"

"他们在亭子里吃素食，"厨房师父回答说。

三个年轻人跑进亭子里喊道，"你们是人还是妖怪？现在告诉我们，我们会让你们活着。"

唐僧看到他们，吓得碗都掉了。他说，"我是一个穷和尚，不是妖怪。"

小王子们说，"是的，你看起来像个人。但那三个丑的一定是妖怪。"

孙悟空说，"我们都是人。我们的脸可能很丑，但我们心是好的。那么，你们从哪里来，为什么说这么笨的话？"

厨房师父轻声说，"这些是殿下的儿子。"

"好吧，殿下，"猪说，"你们为什么拿着这些武器？你们想战斗吗？"二王子想用耙子打猪，但猪只是笑笑。他从腰带上拔出自己的耙子，在头上晃动。万道金光从耙子中射出。小王子吓坏了，他扔下了他的耙子。

年龄最大的小王子拿着一根棒。孙悟空从耳中拿出自己的棒，轻声说，"变！"它变成像饭碗一样粗，十二尺长。他把它砸在地上，把它插到泥里三尺深。"来，"他说，"去拿我的棒。去吧。"小王子抓住猴子的棒，但他没有办法动它。

年龄最小的小王子用他的拐杖攻击沙。沙很容易地躲过了攻击，然后拔出了他的拐杖。明亮的彩光从拐杖中射出。每个人都停下了他们正在做的事，看着光。然后三个小王子放下武器，叩头，说，"伟大的老师，我们很对不起，我们没有认出你们。请让我们看看，你们是怎么用这些武器的。"

三个徒弟为小王子们表演。孙悟空跳上一朵金云，飞快地挥动他的金箍棒，直到它动得太快，看不见了。猪上下、左右、前后挥动着耙子，空气里都是咆哮的风声。沙为他们表演了"丹凤朝阳"和"饿虎扑食，"他的拐杖发出金光。然后他们都回到了地上，向唐僧鞠躬后，坐了下来。

小王子们跑回宫殿。他们对他们的父亲说，"你看到天空中的三个跳舞的人了吗？那些人不是神，也不是神仙。他们是唐和尚的三个丑徒弟。他们有非常好的技术。我们希望他们成为我们的老师，这样我们就可以学习他们的技术，保护我们的国家。你怎么想？"老王子同意这是个好主意。

老王子和他的三个儿子快快地赶到亭子那里。四位游人正准备离开。老王子对唐僧说，"唐师父，我想请你帮一个忙。当我第一次见到你和你的徒弟时，我以为你们只是人。但现在我看到你们是仙，是佛。我可怜的儿子们希望成为你们的徒弟，学习你们的一些战斗技术。我求你同意。如果你同意，我会把这个城市的所有财富都给你。"

孙悟空笑道，"殿下，你不懂。我们很愿意接受你的儿子为徒弟。但我们不想要你的任何财富。"老王子非常高兴。他命令在宫殿的大殿里举行一场大宴会。有唱歌、跳舞、音乐和好吃的素食。

第二天，三位小王子来见孙悟空、猪和沙。小王子们问道，"我们能不能看看你们的武器？"猪把耙子扔在地上。沙把他的拐杖放在附近的墙边。两个小王子想要拿起武器，但他们没有办法搬动它们。这就像一只蝴蝶想要搬动一根石柱。

猪笑着说，"我的耙子不重。连把手一共5,048斤[1]。"

沙说，"我的拐杖也是5,048斤。"

"大圣，那你的武器呢？"他们问孙悟空。

他回答说，

"这根棒是宇宙开始时造的

---

[1] This number probably is inspired by a famous collection of Buddhist teachings, the *Digest of the Catalog of Buddhist Teachings Compiled During the Kaiyuan Reign of the Great Tang*, completed in 730 A.D. during the Tang Dynasty. It consists of 5,048 volumes.

它是<u>大禹</u>[1]自己造的
他用它来发现河流和大海的深度
后来它漂到了东海的大门
它在那里停留，发出彩色的光
我找到它，把它变成了我的棒
我可以让它变大，装满宇宙
我可以让它变小，像针一样
天地中只有一个它
它重 13,500 斤
它可以带来生或死
它可以打败龙和虎
它可以杀死妖怪和魔鬼
当我在天上找麻烦时，它帮助了我
天地神鬼都怕它
它来自最开始的宇宙
这不是一根普通的铁棒！"

小王子们都请求学习怎么用这三件武器。但<u>孙悟空</u>说，"我们可以教你们，但你们还没有足够强大，不能用这些武器。古人说，'一只画得不好的老虎，看上去就像一条狗。'你们需要强壮才能用这些武器。"

这让三位小王子非常高兴。他们洗了手，拿来了一张香桌，点了香，向天鞠躬。然后他们请求老师教他们。

<u>孙悟空</u>、<u>猪</u>、<u>沙</u>都向<u>唐僧</u>鞠躬，请求他让他们教小王子。<u>唐僧</u>同意了。然后<u>孙悟空</u>带着三位小王子，走进亭子后面一个安静的房

---

[1] Yu the Great (大禹), sometimes called "Great Yu Who Controlled the Waters," was a legendary king in ancient China. He labored for thirteen years to build China's first system of flood control. Emperor Shun was so impressed that he passed over his own son to name Yu as emperor at age 53. Yu reigned for 45 years.

间。他让他们躺下，闭上眼睛。然后他说了一些魔语，把气吹进他们的心里。这给了他们新的肌肉和骨头。他做完后，小王子们可以很容易地拿起三件重武器中的任何一件。

第二天，三个徒弟开始教小王子。小王子们现在能够拿起武器，但他们很难用它们。另外，这些武器很神奇。当王子们想要用它们时，它们改变了样子。在一天结束的时候，王子们说，"谢谢你们教我们怎么用这些武器。但是我们很难用它们。我们要造三个新武器。它们看起来像你们的武器，但用的是普通的钢铁。那样可以吗？"

"没问题，"猪说。"不管怎样，我们需要用我们的武器来保护佛，打败妖怪。"所以，小王子们叫来铁匠。铁匠们带来了一万斤铁。在院子里工作，他们化了铁，开始炼铁。当铁准备好后，他们请三个徒弟拿出他们的武器，这样他们就可以照着这些武器做。三个徒弟把武器留在院子里，让铁匠们看着做。

但麻烦就在不远处。一个邪精住在二十五里外豹头山上的虎口洞里。他看到铁匠造武器的火光，就来到院子里看看发生了什么。他看到院子里躺着的三件神奇的武器。"好棒的武器！"他喊道。"我今天的运气很好。我要把它们带走。"他弄起一阵大风，拿起武器，把它们带回他的山洞。

这真是，

> 你不能离开道
> 可以离开的道不是真的道[1]
> 天上的武器被偷

---

[1] This is taken almost word for word from the beginning of the Doctrine of the Mean, written by Zisi, grandson of Confucius: "The path may not be left for an instant. If it could be left, it would not be the path."

徒弟们的工作白费了

第 89 章

第二天早上，铁匠们来到院子里开始工作。但是神奇的武器不见了。铁匠们找了每个地方，但找不到它们。他们去了小王子们那里，叩头，说，"小主人，我们不知道武器发生了什么事。"

小王子们跑去告诉了三个徒弟。他们都回到院子里，看到武器不见了。<u>猪</u>很生气。他对铁匠说，"你们偷了我们的武器！现在把它们还出来，不这样做，我就杀了你们。"

但铁匠们哭了，叩头说，"大人，我们昨晚都睡着了，我们太累了。今天早上我们来这里工作，看到武器不见了。我们不是神，我们只是人。我们没有办法搬动这些重武器。"

<u>孙悟空</u>说，"这是我们的错。我们昨晚不应该把武器留在这里。我想是一个妖怪来偷走了它们。"

徒弟们站在院子里，争论了一会儿。这时，老王子来了。他对他们说，"这里没有人偷你们的武器。你们的武器很神奇。一百个人也没有办法搬动它们。而且，这个城里的人很好，他们不会从你们那里偷任何东西。"

<u>孙悟空</u>说，"殿下，告诉我，附近有没有住着邪恶的妖怪？"

"嗯，是的。城市北边是<u>豹头</u>山。山上有一个<u>虎口</u>洞。我听说那个山洞里住着一个妖怪。"

<u>孙悟空</u>听了很高兴！他让<u>猪</u>和<u>沙</u>留下来，照顾<u>唐僧</u>和这坐城。然后他跳到空中，用他的筋斗云很快飞向<u>豹头</u>山。他看了四周。他

听到声音，看到两个狼头妖怪在走路，说着话。他变成了一只蝴蝶，跟着他们。

他听见其中一人说，"我们的师父运气太好了！上个月，他遇到了一个美丽的女人，她现在和他一起住在山洞里。昨晚他发现了三件神奇的武器。明天会有钉钯节，那会很好玩！"

另一个妖怪回答说，"你我运气也很好。我们的主人给了我们二十两银子，为节日买猪和羊。我们去买一瓶酒。买猪和羊的时候，我们可以为自己留两、三两银子。我们可以用这钱买冬天穿的暖外衣。"

孙悟空听到了他们说的话。他飞到他们前面。然后他变回了他自己的样子。当妖怪走近时，他说了几句魔语。妖怪们停止了走路。他们不能动，也不能说话。孙悟空向他们走去。他从其中一个人那里拿走了二十两银子。他看到他们俩都带着通行证。他们的名字是刁钻古怪和古怪刁钻。他拿走了通行证。

孙悟空回到宫中。他告诉大家他看到的"猪，你把你自己变成刁钻古怪。我变成古怪刁钻。沙，你将是一个卖猪羊的人。我们去虎口洞取我们的武器，杀死妖怪。然后我们就可以继续我们的旅途。"

"可是我怎么变成刁钻古怪呢？"猪问。"我从来没有见过他。"孙悟空对着猪吹了一口魔气，猪现在看起来就像是刁钻古怪。孙悟空把自己变成了古怪刁钻。沙把自己弄成买卖人的样子。然后他们三个人向山洞走去，赶着他们前面的猪羊。

当他们沿着小路走的时候，他们又遇到了一个魔鬼。他的名字叫绿脸。他有火一样红的头发，红鼻子，尖牙，大耳朵和一张绿色的脸。他穿着黄色的长衣和草鞋。他拿着一个小盒子。当他看到三个徒弟时，他大声喊道，"古怪刁钻，很高兴见到你！你买了猪和羊了吗？"

"当然，"孙悟空回答。"你没看见它们吗？"

"那是谁？"魔鬼指着沙说。

"他是一个买卖人。我们欠他一些银子，所以我们要回家取钱给他。盒子里有什么？"

"这些是钉钯节的邀请书。钉钯节在明天早上。我们的首领将在那里，还有其他四十位左右的客人。你自己看。"魔鬼拿出其中的一份邀请书，给了孙悟空。上面写着，

> 哦，伟大的九灵元圣，我希望你明天能和我们一起参加钉钯节。我希望你不会拒绝。你的孙子黄狮感激你，向你叩头一百次。

孙悟空把邀请书还给了绿脸。魔鬼走下了山。他走后，孙悟空把邀请书上说的话告诉其他人。然后他们继续走，直到他们来到山洞。在山洞外面，一群小魔鬼在树下玩。当小魔鬼看到猪和羊的时候，他们把它们抓住绑了起来。魔王听到声音，来到了外面。

"哦，你们回来了，"他说。"你们买了猪羊了吗？"

孙悟空回答说，"八头猪，七只羊。猪用了十六两银子，羊九两银子。你给了我们二十两银子，所以我们欠这个卖猪羊的人五两银子。"

魔王对一个小魔鬼说，"去给这个卖猪羊的人取五两银子。"

"大人，"孙悟空说，"我告诉卖猪羊的人，他可以留下来参加宴会。他很饿也很渴。"

"该死的，古怪刁钻，我让你去买一些猪和羊，不是让你去邀请

人们参加我们的宴会。"他把五两银子给了卖猪羊的人，说，"这是你的银子。跟我一起去山洞后面，吃点喝点东西。但不要碰任何东西，也不要告诉任何人你在这里看到的东西。"

他们走进了山洞的后面。桌子上放着猪的九齿耙子，耙子上发出许多颜色。旁边是猴子的金箍棒，桌子的一边是沙的拐杖。猪看到耙子，就忍不住了。他抓住它，变回了他自己的样子。他跑向魔王，在空中挥动着耙子。孙悟空和沙也抓起武器，变回了他们自己的样子。

魔王跑去抓起了他自己的武器，一把四明铲[1]，长长的把手，尖尖的头。"你们是谁，来偷我的宝贝？"他喊道。

孙悟空对他喊道，"你这只毛兽，我要抓你！你不知道我。我是唐和尚的徒弟。我们来到这里时，王子说，他的三个儿子请我们给他们上战斗课。他们正在照着我们的武器，造他们自己的武器。我们把我们的武器留在院子里一个晚上。你偷了它们！现在你说我们在偷你的宝贝。站在那里不要动，试试我的棒！"

这真是一场战斗！

  棒像风
  耙子像雨点
  拐杖像雾飞满天空
  魔鬼的四明铲生出朵朵白云
  三徒弟露出他们的强大
  邪精不该偷走他们的宝贝

他们一直战斗到太阳西下。过了一会儿，魔鬼累了，没有办法再

---

[1] The four lights may refer to the four openings in Daoist sacred mountains, which allow light from the sun, moon, stars and constellations to shine through.

战斗了。他跑出山洞，像风一样向东南方向飞去。

猪飞在他后面，但孙悟空说，"让他走吧。我们让他没有什么可以再回来的。"他们杀死了洞里所有的小魔鬼。小魔鬼死后变成了老虎，狼，豹子，鹿和山羊。沙找到一些干木头，点了火。猪扇动他的耳朵，让火烧得更大。火烧毁了洞里的一切。然后他们把一些死去的动物带回了城里。

他们见到了老王子，把一切都告诉了他。王子听说他们赢了，很高兴，但他害怕魔王以后会回到城里找麻烦。

"殿下，别担心，"孙悟空说。"今天早上，我们听说明天会有一场宴会。其中一位客人将是一个名叫九灵元圣的魔鬼。我想这是魔王的爷爷。魔王的名字叫黄狮。我想魔王已经去见他的爷爷了。我认为他们明天会回来报仇。"老王子向他道谢。他们吃过晚饭，都上床睡觉了。

这时，黄狮是去见了他的爷爷。他飞了一整夜，在五更左右，太阳正从东方起来的时候到了他爷爷的山洞。他进去。看到他爷爷时，他跪倒在地上哭了。

"好孙子，你为什么哭？"九灵元圣问。"我正准备来参加你的宴会。"

"今天不会有宴会了，"魔王哭道。"我想举办一场宴会，让你看看我找到的三件极好的武器。我让两个仆人去买一些宴会用的羊和猪。他们带着动物回来了，他们带来了一个买卖人。他饿了，所以我给了他一些吃的东西。当看到武器时，他们三个人都变成了可怕的魔鬼，开始和我战斗。一个人有一张毛脸，看起来像一个雷神。还有一个人有长长的鼻子和大耳朵。第三个是长一张可怕的脸的大个子。他们说，他们是西游的唐和尚的徒弟。他们都是非常好的战士。我不能赢他们。所以我来这里见你。如果

660

你爱你的孙子，请帮我，拿这三个人报仇。"

爷爷想了一分钟，然后说，"孙子，你不该碰这三个人。大耳朵是猪八戒。大个子是沙悟净。他们还可以。但那毛脸是孙悟空。五百年前，他在天上找麻烦，十万士兵都不能阻止他。你为什么要让他生气？好吧，没关系。我会帮你的。"

黄狮叩头道谢。九灵元圣又叫来了他另外六个孙子，都是狮子魔鬼。他们八人跟着风飞行，很快到了豹头山。但当他们来到山洞时，他们看到的只有烟和火。在山洞前，刁钻古怪和古怪刁钻坐在地上哭。

"你们真的是刁钻古怪和古怪刁钻吗？"黄狮喊道。

"真的是我们，"他们回答说，仍然在哭。"昨天我们遇到了一个和尚，他的脸像雷神。他说了一些魔语，之后我们就不能动了。他偷走了我们的银子和通行证。今天早上，我们终于可以动了。我们来到这里，看到山洞里的所有东西都被烧毁了。"

黄狮踢着脚，大喊道，"恶兽！你怎么能这样做？你烧毁了我的山洞，杀死了所有人，还有我的女朋友。我非常生气，我可以死了！"然后他扑倒在山边，把头撞在石墙上。直到他的两个兄弟抓住他，他才停下来。然后他们都离开了山洞，飞向城市。

城里的人抬起头看，看到一群愤怒的魔鬼向他们飞来。他们都跑进屋里，锁上门。老王子看到飞来的魔鬼，问道，"我们该怎么办？"

"不要担心，"孙悟空回答。"只是那个虎口洞来的邪精，还有那个叫自己九灵元圣的人，可能还有其他几个魔鬼。没问题。让每个人都留在家中。我们会解决这事。"然后他和猪、沙一起飞向天空，去和魔鬼战斗。

第 90 章[1]

三个徒弟看到一群魔鬼向他们飞来。飞在前面的是叫黄狮的魔王。他的六个兄弟在他身后。中间是叫九灵元圣的九头狮子。绿脸魔鬼在九头狮子的头顶上举着一面法幢[2]。刁钻古怪和古怪刁钻在两边举着红旗。

当他们飞近时,猪对狮子大喊,"妖怪!小偷!偷宝贝的人!"

黄狮也喊道,"你们为什么要烧我的山洞,杀我的家人?我和你们的仇像大海一样深。在那里不要动,试试我的四明铲!"

战斗开始了。黄狮和他的两个兄弟跟猪战斗。其他四只狮子攻击了沙和孙悟空。真是一场战斗!

> 七只狮子带着七件强大的武器
> 围着三位和尚大喊大叫
> 大圣的棒很厉害
> 沙的拐杖天下没有东西能和它比
> 猪的耙子发出明亮的彩光
> 他们和七只狮子战斗
> 城里,王子的士兵敲锣打鼓
> 他们在天空中战斗,直到天地变黑暗

---

[1] Each chapter in this novel has a title as well as a number. To keep things simple we have not shown the chapter titles in these books. But the title of this chapter is a fun one. It's 师狮授受同归一盗道缠禅静九灵 (shī shī shòu shòu tóng guī yī dào dào chán chán jìng jiǔ líng). As you can see, it's a series of word pairs that have the same sound. For example, 师狮 is shī shī and means "teachers and lions." 授受 is shòu shòu and means "give and receive," and so on. The whole title is somewhat cryptic but could be translated as "Teachers and lions, giving and receiving, return to the One. Thieves and Dao, entangled in meditation, pacify the Ninefold Spirit."

[2] 法幢 (fǎ chuáng) are flower flags. These looked like colorful windsocks with tassels at the end and are used in Buddhist dojos.

战斗继续了半天。夜晚到来时，猪累了。他想要飞走，但他被两个狮子魔鬼抓住了。他们把他带到九灵元圣面前，说，"爷爷，我们抓到了他们中的一个！"

这时，孙悟空和沙一起正和另外五只狮子魔鬼战斗。他们抓住了两个狮子魔鬼，但其他的都逃走了。

九灵元圣看到了这。他说，"把猪绑起来，但不要杀它。当他们把我们的狮子还给我们时，我们就会把猪给他们。如果不给，那么我们就会杀了他。"

孙悟空和沙将两个狮子囚犯带回了城里。士兵们把他们绑了起来。唐僧问猪是不是还活着。"是的，"孙悟空回答说，"但别担心。明天我们将用这两只狮子换回猪。他们不会伤害他的。"

第二天黎明时，九灵元圣告诉黄狮他的计划。"你必须抓住猴子和另一个和尚。我将试着抓住他们的师父、老王子和他的三个儿子。之后，我们在我的山洞里见面。"

所以黄狮和他的四个兄弟回去打孙悟空和沙。天空处处都在战斗。树木倒了，战斗吓坏了虎和狼，也让神和鬼担心。就在他们在天空中战斗的时候，九灵元圣飞向城市。他摇了一下他的九个狮子头，吓坏了守卫的士兵。然后他用五张嘴抓住了唐僧、老王子和三个小王子。他把他们带到了关猪的地方。他又张开另一张嘴，抓住了猪。

现在，他的六张嘴里装着囚犯。他用另外三张嘴，对他的孙子们喊道，"我抓到了我的囚犯，我现在要走了！"其他的狮子更加努力地和孙悟空、沙战斗。孙悟空拔下他手臂上所有的毛发，咀嚼了一下，吐出来。毛发变成了一千只小猴子。所有的小猴子都攻击狮子。狮子们挡不住他们。小猴子杀死了黄狮，抓了其他四只狮子。刁钻古怪、古怪刁钻和绿脸都逃走了。

孙悟空把狮子带回城里。士兵们打开了城门。他们把四只狮子绑起来，和另外两只狮子关在一起。孙悟空对士兵们说，"把黄狮的皮剥了。不要让其他六只狮子逃走。拿些饭菜给我们。"

第二天早上，孙悟空和沙飞到九灵元圣住的竹节山。他们停下来看了四周。突然，他们看到了绿脸。"你要去哪里？"孙悟空喊道。绿脸转身想逃跑，但他掉进了山谷。两个和尚下到山谷里去找他。他们找不到他，但他们发现了一个山洞的入口，入口处有一对石门。门上面有一块牌子，上面写着，"竹节山。九曲盘桓洞。"

山洞里，绿脸向九灵元圣报告说，"大人，外面有两个丑和尚。但我没有见到你的孙子。"

九灵元圣低下头哭了，说，"这太可怕了。我的孙子可能已经死了。我该怎么报仇？"

猪被绑在附近。他听到了这话。他笑着说，"别难过，老头。我的哥哥赢了。他已经抓了所有的魔鬼。现在他会来救我们。"

九灵元圣没有再说话，他推开石门，走出了山洞。他张开嘴，飞快地抓住了孙悟空和沙。他把他们带进了山洞。他对孙悟空说，"很好。你抓了我的七个孙子。但是我有四个和尚和四个王子。我们可以换。但你先要被打一顿。小的们，开始吧！"

三个小魔鬼开始用柳棒打孙悟空。但这对孙悟空来说一点事都没有。魔鬼从早上到晚上不停地打他。最后，老魔鬼对他们说，"可以了。去吃点喝点东西。我要睡觉了。"

三个小妖继续整夜的打孙悟空，但没有很久，他们就累了，睡着了。等他们睡着后，孙悟空就用他的魔法把他自己变小。他从绑着他的绳子中逃了出来。他从耳朵里拿出金箍棒，让它长到二十尺长，砸在三个小魔鬼的头上，马上杀死了他们。

九灵元圣听到了声音。他拿着一只灯笼跑进大殿。孙悟空只好马上离开。他松开了沙，然后他飞出了山洞。九灵元圣抓住了沙，又把他绑了起来。

孙悟空飞快地飞回城里。在他飞行的时候，半空中遇到了金头揭谛、黑暗六神和光明六神。他们守卫着土地神。他们说，"大圣，我们已经抓住了这个魔鬼，把他带到这里来给你。"

孙悟空说，"你们为什么会在这里？你们应该是回城里，保护我的师父。"

"大圣，"他们回答说，"你离开九曲盘桓洞后，九头狮子又抓了你的弟弟沙。这只狮子非常强大。所以我们抓了这个土地神，他负责狮子山洞那里的竹节山。我们希望他知道这只狮子。如果你想的话，你可以问他。"

孙悟空低头看土地神。土地神吓得发抖，说，"魔鬼是前年来到竹节山的。九曲盘桓洞以前是六只狮子的家。九头魔鬼来了后，狮子们认他为他们的爷爷。如果你想打败他，就必须去东边的妙岩宫。找到狮子的师父，告诉他发生了什么事。没有其他人能帮你。"

"我知道那个地方，"孙悟空说。"这是太乙救苦天尊的家。那里有一只动物，一只九头狮子，生活在他的宝座下。我去那里。你们都留在这里。保护城市和我的师父。"

孙悟空用他的筋斗云飞上了天。他到了天宫的东门。广目天王[1]看

---

[1] Virupaska, known in Chinese as 广目天王 (Guǎngmù Tiānwáng) is one of the Four Heavenly Kings in Buddhism. He has red skin, wears armor, and often is shown holding a red lasso which he uses to snare people into the Buddhist faith. He can see great distances and knows the karma of sentient beings.

到他，问他要去哪里。他回答说，"我要去东天妙岩宫。"

"但为什么呢？"广目天王问。

"我们西游来到了玉华王国，见到了城里的王子。他的三个儿子希望我们教他们怎么用武器。但是我们的武器被一群狮子妖怪偷走了。他们把我的师父和我的兄弟们关了起来。现在我必须要请太乙救苦天尊降伏那个狮子妖怪的首领。"

"这是你的错。你想成为一名老师，这就找来了狮子的麻烦。"

"是的。"

广目天王和他的士兵们走到一边，让孙悟空过去。孙悟空继续往前走，来到了妙岩宫。这是一座巨大的楼，金色的屋顶。处处是鲜花。孙悟空来到宫门前。一个男孩看到了他。他去太乙救苦天尊那里报告，说，"大人，齐天大圣，那个在天上找麻烦的人来了。"

太乙救苦天尊从宝座下来见孙悟空，说，"大圣，我已经很多年没见你了。我听说你已经放弃了道教，你现在是佛教徒了。你和你的师父到西天了吗？"

"我们快要到了。我们来到了玉华王国。王子有三个儿子。他们要求我们教他们怎么用我们神奇的武器。一天晚上，有人偷走了我们的武器。我发现他们被一个名叫黄狮的魔鬼拿走了。我想要拿回武器，但黄狮和另外六个狮子魔鬼联盟，再加上一个非常强大的魔鬼，名叫九灵元圣。他是一只有九个头的狮子。可能你知

---

[1] 降伏 (xiángfú) means to subdue. This is used here instead of the more common 打败 (dǎbài, to defeat). 降伏 is to gain control after defeat, and is mostly used when referring to monsters and animals, such as in this case where the Celestial Worthy is the nine-head lion's master. 打败 is to defeat in competition.

道他吧？"

太乙救苦天尊转过头去，让他的一个官员去叫看护狮子的奴隶。官员发现奴隶在地上睡着了。他们把他拖到宝座房间。太乙救苦天尊问他，"我的九头狮子在哪里？"

奴隶叩头说，"大人，请不要杀我。我偷了一壶酒喝了。我一定是睡着了。狮子逃了出去。"

"你这个笨人。那酒是太上老君送给我的。如果你喝了它，你会睡三天。狮子已经走了多少天了？"

孙悟空回答说，"我想，九灵元圣在他的山洞里住了两、三年。"

"是的。天上的一天是人间的一年。"然后他对看护狮子的人说，"起来。我会让你活着。跟大圣和我去人间。我们会抓到狮子的。"

他们三人回到了竹节山。在那里，他们遇到了黑暗六神和光明六神。所有的神都向太乙救苦天尊鞠躬。"这里没有发生什么事，"他们说。"九灵元圣非常生气，所以他就去睡了。他没有伤害唐僧和其他任何人。"

太乙救苦天尊说，"他是一只好狮子，他不会去伤害任何人。大圣，去他山洞门口，叫他，把他带出来，这样我们就可以抓住他了。"

孙悟空走到山洞门前，喊了一会儿。可是狮子魔鬼睡着了，没有听到孙悟空的叫喊。最后，孙悟空用他的棒砸碎了石门。这叫醒了狮子魔鬼。他跑向孙悟空，大喊道，"我来了，你等着！"孙悟空转身跑开了。狮子魔鬼追着他，大喊道，"你还能往哪里跑？"

孙悟空跑了一会儿，转过身来，说，"怎么，你没看到你师父在这里吗？"

就在这时，太乙救苦天尊说，"我在这里，我的小圣人。"狮子魔鬼看了看，看到了他的师父。他停了下来，躺下，四只脚放在地上，叩头。

看护狮子的人跑到他身边，打了他一拳，说，"你为什么逃跑？你给我找了很多麻烦！"他不停地打狮子，打到他手都累了才停止。然后他把一根绳子套在狮子的脖子上，带他上了一朵彩色的云，飞回了妙岩宫。

孙悟空感谢太乙救苦天尊、其他的神和土地神。然后他进了山洞，放了老王子、唐僧、猪、沙和三位小王子。他们都走出了山洞。猪找了一些干木头，点了火，烧毁了山洞里的所有东西。孙悟空让猪和沙把四位王子带回城里。然后他和唐僧走回了城里。当他们来到城市时，天已经黑了。素食大宴已经给每个人都准备好了。之后，他们都上床睡觉了。

第二天吃完早饭后，孙悟空要求杀死六名狮子因犯，切了他们的肉。一只狮子的肉被送给了宫里的工人。另一只狮子的肉被送给了宫里的官员。其他五只狮子的肉被切成非常小的碎块，送给所有城里的士兵和城里的人们。这是为了让每个人都试试狮子肉，除去他们的害怕。

铁匠们完成了他们的工作。他们做了一根重一千斤的金箍棒，一根重八百斤的九齿耙子，一根重八百斤的拐杖。三位小王子走了出来。

他们的父亲对他们说，"这些武器几乎让我们所有人都丢了生命。我们现在还活着，这要感谢我们伟大的老师的强大。现在没了邪恶的魔鬼。我们将不再有他们带来的麻烦了。"

游人们在城里多住了几天。三位徒弟教三位小王子怎么用他们的新武器。小王子们有很大的力量，这要感谢孙悟空吹给他们的气中的一些魔力。他们学得很快，很快就能很好地用那些重武器了。

我们有一首诗是写这个的：

> 他们运气好，找到了三位老师
> 他们不知道他们的学习会带来狮子精
> 邪恶被灭，国家和平
> 游人们合起来像一个人一样和强盗对战
> 九头狮子的力量消失了
> 道回来了
> 法将永远在
> 玉华王国将保持和平

老王子一次又一次地感谢游人。他想给他们金和银。但猪说，"我们不能拿金或银。但那些狮子真的撕坏了我们的衣服。如果你能给我们换件衣服，我们将非常感激。"王子下了命令，新衣服很快就做好了。游人们穿上新衣服，打好行李，再次走上西去的路。

当他们走在城市的街道上时，城里的每个人都走出家门说再见。音乐响起，旗子在头上飘，彩灯挂起，香火燃烧。

游人来到城市的西门。他们没有担心，什么都不想，向佛地走去。

我们不知道他们接着会发生什么。你将会在下一个故事中知道。

懒僧

第 91 章

我亲爱的孩子，你应该怎样学道？

> 控制马的心意和猢狲的心[1]
> 紧紧地绑着它们，它们会发出五种颜色的光
> 松了它们，你将走三条[2]痛苦的道
> 如果想要舒适的生活，天丹会漏，你的玉性会枯
> 去掉愤怒、高兴和担心，你会明白这神奇的奥秘

在上一个故事中，我告诉了你唐僧和他的三个徒弟怎么和狮子魔

---

[1] The poem's first line says that the wandering mind must be brought under control. It refers to the Chinese expression 心猿意马 (xīn yuán yì mǎ), literally "the mind of an ape, the desire of a horse," that is, a wandering and restless mind.

[2] The three paths of virtue (三途, sān tú) in Buddhism are the paths of fire, swords and blood. But without mental discipline one ends up instead on the three paths of suffering and karmic retribution: the paths of hell, hungry ghosts, and beasts.

鬼战斗的，救了玉华城。之后，他们离开了那个城市，继续向西走。他们走了五、六天，然后他们看到了另一个城市。

"这很奇怪，"孙悟空看着这个城市说。"我看到一根旗杆，但没有旗。让我们进去，了解更多的情况。"

他们来到了城门外一个很忙的集市，那里有茶屋，酒店和卖米和油的商店。人们都看着中国来的和尚和他的三个徒弟，猴王孙悟空、猪人猪八戒、高个子黑皮肤的沙悟净。四位游人没有理他们。他们继续走着，直到他们来到一个寺庙，上面写着"慈云寺。"

"我们进去吧，"唐僧说。"我们可以让马休息，要一些食物。"

他们进了寺庙。那里都是拜佛和爬塔楼的人。一个金钟敲响着，和尚们正在念经。一位和尚走到唐僧面前，问道，"欢迎游人们！你们从哪里来？"

唐僧回答说，"这个穷和尚是从中国的唐国来的。我和我的徒弟们正去灵山向佛祖求佛经。"

和尚向唐僧叩头。唐僧很吃惊，帮着和尚站起来，问他为什么叩头。和尚说，"伟大的老师，在这个地方，和尚们念佛经，向佛祖祈祷，希望他们下一次生命能出生在中国。你来自中国，所以你一定有一个伟大的灵魂。"

唐僧笑着说，"不，我只是一个穷和尚，离开家，行走要饭。在这里，你可以享受安静舒适的生活。你是一位受到祝福的人！"然后他问，"告诉我，贵地叫什么名字，离灵山有多远？"

"这里是金平府，在印度东部的边界。我们离首都有两千里左右，但我们不知道离灵山有多远。"

唐僧感谢他告诉了他这些。然后和尚请唐僧留下来，住上几天，过元宵节。他说，"将安排灯笼和灯，整夜都会有音乐。"游人们同意留下来。寺庙的主人给他们吃了一顿素食晚饭，到了晚上，他们都出去看金灯桥上的灯笼。

第二天，他们休息，吃了早饭和中饭。下午，他们去城里走走。晚上，他们又出去看金灯桥上的灯笼。

第三天，唐僧说，"这个穷和尚有过誓愿，我每到一座塔，就要扫一遍这座塔。请让我扫你的宝塔好吗？"和尚同意了。他打开了塔门。唐僧和沙进去了。唐僧用扫帚扫了一楼。他们走到二楼，唐僧又扫了二楼。他们就这样继续着，直到他们来到了顶楼。他们在顶楼休息了一会儿，看着下面的城市。然后他们下了楼。这时又是晚上了。

"伟大的老师，"和尚说，"前两个晚上你都去看了我们的灯笼。今天晚上是主要的节日之夜。我们去城里，在那里看灯笼吧！"

唐僧同意了。他和三个徒弟走进城里。他们看到了什么？

    千万个灯笼挂在集市中
    天空中，月亮像一个圆银盘月光照在灯笼上，让它们更明亮
    雪花灯笼，梅花灯笼
    像春天里的碎冰
    绣花屏风灯笼，彩画屏风灯笼
    用不同的颜色做成
    蓝狮灯笼，白象灯笼
    高挂在城墙上
    羊灯笼，兔灯笼
    给屋子带来生命
    鹰灯笼，凤凰灯笼

挂成两长行
老虎灯笼，马灯笼
一起被带到街道上
灯笼在千万家屋子上
造成好几里云和烟雾
窗帘后面美丽害羞[1]的女孩看着热闹
桥上喝醉的游人笑着玩着
一整夜都是音乐和歌声

处处都是人。有些人穿成鬼的样子，有些人穿成大象的样子。许多人在跳舞和唱歌。

唐僧和其他人都来到桥上。他们看到了三个巨大的灯笼，灯座有大桶那么大。灯笼四周是彩色玻璃做的宝塔。唐僧问，"这些灯笼里烧的是什么油？"

一位和尚回答说，"伟大的老师，我们这里有很多家庭。每年我们选出240个家庭为'灯油家庭。'他们必须做一种特别的油。每桶可装500斤油，所以一共需要1,500斤油来装满三个桶。每年要用48,000两银子来装满所有三个桶。"

孙悟空问，"可是你们怎么能在一个晚上烧这么多油呢？"

"每个灯笼有四十九个灯芯。每根灯芯都像鸡蛋一样粗。我们点上灯笼，晚上的时间，佛祖出现。油消失了，灯也就灭了。"

猪笑着说，"啊，我猜佛祖把所有的油都拿走了。"

"是的。从古到现在就是这样。"就在这时，他们听到了天空中咆哮的风声。所有的人都从桥上跑了。和尚们也跑了，大喊，

---

[1] 害羞 (hàixiū) refers to a girl's shyness, as opposed to 怕生 (pàshēng), a general term for feeling uncomfortable when meeting strangers

"伟大的老师，我们现在需要离开。风来了。众佛来了！"

唐僧没有动。他说，"这个穷和尚念佛祖的名字，拜佛祖。如果现在佛祖来这里，我会向他们祈祷。"

和尚们都跑开了。唐僧抬起头，看到三位佛祖从天上下来。他跑到桥顶，向他们叩头。孙悟空跑到他面前，喊道，"师父，这些不是佛祖，他们是邪魔！"但是已经太晚了。灯都黑了下来，唐和尚被风吹走了。

三个徒弟去每个地方找，喊着唐僧。和尚们问，"发生了什么事？"

孙悟空笑着回答说，"你们都有眼睛，但看不见。这么多年来，你们一直都被这三个妖怪骗了。你们以为他们是来享受灯油的真佛，但他们是妖怪。因为我来桥上太慢了，他们才能抓住我的师父，把他带走。现在我要找到他！"

猴王很快地跳了起来，闻着空气。他闻到一股来自东北的非常难闻的味道，他用他的筋斗云很快地向味道飞去。不久，他来到了一座一万尺高的大山。他听到老虎和豹子的声音，他看到鹿，他听到河流从山边飞快流下的声音。他看了四周，但没有看到任何妖怪。但接着他看到四个人，赶着羊。再仔细看，他发现他们是四值功曹：年，月，日和小时。

很快，他拔出他的金箍棒，大喊道，"你们四个想要去哪里！"

四值功曹马上回答说，"大圣，请原谅我们。你的师父最近变得有点懒惰。他用了很长时间在慈云寺里吃饭和休息。这削弱了他的精神，让妖怪抓住了他。我们怕你不知道在哪里可以找到他，所以我们来这里帮你。"

"如果你们想帮我，这些羊是怎么回事？"

"我们带来了三只羊，是让你记得那句老话，'三阳是繁荣的开始[1]。'这应该对你的师父有帮助。"

<u>孙悟空</u>放好他的棒，问道，"这里是妖怪住的地方吗？"

"是的。这三个妖怪的名字是<u>辟寒</u>大王、<u>辟暑</u>大王和<u>辟尘</u>大王。他们在<u>青龙山</u>生活了一千年。他们学会了怎么让自己看起来像佛祖，骗这个地方的人们给他们特别的油。今年，他们见到了你的师父，知道吃他的肉可以长生不死。所以他们计划在最近杀死吃掉他。"

<u>孙悟空</u>告诉<u>四值功曹</u>，他们可以走了。然后他看了四周，发现了妖怪的山洞。它的入口是一座石楼，有两扇石门。门是开着的。<u>孙悟空</u>把头伸进去，喊道，"你们这些妖怪，快把我的师父还给我。"

几个牛头<u>魔</u>鬼出来，对他喊道，"你是谁，对我们大喊大叫？"

"我是<u>唐</u>和尚的大徒弟。我们看灯笼的时候，你们的魔王把他带走了。现在把他还给我。如果你们不这样做，我会把你们的洞翻倒过来，杀死你们所有的人。"

牛魔鬼跑了进去，把刚才发生的事情告诉了三位魔王。其中一位魔王说，"我们刚刚抓住这个和尚，还没有时间问他的名字和他来自哪里。孩子们，把他带到这里来，这样我们就可以问他问题了。"

---

[1] This saying refers to the 11th hexagram in the book called 易经 (yì jīng), known in English as the *I Ching* or *Book of Changes*. This hexagram is called *tai*. It has three broken lines on top representing the feminine *yin* and three solid lines underneath representing the masculine *yang*. This hexagram is associated with the first month of the year and the renewal of spring. Of course 羊, *yáng*, is also the Chinese word for goat!

牛魔鬼抓住唐僧，把他拖到魔王面前。一个魔王说，"你从哪里来，你为什么向我们跑来，不是像其他人那样逃走？"

唐僧回答说，"陛下，我是被大唐皇帝送来拜佛，去雷音寺取佛经。我出生时的名字叫陈玄奘。我被叫做三藏，是因为有三个房间，里面全是佛经，我必须把那些佛经都带回来。但现在大家就叫我唐僧。昨晚在桥上，我看到陛下从云中下来，我向你们叩头，因为我以为你们是真佛祖。"

"谁和你一起西游？"

"我有三个徒弟。大徒弟叫孙悟空，也叫齐天大圣。"

魔王们听到这，很吃惊。"这就是五百年前在天上找那么多麻烦的大圣吗？"

"是的，是的。我的第二个徒弟是猪八戒，以前是天蓬元帅。我的第三个徒弟，就是卷帘大将，沙悟净。"

魔王让他们的小魔鬼用很重的铁锁链锁住唐僧。然后他们叫来了一大群牛魔鬼，到外面去战斗。孙悟空站在一块大石头后面，看着他们。每个魔王都很大，有两个角和四个尖耳朵。在他们身后，是几百个牛魔鬼，有高有矮、有胖有瘦、有老有年轻。他们都拿着武器。在他们的上面有三面大旗，上面写着辟寒大王，辟暑大王和辟尘大王。

孙悟空走上前去，喊道，"你们这些无法无天的强盗！你们不认识老猴子吗？"

有一个人回答说，"原来你是在天上找麻烦的那个人，是吗？我们知道你的名字，但不认识你的脸。现在我们看到你只是一只小猴子。"

"你们这些偷油贼！别说话了，现在把我的师父还给我！"

妖怪们用他们的武器向他打来：一把斧头、一把剑和一根拐杖。孙悟空战斗是为了救师父的生命，三个妖怪战斗是为了吃和尚肉长生。他们打了一整天，打了一百五十多个来回。最后妖怪们包围了孙悟空，孙悟空用筋斗云逃回了慈云寺。

"兄弟们！"他对猪和沙说。"我们的师父被带走后，我跟着难闻的风走。我遇到了四值功曹。然后我发现了一个山洞，山洞里面有三个魔王和很多牛魔鬼。这三个妖怪多年来一直在城里偷油，假装成佛祖。我和他们所有人战斗了一整天，但我没有办法赢得战斗，所以我用筋斗云回到了这里。"

寺庙里的和尚过来，要给三个徒弟晚饭。"我不需要吃任何东西，"孙悟空说。"我以前在五百年中没有吃任何食物或喝任何东西。"和尚们以为他在开玩笑。他们拿来了食物，三个徒弟吃了晚饭。孙悟空说，"我们睡觉吧，明天和妖怪战斗。"

但沙说，"哥哥，你说什么？如果妖怪们今晚煮了吃掉了我们的师父，那我们该怎么办？最好现在就回去救他。"

猪和孙悟空都同意了。所以他们告诉和尚看护好他们的马和行李。孙悟空说，"我们要去抓这些假佛，把他们带回这里。这样人们就不做那么多的油了。那不是很好吗？"

第92章

孙悟空、猪、沙飞回青龙山的山洞，找三个妖怪。猪举起耙子，正准备砸碎石门。但孙悟空说，"等等，兄弟。让我们先来看看师父是不是还活着。"

"但大门是锁着的，"猪回答说。"我们怎么进去？"

"当然是用魔法！"猴子说了几句魔语，变成了一只小萤火虫。他飞到山洞里。看了四周，他看到许多大牛魔鬼在地上睡着了。空中都是他们的打鼾声。他再往里飞去，听到了哭声。在那里，他发现唐僧被绑在一根柱子上。他在说，

"自从十多年前离开长安
我走过了千山万水
很高兴遇到一个元宵节
我上了金灯桥
我分不出真假
所以我必须再次受到痛苦
我希望我的徒弟们快点来
我希望他们的强大力量能救我！"

他抬头看，看到了萤火虫。他说，"这是什么？这才第一个月，但已经有萤火虫了！"

萤火虫说，"师父，我在这里！你不能分真假。你不听我的，你让这些妖怪把你带走。我现在和猪、沙在这里。所有的妖怪都睡着了。让我们离开这里吧。"

孙悟空变回原来的样子。他用魔法打开了锁，救出了唐僧。他们开始走出山洞。但就在这时，一个妖怪王对牛魔鬼说，"孩子们，今天晚上怎么没有人巡逻？"当然，所有的妖怪因为一整天的战斗都非常累了。妖怪王说了这话后，几个魔鬼起来走到山洞后面，去看唐和尚。他们撞上了唐和尚和孙悟空。

一个牛魔鬼说，"我的好和尚，你已经从锁链中逃了出来，但你现在要去哪里？"

孙悟空拔出金箍棒，杀死了两只小牛魔鬼。剩下的人都跑了回去，敲打着妖怪王睡觉房间的门，大喊，"不好了！不好了！毛猢狲杀了我们的两个人！"

孙悟空叫来了他的两个兄弟，三人和妖怪战斗。但是因为要战斗，他们只能离开唐僧。妖怪王再次抓了唐僧，又用锁链把他锁了起来。其中一人说，"所以，你的小朋友来到我们的山洞找你，是吗？好吧，现在我们醒了，我们不会让你逃跑的！"

妖怪王转身和三个徒弟战斗。这场战斗继续了很长时间，但没有人能赢。最后，辟寒大王把牛魔鬼叫来帮他。他们都冲到猪的面前，和他战斗。猪倒在地上，被牛魔鬼包围。他们把猪拖进山洞，把他绑起来。然后他们都跑向沙，围住了他，打他。沙也倒在地上，被牛魔鬼绑了起来。孙悟空知道自己没有办法一个人赢那么多魔鬼，所以他飞走了。

他回到了慈云寺。那里的和尚问他是不是救了唐僧。"没有，"他回答说，"那里有很多妖怪，他们非常强大。我想我的师父是安全的，因为他得到光明六神、黑暗六神、丁甲这些神的帮助。但是，我仍然需要一些帮助。我必须去天宫。你们都留在这里，看护着马和行李。"

他很快飞到了天宫的西门。在那里，他遇到了太白金星和其他一些神仙。太白金星向他问好，问他要去哪里。

孙悟空回答说，"我和师父一起去了印度东部。我们住在慈云寺，快乐地过元宵节。我们去了金灯桥，那里有三个巨大的灯笼烧着一种特别的油。那个城里的人以为油是他们每年送给佛祖的礼物，但每年有三个妖怪精变成佛祖的样子偷油。我的师父不知道这。他向假佛鞠躬。假佛抓住了他，把他带回了青龙山的山洞。我想和这些妖怪战斗，但他们对我来说太强大了。现在我来请玉皇大帝帮我了解一下他们是谁，降伏他们。"

太白金星笑着说，"我认识这些妖怪。他们是犀牛精。在天宫里可以看到他们的样子，他们已经学道多年了，所以他们现在有巨大的魔法力量。他们可以在云中飞，在雾中走。他们的角上有魔力。如果你想抓住他们，你必须得到四木禽星的帮助。"

"我怎样才能找到四木禽星？"

"他们在天上，就在斗牛宫外面。如果你想知道更多，去问问玉皇大帝。"

孙悟空向他道了谢，然后他走进大门，飞向通明殿。在那里，他向四位天师解释了他的情况。他们让他进灵霄殿，见玉皇大帝。

皇帝听着孙悟空讲这事。他要命令一些天上的战士去解决这事，但孙悟空说，"刚才，太白金星告诉我，这些妖怪都是犀牛精。他说，只有四木禽星才能降伏他们。"玉皇大帝同意了，让人给四木禽星送去了命令。那四木禽星是角木蛟、斗木獬、奎木狼、井木犴[1]。

孙悟空看到他们，笑着说，"哦，是你们四个！如果我知道我要见的是二十八宿的四木，我就自己来见你们，不用问皇帝了！"

"你怎么能这么说呢？"他们回答说。"除了皇帝的命令，我们什么也不能做。现在，你想让我们来这里做什么？"

"青龙山上的山洞里住着一些犀牛精。"

角木蛟说，"你不需要我们所有的人。只要问一下斗木獬，他很厉害。他可以爬山吃老虎，他可以下海抓犀牛。"

"不！"孙悟空说。"你不明白，这些犀牛通过几百年的学习，

---

[1] These four constellations are collectively known as 四木禽星 (Sì Mù Qín Xīng), the Four Wood Birds.

已经得了道。他们非常强大。我需要你们四个人一起。"

就这样，孙悟空和四木禽星来到青龙山的山洞。因为石门被打坏，牛魔鬼们在洞口放了木板。孙悟空喊着让妖怪王出来。不久之后，三个妖怪王都穿着盔甲出来了。一大群牛魔鬼跟着他们，手里拿着刀和长矛，挥动着旗子，敲着鼓。妖怪王让牛魔鬼散开，包围孙悟空。但突然，四木禽星拿着武器跑了上去，喊道，"恶兽，不要动！"

"哦，不！"妖怪王喊道。"这很不好！孩子们，为了你们的生命逃吧！"所有的牛魔鬼都变回了原来的样子。他们是山牛，水牛和黄牛。他们都在山上发疯一样的跑着。三位妖怪王也恢复了他们原来的样子。放下了武器，他们的双手变成前腿，他们的身体变成大犀牛的身体。他们的腿踩在地上发出像雷一样的声音，向东北方向跑去，孙悟空和井木犴、角木蛟两位木星紧追着他们。斗木獬和奎木狼两位木星跑到山洞里，救出了唐僧、猪和沙。

唐僧向斗木獬和奎木狼鞠躬道谢。他说，"可是我的徒弟悟空在哪里？"二位木星解释说，他正在追妖怪王。唐僧又再次倒地磕头。

"可以了，"猪说。"你不需要一直鞠躬。这些木星只是照皇帝的命令办事。现在，让我们毁了这个山洞。然后我们就可以回到寺庙，等哥哥了。"

斗木獬和奎木狼都同意，他们离开去帮助孙悟空和另外两位木星。猪和沙从山洞里取出了所有的金子和珠宝，然后他们点起大火，把山洞里的所有东西都烧成了灰。

灾难在最成功的时候出现[1]
一个人在快乐中会遇到邪恶
爱灯笼，佛法就会受到影响
和尚的心被可爱的光削弱
要永远守卫丹道[2]
没有了它，你会不知道你的道
紧紧抓住，不要让它乱走
一时的懒惰会带来灾难

斗木獬和奎木狼追上了孙悟空，跟他讲了他们是怎么救出唐僧、猪和沙的。"谢谢！"孙悟空说。"三个妖怪王已经跳进了大海。井木犴和角木蛟跟在他们身后跳进大海，但他们让我留在这里，看着岸边。不过，现在你们来了，我就下海去帮助他们。"

孙悟空抓起了他的棒。他用手指做了一个魔法手势，把水分开。然后他飞到了海底。他发现三个妖怪王正在跟井木犴和角木蛟战斗。当妖怪王们看到孙悟空加入了战斗，他们为了自己的生命，转身逃跑，孙悟空、井木犴和角木蛟紧跟在他们的身后。

当他们经过大海时，他们经过了几个外出巡逻的夜叉。夜叉们马上游回到他们的老板西海龙王敖顺那里。他们告诉敖顺，三只犀牛正被孙悟空和两位木星追赶着。敖顺马上知道，他要帮助孙悟空。他命令他的士兵快出宫殿，帮助孙悟空。他们来到三个妖怪王面前，挡住了他们。妖怪王被困住了。他们每个人都向着不同的方向逃。

---

[1] The idea that victory holds the seeds of defeat, and vice versa, is common in Chinese thought. The yin-yang symbol illustrates this. And the *Dao De Jing* says, "Emptiness and existence transform into each other, difficult and easy come from each other, long and short compare to each other, high and low flow from each other, before and after follow each other."

[2] Daoist inner alchemy teaches how to purify one's spirit, mind and body. This brings health, wisdom and long life.

其中一个妖怪王，辟尘大王，很快就被龙王和他的士兵包围了。孙悟空喊道，"别杀他，我们要他活着！"士兵们把他绑起来，用铁钩穿了他的鼻子。

辟暑大王也被抓了。但辟寒大王就没有那么好的运气了。等到孙悟空来到他身边时，士兵们已经抓住他，杀死了他。他们把死了的犀牛拖回了宫殿。孙悟空让士兵们砍了角，剥了皮，但把肉给了龙王。

然后他们回到了金平府。角木蛟用穿过辟尘大王鼻子的绳子牵着他。井木犴也用一样的方法牵着辟暑大王。另外两位木星奎木狼和斗木獬也加入了他们。

当他们接近金平府时，孙悟空从云中喊道，"这地方的所有人，听我说！我们是大唐来的和尚，去西天取经。我们已经知道了那些拿走你们油的假佛祖的真相。他们其实是犀牛精。这些犀牛精偷了你们的灯油，抓了我的师父。天上的神帮助我们降伏了这些犀牛精。从现在开始，你们不需要再做这种特别的很贵的油了。"

这之后，孙悟空和木星们来到地上，把两只活着的犀牛精和一只死了的犀牛精带到了郡侯家。猪、沙和唐僧也加入了进来，唐僧被那个地方的一些和尚抬上了轿子。孙悟空向大家讲了他去天上、玉皇大帝的法令、四位木星的帮助和海底最后一场大的战斗的故事。

当孙悟空讲故事的时候，猪变得越来越生气。最后，他抓起一把刀[1]，砍掉了辟暑大王和辟尘大王的头。

---

[1] This is a special knife, 戒刀 (jièdāo), literally "knife to guard against evil," also called a precept knife. It was worn by monks but only used to cut clothing, slice food, and trim hair and fingernails, never used for killing. According to legend, when Buddha

孙悟空说，"让四位木星砍下这两只犀牛的角，把它们和我们的感谢带给玉皇大帝。我们把第三只犀牛角给金平府的人们，让你们在未来的几年记住这里发生过的事情。我们要带走一只角，等我们到灵山时，把它送给佛祖。"

虽然四位游人结束了金平府的事。但郡侯还不让他们离开。他先举行了一场大的素食宴会。然后他发了一个法令，说第二年不会再有元宵节了，任何家庭都不需要再为未来的节日送特别的油。他还命令把死犀牛的肉发给所有的人。他命令建一座寺庙，这样人们会一直记住四位木星对犀牛妖怪的胜利。

240个灯油家庭中的每一家都非常感激，希望在家中为游人们举行大宴，每天晚上一个，继续240天。所以他们每天晚上都在不同的家里吃饭，每天晚上猪从袖子里拿出几颗珠宝送给请他们的家庭。一个月后，唐僧忍受不了了。他让孙悟空把剩下的珠宝送给寺庙，还告诉他的徒弟们，他们第二天黎明前就要离开。他说，"我担心，如果我们在这里住得太久，享受生活，佛祖可能会生气，我们会遇到更多的麻烦。"

第二天早上，唐僧在五更时醒了。他让猪把马准备好。猪对这感到不高兴，说，"我们为什么要离开？所有240个家庭都想请我们吃饭，但是到现在，我们才吃了他们中的30个。"

唐僧大声道，"你这个胖苦力，别喊了。如果你一直抱怨，我会让悟空用他的金箍棒敲掉你的牙齿！"

猪听到这些生气的话时，吃惊地眨了眨眼。然后他拿起行李。沙也做完了他的工作。就这样，在太阳出来之前，四位游人离开了

Shakyamuni lived in the world the monks needed to mend their clothing but they had no cutting tools, so some monks resorted to tearing cloth with their hands and teeth. Seeing this, Buddha allowed the monks to use a special knife for this purpose.

金平府。他们是

>让凤凰逃出玉笼
>打开锁让龙自由

第93章

唐僧和他的三个徒弟离开金平府，走了半个月左右。有一天，他们来到了另一座高山。唐僧说他们一定要小心，但孙悟空只是笑着说，"我们离佛地这么近。这里不可能有任何妖怪或魔鬼！"

"是的，"唐僧说，"但要记住金平府和尚告诉我们的话。他们说，到印度的首都还有两千里。我想知道我们走了多远？"

"师父，你是不是又忘了禅师教你的心经？"

"当然没有。心经就像我的僧衣或我的要饭碗，它一直和我在一起。我可以倒过来念。"

"你知道怎么念，但你知道它的意思吗？"

"你这个笨猴头，我当然知道是什么意思。你呢？"

"是的，我知道。"

他们俩很久没有说话。猪觉得这一切都很好玩。他说，"我们三个徒弟开始的时候都是妖怪精。我们不是佛教和尚，我们从来没有听过佛教和尚讲佛经。我认为老猴子只是在给我们讲一个很难让人相信的故事。"

但是唐僧对猪说，"悟空懂得无字的经。这才是真正的智慧。"

这时，他们已经过了那座高山。他们来到一座寺庙。它不太大，也不太小。绿色的屋顶，红砖墙围着寺庙。大门上有一个大字牌，上面写着，"布金寺。"

唐僧说，"这很有意思。有一个关于舍卫城里祇树给孤园的古老故事。一个名叫须达多的人想从祇陀太子那里买下它，这样佛祖就可以用它来讲课。但太子说，这个祇树给孤园不是用来卖的。当须达多再次问他时，太子说，'除非用金子盖满这个地方，你才能买祇树给孤园。'所以，须达多用金砖盖满了整个祇树给孤园。太子把祇树给孤园卖给了他，须达多邀请佛祖去那里讲课。"

他们进了寺庙。一个和尚见到他们，说，"师父，你们从哪里来？"

"这个穷僧人叫陈玄奘，是大唐皇帝送来去西天拜佛，带回佛经。我们只是路过贵庙，希望我们能在这里住一晚。"

和尚同意了，邀请他们进来喝茶和吃素食。他们都坐了下来。唐僧开始祈祷，但猪马上开始把食物放进嘴里。沙轻声对他说，"二哥，记住，世界上有很多君子，但他们都像我们一样有肚子。"猪想了想，就停止了吃食。

唐僧问和尚，这里是不是真的是有名的祇树给孤园。"是的，"和尚回答说，"这里以前是祇树给孤园。但是在须达多用金子盖满了它、买了它之后，改名为布金寺。即使是现在，在一场大雨之后，我们有时也会在地上发现一小块金子。"

"为什么这里有这么多游人？我们走过大门时，看到许多马和马车。"

"我们这里的山叫百脚山。它以前非常安全。但最近山上出现了一些蜈蚣精。他们在路上攻击人。没有人被杀死，但人们害怕在夜里走路。所以，当夜晚来时，生意人会在这里过夜。当早上公鸡叫时，他们才离开。"

"我们也会这样做，"唐僧说。

之后，唐僧和孙悟空在月光下走着。一个手里拿着竹手杖的老和尚走过来问道，"这是从中国来的师父吗？"

"我不敢接受这个荣誉，"唐僧回答。

"师父多大年纪？"

"我无用地过了四十五年。你呢？"

"我很笨地比师父多活了六十年。"

孙悟空说，"那么，你是一百零五岁。你看我有多大了？"

"月光下，我的眼睛看不太清东西，我很难看出你的年龄。"

他们舒适安静地走了一会儿。他们从后门出去，来到一个平台。突然，唐僧听到了哭声。"那是谁？"他问。

老和尚回答说，"一年前的今天，这个穷和尚在静坐想着我们和月亮的关系。我听到一个声音。看了四周，我看到一个可爱的年轻女孩。我问她是谁。她告诉我，'我是印度国王的女儿。我被强风吹到了这里。'我马上觉得她一定是一种妖怪，所以我把她锁在一个空房间里。我把砖堆在门上，让它变成像一个监狱，门上只留了一个小洞，只能让一个饭碗通过。女孩害怕其他和尚会想和她发生性¹关系。所以在白天，她假装疯了，躺在自己的屎尿

---

¹ 性 (xìng) means , but also nature, character. The phrase 发生性关系 (fāshēng xìng guānxì) means to have sex.

687

里，说着疯话。但到了晚上，她哭着、轻轻地喊着她的父母。我不知道该怎么对她。但是现在大师来到了这里，我希望你能对这件事说说你的想法。"

唐僧和孙悟空回到他们自己的房间去睡觉了。早上当公鸡叫时，四个游人开始准备离开。在他们要离开时，老和尚对他们说，"别忘了那个流泪的女孩！"

"当然不会，"孙悟空说。"等我到了城里，我就会发现真相。"他们和一大群生意人一起离开了寺庙。他们爬上山路，在中午前，他们看到了城墙。从山的另一边下来，生意人都去了自己的酒店。唐僧和徒弟们来到了会同馆。唐僧向那里的经理问好，然后问他是不是可以在得到通关文书签署的时候住在会同馆。

经理同意了，给了游人一个房间和一顿素食饭。唐僧看得出来，经理对他的三个徒弟很害怕，所以他说，"请不要害怕。这些是我的徒弟。他们可能看起来很丑，但他们都有善良的心。老话说，'难看的脸，善良的人。'先生，告诉我，贵国有多大年龄了？"

"这里是伟大的印度王国。它有五百年的历史。我们的国王是一个爱山、爱溪流、爱花草的人。他的名字叫怡宗皇帝，他已经统治王国二十八年了。"

"你认为这个穷和尚今天能见到你们伟大的国王，拿到我们签署的通关文书吗？"

"是的，这是非常好的一天。我们的公主，国王的女儿，最近刚过二十岁生日。今天，她将扔绣球[1]，看看谁是天堂为她选的丈

---

[1] 绣球 (xiùqiú) has the literal meaning here of "embroidered ball," but it can also mean "hydrangea," a flower.

夫。我相信朝廷仍然开着。你应该现在就去。"

唐僧请孙悟空和他一起去见国王。他说，"这里的人和大唐的人差不多。我听说过我母亲的故事，她通过扔绣球认识了她的丈夫。它击中了他的头，他们就在同一天结婚了[1]。"

"我们应该去看看，"孙悟空说。

"不，我们不能穿这样的衣服去。"

"可是，师父，你忘了布金寺老和尚的话了吗？我们需要分出真假。如果我们去的话，我们可以好好看看这位公主。"

唐僧同意去。但他不知道，他们就像一个想要钓鱼，但到最后钓出了大麻烦的钓鱼人！他不知道，一年前，国王和王后、公主一起去御花园看月光。在没有人看到的时候，一个妖怪把公主弄走了，把她送到了很远的地方。然后妖怪变成了公主的样子。妖怪知道唐和尚一年后会来，所以她让父亲安排今天晚上的扔绣球。她想和唐僧交合，取他的阳气，成为仙人。

所以，你可以猜到接下来发生了什么。刚过中午，唐僧和孙悟空走近了塔楼。假公主看到了他们，很快地把绣球扔向唐僧。它击中了他的头，打掉了他的帽子。唐僧想要去抓住球，但它滚进了他长衣的一个袖子里。

"它击中了一名和尚！它击中了一名和尚！"

塔楼上的人喊道。人们向唐僧跑去。孙悟空大叫着，把身体拉长到三十尺高。人们逃跑了。孙悟空恢复了他正常的大小。

"我现在该怎么办？"唐僧喊道。

---

[1] This story is told in *The Young Monk*.

"放心吧，师父。进去见国王。我会回到会同馆。如果公主不想和你结婚，那么只要拿到签署的通关文书，我们就离开。但是，如果她真的想要你，那就告诉国王，你必须要和你的徒弟讲一些事。然后我们会来朝廷，我将能够分出真假。"

唐僧同意了。然后他被宫里的女仆人围着走到塔楼。公主从塔楼上下来。她带着他上了御车，他们一起坐着车到了宫殿。国王听说公主的球击中了一名和尚，不是很高兴。但他邀请他们俩进了金銮殿。他问唐僧，"你从哪里来，你怎么会被朕的女儿的球击中？"

唐僧叩头在地。说，"这个穷和尚是被大唐皇帝送来拜佛和求佛经的。我来这里只是为了我们的通关文书得到签署。我走的路把我带到了塔楼下。我没有想到会被你女儿的球击中！这个穷和尚已经离了家，入了不同的宗教。我不可能成为你女儿的丈夫。我求求你，原谅我这么笨，快快让我去灵山。"

国王回答说，"古人说，'一根线可以把分开千里相爱的人牵在一起。'这年、月、日和时间对找丈夫或妻子都是非常吉祥的。她的球击中了一个和尚，朕不高兴，但朕不知道公主是怎么想的。"

"父王，"她向他叩头说，"你知道这句老话，

    如果你和鸡结婚，就跟着鸡
    如果你和狗结婚，就跟着狗

我向天地发过誓，我要和那个被我的球击中的人结婚。我怎么敢不照誓愿做呢？我要让他成为皇帝的女婿。"

这时国王笑了。他让朝廷的天文学家选一个最好的婚礼日。但就在他准备把婚礼的消息向大家宣布时。唐僧只是说，"哦，国

王，请把我放了！"

国王生气地喊道，"什么，你不想成为皇帝的女婿？仍然坚持要去取经吗？好吧，如果你不想和朕的女儿结婚，你会丢掉你的头！"

唐僧全身发抖。他回答说，"我感谢陛下的心意。但是，求求你，我有话一定要和我的三个徒弟讲。他们在会同馆等我。"国王让一些官员去接他的徒弟。

这个时候，孙悟空已经回到了会同馆。他笑着把绣球的事告诉猪和沙。猪踩着脚，喊道，"我就知道我应该换你去那里的！如果你没有阻止我，我就会去塔楼，球就会掉在我的头上。公主只能和我结婚。我们会整天整夜地玩，真是太好玩了！"

沙抹了一把猪的脸，说，"你这张嘴！这就像是，'你用三个硬币买了一头老马，然后告诉每个人你可以怎么骑它。'谁会想要一个像灾难一样的你成为自己的丈夫或女婿呢？"

他们俩争论了一会儿，直到一位大臣的到来，说，"陛下希望你们三个人马上进宫。老和尚运气好，被公主的绣球击中，将成为皇帝的新女婿。"

孙悟空说，"好吧，我们走吧。"

第 94 章

孙悟空、猪、沙跟着大臣进了宫。他们走进了宝座房间。他们没有向国王鞠躬。国王问他们，"你们叫什么名字？住在哪里？你们为什么会成为和尚？你们要取什么经？"

孙悟空走向宝座。几个侍卫走到了他和国王之间。唐僧站在国王的一边。他对孙悟空说，"徒弟，陛下要问你一些问题。请好好的回答。"

孙悟空生气了。他对国王喊道，"陛下，你要我们尊敬你，但你没有尊敬别人。如果你想让我们的师父成为你的女婿，你为什么要让他站着？为什么不让他坐下？"

国王吓坏了。但没有露出他的害怕，他让侍卫拿出一个舒适的垫子，请唐僧坐上去。做完这些，孙悟空才回答了国王，说，

"这只老猴子的家是奥莱王国花果山上的水帘洞
我的父亲是天，我的母亲是地
我是在一块石头碎开时出生的
一位道人教我道
我在海中打败了龙
我在山上抓动物
我从生死薄中去掉了我们的名字
我去了天宫，每天都过着快乐的生活
但后来我在天上找了麻烦
佛祖把我困在山下
五百年里我不吃东西，不喝茶
然后我师父来了，让我自由了
我现在是佛祖的学生
我叫孙悟空！"

国王点头，然后转向猪，等着他说话。猪说，

"在我前一个生命中，老猪追求快乐
我一生混沌，我脑子困惑
有一天，我遇到了一个改变我一生的仙人
我成为了他的学生，学习道

玉皇大帝让我成为天蓬元帅，
带着他的军队在天河上
但我在一个节日上喝醉了，没有礼貌的对嫦娥开玩笑
皇帝把我送下人间
因为一个错，我生出来是一只猪，不是一个女人
我成了一个猪魔鬼，做了很多坏事
感谢观音，我成了佛教徒
现在我保护唐和尚
我叫猪八戒！"

然后猪大声笑了起来，对着国王拍打着他的大耳朵。唐僧说，"八戒，控制一下你自己！"猪双手合起来，静静地站着。国王看着沙，沙说，

"老沙以前是一个普通人
因为害怕死，我去求道
我行走云中，游走天边
我遇到一些仙人
我养育了男孩，给他配了一个可爱的女孩[1]
我飞上天空，拜见皇帝
我被指名为卷帘大将
但在一个节日里，我把贵重的玻璃杯掉在地上，打坏了它
我被送到人间像妖怪一样地生活
我吃走进流沙河上我家的游人
观音菩萨救了我，叫我等着唐和尚
我成了他的徒弟，开始了新的生活

---

[1] In Daoist alchemy, "baby boy" refers to lead and "lovely girl" to mercury, and the combination was said to yield the golden elixir of immortality. But since both chemicals are extremely toxic, those who drank these often died. So Daoists eventually shifted from this so-called external alchemy to internal alchemy, where lead and mercury are treated as symbols or metaphors which must be extracted and purified through study with a Daoist master.

我叫沙悟净！"

听了这三个故事后，国王很高兴知道自己的女儿要和一个活着的佛结婚，但他又非常害怕这个人的徒弟是那么强大的妖怪。正想着的时候，朝廷天文学家走了进来，告诉国王，最吉祥的婚礼日子是这个月十二日，也就是四天以后。国王命令为唐和尚和他的三个徒弟准备他们住的楼。然后他讨论了婚礼的准备工作。最后，他离开了宝座房间，四个游人走进花园吃了点晚饭。

唐僧对孙悟空喊道，"你这只无耻的猢狲！我告诉过你，我想要的就是拿到我们签署的通关文书。我告诉过你不要走近那塔楼。你为什么带我去那里？"

孙悟空回答说，"师父，我听你说过你妈妈是用相同的方法遇见她丈夫的。我以为你在向往过去。另外，我在想布金寺方丈的话。我想好好看一看公主。刚才我觉得国王看起来有点邪恶。但我还不知道那个女儿怎么样。"

"如果你看到她，你会怎么做？"

"我的钻石眼睛可以分出真假，善良和邪恶。所以让我们等到婚礼那天，我就能好好看看她了。"

"哦，别说了，你这个邪恶的猢狲。我们的旅途快要结束了，但你仍然想要用你的毒舌刺伤我。下次你找麻烦的时候，我会念紧头带语。"

"请不要那样做！如果我们发现她是一个真的公主，我一定会让那里乱起来，把你带出那里。"

猪说，"师父，时间不早了。让我们明天再讨论这些事情。该睡觉了。"唐僧同意了，他们停止了争论，睡觉去了。

第二天早上，国王坐在宝座上，命令大臣们带三个徒弟回会同馆吃素食早饭。然后他命令音乐家在会同馆为徒弟们弹奏音乐，也在御花园为唐和尚弹奏音乐。但猪拍打着他的大耳朵，说，"陛下，我们从来没有和师父分开过。我们今天想和他在一起。不这样，你将不能举行婚礼。"

国王被猪的话和他的样子吓坏了，所以他同意了。他命令在花园里为他自己和唐僧放两张桌子，在那附近为三个徒弟放三张桌子，再为王后、公主和她的仆人放几张桌子。他们都很享受地走在花园里，然后吃好吃的素食大宴。唐僧笑着，好像很享受，但他没有让任何人看到他的担心。

唐僧注意到墙上挂着四个大屏风。每个屏风都有一首由有名的人写的诗。一首写的是春天，一首写的是夏天，一首写的是秋天，还有一首写的是冬天。第一首诗的第一行是，"大自然的大轮子让它轮转回。"唐僧仔细看着这些诗。

国王看到唐僧看着屏风。他说，"朕看到朕的女婿喜欢诗。可能你也可以用相同的韵律给朕为每首诗回一首？"

唐僧的脑子里装满了这些美丽的诗。他想都不想地说，"当大轮子转动时，太阳融化了冰。"

国王听了很高兴。"请告诉朕更多！"还命令把毛笔和墨给唐僧。唐僧拿起了毛笔。他一点都不停地对每首诗都回了一首，用了和原来的诗相同的韵律。

国王读了唐僧的诗，说，"这真的是非常好！"他命令宫里的音乐家们把这些诗配上音乐。就这样，国王和唐和尚一起过了一整天。

接下来的三天，他们过得很开心，终于到了这个月吉祥的十二日。国王的官员告诉他，婚礼宴会已经准备好了。为客人准备了五百张桌子。另一位官员走了进来，说，"陛下，王后和公主希望见你。"

国王去了女人们住的地方，向王后和公主问好。公主叩头对他说，"陛下，我的父亲，请原谅我向你求帮忙。有人告诉我，唐和尚有三个非常丑的徒弟。因为我身体虚弱，我怕看到他们会吓坏我，带来灾难。请让他们远离婚礼。"

国王说，"当然，亲爱的女儿。今天早上朕就会签署他们的通关文书，还会命令这些徒弟马上离开这座城市。"国王回到宝座房间，让唐僧和三个徒弟来见他。

唐僧正在和孙悟空说，"今天是十二日了。我们现在该怎么办？"

孙悟空说，"我真的需要见公主。但我想国王今天会命令我们三个人离开这座城市。不用担心。我会悄悄回来的，我会保护你的。"几分钟后，一位官员来了，带着三个徒弟去见国王。

当他们来到宝座房间时，国王说，"把你们的通关文书给朕。朕将签署它。朕还会给你们一些钱来帮助你们去灵山。朕的女婿将留在这里。别担心他。"

沙把通关文书给了国王。国王签署了文书，然后把它还给了他。接着，他给了游人们结婚礼物，十条黄金和二十条白金。孙悟空向国王道谢。他们三个人转身离开。唐僧跑到孙悟空身边，抓住他，说，"你要把我留在这里吗？"

孙悟空向他眨了眨眼睛，说，"师父，放心吧，好好享受你的婚礼和你的新妻子。拿到经文后，我们会再见面的。"唐僧不肯让猴子离开，过了一会儿才放开了他。

三个徒弟走回了会同馆。孙悟空说，"你们俩留在这里，不要跟任何人说话。我要回去保护师父。"然后他从手臂上拉下一根毛发，吹了吹，轻声说，"变！"它变成了另一个自己，和猪和沙在一起。真的他自己跳到空中，变成了一只小黄蜜蜂。他飞回宫殿。他看到唐僧一个人坐在花园里，看起来很伤心。他掉在唐僧的帽子上，轻声说，"别担心，师父，我在这里。"

这让唐僧心情好多了。过了一会儿，一个官员过来告诉他，婚礼宴会已经准备好了，公主在等他。国王走到他面前，把唐僧带进宫殿。

第 95 章

唐僧跟着国王进入了宫里，孙悟空躲在他的帽子上。他们听到了笛声和鼓声。他们看到两排美丽的年轻女人穿着不同颜色的衣服，所以这个地方看起来像一个满是鲜花的花园。女人们都很漂亮，但孙悟空看到他的师父对她们的美丽没有一点兴趣。"好和尚！"他想，"身在这样的美丽中，他的心不动，也不乱。"

很快，被妃子们围着的公主和王后走向他们。他们都大声喊道，"陛下万岁！陛下万岁！"孙悟空仔细地看着公主。他看到她的头顶上漂着一点点魔云。他轻声对唐僧说，"师父，那公主是假的。"

唐僧轻声说，"如果她不是真的公主，我们怎样才能让她露出她真的样子呢？"

"我会给她看我的魔法身体[1]。"

---

[1] Sun Wukong refers to his true form as his magic body. Here, he must change back to

"不可以！那会吓坏国王的。最好等到国王和王后离开房间。"

但老猴子没有办法阻止他自己那样做。他咆哮着，变回了他原来的样子。他跑向前，抓住公主，大喊，"你这该死的兽！你在这里不是真的公主，但在享受宫殿里的生活，这已经是很不好了。可是你为什么还要骗我师父，偷走他的真阳呢？"

宫殿里大乱。国王吓得动不了了。王后和妃子们倒向四处。宫殿的工人害怕极了，发疯一样地跑来跑去。只有假公主不怕。她从孙悟空的手中逃了出来。她脱掉了所有的衣服，拿掉了珠宝。她跑到附近的一个神社，抓起一根又短又重的棒。转身，她用她的棒砸向孙悟空。他很快地用他的棒挡住了它。两人互相喊着，上了天空，在云雾中战斗。

这是一场怎样的战斗！

> 金箍棒很有名
> 短棒没人知道
> 和尚是为了求真经来
> 魔鬼是为了爱奇怪的花来
> 她听说过唐和尚，她极想要他强大的阳
> 一年前她变了真公主的样子
> 现在大圣知道真相
> 短棒击中了头
> 金箍棒击中了脸
> 他们两个大喊着在天空中战斗
> 雾和云遮住了太阳

在下面，唐僧伸出手，抓住了国王的手。他说，"陛下，请不要害怕！那个女人其实是一个魔鬼，她变成了你女儿的样子。等我

---

his true form to fight the demon.

的徒弟抓住她时，你就明白了。"国王冷静了一点。他们一起看着天空中的战斗。

在天空中，猴子和妖怪战斗了半天。然后孙悟空把他的棒扔到空中，喊道，"变！"一根棒变成了十根，十根变成了一百根，一百根变成了几千根。棒像一团蛇一样，攻击妖怪。她变成一缕清风，向天上飞去。孙悟空拿回所有的棒，把它们变成一根，然后跟着她。

他们俩来到了西天门。他喊道，"挡住那个妖怪，不要让她逃跑！"四位大元帅都拿着自己的武器，挡住了她的去路。妖怪转过身来，又开始和孙悟空战斗。

战斗中，孙悟空看着妖怪的武器。他问，"该死的兽，那是什么武器？现在就告诉我，不告诉我，我就砸你的头！"

"所以，"她回答说，"你不知道我的武器吗？

> 这是一块羊脂玉[1]
> 切割和打磨了几千年
> 当混沌第一次分开时，它已经是我的
> 当世界开始时，它已经是我的
> 它和我一起住在月宫里[2]
> 因为爱花，我来到人间
> 我去了印度，变成一个年轻女孩的样子
> 我只有一个心愿就是和唐和尚结婚

---

[1] 脂 (zhī) means fat. 脂玉 (zhīyù) is mutton fat jade, a translucent variety of nephrite jade with a greasy luster resembling mutton fat, used for ornamental objects.

[2] The Hall of the Moon, sometimes called the Cold Palace, is the home of Chang'e, the Goddess of the Moon. The beautiful Chang'e stole the elixir of immortality from her husband who had hidden it under their bed. She drank it and floated up to the moon. Later, the Jade Emperor gave her the Hall of the Moon as a gift. Longing to return to the human world, she asked the Jade Rabbit to help her make medicine by pounding drugs with a mortar and pestle.

你怎么能毁了这场美丽的婚礼？
像一头兽一样在天空中追着我
我的武器比你的铁棒更古老
它以前在月宫中是用来做药的
被它一击，你的生命就结束了！"

"哈！"孙悟空说。"如果你住在月宫，你一定知道老猴子。你为什么和我打？你一定会输的！"

"哦，是的，我认识你。你是那个照顾玉皇大帝的马、在天上找那么大麻烦的人。我应该逃离你。但你想要阻止我的婚礼，这和杀死父母一样的坏。我一定要和你战斗！"

孙悟空很不喜欢别人说他照顾皇帝的马的工作。所以他举起他的棒打她。她挡住了那一击，他们又在天门前开始了战斗。他们打了一会儿。妖怪认识到她没有办法赢这战斗。所以她摇了摇身体，变成了一道金光。光飞下天，进入了一个山洞。孙悟空跟着光，看看它去哪里。然后他转身回到了王国。

"师父，我回来了！"他喊道。

唐僧回答说，"悟空，小心，别吓着陛下。告诉我，公主怎么了？"

"如果那个公主是个妖怪，朕的真公主在哪里？"国王问。

孙悟空说，"假公主一定是妖怪。我和她打了半天，然后我追着她到了天门。门口的侍卫挡住了她的去路，她就转身又和我打了起来。然后她变成了一道金光，飞到了这里向南的一座山上。我找不到她，我害怕她会来伤害你，所以我马上就回来了。"

国王说，"求求你，请救朕的真公主，把她还给朕！"

"陛下，请和我的师父一起回到大殿。请叫我的两个兄弟来保护你和我的师父。然后我就去降伏那妖怪。"

国王同意了，还为唐和尚和他的徒弟们安排了素食。孙悟空向猪和沙讲了情况。然后他用他的筋斗云向南边的山飞去。

他在山上找，但找不到妖怪。这是因为妖怪爬进了一个小山洞，她用石头挡住了入口。找了一会儿，孙悟空叫来了土地神和山神。

他们来了，叩头说，"请不要打我们！我们对这件事一点都不了解。"

"我现在还不会打你们。告诉我，这座山叫什么名字，这里住着什么妖怪？"

"大圣，这山叫毛颖山。这里从来没有过妖怪。只有三个兔子窝。"

"我们去看看它们。"他们三人去找那三个兔子窝。在第一个窝里，他们只看到几只兔子。但第二个窝被两块大石头挡住了。孙悟空用他的棒把石头推开。他刚推开石头，妖怪精就冲了出来，攻击他和两位神。他们都上了天空中。

孙悟空更强大，几乎就要杀了妖怪精。但突然，一个声音从九重天传来，说，"大圣，不要动手！"

猴子抬头看，看到是太阴星君。他在一朵粉红色的云上走来。嫦娥和所有其他的月亮女神都跟着他。孙悟空放回他的棒，鞠躬说，"老夫，你要去哪里？我很对不起，没有给你让道。"

太阴星君回答说，"和你战斗的那只妖怪是我月宫里的玉兔。她的工作是做我的神秘霜仙药。一年前，她打开玉锁，从月宫中逃了出来。我想她可能有危险，所以我来这里救她。请不要杀她。"

"当然，当然，"孙悟空回答。"我不能拒绝你。那么，她只是一只小兔子！但是你知道吗，你的兔子变成了印度公主的样子。她想和我的师父交合，偷走他的阳气。这是一个非常重的罪。"

"有些事情你也不知道。国王的女儿不是普通的女孩。十八年前，她是月宫里的素娥。有一天，她打了小玉兔一个巴掌。然后，因为很想生活在下面的世界，她的灵魂进入了印度女王的肚子，女王生下了一位公主。但小兔子从来没有忘记那一巴掌。所以她才逃跑，所以她才把素娥送出月宫。不过，你是对的，她不应该想要和你的师父交合。请把她还给我。"

孙悟空笑道，"现在我明白了。但如果你把小兔子带走，怕是国王可能不会相信我的故事。你能不能和我一起回到王宫，把你讲给我的那个故事讲给国王听。好吗？"

"可以，"太阴星君说。然后转向妖怪，他说，"邪兽，你该回到正道上了！"

妖怪滚到地上。几秒钟后，她就变成了一只小兔子。她有很尖的牙齿，裂开的嘴唇，红红的眼睛，软软的耳朵和奶油色的小鼻子。她的身上都是像玉一样的毛。孙悟空笑了起来，他们都飞回了王宫。

他们在太阳下山、月亮上来时到了宫殿。国王、唐僧、猪和沙都在朝廷里。他们抬头看到一朵明亮的彩云从南面过来。他们听到大圣喊道，"印度陛下，请出来看看。这是太阴星君。和他在一起的，就是月亮女神嫦娥，还有这只以前是假公主的小玉兔。现在你看到她的真样子了。"

他们都抬头向上看。猪动了欲望之心。他跳到空中，伸手去抓其中一位月亮女神。他喊道，"姐姐，你和我都是老朋友。我们去玩吧！"孙悟空抓住他，打了他一巴掌，然后把他推倒在地上。

国王不理这事，问道，"假公主已经被你强大的魔法抓住了，那我们去哪里找真公主呢？"

孙悟空说，"你女儿真的是月宫中的素娥仙女。她想生活在这个世界上，所以她进入了女王的肚子里，生下来就是你的女儿。现在她住在布金寺里，在那里她假装疯了。我们大家都先睡觉。早上，我会把你的女儿还给你。"

第二天早上，国王像以前一样上朝廷。他让唐僧去找他的女儿。

唐僧回答说，"陛下，我们最近经过布金寺附近，在那里休息。一天晚上，我们听到一个女孩子的哭声。一位长老告诉我们，一年前，一阵奇怪的风把这个女孩带到了寺庙，把她丢进了祇树给孤园。她告诉和尚，她是印度国王的女儿。和尚担心其他的和尚会给她带来麻烦，所以为了保护她自己，他把她关在一个房间里。每天晚上，她都会为她的父母哭。老和尚告诉我们，他去过首都，想知道更多有关这件事的消息，但看到公主还住在宫里，看起来也还好。正因为这样，他不敢对国王说什么。但当我们到了寺庙后，他要求我们用我们的权力来找出事情的真相。现在我们都知道了真相。兔子已经被太阴星君带回来了，你的女儿还在寺庙里。"

国王高兴地哭了起来。他问，"这个布金寺有多远？"

"不到六十里路，"唐僧说。

国王马上为他自己、王后、唐僧和徒弟们安排了马车。他们上路前往寺庙。但孙悟空跳下了马车，飞上了天空，很快就到了寺

703

庙。他对和尚们说，"那位长老在哪里？告诉他快点出来。你们所有人，准备迎接印度国王和王后！"

长老出来了。孙悟空给他讲了整个关于元宵节、假公主、天上的战斗、太阴星君到来的故事。老和尚一次又一次地叩头。孙悟空说，"别鞠躬！准备好迎接国王和王后吧！"

不久之后，带着国王和王后的马车到了。寺庙的和尚在那里迎接他们，和和尚站在一起的是孙悟空。"你怎么这么快就到这里了？"国王问。

孙悟空回答说，"这对老猴子来说很容易。你为什么这么慢才到这里？"

一群人进了寺庙。长老把他们带到假装疯了的公主的房间。和尚跪在地上，说，"陛下，公主就在这个房间里。"

国王命令把门打开。国王和王后往里面看，虽然她非常脏，他们还是认出了他们的女儿。"我们可怜的孩子！"他们哭了，他们三个人抱在一起，哭了很久。

之后，公主洗了澡，穿上了干净的衣服，他们都上了御车。当他们正准备离开时，孙悟空走到了御车前。他对国王说，"陛下，有一件小事我想和你讨论一下。"

"当然，朕会做你要求朕做的任何事情。"

"这里有一座山，名叫百脚山。那里有许多蜈蚣变成的邪精。他们在夜里伤害人。我请你选一千只公鸡，把它们散放在山上。它们会吃掉所有的蜈蚣。另外，你应该改山名。你应该给一些钱用来修这座老寺庙。"

国王照孙悟空的要求做了。一千只公鸡被送去吃蜈蚣。这座山的名字改为宝华山。给了修寺庙的钱和修寺庙需要的东西，布金寺改名为宝华山布金寺。让那位长老成为了僧人官员，还给了他36桶谷子。还有许多宴会庆祝公主的回来。

游人们停留了五、六天，但他们想继续他们的旅途。国王为他们准备了御车，把他们带到城西门。他们下了御车，又开始向西走。真是

  洗去感谢的话，他们回到了本性
  离开黄金的海，他们悟到了真空

我亲爱的孩子，唐僧已经西游十四年了。他的旅途马上就要结束了，但我们不知道它将怎么结束。

你会在最后一个故事中知道。晚安！

最后的苦难

第 96 章

我亲爱的孩子,世界不像它看起来的那样!仔细想想,

> 刚开始的时候,形没有形
> 空不是真的空
> 有声和无声,说话和不说话都是一样的
> 为什么梦中在说梦?
> 有用的,在用的时候就成无用的
> 无功德但功德留下了功德[1]
> 果子成熟时它自己会变红
> 不要问种子是怎么生长的

---

[1] In the original *Journey to the West* novel this line is 无功功里施功 (wú gōng gōng lǐ shī gōng), which is very poetic but difficult to translate.

昨晚我告诉了你唐僧和他的三个徒弟是怎么打败三个犀牛魔鬼，然后救了被关在布金寺的公主。他们救了公主后，继续向西走。现在是早夏。这是一个晴天，雨后的李子正在成熟，整个世界看上去都很明亮。每天，四位游人在黎明的时候吃早饭，然后一整天都在走路，在太阳下山时找一个地方睡觉。

他们两个星期里没有遇到任何麻烦。然后他们来到了另一个城市。唐僧问他的大徒弟孙悟空，"这是什么地方。"

孙悟空说，"我不知道，我以前走过这条路，但我总是在高高的云中。我什么都没有看到。"

他们继续走路。唐僧看到两个老人坐在路边。他们在谈着这个和那个。"徒弟们，"唐和尚说，"在这里等着，不要找任何麻烦。我要和这两个人谈谈。"然后他走到那两个人面前，双手合在一起，说，"先生们，这个穷和尚向你们问好！"

他们抬头看着他。其中一个人说，"先生，你有什么话要对我们说？"

"我从很远的地方来拜佛。你能告诉我这个地方叫什么，我可以在哪里要一点食物？"

"你已经到了铜台府[1]。如果你想要食物，就不需要去要饭。沿着这条街走。你会看到一个看起来像坐着的老虎的门楼。那是寇员外的家。你会看到一个牌子，上面写着，'欢迎万名僧人。'在那里你可以得到你想要的所有食物。"

唐僧向他们道谢。他回到三个徒弟身边，把老人说的话告诉了他们。三徒弟沙悟净说，"我们现在是在佛祖的地方，这就是为什

---

[1] 台 means "tower", "platform" or "terrace." Here it probably refers to an imposing building atop a platform.

么他们很愿意给僧人们食物。我们去吃饭吧。"

他们走在街上，穿过人群。"不要找麻烦，不要找麻烦！"<u>唐僧</u>对他的找麻烦的徒弟们说。走了一小段路，他们到了<u>寇员外</u>的家。他们看到牌子上写着，'欢迎万名僧人。'

二徒弟，猪人<u>猪八戒</u>，开始要进楼。但<u>孙悟空</u>让他等着，看看会不会有人出来见他们。他们在楼外等着。过了一会儿，一个仆人出来了。

当他看到这四位游人时，他马上跑回里面。"大人！"他说，"四个长得很奇怪的和尚正站在外面。"

<u>寇员外</u>一直在院子里走来走去，念着佛祖的名字。当他听到这话时，就去外面欢迎他的客人。他一点也不害怕。"请进，请进！"他说。

四名游人跟着<u>寇员外</u>进了屋。<u>寇</u>向他们介绍了房子里的每个房间，其中有佛殿。<u>唐僧</u>穿上僧衣去拜佛，进了大殿。他看到了什么？

  香云和明亮的蜡烛
  很多捆丝绸和鲜花
  金钟挂在红架子上
  鼓放在木架子上
  千尊佛像全身金
  铜花瓶，刻花的盒子，刻花的玻璃碗
  灯火明亮，钟声又长又慢
  这是一个比寺庙更美丽的宝屋

<u>寇员外</u>洗了手，叩头拜佛。然后，他带游人来到图书馆。他们看到，那里的经书太多了，没有办法数。几张桌子上都放满了纸、

墨和毛笔。

寇员外问唐僧是谁。"我是唐皇帝送来的，"唐和尚回答说。"来贵国拜佛祖，取佛经。我听说你家里尊敬僧人，所以我们想要一点食物。然后我们就继续我们的旅途。"

寇员外笑着说，"我叫寇洪。我很笨地活了六十四年。在我四十岁的时候，我发过誓要给一万名僧人送饭。我没有什么事情可以做，就把他们数了一下，到现在，我已经给9,996名僧人送过饭。今天，上天把你们四位送来找我。我希望你们能和我一起住一个月，帮我一起庆祝。然后我会用马和轿子送你们去灵山。它离这里只有八百[1]里路。"唐僧马上同意了。

几个仆人走进厨房准备米饭、面条和蔬菜。寇员外的妻子看到仆人在工作。她问他们为什么要准备饭。其中一人回答说，"来了四个和尚。一个很漂亮，但其他三个很丑。他们告诉我们的主人，他们是被大唐皇帝送去灵山拜佛的。我们的主人认为他们是从天上来的。他让我们准备素食。"

"你们什么都不知道，"寇的妻子笑了笑。"当你看到一个丑的、奇怪的或不普通的人时，他们一定是从天上下来的。现在去告诉你们的主人，我来见客人了。"

仆人们跑去告诉寇员外和四位客人。几分钟后，寇的妻子走进了房间。她仔细看了看唐僧，然后又看了看三个徒弟。她相信他们真的是从天上下来的，但在她向他们叩头时，她有点紧张。

唐僧也向她鞠躬，对她说，"妇人，我不配得到这个荣誉。"

---

[1] One 里 (lǐ) is about 1/3 of a mile. The famous proverb from the Dao De Jing says, "A journey of a thousand miles begins with a single step" but it actually refers to a thousand *li*, not miles: 千里之行, 始於足下 (qiān lǐ zhī xíng, shǐ yú zú xià).

就在这时，又有一个仆人走了进来，说，"两位小主人来了。"两个年轻人走进房间，看到客人后，向他们深深地鞠躬。

寇说，"这是我的两个儿子。他们叫寇梁和寇栋。他们刚从学校回来，还没有吃中饭。他们听说你们在这里，就来向你们磕头。"

"多么好的儿子啊！"唐僧说。"是的，你儿子和孙子的成功是由他们在学校的学习决定的。"

"这些大人从哪里来？"其中一个儿子问他的父亲。

"从很远的地方，"他回答说。"是唐皇帝送他们来的。"

"我们读到过，说世界上有四个大洲[1]。我们在西大洲，你们来自南大洲。你们走了多久了？"

"很久很久了，"唐僧回答。"在过去的十四个冬天和夏天，我们遇到了许多魔鬼和妖怪，受到了很大的痛苦。我欠我的三个徒弟很多。"

就在这时，宴会已经准备好了。寇员外和四位游人坐下来吃饭，寇的妻子和年轻人回到了房子里。有蔬菜汤，米饭，包子和许多种水果。仆人跑来跑去地送食物，四、五个厨师在厨房里工作。一碗碗的食物消失在猪的嘴里，就像被风吹走的云一样。每个人都吃到饱。

---

[1] In ancient Buddhist teachings, there are four island-continents which surround Mount Meru. They are Purvavideha in the East where Sun Wukong was born, Aparagodaniya in the West where Sun Wukong first traveled and met his first teacher, Jambudvipa in the South where the Tang Empire is located, and Uttarakuru in the North past the Himalayas. Each continent has human inhabitants with different characteristics, except for the Chamara region of Jambudvipa which is inhabited by demons.

他们吃完后，唐僧感谢了寇员外。游人们准备离开。但寇说，"老师，你为什么不在这里住几天，放松一下呢？正像古人说的，'开始一段旅途很容易，但结束一段旅途很难。'请留下来，住到庆祝我完成给一万名僧人送饭的誓愿的那天。"

他们住了一个星期左右。在那周结束的时候，那个地方的二十四名佛教和尚前来举行了典礼。

> 大殿里挂着旗子
> 一排排的蜡烛和烧着的香
> 鼓、锣和笛发出的音乐
> 和尚念经的声音
> 每个人都向佛像深深地鞠躬
> 灯点亮着
> 举行了拜水典礼
> 念华严经[1]
> 每个地方的和尚都是一样的！

典礼结束后，唐僧谢过主人，准备离开。寇看着他说，"老师，你真的想离开。我想我们一定是在忙着准备典礼的时候，没有服务好你。"

唐僧回答说，"先生，我们给你找了很大的麻烦，我们永远都没有办法报答你。但在我离开家的时候，我的皇帝问我要走多久。我很笨地告诉他要三年。现在已经十四年了。我不知道我们能不能取到佛经，也不知道回到唐国需要多长时间。我怎么能不听皇帝的命令呢？请让我们走。下次我们来这里的时候，我可以多住几天。"

---

[1] This is the Avatamsaka Sutra, written in the 3rd or 4th century. It describes the universe as seen by an enlightened being who sees all phenomena as empty and interpenetrating.

猪听到这话就生气了。他说，"师父，你一点都不关心我们。这位老人很有钱，他想让我们留下来。在这里住一年或更长时间，这有伤害吗？为什么要离开所有这些好吃的食物？这样我们就可以出去要饭了吗？"

唐僧对他喊道，"你关心的只是食物，你这个苦力！你一点不在乎怎么让你变成更好的人。真的，你是一个只关心装满肚子的兽。如果你想留在这里，没关系，剩下的路我自己一个人走。"

孙悟空听到这话，看到师父生气了，他一拳打在猪的头上，说，"你这个笨人，你现在已经让师父生气了。"

寇听到了这。他笑着对唐僧说，"别那么生气，老师。你才来这里两个星期。今天剩下的时间里请放松一下。我们明天会帮你们离开。"

寇的妻子说，她有一点钱，很愿意用它来付和尚们再住两个星期的钱。两个儿子也说要给和尚们两个星期的食物。

"求你们了，"唐僧说，"我不敢再留下来了。如果我现在不走，我的皇帝一定会因为我不听他的命令把我杀了。"

猪又要求他的师父多住几天。唐僧再次对他大喊。孙悟空对猪说的话笑了，这让唐僧威胁说要念紧头带语。

寇员外听了一阵争论，然后他说。"老师们，请不要争论了。你们明天就可以走了。"他邀请了一百个朋友和邻居第二天来和和尚们说再见。他告诉他的仆人准备另一场大宴会。他做了二十面大彩旗。他请了一群音乐家，还请来了几位佛教和道教和尚来祈祷。

仆人一整夜在准备宴会，做彩旗。和尚和音乐家们一整夜赶路，早上到了寇家。第二天早上，唐僧和他的徒弟们起床准备离开。

猪不高兴，但他还是准备了行李。沙放上马套。孙悟空拿起师父的拐杖给他，然后把他们的通关文书挂在自己的脖子上。他们都准备好了离开。

寇员外走了过来，把他们请到一个大殿里，那里正在举行宴会。这个宴会比他们前一天举行的宴会还要大。

"兄弟们，"猪说，"放松一下，能吃多少就吃多少。我们离开这里后，不会再有这样的食物了。"

"不要把肚子吃得太饱，"孙悟空回答。"离开这里后我们还要走路。"

快到中午的时候，唐僧举起筷子，念了佛经，就开始吃饭了。他们都吃了饭，但猪很快吃了六碗米饭。然后他把很多食物放进袖子里，不分好坏。

正当他们要离开时，佛教和道教和尚到了。寇员外对他们说，"先生们，你们来晚了。我们的老师马上就要离开，所以我不能给你们食物。"然后，四位游人在寇的一群朋友和亲戚的包围下，开始向西走。空气中都是鼓、锣和笛的音乐。彩旗在风中飘着。

他们一起走了三、四里路。他们来到一个亭子里，那里放着吃的和喝的。他们都举起杯子，互相敬酒。

寇员外忍住不哭，他说，"老师，你从灵山回来时，请来看看我们。"

唐僧回答说，"如果我到灵山，见了佛祖，我做的第一件事就是称赞你。我们回来的时候一定会来看你。"他们继续向西走，终于寇和他的朋友们回去了，留下四位游人继续前行。

他们又走了四、五十里路。这时天已经黑了。"已经很晚了，"唐僧说。"我们今晚住在哪里？"

猪仍然不高兴。他说，"你是那个想离开好吃的食物和温暖的床、继续走路的人。现在已经很晚了。如果开始下雨怎么办？"

"恶兽，"唐僧说。"如果上天让我们拜见佛祖，取真经带回唐帝国，我就让你在御厨房里吃上多年。然后你会变得非常胖，那样你会爆裂。那会教你成为一个饿魔鬼。"猪对自己笑了笑，没有再说一句话。

孙悟空在路边看到了一些楼。他说，"我们在那边休息吧！"

唐僧走到其中一栋楼前。他看到一个很旧、都是灰尘的牌子。上面写着，"华光行宫。"他对其他人说，"华光菩萨是火焰五光佛祖的徒弟。他因为杀死毒火魔王受到惩罚。这里一定有神社。"

他们一起进去了。这个地方是一片废墟。城墙倒了，每处都长满了草木。他们本来想离开的，但外面已经开始下雨了。所以他们在那里留了一夜，在黑暗中坐着或站着。

第 97 章

就在四位游人在华光行宫休息的时候，一群强盗在铜台府坐着说话。这些强盗来自好家庭，但他们都把钱用在喝酒和赌钱上。现在他们需要钱。所以，他们决定一起从铜台府里最有钱的家庭那里偷东西。

其中一个强盗说，"这事不用多想。我们都知道，这个城市最有钱的人是寇员外。今晚下雨了，所以没有人会上街。让我们偷他的钱。然后我们就可以去赌钱，和女孩子们一起玩！"

其他的强盗也同意了。所以，他们在雨中向寇员外的房子走去。他们带着刀、剑、拐杖、绳子和火炬。他们打开了寇员外家的大门。房子里的人都跑了。强盗们冲入房子，拿着火炬找宝贝。他们拿走了所有能拿的金、银、珠宝和漂亮的衣服。

寇员外看不下去了。他跑回屋里，喊道，"大王们，求求你们拿走所有你们想要的宝贝。请给我留几件我死的时候穿的衣服！"但强盗把他踢倒在地。他的三魂飘回了地狱，他的七魄慢慢地离开了人间[1]。

强盗离开后，家里的其他人又回到了房子里。他们看到寇员外死在地上。他们都哭了起来，说，"天哪，我们的主人被杀了！"

寇夫人觉得唐僧和他的三个徒弟要为这场灾难负责。她对儿子们说，"你父亲给了一万名僧人食物。谁能想到，最后四个人会回来把他杀了？"

"母亲，"兄弟俩说，"你怎么知道是他们做的？"

"我躲在床底下。我看到唐僧拿着火炬，猪八戒拿着刀，沙悟净拿了金银，那只恶猴杀了你们的父亲。"

"母亲，如果你看到了，那么你一定是对的。他们在这里住了两个星期，非常了解这栋房子。他们一定想要我们的宝贝，在黑夜和雨中回来拿走了宝贝。太邪恶了！早上，我们去向郡侯报告这

---

[1] In Chinese tradition each person has two kinds of souls. The spiritual part of a person is 魂 (hún). It is *yang*, comes from the heavens, and returns there upon death. The animal or physical part of a person is 魄 (pò). It is *yin*, comes from the underworld, and rejoins it after death. There are three kinds of hun and seven kinds of pho. But in this story, for some reason, Squire Kou's three 魂 and seven 魄 seem to head in the wrong directions.

事。"

铜台府的郡侯是个好人。小时候，他在雪光下学习¹，还参加了考试，成为一名政府官员。他心中装满仁慈。他的名字会被人们记千年。

第二天，寇梁和寇栋去见郡侯。他们说，"大人，我们来告一些强盗和杀人犯。"

郡侯回答说，"我听说你家刚刚完成了给一万名僧人食物的誓愿。怎么会发生这样的事呢？"

"大人，我们的父亲给僧人食物已经有二十四年了。最后的四位僧人和我们一起住了两个星期。他们了解了关于我们的房子和我们的宝贝的一切。他们昨天早上离开，昨晚他们带着武器回来。他们偷走了我们的宝贝，杀死了我们的父亲。我们求你帮我们，为我们父亲的死报仇！"郡侯同意了，命令一百五十人向西去抓唐和尚和他的徒弟。

强盗们杀死了寇员外后，就向西走。他们经过了唐僧和他的徒弟们住的华光行宫。强盗们停在华光行宫向西几里外的路边，分宝贝。就在他们这样做的时候，唐僧和他的徒弟们来到了路上，遇到了他们。

"看，"其中一个强盗说，"这些不是昨天离开寇家的和尚吗？"

---

[1] This is a reference to the legend of Sun Kang, a poor young man who wanted to study at night. He could not afford lamp oil and there were no fireflies in winter, so he went outdoors in the freezing cold and read books by moonlight reflected off the snow-covered ground. Thus the saying 如囊萤，如映雪 (rú náng yíng, rú yìng xuě), "like a bag of fireflies, like the snow's reflection," describes anyone who studies hard despite poverty.

"哦，很好！"其他的强盗说。"这些和尚在寇家里住了很长时间。我敢打赌，他们有很多寇的金和银。我们去拿他们的宝贝和他们的白马。"他们站在路中间，挥动着武器，大喊，"和尚们，站在你们的地方。把你们的金银和马给我们。如果你们说半个'不'字，我们就杀了你们，不会仁慈。"

孙悟空笑了笑，对其他人说，"别害怕。我会去问他们几个问题。"他走到强盗面前，双手合在一起，放在胸前，问道，"你们这些先生在做什么？"

"你不在乎是生是死吗？"他们对他大喊大叫。"现在就把你们的宝贝都拿出来！"

"哦，大王，我只是一个来自乡村的穷和尚。我不知道要说什么，请不要生气。你可以拿走我们所有的钱，这没问题。但让其他三个走吧。骑在马上的人是我的师父。他能做的就是念佛经，他已经不记得所有关于财富和性的事。黑脸人是一个简单的人，他只是照顾马。那个大耳朵的人是个苦力，他只是带着东西。请让他们走。我给你们钱。"

"嗯，你看起来是个说真话和尚。好吧。告诉其他三个人，把所有东西都留在这里。他们可以走了。"孙悟空转身，跟他们眨了一下眼。唐僧、猪和沙向西走了一小段路。孙悟空弯腰去拿起一捆行李。他从路上抓起一点土，念了魔语，把土扔到空中。他大喊"停，"所有的强盗都发现他们一点都不能动了。

孙悟空向唐僧挥了挥手。唐僧转过身来，回到孙悟空身边。他说，"悟空，你为什么让我们回来？"

"师父，请下马坐下。听听这些强盗怎么说。猪兄弟，把强盗绑起来，听听他们的故事。"

"对不起，我没有绳子，"猪说。孙悟空从头上拔下几根毛发，用魔气吹了一下，把它们变成了三十根绳子。徒弟们把三十个强盗都绑了起来。然后孙悟空说了几句话，去掉了魔力。

"小贼，"孙悟空说，"你们偷东西多少年了？你们杀了多少人？把一切都告诉我们。"

"大人，求求你了，"强盗们说。"我们都来自好家庭。我们把家里的财富都扔在了赌钱、喝酒和女人上。我们需要钱。我们知道寇员外是城里最有钱的人，所以昨晚我们进了他的房子，拿走了他的金银、珠宝和衣服。然后我们逃到这个地方，这样我们就可以分宝贝。我们看到你们很重的行李，以为你们也有一些宝贝。但是我们不知道你有这么神奇的力量！请留我们一命。你可以拿走所有的宝贝。"

"悟空，"唐僧说，"寇员外是怎么把这场灾难带给他自己的？"

孙悟空回答说，"师父，那是因为寇让人们看到了旗、打鼓的人、和尚、宴会、还有其他的，露出了他的财富[1]。"

唐僧回答说，"我们欠了寇家一片善良的心。我们应该把这些宝贝还给他们。"所以，三个徒弟放好了所有的宝贝。孙悟空想杀掉所有的强盗，但他害怕唐僧会生他的气。所以他放了强盗。他们跑进了森林。

四位游人转身回到铜台府去还宝贝。但是这首诗说，

很少看到善得到回报

---

[1] Chapter 9 of the *Dao De Jing* says: "Filling up isn't as good as knowing when to stop / A sharp point can't be maintained for long / When gold and jade fill a room no one can protect it / Wealth leads to arrogance and invites mistakes / Achieve success then let it go / This is the Dao of heaven."

善常常换来仇
救淹死的人，你可能会失败
但想过以后去做，你就不会痛苦

他们在路上向东走，但遇到了一大群手拿长矛和剑的士兵。首领说，"你们是一群好和尚。你们先拿了房子里的东西，然后还让人看你们偷来的宝贝。"他们把唐僧从马背上拖下来，把他绑起来。然后他们把三个徒弟绑在长竹杆上，把他们带回了城里，两个士兵抬一根杆子。

唐僧全身发抖，哭着说不出话。猪不高兴，抱怨着。沙在说话，但心里有些紧张。孙悟空笑着，准备好了他的力量。

士兵们把他们带到了郡侯的法庭上。郡侯谢了士兵们，让他们把宝贝还给寇家。然后他对唐僧说，"你说你们是穷和尚，去西方拜佛。但我认为你们是强盗。"

唐僧说，"大人，我们不是强盗。我们可以给你看我们的通关文书，这样你就可以看到我们去过的地方。我们在路上遇到了强盗，从他们那里拿回了宝贝，这样我们就可以把它们还给寇家。我求你再仔细地检查一下这件事。"

"如果你们真的遇到那些强盗，你们为什么不抓住他们？"

唐僧没有回答。郡侯让士兵们给唐僧戴上头箍。但孙悟空说，"大人，请不要箍住那和尚的头。是我点了火炬，拿着剑，偷走宝贝，杀了寇员外。"士兵们把头箍戴在孙悟空的头上，把它弄紧。但头箍再紧，它也一点都不能伤到他。

就在这时，有人进来报告，他的上司陈少宝大人来了。郡侯去见他的上司。离开时，他告诉士兵把四名游人关进监狱，打一顿。士兵们把这四名游人拖进监狱，然后开始打他们。

"我们能做什么？"唐僧喊道。

"这些士兵只是想要一些钱，"孙悟空回答。

"可是我们没有钱！"

"衣服就可以了。把僧衣给他们。"

唐僧想到自己美丽的僧衣就要没了，就很不高兴，但他只是轻声说，"悟空，做你必须做的事。"

"先生们，"孙悟空对士兵们喊道，"你们不用再打我们了。在那边的那捆包里，有一件美丽的僧衣，它非常值钱。拿去吧，它是你们的。"士兵们检查了那捆包。在那捆包的底部，他们看到被油纸包着的发光的东西。他们把它拿出来看。僧衣上全是发光的珍珠，僧衣的边上绣有龙和飞凤凰。他们都张大着眼睛看着僧衣。

"怎么了？"士兵的首领说着走过来看。

"大人，郡侯让我们把这四个人关进监狱，打一顿。他们给了我们这件僧衣。我们不知道该怎么解决它。把它只给一个人是不对的。但是，如果我们把它撕成碎片，它就会被毁了。我们该怎么做？"

士兵首领看着僧衣。然后他看到了通关文书，仔细地看了看。他对士兵们说，"你们这些笨人，这些和尚不是强盗。不要碰他们的行李。我明天会把这件事告诉郡侯。"

士兵们离开了监狱，四位游人躺下休息。在四更左右，孙悟空想，"师父需要受到这个痛苦，这就是为什么我对郡侯什么也没说。但他的痛苦几乎已经结束。我最好应该把我们大家从这里带出去。"所以他摇了摇身体，变成了一只小苍蝇。他飞出监狱，在夜里飞向了寇家的大门。

街道对面有一个家庭，那里住着丈夫和妻子。他们俩是做豆腐的。丈夫对妻子说，"妻子，我和寇老头一起上学校。在那些日子里，他有一些农田，但他对农夫特别好，有时会忘记要他们的租金。在他二十岁的时候，他和张的女儿结了婚，她叫张旺[1]，她真的是给丈夫带来了繁荣。他做的一切都是成功的，他赚了很多钱。当他四十岁时，他开始送食物给僧人。现在他死了，才六十四岁。太伤心了！"

孙悟空听到了这话。然后他飞过街道，来到了寇家。正屋里放着一口棺材。棺材四周是香、蜡烛和水果。寇夫人和她的两个儿子都在那里哭。孙悟空停在棺材头上，咳嗽了一声。人们吓坏了。寇夫人用拳头打着棺材头，说，"老头子，你又活了？"

孙悟空用寇员外的声音说，"阎罗王带我回来跟你说话。张，你一直在说谎！"

寇夫人，她小时候姓张，跪倒在地，哭道，"我说了什么谎？"

"你不是说，'我看到唐和尚拿着火炬，猪八戒拿着刀，沙悟净拿了金银，那只恶猴杀了你们的父亲'？你说的谎给那些好人带来了很大的麻烦。他们在路上遇到了强盗，拿回了你的宝贝，把它们还给你。但你说了谎。现在这些好人在监狱里。土地神和城里的神都非常生气，他们去了阎罗王那里。阎罗王让我来这里和你说这些话。快点把这些人从监狱中放出来。如果你不照我说的去做，这房子里所有的人，即使是狗和鸡，都逃不出我的愤怒！"

儿子们叩头请求说，"父亲，请你回去吧，不要伤害我们。我们将把这些和尚从监狱里放出来。我们只想要活着的和死了的人都

---

[1] The name Wang usually is 王 meaning "king," but this is 旺 meaning "prosperous."

和平。"

"烧纸币，"孙悟空说。"我现在要走了。"但孙悟空没有回到监狱。他飞到郡侯家。现在是早晨。他看到郡侯已经起床，向他叔叔的照片祈祷。孙悟空停在照片上，咳嗽了一声。郡侯跳了起来，说，"叔叔，我每天都为你祈祷。你今天为什么要跟我说话？"

"侄子，你一直是一个好人、一个说真话的人。但是你昨天怎么会这么笨呢？你抓了四个圣僧，没有听他们的故事就把他们扔进了监狱。土地神和城里的神都对你很生气。他们向阎罗王报告了这事，他让我和你谈谈。你必须找出真相，放了这些和尚。如果你不这样做，你很快就会来地狱。现在烧一些纸币，我要走了。"

离开了在叩头的郡侯，孙悟空还要再去一个地方。他去了城里的法庭。现在是早上，法庭官员都在那里。他变成了一个巨人。他站在法庭中间，说，"听我说，你们这些官员。我是玉皇大帝送来的浪荡游神。他说，四位圣僧没有原因地就被扔进监狱，又被打了一顿。马上把他们放了。如果你们不这样做，我会杀了你们所有人，毁了你们整个城市。"官员们都跪倒在地，叩头。

孙悟空离开法庭，变回苍蝇，飞回监狱。他变回原来的样子，去睡觉了。

那天早上晚些时候，郡侯开始了他在法庭的工作。寇的两个儿子马上冲了进来，求郡侯放了四位和尚，说，"大人，昨晚我们父亲的灵魂出现在我们面前，告诉我们，四位和尚没有拿走宝贝，也没有杀了我们的父亲。他说，如果四位和尚不从监狱里出来，我们家的每个人都会被杀！"

郡侯心里想，"一个新鬼出现在活人面前不是不常见。但我的叔叔已经死了五年多了。他今天早上出现在我面前。看起来我昨天真的是犯了一个错误。"

这时，一群官员冲了进来，说，"大人，玉皇大帝送浪荡游神来，让我们马上把那四名和尚从监狱里放出来。如果你不这样做，他就会毁了我们的城市！"

当然，郡侯命令将这四名和尚从监狱里放出来，把他们带到法庭上。郡侯说他对这个错误感到非常对不起。孙悟空生气了。他说，"现在就把我们的白马和所有的行李都还给我们。现在告诉我们，把无罪的人扔进监狱的惩罚是什么？"

郡侯吓坏了。他把马和行李还给了和尚。他说，是寇夫人要为这个错误负责。唐僧对孙悟空说，"我们去寇家，找出真相。"

所以唐僧、三个徒弟、郡侯和所有法廷官员都来到了寇家。在那里，他们看到寇夫人跪在她丈夫的棺材前哭。

"别喊了，你这个说谎的老妇人，"孙悟空喊道。"你想杀死一个无罪的人。等我从地狱里把你的丈夫叫回来。我们看看他会怎么说！"说完，他跳上了天空，直跑向地狱。看到这，郡侯和法廷官员们都跪倒在地。

地狱里的十王出来欢迎孙悟空。猴子说，"以前在铜台府给和尚食物的寇洪鬼在哪里？"

"寇洪是个好人，"十王说。"我们不用把他拖到这里，他自己会来。他现在和地藏王菩萨在一起。"孙悟空去了地藏王的宫殿，要求见寇。

地藏王说，"寇洪的一生已经完了，这就是为什么他来这里。我在我的宫殿里给了他一份工作，在我的书里写下善良行为。但现在你为他来到这里，我就再给他十二年的生命。他可以和你一起离开。"

寇出来见孙悟空。猴子吹了一口魔气，把寇变成了雾气。然后孙悟空把雾气放在袖子里，用他的筋斗云回到了人间的寇家。他把雾气推进棺材里。过了一会儿，寇员外在棺材里坐了起来。他爬了出来，向唐僧和三个徒弟叩头。然后他说，"谢谢，谢谢！我被错杀，被送到了地狱，但你把我带回了生命！"然后他看了房间的四周，看到一大群人。"为什么这些大人在我的家？"他问。

郡侯回答说，"你的儿子说，这些圣僧杀了你。后来，我们才知道，和尚们在路上遇到了真的强盗，从他们那里拿回了你的宝贝，把宝贝带回了你家。昨晚，一个灵魂出现在我面前，浪荡游神也来到了我的办公室。他们都说我应该放了和尚，所以我就这么做了。"

寇员外说，"先生，在我死的那天晚上，三十个强盗带着火炬和武器来到我家。我想要和他们说话，但他们把我踢死了。这四位和尚没有做错什么。"然后转向他的妻子，"他说，"有关谁杀了我，你为什么要说谎？"

寇夫人对这没有回答。但郡侯是一个善良的人。他决定不惩罚寇员外的家人。每个人都向郡侯叩头。然后，寇员外又举行了一次宴会，感谢郡侯和和尚们，但宴会还没开始，郡侯就离开了。

第二天，寇员外再次挂起了牌子，上面写着，"欢迎一万名僧人。"他再次要求唐僧留下来住一段时间，唐僧当然拒绝了。宴会结束后，唐和尚和他的徒弟们再次上路。真是，

> 很多人在无边的世界中做恶事
> 虽然天高，但它保护好人
> 四位游人向佛祖走去

他们一定会到灵山之门

第 98 章

游人们现在离灵山已经很近了。这真是佛祖的地方。他们遇到的每个人都很善良，都说要给和尚食物。他们看到其他游人在念佛经。

他们走了六、七天。然后他们看到一群一百尺高的楼。有美丽的宫殿和花园。处处可以看见可爱的花朵，彩色的鸟儿在天空中飞着。唐僧指了指说，"悟空，这是个好地方！"

孙悟空笑道，"师父，我们见过很多有假佛的地方，你向那些地方叩过头。现在我们已经到了真佛的家，但你连马都不下来。这是为什么呢？"当他说完时，唐僧就从马背上跳了下来，向大门走去。

一个年轻的道士站在大门前。他穿着丝绸长衣，手里拿着一只小玉鹿。他的脸很漂亮。他说，"你是那个从东方来求圣经的和尚吗？"

唐僧看着这个年轻人，但没有认出他来。但孙悟空认出他了。他说，"师父，这是金顶大仙。他住在灵山的山脚下。"接着，唐僧向年轻人鞠躬。

"啊，你终于来了！"年轻人说，"观音菩萨十多年前就告诉我，你两、三年中就会来。我等你很多年了。"

唐僧双手合在一起，说，"大仙，我很感谢你善良的心意，很感谢！"

四位旅人带着行李，牵着马，进了一座道教寺庙。他们吃了一顿素食饭。然后一些道教男孩烧热了香水，给游人洗澡。夜晚来时，他们就睡在庙里。

第二天早上，唐僧穿上美丽的丝僧衣，戴上帽子。他手里拿着僧人的拐杖，上了正殿。大仙人笑着说，"昨天你穿得又脏又旧。今天，你穿得像佛祖的真儿子！现在让我给你们指路。"

孙悟空说，"不用了。老猴子知道路。"

"不，你总是在云中走。唐和尚现在还不能那样做。他只能走在路上。"大仙带着唐僧走出了后门。他们走到外面。他指着灵山说，"圣僧，你看到天空中的那些光了吗？那是灵山，圣佛之地。"唐僧见了，低低地鞠躬。

孙悟空说，"师父，我们还有很长的路要走。如果你还停在这里，头撞地，我们永远到不了那里。"

大仙向他们挥手说再见。孙悟空带着他们慢慢上了灵山。他们走了几里路。来到一条三里宽的大河边。

"悟空，"唐僧用担心的声音说，"我们走错路了。这条河太宽，浪太大。我们将怎么穿过它？"

孙悟空指了指说，"看，有一座桥。"他们看了看，看到了一个牌子，"凌云桥。"牌子旁边是一根树干，横在河上。树干很狭窄很滑。没有把手。

"悟空，"唐僧说，"没有人能过那座桥。"

"这很容易！"孙悟空回答道。他跳上树干，跑过河。然后他喊道，"过来，过来！"但唐僧、猪和沙拒绝爬上树干。孙悟空跑回去抓住猪，说，"跟我来，你这个笨人。"但猪躺在地上，不肯动。他们俩开始互相打着拉着。

过了一会儿，<u>唐僧</u>喊道，"看，一只渡船来了。"<u>孙悟空</u>用他的钻石眼看。他看到摆渡人是<u>接引</u>佛[1]。"来这里！"他喊道。摆渡人把船带到岸边。<u>唐僧</u>向船的方向看去，发现船没有底。他看到船里什么也没有，只有河水。

"这船怎么能坐人呢？"<u>唐僧</u>喊道。

"啊，"船工说，

  "自从混沌第一次分开，我的船就已经有名了
  我用它，什么都没有变
  它在风和浪中不动不摇
  它是和平安静的，没有开始或结束
  它没有尘灰的影响才能回一
  它和平安静地经历了所有的麻烦
  一只无底船不能过海
  但它可以带着任何人过这条河！"

<u>唐僧</u>不敢上那只无底船，但<u>孙悟空</u>抓住了他，把他推上了船。<u>唐</u>和尚掉进了水里。船工把手伸进水里，抓住他，把他拖回船上。<u>猪</u>和<u>沙</u>跟了上去，牵着马，背着行李。

佛祖把船推离岸边。他们看到一具尸体漂来。<u>唐僧</u>吓坏了。但<u>孙悟空</u>说，"师父，别害怕。那就是你。"

<u>猪</u>和<u>沙</u>开始拍着他们的手，唱着，"是你，是你。"不久，船工

---

[1] This Buddha is probably Amitābha, whose name means "the Buddha of immeasurable light and life." It is said that Amitābha achieved buddhahood and created a pure land called Sukhāvatī (Sanskrit for "possessing happiness") in the far west beyond the bounds of our own world. Amitābha enables all who call upon him to be reborn into this pure land and ultimately become bodhisattvas and buddhas.

也一起唱了起来。他们继续唱着歌，直到船到了远处的岸边。然后<u>唐僧</u>很容易地跳下了船。真是

> 丢了他们的肉和骨
> 精神找到友谊和爱
> 他们要做的事完成了，他们今天成了佛
> 洗去了六六尘[1]

当他们回头看时，那只无底船不见了。<u>唐僧</u>感谢三位徒弟帮助他到了这个地方。"我们互相帮助过，"<u>孙悟空</u>回答。"你让我们知道了怎么去得到正果，我们保护了你，帮助你离开了普通人的身体。"

他们继续沿着<u>灵山</u>向上走。过了一会儿，他们来到了<u>雷音</u>寺。它的屋顶很高，直到天堂，它的根深深地埋进山里。东西两边是长满鲜花的宫殿，南北两边有许多亭子和大楼。中间有彩色的光和紫色的火从正殿中发出。

他们走到寺庙的正门。人们笑着，从小路的两边向他们挥手。四名守卫在门口欢迎他们，问道，"圣僧到了吗？"

<u>唐僧</u>低低地鞠躬，说，"徒弟<u>玄奘</u>来了。"

"请等在这里，"他们说。他们把这传给了在中门的四位守卫，这些守卫把这传给了里门的四位守卫。然后这些守位向<u>如来</u>佛祖报告说，<u>唐</u>和尚到了。

佛祖很高兴。他叫来了八位菩萨、五百位老师、三千名守卫、十

---

[1] In Buddhism there are six *gunas* or dusts, these are impure qualities that come from the sense organs: sight, sound, smell, taste, touch, and thoughts. There are also six roots, corresponding to the sense organs themselves: eyes, ears, nose, tongue, body and mind. The Diamond Sutra describes the world of the six dusts as "a dream, a mirage, a bubble, a shadow." [See Dharma Drum Mountain website, www.dharmadrum.org]

一星和十八位寺庙守卫，让他们站成两排。然后唐僧被叫到里面的大殿。他进了里面的大殿，三个徒弟跟着他。猪八戒背着行李，沙悟净牵着马。

他们倒地叩头，向佛祖和在他们左右的其他人叩头。然后唐僧把他的通关文书给了佛祖。佛祖看了，把它还给了唐僧。

唐僧说，"你的徒弟在大唐皇帝的命令下，经过了很长的旅途来到你的宝殿，向你求佛经，救众生命。"

佛祖张开圣口，说了这些话，"你们的土地很大，有很多人。但是有太多的贪婪，打杀，说谎和愤怒。人们不尊敬佛教。他们互相做可怕的事情。他们给自己带来地狱的痛苦。许多人将再生为兽，通过成为人们的食物来还他们的债。孔子给了他们智慧之教，许多国王和皇帝都发出了好的法令，但人们仍然很笨，还要犯罪。"

他继续说，"我有三筐经书可以救这些人。一筐说的是天，一筐说的是地，一筐说的是地狱里的鬼。一共有三十五部，15,144卷。这些经书可以通向仙路。我想把它们都给你。但不幸的是，你们那里的人太笨了，没有办法明白经书里讲的话。"

然后他喊道，"阿傩、伽叶[1]，把这四个人带到宝楼下面的房间。给他们一顿素食饭。然后在三十五部中，从每部中选几卷给他们，这样这些游人就可以带着我们的祝福把它们带回东方。"

阿傩和伽叶带着四名游人来到宝楼下的房间。给他们送来了仙食和仙茶。猪和沙吃了仙食，这让他们的身体换了新的肉和骨。

---

[1] Ananda is the Buddha's primary attendant and one of the ten principal disciples of Gautama Buddha. Kasyapa (also called Mahākāśyapa) was a disciple of Gautama Buddha and assumed leadership of the community of disciples after his teacher's death in 483 BC.

然后阿傩和伽叶带着他们来到放书的宝楼。当门被打开时，千色光从房间中射出，经书放在架子上。每卷经书都有一个红色的标签，标签上仔细地写着经书的名字。

阿傩和伽叶对唐僧说，"圣僧，你有什么小礼物给我们？让我们看看，我们会很高兴把你想要的经书给你。"

唐僧回答说，"对不起，我们走了很远的路，遇到了很多困难。我们没有礼物给你们。"

然后孙悟空对唐僧说，"师父，这是不对的。我们去告诉如来这件事。他应该自己来这里，把经书给我们。"

"闭嘴，"阿傩说。"你以为你在哪里？不要这个样子。过来拿经书。"孙悟空很生气，但猪和沙阻止他再说话。阿傩和伽叶开始把经书给徒弟们。有的被放在马背上，其他的被打成捆，由猪和沙背着。然后每个人都回到了佛祖的宝座前，再次向他叩头，然后下了山。

当经书给唐僧和他的徒弟们的时候，有位名叫燃灯佛[1]的古佛正在看着、听着。燃灯佛知道，阿傩和伽叶给的经书上没有字。他笑着对自己说，"那些笨和尚不知道他们拿到的是什么。"然后他叫他的一个罗汉，说，"快去唐僧那里。告诉他发生的事情。然后从他的那里拿回无字经，让他回来取有字真经。"罗汉非常快地飞去，快得让河里和海里的浪都向后退，让森林中的树木都断了。

罗汉飞向唐僧和他的徒弟们。他伸手下去，抓起经书。然后把它

---

[1] Dipankara is one of the Buddhas of the past. He is said to have lived on Earth one hundred thousand *kalpas* ago, where each *kalpa* is 4.32 billion years. It is said that Dipankara was a previous Buddha who attained Enlightenment many millenia before Gautama Buddha, the historical Buddha.

们撕成碎片，丢在地上，然后飞走了。唐僧跪倒在地，拿起几片，哭着说，"徒弟们，就连这圣地，也有妖怪要骗我们。"

但沙看着一些碎片。它们像雪一样白。"师父，"他说，"这些经书上什么都没写。"唐僧、孙悟空、猪都拿起几片看，发现上面没有字。

唐僧说，"我们现在该怎么办？如果我空手回到唐帝国，皇帝会杀了我。"

孙悟空说，"师父，我想阿傩和伽叶给我们这些经书，是因为我们没有给他们任何礼物。这是敲诈勒索[1]。让我们回去告诉如来。"唐僧同意了，四人很快地赶回山上，来到了雷音寺。

他们进了正殿。孙悟空对如来佛喊道，"如来，我们走了千万里路，和许多魔鬼战斗，来到这里。你让阿傩和伽叶给我们经书，但他们给我们的经书没有字。这些有什么用？我求你，惩罚那两个人，给我们可以用的经书。"

如来佛笑着说，"我知道那些经书上没有字。它们是真的无字经，但你们来自东方的人太笨了，不能用它们。所以，我们只能给你们有字的经书。阿傩和伽叶，取几卷上面有字的经书。"

阿傩和伽叶再一次带着四位游人来到经书房间。"这次你有什么给我们？"他们问。唐僧给了他自己用来要饭的紫金碗，那是唐皇帝送给他的。阿傩什么都没说就接过了碗。伽叶拿了5,048卷经书，全都给了唐僧。

"徒弟们，"唐和尚说，"仔细看看每一卷！"他们看了每一

---

[1] 敲诈勒索 (qiāozhà lèsuǒ) means extortion. Alone, 敲诈 and 勒索 each mean blackmail, which is a threat to reveal information. But when combined into 敲诈勒索 it means extortion, a threat of violence, demand for payment, or similar use of power.

卷，发现每一卷都有字。游人们放好了经书。然后他们回到了正殿。如来问阿傩和伽叶，唐和尚取了多少经书。阿傩告诉他每卷经书的名字和一共多少卷。

佛祖点头，说，"这些经书的力量，不是你能明白的。它们是三个宗教的根和本。当你把它们带回你们东方时，不要让任何人碰它们，除非这之前他们洗澡、不吃东西。然后他们会找到长生不老和长久智慧的钥匙。"

唐僧三次倒地叩头，感谢佛祖。然后他和他的三个徒弟离开了雷音寺。他们走后，观音菩萨走向佛祖。她双手合起，对他说，"佛祖，唐和尚从开始他的旅途到现在，已经十四年了。也就是5,040 天[1]。如果你让他用八天的时间回到东方，那将是一个完美数[2]。"

如来同意了。他对八大金刚说，"用你们的魔力，快快地把唐和尚带回东方。等他把经书交给他的皇帝后，就马上把他带回这里。在八天里完成这一切。"八大金刚飞去追上唐僧和他的徒弟们。他们抓起他们四个人，还有马、行李和经书，带着他们穿云飞去。

---

[1] In ancient times, the Chinese year was made up of six 60-day periods totaling 360 days, as Guanyin says here. But later this was refined to make the year more accurate. By the first century BC, the length of a year according to the Tàichū calendar was 365 plus 385/1539 days, or 365.2502 days. This is very close to the modern figure of 365.2422 days, differing by only about 20 minutes per year.

[2] The journey of the historical Tang monk actually took seventeen years. But in this story the journey is said to last only fourteen years, or 5,040 days. Adding 8 to this gives 5,048.

第 99 章

当八大金刚带着唐僧和徒弟们回东方时，几位天神正和观音菩萨说话。她对他们说，"跟我说说唐和尚的旅途。"

他们回答说，"你的徒弟们小心地看着他。在他许多次苦难中，他受到了极大的痛苦。到现在，他已经受到了八十次苦难。它们是[1]：

1. 在他是金蝉的时候，他被送出佛祖的家 [11]
2. 在他刚出生的时候，几乎被杀死 [11]
3. 在他一个月大的时候，他被扔进河里 [11]
4. 他找他的父母，为他父亲的死报仇 [11]
5. 他掉进了一个洞里，被三个魔王抓住 [13]
6. 和他一起的两个人被魔鬼煮了吃了 [13]
7. 他被老虎攻击，被刘伯钦救了 [13]
8. 他在两界山附近的路上被强盗攻击 [14]
9. 在鹰愁溪，他的马被龙吞了 [15]
10. 他几乎被观音殿的和尚放火烧死 [16]
11. 他的僧衣被黑熊魔鬼偷走了 [17]
12. 他打败了猪八戒，让他成为了他的徒弟 [18-19]
13. 他被黄风岭的魔鬼抓了 [20]
14. 他的徒弟孙悟空的眼睛看不见了，但被一位老人治好了 [21]
15. 他走过被沙魔鬼守卫着的流沙河 [22]
16. 他打败了沙悟净，让他成为了他的徒弟 [22]
17. 他的禅心受到一位母亲和她的三个美丽女儿的考验 [23]
18. 他拒绝吃神奇的人参果，因为它们看起来像小孩 [24-25]
19. 他几乎被镇元大仙用油煮了 [26]

---

[1] For each of these eighty trials, the chapter(s) where the event happened is also shown.

20. 他赶走孙悟空，因为他杀了妖怪 [27]
21. 他在森林中被黄袍妖怪抓了 [28]
22. 他被迫给宝象王国的国王写信 [29]
23. 他被老虎妖怪变成了一只老虎 [30-31]
24. 他被金角王和银角王抓了 [32-33]
25. 他被吊在山洞里的梁上 [34-35]
26. 在梦中，他遇到了淹死的乌鸡王国的国王 [36]
27. 他遇到了一个长得和他一样的魔鬼 [38-39]
28. 他在森林里发现被绑在一棵树上的魔鬼红孩儿 [40]
29. 他被红孩儿弄出的风带走了 [40]
30. 他看到孙悟空几乎被红孩儿的魔火杀死 [41]
31. 他几乎被红孩儿和牛魔王吃掉 [42]
32. 他被拖到水下，几乎被鳄鱼魔鬼吃掉 [43]
33. 他看到佛教徒在车迟王国受到痛苦 [44]
34. 他参加了和道教魔鬼的静想比赛 [45]
35. 他参加了和道教魔鬼的猜东西比赛 [46]
36. 他遇到了一个魔王，他每年吃两个小孩子 [47]
37. 他过通天河时掉入冰里 [48]
38. 他看到观音把魔鬼变成金鱼 [49]
39. 他被水牛魔鬼抓了 [50]
40. 他看到哪吒王子也不能打败水牛魔鬼 [51]
41. 他要求太上老君帮助，打败水牛魔鬼 [52]
42. 他在女人国怀孕了 [53]
43. 他几乎和女人国的女王结婚 [54]
44. 他在美丽的蝎子魔鬼的洞中受到痛苦 [55]
45. 他因为孙悟空杀了太多的强盗把他赶走了 [56]
46. 他被一只长得像孙悟空的六耳猕猴打了 [57-58]
47. 他的路被火焰山挡住了 [59]
48. 他求芭蕉扇 [60]
49. 他看到他的徒弟们和牛魔王战斗 [61]

50. 他扫祭赛王国的宝塔 [62]
51. 他找回了宝贝，救了和尚 [63]
52. 他在树林里走丢了，和三个树精念诗歌 [64]
53. 他在小雷音寺遇见了一尊假佛 [65]
54. 他看到天国战士被黄眉王抓住 [65-66]
55. 他在稀屎山口被一条大蛇挡住了 [67]
56. 他让孙悟空试着治好朱紫王国生病的国王 [68]
57. 他看到孙悟空治好了朱紫王国的国王 [69]
58. 他的徒弟和一个妖怪战斗，救了一个女王 [70-71]
59. 他被绑起来，几乎被七个美丽的蜘蛛魔鬼吃了 [72]
60. 他看到孙悟空被百眼魔王打伤 [73]
61. 他的路被大鹏和他的兄弟们挡住了 [74]
62. 他被大鹏身边的魔鬼抓了 [75]
63. 他被大鹏和他的兄弟们放进蒸锅里 [76]
64. 他需要求佛祖帮助，降伏魔鬼 [77]
65. 他在比丘王国救了笼子里的孩子 [78]
66. 他的心几乎被比丘王国的道人吃了 [79]
67. 他在森林里发现被绑在树上一个女魔鬼 [80]
68. 他在寺庙里生病了 [81]
69. 他被魔鬼抓住，被关在无底洞 [81-83]
70. 他只能躲在灭法王国的木箱里 [84]
71. 他被南山大王身边的魔鬼抓了 [85-86]
72. 他给凤仙郡带来了雨 [87]
73. 他在凤仙郡丢了武器 [88]
74. 他被九头狮子抓了 [89]
75. 他看到孙悟空和天尊的侍卫战斗 [90]
76. 他在元宵节被三个假佛抓了 [91]
77. 他看到孙悟空和三只犀牛魔鬼战斗 [92]
78. 他被印度魔鬼公主丢的绣球击中 [93-95]
79. 因为强盗杀了寇员外，他被关进监狱 [96-97]

80. 他在灵山放弃了自己普通人的身体 [98]

唐和尚一共走了十万八千里，受到了八十次苦难。"

观音说，"在佛教中，九乘九是通向完美之道。唐和尚还需要有一次苦难，才能到圣数81。现在去。找到八大金刚，告诉他们还需要一次苦难。"

一位天神马上飞到云上，赶上八大金刚。他在他们耳边轻语。八大金刚把唐僧、他的三个徒弟、马和行李都扔在了地上。

唐僧从地上爬起来，看了四周。"悟空，我们在哪里？"

孙悟空说，"师父，我们在通天河西岸。"

"是的，我记起来了。陈家村在东岸。那时他们想造一只船带我们过河，但一只大乌龟把我们带过了河[1]。我们现在该怎么办？"

"这没问题，"沙说。"师父现在有了一个不死之身，他可以和我们一起飞过河。"

孙悟空笑道，"不，我的兄弟。这是不行的。"其实这不是真话。但猴子知道，唐僧只受到了八十次苦难，还需要一次，才能到九乘九的圣数。

他们正说着，就听到一个声音叫道，"唐和尚，唐和尚！过来！"他们看了看，看到了一只大乌龟。这是几年前带他们过河的那只乌龟。它说，"师父，我等你很多年了。"

唐僧说，"老乌龟，你帮过我们一次，今天我们又见面了。你会再帮我们一次吗？"

---

[1] This occurred in *The Great Demon King*.

乌龟慢慢地走到河岸上。四名游人爬上它的背，沙牵着马，猪拿着行李。然后乌龟走进水里，开始飞快地过河。他们向东走了近一天。当他们看到河东岸时，乌龟对唐僧说，"大师，你还记得我们上次见面的时候，我求你给如来佛带话，问他我怎么能改了我原来的样子，再出生成为人。"

唐僧全心都在拜佛上，他已经完全忘记了自己对乌龟的承诺。他不能说谎，但他不想说真话，所以他只是站在乌龟的背上，什么也没说。过了一会儿，乌龟明白了，唐僧已经忘记了他自己的承诺。乌龟一句话也不说，摇着自己的身体。所有的游人和马都从乌龟的背上掉了下来，掉进了冰冷的水中。

如果这发生在唐僧去灵山之前，他的普通人的身体就会沉入河底。但现在，他的不死之身没有沉下去。孙悟空抓住他，游到河东岸，猪、沙和马也游了过去。所有的东西都被水弄湿了，其中有一捆捆的圣经。

他们刚从河里爬出来，天空就变得黑起来。雷声隆隆，闪电像金蛇划过天空，风吹过，大雨开始下了起来。魔鬼包围着他们，想要拿走圣经。唐僧、猪和沙紧紧地抱住圣经，孙悟空挥动着金箍棒，赶着魔鬼们。他一个晚上都在和魔鬼战斗，直到早晨的太阳出来的时候。

"刚才是怎么了？"唐僧问孙悟空。

猴王回答说，"师父，你不明白。当佛祖给我们这些圣经时，我们是在拿走天地的力量。这就是为什么昨晚魔鬼和众神要攻击我们。他们想把经书从我们这里拿走，这样我们就不能把它们给唐帝国的人们。他们被你那没有办法受到伤害的法身挡住了，当然也被我的金箍棒挡住了。现在是早晨。这是阳比阴强的时候，所以他们攻击不了我们。"

其他人感谢孙悟空打败了魔鬼。他们把经书放在一些平石上，让它们在太阳光下变干。真是，

> 纯阳身体面向太阳光
> 阴魔没有办法继续战斗
> 当水强时，真经就会赢
> 不怕雷、闪电、雨、风
> 游人现在将悟真相
> 他们将到神仙之地
> 这些石头将永远在
> 魔鬼将再也不会来到这个地方

两个打鱼人看到了游人。当他们回到陈家村时，他们找到陈老人。告诉他，西游的师父们已经回来了。陈去见游人，说，"我的大人啊，你们有了圣经，你们的工作就完成了。请到我家来休息一会儿。"

唐僧同意了。他们从平石上拿起经书，把它们包好。但是有几卷佛本行经还是湿的，他们不能把这些经书从石头上完全拿下来。这就是为什么即使在今天，佛本行经也是不全的，如果你去那里，就可以看到那些石头上的字。

唐僧对那些被弄坏的佛经感到很不高兴，但孙悟空说，"天地不全。经书是全的，但现在它们被撕坏了，所以它们也将是不全的。这是神圣的奥秘。"

回到村里，一人传十人，十人传百人，百人传千人，直到村里的每个人都出来欢迎游人。音乐家弹奏着音乐，人们烧着香。村民们拿来茶和素食，但唐僧已经没有了对人间食物的欲望。孙悟空

---

[1] Buddhacharita, the "Acts of the Buddha," is an epic poem on the life of Gautama Buddha written in Sanskrit by Asvaghosa of Saketa in the early second century AD. The poem was originally 28 cantos, but the final 14 cantos have been lost.

和沙吃得很少。就连猪也只吃了一碗米饭。

"笨人，你也不吃什么东西了吗？"孙悟空问道。

"我不知道为什么，"猪回答说。"我的肚子很虚弱。"

村民们请唐僧给他们讲他在灵山见佛祖的故事。所以唐僧把整个故事都讲给他们听。然后他拿出一卷经书，念了其中一部分佛经。许多家庭都来要求游人去他们家吃饭。他们去了许多家，但在每个家里只吃了几口。猪摇了摇头，说，"这只是我的运气不好。在我饿的时候，没有人给我任何食物。现在我不想要任何食物了，每个家庭都希望我和他们一起吃饭。"所以他试着吃东西，吃了二、三十个包子。

夜来了。唐僧静静地坐着守卫着经书。他看到孙悟空，对他说，"悟空，你知道那句话，'真人不露脸，露脸不真人。'我认为我们应该走了。"

"师父，你是对的，"孙悟空说。"我们今晚就走吧。"他们悄悄地打好行李。正门被锁上了，但孙悟空用他的魔法，很容易地打开了锁。他们开始向东走。八大金刚低头看，看见了他们，把他们都抓了起来，带向东方。

第 100 章

经过几天的云中行走，八大金刚和四位游人在远处看到了长安城。

许多年前，在唐僧开始他的旅途的三年后左右，唐太宗皇帝命令建一座塔楼。这座塔楼是为长安人建的，这样他们就可以在那里等唐和尚回来。太宗每年一次来这座塔楼。正是这一天，太宗来到塔楼，爬到楼顶，他向西看去。他看到了彩云，闻到了一阵香风。

八大金刚在离城市几里的地方停了下来。他们对唐僧说，"圣僧，我们必须把你放在这里。我们不希望长安人看到我们。你必须自己一个人去，没有我们，也没有你的三个徒弟。我们会在云上等着，看着你。"

孙悟空对他们说，"我师父不可能拿着所有的圣经、牵着马去城里。能不能让我们带他去城里？"

"不可以。观音菩萨已经告诉如来佛，这次旅途必须在八天完成。我们已经用了四天的时间向东走。如果我们和你一起去城市，只怕猪会延误时间，因为他可能会要求祝福、吃太多食物。我们不能停在这里了。"

猪对他们说，"哦，不。我们的师父成了佛，我也想成佛。你们在这里等着。我们将带师父去城里。然后我们会很快回到你们这里。"三个徒弟不等回答，带着云下了地。他们拿起经书和行李，牵着马，和唐僧一起向城里走去。

他们来到了城门。太宗皇帝在门口见了游人。他说，"御弟，你回来了。"唐僧跪倒在地，叩头。太宗又说，"这三个人是谁？"

"他们是我的徒弟。他们和我一起去了佛祖的家。"

太宗听到这话很高兴。他邀请唐僧跟他回宫。沙牵着马。孙悟空紧跟在后，转动着他的金箍棒，笑着。猪把行李背在肩上。他们一起走向宫殿。

他们走向唐僧多年前住的寺庙。在寺庙里，和尚们看到几棵大松树的树枝都向着东方。"真奇怪！"他们说。"没有风，但这些树看起来像是被风吹向东方。"

一位以前是三藏徒弟的僧人说，"我们的师父回来了！"当其他僧人不懂他说的是什么时，他继续说道，"多年前，我们的师父离开的时候，他说，当他从西天回来时，这些树会向着东方。我们去看看他吧。"僧人们都快快地走出了寺庙。他们看到皇帝和唐僧向宫殿走去。他们不敢走近御用的马车，所以他们等了一会儿，然后跟在后面。

太宗皇帝请唐僧进宝座房间坐。"告诉朕，"他说，"有多少经书？你是怎么把它们取来的？"

"你的臣民去了灵山，见到了佛祖，佛祖让他的两个仆人把经书给我们。但两个仆人告诉我们，他们先要礼物。我们没有任何东西可以给他们。他们给了我们一些经书。但后来我们遇到了一场暴风雨。暴风雨把经书吹了满地。我的徒弟们把它们都拿了起来，但发现经书上没有字。所以我们又回到雷音山，请佛祖给我们不同的经书。他又一次告诉他的两个侍卫给我们经书，他们又要礼物。这次我明白了，佛祖希望我们给他们一些东西。所以我给了他们一个要饭的紫金碗，那是你多年前给我的。这一次，他们给了我们有字经书，这些经书是从三十五部经书中选出来的，每部里都选了几卷经书。一共有 5,048 卷经书[1]。"

"太好了！"太宗说。然后他看着站在附近的三个徒弟。"你尊贵的徒弟是谁，他们从哪里来？"

唐僧回答说，"我大徒弟的名字叫孙悟空，他来自奥莱国花果山上的水帘洞。五百年前，他在天上找了大麻烦，被佛祖关了起来。

---

[1] In the year 730 A.D., the Kaiyuan Era Catalog (开元积教录, kāiyuán shìjiào lù) listed all the Chinese Buddhist scriptures known at that time. It named 1,076 works contained in 5,048 volumes or scrolls. Based on this, the entire body of Buddhist scriptures was customarily said to consist of 5,048 volumes.

观音菩萨帮助他成为了一名佛教徒和我的徒弟。他在旅途中保护了我。我的二徒弟是猪悟能。他以前是高村的妖怪，后来被孙悟空降伏，然后找到了佛教。他在旅途中都背着我们的行李，在过河时非常有用。我的三徒弟是沙悟净。他以前是流沙河中的妖怪。他也找到了佛教，对我帮助很大。"

"那马呢？"

"你多年前送给我的那匹马，被一个河里的妖怪杀了吃了，那妖怪是西海龙王的儿子。那妖怪也成了佛教徒，变成了一匹马，和他吃掉的马长得一样。这就是你现在看到的马。它在我们的旅途中给了很大的帮助。"

"你的旅途有多远？"

"我记得观音菩萨说是 36,000 里，但我不知道这对不对。我们走了十四个冬天和夏天，走过了千千万万的河和山，还和许多妖怪和魔鬼战斗。我见过很多国王。徒弟们，给我们的陛下看看我们的通关文书。"

太宗看了通关文书。它上面有来自宝象王国、乌鸡王国、车迟王国、女儿国、祭赛王国、朱紫王国、比丘王国、狮驼子王国和灭法王国的印章。还有凤仙郡、玉花州、金平府的印章。看完后，太宗把它放了起来。

就在这时，一位仆人告诉皇帝，宴会已经准备好了。皇帝问唐僧，"你尊贵的徒弟知道朝廷的礼仪吗？"

"陛下，我低下的徒弟们以前都是妖怪。他们从来没有被教过中国朝廷的礼仪。"

太宗笑着说，"没问题，没问题！我们一起去吃吧！"游人们和朝廷里的所有官员都站在左右两边，太宗皇帝坐在中间。有唱

歌、跳舞和音乐。宴会办了一天。真是

> 这场宴会比古时候国王的宴会还要大
> 真经带来了极大的祝福
> 这个故事将永远被讲被传
> 佛光照亮整个首都

宴会结束后，太宗去了他住的地方。官员们都去了他们自己的家。唐僧和徒弟们回到唐僧的寺庙，在那里他们受到了其他僧人的欢迎。僧人们把向东生长的松树告诉了唐僧。

这一次，猪没有叫着要吃要喝酒，也没有找麻烦。孙悟空和沙也有很好的行为。他们的旅途结束了，他们没有任何原因要去找麻烦。夜晚来时，他们都上床睡觉了。

第二天早上，太宗对他的官员说，"朕昨晚一夜都没有睡。朕一直在想着朕的弟弟告诉朕的那些美好事情。朕有几句话要说。朕希望它们能说出朕的感激心意。"

然后他开始说话，官员们马上写下了他讲的所有的话。他讲了很久[1]。

他谈到了阴阳、天地、看不见的力量，和世界上的万物。

他说，要懂佛教的佛法是多么困难，佛教讲空。空全都是奥秘，又深又静远。它控制整个世界。它不生不灭，永远久长。

他谈到了伟大的佛祖和他的佛教。他谈到人们怎么拜佛像，但不了解佛像后面更深的真相。他谈到了佛祖的经书、大乘佛教和小

---

[1] Taizong's proclamation is far too long and esoteric to include all of it this book. It's based on an actual document called the *Preface to the Holy Religion* (圣教序, shèng jiào xù) composed by the actual Emperor Taizong in 648 AD in gratitude for Xuanzang's translation of one of the sutras.

乘佛教[1]。

他谈到了玄奘和尚，他比天上的露水和最好的珠宝还要明亮。这位和尚超越六感，将他的心完全放在佛教的真相上。他向往清净的土地，前往西天。他面对早晨的雪和晚上的沙尘暴，他走过万座山，走过万条溪，他推开烟、霜、雨和雪。他走了十四年，一直走到印度的灵山。深入到佛教的奥秘中，他学到了最难的一课。

最后，他谈到了圣经。他说，当中国人能用他们自己的话念经书时，他们将把佛教的真相传给全国所有的人。佛教将救所有人，就像水灭掉燃烧房子的火一样。佛教将带着游人到安全的远岸，就像黑水上的一束金光一样。他说，愿这些经书像太阳和月亮一样久长，将它们的光传到宇宙中！

皇帝的官员们仔细地写下了这一切。然后唐僧被邀请进了宝座房间。他向皇帝叩头。然后他读了皇帝的文书。再次叩头，然后说，"陛下的文书写得非常好。但是这份文书叫什么名字？"

皇帝回答说，"朕昨晚才想到这个。朕叫这为'圣教序。'这样可以吗？"唐僧叩头，一遍又一遍地向皇帝道谢。皇帝说，"和你从西方带来的经书比，朕说的话一点都不好。这就像把墨倒在金书上，或者把石头扔进珍珠堆里。你不用太关心它，你不应该感谢朕。弟弟，告诉朕，你能为朕念一点这些经书吗？"

"当然，我的主，"唐僧回答。"但是我们不能在你的王宫里这

---

[1] The more conservative form of Buddhism is 小乘 (xiǎo chéng), called Theravada or the "Small Vehicle." It is a discipline for personal salvation by one who accumulates enough meritorious karma. The other main branch id 大乘 (dà chéng), Mahayana or the "Great Vehicle." It teaches that salvation is possible to all sentient beings because they posses the Buddha nature in them and hence all have the potential to become enlightened.

样做。我们必须去寺庙。"

唐僧问他的官员，哪座寺庙最清净。他们回答说，雁塔寺是最清净的。唐僧、他的徒弟们和皇帝还有皇帝官员们一起走到雁塔寺。他们走去的路上，唐僧对太宗说，"我的主啊，在经书开始在你的帝国传开之前，最好先把这些经书抄写下来。"太宗同意了，几位官员马上开始抄写经书。

他们来到了雁塔寺。唐僧拿起一卷经书。他刚开始念，就来了一阵风。众人抬起头，看到了八大金刚。八大金刚喊道，"你这念经书的人！放下经书，跟我们走！"唐僧小心地把经书放下。然后，他、他的三个徒弟和龙马都上到了空中，很快就被带到了西边。

有关太宗皇帝，我们不再多说了，只说他命令在雁塔寺里举行一场水陆大会。寺庙的和尚们被要求念经书，这样被困在地狱里的灵魂才能被放出来，这样的善良行为会传到整个唐帝国。

同时，八大金刚将游人带回了灵山。他们对如来佛说，"我们听了你的命令。把圣僧带回唐国，在那里他们送出了经书。现在我们的工作已经完成了。"

如来佛点点头。然后他让游人向前走。他对唐僧说，"圣僧，在你的前一个生命里，你是我的徒弟，金蝉。你没有听我说佛法，你对我教的佛法也不尊敬。你被送到东方，过了十生。从那时起，你从来没有忘记我教的佛法。我现在给你一个旃檀功德佛[1]的工作。

"孙悟空，你在天上找了大麻烦，我只能用强大的力量把你关在五指山下。但是，你已经归顺了佛教，你努力降伏邪恶，保护唐

---

[1] 旃檀 (zhāntán) is sandalwood, a fragrant wood often used for carving statues of the Buddhas. It is said to have anti-demonic properties.

和尚。就因为这，我现在给你一个<u>斗战胜</u>佛的工作。

"<u>猪八戒</u>，你以前是<u>天河</u>之神，但在节日里喝醉了，羞辱了仙女。就因为这，你被送到人间，像荒野里的兽一样生活。你接受了我们的宗教，保护了<u>唐</u>和尚。但你仍然找麻烦，你仍然对吃的、喝的、钱和性有欲望。因为你帮<u>唐</u>和尚背行李，我给你<u>净坛使者</u>的工作。"

"什么？"<u>猪</u>喊道。"他们都成佛了，为什么我要做一个清洁工？"

佛祖笑着回答说，"你还很饿。在四大洲，所有拜佛的地方，你都要去打扫祭坛。那会给你很多食物。那有什么不好的？"

佛祖接着说，"<u>沙悟净</u>，你以前是<u>卷帘大将</u>。但是你在一个节日里打坏了一个贵重的杯子，被送到了人间。你是一个生活在那里的吃人妖怪。但是，你已经接受了我们的宗教，你保护了<u>唐</u>和尚。我现在给你<u>金身罗汉</u>的工作。"

佛祖转向白马说，"你以前是<u>西海龙王</u>的儿子。你不听你父亲的命令。因为这个罪行，你要被杀死。但是你归顺了佛法，然后你带着<u>唐</u>和尚西行。就因为这，我给你一个名字叫<u>八部天龙马</u>[1]。"一名守卫把马带到<u>化龙</u>池边，将他推入水中。金鳞从他的身上长出，银色的胡须在它的脸上出现。这匹马，现在是一条金龙，从池里飞出，在高高的天空中，围着寺庙转着圈。

<u>孙悟空</u>对<u>唐僧</u>说，"师父，现在我和你一样是佛，那我还戴着头带是不对的。你不会想要通过念紧头带语来惩罚佛吧？请把头带从我的头上拿下来。"

---

[1] The Eight Legions of Heavenly Dragons, also called the Eight Classes of Supernatural Beings, is a group of Buddhist deities whose function is to protect the Dharma.

唐僧回答说，"你现在是佛了，头带就不见了。你自己看看。"孙悟空把手放在头上，发现头带不见了。

这五位游人去了他们应该在的地方。所有来听佛祖说话的神都离开了，回到了他们应该在的地方。

看四周。你看到了什么？

  彩雾和云围着灵山
  金龙静静地躺着，玉虎都很安静
  黑兔自由地来来去去
  龟和蛇自由地转着圈
  红绿凤凰在森林里玩
  黑猢狲和白鹿舒适地享受着

  花开了，四季都有果实生长
  高大的松树，古柏树、蓝绿桧、细竹
  不同颜色的李子、成熟和没成熟的桃子
  千种颜色的花

他们都双手合在一起，说，

  我归顺佛
  我归顺过去现在未来佛
  我归顺清净喜佛
  我归顺弥勒佛
  我归顺阿弥陀佛
  我归顺龙尊王佛
  我归顺水天佛
  我归顺宝幢王佛
  我归顺慈力王佛
  我归顺金华光佛

我归顺日月光佛

我归顺智慧胜佛

我归顺旃檀功德佛

我归顺斗战胜佛

我归顺观音菩萨

我归顺清净大海众菩萨

我归顺西天极乐诸菩萨

我归顺三千揭谛大菩萨

我归顺五百阿罗大菩萨

我归顺净坛使者菩萨

我归顺八部天龙广力菩萨

我归顺十方三界的一切佛

我归顺所有的菩萨、摩诃萨[1]和大智慧者

我将去佛祖的净地

我将报答四善

我将救那些在人生的三条道[2]上受到痛苦的人

对所有看到和听到的人

你的心会找到真智慧

愿你在快乐之地再生

和我们一起住在天堂中

西游记到这里结束。

---

[1] A Mahasattva (摩诃萨) is a great bodhisattva who has practiced Buddhism for a long time and reached a very high level on the path to awakening.

[2] The three paths are earthly desires, karma, and suffering. They are called "paths" because one leads to the other.

Proper Nouns

These are all the proper nouns used in the 31 books of *Journey to the West*.

Book 1: 猴王的诞生, The Rise of the Monkey King

Chinese	Pinyin	English
傲来	Àolái	Aolai, a country
猴王	Hóu Wáng	Monkey King, a name for Sun Wukong
花果山	Huāguǒ Shān	Flower Fruit Mountain
灵台方寸	Língtái Fāngcùn	Mountain of Mind and Heart
美猴王	Měi Hóu Wáng	Handsome Monkey King, a name for Sun Wukong
菩提	Pútí	Subodhi or Bodhi, a teacher
水帘洞	Shuǐlián Dòng	Water Curtain Cave
孙悟空	Sūn Wùkōng	Sun Wukong, a monkey
斜月三星洞	Xiéyuè Sānxīng Dòng	Crescent Moon and Three Stars Cave
阎罗王	Yánluó Wáng	Yama, King of the Underworld
玉皇大帝	Yùhuáng Dàdì	Jade Emperor, an immortal
中国	Zhōngguó	China

Book 2: 天宫里找麻烦, Trouble in Heaven

Chinese	Pinyin	English
奥莱	Àolái	Aolai, a country
地狱城	Dìyù Chéng	City of the Underworld
猴王	Hóu Wáng	Monkey King, another name for Sun Wukong
花果山	Huāguǒ Shān	Flower Fruit Mountain
龙王	Lóng Wáng	Dragon King, an immortal
齐天大圣	Qí Tiān Dà Shèng	Great Sage Equal to Heaven, another name for Sun Wukong
生死簿	Shēngsǐ Bù	the Book of Life and Death
孙悟空	Sūn Wùkōng	Sun Wukong, the Monkey King
太白金星	Tàibái Jīnxīng	Bright Star of Venus, an immortal
阎罗王	Yánluó Wáng	King of the Underworld, an immortal
幽冥界	Yōumíng Jiè	The Underworld, Land of the Dead
玉皇大帝	Yùhuáng Dàdì	Jade Emperor, an immortal

Book 3: 仙桃, The Immortal Peaches

Chinese	Pinyin	English
奥莱	Àolái	Aolai, a country
赤脚大仙	Chìjiǎo Dàxiān	Barefoot Immortal, an immortal

Chinese	Pinyin	English
东西二星	Dōngxī Èr Xīng	Stars of West and East, immortals
二郎	Èrláng	Erlang, an immortal
观音	Guānyīn	Guanyin, a bodhisattva
猴王	Hóu Wáng	Monkey King, another name for Sun Wukong
花果山	Huāguǒ Shān	Flower Fruit Mountain
金钢套	Jīn Gāng Tào	Gold Steel Armlet
南北二神	Nánběi Èr Shén	Gods of North and South, immortals
齐天大圣	Qí Tiān Dà Shèng	Great Sage Equal to Heaven, another name for Sun Wukong
如来	Rúlái	Buddha, an immortal
水帘洞	Shuǐlián Dòng	Water Curtain Cave
四江龙神	Sìjiāng Lóngshén	Dragon God of Four Rivers, an immortal
孙悟空	Sūn Wùkōng	Sun Wukong, a monkey
太上老君	Tàishàng Lǎojūn	Laozi, an immortal
通明宫	Tōngmíng Gōng	Brilliant Palace
王母娘娘	Wángmǔ Niángniáng	Queen Mother, an immortal
五山神仙	Wǔshān Shénxiān	God of Five Mountains, an immortal
五指山	Wǔzhǐshān	Five Finger Mountains
仙桃园	Xiāntáo Yuán	Garden of Immortal Peaches
玉皇大帝	Yùhuáng Dàdì	Jade Emperor, an immortal

Book 4: 小和尚, The Young Monk

Chinese	Pinyin	English
长安	Cháng'ān	Chang'an, a city
佛祖	Fózǔ	the Buddha
光蕊	Guāngruǐ	Guangrui, a man
洪河	Hóng hé	Hong River
洪州	Hóngzhōu	Hongzhou, a prefecture during the Tang Dynasty
江流	Jiāngliú	Flowing River, a name for Xuanzang
江州	Jiāngzhōu	Jiangzhou, a district in China
金蝉	Jīnchán	Golden Cicada, Xuanzang's name in a previous life
金山	Jīnshān	Golden Mountain, a monastery
李彪	Lǐ Biāo	Li Biao, a bandit
灵山	Lín Shān	Spirit Mountain
刘洪	Liú Hóng	Liu Hong, a bandit
龙王	Lóng Wáng	Dragon King, an immortal
南极星君	Nánjí Xīngjūn	Star Spirit of the South, an immortal
太宗	Tàizōng	Taizong, the Tang Emperor
团圆节	Tuányuán Jié	Festival of Reunion
万花	Wàn Huā	Ten Thousand Flowers, an inn
温娇	Wēnjiāo	Wenjiao, Guangri's wife
玄奘	Xuánzàng	Xuanzang, a monk

Chinese	Pinyin	English
殷	Yīn	Yin, Wenjiao's father
中国	Zhōngguó	China

Book 5: 地狱里的皇帝, The Emperor in Hell

Chinese	Pinyin	English
八河大王	Bāhé Dàwáng	King of Eight Rivers
长安	Cháng'ān	Chang'an, a city
崔珏	Cuī Jue	Cui Jue, a deceased courtier
观音	Guānyīn	Guanyin, bodhisattva
泾河	Jīng hé	Jing River
龙王	Lóng Wáng	Dragon King, an immortal
生死簿	Shēngsǐ Bù	Book of Life and Death
水陆大会	Shuǐlù Dàhuì	Great Mass of Land and Water
孙悟空	Sūn Wùkōng	Sun Wukong, the Monkey King
太宗	Tàizōng	Taizong, the Tang emperor
王母娘娘	Wángmǔ Niángniáng	Queen Mother
魏	Wèi	Wei, prime minister
相	Xiāng	Xiang, a person
玄奘	Xuanzang	Xuanzang, a monk
幽冥黑山	Yōumíng Hēishān	Mountain of Darkness
玉皇大帝	Yùhuáng Dàdì	Jade Emperor, an immortal
朱	Zhū	Zhu, a deceased general
转轮藏	Zhuǎn Lúncáng	Wheel of Rebirth

Book 6: 西游开始, The Journey Begins

Chinese	Pinyin	English
鼻闻爱	Bí Wén Ài	Nose That Smells Love, a demon
伯钦	Bóqīn	Boqin, a person
长安	Cháng'ān	Chang'an, a city
鞑靼	Dá Dá	Tartars
大雷音庙	Dà Léi Yīn Miào	Great Thunderclap Temple
定心真语	Dìng Xīn Zhēn Yǔ	Words to Calm the Mind, a spell
耳听怒	Ěr Tīng Nù	Ear Hearing Anger, a demon
巩州	Gǒngzhōu	Gongzhou, a city
观音	Guānyīn	Guanyin, a Bodhisattva
江流	Jiāng Liú	River Flow, a name of Sanzang
河州	Hézhōu	Hezhou, a city
猴王	Hóu Wáng	Monkey King, a name for Sun Wukong
花果山	Huāguǒ Shān	Flower Fruit Mountain
黄	Huáng	Huang, a person
金蝉	Jīnchán	Golden Cicada, Sanzang's name in a previous life
金山	Jīnshān	Golden Mountain

两界山	Liǎng Jiè Shān	Mountain of Two Frontiers
齐天大圣	Qí Tiān Dà Shèng	Great Sage Equal to Heaven, a title for Sun Wukong
三藏	Sānzàng	Sanzang, a Buddhist monk
舌尝思	Shé Cháng Sī	Tongue That Tastes Thought, a demon
身本忧	Shēn Běn Yōu	Body That Hurts and Suffers, a demon
水陆大会	Shuǐlù Dàhuì	Great Mass of Land and Water
孙悟空	Sūn Wùkōng	Sun Wukong, the Monkey King, disciple of Sanzang
太白金星	Tàibái Jīnxīng	Bright Star of Venus, an immortal
太宗	Tàizōng	Taizong, the Tang Emperor
唐	Táng	Tang Empire
五指山	Wǔ Zhǐ Shān	Five Finger Mountain
心知欲	Xīn Zhī Yù	Mind That Knows Desire, a demon
玄奘	Xuanzang	Xuanzang, another name for Sanzang
眼看喜	Yǎn Kàn Xǐ	Eye that Sees Happiness, a demon
阎罗王	Yánluó Wáng	Yama, King of the Underworld
印度	Yìndù	India
张	Zhāng	Zhang, a person
中国	Zhōngguó	China
转轮藏	Zhuǎn Lúncáng	Wheel of Rebirth

Book 7: 黑风山的妖怪, The Monster of Black Wind Mountain

Chinese	Pinyin	English
敖闰	Áorùn	Auron, a dragon
補陀落伽	Bǔtuóluòjiā	Potalaka, a mountain
长安	Cháng'ān	Chang'an, a city
佛衣大会	Fú Yī Dàhuì	Feast of the Buddha Robe
光明神	Guāngmíng Shén	God of Light, an immortal
广目	Guǎngmù	Guangmu, an immortal
观音	Guānyīn	Guanyin, a bodhisattva
黑风洞	Hēi Fēng dòng	Black Wind Cave
黑风山	Hēi Fēng shān	Black Wind Mountain
黑暗神	Hēi'àn Shén	God of Darkness, an immortal
花果山	Huā Guǒ shān	Flower Fruit Mountain
金头卫士	Jīn Tóu Wèishì	Golden Headed Guardian, an immortal
太上老君	Tàishàng Lǎojūn	Laozi, an immortal
里社神社	Lǐshè Shénshè	Lishe Shrine
辟火罩	Pì Huǒ Zhào	Fire Repelling Cover
菩提祖师	Pútí Zǔshī	Master Subodhi, a teacher
孙悟空	Sūn Wùkōng	Sun Wukong, a disciple of Tangseng
唐僧	Tángsēng	Tangseng, a Buddhist monk
鹰愁涧	Yīng Chóu Jiàn	Eagle Grief Creek

| 玉皇大帝 | Yùhuáng Dàdì | Jade Emperor, an immortal |

Book 8: 很饿的猪, The Hungry Pig

Chinese	Pinyin	English
敖闰	Áorùn	Auron, a dragon
補陀落伽	Bǔtuóluòjiā	Potalaka, a mountain
长安	Cháng'ān	Chang'an, a city
佛衣大会	Fú Yī Dàhuì	Feast of the Buddha Robe
光明神	Guāngmíng Shén	God of Light, an immortal
广目	Guǎngmù	Guangmu, an immortal
观音	Guānyīn	Guanyin, a bodhisattva
黑风洞	Hēi Fēng dòng	Black Wind Cave
黑风山	Hēi Fēng shān	Black Wind Mountain
黑暗神	Hēi'àn Shén	God of Darkness, an immortal
花果山	Huā Guǒ shān	Flower Fruit Mountain
金头卫士	Jīn Tóu Wèishì	Golden Headed Guardian, an immortal
太上老君	Tàishàng Lǎojūn	Laozi, an immortal
里社神社	Lǐshè Shénshè	Lishe Shrine
辟火罩	Pì Huǒ Zhào	Fire Repelling Cover
菩提祖师	Pútí Zǔshī	Master Subodhi, a teacher
孙悟空	Sūn Wùkōng	Sun Wukong, a disciple of Tangseng
唐僧	Tángsēng	Tangseng, a Buddhist monk
鹰愁涧	Yīng Chóu Jiàn	Eagle Grief Creek
玉皇大帝	Yùhuáng Dàdì	Jade Emperor, an immortal

Book 9: 三个漂亮的女儿, The Three Beautiful Daughters

Chinese	Pinyin	English
爱爱	Ài Ài	Ai Ai, a spirit ("love")
敖闰	Áorùn	Aurun the Dragon King, an immortal
赤脚大仙	Chìjiǎo Dàxiān	Barefoot Immortal, an immortal
观音	Guānyīn	Guanyin, a bodhsattva
黄风山	Huángfēng Shān	Yellow Wind Mountain
贾	Jiǎ	Jia, a spirit ("unreal")
卷帘大将	Juǎn Lián Dàjiàng	Curtain Raising Captain, a title for Sha Wujing
雷音山	Léi Yīn Shān	Thunder Mountain
怜怜	Lián Lián	Lian Lian, a spirit ("sympathy")
流沙河	Liú Shā Hé	Flowing Sand River
莫	Mò	Mo, a spirit ("non-existing")
木叉	Mùchā	Moksha, an immortal
普陀洛迦山	Pǔtuóluòjiā Shān	Potalaka Mountain
沙(悟净)	Shā (Wùjìng)	Sha Wujing, Tanseng's third disciple

沙僧	Shā Sēng	Sha Monk, another name for Sha Wujing
孙悟空	Sūn Wùkōng	Sun Wukong, Tangseng's eldest disciple
泰山	Tài Shān	Mount Tai
唐僧	Tángsēng	Tangseng, a Buddhist monk
天蓬元帅	Tiānpéng Yuánshuài	Marshal of the Heavenly Reeds, a title for Zhu Bajie
王母娘娘	Wángmǔ Niángniáng	Queen Mother, an immortal
吴刚	Wú Gāng	Wu Gang, an immortal
鹰愁溪	Yīng Chóu Xī	Eagle Grief Stream
玉皇大帝	Yùhuáng Dàdì	Yellow Emperor, an immortal
真真	Zhēn Zhēn	Zhen Zhen, a spirit ("truly", "really")
中国	Zhōngguó	China
猪(八戒)	Zhū (Bājiè)	Zhu Bajie, Tangseng's second disciple
猪刚鬣	Zhū Gāngliè	Zhu Ganglie, another name for Zhu Bajie
猪悟能	Zhū Wùnéng	Zhu Wuneng, another name for Zhu Bajie

Book 10: 神奇的人参树, The Magic Ginseng Tree

Chinese	Pinyin	English
长寿山	Cháng Shòu Shān	Long Life Mountain
东海	Dōng Hǎi	Eastern Ocean
佛	Fó	Buddha
福星	Fúxīng	Fuxing, the god of wealth, an immortal
观音	Guānyīn	Guanyin, a bodhisattva
黑风山	Hēi Fēng Shān	Black Wind Mountain
卷帘大将	Juǎn Lián Dà Jiàng	Curtain Raising Captain, a title of Sha Wujing
雷音山	Léiyīn Shān	Thunderclap Mountain
禄星	Lù Xīng	Luxing, the god of rank and influence, an immortal
明月	Míng Yuè	Bright Moon, a young monk
蓬莱	Pénglái	Penglai, an island
普陀洛伽山	Pǔtuó Luòjiā Shān	Potalaka Mountain
清风	Qīng Fēng	Clear Breeze, a young monk
人参果宴会	Rénshēnguǒ Yànhuì	Festival of Ginseng Fruits
三清	Sān Qīng	Three Pure Ones, immortals
沙(悟净)	Shā (Wùjìng)	Sha Wujing, Tangseng's third disciple
寿星	Shòu Xing	Shouxing, the god of longevity, an immortal
四神	Sì Shén	Gods of the Four Quarters, immortals
丝绸路	Sīchóu Lù	The Silk Road
孙悟空	Sūn Wùkōng	Sun Wukong, Tangseng's senior disciple
太上老君	Tàishàng Lǎojūn	Laozi, an immortal
唐僧	Tángsēng	Tangseng, a Buddhist monk
王母娘娘	Wángmǔ Niángniáng	Queen Mother, an immortal

Chinese	Pinyin	English
五庄观	Wǔ Zhuāng Guān	Five Villages
仙桃宴	Xiāntáo Yàn	Festival of the Immortal Peaches
印度	Yìndù	India
与世同君	Yǔ Shì Tóng Jūn	Lord Equal to Earth, a title of Master Zhenyuanzi
镇元子	Zhènyuánzǐ	Master Zhenyuanzi, an immortal
猪(八戒)	Zhū (Bājiè_	Zhu Bajie, another name for Zhu Wuneng
猪悟能	Zhū Wùnéng	Zhu Wuneng, Tangseng's second disciple
转轮藏	Zhuǎn Lún Cáng	Wheel of Rebirth

Book 11: 妖怪的秘密, The Monster's Secret

Chinese	Pinyin	English
白虎山	Báihǔ Shān	White Tiger Mountain
宝象国	Bǎoxiàng Guó	Precious Image Kingdom
高老庄	Gāo Lǎo Zhuāng	Old Gao Village
光明殿	Guāngmíng Diàn	Hall of Light
光明神	Guāngmíng Shén	Lord of Light, an immortal
观音	Guānyīn	Guanyin, a bodhisattva
黑暗神	Hēi'àn Shén	Lord of Darkness, an immortal
花果山	Huāguǒ Shān	Flower Fruit Mountain
奎木狼	Kuí Mùláng	Kui Wood Wolf, an immortal
奎星	Kuí Xīng	Kui, the Star, another name for Kui Wood Wolf
太上老君	Tàishàng Lǎojūn	Laozi, an immortal
龙王	Lóng Wáng	Dragon King, an immortal
齐天大圣	Qí Tiān Dà Shèng	Great Sage Equal to Heaven, a title for Sun Wukong
沙(悟净)	Shā (Wùjìng)	Sha Wuking, Tangseng's junior disciple
水帘洞	Shuǐlián Dòng	Water Curtain Cave
丝绸路	Sīchóu Lù	The Silk Road
孙悟空	Sūn Wùkōng	Sun Wukong, Tangseng's senior disciple
唐僧	Tángsēng	Tangseng, a Buddhist monk
香殿	Xiāng Diàn	Incense Hall
印度	Yìndù	India
玉皇大帝	Yùhuáng Dàdì	Yellow Emperor, an immortal
中国	Zhōngguó	China
猪(八戒)	Zhū (Bājiè)	Zhu Bajie, Tangseng's middle disciple

Book 12: 五宝, The Five Treasures

Chinese	Pinyin	English
地宫	Dìgōng	Palace of Earth
峨眉山	Éméi Shān	Mt. Emei
观音	Guānyīn	Guanyin, a bodhisattva
海王	Hǎi Wáng	Lord of the Oceans, an immortal

Chinese	Pinyin	English
狐阿七大王	Hú Ā Qī Dàwáng	Great King Fox Number Seven, a demon
花果山	Huāguǒ Shān	Flower Fruit Mountain
金角大王	Jīn Jiǎo Dàwáng	Great King Golden Horn, a demon
金头侍卫	Jīntóu Shìwèi	Golden Headed Guardian, an immortal
莲花洞	Liánhuā Dòng	Lotus Flower Cave
美猴王	Měi Hóu Wáng	Handsome Monkey King, another name for Sun Wukong
蓬莱山	Pénglái Shān	Mt. Penglai
平顶山	Píng Dǐng Shān	Level Top Mountain
齐天大圣	Qí Tiān Dà Shèng	Great Sage Equal to Heaven, another name for Sun Wukong
日值	Rì Zhí	Sky Sentinel, an immortal
哪咤	Nézhà	Nezha, an immortal
沙(悟净)	Shā (Wùjìng)	Sha Wujing, Tangseng's junior disciple
丝绸之路	Sīchóu Zhī Lù	Silk Road
孙悟空	Sūn Wùkōng	Sun Wukong, Tangseng's senior disciple
孙行者	Sūn Xíng Zhě	Pilgrim Sun, another name for Sun Wukong
泰山	Tài Shān	Mount Tai
太上老君	Tàishàng Lǎojūn	Laozi, an immortal
唐僧	Tángsēng	Tangseng, a Buddhist monk
须弥山	Xūmí Shān	Mt. Meru or Mt. Sumeru
压龙山	Yā Lóng Shān	Crush Dragon Mountain
阎王	Yán Wáng	Yama, Lord of the Underworld, an immortal
银角大王	Yín Jiǎo Dàwáng	Great King Silver Horn, a demon
印度	Yìndù	India
玉皇大帝	Yùhuáng Dàdì	Jade Emperor, an immortal
者行孙	Zhě Xíng Sūn	Sun Grimpil, Pilgrim Sun spelled backwards
中国	Zhōngguó	China
猪(八戒)	Zhū (Bājiè)	Zhu Bajie, Tangseng's middle disciple
猪悟能	Zhū Wùnéng	Zhu Wuneng, another name for Zhu Bajie

Book 13: 鬼王, The Ghost King

Chinese	Pinyin	English
宝林寺	Bǎolín Sì	Precious Grove Temple
长安	Cháng'ān	Chang'an, a city
光明六神	Guāngmíng Liùshén	Six Gods of Light, immortals
观音	Guānyīn	Guanyin, a bodhisattva
黑公鸡王国	Hēi Gōngjī Wángguó	Black Rooster Kingdom
黑暗六神	Hēi'àn Liùshén	Six Gods of Darkness, immortals
花果山	Huā Guǒ Shān	Flower Fruit Mountain
井龙王	Jǐng Lóngwáng	Well Dragon King, an immortal
沙(悟静)	Shā (Wújìng)	Sha Wujing, Tangseng's junior disciple
水晶宫	Shuǐjīng Gōng	Water Crystal Palace

Chinese	Pinyin	English
孙悟空	Sūn Wùkōng	Sun Wukong, Tangseng's senior disciple
泰山	Tài Shān	Mount Tai
太上老君	Tàishàng Lǎojūn	Laozi, an immortal
唐皇帝	Táng Huángdì	Tang Emperor
唐僧	Tángsēng	Tangseng, a Buddhist monk
天蓬元帅	Tiān Péng Yuánshuài	Marshal of Heaven, Zhu's title in a previous life
文殊	Wénshū	Wenshu, a bodhisattva
阎罗王	Yánluó Wáng	Yama, King of the Underworld, an immortal
印度	Yìndù	India
猪(八戒)	Zhū (Bājiè)	Zhu Bajie, Tangseng's middle disciple

Book 14: 火洞, The Cave of Fire

Chinese	Pinyin	English
奥莱	Àolái	Aolai, a country
敖闰	Áorùn	Aorun, the Dragon King of Four Oceans
敖顺	Áoshùn	Aoshun, an immortal
北极星	Běijíxīng	Polaris, the North Star
大猢狲魔王	Dà Húsūn Mówáng	Giant Ape Monster King, a demon
观音	Guānyīn	Guanyin, a bodhisattva
黑公鸡王国	Hēi Gōngjī Wángguó	Black Rooster Kingdom
黑河神之家	Hēihé Shén Zhī Jiā	Home of the Black River God
红百万	Hóng Bǎi Wàn	Red Millions, a person
红孩儿	Hóng Hái'ér	Red Boy, a monster
红千	Hóng Qiān	Red Thousands, a person
花果山	Huāguǒ Shān	Flower Fruit Mountain
火洞	Huǒ Dòng	Cave of Fire
泾河龙王	Jīnghé Lóngwáng	Dragon King of Jing River, an immortal
九霄空	Jiǔxiāo Kōng	the Ninth Heaven
雷音山	Léi Yīn Shān	Thunderclap Mountain
流沙河	Liú Shāhé	Flowing Sands River
六百里山	Liùbǎi Lǐshān	Six Hundred Mile Mountain
龙魔王	Lóng Mówáng	Dragon Demon King, a demon
摩昂	Móáng	Moang, an immortal
木叉	Mùchā	Mucha, a disciple of Guanyin
牛魔王	Niú Mówáng	Bull Demon King, a demon
普陀落伽山	Pǔtuóluòjiā Shān	Potalaka Mountain
齐天大圣	Qí Tiān Dà Shèng	Great Sage Equal to Heaven, a title for Sun Wukong
三昧	Sānmèi	Samadhi, a state of intense concentration
沙(悟净)	Shā (Wùjìng)	Sha Wujing, Tangseng's junior disciple
善财童子	Shàncái Tóngzi	Sudhana, Guanyin's disciple
圣婴大王	Shèng Yīng Dàwáng	Great King Holy Child, a demon
狮魔王	Shī Mówáng	Lion Demon King, a demon

Chinese	Pinyin	English
孙悟空	Sūn Wùkōng	Sun Wukong, Tangseng's senior disciple
唐僧	Tángsēng	Tangseng, a Buddhist monk
通风大圣	Tōngfēng Dà Shèng	Fair Wind Great Sage, a demon
悟空	Wùkōng	a familiar name for Sun Wukong
西海龙王	Xīhǎi Lóngwáng	Dragon King of the Western Ocean, Aoshun's title

Book 15: 道教神仙, The Daoist Immortals

Chinese	Pinyin	English
敖闰龙王	Áorùn Lóngwáng	Auron Dragon King, an immortal
藏物比赛	Cángwù Bǐsài	Competition of Hidden Things
长江	Cháng Jiāng	Yangtze River
车迟王国	Chē Chí Wángguó	Slow Cart Kingdom
邓天君	Dèng Tiānjūn	Lord Deng, an immortal
电母	Diàn Mǔ	Mother of Lightning, an immortal
风老妇人	Fēng Lǎo Fùrén	Old Woman of the Wind, an immortal
光明六神	Guāngmíng Liùshén	Six Gods of Light, immortals
黑暗六神	Hēi'àn Liùshén	Six Gods of Darkness, immortals
虎力神仙	Hǔlì Shénxiān	Tiger Strength Immortal, a demon
老子	Lǎozǐ	Laozi, an immortal
雷王子	Léi Wángzǐ	Prince of Thunder, an immortal
鹿力神仙	Lùlì Shénxiān	Deer Strength Immortal, an demon
南天门	Nán Tiānmén	South Heaven Gate
齐天大圣	Qí Tiān Dà Shèng	Great Sage Equal to Heaven, a title for Sun Wukong
三清	Sān Qīng	Three Pure Ones, immortals
三清观	Sān Qīng Guān	Temple of the Three Pure Ones
散雾男孩	Sàn Wù Nánhái	Fog-Spreading Boy, an immortal
沙(吴静)	Shā (Wújìng)	Sha Wujing, Tangseng's junior disciple
上清	Shàng Qīng	Supreme Pure One, an immortal
狮魔	Shī Mówáng	Lion Demon King, a demon
丝绸之路	Sīchóu Zhī Lù	Silk Road
四海龙王	Sìhǎi Lóngwáng	Dragon Kings of the Four Oceans, immortals
孙悟空	Sūn Wùkōng	Sun Wukong, Tangseng's senior disciple
太清	Tài Qīng	Grand Pure One, an immortal
太白金星	Tàibái Jīnxīng	Gold Star of Venus, an immortal
唐	Táng	Tang, a kingdom
唐皇帝	Táng Huángdì	Tang Emperor
唐僧	Tángsēng	Tangseng, a Buddhist monk
推云男孩	Tuī Yún Nánhái	Cloud-Pushing Boy, an immortal
五谷轮回房	Wǔgǔ Lúnhuí Fáng	Room of Five Grain Transformation
仙桃节	Xiāntáo Jié	Festival of the Immortal Peaches
心经	Xīnjīng	Heart Sutra

Chinese	Pinyin	English
羊力神仙	Yánglì Shénxiān	Goat Strength Immortal, a demon
印度	Yìndù	India
玉清	Yù Qīng	Jade Pure One, an immortal
玉皇大帝	Yùhuáng Dàdì	Jade Emperor, an immortal
云梯比赛	Yúntī Bǐsài	Competition of Cloud Ladders
中国	Zhōngguó	China
朱(八戒)	Zhū (Bājié)	Zhu Bajie, Tangseng's second disciple

Book 16: 大魔王, The Great Demon King

Chinese	Pinyin	English
车迟王国	Chē Chí Wángguó	Slow Cart Kingdom
陈澄	Chén Chéng	Chen Cheng, a man
陈清	Chén Qīng	Chen Qing, a man
关保	Guānbǎo	Guanbao, a child
观音	Guānyīn	Guanyin, a Bodhisattva
黑河	Hēi Hé	Black River
灵感大王	Línggǎn Dàwáng	Great King of Bright Power, a demon
美猴王	Měi Hóu Wáng	Handsome Monkey King, a title for Sun Wukong
普陀洛伽山	Pǔtuóluòjiā Shān	Potalaka Mountain
齐天大圣	Qí Tiān Dà Shèng	Great Sage Equal to Heaven, a title for Sun Wukong
启斋经	Qǐ Zhāi Jīng	Fast Breaking Sutra
沙(吴静)	Shā (Wújìng)	Sha Wujing, Tangseng's third disciple
善财(童子)	Shàncái (Tóngzǐ)	Sudhana, Guanyin's disciple
水海龟屋	Shuǐ Hǎiguī Wū	Sea Turtle House
孙悟空	Sūn Wùkōng	Sun Wukong, Tangseng's senior disciple
唐	Táng	Tang, a kingdom
唐皇帝	Táng Huángdì	Tang Emperor
唐僧	Tángsēng	Tangseng, a Buddhist monk
通天河	Tōng Tiān Hé	Heaven Reaching River
悟空	Wùkōng	a familiar name for Sun Wukong
西梁女国	Xīliáng Nǚguó	Western Kingdom of Women
一秤金	Yī Chèng Jīn	One Load of Gold, a child
猪(八戒)	Zhū (Bājié)	Zhu Bajie, Tangseng's second disciple
猪悟能	Zhū Wùnéng	Zhu Wuneng, another name for Zhu Bajie

Book 17: 小偷, The Thieves

Chinese	Pinyin	English
比丘尼	Bǐqiūní	Bhikkuni, a Bodhisattva
大水牛王	Dà Shuǐniú Wáng	Great Buffalo King, a demon
观音	Guānyīn	Guanyin, a Bodhisattva
虎斗士	Hǔ Dòushì	Tiger Fighter, an immortal

Chinese	Pinyin	English
花果山	Huāguǒ Shān	Flower Fruit Mountain
黄河	Huáng Hé	Yellow River
火星	Huǒxīng	Star of Fire (Mars), an immortal
金洞	Jīn Dòng	Golden Cave
金刚	Jīn Gāng	Diamond Guardian, an immortal
金山	Jīn Shān	Golden Mountain
可韩君	Kěhán Jūn	Lord Kehan, an immortal
雷音寺	Léiyīn Sì	Thunderclap Monastery
李天王	Lǐ Tiānwáng	God King Li, an immortal
龙斗士	Lóng Dòushì	Dragon Fighter, an immortal
南天门	Nán Tiānmén	South Heaven Gate
哪吒太子	Nǎzhā Tàizǐ	Prince Nata, an immortal
七返火丹	Qī Fǎn Huǒ Dān	Elixir of Seven Returns to the Fire
齐天大圣	Qí Tiān Dà Shèng	Great Sage Equal to Heaven, a title for Sun Wukong
沙(悟净)	Shā (Wújìng)	Sha Wujing, Tangseng's third disciple
水帘洞	Shuǐlián Dòng	Water Curtain Cave
水星	Shuǐxīng	Star of Water, an immortal
丝绸之路	Sīchóu Zhī Lù	Silk Road
孙悟空	Sūn Wùkōng	Sun Wukong, Tangseng's senior disciple
太上老君	Tàishàng Lǎojūn	Laozi, an immortal
唐	Táng	Tang, a kingdom
唐僧	Tángsēng	Tangseng, a Buddhist monk
悟空	Wùkōng	a familiar name for Sun Wukong
玄帝	Xuándì	Xuandi, an immortal
印度	Yìndù	India
玉皇大帝	Yùhuáng Dàdì	Jade Emperor, an immortal
猪(八戒)	Zhū (Bājié)	Zhu Bajie, Tangseng's second disciple

Book 18: 女儿国, The Country of Women

Chinese	Pinyin	English
敖莱国	Áolái Guó	Aolai Kingdom
宝像王国	Bǎoxiàng Wángguó	Precious Image Kingdom
车迟王国	Chēchí Wángguó	Slow Cart Kingdom
福陵山	Fúlíng Shān	Fuling Mountain
观星台	Guān Xīng Tái	Stargazing Terrace
观音	Guānyīn	Guanyin, a bodhisattva
黑公鸡王国	Hēi Gōngjī Wángguó	Black Rooster Kingdom
花果山	Huāguǒ Shān	Flower Fruit Mountain
解阳山	Jiě Yáng Shān	Male Undoing Mountain
金山	Jīnshān	Golden Mountain
流沙河	Liúshā Hé	River of Flowing Sand
昴日星官	Mǎorì Xīng Guān	Star Lord Mao, an immortal

Chinese	Pinyin	English
母子河	Mǔzǐ Hé	Mother and Child River
男人驿站	Nánrén Yìzhàn	Men's Post House
牛魔王	Niú Mówáng	Bull Demon King, a demon
女人国	Nǚrén Guó	Country of Women
齐天大圣	Qítiān Dàshèng	Great Sage Equal to Heaven, a title for Sun Wukong
沙(悟净)	Shā (Wùjìng)	Sha Wujing, Tangseng's third disciple
善财童子	Shàncái Tóngzǐ	Sudhana (Shancai), , an immortal
圣婴大王	Shèng Yīng Dàwáng	Great King Holy Child, a demon
孙悟空	Sūn Wùkōng	Sun Wukong, Tangseng's senior disciple
太上老君	Tàishàng Lǎojūn	Laozi, an immortal
唐	Táng	Tang, an empire
唐僧	Tángsēng	Tangseng, a Buddhist monk
西梁王国	Xīliáng Wángguó	Kingdom of Western Liang
西施	Xīshī	Xi Shi, the Lady of the West
越王	Yuè Wáng	King Yue, an ancient king
玉皇大帝	Yùhuáng Dàdì	Jade Emperor, an immortal
真仙	Zhēn Xiān	True Immortal, an immortal
中国	Zhōngguó	China
猪(悟能)	Zhū (Wùnéng)	Zhu Wuneng, Tangseng's second disciple

Book 19: 愤怒的猴子, The Angry Monkey

Chinese	Pinyin	English
陈	Chén	Chen, Tangseng's surname
谛听	Dìtīng	Investigative Hearing, an immortal beast
地藏	Dìzàng	Dizang, a bodhisattva
东海龙王	Dōng Hǎi Lóngwáng	Dragon King of the Eastern Ocean, an immortal
观音	Guānyīn	Guanyin. a bodhisattva
黑暗殿	Hēi'àn Diàn	Mountain of Darkness
花果山	Huāguǒ Shān	Flower Fruit Mountain
金刚王	Jīngāng Wáng	Golden Kings, immortals
雷音山	Léiyīn Shān	Thunderclap Mountain
木叉	Mùchā	Moksha, an immortal
普陀洛迦山	Pǔtuóluòjiā Shān	Potalaka Mountain
齐天大圣	Qí Tiān Dàshèng	Great Sage Equal to Heaven, a title for Sun Wukong
沙(悟净)	Shā (Wùjìng)	Sha Wujing, Tangseng's junior disciple
善财	Shàncái	Shancai, an immortal
生死簿	Shēngsǐ Bù	Long Life Book
水帘洞	Shuǐ Lián Dòng	Water Curtain Cave
丝绸之路	Sīchóu Zhīlù	Silk Road
孙悟空	Sūn Wùkōng	Sun Wukong, Tangseng's senior disciple
泰山	Tàishān	Mount Tai

唐	Táng	Tang empire
唐僧	Tángsēng	Tangseng, a Buddhist monk
杨	Yáng	Yang, surname of a peasant family
阎罗王	Yánluó Wáng	Yama, King of the Underworld, an immortal
妖镜拿	Yāo Jìng Ná	Demon Reflecting Mirror
玉皇大帝	Yùhuáng Dàdì	Jade Emperor, an immortal
猪八戒	Zhū Bājiè	Zhu Bajie (a name)

Book 20: 燃烧的山, The Burning Mountain

Chinese	Pinyin	English
芭蕉洞	Bājiāo Dòng	Plantain Leaf Cave
楚国	Chǔ Guó	Chu, a kingdom
翠云山	Cuì Yún Shān	Jade Cloud Mountain
大力金刚	Dàlì Jīngāng	Diamond Guardian of Great Strength, an immortal
定风丹	Dìng Fēng Dān	Wind Arresting Elixir
光明六神	Guāngmíng Liùshén	Six Gods of Light, immortals
观音	Guānyīn	Guanyin, a Bodhisattva
黑暗六神	Hēi'àn Liùshén	Six Gods of Darkness, immortals
红孩儿	Hóng Hái'ér	Red Boy, a demon
黄风	Huáng Fēng	Yellow Wind, a demon
火焰山	Huǒyàn Shān	Mountain of Flames
锦河	Jǐn Hé	River Jin
金头侍卫	Jīn Tóu Shìwèi	Golden Headed Guardian, an immortal
雷音山	Léiyīn Shān	Thunderclap Mountain
灵吉	Língjí	Lingji, a Bodhisattva
罗刹	Luóshā	Raksasi, a demon
摩云洞	Mó Yún Dòng	Cloud Touching Cave
哪吒	Nǎzhā	Prince Nata, an immortal
牛魔王	Niú Mó Wáng	Bull Demon King, a demon
女儿国	Nǚ'ér Guó	Country of Women
破儿洞	Pò Er Dòng	Child Destruction Cave
泼法金刚	Pō Fǎ Jīngāng	Diamond Guardian of Vast Magical Powers, an immortal
齐天大圣	Qí Tiān Dàshèng	Great Sage Equal to Heaven, another name for Sun Wukong
沙(悟净)	Shā (Wùjìng)	Sha Wujing, Tangseng's junior disciple
圣婴大王	Shèng Yīng Dàwáng	Great King Holy Child, a demon
胜至金刚	Shèng Zhì Jīngāng	Diamond Guardian of Immeasurable Power, an immortal
十八护教伽蓝	Shíbā Hù Jiào Qiélán	Eighteen Guardians of Monasteries, immortals
孙悟空	Sūn Wùkōng	Sun Wukong, Tangseng's senior disciple
太上老君	Tàishàng Lǎojūn	Laozi, an immortal and great sage
唐	Táng	Tang empire

Chinese	Pinyin	English
唐僧	Tángsēng	Tangseng, a Buddhist monk
铁扇公主	Tiě Shàn Gōngzhǔ	Princess Iron Fan, a demon
铁扇仙人	Tiě Shàn Xiānrén	Immortal Iron Fan, a demon
托塔李	Tuōtǎ Lǐ	Devaraja Li, an immortal
王嫱	Wáng Qiáng	Wang Qiang, a beautiful woman
五指山	Wǔzhǐ Shān	Five Finger Mountain
薛涛	Xuē Tāo	Xue Tao, a beautiful woman
永住金刚	Yǒngzhù Jīngāng	Diamond Guardian of Long Life
玉皇大帝	Yùhuáng Dàdì	Yellow Emperor
玉面公主	Yùmiàn Gōngzhǔ	Princess Jade Face, a demon's daughter
照妖镜	Zhào Yāo Jìng	Demon Reflecting Mirror
猪（八戒）	Zhū (Bājiè)	Zhu Bajie, Tangseng's middle disciple
卓文君	Zhuō Wénjūn	Zhuo Wenjun, a beautiful woman

Book 21: 血雨, The Rain of Blood

Chinese	Pinyin	English
灞波儿奔	Bàbō Er Bēn	Bubble Busy
奔波儿灞	Bēnbō Er Bà	Busy Bubble
二郎	Èrláng	Erlang
伏龙寺	Fú Lóng Sì	Defeated Dragon Monastery
拂云叟	Fú Yún Sǒu	Ancient Cloud Toucher
孤直公	Gū Zhí Gōng	Lord Lonely Upright
观音	Guānyīn	Guanyin
花果山	Huāguǒ Shān	Flower Fruit Mountain
金山	Jīn Shān	Golden Mountain
荆棘岭	Jīngjí Lǐng	Bramble Ridge
金光寺	Jīnguāng Sì	Golden Light Monastery
祭赛王国	Jìsài Wángguó	Sacrifice Kingdom
九头	Jiǔ Tóu	Nine Heads
卷帘大将	Juǎn Lián Dàjiàng	Curtain Raising Captain
凌空子	Líng Kòngzi	Master of the Void
绿波泻湖	Lǜ Bō Xièhú	Green Wave Lagoon
梅山	Méishān	Plum Mountain
牛魔王	Niú Mówáng	Bull Demon King
齐天大圣	Qí Tiān Dà Shèng	Great Sage Equal to Heaven
沙（悟净）	Shā (Wùjìng)	Sha Wujing
十八公	Shíbā Gōng	Eighteenth Squire
孙悟空	Sūn Wùkōng	Sun Wukong
唐	Táng	Tang
唐帝国	Táng Dìguó	Tang Empire
唐僧	Tángsēng	Tangseng
天蓬元帅	Tiānpéng Yuánshuài	Marshal of Heavenly Reeds
万圣龙王	Wànshèng Lóngwáng	All Saints Dragon King

Chinese	Pinyin	English
五凤塔	Wǔ Fèng Tǎ	Five Phoenix Tower
西王母娘娘	Xī Wángmǔ Niángniáng	Queen Mother of the West
杏仙	Xìng Xiān	Apricot Fairy
印度	Yìndù	India
玉皇大帝	Yùhuáng Dàdì	Jade Emperor
中国	Zhōngguó	China
猪（八戒）	Zhū (Bājiè)	Zhu Bajie

Book 22: 假佛, The False Buddha

Chinese	Pinyin	English
荡魔天尊	Dàng Mó Tiānzūn	Demon Conquering Celestial Worthy, an Immortal
二十八星宿	Èrshíbā Xīngxiù	Twenty Eight Constellations
光明六神	Guāngmíng Liùshén	Six Gods of Light
观音	Guānyīn	Guanyin, a Bodhisattva
黑暗六神	Hēi'àn Liùshén	Six Gods of Darkness
黄眉佛	Huáng Méi Fú	Yellow-Browed Buddha, a demon
黄眉王	Huáng Méi Wáng	King Yellow Brow, another name for Yellow-Browed Buddha
净乐国王	Jìnglè Guówáng	King Joy
金龙	Jīnlóng	Golden Dragon
雷音山	Léiyīn Shān	Thunderclap Mountain
雷音寺	Léiyīn Sì	Thunderclap Monastery
流沙王国	Liúshā Wángguó	Flowing Sand Kingdom
弥勒	Mílè	Maitreya, the future Buddha
菩萨王老师	Púsà Wáng Lǎoshī	Bodhisattva King Teacher
齐天大圣	Qí Tiān Dà Shèng	Great Sage Equal to Heaven
日值	Rì Zhí	Day Sentinel, an Immortal
沙（悟净）	Shā (Wùjìng)	Sha (Wujing)
善胜王后	Shàn Shèng Huánghòu	Queen Victory
蛇大将	Shé Dàjiàng	General Snake
丝绸之路	Sīchóu Zhī Lù	Silk Road
孙悟空	Sūn Wùkōng	Sun Wukong, the Monkey King, elder disciple of Tangseng
唐僧	Tángsēng	Tangseng, a Buddhist monk
五方揭谛	Wǔ Fāng Jiēdì	Five Guardians
武当山	Wǔdāng Shān	Wudang Mountain
乌龟大将	Wūguī Dàjiàng	General Turtle
稀屎沟	Xī Shǐ Gōu	Slimy Shit Mountain Pass
小雷音寺	Xiǎo Léiyīn Sì	Small Thunderclap Monastery
小张（太子）	Xiǎo Zhāng (Tàizǐ)	Little Zhang (Prince), a demon
盱眙山	Xūyí Shān	Mount Xuyi
玉皇大帝	Yùhuáng Dàdì	Jade Emperor, an Immortal
真武	Zhēnwǔ	Zenwu, the True Martial Lord, an Immortal

| 猪（八戒） | Zhū (Bājiè) | Zhu (Bajie), middle disciple of Tangseng |

Book 23: 猴子医生, The Monkey Doctor

Chinese	Pinyin	English
敖广	Áo Guǎng	Ao Guang, the Dragon King of the Eastern Ocean
八卦炉	Bāguà Lú	Eight Trigrams Furnace
避妖楼	Bì Yāo Lóu	Avoiding Demons Shelter
长安	Cháng'ān	Chang'an, a city
春娇	Chūn Jiāo	Spring Beauty, a servant girl
崔珏	Cuī Jué	Cui Jue, a deceased courtier
东山的金眼鬼	Dōngshān De Jīn Yǎnguǐ	Golden-Eyed Ghost of Eastern Mountain
观音	Guānyīn	Guanyin, a Bodhisattva
黑金丹	Hēijīn Dān	Black Gold Elixir
花果山	Huā Guǒ Shān	Flower Fruit Mountain, Sun Wukong's birthplace
会同馆	Huìtóng Guǎn	Hostel of Meetings
金王后	Jīn Wánghòu	Golden Queen
龙船节	Lóngchuán Jié	Dragon Boat Festival
齐天大圣	Qí Tiān Dà Shèng	Great Sage Equal to Heaven
去来	Qùlái	Gocome, a young demon
赛太岁	Sài Tàisuì	Jupiter's Rival, a demon
沙（悟净）	Shā (Wùjìng)	Sha (Wujing), junior disciple of Tangseng
生命书	Shēngmìng Shū	Book of Life
孙爸爸	Sūn Bàba	Father Sun, another name for Sun Wukong
孙悟空	Sūn Wùkōng	Sun Wukong, the Monkey King, elder disciple of Tangseng
太上老君	Tàishàng Lǎojūn	Laozi, an Immortal
唐	Táng	Tang, an empire
唐僧	Tángsēng	Tangseng, a Buddhist monk
王母娘娘	Wángmǔ Niángniáng	Queen Mother of the West, an Immortal
魏	Wèi	Wei, an advisor to the Tang emperor
阎罗王	Yánluó Wáng	Kings of the Underworld
玉皇大帝	Yùhuáng Dàdì	Jade Emperor, an Immortal
张紫阳	Zhān Zǐyáng	Zhang Boduan, a Daoist master and poet
郑家	Zhèng Jiā	Zheng family, owners of a grocery store
猪（八戒）	Zhū (Bājiè)	Zhu (Bajie), middle disciple of Tangseng
朱紫王国	Zhū Zǐ Wángguó	Scarlet Purple Kingdom

Book 24: 蜘蛛网山的恶魔, The Demons of Spiderweb Mountain

Chinese	Pinyin	English
百眼魔王	Bǎiyǎn Mówáng	Demon King Hundred Eyes, a demon
嫦娥	Cháng'é	Cháng'é, goddess of the moon

Chinese	Pinyin	English
黄花庙	Huánghuā Miào	Yellow Flower Temple
雷音山	Léiyīn Shān	Thunderclap Mountain
雷音寺	Léiyīn Sì	Thunderclap Monastery
黎山老妇	Lí Shān Lǎo Fù	Old Woman of Mount Li, an Immortal
刘阮的天台洞	Liú Ruǎn de Tiāntái Dòng	Tiantai Cave of Liu and Ruan
龙华节	Longchuán Jié	Dragon Flower Festival
昴日星官	Mǎo Rì Xīng Guān	Star Lord Mao, an Immortal
毗蓝	Pí Lán	Vairambha, an Immortal
千花洞	Qiānhuā Dòng	Thousand Flower Cave
沙（悟净）	Shā (Wùjìng)	Sha (Wujing), junior disciple of Tangseng
孙悟空	Sūn Wùkōng	Sun Wukong, the Monkey King, elder disciple of Tangseng
唐	Táng	Tang, an empire
唐僧	Tángsēng	Tangseng, a Buddhist monk
元帅	Yuánshuài	Marshal, part of Zhu's title
蜘蛛网洞	Zhīzhū Wǎng Dòng	Spiderweb Cave
蜘蛛网山	Zhīzhū Wǎng Shān	Spiderweb Mountain
猪（八戒）	Zhū (Bājiè)	Zhu (Bajie), middle disciple of Tangseng
朱紫王国	Zhū Zǐ Wángguó	Scarlet Purple Kingdom
紫云山	Zǐ Yún Shān	Purple Cloud Mountain

Book 25: 大鹏和他的兄弟们, Great Peng and His Brothers

Chinese	Pinyin	English
北斗星座	Běidǒu Xīngzuò	Big Dipper, a constellation
北海龙王敖顺	Běihǎi Lóngwáng Áoshùn	Aoshun, the Dragon King of the North Sea, an immortal
大鹏	Dà Péng	Great Peng, a demon
黑暗王	Hēi'àn Wáng	Lords of Darkness, immortals
花果山	Huāguǒ Shān	Flower Fruit Mountain
蓝毛狮	Lán Máo Shī	Blue Haired Lion, a demon
老黄牙象	Lǎo Huángyá Xiàng	Old Yellow Tusk Elephant, a demon
李长庚	Lǐ Chánggēng	Long Lived Li, personal name of Bright Star of Venus
灵山	Líng Shān	Spirit Mountain
牛魔	Niú Mó	Bull Demon, a demon
普贤	Pǔxián	Visvabhadra, an immortal, assistant to Tathāgata
齐天大圣	Qí Tiān Dà Shèng	Great Sage Equal to Heaven, another name for Sun Wukong
如来	Rúlái	Buddha Tathāgata, an incarnation of Buddha Gautama
沙（悟净）	Shā (Wùjìng)	Sha (Wujing), junior disciple of Tangseng

Chinese	Pinyin	English
释迦牟尼	Shìjiāmóuní	Sakyamuni, another name for Buddha Gautama
狮子洞	Shīzi Dòng	Lion Cave
狮子山	Shīzi Shān	Lion Mountain
水帘洞	Shuǐlián Dòng	Water Curtain Cave
孙悟空	Sūn Wùkōng	Sun Wukong, the Monkey King, elder disciple of Tangseng
太白金星	Tàibái Jīnxīng	Bright Star of Venus, an Immortal
唐	Táng	Tang, an empire
唐僧	Tángsēng	Tangseng, a Buddhist monk
王母娘娘	Wángmǔ Niángniáng	Queen Mother, mother of the Jade Emperor
文殊	Wénshū	Manjusri, an immortal, assistant to Tathāgata
五阎罗王	Wǔ Yánluó Wáng	Fifth King of the Underworld, an immortal
小钻风	Xiǎo Zuānfēng	Junior Wind Cutter, a little demon
阎罗王	Yánluó Wáng	King Yama, god of the underworld
阴阳罐	Yīn Yáng Guàn	Yin Yang Jar
印度	Yìndù	India
玉皇大帝	Yùhuáng Dàdì	Jade Emperor, lord of heaven
云程万里大鹏	Yún Chéng Wànlǐ Dà Péng	Great Peng of Ten Thousand Cloudy Miles, full name of Da Peng
猪（八戒）	Zhū (Bājiè)	Zhu (Bajie), middle disciple of Tangseng
猪悟能	Zhū Wùnéng	Zhu Wuneng, another name for Zhu Bajie
转世轮	Zhuǎnshì Lún	Wheel of Rebirth
总钻风	Zǒng Zuānfēng	Chief Wind Cutter, Sūn Wukong in disguise
钻风	Zuānfēng	Wind Cutter, a little demon

Book 26: 一千个孩子, The Thousand Children

Chinese	Pinyin	English
比丘王国	Bǐqiū Wángguó	Bhiksu Kingdom
东方大王	Dōngfāng Dàwáng	Great King of the East, an immortal
光明六神	Guāngmíng Liù Shén	Six Gods of Light, immortals
观音	Guānyīn	Guanyin, a bodhisattva
黑暗六神	Hēi'àn Liù Shén	Six Gods of Darkness, immortals
金亭馆驿	Jīn Yíng Guǎnyì	Hostel of Meetings
老寿星	Lǎo Shòu Xīng	Elderly Star of the South Pole, an immortal
柳林坡	Liǔlín Pō	Willow Hill
清华村	Qīnghuá Cūn	Pure Flower Village
清华洞	Qīnghuá Dòng	Pure Flower Cave
清华仙宫	Qīnghuá Xiān Gōng	Pure Flower Immortal Palace
三界	Sān Jiè	Three Worlds
沙（悟净）	Shā (Wùjìng)	Sha (Wujing), junior disciple of Tangseng
狮子王国	Shīzi Wángguó	Lion Kingdom
孙悟空	Sūn Wùkōng	Sun Wukong, the Monkey King, elder disciple of Tangseng

Chinese	Pinyin	English
唐	Táng	Tang, an empire
唐僧	Tángsēng	Tangseng, a Buddhist monk
天蓬元帅	Tiān Péng Yuánshuài	Marshal of Heavenly Reeds, a title of Zhu Bajie
小子城	Xiǎozi Chéng	Boytown, another name for Bhiksu
猪(八戒)	Zhū (Bājiè)	Zhu (Bajie), middle disciple of Tangseng

Book 27: 和尚和老鼠, The Monk and the Mouse

Chinese	Pinyin	English
半观音	Bàn Guānyīn	Half Guanyin, another name for the Mouse Spirit
比丘王国	Bǐqiū Wángguó	Bhiksu Kingdom
长安	Cháng'ān	Chang'an, a city
嫦娥	Cháng'é	Chang'e, the lady on the moon
长江	Chángjiāng	Yangtze River
地涌夫人	Dì Yǒng Fūrén	Lady Flowing Earth, another name for the Mouse Spirit
观音	Guānyīn	Guanyin, a bodhisattva
花果山	Huāguǒ Shān	Flower Fruit Mountain
金鼻白毛老鼠精	Jīnbí Báimáo Lǎoshǔ Jīng	Golden-Nosed White-haired Mouse Spirit, a demon
李王	Lǐ Wáng	King Li, an immortal
灵霄殿	Língxiāo Diàn	Hall of Mist
哪吒太子	Nézhā Tàizǐ	Prince Nata or Nezha, an immortal
齐天大圣	Qí Tiān Dà Shèng	Great Sage Equal to Heaven, another name for Sun Wukong
沙(悟净)	Shā (Wùjìng)	Sha (Wujing), junior disciple of Tangseng
孙悟空	Sūn Wùkōng	Sun Wukong, the Monkey King, elder disciple of Tangseng
太白金星	Tàibái Jīnxīng	Gold Star of Venus, an immortal
泰山	Tàishān	Mount Tai
太上老君	Tàishàng Lǎojūn	Laozi, an immortal
唐	Táng	Tang, an empire
唐僧	Tángsēng	Tangseng, a Buddhist monk
天王殿	Tiānwáng Diàn	Devaraja Hall (Hall of Heavenly Kings)
通明殿	Tōngmíng Diàn	Hall of Light
无底洞	Wúdǐ Dòng	Bottomless Cave
陷空山	Xiànkōng Shān	Void Trapping Mountain
印度	Yìndù	India
玉皇大帝	Yùhuáng Dàdì	Jade Emperor, an immortal
猪(八戒)	Zhū (Bājiè)	Zhu (Bajie), middle disciple of Tangseng

Book 28: 灭法王国, The Dharma Destroying Kingdom

Chinese	Pinyin	English
嫦娥	Cháng'é	Chang'e, the Goddess of the Moon, an Immortal
禅师	Chánshī	Zen master
分瓣梅花计	Fēn Bàn Méihuā Jì	Dividing the Petals of the Plum Flower, a fighting technique
高村	Gāo Cūn	Gao Village
庚申	Gēngshēn	Gengshen, the 57th day of the Chinese calendar
庚申斋	Gēngshēn Zhāi	Gengshen diet
观音	Guānyīn	Guanyin, a bodhisattva
红孩儿	Hóng Hái'ér	Red Boy, a disciple of Guanyin
九齿耙子	Jiǔ Chǐ Bàzi	Nine-Toothed Rake
孔子	Kǒngzǐ	Kongzi (Confucius), an ancient Chinese philosopher
雷音寺	Léiyīn Sì	Thunderclap Monastery
雷音山	Léiyīn Shān	Thunderclap Mountain
隐雾山折岳连环洞	Yǐn Wù Shānzhé Yuè Liánhuán Dòng	Hidden Mist Mountain, Broken Peak, Joined Rings Cave
灵山	Língshān	Spirit Mountain, home of the Buddha
灭法王国	Miè Fǎ Wángguó	Dharma Destroying Kingdom
南山大王	Nánshān Dàwáng	Great King of the Southern Mountains, a demon
齐天大圣	Qí Tiān Dà Shèng	Great Sage Equal to Heaven, another name for Sun Wukong
钦法王国	Qīn Fǎ Wángguó	Dharma Honoring Kingdom
如来佛	Rúlái Fó	Tagatha Buddha, an Immortal
沙(悟净)	Shā (Wùjìng)	Sha Wujing, a disciple of Tangseng
狮子洞	Shīzi Dòng	Lion's Cave
狮子岭	Shīzi Lǐng	Lion's Ridge
孙悟空	Sūn Wùkōng	Sun Wukong, the Monkey King, a disciple of Tangseng
太上老君	Tàishàng Lǎojūn	Laozi, an Immortal
唐	Táng	Tang, an empire
唐僧	Tángsēng	Tangseng, a Buddhist monk
天蓬元帅	Tiān Péng Yuánshuài	Marshal of the Heavenly Reeds, a title for Zhu Bajie
王	Wáng	Mr. and Mrs. Wang, innkeepers
王母娘娘	Wángmǔ Niángniáng	Queen Mother, an Immortal
心经	Xīnjīng	Heart Sutra
辛酉	Xīnyǒu	Xinyou, the 58th day of the Chinese calendar
印度	Yìndù	India
游人休息所	Yóurén Xiūxí Suǒ	Rest House for Travelers, an inn

Chinese	Pinyin	English
玉皇大帝	Yùhuáng Dàdì	Jade Emperor, an Immortal
赵寡妇	Zhāo	Widow Zhao, an innkeeper
赵寡妇酒店	Zhào Guǎfù Jiǔdiàn	Widow Zhao's Inn
猪(八戒)	Zhū (Bājiè)	Zhu Bajie, a disciple of Tangseng

Book 29: 九头狮子, The Nine Headed Lion

Chinese	Pinyin	English
敖广	Áoguǎng	Aoguang, the dragon of the Eastern Ocean
豹头山	Bào Tóu Shān	Leopard Head Mountain
大禹	Dà Yǔ	Great Yu, an ancient king
丹凤朝阳	Dān Fèng Zhāoyáng	Red Phoenix Facing the Sun, a fighting technique
刁钻古怪	Diāozuān Gǔguài	Shifty Freaky, a little demon
钉钯节	Dīng Bǎ Jié	Rake Festival
饿虎扑食	È Hǔ Pū Shí	Hungry Tiger Seizing Its Prey, a fighting technique
凤仙	Fèngxiān	Fengxian, a city
甘霖普济寺	Gānlín Pǔjì Sì	Temple of Salvation by Rain
广目天王	Guǎng Mù Tiānwáng	King Virupaska, an immortal
光明六神	Guāngmíng Liùshén	Six Gods of Light, immortals
古怪刁钻	Gǔguài Diāozuān	Freaky Shifty, a little demon
黑暗六神	Hēi'àn Liùshén	Six Gods of Darkness, immortals
护国天王	Hù Guó Tiānwáng	Heavenly King Protector, an immortal
黄狮	Huáng Shī	Yellow Lion, a demon
虎口洞	Hǔkǒu Dòng	Tiger Mouth Cave
金头揭谛	Jīn Tóu Jiē Dì	Golden Headed Guardian, an immortal
九灵元圣	Jiǔ Líng Yuán Shèng	Ninefold Spiritual Sage
九曲盘桓洞	Jiǔ Qū Pánhuán Dòng	Nine Bend Cave
九天应元府	Jiǔtiān Yìng Yuán Fǔ	Office of the Seasons in the Ninth Heaven
雷音山	Léiyīn Shān	Thunderclap Mountain
雷音寺	Léiyīn Sì	Thunderclap Monastery
灵鹫山	Líng Jiù Shān	Vulture Mountain (Holy Eagle Mountain), home of the Buddha
灵霄殿	Líng Xiāo Diàn	Hall of Divine Mists
绿脸	Lǜ Liǎn	Greenface, a little demon
妙岩宫	Miào Yán Gōng	Wonderful Cliff Palace
南山大王	Nánshān Dàwáng	Great King of the Southern Mountains
披香殿	Pī Xiāng Diàn	Hall of Fragrance
齐天大圣	Qí Tiān Dà Shèng	Great Sage Equal to Heaven
沙(悟净)	Shā (Wùjìng)	Sha Wujing, a disciple of Tangseng
闪电娘子	Shǎndiàn Niángzǐ	Mother Lightning, a nature spirit
上官	Shàngguān	Shangguan, the Prefect of Fengxian
四明铲	Sì Míng Chǎn	Four-Light Shovel
孙悟空	Sūn Wùkōng	Sun Wukong, a disciple of Tangseng

Chinese	Pinyin	English
太乙救苦天尊	Tài Yǐ Jiù Kǔ Tiānzūn	Celestial Worthy, an immortal
太上老君	Tàishàng Lǎojūn	Laozi, an immortal
唐	Táng	Tang Empire
唐僧	Tángsēng	Tangseng, a monk
天尊	Tiānzūn	Heavenly Honored One, an immortal
通明殿	Tōngmíng Diàn	Hall of Brightness
印度	Yìndù	India
玉华王国	Yùhuá Wángguó	Jade Flower Kingdom
玉皇大帝	Yùhuáng Dàdì	Jade Emperor, an immortal
猪(八戒)	Zhū (Bājiè)	Zhu Bajie, a disciple of Tangseng
竹节山	Zhú Jié Shān	Bamboo Mountain

Book 30: 懒僧, The Lazy Monk

Chinese	Pinyin	English
奥莱王国	Àolái Wángguó	Aolai Kingdom
敖顺	Áoshùn	Aoshun the Dragon King, an immortal
百脚山	Bǎi Jiǎo Shān	Hundred Legs Mountain
宝华山	Bǎohuà Shān	Precious Flower Mountain
布金寺	Bù Jīn Sì	Gold Spreading Monastery
禅师	Chán Shī	Chan Master, a man
长安	Cháng'ān	Chang'an (now Xi'an), a city
嫦娥	Cháng'é	Chang'e, the Goddess of the Moon, an immortal
陈玄奘	Chén Xuánzàng	Chen Xuanzang, Tangseng's birth name
慈云寺	Cí Yún Sì	Mercy Cloud Temple
丁甲	Dīng Jiǎ	Guardians of the Five Quarters, immortals
斗木獬	Dòu Mù Xiè	Dipper the Wood Unicorn, a star
斗牛宫	Dòu Niú Gōng	Bull Fighting Palace
光明六神	Guāngmíng Liùshén	Six Gods of Light, immortals
观音	Guānyīn	Guanyin, a bodhisattva
黑暗六神	Hēi'àn Liùshén	Six Gods of Darkness, immortals
花果山	Huāguǒ Shān	Flower Fruit Mountain
会同馆	Huìtóng Guǎn	Hostel of Meetings
角木蛟	Jiǎo Mù Jiāo	Horn Wood Dragon, a star
金灯桥	Jīn Dēng Qiáo	Golden Lamp Bridge
井木犴	Jǐng Mù Àn	Well Wood Hound, a star
金銮殿	Jīnluán Diàn	Hall of Golden Chimes
金平府	Jīnpíng Fǔ	Gold Level Prefecture
九重天	Jiǔchóng Tiān	Ninefold Heaven
卷帘大将	Juǎn Lián Dàjiàng	Curtain Raising Captain, a title for Sha Wujing
奎木狼	Kuí Mù Láng	Strider Wood Wolf, a star
雷音寺	Léiyīn Sì	Thunderclap Monastery
灵山	Líng Shān	Spirit Mountain

Chinese	Pinyin	English
灵霄殿	Líng Xiāo Diàn	Hall of Divine Mists
流沙河	Liúshā Hé	Flowing Sand River
毛颖山	Máoyǐng Shān	Mount Hairbrush
辟尘大王	Pì Chén Dàwáng	Great King Dust Avoider, a demon
辟寒大王	Pì Hán Dàwáng	Great King Cold Avoider, a demon
辟暑大王	Pì Shǔ Dàwáng	Great King Heat Avoider, a demon
齐天大圣	Qí Tiān Dà Shèng	Great Sage Equal to Heaven, a title for Sun Wukong
青龙山	Qīnglóng Shān	Green Dragon Mountain
三藏	Sānzàng	Sanzang, another name for Tangseng
沙(悟净)	Shā (Wùjìng)	Sha Wujing, Tangseng's junior disciple
舍卫城	Shě Wèi Chéng	Sravasti, a city
生死薄	Shēngsǐ Bù	Book of Life and Death
神秘霜仙药	Shénmì Shuāng Xiān Yào	Mysterious Frost Elixir
水帘洞	Shuǐ Lián Dòng	Water Curtain Cave
四木禽星	Sì Mù Qín Xīng	Four Wood Bird Stars, the four stars
四位大元帅	Sì Wèi Dà Yuánshuài	Four Grand Marshals, immortals
四位天师	Sì Wèi Tiānshī	Four Celestial Masters, immortals
四值功曹	Sì Zhí Gōng Cáo	Four Sentinels of Time, immortals
素娥	Sù é	Lady White, an immortal
孙悟空	Sūn Wùkōng	Sun Wukong, Tangseng's senior disciple
太白金星	Tàibái Jīnxīng	Gold Star Venus, an immortal
太阴星君	Tàiyīn Xīng Jūn	Star Lord of the Moon, an immortal
唐	Táng	Tang, a dynasty
唐僧	Tángsēng	Tangseng, a Buddhist monk
天蓬元帅	Tiān Péng Yuánshuài	Marshal of Heavenly Reeds, a title for Zhu Bajie
通明殿	Tōngmíng Diàn	Hall of Perfect Light
心经	Xīnjīng	Heart Sutra
须达多	Xū Dá Duō	Sudatta, a prince
印度	Yìndù	India
怡宗皇帝	Yízōng Huángdì	Emperor Yizong, a man
玉华城	Yù Huá Chéng	the Jade Flower City
元宵节	Yuánxiāo Jié	Lantern Festival
月宫	Yuègōng	Palace of the Moon
玉皇大帝	Yùhuáng Dàdì	Jade Emperor, an immortal
祇树给孤园	Zhī Shù Gěi Gū Yuán	Jetavana Park
中国	Zhōngguó	China
猪(八戒)	Zhū (Bājiè)	Zhu Bajie, Tangseng's middle disciple

Book 31: 最后的苦难, The Last Trial

Chinese	Pinyin	English
阿傩	Ā Nuó	Ananda, a young man
奥莱国	Àolái Guó	Aolai, a country

八部天龙	Bā Bù Tiānlóng	Eight Legions of Heavenly Dragons
八部天龙广力菩萨	Bā Bù Tiānlóng Guǎng Lì Púsà	Bodhisattva of the Eight Legions of Heavenly Dragons, the White Horse's new title
八大金刚	Bādà Jīngāng	Eight Guardians
百眼魔王	Bǎi Yǎn Mówáng	Demon King Hundred Eyes
宝幢王佛	Bǎo Chuáng Wáng Fó	Buddha of the Jeweled Banners
宝象王国	Bǎo Xiàng Wángguó	Precious Image Kingdom
比丘王国	Bǐqiū Wángguó	Bhiksu Kingdom
布金寺	Bù Jīn Sì	Gold Spreading Monastery
长安	Cháng'ān	Chang'an, a city
车迟王国	Chēchí Wángguó	Slow Cart Kingdom
陈家村	Chén Jiā Cūn	Chen family village
陈少宝	Chén Shǎo Bǎo	Lord Guardian Chen, a man
慈力王佛	Cí Lì Wáng Fó	Buddha of Compassion and Power
大乘佛教	Dà Chèng Fójiào	Mahayana Buddhism (Greater Vehicle)
大鹏	Dà Péng	Great Peng, a demon
大智慧者	Dà Zhìhuì Zhě	Great Perfect Wisdom
地藏王	Dì Zàng Wáng	King Ksitigarbha, a bodhisattva
斗战胜佛	Dòu Zhànshèng Fó	Victorious Fighting Buddha, Sun Wukong's new title
毒火魔王	Dú Huǒ Mówáng	Demon King of Poison Fire
阿弥陀佛	Ēmítuó Fó	Buddha Amitabha
凤仙郡	Fèng Xiān Jùn	Phoenix-Immortal Prefecture
佛本行经	Fó Běn Híng Jīng	Buddhacarita Kavya Sutra
佛祖的净地	Fózǔ De Jìng Dì	Buddha's Pure Land
高村	Gāo Cūn	Gao Village
观音	Guānyīn	Guanyin, a bodhisattva
观音殿	Guānyīn Diàn	Guanyin Hall
过去现在未来佛	Guòqù Xiànzài Wèilái Fó	Past, Present and Future Buddhas
红孩儿	Hóng Hái'Ér	Red Boy, a demon
华光	Huá Guāng	Bodhisattva Bright Light
华光行宫	Huá Guāng Xínggōng	Bright Light Travel Palace
化龙池	Huà Lóng Chí	Transforming Pool
华严经	Huá Yán Jīng	Garland Sutra
花果山	Huāguǒ Shān	Flower Fruit Mountain
黄风岭	Huáng Fēng Lǐng	Yellow Wind Ridge
黄眉王	Huáng Méi Wáng	King Yellow Brow
黄袍妖怪	Huáng Páo Yāoguài	Yellow Robed Monster
火焰山	Huǒyàn Shān	Mountain of Flames
火焰五光	Huǒyàn Wǔ Guāng	Buddha of Flames and Five Lights
祭赛王国	Jì Sài Wángguó	Sacrifice Kingdom
伽叶	Jiā Yè	Kasyapa, a young man
接引佛	Jiē Yǐn Fó	Royal Buddha of Brightness
金蝉	Jīn Chán	Golden Cicada, Tangseng in a previous life

金顶大仙	Jīn Dǐng Dàxiān	Great Immortal of the Golden Head, an immortal
金角王	Jīn Jiǎo Wáng	Great King Golden Horn
金身罗汉	Jīn Shēn Luóhàn	Golden Body Arhat, Sha's new title
净坛使者	Jìng Tán Shǐzhě	Janitor of the Altars, Zhu's new title
金华光佛	Jīnhuá Guāng Fó	Buddha of Golden Light
金平府	Jīnpíng Fǔ	Gold Level Prefecture
九头狮子	Jiǔ Tóu Shīzi	Nine Headed Lion, a demon
卷帘大将	Juǎn Lián Dàjiàng	Curtain Raising Captain, a title for Sha Wujing
孔子	Kǒngzǐ	Confucius (Kongzi), a man
寇栋	Kòu Dòng	Kou Dong, a young man
寇洪	Kòu Hóng	Kou Hong, a man
寇梁	Kòu Liáng	Kou Liang, a young man
寇员外	Kòu Yuánwài	Squire Kou, title for Kou Hong
浪荡游神	Làngdàng Yóu Shén	The Wandering God, an immortal
雷音寺	Léiyīn Sì	Thunderclap Monastery
两界山	Liǎng Jiè Shān	Mountain of Two Frontiers
灵山	Líng Shān	Spirit Mountain, also known as Vulture Peak
凌云桥	Língyún Qiáo	Cloud Touching Bridge
刘伯钦	Liú Bóqīn	Liu Boqin, a man
流沙河	Liú Shā Hé	Flowing Sands River
龙尊王佛	Lóng Zūnwáng Fó	Buddha of the Dragon Kings
灭法王国	Miè Fǎ Wángguó	Dharma-Destroying Kingdom
弥勒佛	Mílè Fó	Buddha Maitreya
摩诃萨	Mó Hē Sà	Mahasattvas
南山大王	Nánshān Dàwáng	Great King of South Mountain
哪吒王子	Nǎzhā Wángzǐ	Prince Nata, an immortal
牛魔王	Niú Mówáng	Bull Demon King, a demon
女人国	Nǔrén Guó	Kingdom of Women
清净大海众菩萨	Qīngjìng Dàhǎi Zhòng Púsà	Bodhisattva of the Great Ocean
清净喜佛	Qīngjìng Xǐ Fó	Buddha of Pure Joy
燃灯佛	Rán Dēng Fó	Dipamkara (Burning Lamp Buddha)
日月光佛	Rì Yuè Guāng Fó	Buddha of the Sun and Moon
如来佛(祖)	Rúlái Fó (zǔ)	Tathagata Buddha
三界	Sān Jiè	Three Worlds
三千揭谛大菩萨	Sānqiān Jiē Dì Dà Púsà	Bodhisattva of the Three Thousand Guardians
三藏	Sānzàng	Sanzang, Tangseng's name
沙(悟净)	Shā (Wùjìng)	Sha Wujing, Tangseng's third disciple
圣教序	Shèng Jiào Xù	Preface to the Holy Religion
狮驼子王国	Shī Tuózi Wángguó	Lion Camel Kingdom
十王	Shí Wáng	Ten Kings of the Underworld, immortals
水天佛	Shuǐ Tiān Fó	Buddha of Water and Sky
水帘洞	Shuǐlián Dòng	Water Curtain Cave

水陆大会	Shuǐlù Dàhuì	Grand Mass of Land and Water
孙悟空	Sūn Wùkōng	Sun Wukong, the Monkey King, Tangseng's senior disciple
太上老君	Tàishàng Lǎojūn	Laozi, an immortal
太宗	Tàizōng	Taizong, the Tang Emperor
唐	Táng	Tang, an empire
唐僧	Tángsēng	Tangseng, a Buddhist monk
天河	Tiān Hé	River of Heaven
天尊	Tiānzūn	Celestial Worthy, an immortal
铜台府	Tóng Tái Fǔ	Bronze Tower City
通天河	Tóng Tái Hé	River of Heaven
五百阿罗大菩萨	Wǔbǎi Ā Luó Dà Púsà	Bodhisattva of the Five Hundred Teachers
无底洞	Wúdǐ Dòng	Bottomless Cave
乌鸡王国	Wūjī Wángguó	Black Rooster Kingdom
五指山	Wǔzhǐ Shān	Five Finger Mountain
稀屎山口	Xī Shǐ Shānkǒu	Slimy Shit Mountain Pass
西天极乐诸菩萨	Xī Tiānjí Lè Zhū Púsà	Bodhisattva of the Western Heaven
小乘佛教	Xiǎo Chéng Fójiào	Theravada Buddhism (Lesser Vehicle)
西海龙王	Xīhǎi Lóngwáng	Dragon King of the Western Ocean
玄奘	Xuánzàng	Xuanzang, Tangseng's childhood name
雁塔寺	Yàn Tǎ Sì	Wild Goose Pagoda Monastery
阎罗王	Yánluó Wáng	King Yama, an immortal
银角王	Yín Jiǎo Wáng	Great King Silver Horn
印度	Yìndù	India
鹰愁溪	Yīng Chóu Xī	Eagle Grief Stream
玉花州	Yù Huā Zhōu	Jade-Flower County
元宵节	Yuánxiāo Jié	Lantern Festival
玉皇大帝	Yùhuáng Dàdì	Jade Emperor, an immortal
张旺	Zhāng Wàng	Zhang Wang, a woman
旃檀功德佛	Zhāntán Gōngdé Fó	Buddha of Sandalwood Merit, Tangseng's new title
镇元大仙	Zhènyuán Dàxiān	Great Immortal Zhenyuan
智慧胜佛	Zhìhuì Shèng Fó	Buddha of Great Wisdom
中国	Zhōngguó	China
猪（八戒）	Zhū (Bājiè)	Zhu Bajie, Tangseng's second disciple
猪悟能	Zhū Wùnéng	Zhu Wuneng, another name for Zhu Bajie
朱紫王国	Zhūzǐ Wángguó	Scarlet-Purple Kingdom

About the Authors

Jeff Pepper (author) is President and CEO of Imagin8 Press, and has written dozens of books about Chinese language and culture. Over his thirty-five year career he has founded and led several successful computer software firms, including one that became a publicly traded company. He's authored two software related books and was awarded three U.S. patents.

Dr. Xiao Hui Wang (translator) has an M.S. in Information Science, an M.D. in Medicine, a Ph.D. in Neurobiology and Neuroscience, and 25 years experience in academic and clinical research. She has taught Chinese for over 10 years and has extensive experience in translating Chinese to English and English to Chinese.